Drei Gesichter des Antisemitismus

Herausgegeben von

GESELLSCHAFT FÜR
KRITISCHE BILDUNG

Mit freundlicher Unterstützung des American Jewish Committee (AJC) Berlin
Lawrence & Lee Ramer Institute for German-Jewish Relations

AJC Berlin
Ramer Institute

und des Tikvah Institut

Gefördert durch:

aufgrund eines Beschlusses
des Deutschen Bundestages

Deutsche Erstausgabe
Titel der Originalausgabe: Three Faces of Antisemitism. Right, Left and Islamist, Routledge, London/New York 2023

Die Deutsche Nationalbibliothek verzeichnet diese Publikation in der Deutschen Nationalbibliografie; detaillierte Daten sind im Internet über https://portal.dnb.de/ abrufbar.

Hentrich & Hentrich Verlag Berlin Leipzig
Inh. Dr. Nora Pester
Capa-Haus
Jahnallee 61
04177 Leipzig
info@hentrichhentrich.de
www.hentrichhentrich.de

Lektorat: Malte Gerken
Gestaltung Umschlag: Gudrun Hommers
Umschlagabbildung: Sonya Michel
Layout: Michaela Weber
Druck: Winterwork Borsdorf

1. Auflage 2025

Printed in Germany
ISBN 978-3-95565-666-9

Jeffrey Herf

Drei Gesichter des Antisemitismus

rechts, links und islamistisch

Aus dem Englischen übersetzt von
Johannes Bruns, Peter Kathmann und Niklas Wünsch

Herausgegeben von der Gesellschaft für kritische Bildung
Mit einem Geleitwort von Remko Leemhuis (AJC Germany)

Inhalt

VORWORT *7*
Jeffrey Herf

VORWORT *8*
David Hirsh

GELEITWORT *15*
Remko Leemhuis

DANKSAGUNGEN *18*

EINFÜHRUNG *19*
Drei Gesichter des Antisemitismus

1 REAKTIONÄRER MODERNISMUS, DIE JUDEN UND DER ANTIKAPITALISMUS IN WEIMAR UND NAZIDEUTSCHLAND *28*

2 DER JÜDISCHE FEIND *43*
Die zentrale antisemitische Verschwörungstheorie Nazideutschlands

3 NATIONALSOZIALISTISCHER ANTIZIONISMUS *71*

4 NS-PROPAGANDA FÜR ARABER UND MUSLIME WÄHREND DES ZWEITEN WELTKRIEGS UND DES HOLOCAUST *96*

5 AMIN AL-HUSSEINI IN BERLIN: BEDEUTUNG UND GRENZEN SEINES EINFLUSSES *128*

6 OSTDEUTSCHE KOMMUNISTEN UND DIE „JUDENFRAGE" *145*
Zum Gedenken an Sigrid Meuschel (1944–2016) und für Anetta Kahane

7 OSTDEUTSCHLAND: VOM ANTIFASCHISMUS ZU UNERKLÄRTEN KRIEGEN GEGEN ISRAEL, 1967–1989 *176*

8 DIE WESTDEUTSCHE LINKE UND ISRAEL, 1967–1977 *208*

9 ANTISEMITISMUS UND WEISSER RASSISMUS *242*
Gemeinsamkeiten und Unterschiede

10 EINMAL MEHR ANTISEMITISCHE VERSCHWÖRUNGSTHEORIEN *261*
Weißer Rassismus, Holocaustleugnung und ideologische Angriffe auf Israel

AUFSÄTZE ZUM ANTISEMITISMUS UND ZUR ZEITGESCHICHTE SEIT DEM 11. SEPTEMBER 2001 *268*

11 WAS IST ALT UND WAS IST NEU AM TERRORISMUS DES ISLAMISCHEN FUNDAMENTALISMUS? *269*

12 WESHALB SIE KÄMPFEN *279*
Die kaum beachtete faschistische Charta der Hamas

13 IST DONALD TRUMP EIN FASCHIST? *289*

14 IDEOLOGISCHER EXZEPTIONALISMUS *303*
Den Antisemitismus des Iran ernst nehmen

15 ANTISEMITISMUS UND DIE UNIVERSITÄTEN SEIT 9/11 *309*

16 ISRAEL IST ANTIRASSISTISCH, ANTIKOLONIALISTISCH UND ANTIFASCHISTISCH (UND WAR ES VON ANFANG AN) *322*

17 FROM THE RIVER TO THE SEA *329*

18 SCHLUSSFOLGERUNGEN *343*
Die Ära der Gleichzeitigkeit der drei Gesichter des Antisemitismus

AUSGEWÄHLTE BIBLIOGRAFIE *349*

EDITORISCHE NOTIZ *365*

VORWORT

Jeffrey Herf

Die vorliegende Aufsatzsammlung hebt sich von den zahlreichen wissenschaftlichen Arbeiten und Kommentaren zum Antisemitismus insofern ab, als sie diesen Hass innerhalb eines Bandes auf seine spezifische Ausprägung in unterschiedlichen politischen und religiösen Milieus hin untersucht. Damit referiert diese Sammlung auf das, was ich das Zeitalter der Gleichzeitigkeit nenne – nämlich die gegenwärtige, bedrohliche Gleichzeitigkeit des Antisemitismus in seinen drei maßgeblichen Ausformungen.

Die Sammlung stützt sich auf jahrzehntelange Forschung über den Antisemitismus des Naziregimes und den Holocaust, über die Melange von Antisemitismus und Antizionismus im Sowjetblock, einschließlich der DDR, und über die nationalsozialistisch-islamistische Kollaboration der 1940er Jahre und deren Nachwirkungen im islamistischen Krieg gegen Israel. In einer Zeit der politischen und intellektuellen Polarisierung in den Vereinigten Staaten und in Europa wagt sich das Buch über die Grenzen der politischen Lager hinaus, um den Antisemitismus dreier Milieus gleichermaßen entschlossen in den Blick zu nehmen. Dabei verbindet es wissenschaftliche Essays mit Kommentaren zu aktuellen Ereignissen des letzten Vierteljahrhunderts.

Ich möchte meinen Übersetzern Johannes Bruns, Peter Kathmann und Niklas Wünsch dafür danken, dass sie Stil und Ton meines amerikanischen Englisch in flüssige und vortreffliche deutsche Prosa übertragen haben. Mein besonderer Dank gilt auch Nora Pester, der Verlegerin von Hentrich & Hentrich, für die Entscheidung, diese deutschsprachige Ausgabe herauszugeben und so die darin enthaltenen Argumente und Nachweise in die wissenschaftliche und öffentliche Diskussion Deutschlands einzubringen. *Drei Gesichter des Antisemitismus* steht in der Tradition der Aufarbeitung der NS-Vergangenheit und des Kampfes gegen den Antisemitismus; Traditionen, die auch diesen vorzüglichen Verlag auszeichnen.

Jeffrey Herf
Silver Spring, Maryland
8. Oktober 2024

VORWORT

David Hirsh

Dieses Buch befasst sich mit Antisemitismus in drei verschiedenen Bereichen des gesellschaftlichen und insbesondere des politischen Lebens: linkem Antisemitismus, rechtem Antisemitismus und islamistischem Antisemitismus. Mit der parallelen Betrachtung aller drei Bereiche und der Analyse ihrer Gemeinsamkeiten betritt das Buch Neuland. In der Wissenschaft und in anderen öffentlichen Debatten über Antisemitismus besteht die Tendenz, sich auf eine dieser Arten von Antisemitismus zu konzentrieren, was häufig mit einem expliziten oder impliziten Werturteil über ihre relative Bedeutung zusammenhängt.

Linke sehen manchmal den Antisemitismus von rechts als „die wahre Bedrohung" an, weil ihrer Meinung nach der Antisemitismus implizit in der Logik der rechten Politik und ihrer Traditionen enthalten ist, während sie, selbst wenn sie das Vorhandensein von linkem Antisemitismus zugestehen, diesen als etwas grundsätzlich Kontingentes oder als etwas, das dem authentischen linken Denken fremd ist, betrachten – ein Fehler der Doktrin, der korrigiert werden kann. Eine ähnliche Dynamik ist auch aufseiten der rechten Kritiker zu beobachten: Authentischer Antisemitismus ist links, auch wenn er manchmal auf der rechten Seite auftritt. Diese rechte Sichtweise versteht das linke Denken als eine Art Verschwörungsfantasie, die das gesellschaftliche Leben als von versteckten privilegierten Eliten beherrscht ansieht. Diese beuteten die Mehrheit aus, indem sie sie durch Täuschung dahin brächten, ihrer eigenen Unterdrückung zuzustimmen. Die Rechte ist sich der Gefahr des von Bebel so bezeichneten „Sozialismus der dummen Kerls" und seiner aktuelleren, antizionistischen Variante bewusst, des Antiimperialismus der Idioten. Die Linke macht sich Sorgen wegen rechter Traditionen des Nationalismus, der Familienwerte und des Rassismus, in denen Juden als unpatriotisch, rassisch minderwertig oder als Verderber der Moral, der traditionellen Formen und der weißen Reinheit der Gesellschaft ausgegrenzt wurden. Die Rechte sorgt sich wegen linker Traditionen, die demokratische Strukturen und Werte als repressiv ablehnen und Juden als weiß, als privilegiert und als zentral und symbolisch für Herrschaftsstrukturen charakterisieren. Menschen, die sich auf die Bedrohung durch den islamistischen Antisemitismus konzentrieren, lassen sich manchmal dazu hinreißen, den Antisemitismus als dem Islam selbst oder den Muslimen innewohnend zu essenzialisieren, anstatt ihn auf bestimmte politische Traditionen innerhalb des Islam zurückzuführen.

Jeffrey Herfs Ansatz befreit das Verständnis von Antisemitismus von diesen Vorurteilen, die ihn als natürlicherweise mit spezifischen Schichten des gesellschaftlichen Lebens verbunden darstellen, die der Kritiker bereits als Schlüssel zu allem, was in der Welt falsch läuft, ansieht. Seine Arbeit zeigt, wie „die drei Gesichter" des Antisemitismus nicht nur inhaltlich, sondern auch in ihrer Entstehung und Entwicklung miteinander verbunden sind. Es bestehen historische Fäden, die sie miteinander verbinden. Keine der drei Formen, sagt er, enthält Ideen, die nicht schon in früheren Ausprägungen des Antisemitismus vorhanden waren, insbesondere in denen des Totalitarismus des 20. Jahrhunderts: bei den Nazis und Sowjetkommunisten – und in islamistischen totalitären Bewegungen, die ihrerseits viel von jenen geerbt haben.

Antisemitismus ist weder der Rechten noch der Linken wesentlich, noch ist er den Muslimen oder dem Islam wesentlich; so wie er in der Vergangenheit weder Spanien, England, Frankreich, Deutschland oder Russland noch dem Christentum wesentlich war; noch dem Liberalismus, noch dem Nationalismus oder dem Antinationalismus, noch der Moderne oder der Antimoderne, noch dem Kapitalismus oder dem Sozialismus.

Jüngste Umfragen[1] haben gezeigt, dass Antisemitismus heute in Großbritannien sowohl in der politischen Rechten als auch der politischen Linken vorkommt, aber er tritt deutlich stärker bei Menschen auf, die die Ansicht vertreten, dass die Welt von mächtigen Verschwörungen regiert werde, und bei Menschen, die meinen, dass es gerechtfertigt sei, repressive Maßnahmen gegen politische Gegner zu ergreifen. Antisemitismus korreliert mit bestimmten Formen politischer Überzeugungen, die in rechten, linken und islamistischen Formen auftreten. Es handelt sich um Überzeugungen, die für den Totalitarismus des 20. Jahrhunderts sowie für islamistische Bewegungen charakteristisch sind und die sich in einem Frühstadium im neuen Populismus des 21. Jahrhunderts zeigen.

Herf erinnert an den Totalitarismus des 20. Jahrhunderts; woher er kam, wie er unterstützt und wie er besiegt wurde. Herf wurde 1947 in den USA geboren; sein Vater war ein Flüchtling aus Nazideutschland und die Familie seiner Mutter war eine Generation zuvor aus der Ukraine geflohen. Die Biografie ist natürlich nicht alles; sie legt nicht fest, wie ein Mensch denkt, aber sie ist auch nicht unwichtig; die Erinnerung daran, was passiert, wenn die Grundfesten der Zivilisation zusammenbrechen, mag im eigenen oder im Familiengedächtnis bedeutsam sein. Herf erinnert ebenso durch seine lebenslange Forschung und seine Schriften an den Totalitarismus des 20. Jahrhunderts, insbesondere durch seine Arbeiten zum Verständnis des Antisemitismus.

Die zeitgenössische Wissenschaft zögert, den islamistischen Antisemitismus zu untersuchen. Die Befürchtung ist, dass eine solche Forschung nicht immer von einer bedeutenden zeitgenössischen Strömung islamophoben Denkens unterschieden werden kann, die Muslime und den Islam als von Natur aus anfällig für Antisemitismus darstellt. Angesichts einer Welt, in der Muslime in islamophoben Begriffen häufig als unzivilisiert und rückständig angesehen werden, möchte kaum jemand das Risiko eingehen, dieses Feuer zu schüren, indem der muslimische Antisemitismus als Fallbeispiel angeführt wird. Dies scheint mir jedoch eine unangebrachte und kontraproduktive Zurückhaltung zu sein.

Der Antisemitismus unter Muslimen sollte untersucht und ernsthaft bedacht werden; man sollte versuchen, ihn zu verstehen. Der Antisemitismus ist nicht mehr Teil des Islam, als er Teil des Christentums ist, und er ist den Arabern nicht mehr eigen als den Europäern. Der islamistische Antisemitismus muss gerade deshalb untersucht werden, weil man ihn nicht verstehen kann, indem man die Muslime rassifiziert oder ihre Religion dämonisiert. Es handelt sich um ein Phänomen, das für bestimmte politische Bewegungen charakteristisch ist, die sich über bestimmte Lesarten der heiligen Texte der Muslime definieren, Bewegungen, die Herf als „islamistisch" bezeichnet. Manchmal wird der Antisemitismus unter Muslimen mit der Behauptung heruntergespielt, er sei den Muslimen von europäischen Kolonisten gegen ihren Willen und ohne ihr Zutun aufgezwungen worden. Herf und auch Matthias Küntzel zeigen, dass es Beziehungen zwischen islamistischem Antisemitismus und älteren europäischen Antisemitismen gibt, die jedoch komplexer und interessanter sind als eine vereinfachende Nacherzählung der Übel von Orientalismus und Imperialismus.

Oft wird angenommen, dass islamistischer Antisemitismus nichts anderes als eine Begleiterscheinung des Konflikts zwischen Israel und den Palästinensern ist. In dem Maße, in dem Israel als kolonialistischer Unterdrücker und die Palästinenser als seine Opfer angesehen werden, wird der islamistische Antisemitismus oft als eine verständliche oder sogar rationale Reaktion gegen die Unterdrücker empfunden. Der neue Populismus stellt den Rassismus bisweilen als den – wenn auch etwas fehlgeleiteten – Schrei der Unterdrückten dar, und der Antirassismus wird vom Populismus als ein Machtdiskurs dargestellt, der dazu dient, diesen authentischen Schrei zu delegitimieren. In einer analogen Umkehrung wird der Antisemitismus manchmal als Schrei der arabischen und muslimischen Unterdrückten betrachtet und der Widerstand gegen den Antisemitismus als illegitimes rhetorisches Mittel, das von den Mächtigen in heimlicher böser Absicht eingesetzt wird, um die Kritik an Israel zum Schweigen zu bringen.

In seiner Arbeit und in diesem Buch zeigt Jeffrey Herf, dass der islamistische Antisemitismus, zumindest zu einem bedeutenden Teil, sowohl ideell als auch seiner Genealogie nach mit dem Antisemitismus der beiden totalitären Bewegungen des 20. Jahrhunderts verwandt ist. Er zeigt auch, dass der zeitgenössische linke Antizionismus, der mit dem islamistischen Antizionismus verwandt ist, nicht nur Vorläufer im Kommunismus des 20. Jahrhunderts, sondern auch im Nationalsozialismus hat. Herfs Arbeit ergänzt sich mit der Arbeit von Matthias Küntzel, dessen Buch *Nazis und der Nahe Osten* in englischer Übersetzung das erste in der Reihe *Studies in Contemporary Antisemitism* war. Zusammen haben diese beiden Wissenschaftler die Art und Weise, wie wir über diese Zusammenhänge nachdenken, verändert.

Unsere Darstellung des islamistischen Antisemitismus und auch des arabisch-nationalistischen Antisemitismus ist wichtig für das Verständnis Israels und der Schwierigkeiten, auf die es bei der Normalisierung seiner Beziehungen zu seinen Nachbarn gestoßen ist. Die Hypothese ist, dass der Antisemitismus im Nahen Osten bereits Teil des Rahmens ist, in dem die Menschen in der Region ihre Beziehungen zu Israel verstehen. Vielleicht ist der Antisemitismus nicht nur eine Folge des Konflikts, sondern auch ein Beweggrund, der zur anhaltenden Spannung und zur augenscheinlichen Unlösbarkeit des Konflikts beiträgt. Herf und Küntzel zeigen, dass der Antisemitismus im Nahen Osten nicht nur auf eine Mystifizierung legitimer Beschwerden gegen Israel oder die zionistische Bewegung reduziert werden kann, sondern dass dem Antisemitismus in der Region andere wichtige, unabhängige Ursachen zugrunde liegen. Wenn dies der Fall ist, könnte der Antisemitismus ebenso eine Ursache wie eine Wirkung sein.

Extremistische islamistische Bewegungen haben auch über ihre Obsession mit dem jüdischen Bösen hinaus viel mit ihren nationalsozialistischen und kommunistischen Vorgängern gemeinsam. Sie teilen die radikale Ablehnung aller bestehenden Institutionen und politischen Strukturen zugunsten einer Fixierung auf eine imaginäre, endgültige Utopie. Sie werten das „Streben nach Glück" oder eine Interessenpolitik im Hier und Jetzt zugunsten eines schlussendlichen totalen Sieges völlig ab. Sie lehnen die Diskussion von und die Beschäftigung mit Beweisen zugunsten der Gewissheit des Führerprinzips und seines Rückgriffs auf Gewalt und Terror ab. Der Antisemitismus als Möglichkeit, ein Bild des ansonsten abstrakten Volksfeindes zu vermitteln, ist für diese Bewegungen von zentraler Bedeutung.

Dies ist das vierte Buch in der Reihe, die in Zusammenarbeit zwischen dem *London Centre for the Study of Contemporary Antisemitism* und Routledge entstanden ist. Die beiden anderen der ersten vier Bücher sind Sammelbände, an denen mehrere Autoren beteiligt waren. Der eine, herausgegeben von Alan Johnson, ist eine Zusammenstellung einiger der wichtigsten Arbeiten, die über ein Jahrzehnt in der Zeitschrift *Fathom* erschienen sind, zusammen mit einigem neuen Material: *Mapping the New Left Antisemitism*. Der andere Sammelband wurde von mir, David Hirsh, veröffentlicht und enthält Texte von elf der wichtigsten Wissenschaftler, die sich aktiv gegen die Kampagne zum Boykott israelischer Universitäten, den Antizionismus, auf dem sie beruhte, und den Antisemitismus, mit dem sie verbunden war, gewehrt haben: *The Rebirth of Antisemitism in the 21st Century*.

Die Buchreihe ist Teil eines umfassenderen Projekts, das die intellektuellen Grundlagen des zeitgenössischen Antisemitismus hinterfragt, wissenschaftliche Arbeiten kritisiert, die selbst antisemitische Themen enthalten und wiederholen, und sich mit dem feindlichen Umfeld für die Antisemitismusforschung und für Juden im Allgemeinen an den Universitäten auseinandersetzt. Die Buchreihe ist Teil des Projekts des *London Centre*, das sich mit dem Umstand befasst, dass die Antisemitismusforschung in erheblichem Maße von der bestehenden wissenschaftlichen Infrastruktur der Universitäten, der Forschungsförderung und des Verlagswesens ausgeschlossen wurde.

In dieser feindseligen Umgebung und auf dem Weg zur Mitte des 21. Jahrhunderts kann man nicht mehr davon ausgehen, dass ein Wissenschaftler eine persönliche oder intellektuelle Erinnerung an den Totalitarismus des 20. Jahrhunderts, den Widerstandskampf und den Kalten Krieg, der sein langwieriges Ende war, haben wird. Die Erinnerung ist kein Archiv von Fakten, sondern eine Lebensaufgabe, die darin besteht, die Fakten in einen stets vorläufigen Rahmen des Verständnisses einzufügen. Und sie ist auch ein komplexer sozialer Prozess, der einige wissenschaftliche Schwerpunkte auf- und andere abwertet.

Der Totalitarismus des 20. Jahrhunderts wird allzu oft in einem vereinfachten „Gut und Böse“-Schema einer Moralgeschichte oder eines Passionsspiels in Erinnerung gerufen. Die Details, wie er funktionierte und wie Menschen wie wir in einer Welt wie der unseren, nicht zuletzt die Intellektuellen an den Universitäten, ihm gegenüber offen waren, sind vergessen. Ein Teil dieses Vergessens ist kein sanftes, organisches Verblassen aus dem Gedächtnis, sondern ein bewusster und gut kontrollierter Prozess. Einige Elemente des totalitären Denkens kehren mitsamt ihrem antisemitischen Potenzial unbemerkt oder wütend abgestritten in den Diskurs der demokratischen Staaten und sogar in das akademische Denken zurück. Ein Hauptmerkmal des neuen Populismus ist die Verwischung der Unterscheidung zwischen demokratischem und totalitärem Denken.

Der zeitgenössische Populismus normalisiert die Vorstellung, dass demokratische Strukturen wie von „Eliten" errichtete Theaterkulissen sind, die dazu dienen, die Realitäten der Macht zu verschleiern und sie vor „dem Volk" zu verbergen. Der Populismus braucht das Verblassen der Erinnerung an einige der Lehren des 20. Jahrhunderts. Er ist darauf angewiesen, dass wir vergessen, dass eine solche politische Verschwörungsfantasie einen „Volksfeind" braucht, um zu überdauern, damit dieser für das letztendliche Scheitern der versprochenen Utopie verantwortlich gemacht werden kann. Wenn die heutigen Populisten das Bild einer großstädtischen, gebildeten, liberalen, kosmopolitischen Klasse zeichnen, die nur auf sich selbst bedacht und nur gegenüber ihresgleichen loyal ist, scheinen sie die Zerstörung vergessen zu haben, die in der Vergangenheit auf solche Bilder folgte. Für die neuen Populisten ist es hinderlich, sich zu klar daran zu erinnern, dass sich die antisemitische Vorstellung vom Juden über Jahrhunderte hinweg zu verschiedenen Zeiten und an verschiedenen Orten als eine emotional befriedigende Möglichkeit entwickelt hat, die abstrakten Verschwörungen, die menschliches Leid verursachen, zu visualisieren; eine Möglichkeit, dem chimärenhaften und unsichtbaren Bösen ein hässliches menschliches Gesicht zu geben. In *1984* dramatisiert Orwell dies in seiner Darstellung der täglichen Zeremonie des „Zwei-Minuten-Hasses" vor dem riesigen Gesicht von „Emmanuel Goldstein", dem Feind des Volkes.

Die Erinnerung von Jeffrey Herf ist kostbar und fragil. Dieses Buch ist eine Destillation einiger der Dinge, die dort, in seiner Erinnerung und in seinem Denken, wichtig sind, immer basierend auf wissenschaftlicher Forschung von höchster Qualität. Dieses Buch fasst Texte zusammen, die er im Laufe seiner Karriere veröffentlicht hat, und stellt sie in einen klaren Rahmen.

Herfs wissenschaftliche Arbeit ist brillant, sorgfältig, originell, gut recherchiert und couragiert. Er hat nicht immer persönlich davon profitiert, dass er seinen eigenen Weg gegangen ist und sich einigen Rahmenbedingungen widersetzt hat, die zu der Zeit, als er schrieb, als fortschrittlich galten. Aber sein Ruf ist ungetrübt.

Anmerkungen

1 Daniel Allington, David Hirsh und Louise Katz: „Antisemitism is predicted by anti-hierarchical aggression, totalitarianism, and belief in malevolent global conspiracies“, *Humanities and Social Sciences Communications* 10 (2023), 10. April 2023, 155, https://doi.org/10.1057/s41599-023-01624-y (abgerufen am 8.11.24).

GELEITWORT

Remko Leemhuis
Director
AJC Berlin Lawrence & Lee Ramer Institute for German-Jewish Relations

Geprägt von der zweiten Intifada und dem Terroranschlag am 11. September 2001 ging Jeffrey Herf bereits im Jahr 2004 in einem Aufsatz der Frage nach, wie europäische Liberale und Menschen, die sich als links verstehen, „auf die gegenwärtige, die zweite bedeutende Epoche der totalitären Ideologie und des totalitären Terrors in der modernen Geschichte reagieren, auf ein Phänomen, das sein Gravitationszentrum dieses Mal nicht in, sondern außerhalb Europas hat".[1] Bereits damals stellte er ernüchtert fest, dass „viele europäische Linke heute unfähig sind, die Wahrheit zu erkennen – selbst wenn sie klar zutage tritt und Antisemiten wieder Juden ermorden".[2] Zwanzig Jahre später und nach dem antisemitischen Massenmord am 7. Oktober 2023 hat sich wenig an der Richtigkeit seines Urteils geändert. Ganz im Gegenteil, es muss heute sogar noch schärfer ausfallen. Jeffrey Herf hatte schon damals vor dem gewarnt, was im Französischen treffend als „Islamo-Gauchisme" bezeichnet wird – also dem Bündnis von westlichen Linken und Liberalen mit dem islamistischen Totalitarismus, auch wenn es seinerzeit noch nicht so offen sichtbar war. Seine Analyse über die ideologische Grundlage für diese Allianz, insbesondere den Antisemitismus, Antiamerikanismus und den Hass auf den jüdischen Staat sowie deren historische Wurzeln im Nationalsozialismus und Stalinismus, hat bis heute nichts an ihrer Gültigkeit verloren.

Auch wenn islamistischer und linker Judenhass gegenwärtig besonders bedrohlich sind, zeigt dieser Sammelband von Arbeiten aus seiner jahrzehntelangen Forschung, dass auch der rechte Antisemitismus nichts von seiner Bedrohung eingebüßt hat. Nicht umsonst bezeichnet Herf die Gegenwart als ein „Zeitalter der Gleichzeitigkeit" und zeigt, dass die Kritik des Antisemitismus kein Nullsummenspiel ist, sondern gerade die Auseinandersetzung mit allen drei maßgeblichen Quellen des Judenhasses die Voraussetzung für wissenschaftliche Erkenntnis ist. Jeffrey Herf beweist mit seinen Studien aus den vergangenen Jahrzehnten zudem, dass es möglich ist, dem eigenen Denken und seiner Kritik ohne Dogmatismus treu zu bleiben, neue Erkenntnisse aufzunehmen und Urteile, wenn nötig, zu modifizieren.

Auch an seinem Resümee über das Versagen der Linken im Umgang mit dem islamistischen Totalitarismus hat sich im Lichte des 7. Oktober und der Reaktionen darauf nichts geändert. Am Ende des erwähnten Aufsatzes bemerkt er schließlich treffend:

> Offenbar haben sich zumindest Teile der europäischen und deutschen Linken von einer ihrer nobelsten Traditionen verabschiedet, nämlich dem bewaffneten Antifaschismus. […] Für jene von uns, die meinten, radikaler Antisemitismus und totalitäre Politik seien primär eine Beschäftigung für Historiker geworden, waren die letzten Jahre ernüchternd und bitter. In dieser zweiten totalitären Ära der modernen Geschichte müssen deutsche und europäische Politiker, Intellektuelle, Journalisten, Künstler und Wissenschaftler erneut über das Erbe des linken und liberalen wehrhaften Antifaschismus und Antitotalitarismus nachdenken, welcher zunächst zum Sieg über den Nationalsozialismus führte und später dann zum friedlichen Zusammenbruch des Kommunismus in der Sowjetunion und in Osteuropa. Dies wäre ein erster Schritt, um zu verstehen, wie man Judenhass und totalitäre Strömungen in diesem ersten Jahrzehnt des 21. Jahrhunderts besiegen kann.[3]

Mein besonderer Dank gilt der *Gesellschaft für kritische Bildung* für die Übersetzung dieser wichtigen Arbeiten und dafür, sie einer größeren Leserschaft zugänglich zu machen. Ebenso bin ich Nora Pester zu besonderem Dank verpflichtet, dass sie dieses Buch publiziert. Denn gegenwärtig ist es keine Selbstverständlichkeit, einen solchen Sammelband zu veröffentlichen.

Anmerkungen

1 Jeffrey Herf: „Die neue totalitäre Herausforderung", in: Doron Rabinovici, Ulrich Speck und Natan Sznaider (Hrsg.): *Neuer Antisemitismus? Eine globale Debatte* (Frankfurt am Main: Suhrkamp Verlag, 2004), 191–210, hier 191–192.

2 Ebd., 209.

3 Ebd., 209–210.

DANKSAGUNGEN

Im Text und in den Anmerkungen dieser Aufsatzsammlung wird deutlich, wie sehr ich meinen Kollegen zu Dank verpflichtet bin.

Da die Essays in diesem Band auf Arbeiten der letzten vier Jahrzehnte zurückgehen, ist es mir eine Freude, meinen Herausgebern meine Wertschätzung auszudrücken und ihnen für ihre literarische Gelehrsamkeit und ihr wissenschaftliches Urteilsvermögen zu danken, die sie in meine Arbeit eingebracht haben. Es sind Frank Smith und Michael Watson von der *Cambridge University Press*, Aida Donald und Joyce Seltzer von der *Harvard University Press* sowie Jonathan Brent und Chris Rogers von der *Yale University Press*. Ich danke den Rezensenten dieser Bücher, die sowohl in wissenschaftlichen Zeitschriften als auch in Periodika veröffentlichten, die sich an ein allgemeineres Publikum richten. Für ihre Arbeit an *Three Faces of Antisemitism* danke ich auch Craig Fowlie und Elizabeth Hart, meinen Lektoren bei *Routledge/Taylor and Francis*, den anonymen Rezensenten dieser Aufsatzsammlung und Rosa Freedman vom *Centre for the Study of Contemporary Antisemitism*.

Dank gilt auch den Herausgebern und Gutachtern der folgenden Fachzeitschriften: *Antisemitism Studies, Central European History, Holocaust and Genocide Studies, Jewish Political Studies Review, Journal of Cold War Studies* und *Journal of Contemporary History*. Mein Dank gilt ferner den Redakteuren und Mitarbeitern von Zeitungen und Zeitschriften der öffentlichen Meinung, die sich bereit erklärt haben, meine Aufsätze über Geschichte und aktuelle Politik in *The American Interest, American Purpose, Dissent, Fathom Journal, Frankfurter Allgemeine Zeitung, History News Network, The Israel Journal of Foreign Affairs, The New Republic, Quillette, The Tablet Magazine, Telos, The Times of Israel, The Washington Post, Die Welt* und *Die Zeit* zu veröffentlichen.

Besonderer Dank gebührt auch David Hirsh für seine mutige Arbeit über den zeitgenössischen linken Antisemitismus, für seine Initiative zur Gründung des *London Centre for the Study of Contemporary Antisemitism* und für die Reihe von Veröffentlichungen über Antisemitismus, in der auch dieses Buch erscheint. Ganz besonderer Dank gebührt wieder einmal meiner Frau, der hervorragenden Historikerin und jetzt auch Künstlerin Sonya Michel. In diesen vielen Jahren waren ihr redaktionelles Urteil und ihre sorgfältige Lektüre von unschätzbarem Wert. Auch dieses Buch ist ihr mit Freude gewidmet.

EINFÜHRUNG
Drei Gesichter des Antisemitismus

Die Aufsätze in diesem Band beruhen auf meiner Überzeugung, dass man, je genauer man sich mit dem radikalen Antisemitismus befasst, der den Holocaust begleitete, auch den beiden anderen vorherrschenden Formen des Antisemitismus desto mehr Aufmerksamkeit widmen sollte, nämlich denen des Kommunismus und der radikalen Linken sowie der Islamisten. Alle drei Formen haben in den Jahrzehnten nach der Vernichtung von sechs Millionen Juden in Europa durch die Nationalsozialisten überlebt und sind zu neuer Blüte gelangt. Die drei Gesichter traten von den 1930er bis zu den 1970er Jahren auf der ganzen Welt deutlich hervor. Der Antisemitismus, der im Jahr 2023 in der Weltpolitik existiert, enthält keine Ideen, die nicht in diesen entscheidenden vierzig Jahren des Totalitarismus und des Judenhasses häufig zum Ausdruck gebracht wurden, zuerst in Nazideutschland, dann in der Sowjetunion und dem Sowjetblock und schließlich in den islamistischen Organisationen und arabischen Staaten.[1]

Für den Historiker des Antisemitismus war das 20. Jahrhundert nicht, wie viele nach dem Zusammenbruch der kommunistischen Regime in Europa in den Jahren 1989 bis 1991 dachten, ein kurzes Jahrhundert. Die Niederlagen des Nazismus und des Kommunismus in Europa haben dem Antisemitismus kein Ende bereitet. Vielmehr haben der Hass und der Extremismus des antijüdischen halben Jahrhunderts bis ins 21. Jahrhundert angehalten und dem Antisemitismus ein dynamisches Nachleben beschert.[2] Die Abrechnung mit dem Judenhass Nazideutschlands während des Holocaust ist umfangreich; der Judenhass im Sowjetblock während des Kalten Krieges oder der Judenhass und der daraus resultierende Antizionismus und Israelhass der Islamisten vor, während und nach dem Zweiten Weltkrieg sind nicht annähernd so weitreichend anerkannt worden. Ein Ziel dieser Sammlung ist es, den Lesern einen unbeirrten Blick auf den Judenhass zu ermöglichen, ob er nun von den Nazis und ihren Nachfolgern oder von den Kommunisten, der radikalen Linken oder den Islamisten ausgeht. Dabei untersuchen die Aufsätze sowohl Gemeinsamkeiten als auch Unterschiede in diesen drei vorherrschenden Formen des Antagonismus gegen das Judentum, gegen die Juden und schließlich gegen den Staat Israel. Natürlich ist nicht jede Kritik an Israel eine Form von Antisemitismus, aber die folgenden Aufsätze untersuchen jene Fälle, in denen Antisemitismus mit dem Hass auf den jüdischen Staat zusammenfällt.

Von den 1920er bis zu den 1970er Jahren war der Antisemitismus in Europa und im Nahen Osten nicht nur ein Gedankengut, das sich sowohl auf alte religiöse als auch auf moderne säkulare Traditionen stützen konnte. Er wurde auch von mächtigen Staaten gefördert, am offensichtlichsten von Nazideutschland, aber auch von der Sowjetunion während des Kalten Krieges, von arabischen Staaten in ihrem Konflikt mit Israel und von der Islamischen Republik Iran seit 1979. Während dieser ganzen Zeit war der Antisemitismus sowohl eine feste Überzeugung als auch ein zynisches Instrument der Außenpolitik und innerstaatlicher Unterdrückung. Es sollte nicht überraschen, dass der Antisemitismus jener Zeit Rückstände hinterlassen hat, die bis in unsere Zeit hineinreichen. In jenen Jahrzehnten und seither gab es höchstens zwanzig Millionen Juden auf der Welt – also einen winzigen Bruchteil der Weltbevölkerung. Dennoch: Im 20. Jahrhundert und heute teilen Antisemiten der Rechten, der Linken und unter den Islamisten die Fantasie, dass die Juden eine enorme Macht besäßen, um die Weltpolitik in einer Weise zu gestalten, die für die breite Masse der Menschheit schädlich ist. Die Nazis erklärten offen ihre Absicht, die Juden auszurotten. Während die Antisemiten der Linken ihren Judenhass verleugneten und weitgehend davon absahen, offen zur Vernichtungspolitik aufzurufen, könnten die Aufrufe der Islamisten zur Auslöschung des Staates Israel auf dasselbe hinauslaufen. Einige Beobachter haben von einem „neuen Antisemitismus" der letzten Jahrzehnte gesprochen, aber wie diese und andere Untersuchungen zu diesem Thema zeigen, haben die Gesichter des Judenhasses im Jahr 2023 ihren Ursprung in dem charakteristischen halben Jahrhundert, das auf den folgenden Seiten untersucht wird.

Die folgenden Aufsätze sind überarbeitete und aktualisierte Versionen von Artikeln, Kapiteln in Büchern und Vorträgen, die ich seit 1984 geschrieben habe, und sie spiegeln meine vorherige Beschäftigung mit diesen Themen als Historiker der neueren deutschen Geschichte wider. Sie stützen sich auf das Material von fünf Büchern, die ich seit 1984 veröffentlicht habe, und aktualisieren es: *Reactionary Modernism. Technology, Culture, and Politics in Weimar and the Third Reich* (1984); *Divided Memory: The Nazi Past in the Two Germanys* (1997); *The Jewish Enemy: Nazi Propaganda During World War II and the Holocaust* (2006); *Nazi Propaganda for the Arab World* (2009); *Undeclared Wars with Israel: East Germany and the West German Far Left, 1967–1989* (2016)[3]. Ein besonderer Aspekt dieser Werke ist, dass sie alle drei Formen des Antisemitismus behandeln. Indem ich *alle drei Formen des Antisemitismus gleichzeitig in einem Band behandle,* möchte ich mit der vorliegenden Aufsatzsammlung eine intellektuell unhaltbare und ungerechtfertigte Polarisierung der wissenschaftlichen Diskussion und der intellektuellen Debatte hinsichtlich dieser Themen überwinden.

In der Mitte des 20. Jahrhunderts erlangte der Antisemitismus durch die nationalsozialistische, kommunistische und islamistische Propaganda eine globale Reichweite.[4] In diesen entscheidenden vierzig Jahren traten in Deutschland die drei Gesichter des Antisemitismus auf, zuerst im nationalsozialistischen Deutschland, dann im kommunistischen Regime in der DDR und in der westdeutschen radikalen Linken.[5] Der Judenhass war im Kern des Nationalsozialismus verankert; er war seine Essenz. Es gab keinen Nationalsozialismus ohne Hass auf das Judentum, die Juden und das zionistische Projekt.[6] Das Ausmaß des Bösen im Nationalsozialismus und die Totalität seiner vollständigen Niederlage weckten die Hoffnung, dass der Antisemitismus in der Welt und in Europa der Vergangenheit angehören würde. Hitler und der Nationalsozialismus standen für ein radikal Böses, das zugleich eine verlorene und besiegte Sache war. Der mit der extremen Rechten assoziierte Antisemitismus überlebte nur an den entlegenen Rändern der westlichen Gesellschaften.[7] Doch in den Jahrzehnten nach der Niederlage des Nationalsozialismus blieb der Antisemitismus bestehen, weil eine Mischung aus Kommunisten, radikalen Linken, einigen arabischen Staaten, der Islamischen Republik Iran und islamistischen Organisationen ihm neue Energie verlieh.

Die Kommunisten gingen aus den Wirren des Zweiten Weltkriegs siegreich hervor, gestärkt durch die Rolle der Roten Armee und ihrer Luftstreitkräfte beim Sieg über den Nazismus. In den unmittelbaren Nachkriegsjahren traten die Kommunisten als erbitterte und siegreiche Gegner des Nationalsozialismus *und damit auch* des Antisemitismus auf.[8] Die Unterstützung des Sowjetblocks und der Linken für die Gründung des jüdischen Staates in Palästina ließ vermuten, dass die antijüdischen Vorurteile, die in den Traditionen des Marxismus lauerten, der Vergangenheit angehören würden.[9] Der Klassenkampf gegen den Kapitalismus, nicht gegen die Juden, und dann der Kampf gegen den „Faschismus" waren die wichtigsten Merkmale linker Ideologien. Doch der Hass und die Verachtung für das Judentum und die Juden verschwanden nicht völlig aus der Tradition der modernen Linken. Er war bereits in Karl Marx' berüchtigtem Essay „Zur Judenfrage" von 1843 zu finden[10] und tauchte in den ersten Jahren des Kalten Krieges wieder auf, als der Antisemitismus im Sinne der Nazis in der Schwebe war, aber Stalins „antikosmopolitische" Säuberungen den Antisemitismus wieder aufleben ließen und ihn von den Rändern in den Mainstream der sowjetischen Politik und Ideologie brachten.[11] In einer Ära des „zweiten Antifaschismus" definierten die Kommunisten und später die radikalen Linken in den westlichen Demokratien und die linken Bewegungen der Dritten Welt die Bedeutung des Antifaschismus neu und griffen ausgerechnet den jüdischen Staat als eine Bastion des Rassismus und Faschismus an. Die Verurteilung von Menschen, die die Hauptleidtragenden des Nationalsozialismus waren, als „Nazis" und Faschisten wurde zu einem Standardthema der sowjetischen Propaganda.

Es waren also die Kommunisten und die radikale Linke, die dem Antisemitismus in den Jahrzehnten, in denen er durch seine Verbindung mit dem Nationalsozialismus in Verruf geraten war, neuen Auftrieb verliehen haben. Die Kommunisten und später die globale radikale Linke übertrugen alte Stereotype des mächtigen, bösen, ja mörderischen Juden aus vergangenen Jahrhunderten auf den Staat Israel, den sie als rassistischen, kolonialistischen Aggressor brandmarkten, der im Bunde mit dem amerikanischen Imperialismus stehe. Diese Stimmungen der Ära eines neu definierten zweiten Antifaschismus tauchten in den herrschenden Ideen und der Politik der kommunistischen Diktatur in Ostdeutschland auf, die seltsamerweise Deutsche Demokratische Republik hieß. Sie verbreiteten sich in der radikalen westdeutschen Linken der 1960er bis 1980er Jahre und in den letzten Jahren in akademischen Bemühungen, insbesondere in Großbritannien und den Vereinigten Staaten, den Staat Israel zu boykottieren und zu delegitimieren.[12] Mehrere Aufsätze in diesem Band untersuchen Episoden, in denen Parteien und Staaten der Linken, die sich als Gegner von etwas so Rückschrittlichem wie Antisemitismus betrachteten, wichtige neue Kapitel in der Geschichte des ältesten Hasses schrieben. In der Geschichte des Antisemitismus zeichnete sich die kommunistische Variante dadurch aus, dass ihre Verfechter entrüstet zurückwiesen, dass ihre Angriffe auf Israel überhaupt etwas mit Antisemitismus zu tun hätten.

Nach dem Nationalsozialismus verlagerte sich der Antisemitismus schwerpunktmäßig von Europa in den Nahen Osten. Nirgendwo sonst fanden Persönlichkeiten des öffentlichen Lebens, die Hitler und den Nationalsozialismus lobten, so viel Respekt und Prominenz im politischen Leben wie dort. Einige der Enthusiasten, wie der ägyptische Präsident Gamal Abdel Nasser und der junge Anwar as-Sadat, sprachen die Sprache des säkularen Antikolonialismus und lobten die Nazis für ihren Kampf gegen den Zionismus sowie die britische und französische Präsenz im Nahen Osten. Doch der Kern und die treibende Kraft des Antisemitismus in diesem Teil der Welt lag in einer radikalen Auslegung der Religion des Islam, die von ikonischen Figuren der Muslimbruderschaft vertreten wurde: Hassan al-Banna, Mohammed Amin al-Husseini und Sayyid Qutb. Diese und andere islamistische Schriftsteller und politische Persönlichkeiten interpretierten den Islam als eine Religion, die dem Judentum und den Juden und später dem zionistischen Projekt unerbittlich feindlich gegenübersteht. Sie betrachteten die im Koran enthaltene abwertende Verurteilung des „Volkes des Buches", der koranischen Bezeichnung für die Juden, als ein Kern- und nicht als ein Randelement der Religion. Ab den 1930er Jahren leisteten diese und andere Islamisten, teilweise ermutigt durch den Aufstieg des Nationalsozialismus in Deutschland, einen eigenständigen Beitrag zur Geschichte des Judenhasses. Ihre Werke waren nicht in erster Linie ein Transfer von Ideen aus Europa, wenn auch in der arabischsprachigen Propaganda des NS-Regimes eine Verschmelzung der Perspektiven deutlich wurde. Sie argumentierten, dass die Religion des Islam eine inhärent antijüdische Tradition sei und dass ihr uralter Hass mit den Verschwörungstheorien der modernen Geschichte kombiniert werden könne. Heute nennen wir diese Doktrin „Islamismus", auch wenn ihre Verfechter darauf bestanden, dass sie die wahre und unverfälschte Version des Islam bewahrten.[13]

Die Islamisten profitierten in hohem Maße von der Unterstützung Nazideutschlands, das ihren Hass in Presse und Rundfunk verbreitete. Wie auch beim Nationalsozialismus gab und gibt es keinen „gemäßigten Islamismus", wenn man darunter eine vom Judenhass freie Lehre versteht. Judenhass und die daraus resultierenden Kriege gegen den jüdischen Staat gehörten und gehören zum Wesen des Islamismus. Der Islamismus wurde Teil der deutschen Geschichte, als das NS-Regime während des Zweiten Weltkriegs und des Holocaust versuchte, Islamisten in Nordafrika, im arabischen Nahen Osten, im Iran und in Südosteuropa für seine Sache zu mobilisieren. Eine der wichtigsten Nachwirkungen des Nationalsozialismus war die Verbreitung des islamistischen Judenhasses im Nahen Osten, wo er nach 1945 verheerende Spuren in der Geschichte der Region hinterließ. Ähnlich wie die Kommunisten der 1950er und 1960er Jahre, jedoch von ganz anderen kulturellen Ausgangspunkten aus, machten die Islamisten den Antisemitismus in denselben Jahrzehnten zu einer bedeutenden politischen Kraft, in welchen er in den westlichen Demokratien im Niedergang begriffen war oder zumindest an Respektabilität verlor. Mehrere Aufsätze in diesem Band beleuchten die Jahre, in denen die Islamisten dazu beitrugen, dass sich der Antisemitismus von Europa in den Nahen Osten und den Iran verlagerte.

Während die Forschung über den Antisemitismus des nationalsozialistischen Deutschlands sehr umfangreich ist, fällt die Arbeit über die beiden anderen Gesichter des Antisemitismus, die der Kommunisten und der radikalen Linken sowie die der Islamisten, weitaus überschaubarer aus und ist in der Geschichtswissenschaft eher marginal geblieben.

Die westdeutsche, dann die deutsche und internationale Tradition der sogenannten *Aufarbeitung der Vergangenheit* hat eine umfangreiche Forschung über den Holocaust und andere Verbrechen des NS-Regimes angeregt.[14] Bis vor wenigen Jahren war der Antisemitismus der Nazis am Rande der westlichen Gesellschaften eingehegt. Die Aufsätze in diesem Sammelband zeigen, dass der Nationalsozialismus zwar ein Nachleben hat, die wichtigsten Beiträge zum Antisemitismus in der Zeit nach dem Holocaust jedoch von der extremen Linken und von Islamisten stammen. Die Schatten des Nationalsozialismus und des Holocaust werden noch jahrhundertelang fortbestehen, aber sie sollten uns nicht daran hindern, den Antisemitismus in anderen Formen klar zu erkennen.

Die Fußnoten verweisen auf verdienstreiche Autoren aus Deutschland und dem Ausland, denen ich zu Dank verpflichtet bin. In den Nachkriegsjahrzehnten, als der Ruf nach einem „Schlussstrich unter die Vergangenheit" zum Bestandteil westdeutscher Wahlkämpfe wurde, leiteten vor allem liberale Intellektuelle und Politiker wie Theodor Heuss, Kurt Schumacher, Theodor W. Adorno, Franz Böhm und Fritz Bauer eine einzigartige Tradition der öffentlichen Aufarbeitung der Verbrechen der Vergangenheit ein. Bundeskanzler Konrad Adenauer verband die Bereitschaft zur Integration ehemaliger NS-Funktionäre mit der Entschlossenheit, die jüdischen Überlebenden des Holocaust und den Staat Israel praktisch zu unterstützen.[15] Von Anfang an und bis heute gab es konservative Stimmen, die die juristische Aufarbeitung als einen Schlag gegen den guten Ruf der Nation, als etwas, das schlecht für die deutschen Exportmärkte sei, und als Teil eines Versuchs, die Deutschen zu Unrecht zu schikanieren, verurteilten. Die Kommunisten wiederum verurteilten die westdeutsche Aufarbeitung als zynischen Versuch, sich einen guten Namen zu erkaufen, während man gleichzeitig die eigentliche Quelle des Nationalsozialismus – die Marktwirtschaft – wieder aufbaue.

Wie bereits Freuds Schrift über den Widerstand in der Psychoanalyse andeutete, verärgerte die Tradition der ehrlichen Auseinandersetzung mit der nationalsozialistischen Vergangenheit ihre Kritiker gerade deshalb, weil sie die Wahrheit auf den Punkt brachte und alle Bemühungen, die Realität mit einer Flut von Entschuldigungen, Verleugnungen und Apologien zu verdrängen, zerschlug – Bemühungen, von denen einige mit ausgefeilter theoretischer Begleitung daherkamen. Wie Theodor W. Adorno prominent feststellte, war der Widerstand gegen eine wahrheitsgetreue Diskussion über die Verbrechen des Naziregimes weniger das Ergebnis eines Vergessens als eines „allzu wachen Bewußtseins".[16] Bei näherer Betrachtung des Judenhasses der NS-Zeit werden vergleichbare, den Juden zugeschriebene Themen der Verschwörung, des Bösen und der

Macht deutlich, egal ob sie von den Kommunisten, der radikalen Linken oder von islamistischen Organisationen und Staaten stammen. Kurz gesagt, die Niederlage des nationalsozialistischen Deutschlands bedeutete nicht das endgültige Ende des Antisemitismus. Die folgenden Aufsätze untersuchen die dominierenden Formen der Erneuerung des Antisemitismus nach dem Holocaust, bei denen Angriffe auf den Staat Israel eine vorherrschende Rolle einnehmen.

Da der Antisemitismus heute aus allen drei Richtungen kommt, ist es nicht verwunderlich, dass in den letzten Jahren sogar der alte Antisemitismus aus der Nazizeit neue Fürsprecher gefunden hat. Um den Antisemitismus in der Gegenwart und in den kommenden Jahren zu bekämpfen und zu besiegen, ist daher die Erinnerung an die Geschichte des Holocaust ein notwendiges, aber nicht ausreichendes Unterfangen. Die Geschichte der drei Gesichter des Antisemitismus in den entscheidenden vierzig Jahren des 20. Jahrhunderts spiegelt sich in der Erneuerung des Judenhasses im 21. Jahrhundert wider. Die Leugnung des Holocaust, die früher auf kleine, isolierte Gruppen von Spinnern beschränkt war, findet nun über die sozialen Medien ein größeres Publikum.[17] In den Vereinigten Staaten haben Trump und der Trumpismus eine Verbindung zwischen den antisemitischen Verschwörungstheorien der extremen Rechten und Teilen der Republikanischen Partei geschaffen. Sowohl vor als auch nach dem Sturm auf das US-Kapitol am 6. Januar 2021 hat diese rechte Form des Antisemitismus zu Recht viel Aufmerksamkeit erhalten. In politischen Aufsätzen der letzten zwei Jahrzehnte habe ich mich auch mit dieser Strömung auseinandergesetzt. In meinen Aufsätzen in Meinungszeitschriften habe ich mich mit den drei Gesichtern des Antisemitismus befasst, wie sie in Erscheinung traten seit den islamistischen Terroranschlägen vom 11. September 2001, den akademischen Bemühungen der Linken, den Staat Israel zu boykottieren, und der Rückkehr eines politisch konsequenten rechten Antisemitismus, wie es ihn in der amerikanischen Politik seit den 1930er Jahren nicht mehr gegeben hat (als die erste „America First"-Bewegung der Vereinigten Staaten versuchte, die USA am Eintritt in den Krieg gegen Nazideutschland zu hindern, aber scheiterte). Da jeder dieser politischen Aufsätze ein bestimmtes Moment zum Ausdruck bringt, habe ich beschlossen, sie hier ohne Überarbeitung zu veröffentlichen.

Anmerkungen

1 Jeffrey Herf: „Die drei Gesichter des Antisemitismus“, *Frankfurter Allgemeine Zeitung*, 26. März 2020: https://www.faz.net/aktuell/feuilleton/debatten/jeffrey-herf-der-heutige-antisemitismus-hat-drei-urspruenge-16696194.html?premium (abgerufen am 8.11.24); „Three Faces of Antisemitism in 2020“, unveröffentlichter Vortrag, Bahá'í Chair for World Peace series on Structural Racism and the Root Cause of Prejudice and Human Nature, University of Maryland, College Park, 6. Oktober 2020.

2 Zur Untersuchung des Antisemitismus im 21. Jahrhundert siehe Murray Baumgarten, Peter Kenez und Bruce Thompson (Hrsg.): *Varieties of Antisemitism: History, Ideology, Discourse* (Newark: University of Delaware Press, 2009); Doron Rabinovici, Ulrich Speck und Natan Sznaider (Hrsg.): *Neuer Antisemitismus? Eine globale Debatte* (Frankfurt am Main: Suhrkamp Verlag, 2004); Alvin H. Rosenfeld (Hrsg.): *Resurgent Antisemitism: Global Perspectives* (Bloomington: Indiana University Press, 2013); Charles Asher Small (Hrsg.): *Global Antisemitism: A Crisis of Modernity*, 4 Bde. (New York: Institute for the Study of Global Antisemitism and Policy, 2013).

3 Auf Deutsch erschienen als *Unerklärte Kriege gegen Israel: Die DDR und die westdeutsche radikale Linke, 1967–1989* (Göttingen: Wallstein, 2019).

4 Zu den linken und islamistischen Aspekten des Antisemitismus, insbesondere seit dem Holocaust, siehe Robert S. Wistrich: *A Lethal Obsession: Antisemitism from Antiquity to the Global Jihad* (New York: Random House, 2010); und *From Ambivalence to Betrayal: The Left, the Jews, and Israel* (Lincoln: University of Nebraska Press und Vidal Sassoon International Center for the Study of Antisemitism, Hebrew University of Jerusalem, 2012).

5 Siehe Anthony McElligott und Jeffrey Herf (Hrsg.): *Antisemitism Before and Since the Holocaust* (London: Palgrave/Macmillan, 2017).

6 Ich habe diese Argumente in *The Jewish Enemy: Nazi Propaganda during World War II and the Holocaust* (Cambridge, MA: Harvard University Press, 2006) und *Nazi Propaganda for the Arab World* (New Haven, CT: Yale University Press, 2009) dargelegt.

7 Zum Ende des Nationalsozialismus als wichtige politische Kraft in Ost- und Westdeutschland in der Nachkriegszeit siehe Jeffrey Herf: *Divided Memory: The Nazi Past in the Two Germanys* (Cambridge, MA: Harvard University Press, 1997). Auf Deutsch erschienen als *Zweierlei Erinnerung. Die NS-Vergangenheit im geteilten Deutschland* (Berlin: Propyläen, 1998).

8 Zur Bedeutung des Antifaschismus für die Sowjetunion und zur Attraktivität des Kommunismus in Europa siehe François Furet: *The Passing of an Illusion: The Idea of Communism in the Twentieth Century* (Chicago, IL: University of Chicago, 1999); und Anson Rabinbach: „Part II, Antifascism“, in: Stefano Geroulanos und

Dagmar Herzog (Hrsg.): *Staging the Third Reich. Essays in Cultural and Intellectual History* (New York/London: Routledge: 2020), 187–292.

9 Zur sowjetischen Unterstützung für die Gründung des jüdischen Staates in Palästina siehe Jeffrey Herf: *Israel's Moment: International Support for and Opposition to Establishing the Jewish State, 1945–1949* (Cambridge: Cambridge University Press, 2022).

10 Karl Marx: „Zur Judenfrage", in: Marx-Engels-Werke (MEW) Bd. 1 (Berlin: Dietz Verlag, 1976), S. 347–377. Siehe auch Jerry Z. Muller: „Karl Marx: From Jewish Usury to Universal Vampirism", in: ders.: *The Mind and the Market: Capitalism in Modern European Thought* (New York: Alfred A. Knopf, 2002); und David Nirenberg: „Modernity Thinks with Judaism", in: ders.: *Anti-Judaism: The Western Tradition* (New York: W. W. Norton, 2013), 423–460.

11 Zu den Säuberungen in Ostdeutschland siehe Herf: *Zweierlei Erinnerung*, 130–193.

12 Zur westdeutschen extremen Linken siehe Herf: *Unerklärte Kriege gegen Israel*. Zur Boykottkampagne und der Präsenz von Antisemitismus in der britischen Labour Party siehe David Hirsh: *Contemporary Left Antisemitism* (New York/Abingdon: Routledge, 2018).

13 Siehe Herf: *Nazi Propaganda for the Arab World* und Matthias Küntzel: *Nazis und der Nahe Osten: Wie der islamische Antisemitismus entstand* (Berlin/Leipzig: Hentrich & Hentrich, 2019).

14 Eine wertvolle Sammlung von Aufsätzen zu dieser Tradition und zu neueren Forschungen über Kontinuitäten und Brüche findet sich in Magnus Brechtken (Hrsg.): *Aufarbeitung des Nationalsozialismus: Ein Kompendium* (Göttingen: Wallstein Verlag, 2021). Zu den Ursprüngen der Tradition siehe Herf: *Zweierlei Erinnerung*, 239–394. Zum Widerstand gegen Aufarbeitung, verfrühter Amnestie und verspäteter Gerechtigkeit siehe Eckart Conze, Norbert Frei, Peter Hayes und Moshe Zimmerman (Hrsg.): *Das Amt und die Vergangenheit: Deutsche Diplomaten im Dritten Reich und in der Bundesrepublik* (München: Karl Blessing Verlag, 2010); Norbert Frei: *Vergangenheitspolitik: Die Anfänge der Bundesrepublik und die NS-Vergangenheit* (München: C. H. Beck, 1996); und Mary Fulbrook: *Reckonings: Legacies of Nazi Persecution and the Quest for Justice* (New York/Oxford: Oxford University Press, 2018).

15 Zu Adenauer, Adorno, Bauer, Böhm, Heuss, Schumacher und anderen in den 1940er und 1950er Jahren siehe Herf: *Zweierlei Erinnerung*.

16 Theodor W. Adorno: „Was bedeutet Aufarbeitung der Vergangenheit", in seinen *Gesammelten Schriften* Bd. 10.2 (Frankfurt am Main: Suhrkamp Verlag, 1977), 558–559.

17 Siehe Jeffrey Herf: „Postwar Antisemitism and Holocaust Denial", erscheint demnächst in Laura Jockusch und Devon Pendas (Hrsg.): *Cambridge History of the Holocaust, Vol. 4: Outcomes, Aftermath, Repercussions*.

1
REAKTIONÄRER MODERNISMUS, DIE JUDEN UND DER ANTIKAPITALISMUS IN WEIMAR UND NAZIDEUTSCHLAND

Die abwertende Assoziation von Judentum und Juden mit dem Kapitalismus hat feste Wurzeln in den Traditionen des Christentums und bei prominenten Autoren von Voltaire bis Marx, die vom 18. bis zum 20. Jahrhundert den ältesten Hass modernisierten und ihn zu einem Element des linken Antikapitalismus machten.[1] Für die Antisemiten jener Zeit, insbesondere für diejenigen, die sich zum Faschismus und Nazismus hingezogen fühlten, verkörperten die Juden eine politische, ökonomische und kulturelle Modernität, die sie zu verabscheuen gelernt hatten.[2] Wie der Historiker George Mosse feststellte, wurde die Realität dessen, was er provokativ „die faschistische Revolution" nannte, von Zeitgenossen und Historikern unterschätzt, weil Faschisten und Nazis die etablierte Ordnung gegen die vermutete Bedrohung durch kommunistische Revolutionen verteidigten.[3] Im Zuge ihres Angriffs auf die liberale Demokratie definierten die Autoren der Weimarer „Konservativen Revolution" und auch die Nazis die Bedeutung des Kapitalismus und damit des Antikapitalismus neu. Sie assoziierten die Juden mit demjenigen, was sie als sinistre „Hochfinanz" und „Plutokratie" anprangerten, und setzten einen Angriff auf den so definierten Kapitalismus mit einer „Revolution" gleich, die auf eine Abschaffung der Juden anstatt des Privateigentums an den Produktionsmitteln abzielte. Dieser rechte Antikapitalismus mutet bis heute befremdlich an in einer Welt, in der es die Linke ist, die am stolzesten ihren Antagonismus zur Marktwirtschaft verkündet.

Diese befremdliche Verbindung zwischen einer umdefinierten Bedeutung des Antikapitalismus und der Feindseligkeit gegenüber dem Judentum und den Juden zeigte sich deutlich in einer ideologischen und kulturellen Tradition, die in der Weimarer Republik aufkam und im nationalsozialistischen Deutschland fortbestand, und die ich den „reaktionären Modernismus" genannt habe.[4] Dieser Begriff bezieht sich auf eine Reihe von Ideen, die in Deutschland zuerst von der antidemokratischen Rechten und ihrer konservativen Revolution artikuliert wurden und bis ins „Dritte Reich" fortwirkten. Die reaktionären Modernisten vertraten die Ansicht, dass die liberale Demokratie und ihre Spaltungen ein Relikt des 19. Jahrhunderts gewesen und dass autoritäre Herrschaft in Verbindung mit technologischem Fortschritt das wahre Gesicht der Moderne sei. In ihrer Vorstellung von der Moderne hatten Juden keinen Platz.

Stattdessen sahen die reaktionären Modernisten, die über den Kapitalismus schrieben, in den Juden einen zerstörerischen und unheilvollen Einfluss. Die antikapitalistische konservative Revolution der antisemitischen Schriftsteller unter den reaktionären Modernisten ließ die bestehenden Strukturen der ökonomischen und politischen Herrschaft unangetastet. Stattdessen sahen sie in „den Juden" die Verkörperung dessen, was sie an der modernen Wirtschaft und Gesellschaft verachteten. Indem die abwertende Assoziation von Juden mit dem Kapitalismus in den letzten Jahrzehnten insbesondere durch die extreme Rechte wieder in die Weltpolitik Einzug gehalten hat, finden die vor einem Jahrhundert in Deutschland veröffentlichten Aufsätze und Bücher ein beunruhigendes zeitgenössisches Echo und verdienen daher erneute Aufmerksamkeit.[5] Diese Schriften vertraten die Auffassung, dass die moderne Technik ein Produkt spezifisch deutscher philosophischer und kultureller Traditionen sei und sich somit von der liberalen politischen Moderne der Vereinigten Staaten, Frankreichs und Großbritanniens – der Sieger des Ersten Weltkriegs – unterscheide. In Büchern wie Oswald Spenglers *Der Untergang des Abendlandes* (1918), Ernst Jüngers *In Stahlgewittern* (1920), *Der Kampf als inneres Erlebnis* (1922) und *Der Arbeiter* (1932), Hans Freyers *Revolution von rechts* (1931) sowie Carl Schmitts *Politische Romantik* (1919) und *Der Begriff des Politischen* (1932) schufen Autoren ein Werk, das die moderne Technik von ihrem Angriff auf den Liberalismus ausnahm und sie stattdessen in die Vision einer konservativen Revolution einbezog – eine Umwälzung, die zu dem führen sollte, was sie als autoritäre nationale Gemeinschaft anpriesen.[6] Wie der Kulturkritiker Walter Benjamin damals erkannte, entwarf Jünger in seinen Büchern und Aufsätzen der Zwischenkriegszeit die Umrisse einer zukünftigen nationalen Gemeinschaft, die aus einer idealisierten Version der Männergemeinschaft der Schützengräben hervorgehen sollte. Während andere die Technik als Dienerin des Schlachtens und der Entmenschlichung anprangerten, sahen Jünger und die anderen führenden reaktionären Modernisten sie als unverzichtbar für ein Deutschland an, das aus der Niederlage und aus einer verachteten liberalen Demokratie zu neuer Macht auferstehen könne, auf der Grundlage einer „totalen Mobilisierung" von Staat und Gesellschaft.[7]

Die pejorative Assoziation von Juden und Kapitalismus, die tief in der europäischen Kultur verwurzelt ist, fand in die deutsche konservative Sozialtheorie entscheidend durch Werner Sombarts *Die Juden und das Wirtschaftsleben* im Jahr 1911 Eingang. Obwohl dessen Abneigung gegen den Kapitalismus bereits in seinen Werken des vorangegangenen

Jahrzehnts deutlich geworden war, brachte erst *Die Juden und das Wirtschaftsleben* ein antisemitisches Argument in die wissenschaftliche Debatte über die Ursprünge des Kapitalismus in Europa ein.[8] Damit wies das Buch Max Webers These zurück, dass der Leidensdruck, der aus der Abschaffung der priesterlichen Beichte während der Reformation resultierte, eine „protestantische Ethik" der harten Arbeit und des Triebaufschubs hervorgebracht habe, die für die Kapitalakkumulation entscheidend gewesen sei.[9]

Sombarts Gegenrede war ein reaktionäres Gegenstück zu Marx' Aufsatz „Zur Judenfrage" von 1843. Beide säkularisierten die christliche Assoziation der Juden mit dem Geld und überführten sie in die Konzepte antikapitalistischer Sozialtheorie, zunächst im Rahmen der marxistischen Anprangerung des Kapitalismus und dann durch Sombarts Beitrag zum „konservativen Antikapitalismus" in Deutschland vor und nach dem Ersten Weltkrieg. Während Marx ein Element des Antisemitismus in die sozialistische und kommunistische Tradition einführte, verlieh Sombarts professoraler Wälzer einer antisemitischen Interpretation der Entwicklung des europäischen Kapitalismus den Anstrich akademischer Respektabilität.[10] Wie der Wirtschaftshistoriker David Landes es formulierte, hätte *Die Juden und das Wirtschaftsleben* „umgehend als pseudowissenschaftlicher Schwindel abgetan werden müssen, [und als] ein pedantischer Versuch, durch den verschwenderischen Gebrauch von polyglotten Fußnotenverweisen einem irren Unsinn, der bereits in platten deutschen Begriffen verbreitet war, eine akademische Seriosität zu verleihen".[11] Was also Wirtschaftshistoriker als Schwindel abwiesen, diente dazu, im Bildungsbürgertum eine Akzeptanz gegenüber demjenigen zu fördern, was der Gesellschaftstheoretiker Max Horkheimer später die „Revolte der Natur" nennen sollte – eine Form des Antisemitismus, die die Juden gleichzeitig als Agenten der kapitalistischen Rationalität und als Symbole einer rückständigen Religion denunzierte.[12]

Sombarts antisemitische Interpretation der Entwicklung des Kapitalismus in Europa stellte den Übergang vom Feudalismus zum Kapitalismus als einen Übergang von einer vom Christentum geprägten *Gemeinschaft* zu einer vom Geist des Judentums durchdrungenen *Gesellschaft* dar. Es seien die Juden gewesen, die den Geist des Erwerbs und der Berechnung in eine mittelalterliche Gemeinschaft eingeführt hätten, welche auf der Achtung ehrlicher Arbeit und eines gerechten Preises beruht habe. Die „Gebrauchsgüterbeschaffung" sei in dieser Gemeinschaft noch nicht von der „reinen Warenproduktion" verdrängt worden. Die Juden seien es dann gewesen, die in diese vormoderne Idylle eindrangen und die bedauerliche Vorherrschaft der Wirtschaft über Politik, Kultur und

Religion herbeiführten. Zudem seien die Juden die Träger einer „kapitalistischen Weltwirtschaft“, die international und nicht an bestimmten Orten verwurzelt sei.[13]

Bei seiner Untersuchung der sozialen und wirtschaftlichen Stellung der Juden als städtische Kaufleute in einem weitgehend agrarisch geprägten Europa griff Sombart in *Die Juden und das Wirtschaftsleben* die sehr alten und etablierten christlichen Denunziationen des Judentums als einer Religion auf, die im Vergleich zum Christentum eine Lehre der Vernunft und der Verträge und nicht der Emotionen und Gefühle sei. Sombart postulierte eine Wahlverwandtschaft zwischen der auf diese Weise interpretierten jüdischen Religion und dem von ihm verachteten modernen Kapitalismus. Das Judentum, so schrieb er, sei „ein Verstandeswerk“ und entbehre daher der Gefühle und Emotionen der „natürliche[n]“ Welt. „Die jüdische Religion kennt kein Mysterium“ und sei die „einzige“ Religion, von der man das sagen könne.[14] Sie, nicht Webers protestantische Askese, habe den modernen Kapitalismus und die Rationalisierung der europäischen Gesellschaft begünstigt. Die jüdische Affinität zum modernen Kapitalismus ergebe sich aus der Tatsache, dass „[d]as ganze Religionssystem [...] im Grunde nichts weiter als ein Vertrag zwischen Jahve und seinem auserwählten Volke“ sei.[15] Das Judentum ersetze die „natürlichen Motive“ durch Selbstdisziplin und Zielstrebigkeit sowie die Vorstellung, dass „das ganze Menschenleben [...] ein einziger großer Kampf gegen die feindlichen Mächte der Natur“ sei.[16]

Diese Aspekte des Judentums seien Quellen für den Geist des Erwerbs, des Kalküls und damit für die Entwicklung des modernen Kapitalismus. Webers Argument von der protestantischen Ethik und dem Geist des Kapitalismus beantwortete Sombart mit der Behauptung: „Puritanismus *ist* Judaismus.“[17] Die abstrakte Natur der kapitalistischen Gesellschaft stelle „das genaue Gegenstück zum jüdischen Geiste dar“. In beiden würden „alle Qualitäten durch [...] den rein quantitativen Tauschwert ausgelöscht“, Händler ersetzten „die vielen buntfarbigen, technischen Betätigungen [...]. Im Gelde kommt beider [des Kapitalismus sowie des Judentums] innerste Eigenart zum vollendeten Ausdruck.“[18] Die Nähe von Sombarts „soziologischer Analyse“ zum traditionellen christlichen Antijudaismus zeigt sich in seiner Behauptung, „der Christ nimmt seinen Weg in die Höhe vom Techniker, der Jude vom Geschäftsreisenden oder Kommis“.[19]

Sombarts Antisemitismus tritt in seiner Definition des Kapitalismus und seiner Auffassung von Technik deutlich zutage,

> bedeutet doch Kapitalismus seinem Wesen nach nichts anderes als Auflösung des wirtschaftlichen Prozesses in seine beiden Bestandteile Technik und Kommerz und den Primat des Kommerzes über die Technik. Sodaß von Anbeginn an die kapitalistische Industrie den Juden Gelegenheit bot, sich in ihrer Eigenart zu betätigen [...].[20]

Wenn der Kapitalismus für den Vorrang des Handels vor der Technik, der Zirkulation vor der Produktion, des Tauschwerts vor dem Gebrauchswert stand, dann bedeutete Antikapitalismus die Umkehrung dieses Verhältnisses, indem man der Technik und der Produktion den Vorrang über den Handel zugestand. Das ideologische Programm verlangte, die Technik in eine deutsche, christliche Welt des Gebrauchswertes einzubinden, die gegen ein fremdes, internationales, jüdisches Universum des Tauschwertes antrat. Sombarts „Antikapitalismus" bedeutete, moderne Technik in die deutsche Kultur zu integrieren und den „jüdischen Geist" aus der deutschen Wirtschaft und Gesellschaft zu vertreiben.

In seiner 1934 erschienenen Schrift *Deutscher Sozialismus* begrüßte Sombart den „neuen Geist" des deutschen Sozialismus, der mit Hitlers Machtantritt begonnen habe und sich anschicke, „Deutschland aus der Wüste des ökonomischen Zeitalters herauszuführen".[21] Sombart betonte, dass er einen biologisch begründeten Rassismus nicht akzeptiere, doch Passagen aus *Deutscher Sozialismus* legen das Gegenteil nahe. Einige „Rassen" seien besonders „beseelt". Die Wissenschaft könne „niemals [...] eine bestimmte Entsprechung zwischen Leib und Geistseele ausschließen", aber sie könne auch keine notwendige Korrespondenz bestätigen. Der „jüdische Geist" habe sich über die Juden hinaus in die moderne deutsche Gesellschaft ausgebreitet und würde dort fortbestehen, „wenn auch der letzte Jude und Judenstämmling vernichtet worden wäre". Er sei „in tausend Organisationen sedimentiert und objektiviert[,] [...] vor allem in unserer Wirtschaft". 1934 bestehe die Hauptaufgabe der Deutschen und des deutschen Sozialismus darin, die Nation vom jüdischen Geist zu befreien. Der deutsche Sozialismus verbinde Nationalismus mit Antikapitalismus, und das wiederum erfordere eine „tunliche Beseitigung dessen, was man ‚jüdischen Geist' nennt".[22]

Wenngleich Sombart nicht der NSDAP angehörte, spiegelte sein *Deutscher Sozialismus* sowohl die damals bereits fest etablierte antijüdische Verfolgungspolitik des NS-Regimes als auch deren Bezugnahme auf den Nationalismus wider und verlieh beidem wissenschaftliches Prestige. Sein Beitrag zum reaktionären Modernismus bestand darin, in einer Reihe damals gemeinhin überzeugender Gegenüberstellungen die Sprache der Gesellschaftstheorie mit der von „Rasse" und Rassismus zu verschmelzen. Auf der einen Seite stand die deutsche Technik – ein Phänomen, das Sombart eher mit dem konkreten Authentischen als mit dem Abstrakten und Universellen in Verbindung brachte –, auf der anderen eine universelle Technik. Deutschland stand für Gebrauchswert und Produktion und nicht für Tauschwert und Zirkulation, für Kultur und nicht für Zivilisation und nach 1933 für den Nationalsozialismus und nicht für den internationalen Sozialismus (Marxismus) und/oder den internationalen Kapitalismus.

Während Sombarts Werk vor allem an den Universitäten rezipiert wurde, erreichte Oswald Spenglers *Der Untergang des Abendlandes* eine breitere Leserschaft und wurde zum Bestseller der konservativen Revolution der 1920er Jahre in Deutschland.[23] Es enthielt die ganze Bandbreite der reaktionären Unzufriedenheit mit der liberalen Demokratie und brachte eine Sehnsucht nach einer Zukunft des technischen Fortschritts und autoritärer Politik zum Ausdruck. 1918 schrieb Spengler an seinen Freund Hans Klöres: „In der Tat liegt unsere Zukunft einerseits im preußischen Konservatismus, nachdem er von jeder feudal-agrarischen Enge gereinigt ist, und andererseits im arbeitenden Volk, nachdem es sich von der anarchisch-radikalen ‚Masse' [...] abgesondert hat."[24] Spengler, dem es gelang, die Technik aus dem Bereich der vermeintlich oberflächlichen „westlichen" Zivilisation in den vermeintlich profunderen – deutschen – Bereich der Kultur zu verschieben, wurde zum meistgelesenen Schriftsteller des reaktionären Modernismus. In diesem Zuge ersann er reaktionäre Neudefinitionen von Kapitalismus und Sozialismus.

In *Preußentum und Sozialismus*, einer Polemik gegen England und Frankreich aus dem Jahr 1919, definierte Spengler den Sozialismus nicht als ein Bestreben, das Privateigentum an den Produktionsmitteln zu ersetzen oder die Einkommensungleichheit zu verringern, sondern als Ausdruck von Werten, die er für typisch deutsch hielt: Treue, Disziplin, Selbstlosigkeit, Opferbereitschaft und das Wohl der nationalen Gemeinschaft statt des Individualismus. Die eigentlich linke Revolution von 1918/19 in Deutschland verurteilte er als „die sinnloseste Tat der deutschen Geschichte", die von „Literatengeschmeiß" angeführt worden sei. Der Sozialismus sei eine der preußischen Tugenden, die sich „gegen das innere England" wende, „gegen die Weltanschauung [eines marxistischen und liberalen Rationalismus], welche unser ganzes Leben als Volk durchdringt, lähmt und entseelt". Deutschland brauche „Männer" und „Härte, [...] wir brauchen eine Klasse von sozialistischen Herrennaturen. Noch einmal: der Sozialismus bedeutet Macht, Macht und immer wieder Macht." Das Ziel war ein preußischer Sozialismus, der eine „Diktatur [...] der Organisation" anstrebte, um die „Diktatur des Geldes" zu ersetzen, die

Deutschland seiner Meinung nach in den Ruin führte. Diese Verbindung von „Sozialismus", preußischem Autoritarismus und Nationalismus war Teil von Spenglers Angriff auf den Liberalismus, den Marxismus und das, was herkömmlich als Sozialismus verstanden worden war.[25]

In *Der Untergang des Abendlandes* wartete Spengler mit einer Umdeutung des Begriffs „Kapitalismus" auf, die zu dem beitrug, was zu jener Zeit als „deutscher Antikapitalismus" bekannt wurde. Im Mittelpunkt standen dabei eine Reihe von Gegenüberstellungen zwischen Abstraktion und Konkretheit, Produktion und Parasitentum, den Kräften des „Blut[es] und der Tradition" und denen des „Gelddenkens". Spengler schrieb: „[D]er Boden ist etwas Wirkliches und Natürliches, das Geld etwas Abstraktes und Künstliches […]."[26] Das Militär und die Familie seien von der Geldverflechtung ebenso unberührt geblieben wie die Generation der Veteranen, die aus den Schützengräben des Ersten Weltkriegs hervorging. Die Demokratie wiederum sei in den „Triumph des Geldes" über die angeblich tieferen Kräfte des Blutes und des Instinkts verwickelt. Ein Primat der Politik solle dazu dienen, die Ära der Wahlen und der eigennützigen politischen Parteien zu beenden. In der Tat habe die moderne Wirtschaft die Seele entwertet und die „Spannkraft der Rasse" erschöpft. Die echte Kultur stehe im Gegensatz zu den Annehmlichkeiten der bürgerlichen Kultur und finde ihren wahren Ausdruck im Krieg. Der Erfolg im Krieg erfordere die modernsten Mittel, das heißt moderne Technik.[27]

Als Kapitalismus bezeichnete Spengler die Welt der städtischen Kaufleute und der Warenzirkulation, die er dem „fest in sich geschlossenen Landleben" gegenüberstellte. Hier zeigt sich Spenglers Antisemitismus, denn die Juden verortete er unter den städtischen Kaufleuten, die kein Gefühl für die Schönheit bäuerlicher Landschaften hätten und stattdessen nur an den „abstrakten Geldwert" dächten. Geld sei „zuletzt die Form von geistiger Energie", die einen „Herrscherwille[n]" ausdrücke.[28] *Der Untergang des Abendlandes* brachte jahrhundertealte Klischees über die Juden und das Geld in den Diskurs der in der konservativen Revolution Weimars etablierten Kulturkritik ein. Das Werk ist ein Dokument der Verdinglichung, das heißt der Behauptung, dass soziale und wirtschaftliche Verhältnisse in Wirklichkeit die Emanationen bestimmter stereotyper Individuen seien. Als archetypische Kapitalisten machte Spengler „den Juden" oder „die Juden" aus – auf diese Weise befeuerte sein „Antikapitalismus" den Rassenantisemitismus.

Spenglers Revolte gegen die Abstraktion war ein Plädoyer für technischen Fortschritt. Der deutsche Ingenieur, der „wissende Priester der Maschine", solle die politische Führung übernehmen und diejenigen romantischen und irrationalen Aspekte der Technik ergreifen, die noch nicht durch die Macht des Geldes korrumpiert seien. Spengler stellte einen Kampf zwischen Industrie und Finanzwesen als moderne Form des „uralte[n] Ringen[s] zwischen erzeugender und erobernder Wirtschaft" dar, das letztlich zwischen „Geld und Blut" ausgetragen werde. Er hoffte auf einen neuen „Cäsarismus" in einem autoritären Staat, der „die Diktatur des Geldes und ihrer politischen Waffe, der Demokratie" brechen würde. Diesen „Sozialismus" beschrieb er als eine nationale politische Gemeinschaft, die den „Kapitalismus" ersetzen würde, den er als selbstsüchtigen liberalen Individualismus verstand: „Das Geld wird nur vom Blut überwältigt und aufgehoben."[29]

Der Untergang des Abendlandes wurde zu einem kanonischen Werk des deutschen rechten „Antikapitalismus". Mit seiner Neudefinition des Kapitalismus als Finanz- und Geldwesen und des Sozialismus als einer dem technischen Fortschritt verschriebenen nationalen Gemeinschaft drückte das Werk Hoffnung inmitten der Wut der politischen Rechten über den verlorenen Krieg aus. Es war einer unter vielen Texten der konservativen Revolution in Weimar, die erstens die Gleichsetzung der Juden mit dem Kapitalismus förderten und zweitens der Assoziation Deutschlands mit einer nationalen und sozialistischen Revolte gegen jenen imaginierten jüdischen Kapitalismus Vorschub leisteten.

Reaktionärer Modernismus und deutsche Ingenieure

Das Bemühen, moderne Technik in den Komplex der deutschen *Kultur* einzubinden und sie aus der Assoziation mit der westlichen *Zivilisation* – das heißt Großbritannien, Frankreich, den Vereinigten Staaten und manchmal auch der Sowjetunion – herauszutrennen, war ein wichtiges Anliegen der ingenieurwissenschaftlichen Professoren in Deutschland, die Bücher und Zeitschriftenartikel zu diesem Thema verfassten.[30] 1934 veröffentlichte der *Verein Deutscher Ingenieure* die Aufsatzsammlung *Die Sendung des Ingenieurs im neuen Staat,* in der das NS-Regime begrüßt wurde, weil es Technologie „in den Dienst der Gesamtheit des Volkes" stelle.[31] Die Aufsätze und Bücher dieser Ingenieure, die an den rechten Antikapitalismus von Spengler und Sombart anknüpften, zwischen dem „technischen" und dem „kapitalistischen" Menschen unterschieden und Technologie als ein spezifisch deutsches Phänomen darstellten, waren ein unzweideutiger Beitrag zur Tradition des reaktionären Modernismus. Diese Schriften machten die Ingenieurskollegen auf die von literarischen, politischen und sozialwissenschaftlichen Intellektuellen entwickelten Themen des reaktionären Modernismus aufmerksam.

Auch die Nationalsozialisten waren sich der Technikbegeisterung in der konservativen Revolution bewusst und bemühten sich, sie zu fördern. 1919 unterschied Gottfried Feder, ein Ingenieur und frühes Mitglied der NSDAP, in seinem Buch *Das Manifest zur Brechung der Zinsknechtschaft des Geldes* zwischen „jüdischem Finanzkapital" und „nationalem Kapital",[32] und die „Brechung der Zinsknechtschaft" war ein zentrales Thema des 25-Punkte-Programms der NSDAP vom Februar 1920.[33] In seinem Manifest prangerte Feder den „Mammonismus" als eine „Geistesverfassung" an, die von einer unbenannten „überstaatlichen Finanzgewalt" und einer „goldene[n] Internationale" angetrieben werde, „die über allem Selbstbestimmungsrecht der Völker thron[t]". Dieser Mammonismus verbreite sich in „weitesten Volkskreisen" und führe zu einem „erschreckenden Sinken aller sittlichen Begriffe". „[I]n der internationalen Plutokratie" werde er „auf die Spitze getrieben", und an Macht gewinne er mittels des „endlose[n] Güterzufluss[es], der durch den Zins geschaffen wird", welcher eine „teuflische Erfindung des Großkapitals" sei; das einzige „Heilmittel [...] der leidenden Menschheit" liege in der „Brechung der Zinsknechtschaft".[34] Des Weiteren betonte Feder in *Der deutsche Staat auf nationaler und sozialer Grundlage*, dass „der Jude" der produktiven Arbeit fernstehe und damit einen parasitären Geist fördere. Die deutsche Großindustrie – die Firmen Krupp, Mannesmann und Thyssen – stehe dagegen keineswegs im Widerspruch zum Interesse der Gesamtheit: Die „Anerkennung des Privateigentums ist zu tief verankert in der klaren Erkenntnis arischer primärer Geistesstruktur".[35] 1933 unterschied Feder in seinem *Kampf gegen die Hochfinanz* zwischen „schaffendem" (das heißt deutschem) und „raffendem" (das heißt jüdischem) Kapital und brachte letzteres mit internationalen Finanziers in Verbindung, die die Ressourcen der Nation ausbeuteten.[36]

Feders antikapitalistische Rhetorik fiel schließlich in Ungnade, als Hitler enge Beziehungen zu einigen deutschen Industriellen knüpfte, aber seine Unterscheidung zwischen schaffendem und raffendem Kapital fand in den „antikapitalistischen" Texten der deutschen Ingenieure ihren Widerhall. Die erste nationalsozialistische Stellungnahme zu moderner Technik wurde 1930 in der *Nationalsozialistischen Bibliothek* veröffentlicht, einer von Feder geleiteten Reihe. In Peter Schwerbers *Nationalsozialismus und Technik: Die Geistigkeit der nationalsozialistischen Bewegung* verschmolz die nationalsozialistische Ideologie mit den Traditionen der Ingenieure.[37] Der Text bleibt eine klassische Darstellung der Synthese von Judenhass und Technikbegeisterung in der NSDAP. Schwerber schrieb, dass der Nationalsozialismus dem technischen Fortschritt keineswegs feindlich gegenüberstehe, sondern ihn von der „Herrschaft des Geldes" und den „Fesseln" des jüdischen Materialismus befreien wolle, der dem „autonomen Lebenselement des deutschen Volkes" fremd sei. Die Generation der „Fronterfahrung" im Ersten Weltkrieg begreife die Idee der Freiheit von körperlicher Arbeit und das Potenzial der freien Zeit, das mit moderner Technik verbunden sei. Doch das Ziel der Freiheit werde nicht erreicht aufgrund der „Herrschaft einer dem Wesen der Technik fremden Macht, nämlich der Macht des Geldes [...], [der] jüdisch-materialistischen Umklammerung aller unserer Lebensumstände".[38] Der Nationalsozialismus, so Schwerber weiter, gehe über die Klage hinaus zur „entschlossenen Tat" der Befreiung. Gegen die „Macht des Geldes" könnten nur „Blut" und Tat siegen. Sowohl die Technik als auch der Nationalsozialismus besäßen einen „ursprünglichen Lebenstrieb", und beide richteten sich gegen die „jüdisch-materialistische Umklammerung".[39] Während Juden die Technik zerstörten, sei die „nordische Rasse" ideal für sie geeignet. Die „Befreiung" der Technik gehe also Hand in Hand mit einem Angriff auf die Juden, die, wie Schwerber behauptete, ihrer vollen Verwirklichung im Wege stünden. Seine Botschaft an die Ingenieurskollegen lautete, dass der Antisemitismus der Schlüssel zum technischen Fortschritt sei.

In *Mein Kampf* (1925) schloss sich Hitler der reaktionär-modernistischen Überzeugung an und nahm die moderne Technik vom allgemeinen kulturellen Antimodernismus des deutschen Rechtsnationalismus und der NSDAP aus. Er lobte Feders Arbeit über den Zins als

> eine theoretische Wahrheit [...], die von immenser Bedeutung für die Zukunft des deutschen Volkes werden wird. Die scharfe Scheidung des Börsenkapitals von der nationalen Wirtschaft bot die Möglichkeit, der Verinternationalisierung der deutschen Wirtschaft entgegenzutreten, ohne mit dem Kampf gegen das Kapital überhaupt auch die Grundlage einer unabhängigen völkischen Selbsterhaltung zu bedrohen.

Hitler betonte, dass „der Kampf gegen das internationale Finanz- und Leihkapital [...] zum wichtigsten Programmpunkt des Kampfes der deutschen Nation um ihre Unabhängigkeit und Freiheit" avanciert sei.[40] Die angebliche Verbindung mit dem „internationalen Finanzkapital" war eine der Sünden, die Hitler den Juden als „Rasse" zuschrieb. Ebenfalls in *Mein Kampf* beschrieb er den „Arier" als „Kulturbegründer", der auf einer Synthese aus „hellenische[m] Geist und germanische[r] Technik" beruhe.[41] Seine Begeisterung für die moderne Technik, die sich in seiner Vorliebe für Automobile, das Radio und die Luftfahrt zeigte, manifestierte sich auch in den Wiederaufrüstungsprogrammen des NS-Regimes.[42]

Der nationalsozialistische Propagandaminister Joseph Goebbels verband geschickt Motive der deutschen Romantik mit der Begeisterung für die Technik. In einer Rede auf der Berliner Automobilausstellung im Februar 1939 betonte er, der Nationalsozialismus habe „die Technik, die von uns nicht verneint oder gar bekämpft, sondern bewußt bejaht wird, innerlich zu beseelen". Er verwies auf die „stählerne[] Romantik unseres Jahrhunderts" und proklamierte, dass man im Nationalsozialismus „in den Ergebnissen der modernen Erfindung und Technik eine neue Romantik entdeckt" habe. Während die „bürgerliche Reaktion" der Technik skeptisch oder feindlich gegenüberstehe, „hat der Nationalsozialismus es verstanden, der Technik ihr seelenloses Gepräge zu nehmen und sie mit dem Rhythmus und dem heißen Impuls unserer Zeit zu erfüllen".[43]

Seit dem Holocaust spielte die Mischung aus reaktionärem Antikapitalismus und Antisemitismus, die zunächst in der Weimarer konservativen Revolution und dann im nationalsozialistischen Deutschland auftrat, in der Politik der liberalen Demokratien kaum mehr eine Rolle. Bei den Islamisten tritt die Verschmelzung von kultureller Reaktion und Begeisterung für moderne Technik ebenso wieder in Erscheinung wie in den Angriffen rechtsextremer Parteien auf ominöse internationale Finanziers. Daher ist die Untersuchung der nunmehr hundertjährigen Tradition des reaktionären Modernismus nach wie vor relevant für das Verständnis dieser Gesichter des Antisemitismus in unserer heutigen Zeit.

Anmerkungen

Auszüge mit Genehmigung nachgedruckt aus *Reactionary Modernism: Technology, Culture and Politics in Weimar and the Third Reich* von Jeffrey Herf, Cambridge University Press, Copyright 1984. Nachdruck mit Genehmigung von Cambridge University Press [dem Lizenzgeber] über PLSclear. Alle Rechte vorbehalten.

1 Zur Antipathie gegen das Judentum als materialistisch im Gegensatz zum seelenvollen Wesen des Christentums siehe David Nirenberg: *Anti-Judaism: The Western Tradition* (New York: W. W. Norton, 2013). Zu den Säkularisatoren des Antijudaismus siehe auch das Kapitel über Voltaire und über Karl Marx in Jerry Z. Muller: *The Mind and the Market: Capitalism in Modern European Thought* (New York: Knopf, 2002).

2 Zum Zusammenhang des Antisemitismus mit der kulturellen und politischen Revolte gegen die liberale Moderne, einschließlich des modernen Kapitalismus, siehe George L. Mosse: *The Crisis of German Ideology: Intellectual Origins of the Third Reich* (New York: Gossett and Dunlop, 1964; Madison: University of Wisconsin Press, 2021), auf Deutsch erschienen als *Ein Volk, ein Reich, ein Führer. Die völkischen Ursprünge des Nationalsozialismus* (Königstein im Taunus: Athenäum, 1979); Fritz Stern: *The Politics of Cultural Despair* (Berkeley/Los Angeles: University of California Press, 1961, 1974), auf Deutsch erschienen als *Kulturpessimismus als politische Gefahr. Eine Analyse nationaler Ideologie in Deutschland* (Stuttgart: Klett-Cotta, 2005); und Shulamit Volkov: *Germans, Jews, and Antisemites: Trials in Emancipation* (New York/Cambridge: Cambridge University Press, 2006).

3 George L. Mosse: *The Fascist Revolution: Toward a General Theory of Fascism* (New York: Howard Fertig, 1999).

4 Jeffrey Herf: *Reactionary Modernism: Technology, Culture, and Politics in Weimar and the Third Reich* (New York: Cambridge University Press, 1984).

5 Zu Juden und Kapitalismus siehe Jerry Z. Muller: *Capitalism and the Jews* (Princeton, NJ: Princeton University Press, 2010).

6 Zur Idee einer „konservativen Revolution" siehe Herf: *Reactionary Modernism*, 18–48. Zu den Visionen einer nationalen Gemeinschaft siehe Jerry Z. Muller: *The Other God that Failed: Hans Freyer and the Deradicalization of German Conservatism* (Princeton, NJ: Princeton University Press, 1987).

7 Zu Jüngers Büchern und Aufsätzen aus der Weimarer Zeit siehe Herf: *Reactionary Modernism*, 70–108; und Walter Benjamin: „Theorien des deutschen Faschismus. Zu der Sammelschrift ‚Krieg und Krieger'. Herausgegeben von Ernst Jünger" in: ders.: *Gesammelte Schriften III, Werkausgabe Band 8, Kritiken und Rezensionen* (Frankfurt am Main: Suhrkamp, 1980), 238–250. Zu Martin Heideggers ambivalenter Einstellung zur Technik und seiner Begeisterung für das NS-Regime siehe Herf: *Reactionary Modernism*, 109–114. Zum Zusammenhang zwischen seiner Philosophie, seiner Stellung in der konservativen Revolution und seinem Anti-

semitismus siehe zuletzt Richard Wolin: *Heidegger in Ruins: Between Philosophy and Ideology* (New Haven, CT: Yale University Press, 2023); und Jeffrey Herf: „Heidegger's Downfall", *Quillette*, 22. Februar 2023: https://quillette.com/2023/02/22/heideggers-downfall/ (abgerufen am 8.11.24).

8 Zu Sombarts früher Abneigung gegen den Kapitalismus siehe Werner Sombart: *Sozialismus und soziale Bewegungen im neunzehnten Jahrhundert* (Jena: Verlag Gustav Fischer, 1896); und *Der Moderne Kapitalismus* (Leipzig: Duncker & Humblot, 1902). Zum Antisemitismus von Sombarts Analyse siehe Jeffrey Herf: *Reactionary Modernism*, 130–151; und David S. Landes: „The Jewish Merchant-Typology and Stereotypology in Germany", *Leo Baeck Institute Yearbook*, 19 (1974), 11–23. Zum Vergleich von Weber und Sombart siehe Muller: *Capitalism and the Jews*, 52–61; Paul R. Mendes-Flohr: „Werner Sombart's ‚The Jews and Modern Capitalism': An Analysis of its Ideological Premises", *Leo Baeck Institute Yearbook*, 20 (1975), 87–107; und Werner E. Mosse: „Judaism, Jews and Capitalism: Weber, Sombart, and Beyond", *Leo Baeck Institute Yearbook*, 24 (1979), 3–15.

9 Die Literatur zur „Weber-These" ist umfangreich. Siehe Max Weber: *The Protestant Ethic and the Spirit of Capitalism* (New York: Charles Scribner, 1976 [1958]; die deutsche Erstausgabe erschien unter dem Titel *Die protestantische Ethik und der „Geist" des Kapitalismus* in den Ausgaben XX. und XXI. des Archivs für Sozialwissenschaft und Sozialpolitik.

10 Landes: *The Jewish Merchant*, 22. Zu Nationalsozialismus und Respektabilität siehe George L. Mosse: „Nazi Aesthetics: Beauty without Sensuality", in: ders.: *The Fascist Revolution: Toward a General Theory of Fascism*, (New York: Howard Fertig, 1999), 191–194.

11 Landes: *The Jewish Merchant*, 22.

12 Siehe Max Horkheimer: *The Eclipse of Reason* (New York: Oxford University Press, 1947; Seabury Press, 1974); auf Deutsch erschienen als *Zur Kritik der instrumentellen Vernunft* (Frankfurt am Main: Fischer, 1967); und Theodor W. Adorno und Max Horkheimer: *Dialektik der Aufklärung*, in Adornos *Gesammelten Schriften* Bd. 3 (Frankfurt am Main: Suhrkamp Verlag, 1981). Horkheimer und Adorno schreiben: „Der bürgerliche Antisemitismus hat einen spezifischen ökonomischen Grund: die Verkleidung der Herrschaft in Produktion", 197. Siehe auch Herbert Marcuse: „Der Kampf gegen den Liberalismus in der totalitären Staatsauffassung", *Zeitschrift für Sozialforschung*, Jahrgang III/1934, 161–195; und die Diskussion der kritischen Theoretiker über Antisemitismus in Herf: *Reactionary Modernism*, 9, 33–35.

13 Werner Sombart: *Die Juden und das Wirtschaftsleben* (Leipzig: Duncker & Humblot, 1911), 142–155, 199–223.

14 Ebd., 242–243.

15 Ebd., 244–245.

16 Ebd., 265.

17 Ebd., 293. Dreißig Jahre später, während des „Dritten Reichs", griff Wolf Meyer-Christian in seinem Werk *Die englisch-jüdische Allianz* auf Sombarts Argumente in Bezug auf die abwertende Assoziation zwischen Puritanismus und Judentum in seiner auf Großbritannien gerichteten antisemitischen Propaganda zurück. Siehe dazu die Diskussion in diesem Band, Kapitel 3, *Nationalsozialistischer Antizionismus*.

18 Ebd., 329.

19 Ebd., 134.

20 Ebd., 132.

21 Werner Sombart: *Deutscher Sozialismus* (Charlottenburg/Berlin: Buchholz & Weißwange, 1934), 160.

22 Ebd., 189–195.

23 Oswald Spengler: *Der Untergang des Abendlandes* (München: C. H. Beck, 1923; Nachdruck 1972). Siehe die Diskussion über Spengler in Herf: *Reactionary Modernism*, 49–69.

24 Oswald Spengler an Hans Klores, in: Anton M. Kotanek und Manfred Schroter (Hrsg.): *Oswald Spengler. Briefe 1913–1936* (München: C. H. Beck, 1936), 115, zitiert in Walter Struve: *Elites Against Democracy* (Princeton, NJ: Princeton University Press, 1973), 236–237.

25 Oswald Spengler: *Preußentum und Sozialismus* (München: C. H. Beck, 1922 [1919]), 10, 65, 81, 97–98.

26 Spengler: *Der Untergang des Abendlandes*, Band I 660–661, 669–671.

27 Ebd., 1148, 1118–1119.

28 Ebd., 1161–1167.

29 Spengler: *Der Untergang des Abendlandes*, Band II, 1, 190–191, 194.

30 Zu den deutschen Ingenieuren und dem reaktionären Modernismus siehe Herf: *Reactionary Modernism*, 152–188. Für ein typisches und synthetisches Werk siehe Heinrich Hardensett: *Der kapitalistische und der technische Mensch* (München: R. Oldenbourg, 1932) und die Diskussion in *Reactionary Modernism*, 181–186.

31 Rudolf Heiss (Hrsg.): *Die Sendung des Ingenieurs im neuen Staat* (Berlin: VDI [Verein Deutscher Ingenieure] Verlag, 1934), 152. Siehe darin Heinrich Hardensett: „Vom technisch-schöpferischen Menschen", 12–18; und Rudolf Heiss: „Wird der Nationalsozialismus die technische Kulturkrise lösen?", 1–11.

32 Gottfried Feder: *Das Manifest zur Brechung der Zinsknechtschaft des Geldes* (München: Franz Eher Verlag, 1919, 1932). Zu den Ingenieuren in Nazideutschland siehe Herf: *Reactionary Modernism*, 189–216.

33 „The Program of the German Worker's Party: The Twenty-Five Points", in Anson Rabinbach und Sander L. Gilman (Hrsg.): *The Third Reich Sourcebook* (Berkeley/Los Angeles: University of California Press, 2013), 12–14.

34 Gottfried Feder: *Das Manifest zur Brechung der Zinsknechtschaft des Geldes*, Quellenbuch Drittes Reich, 14–15.

35 Gottfried Feder: *Der deutsche Staat auf nationaler und sozialer Grundlage* (München: Deutschvölkische Verlagsbuchhandlung, 1923), 21.

36 Gottfried Feder: *Kampf gegen die Hochfinanz* (München: Zentral Verlag der N.S.D.A.P, Franz Eher Verlag, 1933). Das Standardwerk über deutsche Ingenieure im nationalsozialistischen Deutschland stammt von Karl-Heinz Ludwig: *Technik und Ingenieure im Dritten Reich* (Düsseldorf: Droste, 1974). In jüngerer Zeit dazu John Guse: *Nazi Volksgemeinschaft Technology: Gottfried Feder, Fritz Todt and the Plassenburg Spirit* (New York/London: Palgrave Macmillan, 2023).

37 Peter Schwerber: *Nationalsozialismus und Technik: Die Geistigkeit der nationalsozialistischen Bewegung* (München: Franz Eher Verlag, 1930).

38 Ebd., 6.

39 Ebd., 21, 23.

40 Adolf Hitler: *Mein Kampf* (Boston, MA: Houghton-Mifflin, 1943), 213. Siehe auch Christian Hartmann, Thomas Vordermayer, Othmar Plöckinger und Roman Töppel (Hrsg.): *Hitler, Mein Kampf: Eine kritische Edition*, Band 1 (München/Berlin: Institut für Zeitgeschichte, 2016), 573–575.

41 Ebd., 290; Hartmann et al.: *Hitler, Mein Kampf*, 755–756.

42 Zur Synthese von nationalsozialistischem Antisemitismus und kulturellem Antimodernismus mit der Begeisterung für moderne Technik während des Zweiten Weltkriegs und des Holocaust siehe Herf: *Reactionary Modernism*, 212–216; Ludwig: *Technik und Ingenieure im Dritten Reich*; die Aufsätze zur Rüstungsforschung und Kriegswirtschaft in Doris Kaufman (Hrsg.): *Geschichte der Kaiser-Wilhelm-Gesellschaft im Nationalsozialismus* (Göttingen: Wallstein Verlag, 2000); und Adam Tooze: *The Wages of Destruction: The Making and Breaking of the Nazi Economy* (New York/London: Allan Lane/Penguin, 2006), auf Deutsch erschienen als *Ökonomie der Zerstörung: Die Geschichte der Wirtschaft im Nationalsozialismus* (München: Siedler, 2007).

43 Joseph Goebbels: *Rede zur Eröffnung der Berliner Automobilausstellung*, 17. Februar 1939, Deutsche Technik (März 1939), 105–106; zitiert nach Herf: *Reactionary Modernism*, 196.

2
DER JÜDISCHE FEIND
Die zentrale antisemitische Verschwörungstheorie Nazideutschlands

Zwischen dem 30. Januar 1939 und dem Frühherbst 1941 rechtfertigte Hitler öffentlich den Mord an den Juden Europas und an Juden auf der ganzen Welt. Dazu bemühte er die Verschwörungstheorie, dass das „Weltjudentum" oder das „internationale Judentum" den Zweiten Weltkrieg angezettelt habe, mit dem Ziel, das deutsche Volk zu „vernichten". Als Antwort auf diesen versuchten Massenmord versprach er, den Spieß umzudrehen und die Juden zu töten, bevor sie die Deutschen töten könnten. Hitler und andere NS-Funktionäre stellten die „Endlösung der Judenfrage in Europa", den Holocaust, als einen massiven Akt der nationalen Selbstverteidigung dar.

Joseph Goebbels bekräftigte diesen Grundvorwurf in seiner Position als „Reichsminister für Volksaufklärung und Propaganda" in zahlreichen Aufsätzen und Rundfunksendungen, während Otto Dietrich, der Leiter der Reichspressekammer des NS-Regimes, ihn während des Zweiten Weltkriegs und des Holocaust täglich in deutschen Zeitungen und Zeitschriften verbreitete. NS-Denkfabriken boten antisemitische „Wissenschaft" in Aufsätzen und Büchern an, während Künstler moderne Techniken einsetzten, um die große Verschwörung in bunten Wandplakaten zu präsentieren. Das alles geschah öffentlich und unverblümt, aber erst in den letzten Jahrzehnten haben Historiker das ganze Ausmaß erfasst. Das Ergebnis war und ist ein bedeutender Fortschritt in unserem Verständnis der Beziehung zwischen Ideologie und Politik, Glauben und Massenmord während des Holocaust.

Während des Krieges arbeitete E. H. Gombrich, der später als Kunsthistoriker bekannt wurde, bei der *British Broadcasting Corporation* (BBC) und hörte deutsche Radiosendungen ab. 1969 beschrieb Gombrich bei einem Vortrag in London die nationalsozialistische Propaganda als das „Überstülpen eines paranoischen Deutungsrasters auf das Weltgeschehen" und einen „gigantischen Verfolgungswahn", der sich auf die Juden konzentrierte und „die verschiedenen Stränge der deutschen Propaganda zusammenhielt."[1] Für die Nationalsozialisten, schrieb er, „ist der Krieg nur ein Krieg gegen den Teufel, den Juden", der, so behaupteten sie, die wahre Macht hinter den alliierten Kräften sei.[2] 1975 forderte Lucy Dawidowicz in *The War Against the Jews, 1933–1945* die Einbeziehung der Geschichte des Judenmords in die allgemeine Geschichtsschreibung dieser Zeit.[3] Christopher Browning (mit dem Buch *The Origins of the Final Solution* und weiteren Essays) und Richard Breitman (mit *The Architect of Genocide: Himmler and the Final Solution*) haben in ihren grundlegenden Studien die Zusammenhänge zwischen der Entscheidung zum Holocaust und dem Verlauf des Zweiten Weltkriegs vom Frühjahr bis zum Herbst 1941 dokumentiert und interpretiert.[4] In seinem zweibändigen Werk *Nazi Germany and the Jews* (1997 und 2007) hat Saul Friedländer die Radikalisierung eines „Erlösungsantisemitismus" und die Bedeutung der antisemitischen Verschwörungstheorien des Nationalsozialismus von den „Jahren der Verfolgung" bis zu den „Jahren der Vernichtung" dokumentiert.[5]

In *The Jewish Enemy: Nazi Propaganda During World War II and the Holocaust*, das 2006 veröffentlicht wurde, habe ich auf diesen und anderen Arbeiten aufgebaut, um zu einer umfassenderen Dokumentation der nationalsozialistischen Umsetzung der Verschwörungstheorie in eine fortlaufende antisemitische Erzählung der Ereignisse des Zweiten Weltkriegs beizutragen. Hitler und andere nationalsozialistische Funktionäre hielten wiederholt öffentliche Reden, in denen sie die Ermordung der Juden rechtfertigten.[6] Einige Dokumente waren berüchtigt, wenn auch unzureichend untersucht; andere wurden erst nach der Niederlage Deutschlands zugänglich. Ein halbes Jahrhundert nach dem Holocaust hat ein Bewusstsein davon, wie die antisemitische Ideologie des Nationalsozialismus sich in die Darstellung des Zweiten Weltkriegs als „jüdischer Krieg" übersetzte, in die historische Forschung zur NS-Zeit Einzug gehalten[7] – und damit ein erweitertes Verständnis der Bedeutung des Ausdrucks „Krieg gegen die Juden".

In seiner Arbeit über die Auswirkungen der Propaganda kam David Bankier zu dem Schluss, dass sie in der breiten deutschen Bevölkerung Gleichgültigkeit und Feindseligkeit gegenüber den Juden förderte, „weil große Teile der deutschen Gesellschaft dazu neigten, antisemitisch zu sein". Ian Kershaw, der den Mythos um Hitler untersuchte, stellte eine ähnliche Gleichgültigkeit fest.[8] Wie skeptisch einige Deutsche auch gegenüber den Botschaften des Propagandaministeriums gewesen sein mögen und wie verbittert und desillusioniert sie auch waren, als sich das militärische Blatt nach der Niederlage in Stalingrad wendete, das deutsche Militär kämpfte bis zum Ende des Krieges weiter.[9] Das Regime genoss zwar beträchtliche Unterstützung in der Bevölkerung, aber für eine Diktatur, die die Opposition schon vor Kriegsbeginn niedergeschlagen hatte, war die Stimmung in der Bevölkerung für die politische Entscheidungsfindung weitgehend irrelevant. Entscheidend waren die Überzeugungen Hitlers und der NS-Führung sowie die Bereitschaft verschiedener bewaffneter Organisationen, diese zu teilen und ihre Befehle zu befolgen.

Die NS-Propaganda bestand nicht in erster Linie aus endlosen Wiederholungen von Zitaten aus Hitlers *Mein Kampf*. Die Propagandisten des Regimes, angefangen bei Hitler selbst, schufen nicht nur einen Mythos der Unfehlbarkeit um Hitler, sondern übersetzten den antisemitischen Hass kontinuierlich in einen Interpretationsrahmen, der dazu diente, den aktuellen Ereignissen Sinn (und Unsinn) zu verleihen. Die NS-Führung glaubte, dass die Verschwörungstheorie des radikalen Antisemitismus das zentrale Paradoxon des Zweiten Weltkriegs erkläre, nämlich das Entstehen, die Vertiefung und das Fortbestehen des Bündnisses zwischen der Sowjetunion und den westlichen Demokratien. Sowohl Präsident Franklin D. Roosevelt als auch Premierminister Winston Churchill hatten beschlossen, einen Pakt mit dem kleineren Übel, Stalins Sowjetunion, zu schließen, um das ihrer Ansicht nach größere Übel, Hitlerdeutschland, zu besiegen. Nach Ansicht der Alliierten war dies eine notwendige Mischung aus Realpolitik und moralischer Klarheit. Für die NS-Führung hingegen war die Anti-Hitler-Koalition von einem politischen Akteur namens „internationales Judentum" geschaffen worden, der diese seltsamen Bettgenossen zu einer unwahrscheinlichen Allianz zusammengeführt habe.

Die nationalsozialistische Propaganda war gleichzeitig ein zynisches, utilitaristisches politisches Instrument und ein fanatischer und ideologisch affirmierter Interpretationsrahmen.[10] Sie projizierte die Aggression und den Massenmord des nationalsozialistischen Deutschlands auf einen Feind und diente so als Rechtfertigung für die deutschen Gegenmaßnahmen. Sie vertiefte die Loyalität gegenüber dem Regime unter den NSDAP-Parteigängern und Regimefunktionären, indem sie Bande der Mittäterschaft an den Verbrechen knüpfte. Sie versuchte, die Unterstützung für die Kriegsanstrengungen in Großbritannien, den Vereinigten Staaten und der Sowjetunion zu untergraben, indem sie den Zweiten Weltkrieg als einen Krieg darstellte, der von den und für die Juden geführt wurde und daher angeblich nicht im nationalen Interesse der beteiligten Länder lag, und sie versuchte, die Anti-Nazi-Koalition mit dem Vorwurf zu spalten, ihre Mitglieder seien lediglich Marionetten der Juden. Die Propaganda war nicht in erster Linie ein Mittel, um andere Ziele zu verfolgen; vielmehr brachte sie die eigentliche Absicht des NS-Regimes zum Ausdruck, nämlich die Ermordung der Juden als Selbstzweck.

Die bösartige Absicht war öffentlich bekannt. Die Mischung aus Verlogenheit und Bösartigkeit in den öffentlichen Äußerungen des NS-Regimes veranlasste einige Wissenschaftler und auch einige Analysten des *Office of Strategic Services* (OSS) zu jener Zeit dazu, die Nazis als Zyniker zu betrachten, für die die antisemitische Verschwörungstheorie in erster Linie ein nützliches Herrschaftsinstrument war.[11] George Orwells einflussreicher Essay „Politics and the English Language" und sein Roman *1984* sowie Berel Langs neuere Untersuchung von „Sprachregeln, die explizit dazu dienen, die wörtliche Bedeutung zu verschleiern", haben behauptet, dass totalitäre Regime ihre Lügen in einen Nebel von Euphemismen hüllten und dass die Wahrheit über ihre Handlungen in geheimen Büromemoranden verborgen bliebe.[12] Tatsächlich aber machten die Nazis inmitten ihrer Lügen und berühmten Euphemismen wie „Endlösung" und „Deportation in den Osten" auffallend unverblümte, direkte und verstörend ehrliche Aussagen über ihre mörderischen Absichten und Handlungen. In ihrem Buch *Elemente und Ursprünge totaler Herrschaft* stellte Hannah Arendt scharfsinnig fest: „Um die Bedeutung dieser Propaganda und ihrer Lügen nicht zu überschätzen, muß man sich die an sich viel zahlreicheren Fälle vor Augen halten, in denen Hitler an Aufrichtigkeit und brutaler Eindeutigkeit in der Definition der eigentlichen Ziele nicht das geringste zu wünschen übrigließ", die aber, so fuhr sie fort, „von einem auf diese Konsequenz nicht vorbereiteten Publikum einfach nicht zur Kenntnis genommen wurden".[13] Ähnlich hat sich der Historiker und Journalist Caesar Aronsfeld in seinem 1985 erschienenen Werk *The Text of the Holocaust: A Study of the Nazis' Extermination Propaganda 1919–1945* geäußert, aber Aronsfelds Buch, das in einem kleinen Verlag veröffentlicht worden ist, hat nicht zu einer notwendigen Revision des konventionellen Wissensbestandes der Geschichtswissenschaft geführt.[14]

Vier Wörter in der deutschen Sprache bildeten den Kern dieser Sprache des Massenmords, und keines von ihnen war, in welchem Zusammenhang auch immer, ein Euphemismus. Es handelt sich um die Verben *vernichten* und *ausrotten*, und um deren Substantivierungen *Vernichtung* und *Ausrottung*. Ob man sie nun allein ihren Wörterbuchdefinitionen gemäß nimmt oder in den Kontext der Reden, Absätze und Sätze stellt, in denen sie geäußert wurden: Ihre Bedeutung war unzweifelhaft. Hitler und andere nationalsozialistische Führer und Propagandisten projizierten diese Absichten und Pläne häufig auf die Juden, die, wie sie behaupteten, nicht nur das NS-Regime, die NS-Partei oder das deutsche Militär, sondern das deutsche Volk insgesamt „ausrotten" oder „vernichten" wollten. Wenn die Nazis dem Kollektivsingular „internationales Judentum" eine Politik der „Vernichtung" oder „Ausrottung" unterstellten, war die Bedeutung der Wörter in diesem Zusammenhang klar: Die Nazis beschuldigten die Juden, eine Politik des Massenmords am gesamten deutschen Volk zu unterstützen. Dies waren keine Euphemismen oder totalitären Täuschungen; *für diejenigen, die sie ernst nahmen*, war ihre Bedeutung eindeutig.

Hitler gab die Richtung vor, so etwa in seiner bekannten Rede vor dem Reichstag am 30. Januar 1939. Damals sprach er seine berüchtigte Prophezeiung aus:

> Wenn es dem internationalen Finanzjudentum inner- und außerhalb Europas gelingen sollte, die Völker noch einmal in einen Weltkrieg zu stürzen, dann wird das Ergebnis nicht die Bolschewisierung der Erde und damit der Sieg des Judentums sein, sondern die Vernichtung der jüdischen Rasse in Europa![15]

Zwischen 1939 und 1945 bildete diese verdrehte Logik von Aggression und selbstgerechter Vergeltung fortwährend den Kern der antisemitischen Propaganda des NS. Projektion und Paranoia waren durchweg die Handlanger von Aggression und Massenmord.

Am 30. Januar 1941 wiederholte Hitler diese „Prophezeiung", ohne das Wort Vernichtung zu verwenden, als er sagte, die Rolle der Juden in Europa sei ausgespielt.[16] In seiner Rede im Berliner Sportpalast am 30. September 1942 sagte er unter Beifall, dass die Juden und nicht die „arischen Völker ausgerottet" werden würden.[17] Zwei Monate später, am 8. November 1942, wiederholte er in einer Rede in München, dass das Ergebnis des Zweiten Weltkriegs nicht die „Ausrottung der europäischen Rassen, sondern die Ausrottung des Judentums in Europa" sein werde.[18] Jede dieser Reden bildete eine Schlagzeile in der offiziellen Regierungszeitung, dem *Völkischen Beobachter* (VB), und anderen großen Zeitungen. Sie wurden im nationalen Rundfunk gesendet und in Flugblättern wiederholt. Einige wurden in Auszügen auf Tausenden von bunten Plakaten abgedruckt, die jede Woche an öffentlichen Plätzen in deutschen Städten angebracht wurden. In einem klaren Beispiel für das, was Ian Kershaw „dem Führer zuarbeiten" nannte, war es nicht etwa eine „polykratische" Konkurrenz, sondern eine verblüffende Geschlossenheit, die sich in dem Eifer zeigte, mit dem alle Propagandaorgane des Regimes sich an Hitlers Äußerungen über die Juden orientierten.[19]

Die beiden folgenden Beispiele – ausgewählt aus Hunderten im deutschen Rundfunk ausgestrahlter antisemitischer Äußerungen – bringen diesen Konsens zum Ausdruck. Im Dezember 1939 sprach Robert Ley, der Leiter der Deutschen Arbeitsfront (DAF), im deutsch besetzten Łódź, Polen. In dieser frühen Phase des Krieges, aber elf Monate nach Hitlers Prophezeiungsrede, warnte Ley, dass, sofern England den Krieg gewinne,

> das deutsche Volk mit Mann und Frau und Kind und Kegel ausgerottet werden [würde]. [...] Der Jude würde im Blute waten. Es wür-

> den Scheiterhaufen errichtet werden, auf denen sie uns verbrennen würden. [...] Da sollen sie lieber schmoren, sie lieber verbrennen, sie lieber verhungern, sie lieber ausgerottet werden.[20]

Am Ende einer Rede, die er am 10. Mai 1942 vor deutschen und niederländischen Arbeitern in Amsterdam hielt, sagte Ley:

> Der Jude ist die große Gefahr der Menschheit. Und wenn es uns nicht gelingt, ihn auszurotten, dann haben wir den Krieg verloren. Es genügt nicht, ihn irgend wohin zu bringen, es ist genauso, als wenn man die Läuse irgendwo in einen Käfig hineinsperren wollte. (*Gelächter*) Sie finden auch einen Ausweg und kommen wieder unten hervor, auf einmal da jucken sie einen wieder (*Gelächter*) und sind wieder da. Man muß sie vernichten, man muß sie ausrotten [...] (*langanhaltender Beifall*).[21]

Am 4. Oktober 1942 sprach Hermann Göring, der 1934 zum Nachfolger Hitlers ernannt worden war und die Umsetzung des Vierjahresplans leitete, Oberbefehlshaber der Luftwaffe war und allgemein als die zweitmächtigste Figur des NS-Regimes galt, im Berliner Sportpalast. „Wird der Krieg verloren", behauptete er, „bist du [der Deutsche] vernichtet! [...] Und dieser Krieg ist nicht der zweite Weltkrieg, dieser Krieg ist der große Rassenkrieg. Ob hier der Germane und Arier steht oder ob der Jude die Welt beherrscht, darum geht es letzten Dings und darum kämpfen wir draußen. (*Beifall*)"[22] Die Naziführer äußerten sich zur politischen Richtlinie so klar, wie sie zu den Einzelheiten der Umsetzung dieser Richtlinie vage blieben.

Die deutsche Presse, vor allem das offizielle Organ des Regimes, *Der Völkische Beobachter*, stand im Mittelpunkt einer Reihe von sorgfältig koordinierten Kampagnen. Die Untersuchung der Titelgeschichten und Schlagzeilen mit antisemitischen Themen für den Zeitraum von 1939 bis 1945 offenbart die Zeitpunkte dieser episodischen, manchmal lang andauernden Trommelfeuer, die als Reaktion auf bestimmte Entwicklungen im Krieg erfolgten. Während dieser sechs Jahre bezogen sich nur vier Prozent (84 von 2.100) auf die Vernichtung der Juden, aber sie kamen in konzentrierten Schüben. Es gab zwei solcher Schlagzeilen im Jahr 1939, keine im Jahr 1940, siebzehn im Jahr 1941, vier im Jahr 1942, fünfzig im Jahr 1943, zehn im Jahr 1944 und zwei im Frühjahr 1945. Die meisten Schlagzeilen traten konzentriert in vier Zeiträumen auf: Juli–August 1941 (7); April–Juli 1943 (26); Oktober–November 1943 (13); und Mai–Juni 1944 (9). Weitere 26 während des Krieges und des Holocaust erschienene antisemitische

Schlagzeilen fielen in andere Zeiträume. Die Schlagzeilen waren Teil eines koordinierten propagandistischen Sperrfeuers, das eine Rede von Hitler oder Goebbels, an Hunderte von Zeitungen verschickte Direktiven, Artikel in anderen führenden Zeitungen und Magazinen und an prominenten öffentlichen Orten wie Bahnhöfen und Postämtern aufgehängte Plakate umfassen konnte. Keiner dieser Artikel, keine Rede und kein Plakat enthielt Tatsachenmaterial über die „Endlösung". Ein Leser der Presse oder ein Radiohörer musste sich jedoch darüber im Klaren sein, dass das NS-Regime die Juden für den Krieg und das damit einhergehende Leid „schuldig" erklärt hatte und dass das Regime Hitlers Prophezeiung, die Juden zu vernichten, in die Tat umsetzte.[23]

Die Kampagnen gegen die Juden fanden statt, als der Krieg zugunsten des Regimes verlief, im Juli und August 1941, und als sich das Blatt gegen das Regime wendete, im Frühjahr 1943. Nachdem Roosevelt und Churchill auf ihrer Konferenz in Casablanca im Januar 1943 das Ziel der bedingungslosen Kapitulation bekräftigt hatten und die deutsche 6. Armee Ende desselben Monats in Stalingrad besiegt worden war, forderten die Verantwortlichen der Reichspressekammer einen verstärkten Fokus auf den Antisemitismus. Auch die Invasion in der Normandie im Juni 1944 und die wochenlange Antizipation derselben riefen zehn antisemitische Schlagzeilen hervor. Diese stellten die Invasion als weiteren Beweis dafür dar, dass eine jüdische Weltverschwörung den Krieg hinter den Kulissen lenke und dass Roosevelt und Churchill zu Stalins Marionetten in einem „jüdisch-bolschewistischen Komplott" geworden seien, um ganz Europa zu beherrschen.[24]

In der Regel hielt Goebbels am Morgen eine Konferenz ab, in der er einen Monolog über die Ereignisse des Tages hielt und Anweisungen erteilte, wie Presse und Rundfunk die Nachrichten des Tages dem in- und ausländischen Publikum präsentieren sollten.[25] Kurz darauf hielt Otto Dietrich, Leiter der Reichspressekammer, oder einer seiner Mitarbeiter eine „Pressekonferenz" ab, in der man in mündlicher und schriftlicher Form Presseanweisungen oder -befehle an mehrere hundert Journalisten und Redakteure erteilte.[26] Die Anordnungen wurden an die Redakteure und Verleger der über 3.000 Zeitungen in Deutschland weitergeleitet.[27] Die Presserichtlinien galten als streng geheimes Material und mussten nach ihrer Verwendung und Auswertung vernichtet oder an das Ministerium zurückgesandt werden. Die Offenlegung ihres Inhalts wurde mit Strafen geahndet, die vom Ausschluss aus dem staatlich anerkannten Journalistenverband über Gefängnisstrafen bis hin zur Hinrichtung (so in einem Fall der Offenlegung der Richtlinien gegenüber Ausländern) reichten. Die Koordinierung der deutschen Presse war somit eine geheime, tägliche – bei Zeitschriften wöchentliche – detaillierte Ausübung direkter diktatorischer Kontrolle.

Nach der Niederlage in Stalingrad und dem Beginn einer Reihe von Niederlagen an der Ostfront kam es zu einer Flut von antijüdischer Propaganda.[28] Der *Zeitschriften-Dienst* vom 5. Februar 1943 wies die Herausgeber von Zeitschriften an:

> Kampf dem Bolschewismus und dem Judentum! [...] Was der Bolschewismus, geleitet von jüdischen Machthabern, in der Sowjetunion an Vernichtung, Versklavung, Verfolgung und Verelendung über die Menschen gebracht hat, würde er in noch vergrößertem Maßstabe in Deutschland und Europa wiederholen, wenn es ihm gelänge, den Schutzwall der deutschen Wehrmacht im Osten und den eisernen Wall der deutschen Entschlossenheit in der Heimat zu zerbrechen. Alle Artikel, die auf Grund des vom „Deutschen Wochendienst" gelieferten Materials geschrieben werden, müssen das Thema unter dem Gesichtspunkt der drohenden jüdisch-bolschewistischen Gefahr aufgreifen.[29]

Am 5. Mai 1943 sandte die Reichspropagandaleitung der NSDAP eine detaillierte Anweisung mit dem Titel „Die Judenfrage als innen- und außenpolitisches Kampfmittel" an die regionalen und lokalen Parteifunktionäre.[30] Die „Judenfrage" dürfe nicht aus dem öffentlichen Bewusstsein verschwinden, denn

> dieser Krieg ist ja ein Krieg der Juden gegen Deutschland und seine Verbündeten. Genau so wie der innenpolitische Kampf mit der antisemitischen Revolution in Deutschland endete, so muß dieser Krieg mit der antisemitischen Weltrevolution enden. [...] Wir haben in Deutschland die ganze Nation antisemitisch gemacht, indem wir immer wieder mit dem Finger auf die Juden zeigten, so sehr sie sich auch bemühen, sich zu tarnen, und ihnen immer wieder die Larve vom Gesicht rissen. [...]
>
> Die Judenfrage muß nun in den Versammlungswellen der nächsten Zeit der ständige Kernpunkt aller Ausführungen sein. Jeder Deutsche muß wissen, daß all das, was er jetzt im Kriege an Unannehmlichkeiten, Einschränkungen, Mehrarbeit, blutigem Terror an Frauen und Kindern und an blutigen Verlusten im Felde ertragen muß, auf die Juden zurückzuführen ist. Es müssen darum in jeder Versammlung folgende Gedankengänge behandelt werden:

Daß der internationale Jude diesen Krieg gewollt hat, daß er bei allen Feindvölkern und in allen Feindländern die wirtschaftlichen Schlüsselstellungen innehat, seine Macht rücksichtslos gebraucht und die Völker in den Krieg treibt. Daß er in den Feindländern heute noch die öffentliche Meinung macht, Presse, Rundfunk und Film besitzt [...]. Daß es kein Verbrechen gibt, an dem der Jude nicht beteiligt ist, und daß noch heute im Ausland, wie früher in Deutschland, weit über die Hälfte aller Wirtschaftsverbrecher, Betrüger, Bankrotteure, Schieber und Börsenspekulanten Juden sind. Daß die Juden dort, wo sie nicht selbst als Machthaber in Erscheinung treten wollen, sich Persönlichkeiten des öffentlichen Lebens gekauft haben, die als willenlose Werkzeuge die Geschäfte des Judentums besorgen. Daß die Juden am Kriege verdienen und darum ein Interesse an einem langen Kriege haben, daß dafür aber kaum ein Jude eine Waffe trägt oder sein Brot mit seiner Hände Arbeit verdient. Kämpfen und arbeiten lassen die Juden, wie früher in Deutschland, andere für sich. Daß die Juden diesen Krieg angezettelt haben als letzten Versuch, ihre Macht in der Welt zu behaupten und alle niederzuschlagen, die sie erkannt haben. Daß dieser Krieg enden wird mit der antisemitischen Weltrevolution und der Vernichtung des Judentums in der ganzen Welt als Voraussetzung für einen dauernden Frieden. Kernsatz ist die Feststellung: Die Juden sind an allem schuld![31]

Die Direktive machte die Adressaten auf Goebbels Aufsatz „Der Krieg und die Juden" aufmerksam, der allen Referenten die Reichspropagandaleitung der NSDAP in Kopie zur Verfügung gestellt wurde. Die koordinierte und einheitliche Botschaft von Regime und Partei wurde in der Schlagzeile des *Völkischen Beobachters* vom 6. Mai 1943 deutlich, die lautete: „USA und England unter dem Befehl des Weltjudentums, Plutokraten identifizieren sich mit den jüdisch-bolschewistischen Mördern".[32]

Am 13. August 1943 schickte Otto Dietrich eine Presseanweisung an die Redakteure, in der er seine Unzufriedenheit über die seiner Meinung nach unzureichende Begeisterung in Teilen der Presse für die von ihm im Frühjahr und Sommer vorangetriebene verstärkte antisemitische Kampagne zum Ausdruck brachte:

Obwohl in der Tagesparole des Reichspressechefs vom 9.8.1943 erneut eindeutig darauf hingewiesen wurde, daß Bolschewismus und Kapitalismus der gleiche jüdische Weltbetrug nur unter verschiedener Firmierung sind, verfallen die Zeitungen bei der Behandlung des bolschewistischen Themas immer noch der Täuschung, als ob Kapitalismus und Bolschewismus zwei verschiedene sich feindlich gegenüberstehende Anschauungen seien. Insbesondere wird immer wieder der kommunistischen Agitation dadurch Vorschub geleistet, daß bolschewistische Äußerungen ernst genommen werden, als ob der Bolschewismus den Kapitalismus vernichten wolle, während sich dort in Wirklichkeit diese beiden jüdischen Systeme einander in die Hand arbeiten. Mit dieser falschen und gefährlichen Tendenz, die die Linie unserer Politik zu sabotieren geeignet ist, muß in der deutschen Presse nun endgültig Schluß gemacht werden. Schriftleiter, die gegen diese Tagesparole verstoßen, werden persönlich zur Verantwortung gezogen.[33]

Während des gesamten Holocaust blieb Hitler die treibende Kraft, doch als er sich aus der Öffentlichkeit zurückzog, als sich das Blatt gegen Deutschland wendete, wurde Goebbels zum öffentlichen Sprachrohr und Verfasser der NS-Propaganda. Während Heinrich Himmler, wie Richard Breitman es ausdrückte, „der Architekt des Völkermords" war, der Hitlers Befehle in die tatsächlichen Entscheidungen zur Ermordung der europäischen Juden umsetzte, verwandelte Goebbels Hitlers Hass in die öffentliche Aufforderung des NS-Regimes zum Völkermord und dessen Rechtfertigung.

Goebbels' propagandistische Produktivität war enorm. Mehrere Texte waren für den Holocaust besonders wichtig, darunter „Die Juden sind schuld!", ein Leitartikel in *Das Reich* vom 16. November 1941, die Reden „Eisernes Herz" vor der Deutschen Akademie im Großen Hörsaal der Friedrich-Wilhelms-Universität in Berlin am 1. Dezember 1941 und „Der Krieg und die Juden" vom 9. Mai 1943, die ebenfalls in *Das Reich* veröffentlicht und dann im deutschen Rundfunk verlesen wurde, sowie die weniger bekannte, aber wichtige Rundfunkansprache vom 28. Februar 1945.[34] In diesen und anderen Schriften bot Goebbels eine Darstellung der Ereignisse des Zweiten Weltkriegs, die zur zentralen, ständig wiederholten Rechtfertigung für die „Vernichtung" der Juden avancierte. Angesichts Goebbels' berühmter enger Verbindung zu Hitler konnten Leser und Zuhörer zu Recht davon ausgehen, dass er für Hitler sprach, was die Bedeutung seiner Botschaft unterstrich.

Franklin D. Roosevelt sah in der Beherrschung des europäischen Kontinents durch die Nazis – und in der Drohung, in Großbritannien einzumarschieren und die Schifffahrt im Atlantik zu blockieren – eine direkte Bedrohung für die nationale Sicherheit der Vereinigten Staaten. Sollten Großbritannien und die britische Marine in die Hände von Hitlerdeutschland fallen, wäre die Gefahr für die Vereinigten Staaten seiner Meinung nach direkt und schwerwiegend. Obwohl Roosevelt über die antijüdische Verfolgung durch die Nazis entsetzt war, stellte er die amerikanische Intervention in einen europäischen Krieg nicht als Mittel dar, um sich Hitlers Angriff auf die Juden entgegenzustellen.[35] Dies widersprach offenkundig Goebbels' Artikeln von 1939 und 1940, die einer antisemitischen Interpretation der amerikanischen und britischen Politik folgten und behaupteten, dass nur der finstere Einfluss und die enorme Macht der Juden für den amerikanischen und britischen Widerstand gegen Hitlers Politik verantwortlich seien.[36]

In „Was will eigentlich Amerika?" – einem im *Völkischen Beobachter* vom 21. Januar 1939 publizierten Aufsatz – schrieb Goebbels, dass Hass und Lügen über Nazideutschland „fast in der gesamten amerikanischen Presse, vor allem in ihrem jüdisch bestimmten Teil" verbreitet würden.[37] Die Juden seien die „Inspiratoren und Nutznießer, die hinter dieser Hetze stehen". Sie beherrschten „die New Yorker Presse. [...] Fast die gesamte Presse, fast der gesamte Funk und fast der gesamte Film" in den Vereinigten Staaten dienten einer deutschenfeindlichen Hexenjagd. Tatsächlich sei das nichtjüdische Amerika zum „Opfer" der Juden geworden.[38] In diesem Essay versuchte Goebbels, den bereits bestehenden Antisemitismus in den Vereinigten Staaten auszunutzen und zu vertiefen, in der Hoffnung, dass die nichtjüdische Mehrheit in den Vereinigten Staaten die Juden und ihren angeblichen Einfluss auf Roosevelt für den Krieg zwischen Deutschland und Amerika verantwortlich machen würde.[39] Angesichts des Ausmaßes des Antisemitismus im amerikanischen Alltag stieß eine solche Politik bei einigen auf offene Ohren.[40] Die viel untersuchte rhetorische Zurückhaltung der Roosevelt-Administration in Bezug auf die Verfolgung und schließlich Ermordung der Juden durch die Nazis hinderte die Nazi-Propagandisten nicht daran zu behaupten, dass es die Juden und ihr angeblicher Handlanger Roosevelt gewesen seien, die die Vereinigten Staaten in den Krieg gegen Nazideutschland getrieben hätten.[41]

Die antisemitische Propaganda der Nazis war eine einzige Anklage gegen die Juden. 1939 behauptete Goebbels, dass „die Juden schuldig" seien, den Krieg begonnen zu haben. Unter Verstoß gegen das Münchner Abkommen überfiel Deutschland am 14. März 1939 die restliche Tschechoslowakei und besetzte sie. Nun, da Hitlers weitreichende Expansionspläne unbestreitbar waren, erklärten sich Großbritannien und Frankreich bereit, Polen zu verteidigen, falls Nazideutschland dort einmarschieren sollte. Goebbels bot in seinem Aufsatz „Wer will den Krieg?" vom 1. April 1939 eine gegenteilige Erklärung für die Ursachen eines neuen Krieges.[42] Die Juden seien die „anonyme Macht [...], die hinter all dem steht":

> Wenn einmal in Europa in einer schwarzen Stunde ein neuer Krieg ausbrechen sollte, so müßte dieser Ruf über unseren ganzen Erdteil erschallen. Die Juden sind schuld! Sie wollen den Krieg, und sie tun alles, was in ihren Kräften steht, um die Völker zum Krieg zu treiben. Sie selbst glauben, nicht Opfer, sondern Nutznießer eines solchen Krieges zu werden. Darum entfalten sie in der ganzen Welt diese infernalische Hetze gegen Deutschland und Italien und fordern einen Kampfblock der demokratischen gegen die autoritären Staaten.[43]

Als der britische Widerstand vom Sommer 1940 bis Anfang 1941 Hitlers Pläne für einen schnellen Sieg durchkreuzte, verschärfte Goebbels seine Angriffe auf Winston Churchill in *Das Reich*. In dem Artikel „Im Gelächter der Welt" vom 16. Februar 1941 behauptete er Ähnlichkeiten zwischen den Engländern und den Juden. Die Engländer seien „die Juden unter den Ariern", ein Motiv, das sich in einer Reihe von Aufsätzen und Büchern von NS-Propagandisten über die Wahlverwandtschaft zwischen den Juden und dem Protestantismus in Großbritannien wiederholte.[44] In „Britannia rules the waves" vom 30. März 1941 unterstellte Goebbels den Feinden Nazideutschlands völkermörderische Absichten, wie er es schon früher getan hatte und wieder tun sollte. Wenn Churchill könnte, würde er „Deutschland ausrotten, unser Volk vernichten und unser Reich in Schutt und Asche legen".[45]

Wie weiter oben bereits erwähnt, war die Entstehung und das Fortbestehen der Anti-Hitler-Koalition, die die Sowjetunion und die westlichen Demokratien umfasste, für die Nationalsozialisten eines der zentralen Rätsel des Zweiten Weltkriegs. Sie sahen in der Koalition den Beweis für die Existenz einer internationalen jüdischen Konspiration. Am 22. Juni 1941, nach dem deutschen Überfall auf die Sowjetunion, erklärte der britische Premierminister: „Wir haben nur ein Ziel und ein einziges, unwiderrufliches Vorhaben. Wir sind entschlossen, Hitler und jedes Überbleibsel des Naziregimes zu zerstören."[46] Daraufhin bot Churchill der Sowjetunion ein Bündnis für den gemeinsamen Kampf gegen das Dritte Reich an. Die Spaltung zwischen der Sowjetunion und dem Westen und das daraus resultierende Fehlen eines einheitlichen Widerstands musste einem Bündnis mit der Sowjetunion weichen, wenn Großbritannien verteidigt und Nazideutschland besiegt werden sollte.

In „Die alte Front", am 26. Juni 1941 im *Völkischen Beobachter* veröffentlicht, wies Goebbels Churchills Begründung für die Entstehung der Anti-Hitler-Koalition mit der damals schon bekannten Verschwörungstheorie zurück.[47] Während politische Neulinge über das „Moskau-Londoner Komplott [...] gegen das Reich zwischen Plutokratie und Bolschewismus“ verblüfft waren, bestätigte sie einen lang gehegten Nazi-Verdacht. Goebbels behauptete, dass dasselbe Bündnis zwischen „Plutokratie und Bolschewismus“, das sich den Nazis während der Weimarer Zeit innerhalb Deutschlands entgegengestellt hatte, sich im Juni 1941 auf internationaler Ebene in der sowjetisch-britischen Allianz neu konstituiert hätte. So wie die Nazis über ihre inneren Feinde triumphiert hatten, würden sie auch diese neue Form der „alten Front“ besiegen.[48]

Nach dem deutschen Überfall auf die Sowjetunion erneuerten Goebbels und seine Propagandisten ihre Offensive gegen den „Judenbolschewismus“. In „Mimikry“, einem Artikel in *Das Reich* vom 20. Juli 1941, schrieb er, die Juden seien Meister darin, sich der Umgebung anzupassen, „ohne dabei ihr Wesen zu verlieren. Sie treiben Mimikry. [...] [E]in gewiegter Judenkenner“ sei notwendig, um sie zu „entlarven“. Die sowjetische Expansion würde „die Weltherrschaft des Judentums“ bedeuten. Die nationalsozialistische antisemitische Verschwörungstheorie löste das scheinbare Rätsel der sich abzeichnenden Allianz zwischen den „jüdischen Bolschewiken in Moskau und den jüdischen Plutokraten in London und Washington“, die sich „spinnefeind“ gewesen seien. Die Verschwörungstheorie über die Juden enthüllte das Geheimnis:

> Vor allem sind es dieselben Juden, die auf beiden Seiten, ob offen oder getarnt, den Ton angeben und das große Wort führen. Wenn sie in Moskau beten und in London sich anschicken, die Internationale zu singen, so machen sie damit das, was sie seit jeher getan haben. Sie betreiben Mimikry. Sie passen sich der jeweiligen Gegebenheit und Lage an, langsam natürlich und Schritt für Schritt, damit die Völker nicht argwöhnisch und hellhörig werden. Und auf uns sind sie hauptsächlich deshalb so wütend, weil wir sie entlarven.[49]

Zu dem Zeitpunkt, als die SS-Einsatzgruppen den Holocaust mit Massenmorden hinter den Linien der deutschen Armee in Polen und der Sowjetunion begannen, schrieb Goebbels: „Erbarmungslos und ohne Gnade“ solle „der Stoß geführt werden. Der Weltfeind stürzt, und Europa hat seinen Frieden.“[50]

Bei Treffen mit Hitler am 19. August und mit Reinhard Heydrich am 24. September 1941 erfuhr Goebbels von Hitlers Entschlossenheit, die „Prophezeiung“ zu verwirklichen, und von Heydrichs Absicht, Juden in den Osten zu deportieren.[51] Zu diesem Zeitpunkt hatte Hitler nach Ansicht der in Bezug auf jene Entscheidungen zur Verwirklichung des Holocaust führenden Historiker Himmler angewiesen, die Massenerschießungen von Juden an der Ostfront im Sommer und Frühherbst 1941 zu einem Programm des Völkermords an allen europäischen Juden auszuweiten.[52] Am 16. November 1941 veröffentlichte Goebbels in *Das Reich* den Text „Die Juden sind schuld!".[53] Dies war das öffentliche Eingeständnis eines führenden NS-Funktionärs, dass die Vernichtung des europäischen Judentums im Gange war. Goebbels verzichtete auf die konditionale „Wenn-dann"-Form aus Hitlers berühmter Prophezeiung und ersetzte sie durch die einfache deklarative Verbform, die sich auf eine laufende Handlung bezieht.[54]

Goebbels schrieb, dass das „internationale Judentum" einen Krieg gegen Deutschland führe. Als Antwort auf den Krieg, den die Juden gegen Deutschland führten, werde Deutschland nun Krieg gegen die Juden führen. Obwohl Goebbels die „Endlösung" nie erwähnte, verwendete er wiederholt Verben wie ausrotten, vernichten, zerstören und ermorden, um auf die laufende Regierungspolitik gegen die europäischen Juden hinzuweisen. Außerdem verteidigte er diesen Angriff als eine Front in einem Krieg der nationalen Selbstverteidigung, der notwendigerweise an Intensität und Rücksichtslosigkeit zunehme als Reaktion auf den Krieg, den die Juden vermeintlich gegen Deutschland führten. Er schrieb:

> Das Weltjudentum hat in der Anzettelung dieses Krieges die ihm zur Verfügung stehenden Kräfte vollkommen falsch eingeschätzt, und es erleidet nun einen allmählichen Vernichtungsprozeß, den es uns zugedacht hatte und auch bedenkenlos an uns vollstrecken ließe, wenn es dazu die Macht besäße. Es geht jetzt nach seinem eigenen Gesetz: „Auge um Auge, Zahn um Zahn!" zugrunde. In dieser geschichtlichen Auseinandersetzung ist jeder Jude unser Feind, gleichgültig, ob er in einem polnischen Ghetto vegetiert oder in Berlin oder in Hamburg noch sein parasitäres Dasein fristet oder in New York oder Washington in die Kriegstrompete bläst. Alle Juden gehören aufgrund ihrer Geburt und Rasse einer internationalen Verschwörung gegen das nationalsozialistische Deutschland an. Sie wünschen seine Niederlage und Vernichtung und tun, was in ihren Kräften steht, um daran mitzuhelfen.[55]

Die Juden, die, wie er behauptete, den Krieg begonnen hätten, würden „nun" einen „allmählichen Vernichtungsprozeß" durchmachen, den sie ursprünglich Deutschland hätten aufzwingen wollen. Anstelle der hypothetischen, konditionalen Verbformen in Hitlers berühmt gewordener Prophezeiung verwendete Goebbels einfache, deklarative Sätze über die laufende Politik. Die Juden hätten den Krieg begonnen und das Deutsche Reich und Volk „vernichten" wollen. Daher sei ausnahmslos jeder

Jude „ein geschworener Feind“ des deutschen Volkes. Der Tod eines jeden deutschen Soldaten „geht auf das Schuldkonto der Juden. Sie haben ihn auf dem Gewissen, und sie müssen deshalb auch dafür bezahlen.“ Da die Juden die Schuld am Ausbruch des Krieges trügen, sei die Behandlung, die die Deutschen ihnen angedeihen ließen, keine Ungerechtigkeit. „Sie haben es mehr als verdient.“ Daher sei es „Sache der Regierung“, „mit ihnen endgültig fertig zu werden“.[56] Je mehr deutsche Soldaten im Krieg stürben oder verwundet würden, desto mehr würde die Regierung den Hass gegen die Juden schüren, so Goebbels' Logik.

Zwei Wochen später, am 1. Dezember 1941, hielt Goebbels einen zweistündigen Vortrag vor Diplomaten, Regierungsvertretern, Mitgliedern der NSDAP, hohen Wehrmachtsoffizieren, Journalisten, Industriellen und Mitgliedern der Deutschen Akademie im Großen Hörsaal der Friedrich-Wilhelms-Universität Berlin. Er bezeichnete den Einmarsch in die Sowjetunion als notwendigen Präventivschlag, denn „die erste Aufgabe“ der Roten Armee hätte darin bestanden, „die nationale Intelligenz und die geistige Führung der Nation auszurotten“.[57] Die Invasion sei eine Verteidigung von Kultur und Zivilisation. Großbritannien und die Vereinigten Staaten verrieten Europa, indem sie es der Gnade des Bolschewismus überließen.[58] Die Juden, so wiederholte er, hätten den Zweiten Weltkrieg begonnen und ausgeweitet, aber das Gleichgewicht der Kräfte falsch eingeschätzt. Vor diesem erlauchten Publikum erklärte er, dass die Juden „nun einen allmählichen Vernichtungsprozeß“ erlebten.[59] Auch hier handelte es sich nicht um eine Sprache des Euphemismus, der bürokratischen Umwege oder der Banalitäten. Es war eine unverblümte und direkte Erklärung, dass das Naziregime damals eine Politik des Massenmords an den Juden verfolgte. Er behauptete: „Die historische Schuld des Weltjudentums am Ausbruch und an der Ausweitung dieses Krieges ist so hinreichend erwiesen, daß darüber keine Worte mehr zu verlieren sind. Die Juden wollten ihren Krieg, und sie haben ihn nun.“[60]

Goebbels wiederholte, dass „jeder Jude unser Feind“ sei und dass alle Juden „aufgrund ihrer Geburt und Rasse einer internationalen Verschwörung gegen das nationalsozialistische Deutschland“ angehörten. „Sie wünschen seine Niederlage und Vernichtung und tun, was in ihren Kräften steht, um daran mitzuhelfen.“[61] „Die Judenfrage endgültig zu lösen“, so sprach er vor den Versammelten in einem Hörsaal der größten Berliner Universität, werde „eine der ersten und wichtigsten Aufgaben der kommenden Zeit sein“.[62] Die Feinde Deutschlands seien vereint „in dem festen Willen und Entschluß, daß Deutschland, gelingt es noch einmal, uns niederzuwerfen, vernichtet, ausgerottet und ausgelöscht werden muß“ – um ihre eigene Vernichtung und Ausrottung zu verhindern, hätten sich die Deutschen demnach hinter Hitler und dem NS-Regime zu vereinen.[63] Das Gespenst der Ausrottung der Deutschen im Falle einer Niederlage blieb ein Leitmotiv der nationalsozialistischen Kriegspropaganda. An diesem Abend schrieb Goebbels in sein Tagebuch, dass er mit der Aufnahme seines Vortrags durch die „Berliner Intelligenz außerordentlich zufrieden" war.[64]

In seinem Tagebuch vom 12. Dezember 1941, fünf Tage nach dem japanischen Angriff auf Pearl Harbor und dem Eintritt der Vereinigten Staaten in den Krieg in Europa, beschrieb Goebbels Hitlers Rede vor einer Versammlung von Gauleitern in Berlin.[65] Hitler, der den Holocaust bereits vor dem Kriegseintritt Amerikas in Gang gesetzt hatte, belog die Versammelten, indem er behauptete, dass nun, da der Weltkrieg da sei, „die Vernichtung des Judentums [...] die notwendige Folge sein" müsse. Angesichts der „160.000" deutschen Todesopfer an der Ostfront würden „die Urheber dieses blutigen Konflikts mit ihrem Leben bezahlen müssen".[66] Hitler verlieh der „Endlösung" einen kausalen und inhärenten, nicht etwa einen zufälligen Zusammenhang mit dem Zweiten Weltkrieg. Als die Zahl der deutschen Soldaten, die im Kampf starben, und der deutschen Zivilisten, die durch alliierte Bombenangriffe ums Leben kamen, zunahm, konzentrierte sich die NS-Führung auf den vermeintlichen Zusammenhang zwischen einer internationalen jüdischen Verschwörung, der Anti-Hitler-Koalition aus der Sowjetunion, Großbritannien und den Vereinigten Staaten, dem Tod und dem Leiden des deutschen Volkes und der daraus resultierenden Notwendigkeit, Hitlers Prophezeiung zu verwirklichen. Indem sie mit dem Finger auf die Juden zeigten, boten Hitler und Goebbels jeder deutschen Familie, die während des Krieges einen geliebten Menschen verloren hatte, einen persönlichen, intimen Grund, die Juden zu hassen. Daher erhielt die abstrakte Parole „Die Juden sind schuld" in der öffentlichen Wahrnehmung eine unmittelbare emotionale Bedeutung. Goebbels' Erzählung zielte darauf ab, den Hass auf die Juden zu verfestigen, als die Zahl der Toten, Verletzten und Verwüstungen, die die Deutschen durch die Alliierten erlitten, immer größer wurde. Als die Alliierten das Blatt gegen die deutschen Streitkräfte wendeten, behaupteten Goebbels und das Propagandaministerium, dass „die Juden schuld" seien.

„Der Krieg und die Juden", veröffentlicht in *Das Reich* vom 9. Mai 1943, war der dritte von Goebbels' Kriegsaufsätzen, der ausschließlich den Juden gewidmet war.[67] Er zeigte sich verärgert und überrascht über die „Naivität" derjenigen Menschen, die weiterhin „nicht einsehen" würden, worum es im Krieg gehe und welche Rolle die Judenfrage dabei spiele. Die „jüdische Rasse" und ihre „Hilfsvölker" führten einen Krieg gegen die „arische Menschheit sowie gegen die abendländische Kultur und Zivilisation". Die Juden „bilden [...] den Kitt, der die feindliche Koalition zusammenhält".[68] Die Juden hätten einen „Rassenkrieg" begonnen, und dieser habe „kein anderes Ziel als die Vernichtung und Ausrottung unseres Volkes. Wir stehen dem Judentum noch als einziges Hindernis gegenüber auf seinem Wege zur Weltherrschaft. Würden die Achsenmächte den Kampf verlieren, dann gäbe es keinen Damm mehr, der Europa vor der jüdisch-bolschewistischen Überflutung retten könnte."[69] Deutschland müsse mit seinen Verbündeten den Krieg gewinnen, weil die „ungezählten Millionen Menschen in unserem eigenen und in den anderen europäischen Völkern dem Haß und Vernichtungswillen dieser teuflischen Rasse wehrlos ausgeliefert wären, wenn wir hier schwach würden und am Ende in diesem Kampf versagten. Gerade der Bildungsphilister, der heute noch am ehesten geneigt ist, die Juden in Schutz zu nehmen, würde ihr erstes Opfer sein."[70] So versicherte er im Mai 1943 seinen Tausenden von Lesern und Millionen von Zuhörern:

> Wir treiben ihn [den Ablauf der Dinge] schon weiter. An seinem Ende wird die Verwirklichung der Prophezeiung des Führers stehen, über die das Weltjudentum 1939, als sie gemacht wurde, nur gelacht hat. Auch in Deutschland haben die Juden gelacht, als wir zum ersten Mal gegen sie auftraten. Das Lachen ist ihnen unterdes gründlich vergangen. Sie haben daraufhin gegen uns den Krieg gewählt. Aber er ist im Begriff, ein Krieg gegen sie selbst zu werden. Als sie gegen das deutsche Volk den Plan einer totalen Vernichtung faßten, unterschrieben sie damit ihr eigenes Todesurteil. Auch hier wird die Weltgeschichte das Weltgericht sein.[71]

In „Der Krieg und die Juden" wiederholte Goebbels den wesentlichen Projektionsmechanismus der NS-Propaganda. Die Juden hätten einen Krieg begonnen, um die Deutschen zu vernichten. Stattdessen hätten die Deutschen den Spieß umgedreht und erfüllten Hitlers Prophezeiungen, das heißt, sie vernichteten nun die Juden. In diesen und vielen anderen Texten verband Goebbels die große Lüge bzw. die großen Lügen – dass es etwas gebe, das sich internationales Judentum nenne und eine Verschwörung gegen Deutschland anleite, dass Deutschland den Krieg nicht begonnen habe und dass die Alliierten Lakaien einer unsichtbaren, aber allmächtigen internationalen Verschwörung seien – mit der unverblümten und wahrheitsgetreuen Erklärung, dass NS-Deutschland gegenwärtig die Juden Europas ermordete und dies als einen, wie die NS-Funktionäre es nannten, legitimen Akt der Selbstverteidigung in Kriegszeiten vollführte.

Diese antisemitische Verschwörungstheorie und ihre völkermörderischen Projektionen blieben bis zum Ende des Krieges der Kern der NS-Propaganda. Am 28. Februar 1945, als die alliierten Armeen den Ring um Deutschland schlossen, wandte sich Goebbels über das Radio an die Nation, um zu erklären, warum NS-Deutschland so schwere Niederlagen erlitten hatte.[72] Er behauptete, Deutschlands Rückschläge

> waren nur möglich, weil der europäische Westen und die plutokratisch-jüdisch geführten USA der sowjetischen Soldateska Flankendeckung geben und uns die Hände gefesselt halten, mit denen wir den Bolschewismus auch jetzt noch *jederzeit* zu Boden schlagen könnten. Die Plutokratien stehen den Sowjets nicht nach in ihren blutrünstigen Haß- und Racheplänen gegen das Reich und gegen das deutsche Volk. [...] Es wird die ewige Schande unseres Jahrhunderts bleiben, daß Europa in seiner durch die Bedrohung aus dem Osten hervorgerufenen schlimmsten Gefahr von seinen westlichen Ländern schmählich im Stich gelassen wurde, – ja, daß diese sich sogar so weit erniedrigten, daß sie den Sturm aus Innerasien noch antrieben und zugleich die letzten Schutzdämme niederzulegen versuchten, an denen er gebrochen werden konnte. Wir haben allerdings nichts anderes erwartet. Das internationale Judentum hat es durch eine jahrelange systematische Zersetzungsarbeit fertiggebracht, die Öffentlichkeit in diesen Ländern so zu vergiften, daß sie zu eigenem Denken – von eigenen Entschlüssen ganz zu schweigen – gar nicht mehr fähig ist.[73]

Wie schon nach dem Ersten Weltkrieg sei die jüdische Verschwörung die Ursache für die drohende Niederlage Deutschlands: Es sei von den westlichen Verbündeten, die sich der jüdischen Herrschaft unterworfen hätten, verraten und im Stich gelassen worden. Für den harten Kern der Nazis endete der Zweite Weltkrieg wie der Erste, mit einem edlen Deutschland, das verraten worden sei, diesmal aber nicht von innen, sondern durch einen Dolchstoß aus dem Ausland, durch die westlichen „jüdischen Plutokratien". Goebbels zufolge war es die jüdische Vorherrschaft über die Politik in London und Washington, die dazu führte, dass NS-Deutschland den Zweiten Weltkrieg verlor. In den Todesmärschen des Frühjahrs 1945 wurde der Mord an den Juden bis zum Ende des Krieges fortgesetzt.

Sozial- und Ideenhistoriker haben dokumentiert, dass sich nach der Niederlage in Stalingrad im Februar 1943 in der deutschen Öffentlichkeit Desillusionierung und Deradikalisierung breit machten. Für viele Deutsche war der Mythos von Hitlers Genie hinfällig geworden.[74] Dennoch kämpfte das Militär, nicht nur der harte Kern der SS, erbittert bis zum letzten Tag.[75] Für Hitler, Goebbels und die treuen Anhänger des Nationalsozialismus verstärkte die bevorstehende Niederlage nur die Überzeugung, dass der Sieger des Zweiten Weltkriegs eine internationale jüdische Verschwörung in Form der Allianz zwischen der Sowjetunion, England und den Vereinigten Staaten sein würde. Es ist kein Wunder, dass Victor Klemperer, der zu Goebbels' scharfsinnigsten und aufmerksamsten Zuhörern in Deutschland gehörte, kurz nach dem D-Day in sein Tagebuch schrieb: „Sosehr ich mich dagegen gesträubt habe, *der Jude* ist in jeder Hinsicht Zentralpunkt der LTI [der Sprache des Dritten Reiches], der ganzen Epochen-Betrachtung."[76] In denselben vier Jahren, in denen die absolute Macht- und Wehrlosigkeit der europäischen Juden auf erschreckende Weise offensichtlich geworden war, verbreitete die NS-Propaganda weiterhin die Lüge von der enormen jüdischen Macht.

Am 29. April 1945 schrieb Hitler ein „Politisches Testament". Am folgenden Tag beging er Selbstmord, indem er sich in den Kopf schoss. Die letzten Tage Hitlers wurden in der öffentlichen Meinung bald als Bestätigung dafür angesehen, dass der Diktator verrückt geworden sei. Doch die Realitätsferne seiner Worte war nicht auf eine im Frühjahr 1945 einsetzende Wahnvorstellung zurückzuführen. Vielmehr hatte er in seinem „Testament" den Kern der Verschwörungstheorie wiederholt, die er erstmals vor mehr als sechs Jahren, am 30. Januar 1939, geäußert hatte. Es sei „unwahr, daß ich oder irgendjemand anderer in Deutschland den Krieg im Jahre 1939 gewollt haben. Er wurde gewollt und angestiftet ausschließlich von jenen internationalen Staatsmännern, die entweder jüdischer Herkunft waren oder für jüdische Interessen arbeiteten." Der Hass gegen die Juden müsse erneuert werden, denn sie seien das „verantwortliche Volk [...], dem wir das alles zu verdanken haben". Der „eigentliche Schuldige an diesem mörderischen Ringen ist: Das Judentum!"[77]

Hitlers Testament bot nichts Neues. Hitler hatte zusammen mit Goebbels und anderen Vertretern des NS-Regimes während des gesamten Zweiten Weltkriegs mit der Ermordung der Juden in Europa und der Welt gedroht. Hitler äußerte die mörderische Prophezeiung erstmals am 30. Januar 1939, acht Monate vor dem Überfall auf Polen. Ähnliche Drohungen sprachen die Nazis nach dem Überfall auf die Sowjetunion im Juni 1941 aus, als der Sieg unmittelbar bevorzustehen schien und Hitler den Beschluss fasste, die „Endlösung" einzuleiten oder auszuweiten. Sie taten dies erneut, als die Vernichtungslager im Frühjahr 1942 ihren vollen Betrieb aufnahmen, und sie verschärften ihre öffentliche Rede über das fortgesetzte Morden im Winter, Frühjahr und Sommer 1943, als sich das Blatt des Krieges gegen das „Dritte Reich" wendete. Die paranoide Vision, die Hitlers Feder am 29. April 1945 entströmte, nämlich die einer internationalen jüdischen Verschwörung, die einen aggressiven und völkermörderischen Krieg gegen ein unschuldiges NS-Deutschland führe, stellte das zentrale Element in Text und Bild der antisemitischen Propaganda des NS-Regimes vom Beginn bis zum Ende des Zweiten Weltkriegs und des Holocaust dar.

Anmerkungen

Auszüge aus Jeffrey Herf: *The Jewish Enemy: Nazi Propaganda During World War II and the Holocaust* (Cambridge, MA: Harvard University Press, Copyright 2006 by the President and Fellows of Harvard College). Verwendung im Auftrag. Alle Rechte vorbehalten. Jeffrey Herf: „The ‚Jewish War': Goebbels and the Antisemitic Campaigns of the Nazi Propaganda Ministry", in: *Holocaust and Genocide Studies* 19, 1 (Frühling 2005), 51–80. Nachdruck mit Genehmigung der Oxford University Press [der Lizenzgeber] über PLSclear. Alle Rechte vorbehalten. Jeffrey Herf: „‚The War and the Jews': Nazi Propaganda in the Second World War", in: Jörg Echternkamp (Hrsg.): *Germany and the Second World War: Volume IX/II: German Wartime Society 1939–1945: Exploitation, Interpretations, Exclusion*, 163–204. Copyright 2014. Oxford University Press. Reproduziert mit Genehmigung von Oxford University Press [der Lizenzgeber] durch PLSclear. Alle Rechte vorbehalten.

1 Ernst H. Gombrich: *Myth and Reality in German War-Time Broadcasts* (London: Athlone, 1970), 18. Siehe auch Jeffrey Herf: *The Jewish Enemy: Nazi Propaganda during World War II and the Holocaust* (Cambridge, MA: Harvard University Press, 2006).

2 Ebd., 22–23.

3 Lucy Dawidowicz: *The War Against The Jews: 1933–1945* (New York: Holt, Rinehart and Winston, 1975); auf Deutsch erschienen als *Der Krieg gegen die Juden: 1933–1945* (München: Kindler Verlag, 1979).

4 Christopher R. Browning mit einem Beitrag von Jürgen Matthäus: *The Origins of the Final Solution: The Evolution of Nazi Jewish Policy, September 1939 – March 1942* (Lincoln/Jerusalem: University of Nebraska Press und Yad Vashem, 2004), auf Deutsch erschienen als *Die Entfesselung der „Endlösung": Nationalsozialistische Judenpolitik 1939–1942* (Berlin: Propyläen, 2003); siehe auch Brownings *The Path to Genocide* (New York: Cambridge University Press, 1992) und Richard Breitman: *Architect of Genocide: Himmler and the Final Solution* (New York: Alfred Knopf, 1991); auf Deutsch erschienen als *Der Architekt der „Endlösung": Himmler und die Vernichtung der europäischen Juden* (Paderborn: Schöningh, 1996).

5 Saul Friedländer: *Nazi Germany and the Jews, vol. 1, The Years of Persecution, 1933–1939* (New York: HarperCollins, 1997), auf Deutsch erschienen als *Das Dritte Reich und die Juden, Band 1: Die Jahre der Verfolgung 1933–1939* (München: C. H. Beck, 2007); und *Nazi Germany and the Jews, vol. 2, The Years of Extermination* (New York: HarperCollins, 2007), auf Deutsch erschienen als *Das Dritte Reich und die Juden, Band 2: Die Jahre der Vernichtung 1939–1945* (München: C. H. Beck, 2006).

6 Herf: *The Jewish Enemy*. Siehe auch Jeffrey Herf: „The ‚Jewish War': Goebbels and the Antisemitic Campaigns of the Nazi Propaganda Ministry", *Holocaust and Genocide Studies* 19, 1 (Frühling 2005), 51–80, https://doi.org/10.1093/hgs/dci003; und „‚The War and the Jews': Nazi Propaganda in the Second World War", in: Jörg Echternkamp (Hrsg.): *Germany and the Second World War, Bd. IX/2, German Wartime Society 1939–1945: Exploitation, Interpretations, Exclusion* (Oxford: Oxford

University Press, 2014), 163–204. Für ein Werk, das die Bildsprache der NS-Propaganda einem breiteren Publikum nahebringt, siehe Susan Bachrach und Steven Luckert (Hrsg): *State of Deception: The Power of Nazi Propaganda* (Washington, DC: United States Holocaust Memorial Museum, 2009).

7 Zum Antisemitismus in der NS-Propaganda siehe Caesar Aronsfeld: „Perish Judah! Extermination Propaganda", *Patterns of Prejudice* 12, 5 (September/Oktober 1978), 17–26; und sein *The Text of the Holocaust: A Study of the Nazis' Extermination Propaganda 1919–1945* (Marblehead, MA: Michah Publications, 1985); auf Deutsch erschienen als *Goebbels und die nationalsozialistische Propaganda 1925 bis 1945* (Frankfurt am Main: Fischer, 1971); siehe auch Gombrich: *Myth and Reality in German War-Time Broadcasts*; zur Forschung in den Nachkriegsjahrzehnten siehe Ernest K. Bramsted: *Goebbels and National Socialist Propaganda, 1925–1945* (East Lansing: Michigan State University, 1965); Jay W. Baird: *The Mythical World of Nazi War Propaganda, 1939–1945* (Minneapolis: University of Minnesota Press, 1974); Robert Herzstein: *The War that Hitler Won: The Most Infamous Propaganda Campaign in History* (New York: G. P. Putnam's Sons, 1978); Jürgen Hagemann: *Die Presselenkung im Dritten Reich* (Bonn: Bouvier, 1970); sowie Erich Goldhagen: „Obsession and Realpolitik in the Final Solution", *Patterns in Prejudice* 12 (Januar/Februar, 1978), 1–16; Derrick Sington und Arthur Weidenfeld: *The Goebbels Experiment: A Study of the Nazi Propaganda Machine* (New Haven, CT: Yale University Press, 1943).

8 Ian Kershaw: *Hitler 1889–1936 Hubris* (New York: W. W. Norton, 1998), auf Deutsch erschienen als *Hitler 1889–1936* (Stuttgart: Deutsche Verlags-Anstalt, 1998). Über die Auswirkungen der Propaganda siehe auch David Bankier: *The Germans and the Final Solution: Public Opinion under Nazism* (Oxford/Cambridge, MA: Blackwell, 1992); auf Deutsch erschienen als *Die öffentliche Meinung im Hitler-Staat. Die „Endlösung" und die Deutschen* (Berlin: Verlag Spitz, 1995); Ian Kershaw: *The „Hitler Myth": Image and Reality in the Third Reich* (Oxford: Oxford University Press, 1987), auf Deutsch erschienen als *Der Hitler-Mythos. Führerkult und Volksmeinung* (Stuttgart: Deutsche Verlags-Anstalt, 1999); Aristotle A. Kallis: *Nazi Propaganda and the Second World War* (London: Palgrave Macmillan, 2008); und David Welch: *The Third Reich: Politics and Propaganda*, 2. Aufl. (London/New York; Routledge, 2002).

9 Robert M. Citino: *The Wehrmacht's Last Stand: The German Campaigns of 1944–1945* (Lawrence: University Press of Kansas, 2017).

10 Die antisemitische Propaganda des NS-Regimes war, wie Erich Goldhagen es ausdrückte, „eine komplexe und einzigartige Mischung aus rationalem Kalkül und unvernünftigem Fanatismus"; Goldhagen: „Obsession and Realpolitik in the Final Solution", 1. Zur Gleichzeitigkeit von ideologischen und utilitaristischen Motiven im Holocaust siehe Ulrich Herbert: „Extermination Policy: New Answers and Questions about the History of the ‚Holocaust' in German Historiography", in: ders. (Hrsg.): *National Socialist Extermination Policies: Contemporary German Perspectives and Controversies* (New York: Berghahn Books, 2000), 1–54.

11 Das folgenreichste Beispiel für diese Fehlinterpretation stammt von Franz Neumann, dem Direktor des *Office of Research and Analysis* des *Office of Strategic Services* (OSS), in seinem klassischen Werk von 1942 und 1944, *Behemoth: The Structure and Practice of National Socialism* (New York: Oxford University Press, 1944); auf Deutsch erschienen als *Behemoth: Struktur und Praxis des Nationalsozialismus 1933–1944* (Hamburg: Europäische Verlags-Anstalt, 2018). Er schrieb, dass „der innenpolitische Wert des Antisemitismus [...] deshalb eine völlige Vernichtung der Juden niemals zu[läßt]. Der Feind kann und darf nicht verschwinden; er muß ständig als Sündenbock für alle aus dem soziopolitischen System hervorgehenden Übel bereitstehen", 163. Zum Streit innerhalb der OSS zwischen Neumann und Charles Dwork, der die Völkermorddrohungen der Nazis ernster nahm, siehe Shlomo Aronson: *Hitler, the Allies and the Jews* (New York: Cambridge University Press, 2004). Später, als Professor an der Columbia University, betreute Neumann Raul Hilbergs Doktorarbeit, die, als sie unter dem Titel *The Destruction of the European Jews* (Chicago, IL: Quadrangle Books, 1961) veröffentlicht wurde, zu einem bahnbrechenden Werk über die Vernichtung avancierte, von der Neumann 1944 glaubte, dass die Nazis sie nicht durchführen würden.

12 Siehe George Orwell: „Politics and the English Language", in: Sonia Orwell und Ian Angus (Hrsg.): *George Orwell: The Collected Essays, Journalism and Letters of George Orwell, Volume 4, In Front of Your Nose, 1945–1950* (New York: Harcourt, Brace and Janovich, 1968), 127–140; sowie George Orwell: *1984* (New York: Alfred Knopf, 1949); und Berel Lang: *Act and Idea in the Nazi Genocide* (Chicago, IL: University of Chicago, 1990).

13 Hannah Arendt: *The Origins of Totalitarianism* (Cleveland/New York: Meridian, 1958, 1951), 343; auf Deutsch erschienen als *Elemente und Ursprünge totaler Herrschaft* (München: Piper, 2013), 729.

14 Siehe Caesar Aronsfeld: *The Text of the Holocaust*; und sein Text „Perish Judah! Extermination Propaganda".

15 Max Domarus (Hrsg.): *Hitler: Reden und Proklamationen, 1932–1945, 2 Bde.* (Neustadt: Schmidt, 1972), 1058.

16 Adolf Hitler: „Kundgebung im Berliner Sportpalast zum 8. Jahrestag der nationalsozialistischen Machtergreifung", in: Walter Roller und Susanne Höschel (Hrsg.): *Judenverfolgung und jüdisches Leben unter den Bedingungen der nationalsozialistischen Gewaltherrschaft: Band 1, Tondokumente und Rundfunksendungen, 1930–1946* (Potsdam: Verlag Berlin-Brandenburg, 1996), 30. Januar 1941, 165–166.

17 Adolf Hitler: „Ansprache auf einer Kundgebung im Berliner Sportpalast zur Eröffnung des Kriegswinterhilfswerks", in: Roller und Höschel (Hrsg.): *Judenverfolgung und jüdisches Leben*, 30. September 1942, 216–217.

18 Adolf Hitler: „Ansprache im Münchener Löwenbräukeller anlässlich einer Gedenkfeier zum Marsch auf die Feldherrnhalle 1923", in: Roller und Höschel (Hrsg.): *Judenverfolgung und jüdisches Leben*, 8. November 1942, 219.

19 Herman Göring und Robert Ley gehörten zu den weiteren NS-Funktionären, die zum Propagandaangriff gegen die Juden beitrugen; siehe Herf: *The Jewish Enemy,* 154-155, 168-169.

20 Robert Ley: „Ansprache vor deutschen Arbeitern in Lodz", in: Roller und Höschel (Hrsg.): *Judenverfolgung und jüdisches Leben,* Ende 1939, 158.

21 Robert Ley: „Ansprache auf der Ersten Gemeinschaftskundgebung der Deutschen und Niederländischen Arbeitsfront in Amsterdam", in: Roller und Höschel (Hrsg.): *Judenverfolgung und jüdisches Leben,* 10. Mai 1942, 210.

22 Hermann Göring: „Ansprache auf einer Feier zum Erntedankfest im Berliner Sportpalast", in: Roller und Höschel (Hrsg.): *Judenverfolgung und jüdisches Leben,* 4. Oktober 1942, 217.

23 Siehe Herf: *The Jewish Enemy,* 26-27, und „Appendix: The Anti-Semitic Campaigns of the Nazi Regime as Reflected in Lead Front-Page Stories in *Der Völkische Beobachter",* 281-288.

24 Siehe zum Beispiel: „Der große Entschluss des Führers: Wie die jüdisch-bolschewistische Weltverschwörung vereitelt wurde: Invasion - der Weg zum Ziel Moskaus", *Völkischer Beobachter* (Münchener Ausgabe), 22. Juni 1944, 1. Zum Stellenwert der Idee des „Judeobolschewismus" in Europa siehe Paul Hanebrink: *A Specter Haunting Europe: The Myth of Judeo-Bolshevism* (Cambridge, MA: Harvard University Press, 2018).

25 Willi A. Boelcke (Hrsg.): *Kriegspropaganda, 1939-1941: Geheime Ministerkonferenzen im Reichspropagandaministerium* (Stuttgart: Deutsche Verlags-Anstalt, 1966); und Willi A. Boelcke (Hrsg.): *Wollt Ihr den totalen Krieg? Die geheimen Goebbels-Konferenzen, 1939-1945* (Stuttgart: Deutsche Verlags-Anstalt, 1967).

26 Zu den täglichen Pressekonferenzen siehe Alexander G. Hardy: *Hitler's Secret Weapon: The ‚Managed' Press and Propaganda Machine of Nazi Germany* (New York: Vintage, 1967); Ralf Reuth: *Goebbels: Eine Biographie* (München: Piper, 1995); und Bramsted: *Goebbels and National Socialist Propaganda 1925-1945.*

27 Zu den Aufträgen des NS-Regimes an die Presse siehe die Sammlung Oberheitmann: „‚Vertrauliche Informationen' des Reichsministeriums für Volksaufklärung und Propaganda für die Presse", Zeitgeschichtliche Sammlung, ZSg 109, Juli 1939 - März 1945, Bundesarchiv Koblenz.

28 Aus der umfangreichen neueren Forschung siehe Hanebrink: *A Specter Haunting Europe.*

29 „Die Kampfparole", *Zeitschriften-Dienst 195/65,* Nr. 8312, 5. Februar 1943. Die Dokumente wurden auch zur Vorbereitung des Wilhelmstraßen-Prozesses nach dem Krieg verwendet; siehe zum Beispiel „Die Kampfparole", 5. Februar 1943, Deutsche Wochendienst-Richtlinie 8312, U. S. Nürnberg War Crimes Trials, *United States of America vs. Ernst von Weizsäcker et al.,* Fall 11, 4. November 1947, in: United States National Archives, College Park (NACP), RG 238, War Crimes Records Collection, M 897, roll 34, doc. 4714, Exponat der Anklage, 1265.

30 „Die Judenfrage als innen- und außenpolitisches Kampfmittel“, Redner-Schnellinformation, NDSAP. Reichspropagandaleitung, Hauptamt Propaganda Amt: Redner-wesen, 5. Mai 1943, NACP, Captured German Records, T-81, Rolle 693, 4721685-4721686.

31 Ebd.

32 „USA und England unter dem Befehl des Weltjudentums, Plutokraten identifizieren sich mit den jüdisch-bolschewistischen Mördern“, *Völkischer Beobachter*, 6. Mai 1943, 1.

33 Otto Dietrich: *Parole des Tages*, 13. August 1943, zitiert in Helmut Sündermann: *Tagesparolen: Deutsche Presseanweisungen 1939-1945: Hitlers Propaganda und Kriegsführung* (Leoni am Starnberger See: Druffel-Verlag, 1973), 255-256.

34 Joseph Goebbels: „Die Juden sind schuld!“ 16. November 1941, in Joseph Goebbels (Hrsg.): *Das Eherne Herz: Reden und Aufsätze aus den Jahren 1941/42* (München: Zentralverlag der NSDAP, 1943), 85-91; Joseph Goebbels: „Das Eherne Herz: Rede vor der Deutschen Akademie gehalten am 1. Dezember 1941 in der Neuen Aula der Friedrich Wilhelm Universität zu Berlin“ (München: Zentralverlag der NSDAP, 1942); Joseph Goebbels, „Nr. 17. 18.2.43-Berlin, Sportpalast-Kundgebung des Gaues Berlin der NSDAP“, 172-208; „Der Krieg und die Juden“, 9. Mai 1943, 263-270, in: *Joseph Goebbels, Reden, 1939-1945*, Band 2 (München: Wilhelm Heyne Verlag, 1972); Joseph Goebbels: *Der steile Aufstieg: Reden und Aufsätze aus den Jahren 1942/43* (München: Zentralverlag der NSDAP, Franz Eher, 1944); Joseph Goebbels, „Nr. 30, 28.2.45-Rundfunkansprache“ in: Helmut Heiber (Hrsg.): *Goebbels Reden*, Band 2, 429-446.

35 Zu Roosevelts Wahrnehmung der Bedrohung der Vereinigten Staaten durch Nazideutschland siehe Richard Breitman und Allan J. Lichtman: *FDR and the Jews* (Cambridge, MA: Harvard University Press, 2014); Robert Dallek: *Franklin Delano Roosevelt and American Foreign Relations, 1932-1945* (New York: Oxford University Press, 1979); Saul Friedländer: *Prelude to Downfall: Hitler and the United States: 1939-1941* (New York: Knopf, 1967); Warren F. Kimball: *Forged in War: Roosevelt, Churchill and The Second World War* (New York: William and Morrow, 1997); und Warren F. Kimball (Hrsg.): *Churchill and Roosevelt: The Complete Correspondence I: Alliance Emerging* (Princeton, NJ: Princeton University Press, 1984).

36 Diese Mischung aus Antisemitismus und Antiamerikanismus zeigt sich in der Flut der von den Nazis veröffentlichten Broschüren und Bücher. Siehe Hans Diebow: *Die Juden in den USA* (Berlin: Zentralverlag der NSDAP, 1941); Theodor Siebert: *Das amerikanische Rätsel: Die Kriegspolitik der USA in der Ära Roosevelt* (Berlin: Zentralverlag der NSDAP, 1941); Johann von Leers: *Kräfte hinter Roosevelt* (Berlin: Theodor Fritsch Verlag, 1941); Hans Schadewalt: *Was will Roosevelt?* (Düsseldorf: Völkischer Verlag, 1941); P. Osthold und R. Wagenführ: *Roosevelt zwischen Spekulation und Wirklichkeit* (Berlin: Verlag E. S. Mittler & Son, 1943). Zur Analyse dieser und verwandter Texte siehe Phillip Grassert: *Amerika im Dritten Reich: Ideologie, Propaganda und Volksmeinung, 1933-1945* (Stuttgart: Franz Steiner Verlag, 1997). Zu Hitlers Ansichten über die Bedrohung Deutschlands durch die Ver-

einigten Staaten siehe Adam Tooze: *Ökonomie der Zerstörung. Die Geschichte der Wirtschaft im Nationalsozialismus* (München: Siedler, 2007); und Gerhard Weinberg: *Germany, Hitler and World War II: Essays in Modern German and World History* (New York: Cambridge University Press, 1995).

37 Joseph Goebbels: „Was will eigentlich Amerika", in: ders.: *Die Zeit ohne Beispiel: Reden und Aufsätze aus den Jahren 1941–42* (München: Zentralverlag der NSDAP, 1943), 24. Zu Goebbels' Behauptung, die Vereinigten Staaten hätten den Zweiten Weltkrieg verursacht, siehe „Wer will den Krieg", 1. April 1939, in: ders.: *Die Zeit ohne Beispiel*, 90–96.

38 Ebd., 26–27.

39 Zu den Bedenken amerikanischer Regierungsbeamter, dass der Zweite Weltkrieg in den Vereinigten Staaten als ein Krieg zur Rettung der Juden interpretiert und damit die öffentliche Unterstützung für die Kriegsanstrengungen untergraben würde, siehe Peter Novick: *The Holocaust in American Life* (Boston, MA: Houghton-Mifflin, 1999); und Saul Friedländer: *Prelude to Downfall*.

40 Vier von der *Opinion Research Corporation* zwischen 1939 und 1941 durchgeführte Umfragen ergaben, dass etwa ein Drittel der amerikanischen Bevölkerung mit „Ja" antwortete, wenn sie gefragt wurde, ob „die Juden in diesem Land die Vereinigten Staaten in den europäischen Krieg hineinziehen wollen". Zum Ausmaß des Antisemitismus in den Vereinigten Staaten in den 1930er und 1940er Jahren und seiner Zunahme während des Krieges siehe Charles Herbert Stember et al.: *Jews in the Mind of America* (New York: Basic Books, 1966).

41 Zu den Maßnahmen der Vereinigten Staaten und Großbritanniens zur Rettung der Juden in Europa siehe zuletzt Breitman und Lichtman: *FDR and the Jews*; *The United States and the Holocaust* (United States Holocaust Memorial Museum, 2022): https://encyclopedia.ushmm.org/content/en/article/the-united-states-and-the-holocaust (abgerufen am 8.11.24); und Bernard Wasserstein: *Britain and the Jews of Europe, 1939–1945*, 2. Aufl. (London/New York: Leicester University Press, 1999).

42 Joseph Goebbels: „Wer will den Krieg", 1. April 1939, in: ders.: *Die Zeit ohne Beispiel*, 90–96.

43 Ebd., 94.

44 Joseph Goebbels: „Im Gelächter der Welt", 16. Februar 1941, in: ders.: *Die Zeit ohne Beispiel*, 394–395. Siehe zum Beispiel Wolf Meyer-Christian: *Die englisch-jüdische Allianz: Werden und Wirken der kapitalistischen Weltherrschaft*, 3. Aufl. (Berlin/Leipzig: Nibelungen-Verlag, 1942).

45 Joseph Goebbels: „Britannia rules the waves", 30. März 1941, in: ders.: *Die Zeit ohne Beispiel*, 441–445.

46 Winston S. Churchill: *The Second World War, vol. 3, The Great Alliance*, 371–373; auf Deutsch erschienen als *Der Zweite Weltkrieg*, Band 3 (Bern: Scherz, 1949–1954).

47 Joseph Goebbels: „Die alte Front", 26. Juni 1941, in: ders.: *Die Zeit ohne Beispiel*, 508–513.

48 Ebd., 512–513. Die Nazis boten eine visuelle Darstellung der antisemitischen Dimensionen der sowjetisch-britischen Allianz in „Juden[-]Komplott gegen Europa", einem Plakat vom Sommer 1941 (Reichsministerium für Propaganda und Volksaufklärung, Imperial War Museum, London, PST, 8395). Ein körperloser und karikierter jüdischer Kopf blickt auf einen Händedruck zwischen Figuren, die Großbritannien und die Sowjetunion repräsentieren. Der Händedruck ragt über eine Europakarte hinaus. Siehe „Juden[-]Komplott gegen Europa" und andere antisemitische Bilder der Nazi-Propaganda in Herf: *The Jewish Enemy*.

49 Joseph Goebbels: „Mimikry", 20. Juli 1941, in: ders.: *Die Zeit ohne Beispiel*, 527–528.

50 Ebd., 530–531. Zitiert nach Herf: *The Jewish Enemy*, 109–110.

51 Siehe Einträge für den 19. August und den 24. September 1941, in: Elke Fröhlich (Hrsg.): *Joseph Goebbels: Die Tagebücher von Joseph Goebbels, Teil II, Diktate 1941–1945*, Band I, Juli–September 1941, 268, 480–481.

52 Breitman: *Architect of Genocide* argumentiert, dass die maßgeblichen Entscheidungen bereits im Frühjahr 1941 getroffen wurden, während Browning in *The Origins of the Final Solution* zu dem Schluss kommt, dass eine Reihe von Entscheidungen, die zu einem europaweiten Völkermord führten, in zwei Phasen im Frühherbst 1941 getroffen wurden.

53 Joseph Goebbels: „Die Juden sind schuld!", 16. November 1941, in: ders.: *Das Eherne Herz*, 85–91.

54 Siehe auch die Diskussion in Herf: *The Jewish Enemy*, 120–126.

55 Goebbels, „Die Juden sind schuld!", 88.

56 Ebd., 91.

57 Joseph Goebbels: „Das Eherne Herz" (München: Zentralverlag der NSDAP, 1942), 22–23.

58 Ebd., 25.

59 Ebd., 34–35.

60 Ebd.

61 Ebd., 35–36.

62 Ebd., 37.

63 Ebd., 41.

64 Joseph Goebbels: „2.12.1941", in: Elke Fröhlich (Hrsg.): *Die Tagebücher von Joseph Goebbels: Teil II, Diktate 1941–1945*, Band 2, Oktober–Dezember 1941, 417.

65 Siehe Ian Kershaw: *Hitler 1936–1945: Nemesis* (New York: W. W. Norton, 2000), 448–449, auf Deutsch erschienen als *Hitler 1936–1945* (Stuttgart: Deutsche Verlags-Anstalt, 2000), 600–601.

66 Joseph Goebbels: „13.12.1941", in: Fröhlich (Hrsg.): *Die Tagebücher von Joseph Goebbels: Teil II*, 498–499. Siehe dazu Christian Gerlach: „Die Wannsee-Konferenz, das Schicksal der Deutschen Juden und Hitlers politische Grundsatzentscheidung, alle Juden Europas zu ermorden", *Werkstatt Geschichte* 18 (1997), 7–44.

67 „Der Krieg und die Juden", 9. Mai 1943, in: Joseph Goebbels: *Der Steile Aufstieg*, 263–270.

68 Ebd., 263–264.

69 Ebd., 264.

70 Ebd., 269–270.

71 Ebd., 270.

72 Joseph Goebbels: „Nr. 30, 28.2.45-Rundfunkansprache", in: Heiber (Hrsg.): *Goebbels Reden*, Band 2, 429–446.

73 Ebd., 433.

74 Zur Desillusionierung und Deradikalisierung in der öffentlichen und elitären Meinung siehe Martin Broszat, Klaus Dietmar Henke und Hans Woller (Hrsg.): *Von Stalingrad zur Währungsreform: Sozialgeschichte des Umbruchs in Deutschland* (München: R. Oldenbourg, 1988); Kallis: *Nazi Propaganda and the Second World War*; und dessen Text „The Decline of Interpretive Power: National Socialist Propaganda during the War", in: Jörg Echternkamp (Hrsg.): *Germany and the Second World War: German Wartime Society 1939–1945, Exploitation, Interpretations, Exclusion* (Oxford: Oxford University Press, 2014), 205–252; Klaus Dietmar Henke: „Die Trennung vom Nationalsozialismus: Selbstzerstörung, politische Säuberung, ‚Entnazifizierung', Strafverfolgung", in: Hans Woller (Hrsg.): *Politische Säuberung in Europa* (München: Deutscher Taschenbuch Verlag, 1991), 21–83; und Kershaw: *Hitler, 1936–1945,* Kapitel 25–30; und Jerry Z. Muller: *The Other God that Failed: Hans Freyer and the Deradicalization of German Conservatism* (Princeton, NJ: Princeton University Press, 1987).

75 Citino: *Wehrmacht's Last Stand*.

76 Victor Klemperer: *I Will Bear Witness, 1942–1945* (New York: Knopf, 2000), 20. Juli 1944, 335; und Victor Klemperer: *Tagebücher 1944* (Berlin: Aufbau Verlag, 1995), 20. Juli 1944, 547.

77 Max Domarus (Hrsg.): *Hitler: Reden und Proklamationen, 1932–1945*, Band 2, 22–36. Siehe auch Herf: *The Jewish Enemy*, 261–263; Ian Kershaw: *Hitler 1936–1945*.

3
NATIONALSOZIALISTISCHER ANTIZIONISMUS

1975 verabschiedete die Generalversammlung der Vereinten Nationen (UNO) eine Resolution, die den Zionismus als eine Form des Rassismus anprangerte. Obwohl die UNO die Resolution 1991 aufhob, hat sich die Verbindung von Antizionismus mit linken Sympathien in Politik, Journalismus und an den Universitäten gehalten. Vergessen oder für viele unbekannt ist die unerbittliche Opposition NS-Deutschlands gegen das zionistische Projekt. Die Ablehnung des Zionismus war ein durchgehendes Thema des Nationalsozialismus von der Veröffentlichung von Hitlers *Mein Kampf* im Jahr 1925 bis zu den letzten Tagen des NS-Regimes im Jahr 1945. Hitlers Feinde bemerkten das. In den entscheidenden Jahren, in denen der Staat Israel gegründet wurde, waren sich Linke und Liberale in den Vereinigten Staaten und Westeuropa sowie osteuropäische Kommunisten der engen Verbindung zwischen Nationalsozialismus, Faschismus und Antizionismus sehr wohl bewusst, und die Unterstützung für die Gründung des jüdischen Staates in Palästina wurde zu einem bestimmenden Merkmal ihrer Politik in jenen Jahren.[1]

In den letzten Jahrzehnten haben Historiker zahlreiche Nachweise für den intensiven und anhaltenden Hass der Nazis auf die zionistischen Bestrebungen erbracht, der sich sowohl in Form von Propaganda ausdrückte als auch im Zuge des gescheiterten Versuchs, die „Endlösung" der Judenfrage in Europa auf die Juden in Nordafrika, Palästina und dem Nahen Osten während des Zweiten Weltkriegs auszuweiten.[2] In dem Bewusstsein, dass der Begriff „Antisemitismus" bei arabischen, türkischen und iranischen Diplomaten die Befürchtung weckte, die Nazis seien ihnen als „Semiten" feindlich gesinnt, stellten die Nazis bei der Vorbereitung der Olympischen Spiele 1936 in Berlin die Identität der Politiken ihrer Regierungen gegenüber den Juden klar. Sie beteuerten, dass es sich bei der Politik des Regimes nicht um „Antisemitismus" handele. Vielmehr sei sie besser als „Judengegnerschaft" zu definieren.[3] Diese ideologische Klarstellung zeigte, dass die nationalsozialistische Feindschaft gegen das Judentum und die Juden mit der Opposition gegen das zionistische Projekt und der Unterstützung für Araber, die sich diesem widersetzten, zusammenfiel.

In *Mein Kampf* hatte Hitler seine rassistische Verachtung für Araber zum Ausdruck gebracht (was in den arabischen Übersetzungen des Werks durch die Nazis praktischerweise weggelassen wurde) und die „Lüge" angeprangert, der Zionismus sei in erster Linie eine Bewegung, die nur auf ein Heimatland für die Juden in Palästina abziele.

> Denn indem der Zionismus der anderen Welt weiszumachen versucht, daß die völkische Selbstbesinnung des Juden in der Schaffung eines palästinensischen Staates seine Befriedigung fände, betölpeln die Juden abermals die dummen Gojim auf das gerissenste. Sie denken gar nicht daran, in Palästina einen jüdischen Staat aufzubauen, um den dann etwa zu bewohnen, sondern sie wünschen nur eine mit eigenen Hoheitsrechten ausgestattete, dem Zugriff anderer Staaten entzogene Organisationszentrale ihrer internationalen Weltbegaunerei: einen Zufluchtsort überwiesener Lumpen und eine Hochschule werdender Gauner.[4]

Alfred Rosenberg, ein führender Ideologe der NSDAP in den 1920er Jahren, hatte bedeutenden Einfluss auf Hitlers und die nationalsozialistischen Ansichten über den Zionismus.[5] 1921 veröffentlichte er den Text „Der staatsfeindliche Zionismus", den die Nazipartei 1938 neu auflegte.[6] Rosenberg war einflussreich und stand Hitler nahe. Er trat 1919 in die NSDAP ein, nahm am Hitlerputsch von 1923 teil und wurde im selben Jahr Redakteur der Parteizeitung *Völkischer Beobachter* (VB). Von 1933 bis 1945 leitete er das „Außenpolitische Amt" der Partei, das *Amt Rosenberg*, das für „Kulturpolitik" und „Überwachung" zuständig war. Im Juli 1941 ernannte ihn Hitler zum *Reichsminister für die besetzten Ostgebiete*, wo er eine gewichtige Rolle beim Holocaust spielte. Als Angeklagter in den Nürnberger Prozessen wurde er wegen Verbrechen gegen den Frieden, Planung und Führung eines Angriffskrieges, Kriegsverbrechen und Verbrechen gegen die Menschlichkeit zum Tode verurteilt und 1946 hingerichtet. Rosenbergs Prominenz vor und nach 1933 trug dazu bei, dass sein Aufsatz „Der staatsfeindliche Zionismus" zu einem richtungsweisenden Text des Antizionismus wurde.

Rosenberg befürwortete die zionistischen Bestrebungen insofern, als sie ein Mittel darstellten, die Juden aus Deutschland zu vertreiben, befürchtete aber, dass sich ihre Ansammlung in Palästina zu einem „jüdischen Vatikan" entwickeln könnte, der Teil einer internationalen jüdischen Verschwörung werden würde.[7] Mit Blick auf die jahrhundertelange jüdische Staatenlosigkeit war er skeptisch, dass die Juden überhaupt in der Lage wären, einen Staat zu gründen. Wenn das britische Imperium zerfalle, würden „die Juden sich einem neuen Schutzpatron zuwenden", nämlich den Vereinigten Staaten, wo die 3,5 Millionen ansässigen Juden, so seine Behauptung, die Kontrolle über Presse, Film, Regierung und

Wirtschaft hätten.[8] Rosenberg fasste seine geringschätzige Haltung zum Zionismus wie folgt zusammen: „Zionismus ist, bestenfalls, der ohnmächtige Versuch eines unfähigen Volkes zu produktiver Leistung, meistens ein Mittel für ehrgeizige Spekulanten, sich ein neues Aufmarschgebiet für Weltbewucherung zu schaffen."[9] Diese widersprüchliche und inkohärente Mischung aus Verachtung jüdischer politischer Fähigkeiten und Furcht vor einer potenziellen jüdischen Macht in Palästina blieb ein dauerhaftes Merkmal der Ideologie und Politik NS-Deutschlands gegenüber dem Zionismus und dem zionistischen Projekt.

Im Rahmen des *Haavarah*-Abkommens, das 1933 zwischen dem deutschen Wirtschaftsministerium und Vertretern der Zionisten geschlossen wurde, erlaubte das NS-Regime den Juden, mit einem kleinen Teil ihres Vermögens nach Palästina auszuwandern. Infolgedessen wurden zwischen 1933 und 1939 etwa 100 Millionen Mark nach Palästina transferiert, und die meisten der 60.000 Juden, die dort ankamen, verfügten über ein gewisses Maß an wirtschaftlichen Ressourcen.[10] 1937 waren sich die NS-Beamten in Palästina des arabischen Widerstands gegen den Zustrom durchaus bewusst. Wie Łukasz Hirszowicz in seiner klassischen Studie *The Third Reich and the Arab East* aus dem Jahr 1966 feststellte, war die „Palästinafrage wie geschaffen für die Bedürfnisse und Ziele der Nazi-Propaganda".[11] Die Verfolgung der Juden in Deutschland förderte die deutsch-jüdische Einwanderung nach Palästina, während die antijüdische Propaganda der Nationalsozialisten mit den Behauptungen arabischer Nationalisten zusammenfiel, es gebe eine „britisch-jüdische Verschwörung, um Palästina von seinen Bewohnern zu übernehmen". Die Politik der Nazis, schrieb Hirszowicz, spiegelte „zwei Tendenzen des NS-Antisemitismus. [...] Die eine war die Tendenz, die Juden aus Deutschland zu vertreiben."[12] Die andere bestand darin, den bereits bestehenden Antisemitismus auch außerhalb Deutschlands zu verschärfen. Keine der beiden Tendenzen war vereinbar mit einem Streben nach jüdischer Souveränität in Palästina.

Die von den Nazis kontrollierte Presse schrieb gegen den Zionismus und unterstützte seine arabischen Gegner. Vor und während des Zweiten Weltkriegs kontrollierte das NS-Propagandaministerium die Presse durch geheime tägliche und wöchentliche Richtlinien, die an mehrere tausend Zeitungs- und Zeitschriftenredakteure verschickt wurden. Sie stammten aus der Reichspressekammer, die von Otto Dietrich geleitet wurde und in der Propagandaminister Joseph Goebbels gelegentlich mitwirkte. Am 13. Juni 1939 wies die Pressekammer in Anlehnung an die oben erwähnten ideologischen Klarstellungen von 1936 die Redakteure an: „Der Ausdruck ‚Antisemitismus' soll in deutschen Zeitschriften keinesfalls mehr gebraucht werden. Er stellt eine grobe Ungeschicklichkeit dar, da sich durch ihn die gesamte arabische Welt, mit der in freundschaftlichen Beziehungen zu stehen für uns äußerst wichtig ist, getroffen fühlt. Die deutschen Wörter ‚Judenabwehr' oder ‚Judengegnerschaft' sind ein mehr als vollwertiger Ersatz."[13] Am 9. September 1944 unterstrich Dietrich in einem Befehl bezüglich „antijüdischer Pressearbeit" die Bedeutung der korrekten Befolgung der Sprachregelung: „In letzter Zeit taucht immer wieder der Begriff ‚Antisemitismus' auf. Da durch diese Bezeichnung die Beziehungen zu den nichtjüdischen Semiten, namentlich der für uns besonders wichtigen panarabischen Welt, gestört werden, muss die Presse in Zukunft genau darauf achten, dass die Worte ‚Antisemitismus', ‚antisemitisch' durch Ausdrücke wie ‚Judengegnerschaft', ‚Judenfeindschaft' und ‚Antijudaismus' bzw. ‚judenfeindlich' und ‚antijüdisch' ersetzt werden."[14] Die Sprachregelungen von 1936 und 1944 sollten die Araber davon überzeugen, dass die Juden, nicht die Araber, die Feinde der Nazis waren.

Die Weichenstellung von 1937

Im März 1937 begann Walter Döhle, der deutsche Generalkonsul in Jerusalem, im Auswärtigen Amt mit den Bemühungen, den Antizionismus der Nazis von einem ideologischen Postulat in eine praktische Politik zu verwandeln, und damit in eine Politik, die sich gegen jede jüdische Auswanderung nach Palästina wandte, die durch das oben genannte Transferabkommen ermöglicht worden war.[15] Damit zog er die logische Konsequenz aus der ideologischen Opposition der Nazis gegen das zionistische Projekt. In einem Vermerk an das Auswärtige Amt in Berlin vom 22. März 1937 schrieb Döhle, dass die deutsche Politik seit 1933 Gefahr laufe, die Araber zu Gegnern zu machen, als Ergebnis „unsere[r] Mithilfe an dem Aufbau des jüdischen Nationalheims und der jüdischen Wirtschaft".[16] Ein jüdisch dominiertes Palästina wäre ein Konkurrent für die deutsche Industrie, argumentierte er, hingegen werde ein arabisch dominiertes Palästina „eines der wenigen Länder sein, wo wir auf eine starke Sympathie für das neue Deutschland" und auf Absatzmärkte für deutsche Waren zählen könnten. Die deutschen Juden in Palästina würden sich der deutschenfeindlichen Mentalität ihrer „polnischen Rassegenossen" anpassen. Doch „die palästinischen Araber zeigen in allen Schichten eine große Sympathie für das neue Deutschland und seinen Führer", weil sie sich „in einer [gemeinsamen] Front mit den Deutschen" gegen die Juden sähen. Döhle argumentierte, es sei in Deutschlands Interesse, „dem arabischen Wunsch nachzukommen".[17]

Einige Monate später fanden Döhles Empfehlungen im Auswärtigen Amt in Berlin Unterstützung. Im Juni 1937 schickte der *Reichsminister des Äußeren* Konstantin von Neurath Richtlinien an die deutschen Botschaften in London, Kairo und Jerusalem, in denen er betonte, dass die Schaffung eines jüdischen Staates „nicht im deutschen Interesse" sei. Ein „Palästina-Staat [würde eine] zusätzliche völkerrechtliche Machtbasis für internationales Judentum schaffen [...] etwa wie Vatikan-Staat für politischen Katholizismus oder Moskau für Komintern."[18] Ein Memo vom 22. Juni 1937 von Vicco Bülow-Schwante, Protokollleiter in Neuraths Büro, bot einen weiteren Nachweis für die Konvergenz der antijüdischen und antizionistischen Komponenten der NS-Politik.[19] Er schickte es an alle deutschen Botschaften und viele deutsche Generalkonsulate, einschließlich derer in Beirut und Jerusalem. Zu lesen ist: „In geschickter Weise rührt das Weltjudentum in der judenfreundlichen Presse des Auslandes die Trommel für die Bildung eines jüdischen Palästinastaates." Das Transferabkommen zur Förderung jüdischer Emigration in die Region Palästina fördere „praktisch die Konsolidierung des Judentums in Palästina [...] und [beschleunigt] damit den Aufbau eines jüdischen Palästinastaates". Das wiederum könne den fälschlichen Eindruck erwecken, „daß Deutschland der Bildung eines Judenstaates in Palästina wohlwollend gegenüberstehe. In Wirklichkeit besteht aber ein größeres deutsches Interesse daran, die Zersplitterung des Judentums aufrecht zu erhalten. Denn die Judenfrage wird für Deutschland nicht gelöst sein, wenn kein Angehöriger der jüdischen Rasse mehr auf deutschem Boden seßhaft ist." Vielmehr habe „die Entwicklung der letzten Jahre gelehrt, daß das internationale Judentum zwangsläufig stets der weltanschauliche und damit politische Gegner des nationalsozialistische[n] Deutschlands sein wird. Die Judenfrage ist daher zugleich eines der wichtigsten Probleme der deutschen Außenpolitik. Es besteht daher auch ein erhebliches deutsches Interesse an der Entwicklung in Palästina. Denn ein Palästinastaat wird das Judentum nicht absorbieren, sondern ihm – in etwa entsprechend dem Wirkungskreis des Vatikanstaats – eine zusätzliche völkerrechtliche Machtbasis schaffen, die sich für die deutsche Außenpolitik verhängnisvoll auswirken könnte." Die Beamten des Auswärtigen Amtes waren zu dem Schluss gekommen, dass die Lösung der Judenfrage von der Opposition gegen einen möglichen jüdischen Staat in Palästina nicht zu trennen war. Der Judenhass des NS-Regimes führte logischerweise zu Antizionismus in seiner Außenpolitik.[20]

Einen Monat später schrieb Döhle in einem Memo an das Büro des Staatssekretärs in Berlin, dass vor dem Hintergrund der „Gegnerschaft des Weltjudentums gegen das Dritte Reich" das deutsche Interesse „in der

Verhinderung der Bildung eines jüdischen Staates" liege. Entsprechend sei es geboten, die jüdische Auswanderung in andere Regionen als Palästina umzuleiten, und ebenso müsse der Entschluss gefasst werden, „das Arabertum mit Geld und Waffen zu unterstützen".[21]

1938 hatte sich die Politik des NS-Regimes von anfänglichen Vorbehalten aufgrund der Hoffnung auf ein deutsches Bündnis oder eine Annäherung an Großbritannien hin zur Bereitschaft gewandelt, während des Aufstandes von 1936 bis 1939 Waffen an die palästinensischen Araber zu liefern. Offizielle Kontakte deutscher Beamter, einschließlich derer in Adolf Eichmanns *Abteilung für jüdische Angelegenheiten*, mit Mohammed Amin al-Husseini, dem Mufti von Jerusalem, hatten spätestens 1937 begonnen.[22] Im Juni 1939 schrieb Admiral Wilhelm Canaris, Leiter eines der Nachrichtendienste des NS-Regimes, der *Abwehr*, die direkt dem Oberkommando des Heeres unterstellt war: „Der Groß-Mufti hat mir durch seinen Verbindungsmann zu uns seinen aufrichtigen Dank für die ihm bisher geleistete Unterstützung aussprechen lassen. Nur durch die ihm von uns gewährten Geldmittel war es ihm möglich, den Aufstand in Palästina durchzuführen."[23]

Klaus Michael Mallmann und Martin Cüppers kommen zu dem Schluss, dass es „sicher [ist], dass deutsche Waffen im arabischen Aufstand in Palästina eingesetzt wurden", und dass es 1938 auch „sicher" war, dass Canaris und Major Helmut Groscurth, Leiter des Büros II der *Abwehr*, „den Mufti in Bagdad kennenlernte[n] und ihm seitdem freundschaftlich verbunden blieb[en]".[24] Wie Matthias Küntzel in seiner 2019 erschienenen Studie über die NS-Politik im Nahen Osten hervorhebt, lieferte Husseini (insbesondere in einem 1937 auf einer Konferenz im syrischen Bludan gehaltenen Vortrag „Islam und Judentum") den Nazis überzeugende Beweise dafür, dass seine Sympathien für das Dritte Reich auf einer Ablehnung zionistischer Bestrebungen beruhten, die tief in seiner Auslegung des Islam verwurzelt waren. In Husseini fanden deutsche Ideologie und Politik ein williges Pendant zur Umsetzung dessen, was Küntzel die „Weichenstellung" des Jahres 1937 nennt.[25] Die Nazis trafen sich mit Husseini und seinen Anhängern auf dem gemeinsamen ideologischen Terrain des Judenhasses und des Antizionismus.[26] Wie Mallmann und Cüppers es ausdrücken, zeigten die Ereignisse der Jahre 1937/38 „ein[en] Prozeß stetig zunehmender Übereinstimmung, eine gemeinsame Frontstellung, die im Kriegsfall zum Schulterschluß [gegen die Juden und Zionisten] werden sollte".[27]

Antizionistische Textproduktion in NS-„Forschungs"-Instituten

Nach der Jahreswende 1937 veröffentlichten nationalsozialistische Propagandisten und antisemitische Schriftsteller, die in nationalsozialistischen „Forschungs"-Einrichtungen tätig waren, Bücher, die Antisemitismus und Antizionismus miteinander verbanden. Eine Weisung des Propagandaministeriums im *Zeitschriften-Dienst* vom 26. August 1939 machte die Zeitungsredakteure auf Heinrich Hests *Palästina: Judenstaat? Weltjuda ohne Maske* aufmerksam und forderte sie nachdrücklich auf, das Buch positiv zu rezensieren. Hest war ein Pseudonym Hermann Erich Seiferts, eines Autors mehrerer Aufsätze, die von der NSDAP veröffentlicht wurden, darunter „Der Aufbruch in der Arabischen Welt" im Jahr 1941.[28] Der *Zeitschriften-Dienst* lobte die „ausgezeichnete Beherrschung" der Materie, die es Hest erlaube, „das Streben nach einem neuen, vielleicht entscheidenden Stützpunkt für die jüdische Weltmacht" in Israel klar zu analysieren, dessen Umsetzung durch den Einsatz von Terror gegen die arabische Bevölkerung erreicht werde. Hest bot neues Material über die „Interessengemeinschaft England-Judentum".[29] In dem zweiten Band, *Palästina: Judenstaat? England als Handlanger des Weltjudentums*, behauptete Hest, dass die „englische Kolonialpolitik" zu einem „Handlanger des Weltjudentums" geworden sei und die Araber mit einem „heroische[n] Verteidigungskampf" geantwortet hätten.[30] Nazideutschland, das zu dieser Zeit selbst einen kolonialen Eroberungskrieg in Osteuropa führte, war nach Hests Ansicht somit der Antagonist eines englischen und jüdischen Kolonialismus.[31]

In seinen Büchern unterstützte Hest nachdrücklich den arabischen Widerstand gegen die jüdische Einwanderung. Er zitierte wohlwollend Husseinis Widerstand gegen einen jüdischen Staat, behauptete, dass die englische Politik von den Juden dominiert werde, und lehnte jeden möglichen Kompromiss zwischen palästinensischen Arabern und Zionisten ab.[32] England toleriere die jüdische Auswanderung nach Palästina, weil die Juden „die beste Garantie gegen einen erfolgreichen arabischen Freiheitskampf" seien und England außerdem

> nun unter dem Druck der Finanzmacht des Weltjudentums längst nicht mehr in seinen Entscheidungen frei ist. Es ist zum Handlanger des Weltjudentums durch seine Palästina-Politik geworden, das ehemals so stolze Albion![33]

Am 28. März 1941 sprach Rosenberg, zu jener Zeit Herausgeber des offiziellen Presseorgans des Regimes, des *Völkischen Beobachters*, auf einer Veranstaltung des *Instituts zur Erforschung der Judenfrage* in Frankfurt am

Main, um die Eröffnung dieser von der Regierung finanzierten und von ihm geleiteten antisemitischen Denkfabrik zu feiern. Die Rede wurde im nationalen Rundfunk ausgestrahlt und am nächsten Tag auf der Titelseite des *VB* veröffentlicht.[34] Er stellte das zionistische Projekt als eine „Einkreisungspolitik der jüdisch-britischen Hochfinanz" dar, die im Ersten Weltkrieg entstanden sei. „Die jüdische Weltpresse" und die „britisch-jüdische Hochfinanz" aus dem Hause Rothschild hätten mit „J. P. Morgan" und einer Gruppe von Juden um Woodrow Wilson unter der Führung von Bernard Baruch, der „die gesamte Industrie in den Vereinigten Staaten" kontrolliere, zusammengearbeitet, um die Alliierten in diesem Krieg zu unterstützen. Er präsentierte die Unterstützung für den Zionismus in Großbritannien und den Vereinigten Staaten als Beweis für die weitreichende politische Macht der Juden und fügte hinzu, dass glücklicherweise das Naziregime und seine Nürnberger Rassengesetze die Zerstörung der „Judenherrschaft in Deutschland" vollzogen und damit eine Wiederholung der deutschen Niederlage von 1918 verhindert hätten.[35] Die „Lösung" der „Judenfrage" sei ein „jüdisches Reservat", vermutlich in Europa unter polizeilicher Beobachtung, aber nicht in Palästina.[36]

1941 veröffentlichte die NSDAP auch Seiferts *Der Aufbruch in der arabischen Welt*, in dem er beanspruchte, dass das nationalsozialistische Deutschland und das faschistische Italien auf der Seite der Araber in ihrem Kampf gegen den britischen und französischen Kolonialismus stünden.[37] Mohammed und der Islam seien den Juden von Beginn an feindlich gesinnt. Es sei daher kein Zufall, dass der arabisch-jüdische Konflikt dort „am schärfsten entbrannt ist, wo Araber unter der Herrschaft demokratischer, liberalistischer Staaten stehen, wo die Juden ungehindert ausbeuterische Nutznießer der ihnen so verwandten Plutokratien sind".[38] Während Seifert darauf bestand, dass es keine „rassischen" Verwandtschaften zwischen Arabern und Juden gebe, behauptete er:

> Zwischen den Juden und den Franzosen bestehen seit Beginn der Eroberung Algeriens im Jahre 1830 innige Bande; denn Frankreichs Sieg [im Ersten Weltkrieg] beruhte nicht allein auf dem Erfolg seiner Waffen, sondern mehr noch auf der heimlichen, aber sehr wirksamen Unterstützung seines Feldzuges durch die Juden.[39]

Doch so schwerwiegend die „Schuld" Frankreichs wegen der Unterstützung der „Ausbeutung der Araber durch die Juden" auch sei: weit größer sei die Schuld Englands dafür, dass es seine Versprechen gegenüber den Arabern gebrochen, seine Herrschaft mit Gewalt durchgesetzt und das „Weltjudentum" auf die palästinensischen Araber losgelassen habe. „Die letzte Maske [...] fiel“ in Englands Politik gegenüber den Palästinensern, als der Krieg in Europa begonnen und Chaim Weizmann Neville Chamberlain mitgeteilt habe, „daß die Juden zu Großbritannien stehen und auf der Seite der Demokratien kämpfen“, und Chamberlain ihm geantwortet habe, um die gemeinsamen Ziele zu bekräftigen. Für Seifert war Weizmanns Erklärung ein Beweis für „diese eindeutige Bindung zwischen der englischen Regierung und den Zionisten“.[40] Die Araber aber seien „zum entscheidenden Freiheitskampf bereit“ und hätten gelernt, dass „in ihrem Leben eine englische Ordnung nichts anderes ist als Sklaventum. Das Arabertum aber will frei sein!“[41]

Giselher Wirsing war ein weiterer NS-Propagandist, der sein Augenmerk auf den Zionismus richtete. Nachzulesen ist seine Haltung in seinem am Vorabend des Zweiten Weltkriegs 1939 erschienenen Werk *Engländer, Juden, Araber in Palästina*.[42] Wirsing schrieb, das Ziel der Zionisten sei die Etablierung eines „Palästina als Vatikan des Weltjudentums, dessen wichtigsten Zweige nach wie vor ihre Macht in Westeuropa und in den Vereinigten Staaten politisch und finanziell ausbauen und festigen“. Es solle, so der Autor, eine feste Basis geschaffen werden, auf der in späteren Jahren die jüdische Weltpolitik ruhen würde. Die Verhinderung der Gründung eines jüdischen Staates in Palästina war aus Perspektive der Nazis ein Akt der nationalen Sicherheit gegen einen sich ausbreitenden internationalen Feind.

Während des gesamten Krieges verband die nationalsozialistische Propaganda Großbritannien in einer anhaltend abwertenden Weise mit den Juden. Großbritanniens Erklärung strikter Grenzen für die jüdische Einwanderung nach Palästina im Weißbuch von 1939 und sein Beharren auf diese Begrenzungen während des Zweiten Weltkriegs hielten die Nazis nicht davon ab, auf einer innigen Verbindung zwischen Großbritannien, den Juden und dem Zionismus zu bestehen.[43] In diesem Sinne wies der *Zeitschriften-Dienst* am 8. November 1940 „alle Zeitschriften“ an, „die überhaupt Besprechungen von politischen Büchern bringen“, Wolf Meyer-Christians *Die englisch-jüdische Allianz* „zu würdigen“. Bereits 1942 waren 20.000 Exemplare verkauft. Die Beamten schrieben, dass das Buch „die weitgehende Identifizierung von Engländertum und Judentum auf[zeigt] und [...] eine der wesentlichsten Voraussetzungen für das Verständnis der tieferen Gründe des gegenwärtigen Krieges [gibt], der ein englischer und zugleich ein jüdischer Krieg ist“. Es biete „geistiges Rüstzeug für die endgültige Abrechnung mit dem englisch-jüdischen Weltreich“.[44] Die Judenfrage in Europa und in Deutschland sei „erst dann gelöst [...], wenn sie in England gelöst worden ist, das heißt wenn die Allianz der bisherigen englischen Oberschicht mit der Führung des Weltjudentums für immer zerschlagen ist. Denn diese Allianz ist der Todfeind Europas."[45] Die „Entartung der englischen Oberschicht", die, so der Autor, in Churchills Regierung gipfelte, sei nicht das Ergebnis einer „zufällige[n] Liebesverbindung". Vielmehr sei sie das Ergebnis einer sorgfältig geplanten Anstrengung der Juden, „aus der britischen Aristokratie [...] eine Fünfte Kolonne des Weltjudentums zu machen".[46] Daher, so schloss er, sei es keine Überraschung, dass London zum Zentrum des Zionismus geworden sei.

Meyer-Christian schrieb, dass es keine gemeinsamen Interessen zwischen denjenigen, die ein judenfreies Europa wünschten, und dem Zionismus gebe. Der Nationalsozialismus habe sich also gegen die Schaffung eines jüdischen Staates ausgesprochen, weil dieser „nichts anderes als ein internationales Herrschaftszentrum über die nicht jüdischen Völker darstellen soll – ein Staat, dessen Staatsbürger gar nicht in seinen Grenzen wohnen, sondern in aller Welt".[47] Ein jüdischer Staat sei „nur eine Kernfestung für das Weltjudentum", welches in diesem Staat die Staatsbürgerschaft genieße, ohne die Bürgerrechte in ihren Staaten in Europa und den Vereinigten Staaten aufzugeben. Die meisten Juden würden in anderen Staaten verbleiben und „im Zusammenspiel mit diesem Scheinstaat die Macht des Judentums als Weltmacht stärken helfen".[48] Meyer-Christian schlussfolgert: „Der Englische Krieg ist ein jüdischer Krieg, ein Präventivkrieg der englisch-jüdischen Oberschicht gegen das erstarkende Reich und gegen die völkische Idee, der das Reich seinen Aufstieg verdankt. Nach den Arabern ist Deutschland der zweite gemeinsame Feind der englisch-jüdischen Allianz."[49]

Das Naziregime appellierte auch ausdrücklich an die Anhänger dessen, was es unter der Religion des Islam verstand.[50] Eine Anweisung des *Zeitschriften-Dienstes* vom 11. September 1942 forderte ein wohlwollendes Verständnis für „die islamische Welt als Kulturfaktor". Die Redakteure sollen sich bemühen,

> vorhandene Sympathien in der islamischen Welt zu stärken und zu vertiefen, diese große, ihrem Wesen nach scharf antibolschewistische und scharf antijüdische Geistesmacht näher an uns heranzuziehen und durch freundliche, dabei in keiner Weise schmeichelnde, aber verständnisvolle Darstellung davon zu überzeugen, daß der Moslem in der Welt keine besseren Freunde als die Deutschen hat. Bei Behandlung dieses Themas müssen die Worte Semitismus und Antisemitismus vermieden werden.[51]

Die nationalsozialistische Propaganda versuchte, die Muslime davon zu überzeugen, dass man ihren spezifisch religiös begründeten Widerstand gegen das zionistische Projekt unterstützte.

Zu hören waren diese Appelle in den arabischsprachigen Kurzwellen-Radiosendungen NS-Deutschlands. Während des Zweiten Weltkriegs überwachten amerikanische Beamte in Kairo unter der Leitung von Botschafter Alexander Kirk (1941–1944) und dann von Botschafter Pinkney Tuck diese Sendungen genau und übermittelten wöchentlich tausende wörtliche englische Übersetzungen an das Außenministerium in Washington. Die Berichte trugen den Titel *Axis Broadcasts in Arabic*.[52] Im September 1941 fasste Anne H. Fuller von der Überseeabteilung des *United States Office of War Information* (OWI) in Washington die Themen der Nazi-Propaganda in diesen Sendungen zusammen. Sie stellte fest, dass Antizionismus dabei ein zentraler Bestandteil war. „In jedes Programm ist die ‚jüdische Bedrohung' eingewoben. Die zionistische Frage bildet das Grundthema." Der NS-Rundfunk behauptete, die Alliierten hätten den Zionisten Syrien, Transjordanien und den Irak versprochen. Für die amerikanische Politik, so schrieb Fuller, bereitete „das zionistische Problem [...] die größten Schwierigkeiten bei der Ausstrahlung in der arabischen Welt".[53] Deutsche Sendungen hatten Großbritannien und die Balfour-Erklärung denunziert. In einer Notiz über „Antiamerikanische Propaganda im Nahen Osten" stellte sie fest, dass „diese Propaganda zum größten Teil auf amerikanische Unterstützung für den Zionismus abhebt [...]".[54] Die abwertende Assoziation der Vereinigten Staaten und Großbritanniens mit den Juden und dem Zionismus blieb ein durchgehendes Thema in den arabischsprachigen Sendungen der Nazis.

Nationalsozialistischer Antizionismus, Holocaust-Politik im Nahen Osten und amerikanische Reaktionen

Am 28. November 1941 traf Hitler mit Mohammed Amin al-Husseini in Berlin zusammen und demonstrierte damit öffentlich den nationalsozialistischen Einklang von antijüdischer Politik in Europa mit der Opposition gegen das zionistische Projekt in Palästina.[55] Hitler versicherte Husseini, dass die Deutschen, wenn sie die Armeen der Sowjetunion an der deutschen Ostfront besiegt hätten, vom Kaukasus aus in den Süden vorstoßen würden: „Das Deutsche Ziel würde dann lediglich die Vernichtung des im arabischen Raum unter der Protektion der britischen Macht lebenden Judentums sein."[56] Mit anderen Worten: Er teilte Husseini mit, dass er beabsichtigte, die „Endlösung" der Judenfrage in Europa, die er im Sommer und Frühherbst 1941 begonnen hatte, auf die Ermordung der Juden in Nordafrika und im Nahen Osten auszuweiten. Die Entscheidung, den Holocaust über Europa hinaus auszudehnen, war seiner Ansicht nach die logische Konsequenz aus der Idee, dass das *internationale Judentum* einen Krieg gegen Nazideutschland führe.

In *Nazi Palestine*, das 2006 zunächst auf Deutsch als *Halbmond und Hakenkreuz: Das Dritte Reich, die Araber und Palästina* veröffentlicht wurde, zeigen Mallmann und Cüppers, dass Hitlers Versprechen an Husseini nicht leer war. Himmler schuf eine SS-Einsatzgruppe unter der Leitung von Walter Rauff, der für seine Rolle bei der Entwicklung von Gaswagen als mobile Tötungsinstrumente an der Ostfront bekannt ist.[57] Ihr Zweck war es, im Falle eines deutschen militärischen Sieges in Nordafrika den Holocaust auf die etwa eine Million Juden Nordafrikas und des Nahen Ostens auszudehnen, und zwar durch Massenerschießungen, die mit dem vergleichbar waren, was die SS-Einsatzgruppen von Juni 1941 bis zum Frühjahr 1942 in Osteuropa und der besetzten Sowjetunion getan hatten.[58] In Abstimmung mit diesen Entscheidungen prangerte die NS-Propaganda im Frühjahr und Frühsommer 1942 eine angebliche Verbindung zwischen den Alliierten und den Juden an und pries General Rommels Siege in Nordafrika als Vorboten einer Ära der arabischen Befreiung von Großbritannien. In einer Sendung vom 7. Juli 1942, als die Erwartungen hoch waren, dass Rommels Armee Kairo einnehmen würde, forderte die in Berlin ansässige *Voice for Free Arabism* die Ägypter auf, sie sollten sich „als ein Mann erheben und die Juden töten, bevor sie euch töten. [...] Die Juden wollen ihre Herrschaft auf die gesamten arabischen Länder ausdehnen, aber ihre Zukunft hängt von einem britischen Sieg ab."[59] In Deutschland versicherten die NS-Propagandisten ihren Zuhörern, dass das NS-Regime die Juden „ausrotten" würde. Die arabischsprachige Propaganda ging sogar noch weiter und forderte ihre Zuhörer auf, sich selbst an der Tötung der Juden zu beteiligen.

Die Antwort des *United States Office of War Information* auf diese Mischung aus antijüdischer Politik und Antizionismus, die in einer „Weekly Propaganda Directive" vom 14. November 1942 vorgestellt wurde, bestand nicht darin, diese Propaganda zu bekämpfen. Im Gegenteil: Die *Voice of America*-Sendungen in arabischer Sprache müssten

> gegenüber dem palästinensischen Volk mit größerem Takt und größerer Vorsicht sprechen als anderswo im Nahen Osten. Gesprochene und geschriebene Worte müssen gleichermaßen von der ehrlichen Akzeptanz der Tatsache geleitet sein, dass das Thema der zionistischen Bestrebungen nicht erwähnt werden kann, insofern als jeder ernsthafte Ausbruch antijüdischer Gefühle, der unter den arabischen

> Völkern in diesem Gebiet entstehen könnte, unsere Strategie im östlichen Mittelmeer gefährden würde.[60]

Die OWI-Beamten griffen das Thema in einer „Basic Directive“ vom 30. Januar 1943 bezüglich der auf Ägypten gerichteten Propaganda wieder auf. Die amerikanische politische Kommunikation solle sich

> vorerst nicht mit den grundlegenden politischen Problemen befassen, die den Nahen Osten in den letzten Jahren so sehr aufgeheizt haben. Konkret geht es um drei Themen: Zionismus, Pan-Arabismus und Pan-Islamismus. Ergreifen Sie in diesen Fragen niemals Partei, sondern bewahren Sie absolute Distanz als stillschweigenden Beweis dafür, dass wir eine Politik des „Ägyptens für die Ägypter“ befürworten.[61]

Auf die anhaltenden Vorwürfe der Nationalsozialisten, Franklin D. Roosevelt und die amerikanische Politik seien von Juden und Zionisten dominiert, hatte die Zurückhaltung des OWI nicht den erwünschten Einfluss.[62]

„Die Juden haben diesen Krieg im Interesse des Zionismus entfacht“: Die arabische Propaganda des Nationalsozialismus im Sommer 1942

Als Roosevelt amerikanische Panzer zur Unterstützung der Briten schickte und die *Operation Torch*, die Invasion Nordwestafrikas im November 1942, anordnete, führte die Nazi-Propaganda seine Entscheidungen auf den Einfluss der amerikanischen Juden zurück. Am 16. November erklärte Berlin in arabischer Sprache, dass die Juden darauf abzielten, „die Araber einzukreisen [...]. Alle Araber sollten wissen, dass der Sieg der Alliierten den Sieg der Juden bedeutet.“[63] Am 21. November behauptete die *Stimme des freien Arabertums*, dass „der Hass auf den Islam und auf die Araber der Hauptgrund für den Wunsch der Juden ist, Palästina für sich allein zu haben“. Die Juden wollten „die Araber und den Islam auslöschen“.[64] Da sie dazu allein nicht fähig seien, hätten sie sich mit Großbritannien und dann den Vereinigten Staaten verbündet. Die deutsche Propaganda stellte den Zionismus als das jüngste Kapitel einer angeblich uralten jüdischen Feindseligkeit gegen den Islam dar – ein Antagonismus, der nun von Großbritannien und den Vereinigten Staaten geteilt werde – und als überzeugenden Beweis für die vermeintliche Macht der Juden über die amerikanische und britische Politik.

Am 3. November 1943 verband die *Stimme des freien Arabertums* den Antizionismus mit der zentralen antisemitischen Verschwörungstheorie der Nazis zum Zweiten Weltkrieg, was zu einem Aufruf zur Ausrottung der Juden führte. „Die Juden", erklärte man, vor allem in Großbritannien, den Vereinigten Staaten und der Sowjetunion, hätten

> diesen Krieg im Interesse des Zionismus entfacht [...]. Die Welt wird niemals in Frieden leben, solange die jüdische Rasse nicht ausgerottet ist. Sonst wird es immer Kriege geben. Die Juden sind die Keime, die alle Schwierigkeiten in der Welt verursacht haben.[65]

Das war ein Hirngespinst; in Wirklichkeit war der Konflikt um Palästina nur ein kleines Kapitel in der Globalgeschichte des Zweiten Weltkriegs. Die Zionisten hatten keinerlei Einfluss auf die Politik der Anti-Hitler-Koalition, was die Nazi-Propagandisten in der arabischen Welt jedoch nicht davon abhielt zu behaupten, dass das zionistische Streben nach einem jüdischen Staat in Palästina die Ursache für den gesamten Konflikt sei. Der Radioaufruf zum Massenmord war ein Ergebnis dieses Wahns.

Am 2. Juli 1942 pries Husseini vor Zuhörern in Ägypten die Erfolge Rommels in Nordafrika und verband den ägyptischen Kampf gegen den britischen Imperialismus mit dem Kampf der Palästinenser gegen „die vereinigte Macht Englands und des Judentums".[66] Am 11. Dezember 1942 sprach er im deutschen Rundfunk auf Arabisch über das Märtyrertum.[67] Die arabischen Völker hätten „edles Blut" für die Freiheit und Unabhängigkeit Palästinas, Ägyptens, Syriens, des Irak und der arabischen Halbinsel vergossen. „Das vergossene Blut der Märtyrer ist das Wasser des Lebens. Es hat den arabischen Heldenmut weitergestärkt, wie ein trockener Boden durch das Wasser wieder auflebt. Der Märtyrertod ist der Schutzbaum, in dessen Schatten Wunderpflanzen wieder aufblühen."[68] Das Ziel der „englisch-jüdischen Politik" sei es, Palästina zu teilen und dann den Rest der arabischen Länder zu beherrschen. „Wir Araber", so Husseini weiter,

> können uns [im Ringen gegen die Engländer] nur den Achsenmächten und deren Verbündeten anschliessen im gemeinsamen Kampf gegen den gemeinsamen Feind. Es bedeutet für uns die Fortsetzung des Kampfes, den wir über 20 Jahre ganz allein ausgefochten haben. Uns zur Seite stehen heute die mächtigen Feinde unserer Feinde.[69]

Wenn England und seine Verbündeten, „Gott behüte!", den Krieg gewinnen sollten, „würde Israel die ganze Welt beherrschen, dem arabischen Vaterland den unheilvollsten Schlag versetzen, arabische Länder an sich reissen und in jüdische Kolonien verwandeln". Die Juden würden Jordanien, Libanon, Syrien, Irak und die Grenzgebiete Ägyptens erobern. Doch wenn England und seine Verbündeten besiegt würden, wäre die jüdische „Gefahr“ für die arabischen Länder beseitigt. Husseini übertrug damit das traditionelle Bild des allmächtigen Juden auf einen zionistischen Staat, der „die ganze Welt“ beherrschen werde. Die Logik des traditionellen Judenhasses wurde zu einem Kernelement der antizionistischen Propaganda und Politik sowohl Husseinis als auch der Nazis. Die Konvergenz von Antisemitismus und Antizionismus kommt hier vollumfassend zum Vorschein.

Husseini in Berlin über den Islam und die Juden

Bei mehreren Gelegenheiten trug Husseini in Berlin Versionen seines Kerntextes „Islam und Judentum“ vor. Das *Zentralinstitut* in Berlin veröffentlichte mit Unterstützung der Regierung am 5. November 1943 eine deutsche Fassung seiner Rede. Die Propagandaabteilung des Auswärtigen Amtes präsentierte sie in kürzerer Form in Flugblättern und strahlte sie im Radio auf Arabisch aus.[70] Die Rede enthielt Themen, für die Husseini berühmt geworden war: Die Juden hätten den Islam seit sieben Jahrhunderten gehasst. Ihre Pläne für ein jüdisches „Königreich“ in Palästina beinhalteten die Zerstörung der al-Aqsa-Moschee in Jerusalem, „um auf ihren Trümmern ihren Tempel zu errichten“. Der Zionismus bringe diesen jahrhundertelangen jüdischen Hass auf den Islam in die moderne Geschichte ein. Ein jüdischer Staat sei eine große Gefahr „für die gesamte Menschheit“, diese sei aber „für die Araber und Mohammedaner noch gefährlicher und bedeutender“. Ein jüdischer Staat liefere „die arabischen Länder und alle Länder des Nahen Ostens der Gefahr einer jüdischen wirtschaftlichen Ausbeutung und jüdischen Weltverschwörung“ sowie der Kolonisierung und Besetzung „der benachbarten Länder“ aus.[71]

Während die Amerikaner nun „die jüdische Fahne“ trügen, so Husseini, habe Deutschland „beschlossen, eine endgültige Lösung für die jüdische Gefahr zu finden“, womit er sich auf die „Endlösung“ in Europa bezog. Der daraus resultierende „gemeinsame Kampf gegen die jüdische Gefahr“ verbinde Araber und Muslime mit Deutschland. In den Nachkriegsjahren behaupteten die Apologeten Husseinis, dass seine Kollaboration in erster Linie auf situativer Bequemlichkeit und nicht auf ideologischer Übereinkunft beruht habe. Husseini selbst bestand jedoch auf das Gegenteil:

> Unsere Freundschaft mit Deutschland ist keine Gelegenheitsfreundschaft, die auf gegenwärtigen Umständen beruht, sondern ist das Re-

sultat der gemeinsamen Interessen beider Nationen und ihrer einheitlichen Haltung gegenüber einem gemeinsamen Feind in einem Kampfe.[72]

Der „Kampf“ gegen die Juden und die Zionisten war ein und dieselbe Sache. Die Entscheidung der nationalsozialistischen Führung, Husseini eine wichtige Propagandaplattform in Printmedien und im Rundfunk zu geben, verdeutlicht ihre Auffassung, dass antijüdische Politik und Antizionismus untrennbar miteinander verbunden sind. Sie stellten eine ideologische Gemeinsamkeit zwischen dem Nationalsozialismus und Husseinis Mischung aus Islamismus und radikalem Nationalismus dar.

Wie die Seiten des *Völkischen Beobachters* deutlich machten, war der Antizionismus auch ein zentrales Thema in der Propaganda, die das NS-Regime für sein deutsches Publikum im Inland betrieb. Am 20. März 1943, inmitten eines großen Ausbruchs antijüdischer Hetze, titelte der *VB* oberhalb eines Berichts über einen Vortrag, den Husseini am Vorabend in Berlin anlässlich des Geburtstags des Propheten Mohammeds gehalten hatte: „Aufruf des Großmuftis gegen die Todfeinde des Islams, Araber werden für ihre Freiheit an der Seite der Achse kämpfen“.[73] Der Bericht beschrieb wohlwollend Husseins Appell an die islamische und arabische Welt sowie deren Kampf gegen „Besetzung und die Grausamkeiten durch feindliche Unterdrücker“.[74] Für seine deutschen Leser beschrieb der *VB* den Großmufti als „eine der hervorragendsten Persönlichkeiten der islamischen Welt“, der „lange Jahre den Kampf der Araber Palästinas gegen das anstürmende Judentum geleistet“ habe. Angesichts der „englischen und amerikanischen Versprechungen an das Weltjudentum, Palästina zum ausschließlichen Besitz des Judentums zu machen und die Araber zu vertreiben“, sei Palästina „zum Symbol des arabischen Freiheitskampfes“ gegen den „britischen Verrat“ und den „atlantischen Schwindel“ geworden.[75]

Der Antizionismus und die Anprangerung eines „jüdisch-amerikanischen Imperialismus“

Am 24. September 1943 fragt die *Stimme des freien Arabertums*: „Was sind die Ziele des internationalen Zionismus?“[76] Die Juden hätten nicht nur Palästina gewollt. Vielmehr sei ihr Bestreben auf den „Besitz aller arabischen Länder im Osten und im Westen“ bis zum Atlantik gerichtet. Im Westen seien sie auf Algerien, Marokko und Tunesien aus, während sie im Osten Syrien mit dem Libanon zu verbinden und dann beide an Palästina anzuschließen beabsichtigten. Dieser „jüdische Plan“ sei die „größte

Gefahr“, die den Arabern und Muslimen drohe, wenn „unsere Feinde, die Briten, Amerikaner und Bolschewiken, siegreich sind“. Es sei die „heilige Pflicht“ der Araber, sich zu vereinen, um „diese jüdische Bedrohung abzuwehren“ und zu verhindern, dass mit Hilfe der Briten ein „jüdischer Imperialismus“ errichtet werde. Ein Sieg der Alliierten würde es den Juden ermöglichen, diese Träume zu verwirklichen, und die Araber zwingen, „als Nomaden zu leben“.[77] Die Vorhersage einer Katastrophe, falls die „Alliierten und die Juden“ den Krieg gewännen, blieb bis zum Kriegsende ein zentrales Thema der NS-Propaganda und der arabischsprachigen Propaganda der Nazis. Diese Sendung veranschaulichte einmal mehr die Konvergenz von Judenhass und Antizionismus in der NS-Propaganda.

Am 6. Oktober 1943 warnte der *VB* als Reaktion auf Berichte über jüdische Brigaden in der britischen *Eighth Army*, dass „Palästina, Ägypten und Irak [...] jüdisch-amerikanische Kolonien werden [sollen]“.[78] Churchill sei „sein ganzes Leben lang von den Juden abhängig gewesen“. Nun revanchiere sich Churchill, indem er den jüdischen Forderungen in Bezug auf Palästina nachgebe und Versprechen an die Araber breche. In den Vereinigten Staaten, so der *VB* weiter, bereiteten sich die Juden darauf vor, die Araber aus Palästina zu vertreiben. „Denn hier ist in Wahrheit der jüdisch-amerikanische Imperialismus am Werk, der im vorderen und mittleren Orient wichtige Stützpunkte für die künftige Weltherrschaft zu gewinnen hofft.“[79] Die Konzentration auf die Verbindungen des Zionismus zu den Vereinigten Staaten und die angebliche Macht der Juden in der Roosevelt-Regierung blieb während des gesamten Krieges ein zentrales Thema der Nazi-Propaganda. Das „Weltjudentum“, das angeblich in New York und in der Roosevelt-Administration an Macht gewonnen habe, nutze die amerikanische Regierung, um die Gründung eines jüdischen Staates in Palästina zu unterstützen. Der Staat Israel werde zur Basis für die Durchdringung des gesamten Nahen Ostens mit „jüdisch-amerikanische[m] Imperialismus“. Die Ausweitung der amerikanischen Macht in der Region erschien denjenigen, die diesen ideologischen Rahmen akzeptierten, als Bestätigung ihrer grundlegenden antisemitischen Verschwörungstheorie, die die Ausweitung des amerikanischen Einflusses im Nahen Osten als Ergebnis der Macht amerikanischer Juden interpretierte – dem ähnelnd, wie die Nazis (u. a. Meyer-Christian) auch die britische Unterstützung des Zionismus als Produkt jüdischen Einflusses betrachteten. Die Tatsache, dass Großbritannien die jüdische Auswanderung nach Palästina während des Holocaust einschränkte oder dass Roosevelt auf eine klare Unterstützung des zionistischen Projekts verzichtete, beeinflusste die Nazi-Propaganda nicht im Geringsten.

1944 führten die Berichte über den Massenmord an den Juden zu lauter werdenden politischen Forderungen in Washington, mehr für die Rettung der europäischen Juden zu tun und Großbritannien zu drängen, die Weißbuch-Beschränkungen von 1939 für die jüdische Auswanderung nach Palästina aufzuheben. Am 1. Februar 1944 brachte Senator Robert Wagner, ein führender New-Deal-Liberaler aus New York, gemeinsam mit Senator Robert Taft, einem konservativen Republikaner aus Ohio, eine Resolution ein, in der die Vereinigten Staaten aufgefordert wurden, „die freie und unbegrenzte Einreise von Juden nach Palästina zur Schaffung eines jüdischen Gemeinwesens zu unterstützen".[80] General George Marshall, Stabschef der *U. S. Army,* und John J. McCloy, stellvertretender Kriegsminister, drängten den Senat erfolgreich dazu, eine solche Resolution nicht zu unterstützen, da sie den ihrer Ansicht nach guten Willen und die Zusammenarbeit der Araber untergraben würde, die für die amerikanischen Kriegsanstrengungen notwendig seien.

Dennoch sendete Berlin am 1. März 1944 in arabischer Sprache eine Tirade gegen „kriminelle amerikanische Senatoren". Die Absicht der Resolution von Wagner und Taft sei es, „die islamische Zivilisation vom Antlitz der Welt zu tilgen, den Koran aus den Herzen der Menschen zu entfernen und ihn durch ihren Atheismus und ihre Unmoral zu ersetzen". Ein jüdischer Staat in Palästina wäre „ein schändliches Verbrechen!". Die al-Aqsa-Moschee in Jerusalem würde zerstört und durch „Salomons Tempel" ersetzt werden. Die Resolution des Senators war ein weiterer Beweis dafür, dass die Vereinigten Staaten „in Wirklichkeit eine jüdische Kolonie sind und dass die fünf Millionen Juden, die dort leben, die 140 Millionen übrigen Amerikaner beherrschen".[81] Die Aussicht auf die Verwirklichung der zionistischen Bestrebungen in Palästina veranlasste den Nazi-Sender zu einem Anfall von Wut und öffentlichen Mordaufrufen. Von Arabern und Moslems würde „keine Spur" in „der schrecklichen Zukunft" bleiben, die sie erwartete. „Armeen und Stämme" sollten „die Bedrohung vertreiben. Männer und Frauen sollten die Alliierten mit allen Mitteln bekämpfen. Tötet sie [...]. Gott wird euch den Sieg bringen."[82]

Am 1. März 1944 sprach Husseini selbst im NS-Sender *Berlin auf Arabisch.* „Die bösen Absichten der Amerikaner gegenüber den Arabern waren jetzt klarer." Die Amerikaner wollten „ein jüdisches Imperium in der arabischen Welt errichten [...]. *Araber! Erhebt euch als Einheit und kämpft für eure heiligen Rechte. Tötet die Juden, wo immer ihr sie findet. Das gefällt Gott, der Geschichte und der Religion.*"[83] (Hervorhebung im Original.) Indem er den Antizionismus der Nazis mit dem Islam verband, machte Husseini den Streit um Land zu einem Religionskrieg und damit zu einem Krieg ohne Kompromisse. Sowohl der Nationalsozialismus als auch der Islamismus der Kriegsjahre nährten eine bedingungslose Ablehnung des Zionismus, die in den Jahrzehnten nach dem Zweiten Weltkrieg und dem Holocaust tiefgreifende Auswirkungen auf arabische und islamische Politik haben sollte.

Während seiner gesamten Geschichte, beginnend mit Hitlers *Mein Kampf* und bis zum Frühjahr 1945, war das nationalsozialistische Deutschland in Wort und Tat unmissverständlich gegen die Gründung eines jüdischen Staates in Palästina. Vom Beginn bis zum Ende des NS-Regimes gingen antizionistische und antisemitische Politik Hand in Hand. Hitler war zu keinem Zeitpunkt mit der Gründung eines jüdischen Staates in Palästina einverstanden. Die Unterstützung des NS-Regimes für eine begrenzte jüdische Auswanderung nach Palästina kam nicht einer Unterstützung des zionistischen Projekts gleich. Als Hitler den Zweiten Weltkrieg begann, wurde die Konvergenz von antizionistischer und antijüdischer Politik noch deutlicher. Ein Ergebnis dieser Konvergenz war das Bündnis zwischen radikalen Nationalisten und Islamisten und dem NS-Regime, da alle drei Bewegungen versuchten, die Juden an der Gründung eines eigenen Staates zu hindern. Während des Krieges entwickelte sich die Idee des *mörderischen und mächtigen Juden* – ein zentrales Thema des europäischen Judenhasses – zu Angriffen auf den *mörderischen und aggressiven Zionisten*. Ironischerweise wurde das letztgenannte Thema der Nazi-Propaganda in den Nachkriegsjahrzehnten zu einem Grundpfeiler zunächst der Propaganda des Sowjetblocks und später der linken Bewegungen und Staaten. Da sich ähnliche Ideen in der globalen Linken des 21. Jahrhunderts einiger Beliebtheit erfreuen, bleibt die Erinnerung an die vehemente Ablehnung des zionistischen Projekts durch den Nationalsozialismus ein wichtiges, wenn auch unbequemes Gebot historischer Interpretation.

Anmerkungen

1 Siehe dazu Jeffrey Herf: *Israel's Moment: International Support for and Opposition to Establishing the Jewish State, 1945–1949* (Cambridge/New York: Cambridge University Press, 2022).

2 Zu den Bemühungen, den Holocaust auf die Juden in Nordafrika und im Nahen Osten auszuweiten, siehe Klaus-Michael Mallmann und Martin Cüppers: *Halbmond und Hakenkreuz: Das Dritte Reich, die Araber und Palästina* (Darmstadt: Wissenschaftliche Buchgesellschaft, 2007).

3 Zu den Klarstellungen vom Juni 1936 siehe Jeffrey Herf: *Nazi Propaganda for the Arab World* (New Haven, CT: Yale University Press, 2009), 20–22.

4 Christian Hartmann, Othmar Plöckinger, et al. (Hrsg.): *Hitler, Mein Kampf, Eine kritische Edition* (München/Berlin: Institut für Zeitgeschichte, 2016), 847.

5 „Alfred Rosenberg Biography", United States Holocaust Memorial Museum, https://encyclopedia.ushmm.org/content/en/article/alfred-rosenberg-biography (abgerufen am 8.11.24).

6 Alfred Rosenberg: *Der staatsfeindliche Zionismus* (München: Zentralverlag der NSDAP, Franz Eher Verlag, 1938).

7 Siehe Alfred Rosenberg: *Der staatsfeindliche Zionismus* (Hamburg: Deutsch-völkische Verlagsanstalt, 1922), 62–63. Siehe auch Alfred Rosenberg: *Schriften aus den Jahren 1917–1921* (München: Hoheneichen Verlag, 1943); und sein Vorwort und seine Einleitung zur NS-Ausgabe von *Die Protokolle der Weisen von Zion und die jüdische Weltpolitik* (München: Deutscher Volksverlag, 1933). Mit der vierten Ausgabe des letztgenannten Werkes hatte der Verlag 25.000 Exemplare herausgebracht.

8 Ebd., 68–69.

9 Ebd., 86.

10 Zum Abkommen siehe Saul Friedländer: *Nazi Germany and the Jews, Volume 1: The Years of Persecution, 1933–1939* (New York: HarperCollins, 1997), auf Deutsch erschienen als *Das Dritte Reich und die Juden: Band 1: Die Jahre der Verfolgung 1933–1939* (München: C. H. Beck, 2007); und Francis R. Nicosia: *The Third Reich and the Palestine Question*, 2. Aufl. (London: Taylor & Francis Ltd., 2017), auf Deutsch erschienen als *Hitler und der Zionismus: Das 3. Reich und die Palästina-Frage 1933–1939* (Leoni am Starnberger See: Druffel, 1989).

11 Łukasz Hirszowicz: *The Third Reich and the Arab East* (London: Routledge and Kegan Paul; Toronto: University of Toronto Press, 1966), 27, 33.

12 Ebd.

13 „Antisemitismus“, *Zeitschriften-Dienst*, 13. Juni 1939, 6, Nr. 222.

14 Sammlung Oberheitmann: „Vertrauliche Informationen“ des Reichsministeriums für Volksaufklärung und Propaganda für die Presse, Zeitgeschichtliche Sammlung, Nr. 215/44, 30. September 1944, Zsg. 109/51, SO, BAK.

15 Zum Politikwechsel von 1937 siehe Matthias Küntzel: „Kapitel II 1937: Das Jahr der Weichenstellung“, in: *Nazis und der Nahe Osten: Wie der islamische Antisemitismus entstand* (Berlin/Leipzig: Hentrich & Hentrich, 2019), 51–76; ebenfalls Küntzel: *Nazis, Islamic Antisemitism, and the Middle East: The 1948 Arab War against Israel and the Aftershocks of WWII* (London: Routledge Publishers, 2023).

16 Walter Döhle, Abschrift Pol. VIII 309: „Inhalt: Prüfung der Frage, ob unsere Palästina gegenüber bisher verfolgte Richtlinie beibehalten werden kann oder ob sie eine Änderung erfahren muß“, Jerusalem, 22. März 1937, Politisches Archiv des Auswärtigen Amtes, PAAA R104785, Pol. VII, „Politische Beziehung Palästina zu Deutschland“, E019872-E019896, E019872-E019873.

17 Ebd., E019872-E019879; und Herf: *Nazi-Propaganda for the Arab World*, 27–28. Zur Kenntnis des deutschen Auswärtigen Amtes von den arabischen Sympathien für NS-Deutschland und der Änderung der deutschen Politik von 1937 siehe auch Mallmann und Cüppers: *Halbmond und Hakenkreuz*, 41–68.

18 Konstantin von Neurath: „Abschrift 83-21 A 25/5“, Berlin, 1. Juni 1937, Büro Unterstaatssekretär, Palästinafrage, Juni 1937 – April 1938, Politisches Archiv des Auswärtigen Amts (PAAA) R29899, 37041-370142.

19 Vicco Bülow-Schwante: „Deutsche Einstellung zur Frage der Gründung eines Judenstaates in Palästina“, Berlin, 22. Juni 1937, PAAA R29899, Politische Beziehung Palästinas zu Deutschland R104785, 37033-370138. Zum Antisemitismus und Antizionismus des Auswärtigen Amtes im Jahr 1937 siehe Eckart Conze, Norbert Frei, Peter Hayes und Moshe Zimmermann: *Das Amt und die Vergangenheit: Deutsche Diplomaten im Dritten Reich und in der Bundesrepublik* (München: Karl Blessing Verlag, 2010), 99–111.

20 Ebd.

21 „Aufzeichnung über die Palästina-Frage“, Berlin, 7. August 1937, PAAA R298899, Politische Beziehung Palästinas zu Deutschland, E019907-E019914; und „Deutsche Einstellung zum Britischen Plan der Bildung eines jüdischen Palästina-Staates“, Berlin, 7. August 1937, PAAA RZ211 104787, 356–359.

22 Mallmann und Cüppers: *Halbmond und Hakenkreuz*, 60–62.

23 OKW/Aus/Abw I Gesprächsnotiz, 18. Juni 1939, IfZ, Nbg. Dok., PS-792; zitiert nach Mallmann und Cüppers: *Halbmond und Hakenkreuz*, 61–62.

24 Ebd., 62.

25 Küntzel: *Nazis und der Nahe Osten*, 63–73.

26 Anne H. Fuller: „General Argument Used in German Propaganda to the Near East“, 29. September 1941, United States National Archives, College Park, NACP

RG 208, Records of the Office of War Information, Informational Files on the Near East, 1941–1946, Eintrag 373, Box 417.

27 Mallmann und Cüppers: *Halbmond und Hakenkreuz*, 68. Die Beweise dieser neueren Forschungen stellen eine wirksame Herausforderung für die Behauptungen Francis R. Nicosias dar, dass die Nazis dem arabischen Faktor keinen Wert beigemessen hätten. Nicosia führt dieses Argument in *Hitler und der Zionismus: Das 3. Reich und die Palästina-Frage 1933–1939* an; siehe auch sein Buch *Zionism and Antisemitism in Nazi Germany* (New York: Cambridge University Press, 2008), auf Deutsch erschienen als *Zionismus und Antisemitismus im Dritten Reich* (Göttingen: Wallstein, 2012). Zur Kritik von Mallmann und Cüppers siehe *Halbmond und Hakenkreuz*, 54–55.

28 Heinrich Hest (Hermann Erich Seifert): *Weltjuda ohne Maske, Band 2: Palästina: Judenstaat? England als Handlanger des Weltjudentums* (Berlin: Joh. Kasper und Co., 1939); und *Der Aufbruch in der arabischen Welt* (Berlin: Zentralverlag der NSDAP, Franz Eher Nachf., 1941).

29 Bucher: „Juden, Engländer, Araber", *Zeitschriften-Dienst*, 17, 26. August 1939, Nr. 656, 18.

30 Heinrich Hest: *Weltjuda ohne Maske, Band 2* und *Der Aufbruch in der arabischen Welt*, 6.

31 Zum Krieg des nationalsozialistischen Deutschlands an der Ostfront, der auch ein koloniales Projekt war, siehe Shelley Baranowski: *Nazi Empire: German Colonialism and Imperialism from Bismarck to Hitler* (New York/Cambridge: Cambridge University Press, 2011).

32 Hest: *Weltjuda ohne Maske, Band 2*, 49–50.

33 Ebd., 101.

34 Alfred Rosenberg: „Die Judenfrage als Weltproblem", in: Wilhelm Grau (Hrsg.): *Der Weltkampf: Die Judenfrage in Geschichte und Gegenwart 1941* (München: Hoheneichen Verlag, 1941), 64–72; auch in *Völkischer Beobachter*, 29. März 1941, 1–2; siehe auch das Radioprotokoll der Rede, 28. März 1941, Alfred Rosenberg: „Rundfunkvortrag in Berlin im Anschluss an die erste Arbeitstagung des ‚Instituts zur Erforschung der Judenfrage' in Frankfurt am Main über ‚Die Judenfrage als Weltproblem'", in: Walter Roller (Hrsg): *Judenverfolgung und jüdisches Leben unter den Bedingungen der nationalsozialistischen Gewaltherrschaft, Band I, Tondokumente und Rundfunksendungen 1930–1946* (Potsdam: Verlag für Berlin-Brandenburg, 1996), 181–187.

35 Rosenberg, „Die Judenfrage als Weltproblem", 64–65.

36 Ebd., 70–71.

37 Hest/Seifert: *Der Aufbruch in der arabischen Welt*.

38 Ebd., 38.

39 Ebd.

40 Ebd., 80.

41 Ebd., 91.

42 Giselher Wirsing: *Engländer, Juden, Araber in Palästina* (Jena: Eugen Diederichs Verlag, 1939). Es wurde in vier Auflagen 10.000-mal verkauft.

43 Zur britischen Politik während des Holocaust siehe Bernard Wasserstein: *Britain and the Jews of Europe: 1939–1945* (New York: Oxford University Press, 1988).

44 „Die englisch-jüdische Allianz", *Zeitschriften-Dienst*, 8. November 1940, Nr. 3504. Siehe Wolf Meyer-Christian: *Die englisch-jüdische Allianz: Werden und Wirken der kapitalistischen Weltherrschaft*, 3. Aufl. (Berlin/Leipzig: Nibelungen-Verlag, 1942).

45 Ebd., 11.

46 Ebd., 78.

47 Ebd., 141.

48 Ebd., 142–145.

49 Ebd., 185, 188. Meyer-Christian bot eine antisemitische Interpretation der britischen Geschichte, die Affinitäten zwischen Puritanismus und Judentum in den Mittelpunkt stellte, verbunden mit einer abwertenden Assoziation zum Kapitalismus. Seine Schrift stützte sich stark auf Werner Sombarts Werk *Die Juden und das Wirtschaftsleben* von 1911. Zu diesem Werk siehe: „Werner Sombart: Technology and the Jewish Question", in: Jeffrey Herf (Hrsg.): *Reactionary Modernism: Technology, Culture and Politics in Weimar and the Third Reich* (New York/Cambridge: Cambridge University Press, 1984), 130–151.

50 Zu den ideologischen Appellen und der praktischen Zusammenarbeit des NS-Regimes mit Muslimen in Südosteuropa, Nordafrika und dem Nahen Osten siehe David Motadel: *Islam and Nazi Germany's War* (Cambridge, MA: Harvard University Press, 2014), auf Deutsch erschienen als *Für Prophet und Führer: Die Islamische Welt und das Dritte Reich* (Stuttgart: Klett-Cotta, 2017).

51 „Die islamische Welt als Kulturfactor", *Zeitschriften-Dienst* 175/44, 11. September 1942, Nr. 7514, 2.

52 Zu „Axis Broadcasts in Arabic" siehe Herf: *Nazi Propaganda for the Arab World*.

53 Anne H. Fuller: „Strategy of Propaganda to the Near East", 3. November 1941, NACP RG 208, Records of the Office of War Information, Informational Files on the Near East, 1941–1946, Eintrag 373, Box 418, 1–4.

54 Anne H. Fuller: „Anti-American Propaganda in the Near East", 25. Oktober 1941, NACP 208, Records of the Office of War Information, Informational Files on the Near East, 1941–1946, Eintrag 373, Box 418, 1–5.

55 Zu diesem Treffen siehe Herf: *Nazi Propaganda for the Arab World*, 74–78; und Klaus Gensicke: *Der Mufti von Jerusalem und die Nationalsozialisten. Eine politische Biographie Aminel-Husseinis* (Darmstadt: Wissenschaftliche Buchgesellschaft, 2007), 60–63.

56 „Nr. 515, Niederschrift eines Beamten des Sekretariats des Außenministers über das Gespräch zwischen dem Führer und dem Großmufti von Jerusalem am 28. November 1941 in Anwesenheit des Reichsaußenministers und des Ministers Grobba in Berlin", Berlin, 30. November 1941, DGFP, Serie D (1937–1945), Band 13, 881–885.

57 Eine hervorragende Biografie Rauffs vor, während und nach der NS-Zeit findet sich in Martin Cüppers: *Walther Rauff – In deutschen Diensten: Vom Naziverbrecher zum BND-Spion* (Darmstadt: Wissenschaftliche Buchgesellschaft, 2013).

58 Siehe Mallmann und Cüppers: *Halbmond und Hakenkreuz*, 137–164.

59 Voice of Free Arabism (VFA), 7. Juli 1942, 20.15 Uhr, „Kill The Jews before They Kill You", Kirk an den Außenminister, Nr. 502, 21. Juli 1942, 13–14.

60 OWI, Overseas Operations Branch, Washington, DC, „Weekly Propaganda Directive, Palestine", 14. November 1942, NACP RG 165, MID Regional File, 1922–1944, Palestine, Eintrag 77, Box 2719, Ordner 2930.

61 OWI, Overseas Operation Branch, „Basic Directive for Egypt", 30. Januar 1943, 2–5, Ägypten 2930, NACP GR 165, MID, Regional File, 1922–1944, Ägypten.

62 Amerikanische Diplomaten und Geheimdienstler berichteten, dass der Hauptvorteil Nazideutschlands im Propagandakrieg im Nahen Osten in seiner Opposition gegen den Zionismus lag, der eine breite Mehrheit fand. George Britt: „Beirut September to June", Juni 1943, 3–4, NACP RG 84, Libanon: U. S. Consulate and Legation and Embassy Beirut, 1936–1941, Classified General Records, 110.2-891, Eintrag 2854A, Box 8. Siehe auch Herf: *Nazi Propaganda for the Arab World.*

63 „Berlin in Arabic", 18. November 1942, „The Jews and the Arabs of North Africa", Kirk an Außenminister, Nr. 710, 21. November 1942, 24.

64 VFA, 21. November 1942, 20.15 Uhr, „The Arabs and the War", Kirk to Secretary of State, Nr. 84, Kairo, 6. Dezember 1942, Axis Broadcasts in Arabic, 20.–26. November, 1942, 1, NACP RG 84 Egypt: Kairoer Botschaft: Allgemeine Aufzeichnungen, 1936–1955, Eintrag 2410, 815.4–820.02, Kasten 77.

65 VFA, 3. November 1943, 20.15 Uhr, „Palestine between the Bolsheviks and the Jews", Kirk an Außenminister, Nr. 1410, Kairo, 19. November 1943, 6–7, Axis Broadcasts in Arabic, 3.–9. November, 1943, 1–2, NACP RG 84, Ägypten: Allgemeine Aufzeichnungen der Kairoer Botschaft, 1936–1955, 820.00–822.00, Eintrag 2410, Kasten 93.

66 Amin al-Husseini: „Nr. 18a; Rundfunkerklärung ‚an das ägyptische Volk'", 3. Juli 1942, in: Gerhard Höpp (Hrsg.): *Mufti-Papiere: Briefe, Memoranden, Reden und Ausrufe Amin al Husainis aus dem Exil, 1940–1945* (Berlin: Klaus Schwarz Verlag, 2001), 45–46.

67 Amin al Husseini, Nr. 42 Rundfunkrede an die Araber („Märtyrerrede"), 11. November 1942, in Hopp (Hrsg.): *Mufti-Papiere*, 103.

68 Ebd., 104.

69 Ebd.

70 VFA, 5. November 1943, 18.30 Uhr, „The Protests of the Moslems of Europe against the Balfour Declaration", Kirk to Secretary of State, No. 1410, Kairo, 19. November 1943, 3–4; und Amin al-Husseini: *Rede S. Em. [Seine Eminenz] Der Großmufti anlässlich der Protestkundgebung gegen die Balfour-Erklärung am 2. November 1943* (Berlin: Islamisches Zentralinstitut 1943), PAAA R27327, Großmufti, 1942–1944, 297878–297886.

71 Ebd., 297880–297882.

72 Ebd., 297885.

73 „Aufruf des Großmufti gegen die Todfeinde des Islams, Araber werden für ihre Freiheit an der Seite der Achse kämpfen", *Völkischer Beobachter*, 20. März 1943. Das Naziregime veröffentlichte ein wohlwollendes Buch über den Großmufti. Siehe Kurt Fischer-Weth: *Amin Al-Husseini: Großmufti von Palästina* (Berlin-Friedenau: Walter Titz Verlag, 1943).

74 Ebd., „Aufruf des Großmufti".

75 Ebd.

76 Voice of Free Arabism, 24. September 1943, 20.15 Uhr, „What Are the Aims of International Zionism?", Alexander Kirk an Außenminister, Kairo, 5. Oktober 1943, „No. 1325, Axis Broadcasts in Arabic for the period September 23 to 29, 1943" NARA, RG 84, Ägypten: Cairo Embassy General Records, 1933–1955, 820.00–822.00, 1943, Box 93.

77 Ebd.

78 „Englisch-amerikanischer Gegensatz im Nahen-Osten, Juda präsentiert den Wechsel, Palästina, Ägypten und Irak sollen jüdisch-amerikanische Kolonien werden", *Völkischer Beobachter*, 6. Oktober 1943; siehe auch „Englands Polizistenrolle für das Weltjudentum, Britische Militärmacht soll für Ordnung und Sicherheit in Palästina sorgen", *Völkischer Beobachter*, 11. Oktober 1943.

79 Ebd.

80 Siehe die Diskussion in Herf: *Nazi Propaganda for the Arab World*, 207–210; und Herf: *Israel's Moment*, 26–27. Siehe auch Ronald Radosh und Allis Radosh: *A Safe Haven: Harry S. Truman and the Founding of Israel* (New York: HarperCollins, 2009), 82.

81 „Berlin in Arabic", 3. März 1944, „Palestine Revolts against Decision of the Americans", Kirk an Außenminister, Nr. 1642, 7. März 1944, 8.

82 Ebd.

83 „Weekly Review of Foreign Broadcasts, F. C. C. [Federal Communications Division], No. 118, 3/4/44, Near and Middle East", NACP RG 165, MID Regional File, 1922–1944, Palästina, Eintrag 77, Box 2719, Ordner 2930.

4
NS-PROPAGANDA FÜR ARABER UND MUSLIME WÄHREND DES ZWEITEN WELTKRIEGS UND DES HOLOCAUST

Während des Zweiten Weltkriegs und des Holocaust bemühte sich das NS-Regime intensiv um die Sympathien der Araber und Muslime des Nahen Ostens und Nordafrikas.[1] Es tat dies mit Hilfe arabischer Exilanten im nationalsozialistischen Berlin. Die Nazis und die arabischen Kollaborateure verband der Hass auf die Juden und damit auf das zionistische Projekt in Palästina sowie die Opposition gegen die Alliierten im Zweiten Weltkrieg. Nazifunktionäre, insbesondere im Auswärtigen Amt, präsentierten das „Dritte Reich" als Verfechter eines säkularen Antiimperialismus, insbesondere gegen Großbritannien. Die Propagandakampagne in arabischer Sprache war Teil einer umfassenderen Bemühung des Hitler-Regimes, mit dem Islam, wie es ihn in Europa, Nordafrika und im Nahen Osten verstand, gemeinsame Sache zu machen. Hitler, Himmler und hochrangige Beamte des Auswärtigen Amtes präsentierten den Islam als eine Religion, die mit der Ideologie des Nationalsozialismus vereinbar war.[2]

Das wichtigste unmittelbare Ergebnis der Zusammenarbeit war eine Flut von Propaganda in arabischer Sprache, die während des Zweiten Weltkriegs und des Holocaust hauptsächlich über Kurzwellenradio aus Deutschland nach Nordafrika und in den Nahen Osten gesendet wurde. Die Nazis sendeten auf Farsi auch in den Iran. Infolge der in den letzten Jahrzehnten durchgeführten Forschungen in den deutschen Archiven, die Aufzeichnungen des Auswärtigen Amtes, des Propagandaministeriums und der SS enthalten, und dank der Studien der Akten des US-Außenministeriums, der militärischen Nachrichtendienste und des *Office of Strategic Services* (OSS) hat sich unser Wissen über diese propagandistischen Bemühungen über die bereits vorhandenen beeindruckenden wissenschaftlichen Erkenntnisse hinaus erheblich erweitert.[3] Wir verfügen nun über eine viel umfangreichere Dokumentation sowohl der Bemühungen Nazideutschlands, seine Ideologie in Nordafrika und im Nahen Osten zu verbreiten, als auch des Beitrags, den arabische und islamistische Kollaborateure zu diesen Bemühungen geleistet haben. Während des Zweiten Weltkriegs und des Holocaust kreuzten sich die Geschichte des Nationalsozialismus und die des Islamismus und hinterließen ein ideologisches und politisches Nachspiel, das dauerhafte und tragische Auswirkungen auf den Nahen Osten hatte. Diese Zusammenarbeit war ein entscheidendes Kapitel in der Geschichte und der internationalen Verbreitung des Antisemitismus während des Holocaust und darüber hinaus.[4]

Bevor diese Zusammenarbeit möglich war, mussten die Nazis klären, wie Araber und Muslime im Allgemeinen in die rassistische Ideologie des NS-Regimes passten. In den Jahren 1936 und 1937 kamen Beamte und Juristen im Auswärtigen Amt, im Propagandaministerium, im Rassenpolitischen Amt der NSDAP und in Himmlers SS-Reichssicherheitshauptamt im Zuge der Vorbereitungen für die Olympischen Spiele 1936 in Berlin und bei der Beantwortung von Fragen arabischer Diplomaten zu dem Schluss, dass die Nürnberger Rassengesetze und die nationalsozialistische Rassengesetzgebung im Allgemeinen zwischen Deutschen und Juden und nicht zwischen „Ariern" und „Nicht-Ariern" unterscheide. Daher wurde die Politik des NS-Regimes konsequent als „antijüdisch", aber nicht als „antisemitisch" bezeichnet. Während des Zweiten Weltkriegs und des Holocaust wies das nationalsozialistische Propagandaministerium Presse und Rundfunk an, den Begriff „Judengegner" und nicht den Begriff „Antisemitismus" zur Beschreibung seiner Politik zu verwenden. Die Propaganda des Auswärtigen Amtes folgte den gleichen Sprachregelungen. Diese politischen Klarstellungen Mitte der 1930er Jahre machten den Weg frei für ein rassistisches Regime, das sich an „nicht-arische" Araber, Türken und Iraner wandte.[5]

Wie in der Radiopropaganda und der Wahl der Verbündeten deutlich wurde, bekundete das Orientreferat im Auswärtigen Amt 1941 seine Sympathie für die Religion des Islam, eine Doktrin, von der es behauptete, in ihrem Judenhass und ihrer Unterstützung autoritärer Herrschaft sei sie mit dem Nationalsozialismus vereinbar.[6] Vom Herbst 1939 bis März 1945 sendete das NS-Regime sieben Tage und Nächte pro Woche arabische Kurzwellensendungen in den Nahen Osten und nach Nordafrika. Der größte Teil dieser zahlreichen Produktionen wurde entweder nie aufgezeichnet oder transkribiert, durch alliierte Bombenangriffe in und um Berlin zerstört und/oder von deutschen Beamten und arabischen Kollaborateuren während des Zweiten Weltkriegs oder danach absichtlich zerstört oder versteckt. Die umfangreichste erhaltene Aufzeichnung der Propagandakampagne, die Wissenschaftlern bekannt ist, wurde von amerikanischen Diplomaten in der US-Botschaft in Kairo aufgezeichnet. Unter der Leitung von Alexander Kirk, dem just eingetroffenen amerikanischen Botschafter in Ägypten, begann im Sommer 1941 ein Team in der US-Botschaft in Kairo mit der Transkription und Übersetzung der Sendungen der Achsenmächte (das heißt der faschistischen italienischen und der nazideutschen Sendungen in arabischer Sprache). Kirk trat seinen

Posten in Kairo am 29. März 1941 an. Er war von 1939 bis 1940 Geschäftsträger [Chargé d'Affaires] der US-Botschaft in Berlin gewesen. In dieser Funktion hatte er informative Memos über die Verfolgung der Juden durch die Nazis nach Washington geschickt. Er blieb bis zum 29. März 1944 amerikanischer Botschafter in Ägypten.

Kirk übermittelte zunächst Zusammenfassungen von Nazi-Radiosendungen von September 1941 bis April 1942.[7] Danach schickte er von April 1942 bis März 1944 jede Woche *Axis Broadcasts in Arabic* (dt. Achsenmächte-Übertragungen auf Arabisch) an das Büro des Außenministers in Washington. Die Texte wurden dann weitergeleitet innerhalb des US-Außenministeriums, an das Verteidigungsministerium, das *Office of Strategic Services* und das *Office of War Information* (OWI). Amerikanische Diplomaten, hochrangige Militärs, Geheimdienstmitarbeiter und vermutlich auch das Weiße Haus unter Roosevelt waren über die Flut von Judenhass gut informiert, die von Nazideutschlands weltweit ebenso wie auf Arabisch ausgestrahlten Radiosendungen ausging.[8] *Axis Broadcasts in Arabic* bestand aus wortwörtlichen Transkripten der arabischsprachigen Radiosendungen Nazideutschlands im Nahen Osten in englischer Übersetzung. In den Jahren 1944 und 1945 fuhr Kirks Nachfolger Pinkney Tuck mit der Sammlung und Übermittlung der Berichte fort.

Trotz Plädoyers unmittelbar nach dem Zweiten Weltkrieg, unter anderem vonseiten des prominenten Senators Robert F. Wagner, für die Freigabe amerikanischer Akten über die arabische Zusammenarbeit mit den Nazis, blieben die *Axis Broadcasts in Arabic* gemäß der üblichen 30-Jahres-Regel bis 1977 unter Verschluss.[9] Die Auswertung von Akten der amerikanischen Botschaften im Nahen Osten, des militärischen Nachrichtendienstes, des OSS und der Washingtoner Büros des Außenministeriums und des Pentagons deutete darauf hin, dass amerikanische Beamte über die Zusammenarbeit zwischen Nationalsozialisten und Arabern bzw. Islamisten gut informiert waren. In den folgenden dreißig Jahren wurden die *Axis Broadcasts in Arabic* entweder vernachlässigt oder die Ergebnisse etwaiger wissenschaftlicher Untersuchungen wurden nicht veröffentlicht. Ich habe die relevanten Akten erstmals 2007 in den *U. S. National Archives* in College Park gesichtet und dann ihre Details zunächst in einem Artikel in *Central European History* und in *Nazi Propaganda for the Arab World* (beide 2009) veröffentlicht.[10] Die *Axis Broadcasts in Arabic* bleiben eine unverzichtbare Quelle für die Untersuchung der Bemühungen des Nationalsozialismus, seine Anziehungskraft auf die arabischen und muslimischen Gesellschaften auszudehnen, und für ein Schlüsselkapitel in der Geschichte des nationalsozialistischen und islamischen Antisemitismus. Darüber hinaus haben Recherchen (zum Auswärtigen Amt, zum Propagandaministerium und zur SS) in den deutschen Archiven es ermöglicht, ein viel umfassenderes Bild von den deutschen Beamten und ihrer Zusammenarbeit mit den arabischen Exilanten zu zeichnen, die gemeinsam die arabischsprachige Kriegspropaganda des nationalsozialistischen Deutschlands produzierten. Während Beamte des Propagandaministeriums und des SS-Reichssicherheitshauptamtes an der Kampagne beteiligt waren, lag ihr institutioneller Kern im Orientreferat (Referat VII) des Auswärtigen Amtes. Dort arbeiteten akademisch ausgebildete deutsche Orientalisten eng mit den arabischen Exilanten zusammen, um Propaganda und politische Kriegsführung in die dreijährige deutsche Militärkampagne in Nordafrika zu integrieren und die Propagandabemühungen auch nach der militärischen Niederlage Deutschlands in Tunesien 1943 fortzusetzen. Das Ergebnis war eine historisch bedeutsame kulturelle Fusion, eine Bezugnahme und Wechselwirkung zwischen der NS-Ideologie einerseits und bestimmten Ausprägungen des arabischen Nationalismus sowie islamischer religiöser Traditionen andererseits.[11]

Historiker haben wichtige Arbeiten über die Wechselwirkung zwischen dem Hauptschauplatz des Zweiten Weltkriegs und des Holocaust in Europa und der nationalsozialistischen Politik an der wichtigen Peripherie Nordafrikas und des Nahen Ostens verfasst.[12] 1965 hat der ostdeutsche Historiker Heinz Tillmann in *Deutschlands Araberpolitik im zweiten Weltkrieg* auf der Grundlage der damals verfügbaren deutschen Archive die Politik des „deutschen Imperialismus“ im Nahen Osten von den 1930er Jahren bis zum Frühjahr 1943 nachgezeichnet.[13] 1966 hat Łukasz Hirszowicz in *The Third Reich and the Arab East* die Chronologie und die wichtigsten kausalen Argumente für die Siegesaussichten sowie die Ursachen der Niederlage des faschistischen Italiens und des nationalsozialistischen Deutschlands in der Region, insbesondere im Irak und in Ägypten, erfasst.[14] Im Jahr 2006 haben die deutschen Historiker Klaus Michael Mallmann und Martin Cüppers auf der Grundlage von inzwischen geöffneten und freigegebenen deutschen diplomatischen, militärischen und SS-Archiven das Buch *Halbmond und Hakenkreuz: Das Dritte Reich, die Araber und Palästina* veröffentlicht.[15] Mallmann und Cüppers haben enthüllt, dass Himmlers SS-Reichssicherheitshauptamt im Falle eines deutschen militärischen Erfolges in Nordafrika plante, eine Einsatzgruppe wie jene, die 1941/42 für die Ermordung von Hunderttausenden von Juden in Osteuropa verantwortlich waren, nach Nordafrika und in den Nahen Osten zu schicken, um die „Endlösung“ der Juden in Europa auf die etwa 700.000 Juden in Nordafrika und im Nahen Osten auszuweiten. Im Sommer und Herbst 1942 hing das Schicksal der Juden in der Region vom Ausgang der Kämpfe bei el-Alamein in Ägypten ab, bei denen sich das deutsche Afrikakorps von General Erwin Rommel und britische, australische und neuseeländische Streitkräfte gegenüberstanden. Im Jischuw, der jüdischen Bevölkerung in Palästina, war die Angst vor einer deutschen Invasion in Palästina „tatsächlich real".[16]

Im Berlin der Kriegszeit fand der radikale Antisemitismus europäischer und deutschsprachiger Provenienz eine gemeinsame Basis mit dem radikalen Antisemitismus, der in Koranversen und deren Kommentaren in den Traditionen des Islam wurzelt. So wie der nationalsozialistische Antisemitismus eine Radikalisierung von Elementen war, die bereits in der europäischen Kultur existierten, so resultierte der Antisemitismus der pronazistischen arabischen Exilanten aus einer Radikalisierung von Elementen, die bereits in den Traditionen des Islam existierten. In beiden Fällen betrieben diese Extremisten des 20. Jahrhunderts nach einem Muster, das Ideengeschichtlern vertraut ist, eine *labor of selective tradition* (dt. Arbeit der Traditionsselektion).[17] Das heißt, sie überarbeiteten und eigneten sich rezipierte Traditionen aktiv an, wobei sie einige Elemente hervorhoben und andere abschwächten. Als Ergebnis ihrer gemeinsamen Leidenschaften und Interessen produzierten sie Texte und Sendungen, die sie allein wahrscheinlich nicht produziert hätten. Durch diese aktive Arbeit der Bewahrung und Überarbeitung des Eigenen bei gleichzeitiger Einbeziehung fremder Traditionen fanden die Nazis und ihre arabischen Kollaborateure eine gemeinsame Basis für die Produktion der Texte und Sendungen, die die militärischen und propagandistischen Offensiven der Achsenmächte in Nordafrika und im Nahen Osten während des Krieges begleiteten.[18]

Kultur- und Geistesgeschichtler des Nationalsozialismus haben seit langem gezeigt, dass seine Ideologie weder von ihren europäischen, deutschen und christlichen Vorgängern getrennt noch auf sie reduziert werden kann. Diese waren notwendige, aber nicht hinreichende Bedingungen für ihre Entstehung. Das Gleiche gilt für den radikalen Nationalismus und Islamismus der arabischen Exilanten, die sich mit dem Hitler-Regime verbündeten. Ihre politische Einstellung lässt sich weder von ihrem arabischen oder islamischen Hintergrund trennen noch auf diesen reduzieren. Sie trafen sich auf einem gemeinsamen Terrain der Radikalisierung der Feindschaft gegen das Judentum und die Juden, die sich aus der Lektüre der heiligen Texte ergab, welche sich auf das Judentum stützten, es aber zu ersetzen beanspruchten. Vor dem historischen Hintergrund des Zweiten Weltkriegs vereinten sich Nazis und Islamisten in dem gemeinsamen Projekt der Radikalisierung ihrer jeweiligen Traditionen.

Die Nazis lehrten die arabischen Exilanten die Feinheiten des Judenhasses des 20. Jahrhunderts, vor allem seine paranoide Verschwörungstheorie und wie man sie auf aktuelle Ereignisse anwendet. Die arabischen und muslimischen Kollaborateure lehrten die Nazis, wie sie ihre antisemitischen Verschwörungstheorien an islamische Idiome anpassen konnten. Die Nazis lernten, dass sie Appelle formulieren konnten, die in offenkundigem Widerspruch zu ihrer rassistischen Ideologie standen, während arabische und islamische Radikale im nationalsozialistischen Berlin Gemeinsamkeiten mit der modernen, europäischen totalitären Ideologie fanden. Die NS-Führung suchte nach Wegen, die Fesseln des nationalistischen deutschen Partikularismus zu sprengen und die Doktrin der „arischen Herrenrasse" zu modifizieren, um Araber und Muslime anzusprechen. Die Araber und Muslime in Berlin praktizierten eine Variante dessen, was ich als „reaktionären Modernismus" bezeichnet habe, indem sie die Beherrschung moderner Propagandatechniken demonstrierten, um für eine Wiederbelebung einer fundamentalistischen Version des Islam einzutreten.[19]

Allerdings ist der islamistische Antisemitismus nicht primär auf die Übertragung der NS-Ideologie in einen zuvor harmlosen Kontext zurückzuführen. Vielmehr nutzte das NS-Regime seine Macht, um eine Tradition des islamischen Antisemitismus zu verstärken, die insbesondere in Ägypten und Palästina sowie in der Muslimbruderschaft in den 1930er Jahren bereits entstanden war, bevor die führenden arabischen Exilanten im Herbst 1941 in Berlin eintrafen.[20] Historiker haben die Handlungen und Überzeugungen von Mohammed Amin al-Husseini eingehend untersucht. Er war das wichtigste öffentliche Gesicht und Sprachrohr der an Araber und Muslime gerichteten Nazi-Propaganda.[21] Vier Jahre vor seiner Ankunft im nationalsozialistischen Berlin verfasste er einen Text, der zum Standardwerk des islamischen Antisemitismus wurde. Er wurde 1937 in seiner Abwesenheit auf einer Konferenz in Bludan, Syrien, vorgetragen. In „Islam und Judentum" behauptete er, dass die Juden seit den Tagen Mohammeds Feinde des Islam gewesen seien und dass die Bemühungen der Zionisten, einen jüdischen Staat in Palästina zu errichten, nur das jüngste Kapitel in diesem jahrhundertelangen, religiös motivierten Angriff seien. Junker und Dünnhaupt, ein Berliner Verlag, der sich von der Förderung von Autoren der antidemokratischen Weimarer Rechten zu einem Verlag entwickelt hatte, dessen Erzeugnisse die nationalsozialistische Ideologie und Politik zelebrierten, veröffentlichte „Islam und Judentum" 1938 in deutscher Übersetzung.[22] Deutschen Beamten, Journalisten und Wissenschaftlern wurde infolgedessen bewusst, dass Husseinis Ablehnung des zionistischen Projekts das direkte Ergebnis seiner Interpretation des

Islam als einer inhärent gegen das Judentum und die Juden gerichteten Religion war. Er betrachtete die Zionisten nur als den jüngsten jüdischen Angriff auf den Islam, der schon seit vielen Jahrhunderten andauere.[23] Wie wir sehen werden, bot ihm das NS-Regime nach seiner Ankunft in Berlin im November 1941 eine globale Plattform, von der aus er die Motive des Textes wiederholen und vertiefen konnte. Das Regime verbreitete auch Kopien des Textes in verschiedenen relevanten Sprachen.

In jenen Jahren erkannten deutsche Diplomaten im Nahen Osten, dass die islamistische Tradition, wie sie in Husseinis „Islam und Judentum" zum Ausdruck kommt, eine Grundlage für die Zusammenarbeit gegen die Demokratien, die Kommunisten und die Juden bot, und dass säkulare Appelle an arabische Nationalisten durch religiös begründete Appelle an Muslime ergänzt werden konnten.[24] In denselben Texten und Rundfunksendungen sprachen die Nazis die säkulare Sprache der Angriffe auf den amerikanischen, britischen und „jüdischen" Imperialismus, während sie gleichzeitig an das appellierten, was sie als die alten Traditionen des Judenhasses im Islam selbst darstellten. Das nationalsozialistische Deutschland präsentierte sich sowohl als Verbündeter des arabischen Antiimperialismus als auch als Seelenverwandter der Religion des Islam.

Ohne Husseinis Rolle zu schmälern, muss man sich vor Augen halten, dass er ohne die Unterstützung der deutschen Behörden nur ein weiterer machtloser Politiker im Exil gewesen wäre, der über seine Unfähigkeit geklagt hätte, die Ereignisse zu beeinflussen. Die fraglichen Beamten befanden sich vor allem im Orientreferat (Referat VII) der Rundfunkpropagandaabteilung des Auswärtigen Amtes. Die Zusammenarbeit wurde von Außenminister Joachim von Ribbentrop unterstützt und gebilligt. Von 1943 bis 1945 war Kurt Georg Kiesinger, später Politiker der CDU und von 1966 bis 1969 Bundeskanzler der Bundesrepublik Deutschland, Leiter eines 226-köpfigen Stabes in der Abteilung für Rundfunkpolitik des Auswärtigen Amtes. Der erfahrene Diplomat Wilhelm Melchers leitete das Orientreferat der Politischen Abteilung von 1939 bis 1945.[25] Der Orientalist Kurt Munzel leitete das Team aus Deutschen und arabischen Muttersprachlern, das während des Krieges die Radiosendungen produzierte. Gelegentlich erhielt man Unterstützung aus dem Propagandaministerium von Joseph Goebbels. Akademisch ausgebildete Orientalisten arbeiteten in Forschungsinstituten mit, die wiederum mit dem Reichssicherheitshauptamt von Heinrich Himmler, der Schlüsselinstitution für die Vernichtung des europäischen Judentums, verbunden waren, und lieferten Ideen für Flugblätter und Aufsätze.[26]

Im Oktober 1939 sendete Nazideutschland fünfzehn Stunden am Tag, sieben Tage die Woche, in 113 täglichen Sendungen rund um die Welt.

Ende 1940 arbeiteten etwa 500 Personen in den verschiedenen Büros des deutschen Auslandsrundfunks.[27] 1943 sendete das NS-Regime auf sechzehn Sendern in arabischer, kapholländischer, portugiesischer, bulgarischer, niederländischer, englischer, französischer, ungarischer, italienischer, rumänischer, serbischer, slowakischer, spanischer und türkischer Sprache, aber, wie ein Historiker des Programms schrieb, „die Orientzone hatte absoluten Vorrang".[28] Die arabischsprachigen Sendungen begannen im Oktober 1939 und liefen bis Februar oder März 1945. *Radio Berlin auf Arabisch* und die *Stimme des freien Arabertums* sowie andere Sender übertrugen täglich eine Mischung aus Musik, Nachrichten und Beiträgen. Jeden Abend wurden etwa zwei Stunden Nachrichten und Kommentare gesendet. Im August 1941 schätzte ein Bericht des OWI, dass es in der Region etwa 90.000 Kurzwellenradios gab, davon 150 in Aden, 55.000 in Ägypten, 24.000 in Palästina, 6.000 in Syrien, 4.000 im Irak und 25 in Saudi-Arabien.[29] Radios wurden oft in Cafés und an anderen öffentlichen Orten gehört – das Zuhören war eine öffentliche und kollektive Praxis.

Aufgrund der hohen Analphabetismusrate in Nordafrika und dem Nahen Osten in dieser Zeit war das Radio für Propagandakampagnen von entscheidender Bedeutung. Erhebungen der Vereinten Nationen, die nach dem Zweiten Weltkrieg durchgeführt wurden, ergaben, dass der Anteil von Analphabeten in Ägypten immer noch bei fast achtzig Prozent und in Libyen bei 85 Prozent lag. In Palästina lag die Alphabetisierungsrate unter den Arabern ab sieben Jahren laut der von der britischen Regierung durchgeführten Volkszählung von 1931 bei etwa zwanzig Prozent. Unter den Muslimen lag sie bei vierzehn Prozent (25 Prozent bei den Männern und nur drei Prozent bei den Frauen). Eine UNESCO-Studie kam zu dem Schluss, dass die Alphabetisierungsrate in der arabischen Bevölkerung Palästinas im Jahr 1947 bei 27 Prozent und bei den Muslimen bei 21 Prozent lag (35 Prozent bei den Männern und sieben Prozent bei den Frauen).[30] Das Kurzwellenradio erreichte also ein weitaus größeres Publikum als Printmedien. Von 1940 bis 1943, als die italienischen und deutschen Armeen in Nordafrika standen, verbreiteten die Achsenmächte Propaganda über arabischsprachige Flugblätter und Broschüren der deutschen Streitkräfte. Nach der Niederlage in der Schlacht um Tunesien im Jahr 1943 wurde die Propaganda des nationalsozialistischen Deutschlands weit überwiegend über den Äther verbreitet.

Inhalte der Sendungen, 1939–1941

Von September 1939 bis Herbst 1941 stützten sich die arabischen Sendungen des nationalsozialistischen Deutschlands auf das Fachwissen deutscher Orientalisten über arabische und islamische Literatur und Dichtung, auf die in der Vorkriegszeit gesammelten Ortskenntnisse deutscher Diplomaten und auf achsenfreundliche Araber, die bei Kriegsbeginn in Berlin lebten. Die meisten dieser Sendungen vermittelten den Eindruck eines sympathisierenden, gut informierten und politisch engagierten Gelehrten, der gerne gefallen wollte, aber mit der lokalen Politik nicht vertraut war. Diese „frühen" Sendungen vermittelten die Botschaft, dass Nazideutschland sowohl arabischen Nationalisten als auch Muslimen ein Freund sei. Am 3. Dezember 1940 sendete Munzels Orientreferat VII „Die Frömmigkeit".[31] Mit der Anrufung „Oh, Mohammedaner" richtete sich die Sendung direkt an Muslime und nicht nur an arabische Nationalisten, die gegen die britische Herrschaft in Ägypten waren. Sie tat dies in den sich wiederholenden Beschwörungsformeln einer religiösen Predigt, die die Autorität des „heiligen Koran" und vergangene Tage der Frömmigkeit beschwor.

> Oh, Diener Gottes! Vor allen anderen Geboten wurde den Mohammedanern nahegelegt, fromm zu sein, denn die Frömmigkeit ist der Kern aller Tugenden und die Sammlung aller ehrenhaften Charakterzüge […]. Der Grund dafür, dass die Mohammedaner jetzt rückständig geworden sind, liegt darin, dass sie Gott nicht die ihm gebührende Frömmigkeit erweisen und ihn nicht fürchten. Man sieht, dass sie das tun, was ihnen nicht geboten ist, und dass sie das beiseitelassen, was ihnen geboten ist. Gottes Wort hat sich daher bei ihnen bewahrheitet und sie sind in eine Lage gekommen, die sie zu Erniedrigten in ihren Heimatländern gemacht hat. Diese rührt eben nur daher, dass sie die Frömmigkeit und Furcht Gottes nicht kannten, wie das ihre frommen Vorfahren getan haben, von denen man sagen kann, dass sie „stark gegen die Ungläubigen und barmherzig unter sich" gewesen sind.
>
> Oh, Mohammedaner! Richtet Eure Blicke auf den Heiligen Koran und die Tradition des Propheten, dann werdet Ihr feststellen, dass das islamische Gesetz bei jeder Gelegenheit zur Frömmigkeit gegenüber Gott und zur Furcht vor seiner Strafe angetrieben hat. Vor allen anderen Geboten hat der Koran die Frömmigkeit vorgeschrieben. Lest beispielsweise die Worte: „Oh, Ihr Gläubigen, seid fromm gegen Gott und sterbet nicht, ohne Mohammedaner zu sein. Haltet an Gott fest und spaltet Euch nicht!"[32]

In den Rundfunksendungen der Nazis wurde wiederholt behauptet, dass die Werte des Islam, die sie als Frömmigkeit, Gehorsam, Gemeinschaft und Einheit anstelle von Skeptizismus, Individualismus und Uneinigkeit beschrieben, denen des nationalsozialistischen Deutschlands ähnelten. Die Tatsache, dass dieser antimodernistische Angriff über die im Jahr 1940 modernsten elektronischen Kommunikationsmittel verbreitet wurde, ist ein weiteres Beispiel für den „reaktionär-modernistischen" Charakter von Aspekten der NS-Ideologie und -Politik. Diese und andere Sendungen vermittelten die Botschaft, dass eine Wiederbelebung des fundamentalistischen Islam ein paralleles Projekt zur politischen und ideologischen Revolte des Nationalsozialismus gegen die westliche politische Moderne sei.

Die arabischen Rundfunksendungen der Nazis präsentierten den Koran als einen Text von großer Bedeutung für die Ereignisse des 20. Jahrhunderts. Die heiligen Texte des Islam seien also mit dem vereinbar, was die Nazis als die zukunftsweisende Natur des nationalsozialistischen Deutschlands und des faschistischen Italiens ansahen. Beispielsweise verkündete der deutsche Rundfunk am 12. Dezember 1940 entsprechend:

> Oh, Mohammedaner, die islamische Religion ist eine Religion der Gemeinschaft, nicht eine Religion des Einzelnen. Sie ist daher zugleich auch eine Religion des Gemeinnutzes und nicht des Eigennutzes. Der Islam ist daher ein[] gerechter und wahrer Nationalismus, denn er fordert den Mohammedaner auf, das Allgemeinwohl seinen Privatinteressen vorzuziehen und nicht für sich selbst zu leben, sondern für seine Religion und für sein Vaterland. Dies ist das wichtigste Ziel, das der Islam verfolgt und das seinen Geboten und Verboten zu Grunde liegt.[33]

Der Vorrang des „Gemeinnutzes" vor dem Eigeninteresse war ein durchgängiges und zentrales Thema der NSDAP vor 1933 und des NS-Regimes danach.

Die Nazis hofften, dass die Berufung auf islamische Themen in diesen Sendungen bei den muslimischen Zuhörern die Bereitschaft wecken würde, auch auf die säkularen politischen Botschaften des Nationalsozialismus positiv zu reagieren. Am selben Tag, an dem *Radio Berlin* die oben genannte Botschaft verbreitete, sendete es auch eine „Regierungserklärung für die Araber".[34] Das „Dritte Reich" drückte seine „volle Sympathie" für den „Kampf der Araber um Freiheit und Unabhängigkeit" aus, damit sie „den ihnen gebührenden Platz unter der Sonne einnehmen und Ruhm und Ehre im Dienste der Menschheit und der Zivilisation wiedererlangen" könnten. Die Äußerungen der deutschen Regierung über „Liebe und Sympathie" für die Araber hätten „ein starkes Echo im deutschen Volk gefunden" und zugleich zur Stärkung „der Bande der Freundschaft mit den Arabern, die die Deutschen seit vielen Jahren hegen", beigetragen. Diese Verbindung sei nicht überraschend, denn Deutsche und Araber teilten „viele Eigenschaften und Tugenden", wie „Mut im Krieg [...], Heldentum und männlichen Charakter". In anderen Texten drückten Hitler und Himmler ihre Bewunderung für das aus, was sie als die kriegerischen Tugenden des Islam bezeichneten, die sie mit dem kontrastierten, was sie als die antimilitärischen und pazifistischen Strömungen des Christentums betrachteten.[35]

In der Sendung vom 12. Dezember hieß es, dass Deutsche und Muslime „in den Leiden und Ungerechtigkeiten nach dem Ende des [Ersten] Weltkriegs vereint waren. Beide großen Völker, die Deutschen und die Araber, wurden in ihrer Ehre beleidigt, ihre Rechte wurden verleugnet und mit Füßen getreten. Beide bluteten aus denselben Wunden, und beide hatten auch denselben Feind: nämlich die Alliierten, die sie entzweiten und ihnen keinen Anspruch auf Ehre zubilligten. Nun ist es Deutschland gelungen, sich aus dieser Schmach zu befreien und all seine alten Rechte wiederzuerlangen, so dass Deutschlands Stimme nun überall gehört wird und seinen alten Platz wieder eingenommen hat."[36] Die Sendung stellte das nationalsozialistische Deutschland als Modell einer Nation dar, die gedemütigt worden sei, aber ihre Unabhängigkeit und Einheit wiedererlangt habe. Die gemeinsame Feindschaft, insbesondere zu Großbritannien, blieb ein weiteres Dauerthema der arabischsprachigen NS-Propaganda.

Den Rundfunksendungen der Jahre 1939 bis 1941 fehlte es an Vertrautheit mit dem lokalen Idiom und der Politik des Nahen Ostens. Die Ankunft Mohammed Amin al-Husseinis und des vormaligen irakischen Herrschers Rashid al-Khilani in Berlin im November 1941 behob dieses Manko.[37] Die beiden politischen Führungsfiguren hielten viel beachtete Treffen mit Hitler und von Ribbentrop ab. Bei dem berühmten Treffen mit Husseini am 28. November 1941 in Berlin bekam Hitler zu hören, wie der Mufti ihn mit Lob überschüttete, seine Unterstützung für Nazideutschland im Krieg zum Ausdruck brachte und Deutschland und Italien aufforderte, eine entschiedene Erklärung zur Unterstützung der arabischen Unabhängigkeit von Großbritannien abzugeben. Hitler erwiderte, dass die Zeit für eine solche Erklärung noch nicht gekommen sei. Er versicherte Husseini jedoch, wenn die deutschen Armeen an der Ostfront den „südlichen Ausgang" aus dem Kaukasus erreichten, werde Hitler „der arabischen Welt die Gewissheit geben, dass ihre Stunde der Befreiung gekommen ist. Das Deutsche Ziel würde dann lediglich die Vernichtung des im arabischen Raum unter der Protektion der britischen Macht lebenden Judentums."[38] Mit anderen Worten: Nach den Wochen und Monaten, in denen Hitler die Entscheidungen getroffen hatte, die „Endlösung der Judenfrage“ *innerhalb Europas* in Angriff zu nehmen, machte er Husseini auch klar, dass er beabsichtigte, sie *außerhalb Europas* auszuweiten, das heißt mindestens auf die in Ägypten, Palästina, Transjordanien und im Irak lebenden Juden.[39] Ziel der arabischsprachigen Propaganda war es, die arabische Unterstützung für die Achsenmächte, die in Nordafrika gegen die Alliierten kämpften, und für die Ausweitung des Holocaust auf die Juden des Nahen Ostens zu fördern. In der Nachkriegssprache des Völkerrechts ab 1945 war die arabischsprachige Propaganda der Nazis ein Beispiel für die Anstiftung zum Völkermord.[40]

Alexander Kirk sendet *Axis Broadcasts in Arabic* nach Washington, 1942–1944

In seiner Depesche an Außenminister Hull vom 18. April 1942 fasste Botschafter Kirk die deutsch-arabischen Sendungen der vorangegangenen sechs Monate zusammen, das heißt des Zeitraums seit der Ankunft Husseinis und Khilanis in Berlin.[41] Die deutschen Propagandasendungen, so schrieb er, versuchten, die Araber davon zu überzeugen, dass die Achsenländer

> eine natürliche Sympathie für die Araber und ihre große Zivilisation hegen, der einzigen, die mit der von der Neuen Ordnung in Europa eingeführten Zivilisation vergleichbar ist, die jetzt durch den „britischen Imperialismus“, die „bolschewistische Barbarei“, die „jüdische Gier“ und neuerdings den „amerikanischen Materialismus“ unterdrückt wird.

In der Tat war es „eines der wichtigsten deutschen Kriegsziele“, „die arabischen Länder aus dem erdrückenden Griff des anglo-bolschewistischen Imperialismus zu befreien“. Es sei notwendig, dass „die arabischen Länder ihren Befreiern helfen, indem sie sich gegen den gemeinsamen Feind vereinigen.“ Sie könnten dies mit Zuversicht tun, denn „die Alliierten ‚verachten, aber fürchten‘ die Araber“, während der deutsche Sieg und der Zusammenbruch des britischen Empire immer sicherer würden. In dem Gerangel, das diesem „bevorstehenden britischen Zusammenbruch“ folgen würde, wenn „Amerikaner, Russen und Juden“ versuchen würden, „die Länder zu erobern, die jetzt von Großbritannien gehalten werden, könnten die Araber sich unter neuen Herren wiederfinden, wenn sie nicht schnell handeln“. Sie könnten niemals die Freunde Großbritanniens sein, denn „ihre Versprechen sind falsch“. Großbritannien habe „die arabische

Einheit zerstört und arabische Patrioten ermordet; es hat Palästina den Juden übergeben und die Kommunisten auf den Iran und den Irak losgelassen". Die Araber erinnerten sich an „die großzügigen Versprechen, die Großbritannien im letzten Krieg gemacht hat". Diese Versprechen seien gebrochen worden, während die „britische Unterdrückung" bis in die gegenwärtige Zeit andauere.[42] Während des gesamten Zweiten Weltkriegs präsentierte sich das nationalsozialistische Deutschland den Arabern und Muslimen als Verfechter des Antiimperialismus.

Kirk verwies auf die Mischung aus weltlichen und religiösen Appellen der Achse. Der Nazi-Rundfunk behauptete, dass die Araber „vor dem Islam" untereinander gespalten gewesen seien. „Als Mohammed sie vereinte, stürzten sie die Perser, Römer und Juden, so wie sie jetzt die Briten, Russen und Amerikaner stürzen können." Jetzt würden sie „von ihren großen Führern, dem Mufti [Mohammed Amin al-Husseini] und dem [irakischen] Rashid Ali [Khilani] angeführt, die ständig Glückwunschbotschaften mit Hitler und Mussolini austauschen". An diejenigen Araber gerichtet, die Großbritannien unterstützten und sich damit als „falsch gegenüber dem Islam" erwiesen, hieß es: Ein Sieg der Achsenmächte im Nahen Osten wäre „ein schlechter Tag für [diese] Verräter, wenn die siegreichen und rechtschaffenen Befreier des Islams eintreffen", unterstützt durch einen „weit verbreiteten Aufstand im gesamten Nahen Osten" durch die Araber.[43] Die Sache Nazideutschlands und die des Islam in der Region seien eins. Die Feinde Deutschlands seien auch Feinde des Islam.

Kirk schrieb, dass der Nazi-Rundfunk die Juden „ad nauseam" angreife und verbreite, die Juden, die von Großbritannien und den Vereinigten Staaten unterstützt würden, seien „die Erzfeinde des Islam". Die Sprecher behaupteten, die Juden kontrollierten die amerikanischen Finanzen und zwängen Roosevelt zu einer Politik der Aggression. Roosevelt und Churchill, wenngleich selbst „Kriminelle", seien „Spielbälle in den Händen der jüdischen Unholde, die die Zivilisation zerstören". Es sei bekannt, dass „das Weiße Haus ‚voller Juden' ist und die meisten herausragenden Persönlichkeiten unter den Alliierten im Nahen Osten Juden sind". Die zionistische Führungsfigur Chaim Weizmann sei ein „Anwärter auf den Thron von Palästina". Er sei „entschlossen, Palästina, Syrien und Transjordanien zu einem rein jüdischen Zentrum zu vereinen, das den gesamten Nahen Osten und schließlich die Welt kontrollieren wird". Amerika und Großbritannien unterstützten diesen Plan. Die Araber, die „ihr Land und ihren Reichtum an die räuberischen jüdischen Siedler in Palästina und ihre Freiheit an die Briten verloren haben, werden nun deportiert, um Hunger und Unannehmlichkeiten in Ländern zu erleiden, die noch unfruchtbarer sind als die, die man ihnen in Palästina aufgedrängt hat". Fünf Millionen Juden, so wurde behauptet, sollten bald nach Palästina gebracht werden. Die Juden versprächen, eine Armee von 20.000 Mann aufzustellen, „angeblich, um den Alliierten zu helfen, in Wirklichkeit aber, um die Araber auszurotten, falls die Deutschen vorrücken sollten". Der deutsche Rundfunk behauptete wiederholt, dass sich ein neuer jüdischer Staat auf die Gebiete der bestehenden arabischen Länder ausdehnen würde.[44]

Im Sommer 1942 erreichte die Aufstachelung zum Mord an den Juden im Nazi-Radio einen fiebrigen Höhepunkt. Im Frühjahr, Sommer und Herbst 1942, als General Erwin Rommels Afrikakorps bis auf sechzig Meilen westlich von Alexandria, Ägypten, vorgedrungen war, glaubten die Führer Nazideutschlands, der Sieg in Nordafrika sei zum Greifen nahe. Hitler und Mussolini gaben eine öffentliche Erklärung zur arabischen Unabhängigkeit ab, wie es Husseini und Khilani seit ihrer Ankunft in Rom und Berlin im Herbst zuvor gefordert hatten. Weder Vichy-Frankreich noch das faschistische Italien waren in den Krieg gezogen, um den Arabern Unabhängigkeit und Souveränität zu garantieren. Hitler hatte gezögert, eine solche Erklärung abzugeben, zunächst, um Großbritannien, mit dem er sich eine Einigung erhoffte, nicht zu verärgern, und dann, um Mussolinis Hoffnungen auf eine Expansion im Mittelmeerraum nicht zu untergraben. Nun, da ein Aufstand in Ägypten die britischen Streitkräfte hätte schwächen können, stimmten beide Diktatoren zu, die Erklärung abzugeben, um ihre militärischen Operationen in Nordafrika zu stärken.

Am 3. Juli 1942 präsentierte *Radio Berlin auf Arabisch* die Achsenmächte als in einem Kampf gegen den britischen Kolonialismus engagiert. Die Truppen der Achsenmächte rückten „siegreich auf ägyptisches Gebiet vor [...], um die Unabhängigkeit und Souveränität Ägyptens zu garantieren". Die Achsenmächte drangen in Ägypten ein, um

> die Briten aus dem ägyptischen Gebiet zu vertreiben [...] und den gesamten Nahen Osten vom britischen Joch zu befreien. Die Politik der Achsenmächte ist von dem Grundsatz „Ägypten für die Ägypter" geprägt. Die Befreiung Ägyptens von den Ketten, die es mit Großbritannien verbunden haben, sowie seine Sicherheit vor den Gefahren des Krieges, wird ihm [Ägypten] ermöglichen, seine Stellung unter den unabhängigen souveränen Staaten einzunehmen.[45]

Am selben Tag sendete *Radio Berlin auf Arabisch* die folgende Erklärung Mohammed Amin al-Husseinis:

> Der glorreiche Sieg der Achsenmächte in Nordafrika hat die Araber und den ganzen Orient ermutigt und ihre Herzen mit Bewunderung für das Genie von Marschall Rommel und die Tapferkeit der Soldaten der Achse erfüllt. Denn die Araber glauben, dass die Achsenmächte gegen den gemeinsamen Feind kämpfen, nämlich gegen die Briten und die Juden, und um die Gefahr der Ausbreitung des Kommunismus nach dem [alliierten] Angriff auf den Iran zu beseitigen. Diese Siege werden, allgemein gesprochen, weitreichende Auswirkungen auf Ägypten haben, denn der Verlust des Niltals und des Suezkanals und der Zusammenbruch der britischen Herrschaft über das Mittelmeer und das Rote Meer werden die Niederlage Großbritanniens und das Ende des Britischen Empire näherbringen.[46]

Am 7. Juli 1942 um 20:15 Uhr Kairoer Zeit zeichneten die Amerikaner eine der bis dahin aufrührerischsten Sendungen des Krieges auf. Die Erklärung der *Stimme des freien Arabertums* mit dem Titel „Tötet die Juden, bevor sie euch töten“ verdeutlichte die Zusammenhänge zwischen der allgemeinen Propagandalinie in Europa und ihrer Anpassung an den Kontext des Nahen Ostens. Die Sendung begann mit der unbewiesenen Behauptung, dass „eine große Anzahl von Juden, die in Ägypten leben, und eine Reihe von Polen, Griechen, Armeniern und freien Franzosen mit Revolvern und Munition ausgestattet wurden“, um „ihnen im letzten Moment gegen die Ägypter zu helfen, wenn Großbritannien gezwungen ist, Ägypten zu evakuieren“. Die Erklärung fuhr fort:

> Wenn das Leben der ägyptischen Nation gerettet werden soll, halten wir es angesichts dieses barbarischen Vorgehens der Briten für das Beste, dass sich die Ägypter geschlossen erheben, um die Juden zu töten, bevor sie eine Chance haben, das ägyptische Volk zu verraten. Es ist die Pflicht der Ägypter, die Juden zu vernichten und ihr Eigentum zu zerstören. Ägypten darf nie vergessen, dass es die Juden sind, die die imperialistische Politik Großbritanniens in den arabischen Ländern durchführen, und dass sie die Quelle aller Katastrophen sind, die die Länder des Ostens heimgesucht haben. Die Juden wollen ihre Herrschaft über die arabischen Länder ausdehnen, aber ihre Zukunft hängt von einem britischen Sieg ab. Deshalb versuchen sie, Großbritannien vor seinem Schicksal zu bewahren, und deshalb rüstet Großbritannien sie aus, um die Araber zu töten und das Britische Empire zu retten.
>
> Ihr müsst die Juden töten, bevor sie das Feuer auf euch eröffnen. Tötet die Juden, die sich euren Reichtum angeeignet haben und die

> sich gegen eure Sicherheit verschwören. Araber Syriens, des Irak und Palästinas, worauf wartet ihr noch? Die Juden planen, eure Frauen zu vergewaltigen, eure Kinder zu töten und euch zu vernichten. Nach der muslimischen Religion ist die Verteidigung eures Lebens eine Pflicht, die nur durch die Vernichtung der Juden erfüllt werden kann. Dies ist eure beste Gelegenheit, euch dieser schmutzigen Rasse zu entledigen, die eure Rechte an sich gerissen und Unglück und Zerstörung über eure Länder gebracht hat. Tötet die Juden, verbrennt ihr Eigentum, zerstört ihre Geschäfte, vernichtet diese niederträchtigen Unterstützer des britischen Imperialismus. Eure einzige Hoffnung auf Rettung liegt darin, die Juden zu vernichten, bevor sie euch vernichten.[47]

Die Übertragung zeigte die Logik der Projektion und Paranoia, die ein entscheidendes Merkmal des nationalsozialistischen Antisemitismus in seiner deutschsprachigen Propaganda war. „Tötet die Juden, bevor sie euch töten“ verband die politischen Anschuldigungen des Nationalsozialismus mit religiösen Forderungen, die angeblich aus dem Islam stammten. Während die antisemitische Propaganda des NS-Regimes in Deutschland den Lesern und Zuhörern versicherte, dass *das Regime* Hitlers Drohungen der „Ausrottung“ und „Vernichtung“ der Juden in die Tat umsetze, rief die arabischsprachige Propaganda zur *Beteiligung des Publikums* an der Erreichung der gleichen Ziele auf.

Nach dem britischen Desaster in der Schlacht von Tobruk beschloss US-Präsident Franklin D. Roosevelt, den Briten in Nordafrika mit Panzern und anderen militärischen Gütern zu helfen. Im Frühjahr und Sommer 1942 wurde die Bekämpfung der Achsenmächte in Nordafrika auch für die USA zu einer Priorität. Je mehr sich die Vereinigten Staaten in das Geschehen einmischten, desto mehr wurde Roosevelt von der Propaganda der Achsenmächte als Werkzeug der Juden bezeichnet. Am 2. Juli schrieb Fritz Grobba, einer der führenden Nahostexperten im Auswärtigen Amt, eine Propagandaanweisung mit dem Titel „Die Juden sind die Drahtzieher der Amerikaner“.[48] Angesichts von Roosevelts Entscheidungen sah es der deutsche Propagandaapparat als geboten an, in seinen arabischen Produktionen zu betonen, dass „[j]eder Amerikaner [...] eigentlich im Auftrag der Juden nach dem Orient [kommt]. Er ist von den Juden dorthin geschickt, auch wenn er es selbst gar nicht weiß. Die Juden sind die Drahtzieher der Amerikaner.“ Grobbas Memo drängte darauf, die antisemitische Interpretation Franklin D. Roosevelts, die in der deutschsprachigen Propaganda der Nazis zum Standard gehörte, auch in die arabische Propaganda zu implementieren.[49]

Im März 1943 räumten Beamte des Auswärtigen Amtes in Berlin ein, dass die deutsche Propaganda in Nordafrika „auf Schwierigkeiten stößt, weil führende arabische Kreise nur Großbritannien gegenüber feindlich eingestellt sind". Den Amerikanern vertrauten die Araber immer noch. Deshalb sollte der Antiamerikanismus gefördert werden,

> sollten wir erneut die Notwendigkeit betonen, alle relevanten Materialien über den Zionismus zu verwenden. Insbesondere sollten wir auf den Wunsch der Juden hinweisen, Grenzen [in Palästina] zu errichten, die im Alten Testament verwurzelt sind, das heißt, [Grenzen, die] bis zum Euphrat reichen. Dieses Material kann schrittweise verwendet werden, um das Vertrauen der Araber in die Versprechen der Amerikaner zu erschüttern.[50]

Diese Propaganda zeigte die Konvergenz der antijüdischen und der antizionistischen Politik.

Amerikanische und britische Beamte glaubten, dass ein schwer zu bestimmender Teil der arabischen Öffentlichkeit inzwischen mit Nazideutschland sympathisierte und dass ein Hauptgrund für diese Unterstützung der Angriff Nazideutschlands auf die Juden in Europa war und ebenso, wenn nicht noch wichtiger, seine Opposition gegen die zionistischen Bestrebungen in Palästina. Um die arabische Öffentlichkeit nicht zu verärgern, beschlossen sie, während des Krieges die auf Arabisch gesendete judenfeindliche und antizionistische Propaganda der Nazis nicht direkt zu konfrontieren oder zu widerlegen. In einer „Weekly Propaganda Directive" vom 14. November 1942 schlug die *Overseas Operations Branch* des OWI die folgenden Richtlinien für die Sendungen der *Voice of America* in Palästina vor.[51] Die *Voice of America* habe die Menschen in Palästina mit mehr Takt und Vorsicht anzusprechen als anderswo im Nahen Osten:

> 1. Das gesprochene und das geschriebene Wort müssen gleichermaßen von der ehrlichen Akzeptanz der Tatsache geleitet sein, dass das Thema der zionistischen Bestrebungen nicht erwähnt werden kann, da jeder ernsthafte Ausbruch antijüdischer Gefühle, der unter den arabischen Völkern in diesem Gebiet daraus resultieren könnte, unsere Strategie im östlichen Mittelmeerraum gefährden würde.
> 2. Ebenso tabu ist gegenwärtig jede Erwähnung einer jüdischen Armee.
> 3. Es muss daran erinnert werden, dass die Juden insgesamt die Sache der Vereinten Nationen entschieden unterstützen, die Araber nicht. Deshalb müssen unsere Worte in erster Linie an die muslimischen

und christlichen Araber gerichtet werden, vor allem in Anbetracht der Wirksamkeit der feindlichen Propaganda.[52]

Die Sendungen von *Voice of America* sollten „Hitlers eigene Beobachtungen in Bezug auf fremde Rassen und Kulturen zitieren und sie dem Spott und der Verachtung preisgeben" und zudem „das Heidentum unserer Feinde betonen und unsere Kommentare mit biblischen und koranischen Phrasen der Denunziation ausschmücken". „Die schrecklichen Folgen der deutschen Herrschaft für die eigenen Verbündeten und in den besetzten Ländern" sollten mit den Vorteilen kontrastiert werden, „die allen Menschen zuteilwerden, wenn wir den Sieg errungen haben".[53] Kurz gesagt, um Unterstützung für die alliierte Sache in Palästina zu gewinnen und aufrechtzuerhalten, beschlossen die OWI-Beamten, dass es am besten sei, die antisemitische Propaganda, die im arabischen NS-Kurzwellenradio ausgestrahlt wurde, *nicht* direkt anzuprangern und ihr *nicht* entgegenzutreten. Sie gingen davon aus, dass die NS-Propaganda bei arabischen nationalistischen und islamistischen Gruppen erfolgreich um Unterstützung für Nazideutschland warb, indem sie die Alliierten mit den Juden in Verbindung brachte. Spätere Berichte des OSS und des amerikanischen Militärgeheimdienstes wiederholten diese Befürchtung.[54] Obwohl sie über die Grundzüge und Details sehr gut informiert waren, beschlossen die Alliierten, keinen Krieg der Ideen gegen die antisemitische Propaganda Nazideutschlands in der arabischen Welt zu führen.

Von 1943 bis zum Kriegsende warnten *Radio Berlin auf Arabisch* und *Stimme des freien Arabertums* immer wieder und immer verzweifelter vor der Katastrophe, die den Arabern und Muslimen bevorstünde, wenn die Alliierten Nazideutschland besiegten. In Deutschland beschrieb Goebbels in seiner Rede „Wollt ihr den totalen Krieg?" vom 18. Februar 1943 anschaulich die Katastrophen, die den Deutschen drohen würden, sollten sie den Krieg verlieren.[55] Die arabischsprachigen Sendungen konzentrierten sich auf das angeblich schreckliche Schicksal, das die Juden für Araber und Muslime bereithielten. So beschrieb *Radio Berlin auf Arabisch* am 8. September 1943 „Die Ambitionen der Juden": Sollten die Alliierten den Krieg gewinnen, würden die Juden nicht eher zufrieden sein, bis „jedes Gebiet zwischen Tigris und Nil jüdisch" sei. Ihr Ziel sei es, „das Kreuz und den Halbmond aus allen arabischen Ländern zu entfernen". Wenn ihnen das gelänge, „wird es in der arabischen Welt keinen einzigen arabischen Muslim oder Christen mehr geben. Araber! Stellt euch vor, Ägypten, der Irak und alle arabischen Länder würden jüdisch werden, ohne dass es dort ein Christentum oder einen Islam gäbe."[56]

Am 5. November 1943 hielt Husseini im *Islamischen Zentralinstitut* [heute bekannt als *Zentralinstitut Islam-Archiv-Deutschland*] in Berlin eine Rede, um gegen die Balfour-Deklaration zu protestieren.[57] Das Institut veröffentlichte eine deutsche Verschriftlichung, und das Außenministerium druckte Tausende von Exemplaren in arabischer Sprache und verteilte sie über sein geheimes Kuriernetz im Nahen Osten.[58] Die Rede enthielt Schlüsselthemen und ganze Abschnitte des Textes seiner sechs Jahre zuvor in Bludan, Syrien, erstmals gehaltenen Rede „Islam und Judentum". Husseini machte erneut deutlich, dass sein Hass auf die Juden sowohl auf seiner Lektüre der Gründungstexte des Islam als auch auf modernen weltlichen Quellen beruhte. Er bezeichnete die Balfour-Deklaration vom 2. November 1917, deren Ziel die Errichtung einer jüdischen Heimstätte in Palästina war, als „das Resultat einer jüdisch-englischen Verschwörung im vergangenen Krieg". Mit dieser Erklärung sei Palästina, das er als „arabisch-islamische[s] Land" bezeichnete und das für die Muslime von großer Bedeutung sei, den Juden zugesprochen worden. Damit seien die Versprechen Großbritanniens gegenüber den arabischen Führern auf Unabhängigkeit nach dem Krieg gebrochen worden. Husseini verwies auf einen „übermäßig[en] Egoismus" der Juden, der Teil ihres Charakters sei, auf ihren „nichtswürdigen Glauben", dass sie Gottes auserwähltes Volk seien, und auf ihre Behauptung, dass alles nur für sie selbst geschaffen worden sei und dass „die anderen Menschen Tiere seien, die sie für ihr eigenes Interesse gebrauchen können".[59]

Aufgrund dieser Eigenschaften könnten die Juden keiner anderen Nation gegenüber loyal sein,

> sondern leben wie Schmarotzer unter den Völkern, saugen ihr Blut aus, unterschlagen ihre Güter, verderben ihre Sitten, verlangen aber trotzdem die Rechte der einheimischen Bewohner. Sie wollen jeden Vorteil haben, aber keine Verpflichtung auf sich nehmen! Dies alles hat die Feindschaft der Welt auf sie gezogen und hat in ihnen Groll gegen alle Völker genährt, dessen Feuer seit zweitausend Jahren in ihnen brennt.

Er war dem Wahn verfallen, dass „der Zorn Gottes und der Fluch über die Juden, der im Heiligen Koran erwähnt wird", auf diese jüdischen Eigenschaften zurückzuführen sei. Die Juden, die

> die Welt von alters her geplagt [haben], [sind] der Feind der Araber und des Islams seit dessen Bestehen. Der Heilige Koran hat diese alte Feindschaft in den folgenden Worten ausgesprochen: „Du wirst fin-

> den, daß die den Gläubigen am feindlichsten Gesinnten die Juden sind." Sie versuchten, die verehrungswürdigen Propheten zu vergiften. Sie leisteten Widerstand, waren ihnen feindlich gesonnen und intrigierten gegen sie. Dies ist seit mehr als 1300 Jahren der Fall. Seit jener Zeit haben sie nicht aufgehört, gegen die Araber und Mohammedaner Intrigen zu spinnen.

In der Tat bezeichnete er die Juden als „die Triebkräfte für die Zerstörung des Reichs des islamischen Kalifats" im Nahen Osten. Die Juden, behauptete Amin al-Husseini, nutzten ihre Macht im Finanzwesen, in der Politik und in der Presse zu diesem Zweck. Alle Araber und Muslime seien mit den „jüdischen Begierden" vertraut, die heiligen Stätten des Islam, wie die al-Aqsa-Moschee, in Besitz zu nehmen und „auf ihren Trümmern ihren Tempel zu errichten".[60] Husseini skandalisierte die Balfour-Deklaration und die zionistischen Absichten, eine jüdische Heimstätte in Palästina zu errichten, als das jüngste Kapitel einer Kontinuität jüdischer Feindschaft zum Islam.

Der Ideentransfer an diesem Abend verlief vom Nahen Osten nach Nazideutschland. Der staatlich geförderte Antisemitismus in Nazideutschland begünstigte sicherlich seine Verbreitung in anderen Ländern. Doch Husseinis Hass auf die Juden war nicht das Ergebnis des Einflusses der NS-Ideologie auf sein Denken. Er war auf seine eigene islamistische Auslegung der Religion des Islam zurückzuführen. Im Jahr 1937 hatte er sehr deutlich gemacht, dass er der Meinung war, die Religion des Islam sei von Natur aus antijüdisch oder, modern ausgedrückt, antisemitisch. Die Nazis haben die islamistische Lesart des Islam nicht geschaffen, aber sie haben ihr eine globale Plattform gegeben. In Berlin lernte Husseini, wie er seine alten Hassgefühle in die antisemitischen Verschwörungstheorien der Nazis des 20. Jahrhunderts einbauen konnte. Ironischerweise war die Verbindung der nationalsozialistischen Verschwörungstheorie mit seinem islamistischen Hass ein Weg, ein modernerer Mensch zu werden, als er es 1937 war. Es war sein eigenes Kapitel in der Geschichte reaktionär-modernistischer Ideologie und Politik.

Diese Mischung aus Rassismus, Judenhass und islamistischem religiösem Fanatismus kam in den letzten anderthalb Jahren des Krieges regelmäßig im Radio zum Ausdruck. Am 29. Januar 1944 übertrug *Radio Berlin auf Arabisch* eine Sendung namens „Araber und Moslems im Krieg mit dem Judentum"[61] und stellte Araber und Juden als zwei verschiedene Religionen, aber auch als unterschiedliche *Rassen* dar. Während die Araber „verschwenderisch großzügig" seien, seien die Juden „missgünstig geizig":

> Während die Araber mutig und kriegerisch sind, sind die Juden feige und ängstlich. Die Unterschiede zwischen den beiden Rassen waren der Grund für die anhaltende Feindschaft, die immer zwischen ihnen bestanden hat. Wir glauben daher, dass diese Feindschaft und der Streit zwischen den Arabern und den Juden auf jeden Fall so lange aufrechterhalten werden, bis eine der beiden Rassen vernichtet ist. Dieser Kampf oder Krieg zwischen den Arabern und den Juden beruht auf Überzeugungen, und solche Konflikte können nur mit der Vernichtung einer Partei enden. Wir müssen auch zugeben, dass die Verantwortung für diesen Rassenkrieg zwischen den Arabern und den Juden auf den Schultern der Juden liegt. Die Eigenschaften der Araber, ihre Großzügigkeit, Selbstlosigkeit und Opferbereitschaft, können nicht zu einem Krieg führen.

In der Sendung wurde der Unterschied zwischen Judentum und Islam also auch als ein *Rassen*unterschied dargestellt. Der Konflikt zwischen ihnen sei aus beiden Gründen unversöhnlich. Es handele sich also um einen manichäischen Krieg, der mit der Zerstörung der einen oder anderen Partei enden müsse. Kompromiss und Koexistenz waren unmöglich. Neben den Verschwörungstheorien war die Rassenideologie der zweite markante „moderne" nationalsozialistische Beitrag solcher Radiosendungen zur kulturellen Verschmelzung; dazu gehörte auch die aus dieser Ideologie resultierende Auffassung, dass das Judentum und die Juden unüberbrückbare Differenzen mit dem Islam und den Arabern hätten, nämlich aufgrund angeblich angeborener „rassischer" Merkmale, die irgendwie mit den gegensätzlichen religiösen Identifikationen verbunden seien.

Nachwirkungen

Den amerikanischen und britischen Geheimdiensten lagen zahlreiche Beweise dafür vor, dass die judenfeindliche und antizionistische Propaganda Nazideutschlands in der Region auf offene Ohren stieß. Bei den Vorbereitungen für den Internationalen Militärgerichtshof in Nürnberg bat der leitende US-Ankläger, Richter am Obersten Gerichtshof Robert Jackson, den Direktor des OSS William Donovan um einen Bericht über die arabische Kollaboration mit den Nazis und die wahrscheinlichen Reaktionen auf die Anklage der Kollaborateure wegen Kriegsverbrechen. Der OSS-Bericht „The Near East and the War Crimes Problem" (dt. Der Nahe Osten und die Problematik der Kriegsverbrechen) vom 23. Juni 1945 tat genau das.[62] Die OSS-Analysten kamen zu folgendem Schluss:

> Im Nahen Osten ist die Haltung der Bevölkerung gegenüber dem Prozess gegen [Nazi-]Kriegsverbrecher von Gleichgültigkeit geprägt. Infolge des im Nahen Osten allgemeinen Gefühls der Feindschaft gegen den Imperialismus einiger alliierter Mächte besteht die Tendenz, eher mit denjenigen, die die Achsenmächte unterstützt haben, zu sympathisieren, als sie zu verurteilen.[63]

Im Mai 1945 hatte die französische Armee Husseini in Deutschland verhaftet und in der Nähe von Paris unter Hausarrest gestellt. Ein Jahr später konnte er unter gelockerter Überwachung mit einem Decknamen und einer Verkleidung auf einem *Transcontinental and Western Air*-Linienflug nach Kairo entkommen. Die begeisterte Reaktion auf seine Rückkehr war ein Beleg für das, was die OSS-Analysten gefolgert hatten.

Während des gesamten Krieges waren die amerikanischen und britischen Geheimdienste besorgt über die Sympathien der ägyptischen Muslimbruderschaft für die Achse. Die OSS-Akten enthalten die folgende Erklärung des Führers der Muslimbruderschaft, Hassan al-Banna. Er ließ diese am 11. Juni 1946 den Vertretern der Arabischen Liga zukommen:

> Al-Ikhwan Al-Muslimin [die Muslimbruderschaft] und alle Araber bitten die Arabische Liga, auf der die arabischen Hoffnungen ruhen, zu erklären, dass der Mufti in jedem arabischen Land seiner Wahl willkommen ist und dass ihm überall, wo er hingeht, ein großer Empfang bereitet werden soll, als Zeichen der Anerkennung für seine großen Verdienste um den Ruhm des Islam und der Araber. Die Herzen der Araber klopften vor Freude, als sie hörten, dass es dem Mufti gelungen ist, ein arabisches Land zu erreichen. Die Nachricht klang wie ein Donnerschlag in den Ohren einiger amerikanischer, britischer und jüdischer Tyrannen. Der Löwe ist endlich frei, und er wird den arabischen Dschungel durchstreifen, um ihn von den Wölfen zu befreien. [...] Was für ein Held, was für ein Wunder von einem Mann. Wir möchten wissen, was die arabische Jugend, die Kabinettsminister, die reichen Männer und die Prinzen von Palästina, Syrien, Irak, Tunis, Marokko und Tripolis tun werden, um dieses Helden würdig zu sein. *Ja, dieses Helden, der ein Imperium herausforderte und den Zionismus bekämpfte, mit der Hilfe von Hitler und Deutschland. Deutschland und Hitler gibt es nicht mehr, aber Amin al-Husseini wird den Kampf fortsetzen,* Gott hat ihm eine Mission anvertraut und er muss erfolgreich sein. Der Herr, der Allmächtige, hat Amin nicht umsonst bewahrt. Hinter der Bewahrung des Lebens dieses Mannes muss ein göttliches

> Ziel stehen, nämlich die Niederlage des Zionismus. Amin! Marschiere weiter! Gott ist mit dir! Wir stehen hinter dir! Wir sind bereit, unsere Hälse für die Sache zu opfern. Auf in den Tod! Vorwärts, Marsch.[64]

Eine plausible Lesart der Aussage al-Bannas wäre, dass Mohammed Amin al-Husseini *denselben* Kampf fortsetze, den Hitler und Deutschland sowie Husseini selbst während des Zweiten Weltkriegs geführt hatten, den „Kampf" gegen die Alliierten, die Juden und den Zionismus. Al-Banna und die Muslimbruderschaft beabsichtigten, diesen Krieg im Nahen Osten fortzusetzen. Und wer wäre besser geeignet, eine führende Rolle zu spielen, als ein politischer und religiöser Führer mit Erfahrung im Kampf gegen den jüdischen Feind in Europa? Weit davon entfernt, ihn dafür zu kritisieren, dass er sich auf die Seite von „Deutschland und Hitler" gestellt hatte, drückte al-Banna seine Bewunderung für Husseinis Aktivitäten zu Zeiten des Krieges aus. Im Ägypten der Kriegszeit konnten al-Banna und die Mitglieder der Muslimbruderschaft hören, was Husseini und andere bei *Radio Berlin auf Arabisch* und der *Stimme des freien Arabertums* über die Juden, den Zionismus und die Alliierten zu sagen hatten. Er fand diese Worte und Taten bewundernswert. Darüber hinaus interpretierte al-Banna Husseinis Überleben, seine „Flucht" und seine Ankunft in Kairo als Beweis dafür, dass auch „der Herr, der Allmächtige", zustimmte.

Schluss

Die Forschungsergebnisse der letzten Jahrzehnte in amerikanischen und deutschen Archiven erweitern unser Verständnis der nationalsozialistischen Ideologie und Politik über eine eurozentrische Sichtweise hinaus. Sie geben weiteren Aufschluss über den Beitrag, den die arabischen Exilanten zu den Kriegsanstrengungen der Nazis leisteten. Mohammed Amin al-Husseini war ein Exilant auf der Flucht, kein Machthaber im NS-Regime. Ohne die technischen Ressourcen und die finanzielle Unterstützung der Nationalsozialisten wäre er in einem peripheren Konflikt um die Zukunft des britischen Mandatsgebiets Palästina eine Figur von lokaler Bedeutung geblieben. Hitlers Regime machte ihn zu einem Weltstar.

Das NS-Regime scheiterte mit seinen Bemühungen um einen militärischen Sieg in Nordafrika und im Nahen Osten sowie mit seinen Plänen, den Holocaust auf die Juden dieser Region auszuweiten. Es gelang ihm jedoch, antijüdische und antizionistische Stimmungen zu nähren, die nach 1945 fortbestanden. Während des Zweiten Weltkriegs und des Holocaust kam es zu einem kulturellen Austausch, zu einer Bewegung von Ideen in beide Richtungen, von Deutschland in den Nahen Osten und vom Nahen

Osten nach Nazideutschland. Die arabischen Exilanten lehrten die Nazis, dass die Islamisten eine Interpretation des Islam als einer von Natur aus antijüdischen Religion anboten. Die Nazis lehrten die Exilanten, wie sie diesen islamistischen Judenhass in die Verschwörungstheorien und die rassistische Ideologie der Moderne integrieren konnten, die den Kern der eigenen judenfeindlichen Ideologie und Politik Nazideutschlands bildeten. Diese kulturelle Verschmelzung und die daraus resultierende Aufstachelung zum Völkermord manifestierte sich für jedermann ersichtlich in der auf die Araber und Muslime gerichteten Nazi-Propaganda.

Husseini und seine Mitstreiter sowie ihre Kameraden in der Muslimbruderschaft in Ägypten waren die Begründer einer besonderen Tradition, die als „Islamismus" bekannt ist, einer ab der Mitte des 20. Jahrhunderts prägenden radikalen Auslegung der islamischen Religion, die dem Antijudaismus eine zentrale Bedeutung und Intensität verlieh, die er zuvor nicht gehabt hatte. Die Kernthemen waren ab 1937 in Amin al-Husseinis „Islam und Judentum" niederlegt. Es war nicht so, dass sein Kerntext „nichts mit dem Islam zu tun" hätte. Im Gegenteil: Alles fußte auf der selektiven Lektüre der textlichen Grundlagen des Islam. In diesem Sinne teilte der islamische Antisemitismus mit seinem nationalsozialistischen Gegenstück die Tendenz, heilige Texte in einer Weise zu lesen, die seit langem bestehende Stereotype, Vorurteile und Hass gegenüber dem Judentum und den Juden sowohl im Christentum als auch im Islam verstärkte – Stereotype, die aber nicht aus der Luft gegriffen waren. Die auf den vorangegangenen Seiten untersuchten Texte dokumentierten ein entscheidendes Kapitel in der Geschichte der islamistischen Tradition, das mit der Kollaboration mit Nazideutschland verbunden ist.

Das nationalsozialistische Deutschland war besiegt und diskreditiert, jedoch, wie Hassan al-Banna 1946 klarstellte, lebte der Antisemitismus, das heißt der Hass auf das Judentum, die Juden und dann auf den neuen Staat Israel, weiter: in der Muslimbruderschaft in Ägypten; in Husseinis Führung der palästinensischen Araber im Krieg von 1947/48 zur Verhinderung der Gründung des Staates Israel; in der Islamischen Republik Iran; in der Hamas-Charta von 1988; in der Ideologie von al-Qaida, der Hisbollah und des Islamischen Staates. Die ideologische Synthese, die aus der Zusammenarbeit von Nazis und Islamisten, insbesondere in den Spitzenjahren von 1941 bis 1945 in Berlin, entstand, traf den Nerv der Islamisten in Nordafrika und im Nahen Osten und spielte daher eine entscheidende Rolle für das Fortbestehen und die politische Wirkung der judenfeindlichen und antizionistischen Politik in der Zeit nach dem Zweiten Weltkrieg und dem Holocaust.[65]

Anmerkungen

Auszüge aus Jeffrey Herf: *Nazi Propaganda for the Arab World* (New Haven, CT: Yale University Press, Copyright 2009). Verwendung mit Genehmigung. Alle Rechte vorbehalten; und aus Jeffrey Herf: „Nazi Germany's Propaganda Aimed at Arabs and Muslims during World War II and the Holocaust: Old Themes, New Archival Findings", *Central European History* 42, 04 (Dezember 2009), 709–736. Wiederveröffentlicht mit Genehmigung der Cambridge University Press [der Lizenzgeber] durch PLSclear.

1 Dieses Kapitel stützt sich auf Jeffrey Herf: *Nazi Propaganda for the Arab World* (New Haven, CT: Yale University Press, 2009), und auf Jeffrey Herf: *The Jewish Enemy: Nazi Propaganda During World War II and the Holocaust* (Cambridge, MA: Harvard University Press, 2006). Siehe auch Jeffrey Herf: „Nazi Germany and Islam in Europe, North Africa and the Middle East", *Central European History* 49, 2 (Juni 2016), 261–269; und „Nazi Propaganda to the Arab World During World War II and the Holocaust: and Its Aftereffects", in: Antony McElligott und Jeffrey Herf (Hrsg.): *Antisemitism Before and Since the Holocaust: Altered Contexts and Recent Perspectives* (New York/London: Palgrave Macmillan: 2017), 183–204.

2 Zur Politik des nationalsozialistischen Deutschlands gegenüber dem Islam im Allgemeinen siehe David Motadel: *Islam and Nazi Germany's War* (Cambridge, MA: Harvard University Press, 2014), auf Deutsch erschienen als *Für Prophet und Führer: Die Islamische Welt und das Dritte Reich* (Stuttgart: Klett-Cotta, 2017).

3 Siehe die klassische Studie von Łukasz Hirszowicz: *The Third Reich and the Arab East* (London: Routledge and Kegan Paul; Toronto: University of Toronto Press, 1966); und die neuere wichtige Arbeit von Klaus Michael Mallmann und Martin Cüppers: *Halbmond und Hakenkreuz: Das Dritte Reich, die Araber und Palästina* (Darmstadt: Wissenschaftliche Buchgesellschaft, 2006). Siehe auch Robert Lewis Melka: „The Axis and the Middle East: 1930–1945" (unveröffentlichte Dissertation, University of Minnesota, 1966); Francis R. Nicosia: *Hitler und der Zionismus. Das 3. Reich und die Palästina-Frage 1933–1939* (Leoni am Starnberger See: Druffel, 1989); Josef Schröder: „Die Beziehungen der Achsenmächte zur arabischen Welt", in: Manfred Funke (Hrsg.): *Hitler, Deutschland und die Mächte: Materialien zur Außenpolitik des Dritten Reiches* (Düsseldorf: Droste Verlag, 1976), 365–382; Philip Bernd Schröder: *Deutschland und der Mittlere Osten im zweiten Weltkrieg* (Göttingen: Musterschmidt, 1975); Wolfgang Schwanitz: *Germany and the Middle East, 1871–1945* (Princeton, NJ: Markus Wiener Publishers, 2004); und Heinz Tillmann: *Deutschlands Araberpolitik im zweiten Weltkrieg* (Berlin: Deutscher Verlag der Wissenschaften, 1965).

4 Über die Auswirkungen des Nationalsozialismus auf den Nahen Osten und die islamistische Kollaboration und Reaktion siehe Matthias Küntzel: *Djihad und Judenhaß: Über den neuen antijüdischen Krieg* (Wien/Freiburg: Ça ira Verlag, 2003) und dessen Buch *Nazis und der Nahe Osten: Wie der islamische Antisemitismus entstand* (Berlin/Leipzig: Hentrich & Hentrich, 2019); Bernard Lewis: *Semites and Anti-Semites: An Inquiry into Conflict and Prejudice* (New York/London: W. W. Norton, 1986 und 1999), auf Deutsch erschienen als *„Treibt sie ins Meer!" Die Ge-*

schichte des Antisemitismus (Frankfurt am Main: Ullstein, 1987); und Meir Litvak und Esther Webman: *From Empathy to Denial: Arab Responses to the Holocaust* (London: Hurst and Company, 2009). Für kontrastierende Perspektiven siehe Israel Gershoni (Hrsg.): *Arab Responses to Fascism: Attraction and Repulsion* (Austin: University of Texas Press, 2014).

5 Zu diesen Diskussionen siehe „Zugehörigkeit der Ägypter, Iraker, Iraner, Perser und Türken zur arischen Rasse, Bd. 1, 1935–1936", Politisches Archiv des Auswärtigen Amtes (Berlin) R99173; und Herf: *Nazi Propaganda for the Arab World,* 15–35.

6 Zum „muslimischen Moment" des nationalsozialistischen Berlin siehe Motadel: *Für Prophet und Führer*, 51–89.

7 Zum Beispiel Alexander Kirk: „Telegram Sent, September 13, 1941, 8 p.m., to Department of State from Cairo Legation, Number 1361", 1–3, NARA RG 84, Foreign Service Posts of the U. S. Department of State (nachstehend RG 84), Cairo Legation and Embassy, Secret and Confidential General Records, 1939, 1941–1947, 1941, 820.02–830, Box 4, Folder 820.02 1941.

8 Zu Kirk und den Anfängen der „Axis Broadcasts in Arabic", siehe Herf: *Nazi Propaganda for the Arab World,* 10–11, 69–74.

9 Siehe den Appell von Senator Robert F. Wagner an Außenminister George Marshall im Jahr 1947 in Jeffrey Herf: *Israel's Moment: International Support for and Opposition to Establishing the Jewish State, 1945–1949* (Cambridge/New York: Cambridge University Press, 2022), 66–68.

10 Jeffrey Herf: *Nazi Propaganda for the Arab World* und „Nazi Germany's Propaganda Aimed at Arabs and Muslims During World War II and the Holocaust", 709–736.

11 Siehe auch „Propaganda und Mitwisserschaft", in: Eckart Conze, Norbert Frei, Peter Hayes und Moshe Zimmerman (Hrsg.): *Das Amt und die Vergangenheit: Deutsche Diplomaten im Dritten Reich und in der Bundesrepublik* (München: Karl Blessing Verlag, 2010), 192–199. Zu Traditionen und ihrer Überarbeitung durch Intellektuelle siehe Edward Shils: *Tradition* (Chicago, IL: University of Chicago Press, 1981), 195–261; und dessen Buch *The Intellectuals and the Powers and Other Essays* (Chicago, IL: University of Chicago, 1972). David Nirenberg verdeutlicht in *Anti-Judaism: The Western Tradition* (New York: W. W. Norton, 2013), dass die Religion des Islam und der Koran integrale Bestandteile der westlichen Tradition sind, wie eine Lektüre der intertextuellen Kommentare des Korans zur Thora und zum Neuen Testament nahelegt. In Kapitel 4, „'To Every Prophet an Adversary': Jewish Enmity in Islam", 135–182, zeigt Nirenberg, dass die Nationalsozialisten die westliche Tradition als eine umdeuteten, die von Natur aus und überwiegend rassistisch und antisemitisch sei. Sie fanden im Islam, wie sie ihn interpretierten, ein paralleles, wenn auch kulturell unterschiedliches Hasspotenzial. Auf Deutsch erschienen als *Anti-Judaismus. Eine andere Geschichte des westlichen Denkens* (München: C. H. Beck, 2015), 145–190.

12 Für neuere Beispiele siehe Gerhard L. Weinberg: *A World at Arms: A Global History of World War II* (New York: Cambridge University Press, 1994), auf Deutsch erschienen als *Eine Welt in Waffen: Die globale Geschichte des Zweiten Weltkriegs* (Stuttgart: Deutsche Verlags-Anstalt, 1995) und Horst Boog et al.: *Das Deutsche Reich und der Zweite Weltkrieg. Bd. 6, Der Globale Krieg: Die Ausweitung zum Weltkrieg und der Wechsel der Initiative, 1941–1943* (Stuttgart: Deutsche Verlags-Anstalt, 1990).

13 Tillmann: *Deutschlands Araberpolitik im zweiten Weltkrieg.*

14 Hirszowicz: *The Third Reich and the Arab East.*

15 Mallmann und Cüppers: *Halbmond und Hakenkreuz*; des Weiteren Mallmann und Cüppers: „Elimination of the Jewish National Home in Palestine': The *Einsatzkommando* of the Panzer Army Africa, 1942", *Yad Vashem Studies* 35, 1 (2007), 111–141.

16 In einer Rede in Palästina im Jahr 1942 sagte David Ben-Gurion: „Die Nazis sind nicht weit weg, aber wir werden nicht nur von Rommel in Nordafrika bedroht. Wir sind auch von einer Invasion aus Syrien und sogar aus dem Irak und der Türkei bedroht", zitiert nach Tuvia Friling: *Arrows in the Dark: David Ben-Gurion, the Yishuv Leadership, and Rescue Attempts during the Holocaust* (Madison: University of Wisconsin Press, 2005), 64–65. Zur judenfeindlichen Politik der Nazis in Nordafrika siehe Robert Satloff: *Among the Righteous: Lost Stories from the Long Reach of the Holocaust into Arab Lands* (New York: Public Affairs, 2006).

17 Die Wendung stammt aus Raymond Williams: *Marxism and Literature* (New York: Oxford University Press, 1977).

18 Husseini war eine zentrale Figur in der NS-Propaganda. Er arbeitete mit Heinrich Himmler zusammen und kollaborierte mit einem Regime, von dem er wusste, dass es die „Endlösung" durchführte. Er war jedoch kein Entscheidungsträger des Naziregimes. Der Holocaust hätte auch ohne seine Hilfe stattgefunden. Zur Bedeutung und den Grenzen seiner politischen Macht und seines Einflusses in Nazideutschland siehe Kapitel 5 im vorliegenden Buch und des Weiteren Jeffrey Herf: „Haj Amin al-Husseini, the Nazis and the Holocaust: The Origins, the Nature and Aftereffects of Collaboration", *Jewish Political Studies Review* 26, 3/4, (Herbst 2014): 13–37; auch unter https://jcpa.org/article/haj-amin-al-husseini-the-nazis-and-the-holocaust-the-origins-nature-and-aftereffects-of-collaboration/ (abgerufen am 8.11.24).

19 Jeffrey Herf: *Reactionary Modernism: Technology, Culture, and Politics in Weimar and the Third Reich* (New York: Cambridge University Press, 1984).

20 Esther Webman: „New Islamic Antisemitism, Mid-19th to the 21st Century", in: Steven T. Katz: *Cambridge Companion to Antisemitism* (New York/Cambridge: Cambridge University Press, 2022), 430–447.

21 Zu Mohammed Amin al-Husseini und Nazideutschland siehe Klaus Gensicke: *Der Mufti von Jerusalem und die Nationalsozialisten. Eine politische Biographie Amin el-Husseinis* (Darmstadt: Wissenschaftliche Buchgesellschaft, 2007); Zvi Elpeleg:

The Grand Mufti: Haj Amin al-Hussaini, Founder of the Palestinian National Movement, hrsg. v. Shmuel Himelstein (London: Frank Cass, 1993); Jeffrey Herf: *The Jewish Enemy*, 172–174, 179–180, 243–244; *Nazi Propaganda for the Arab World*; und „Haj Amin al-Husseini, the Nazis and the Holocaust"; Matthias Küntzel: *Nazis und der Nahe Osten*; Joseph B. Schechtman: *The Mufti and the Fuehrer: The Rise and Fall of Haj Amin el-Husseini* (New York: Thomas Yoseloff, 1965); und Anthony De Luca: „‚Der Großmufti' in Berlin: The Politics of Collaboration", *International Journal of Middle East Studies* 10, Nr. 1, Februar 1979, 125–138. Die wichtigsten Reden Husseinis im Berlin der Kriegszeit sind auf Deutsch veröffentlicht worden. Siehe Gerhard Höpp (Hrsg.): *Mufti-Papiere: Briefe, Memoranden, Reden und Aufrufe Amin al-Husainis aus dem Exil 1940–1945* (Berlin: Klaus Schwarz Verlag, 2001).

22 Für eine detaillierte Liste der Junker-und-Dünnhaupt-Publikationen aus der Weimarer Zeit bis zum Ende des Zweiten Weltkriegs, siehe https://de.wikipedia.org/wiki/Junker_und_Dünnhaupt (abgerufen am 8.11.24).

23 Siehe Haj Amin al-Husseini: „Islam-Judentum: Aufruf des Großmufti an die islamische Welt im Jahre 1937", in: Mohamed Sabry: *Islam-Judentum-Boschewismus* (Berlin: Junker und Dünnhaupt, 1938), 22–32; Herf: „Preface to the Paperback Edition", *Nazi Propaganda for the Arab World*, ix–xvii; und die Diskussion des Textes in Matthias Küntzel: *Nazis und der Nahe Osten*, 63–69.

24 Zur besonderen islamistischen Auslegung der heiligen islamischen Texte im 20. Jahrhundert siehe Bassam Tibi: *Islamism and Islam* (New Haven CT: Yale University Press, 2012).

25 „Personalbestand der Rundfunkpolitischen Abteilung (Berlin, 14. August 1943), PAAA Rundfunkpolitische Abteilung", R67476 Referat Ru Pers. Ru HS, Bd. 1: Verwaltung Organisation 1939–1945, Bde. 1–2. Zu Kurt Georg Kiesinger im nationalsozialistischen Deutschland und in der Bundesrepublik siehe Philipp Gassert: *Kurt Georg Kiesinger, 1904–1988: Kanzler zwischen den Zeiten* (München: Deutsche Verlags-Anstalt, 2006).

26 Zum Orientbüro der Politischen Abteilung und zur Rolle von Melchers, Kiesinger und Munzel siehe Herf: *Nazi Propaganda for the Arab World*, 36–40; „Propaganda und Mitwisserschaft", in: Conze, Frei, Hayes, Zimmermann (Hrsg.): *Das Amt und die Vergangenheit*, 192–199; und Werner Schipps: *Wortschlacht im Äther: Der deutsche Auslandsrundfunk im Zweiten Weltkrieg* (Berlin: Haude und Spenersche Verlagsbuchhandlung, 1971). Zur Beteiligung deutscher Orientalisten an den Propagandakampagnen des NS-Regimes siehe „Martin Abel", in: Ludmila Hanisch: *Die Nachfolger der Exegeten: Deutschsprachige Erforschung des Vorderen Orients in der ersten Hälfte des 20. Jahrhunderts* (Wiesbaden: Harrassowitz Verlag, 2002).

27 Schipps: *Wortschlacht im Äther*, 16, 45–46.

28 Ebd., 58. Über das Orientbüro der Politischen Abteilung und die Rolle von Melchers und Munzel siehe Herf: *Nazi Propaganda for the Arab World*, 38–40. Zu Melchers während und nach der NS-Zeit siehe Eckart Conze, Norbert Frei, Peter Hayes und Moshe Zimmermann (Hrsg.): *Das Amt und die Vergangenheit.*

29 Anne H. Fuller: „Memorandum on Radio Reception in the Near East and India", 18. August 1941, National Archives and Record Administration, College Park (nachstehend NARA), Record Group (nachstehend RG) 208, Records of the Office of War Information, Informational Files on the Near East, 1941–1946, Box 417.

30 Siehe „Ägypten" und „Libyen", *World Survey of Education*, Bd. 1 (Paris: UNESCO, 1955), 216, 424. Zur Alphabetisierung in Palästina siehe Ami Ayalon: *Reading Palestine: Printing and Literacy, 1900–1948* (Austin: University of Texas Press, 2004), 16–17.

31 „Die Frömmigkeit", Religiöser Wochentalk vom 5. Dezember 1940, Berlin, Kult.R.Ref. VIII (VII) (Orient) Mn/P/B, Bundesarchiv Berlin (BAB), R901 Auswärtiges Amt, R73039 Rundfunkabteilung, Ref. VIII Arabische und Iranische Sendungen, vorl. 39, Dez. 1940 – Jan. 1941, 5.

32 Ebd., 5–6.

33 Bundesarchiv Berlin, [Lichterfelde] (BAB) R901 Auswärtiges Amt, R73039 Rundfunkabteilung, Ref. VIII Arabische und Iranische Sendungen, vorl. 39, Dez. 1940 – Jan. 1941, Kult.R, Ref. VIII (Orient), Mu/Scha „Religiöser Wochentalk vom 12. Dez. 1940 (arabisch) Die Freigebigkeit", gesendet am 12. Dezember 1940, 14–16. Während sich die meisten Akten der Abteilung Rundfunkpolitik im Politischen Archiv des Auswärtigen Amtes befinden, befinden sich diese Akten aus den Jahren 1940 bis 1941 im Bundesarchiv in Berlin-Lichterfelde.

34 „Zur Regierungserklärung für die Araber", Vortrag vom 12. Dezember 1940 (arabisch), (BAB) R901 Auswärtiges Amt, R73039 Rundfunkabteilung, Ref. VIII Arabische und Iranische Sendungen, vorl. 39, Dez. 1940 – Jan. 1941, Kult.R, Ref. VIII (Orient), Mu/Scha, 11–13.

35 Zu Hitlers und Himmlers Ansichten und zu Muslimen in der Wehrmacht siehe David Motadel: *Für Prophet und Führer*, 80–84, 261–290.

36 „Zur Regierungserklärung für die Araber", Vortrag vom 12. Dezember 1940 (arabisch).

37 Zu ihrer Ankunft in Berlin und dem Empfang durch die Nazis siehe Gensicke: *Der Mufti von Jerusalem und die Nationalsozialisten*; Mallmann und Cüppers: *Halbmond und Hakenkreuz*, 105–120; und Hirszowicz: *The Third Reich and the Arab East*, 211–228.

38 „Nr. 515, Niederschrift eines Beamten des Sekretariats des Außenministers über das Gespräch zwischen dem Führer und dem Großmufti von Jerusalem am 28. November 1941 in Anwesenheit des Reichsaußenministers und des Ministers Grobba in Berlin", Berlin (30. November 1941), *Documents on German Foreign Policy (DGFP) Series D (1937–1945) Volume XIII, The War Years, June 23 – December 11, 1941* (Washington, DC: United States Government Printing Office, 1949–1984), 881–882, 884. Zu diesem Treffen siehe Hirszowicz: *The Third Reich and the Arab East*, 218–221; und Gensicke: *Der Mufti von Jerusalem und die Nationalsozialisten*, 60–63.

39 Obwohl Richard Breitman und Christopher Browning, die führenden Historiker der Entscheidungsprozesse Hitlers bezüglich der „Endlösung", unterschiedlicher Meinung darüber sind, wann genau Hitler die Entscheidung zur Vernichtung fällte, stimmen beide darin überein, dass Hitler diese Entscheidungen im September 1941 bereits getroffen hatte. Siehe Richard Breitman: *Architect of Genocide: Himmler and the Final Solution* (New York: Knopf, 1991), auf Deutsch: *Der Architekt der „Endlösung": Himmler und die Vernichtung der europäischen Juden* (Paderborn: Schöningh, 1996); Christopher Browning: *The Origins of the Final Solution: The Evolution of Nazi Jewish Policy, September 1939 – March 1942* (Lincoln: University of Nebraska Press; Jerusalem: Yad Vashem, 2004), auf Deutsch: *Die Entfesselung der „Endlösung". Nationalsozialistische Judenpolitik 1939–1942* (Berlin: Propyläen, 2003). Zur Kombination von Hitlers öffentlichen judenfeindlichen Beschimpfungen und der Entscheidungsfindung der Regierung siehe Saul Friedländer: *Nazi Germany and the Jews, Bd. 2: The Years of Extermination*, insbesondere 272–288. Auf Deutsch: *Das Dritte Reich und die Juden: Die Jahre der Vernichtung 1939–1945* (München: C. H. Beck, 2006). Zu Goebbels öffentlicher Behauptung über den Beginn der „allmählichen Ausrottung" siehe Jeffrey Herf: *The Jewish Enemy*, 120–128.

40 Nach dem Wortlaut der Völkermordkonvention, die von den Vereinten Nationen nach dem Zweiten Weltkrieg verabschiedet wurde, würden einige der produzierten Sendungen ihrer Definition von „Anreizung" entsprechen und könnten somit als Teil des Verbrechens des Völkermords bezeichnet werden. In Artikel 3 der „Konvention über die Verhütung und Bestrafung des Völkermordes" wird die „direkte und öffentliche Anreizung zum Völkermord" als strafbare Handlung aufgeführt, siehe http://www.hrweb.org/legal/genocide.html (abgerufen am 8.11.24). Der Reichspressechef Otto Dietrich wurde in einem der Nachfolgeprozesse des Nürnberger Militärtribunals wegen „Verbrechen gegen die Menschlichkeit" angeklagt und verurteilt. Bemühungen um eine strafrechtliche Verfolgung von Husseini und anderen arabischen Kollaborateuren wegen ihrer Rolle in arabischsprachigen Sendungen blieben erfolglos. Zum Dietrich-Prozess siehe Herf: *The Jewish Enemy*, 272–274. Zu den gescheiterten Bemühungen nach dem Krieg, Husseini vor Gericht zu stellen, siehe Herf: *Israel's Moment*, 1–130.

41 Alexander Kirk an den Außenminister, „Telegram 340, General Summary of Tendencies in Axis Broadcasts in Arabic", Kairo, 18. April 1942, NARA, RG659, United States Department of State, Central Decimal File, 1940–1944, 740.0011/European War 1939, Microcopy No. M982, Roll 114, 21414.

42 Ebd., 1–2.

43 Ebd., 2–3.

44 Ebd.

45 „Despatch No. 502 from the American Legation at Cairo, Egypt, Axis Broadcasts in Arabic for the Period July 3 to 9, 1942, Cairo, July 21, 1942", 1, NARA, RG 84 Foreign Service Posts of the Department of State, General Records, Cairo Embassy, 1942, 815.4–820.02, Box 77.

46 Ebd., 1–2.

47 Voice of Free Arabism, 7. Juli 1942, 20:15 Uhr, „Kill the Jews before They Kill You", Telegramm von Alexander Kirk an den Außenminister, Nr. 502, 21. Juli 1942, 13–14; und weitere Erörterung in Herf: *Nazi Propaganda for the Arab World*, 88–157.

48 Fritz Grobba: „Juden sind die Drahtzieher der Amerikaner", Berlin, 2. Juli 1942, PAAA, R60690 Kult Pol, Orient. Juden um Roosevelt, 1941–1942, Bd. 1.

49 Zu den umfangreichen antisemitischen Propagandaangriffen Nazideutschlands auf Roosevelt siehe die Seitenangaben zu „Roosevelt, Franklin D." in Herf: *The Jewish Enemy*, 387.

50 Preikecher: „Aufzeichnung für die BFP im Stabe des Herrn Reichaussenministers Herrn Dr. Magerle", 16. März 1943, NARA, RG242, Records of the German Foreign Office, Microcopy No. T120, roll 1015. Siehe auch „Nationalsozialistischer Antizionismus" in diesem Band.

51 „Office of War Information, Overseas Operations Branch, Washington, DC, ‚Weekly Propaganda Directive, Palestine'", 14. November 1942, NARA, RG165 Records of the War Department General and Special Staff, Military Intelligence Division (nachstehend MID), „Regional File". 1922–1944 Palästina, Box 2719, Mappe 2930.

52 Ebd.

53 Ebd.

54 Siehe z. B. (George) Wadsworth: „United States Office of War Information, Beirut to SecState, Washington", 17. Februar 1943, NARA RG84, Libanon: U. S. Consulate and Legation and Embassy, Classified General Records, 1936–1961, 1943: 110.2 bis 1943-891 Box 8, 2–3; und George Britt, United States Office of War Information, Beirut, „Political Notes on Lebanon and Syria", 13. Februar 1943, NARA RG84, Libanon. U. S. Consulate Legation and Embassy Beirut, 1936–1941, Classified General Records 1943: 1943 110.2 bis 1943 – 891, 1; und George Britt: „Beirut September to June" (Juni 1943), NARA RG84, Libanon. U. S. Consulate Legation and Embassy Beirut, 1936–1941, Classified General Records 1943: 1943 110.2 bis 1943 – 891, 7.

55 Siehe Herf: *The Jewish Enemy*, 192–196.

56 „Berlin in Arabic", 8. September 1943, „Talk: The Ambitions of the Jews", Alexander Kirk to Secretary of State, Kairo, 23. September 1943, „No. 1313, Axis Broadcasts in Arabic for the period September 2 to 8, 1943", NARA, RG 84, Egypt: Cairo Embassy General Records, 1933–1955, 820.00–822.00, 1943, Box 93; und „Voice of Free Arabism", 24. September 1943, 20:15 Uhr, „What are the Aims of International Zionism?", Alexander Kirk to Secretary of State, Kairo, 5. Oktober 1943, „No. 1325, Axis Broadcasts in Arabic for the period September 23 to 29, 1943", NARA, RG 84, Egypt: Cairo Embassy General Records, 1933–1955, 820.00–822.00, 1943, Box 93.

57 Voice of Free Arabism, 5. November 1943, 18:30 Uhr, „The Protests of the Moslems of Europe against the Balfour Declaration", Alexander Kirk to Secretary of

State, Kairo, 19. November 1943, „No. 1410, Axis Broadcasts in Arabic for the period November 3 to 9, 1943", 3–4, NARA, RG 84, Ägypten: Kairoer Botschaft, Allgemeine Unterlagen, 1933–1955, 820.00–822.00, 1943, Box 93.

58 Haj Amin al-Husseini: *Rede S. Em. [Seine Eminenz] Des Grossmufti anlässlich der Protestkundgebung gegen die Balfour-Erklärung am 2. November 1943* (Berlin: Islamisches Zentralinstitut, 1943), PAAA R27327, Grossmufti, 1942–1944, 297878–297886.

59 Ebd., 297878–297879.

60 Ebd., 297880.

61 „Berlin in Arabic", 28. Januar 1944, „Talk: Arabs and Moslems at War with Jewry", Alexander Kirk an Außenminister, Kairo, 6. Februar 1944, „Nr. 1581, Axis Broadcasts in Arabic for the Period January 22 to 28, 1944", NARA RG 84, Cairo Embassy General Records, 1936–1955: 1944, 820.02–822, Box 112.

62 „,The Near East and the War Crimes Problem': Office of Strategic Services, Research and Analysis Branch, R and A, No. 1090.116, 23 June 1945, Situation Report: Near East, Analysis of Current Intelligence for the Use of OSS", 1–28, in NARA, RG 84, Syrien: Gesandtschaft Damaskus, Vertrauliche Akte, 1945: Vol. 1–2, 030–800B, Classified General Records, Box 4, Vol. II, 711–800B.

63 Ebd., „Zusammenfassung".

64 „Hassan Al-Banna and the Mufti of Palestine" in „Contents of Secret Bulletin of Al Ikhwan al-Muslimin dated 11 June 1946", Kairo, 23. Juli 1946. NARA, RG 226, Office of Strategic Services, Washington Registry SI Intelligence, Field Files, Entry 108A, Box 15, Folder 2.

65 Zum Islamismus nach dem Nationalsozialismus siehe Paul Berman: *Terror und Liberalismus* (Hamburg: Europäische Verlagsanstalt, 2004); auf Englisch erschienen als *Terror and Liberalism* (New York: W. W. Norton, 2003); Jeffrey Herf: „Was ist alt und was ist neu im Terrorismus des islamischen Fundamentalismus?" in diesem Band; auch in Murray Baumgarten, Peter Kenez und Bruce Thompson (Hrsg.): *Varieties of Antisemitism: History, Ideology, Discourse* (Newark: University of Delaware Press, 2009), 370–376; und des Weiteren „Why They Fight: Hamas' Too Little-Known Fascist Charter", 1. August 2014: http://www.the-american-interest.com/arti-cles/2014/08/01/why-they-fight-hamas-too-little-known-fascist-charter/; Küntzel: *Djihad und Judenhaß; Nazis und der Nahe Osten: Wie der islamische Antisemitismus entstand*; und Robert S. Wistrich: *A Lethal Obsession: Antisemitism from Antiquity to the Global Jihad* (New York: Random House, 2010). Zur Forschung seit den 1980er Jahren siehe Jeffrey Herf: „Nazi Antisemitism and Islamist Hate", 6. Juli 2022: https://www.tabletmag.com/sections/history/articles/the-nazi-roots-of-islamist-hate (jeweils abgerufen am 8.11.24).

5
AMIN AL-HUSSEINI IN BERLIN: BEDEUTUNG UND GRENZEN SEINES EINFLUSSES

Die öffentlichen und archivarischen Beweise für Mohammed Amin al-Husseinis eifrige, willige und enthusiastische Kollaboration mit dem Nazi-Regime sind überwältigend. Dennoch hat sich die Palästinensische Autonomiebehörde nie aufrichtig mit dem Erbe der NS-Kollaboration auseinandergesetzt. Bei der katastrophalen Entscheidung, die UN-Teilungsresolution im November 1947 abzulehnen – eine Resolution, deren Verabschiedung einen arabischen neben einem jüdischen Staat in Palästina bedeutet hätte –, spielte dieses Erbe auf personeller wie auf ideologischer Ebene eine entscheidende Rolle. Das Versäumnis, die tiefe ideologische Leidenschaft anzuerkennen, die zu Husseinis Entscheidungen zur Kollaboration mit Nazideutschland führten, bedeutete, dass sich sein Judenhass im Nationalismus der palästinensischen Araber manifestierte, die er in den Krieg von 1947/48 führte, um die Gründung eines jüdischen Staates in Palästina zu verhindern. Wie die vorangegangenen Kapitel zeigen, kollaborierte Husseini mit Hitlers Regime aus tiefer ideologischer Überzeugung, die in seinem Hass auf das Judentum, die Juden und somit auf den Zionismus und das zionistische Projekt im britischen Mandatsgebiet Palästina wurzelte. Seine Kollaboration ging weit über das apologetische und irreführende Klischee „der Feind meines Feindes ist mein Freund" hinaus. Das Versäumnis der alliierten Sieger – sowohl der westlichen Demokratien als auch der Staaten des Sowjetblocks –, ihn unmittelbar nach dem Holocaust wegen Kriegsverbrechen anzuklagen, war eines von zu vielen Beispielen dafür, wie die Nazi-Vergangenheit in den ersten Nachkriegsjahren unter den Teppich gekehrt wurde.

Unmittelbar nach dem Zweiten Weltkrieg und dem Holocaust scheiterten die Bemühungen, Husseini wegen Kriegsverbrechen vor Gericht zu stellen, daran, dass insbesondere Frankreich, aber auch die Vereinigten Staaten und Großbritannien zu dem Schluss kamen, dass eine Anklage gegen ihn die Bemühungen um das Wohlwollen der ölreichen arabischen Staaten untergraben würde.[1] In den späten 1940er Jahren und auch in jüngster Zeit haben einige Bewertungen seiner Kollaboration seine Rolle im Holocaust und im NS-Regime hinsichtlich seiner Entscheidungsmacht jedoch auch übertrieben. In dem Maße, in dem sich die dokumentarischen Aufzeichnungen über seine Kollaboration vertieft haben, hat sich auch unser Wissen über die Bedeutung, aber auch die Grenzen seiner Macht in Nazideutschland vertieft. Am 20. Oktober 2015 erklärte der israelische Premierminister Benjamin Netanjahu in einer Rede auf dem 37. Zionistenkongress in Jerusalem, Husseini habe Hitler davon überzeugt, seine antijüdische Politik von der Zwangsauswanderung auf die Vernichtung umzustellen. Er behauptete, dass Husseini „einer der führenden Architekten der Endlösung" gewesen sei. Glücklicherweise hat Netanjahu diese Behauptung über Husseinis Entscheidungsgewalt im Nazi-Regime später zurückgenommen.[2]

Netanjahu könnte sich auf die Arbeit der Historiker Wolfgang Schwanitz und Barry Rubin gestützt haben, die in ihrer 2014 erschienenen Studie *Nazis, Islamists and the Making of the Modern Middle East* Husseini Entscheidungsbefugnisse in Bezug auf den Holocaust zuschrieben.[3] Husseini hatte die Nazis gedrängt, jegliche jüdische Auswanderung nach Palästina zu beenden. Rubin und Schwanitz schrieben als Reaktion auf Hitlers Ankündigung vom 11. März 1941, die jüdische Auswanderung aus Europa zu beenden, dass „al-Husseini durch die Schließung dieses Fluchtweges [nach Palästina] für die Juden und die Verhinderung jeglicher alternativer Strategie dazu beitrug, dass die ‚Endlösung' unabwendbar wurde".[4] Die Autoren fügten hinzu, dass daraufhin „Deutschlands Vertreibung der Juden unmöglich war und nur noch Massenmord übrig blieb".[5] Doch das Ende der Auswanderung, das eine Entscheidung Hitlers und nicht Husseinis war, bedeutete nicht, dass „nur noch Massenmord übrig blieb". Eine Fortsetzung der bisherigen Verfolgungs- anstelle der Vernichtungspolitik war eine logische Möglichkeit. Der entscheidende Punkt ist, dass Hitler und nicht Husseini die Entscheidungsgewalt innehatte.

Am Tag nach dem seinerzeit berühmten Treffen mit Husseini am 28. November 1941 wies Hitler Reinhard Heydrich, Himmlers Stellvertreter im Reichssicherheitshauptamt (RSHA), an, innerhalb von zehn Tagen eine Konferenz zur Vorbereitung der „Endlösung der Judenfrage" zu organisieren. Rubin und Schwanitz haben geschrieben: „So traf Hitler seine Schlüsselentscheidung, den Völkermord zu beginnen, während ihm al-Husseinis antijüdische Rhetorik und sein Beharren auf der Ausrottung der Juden noch in den Ohren klang."[6] Sicherlich war Hitler erfreut zu erfahren, dass er in Husseini einen Unterstützer und Kollaborateur unter den Arabern und Muslimen hatte. Doch die Tatsache, dass Hitler am Tag nach ihrem Treffen am 28. November Heydrich anwies, Einladungen zu der späteren Wannseekonferenz zu verschicken, ist kein Beweis dafür, dass Husseini Einfluss auf seine Entscheidungen hatte. Die plausiblere Interpretation der Folgen des Treffens vom 28. November ist vielmehr, dass Hitler, der *bereits in den vorangegangenen sechs Monaten*, also lange vor Husseinis Ankunft in Berlin, beschlossen hatte, die europäischen Juden zu ermorden, Husseini von seinem Wunsch in Kenntnis setzen wollte, diese Politik auf Nordafrika und den Nahen Osten auszudehnen, falls der Krieg in Europa seinen Hoffnungen und Plänen entsprechend verlaufen sollte.

Die Arbeiten von Historikern, die sich mit der Entscheidungsfindung im Holocaust befassen, unterstreichen die *Unwichtigkeit* von Husseini in diesem Prozess. Schon vor dem deutschen Überfall auf die Sowjetunion am 22. Juni 1941 hatte Hitler Befehle an Heinrich Himmler gegeben, der diese an seinen Stellvertreter Reinhard Heydrich weiterleitete, der seinerseits den Führern der SS-Einsatzgruppen befahl, Juden in den besetzten sowjetischen Gebieten zu ermorden. Die Massenmorde begannen unmittelbar nach dem 22. Juni 1941. Mitte August 1941, nachdem der Kreis der Mörder auf Angehörige der Ordnungspolizeibataillone ausgeweitet worden war, dehnte Himmler die Politik des Massenmords auf Befehl Hitlers auch auf jüdische Kinder aus. Laut Jürgen Matthäus galt ab Mitte August 1941:

> Eine weitere Eskalation des Prozesses konnte nicht mehr eintreten, nachdem deutsche Einheiten und ihre Helfer die physische Vernichtung aller Juden, ungeachtet ihres Geschlechts, ihres Alters, Berufs oder Verhaltens, die Auslöschung ganzer Gemeinden und die „Entjudung" riesiger Gebiete eingeleitet hatten. Die Frage lautete nicht mehr, warum die Juden getötet werden sollten, sondern warum sie *nicht* getötet werden sollten.[7]

Von Juni bis Dezember 1941 ermordeten die SS-Einsatzgruppen und Bataillone der Ordnungspolizei rund 700.000 Juden an der Ostfront. Die meisten von ihnen wurden erschossen, einige wurden in neu konstruierten mobilen Gaswagen ermordet. Sechs Monate vor Hitlers Treffen mit Husseini in Berlin hatte sich seine Politik gegenüber den in der Sowjetunion lebenden Juden von der seit 1933 betriebenen Verfolgungspolitik zu einer Politik der Vernichtung gewandelt.[8]

In seiner 1991 erschienenen und 1996 ins Deutsche übersetzten Studie *Der Architekt der „Endlösung". Himmler und die Vernichtung der europäischen Juden* schrieb Richard Breitman, dass die militärischen Siege in Westeuropa im Jahr 1940 Hitler und Himmler „die Zuversicht gaben, während des bevorstehenden Feldzuges in der Sowjetunion", der für das Frühjahr 1941 geplant war, „eine riesige Tötungsoperation in Gang zu setzen". Breitman fasste seine Erkenntnisse wie folgt zusammen:

> Im März 1941 war die „Endlösung" nur noch eine Frage der Zeit – und des Timings. Dieses Datum liegt um Monate früher als der Zeitpunkt, den die meisten Fachgelehrten bisher angenommen haben, aber das Beweismaterial ist überzeugend. Hitler hatte andere, bescheidenere Pläne (Madagaskar, Sterilisierung) verworfen. Er hatte einen Plan, die Juden (wenigstens) im Reich und im Protektorat [Böhmen und Mähren] zu liquidieren, bereits genehmigt. Heydrich hatte mit dem Heer Verhandlungen über die Stellung der SS-Einsatzgruppen in der Sowjetunion aufgenommen, und das RSHA hatte „Judenbeauftragte" in andere europäische Länder entsandt, um diese auf Deportationen vorzubereiten. Die Auswanderung polnischer Juden hatte man Monate zuvor verboten, und geschlossene Ghettos und Arbeitslager hatten die Voraussetzungen dafür geschaffen, daß man die Juden in Polen ohne Schwierigkeiten beseitigen konnte. Eichmann sprach von der „endgültigen Judenevakuierung" *nach* Polen, während Hitler gleichzeitig versprach, alle Juden *aus* Polen zu entfernen. Einen Monat später erwähnte Himmler, er habe eine neue Aufgabe für [Odilo] Globocnik. Die Vernichtung der Juden in Polen war ein rein technisches Problem. Unsere These stützt sich also nicht nur auf Äußerungen Hitlers. Keine dieser Quellen macht alles klar; keine enthüllt, daß man damals schon einen perfekten Plan besaß. Aber es handelt sich durchweg um unabhängige Quellen, und in ihrer Gesamtheit ergeben sie ein kohärentes Bild weitreichender Pläne und grundsätzlicher Entscheidungen, die während der Vorbereitungen für den Rußlandfeldzug getroffen wurden. [...] Natürlich sind Pläne nur Pläne, solange sie nicht verwirklicht werden; aber es hätte eines politischen oder militärischen Erdbebens bedurft, um den angelaufenen Prozeß zu stoppen.[9]

Das Erdbeben hat nicht stattgefunden. Breitman lieferte signifikante Beweise dafür, dass der in den sechs Monaten vor Hitlers Treffen mit Husseini vollzogene Massenmord an den Juden in der Sowjetunion die erste Phase dessen darstellte, was bereits als Praxis für ganz Europa intendiert war.

Historiker, die Hitlers ideologische Beweggründe – vor allem seinen radikalen Antisemitismus und die paranoide Vision einer internationalen jüdischen Verschwörung – in den Fokus genommen haben, halten eine solche „frühe" Entscheidung für eine plausible Schlussfolgerung.[10] Wie sowohl seine öffentlichen als auch seine privaten Äußerungen im Sommer und Herbst 1941 zeigen, war die Anwendung seiner antisemitischen Interpretation der sich entfaltenden Ereignisse des Zweiten Weltkriegs für Hitlers Entscheidungsfindung bezüglich des Holocaust von zentraler Bedeutung. Bekanntlich hatte Hitler seine „Prophezeiung" erstmals in einer Rede im Reichstag am 30. Januar 1939 ausgesprochen:

> Wenn es dem internationalen Finanzjudentum inner- und außerhalb Europas gelingen sollte, die Völker noch einmal in einen Weltkrieg zu stürzen, dann wird das Ergebnis nicht die Bolschewisierung der Erde und damit der Sieg des Judentums sein, sondern die Vernichtung der jüdischen Rasse in Europa!

Nach Ansicht von Hitler, Goebbels und anderen NS-Führungsfiguren schienen die Ereignisse des Sommers 1941 die Wahrheit dieser Verschwörungstheorie zu bestätigen.[11] In ihren Reden und in der Propaganda des Regimes interpretierte die NS-Führung das Zustandekommen des Bündnisses zwischen Großbritannien und der Sowjetunion nach dem deutschen Überfall auf die Sowjetunion im Juni 1941, Roosevelts und Churchills Bekanntgabe der Atlantik-Charta im August und Roosevelts Entscheidungen, Großbritannien kriegswichtige Güter über den Atlantik zu schicken (*Lend-Lease Act*), als Beweis für die Existenz einer jüdisch dominierten deutschenfeindlichen Weltverschwörung. Die Anfänge der Anti-Hitler-Koalition zwischen der Sowjetunion und den westlichen Demokratien bestätigten in Hitlers Augen die Gültigkeit seines radikalen Antisemitismus als Interpretationsmethode für diese Aspekte der Weltpolitik. Da das „internationale Judentum", wie Hitler es nannte, beabsichtige, einen Vernichtungskrieg gegen Deutschland zu führen, würde er als Vergeltung „die jüdische Rasse" in Europa vernichten.[12] Goebbels berichtete, dass Hitler in einem Gespräch am 19. August 1941 sagte, seine Prophezeiung über die Juden und den Krieg „bewahrheitet sich in diesen Wochen und Monaten mit einer fast unheimlich anmutenden Sicherheit".[13] Hitlers Interpretation der Ereignisse beruhte nicht auf Vorschlägen von Personen außerhalb der höchsten Ebenen der NS-Diktatur. Sie war eingebettet in Vorstellungen, die er seit 1919 geäußert hatte.

Christopher Browning, der seit den 1980er Jahren eine führende Rolle in der Geschichtsschreibung über die auf den Holocaust zuführenden Entscheidungen übernommen hat, betont eine Reihe von Entscheidungen im Sommer 1941, die die Ermordungen an der Ostfront zu einem europaweiten Plan für einen Völkermord ausweiteten. Er hat dies in einer Reihe von Arbeiten getan, die 2003 in *Die Entfesselung der „Endlösung": Nationalsozialistische Judenpolitik 1939–1942* mündeten.[14] Browning dokumentierte die Radikalisierung der Handlungsrichtlinie hin zu Massentötungen – durch die SS-Einsatzgruppen und andere deutsche Mordeinheiten auf sowjetischem Gebiet –, die von Mitte Juli bis Mitte August 1941 stattfanden. In diesen Monaten glaubten Hitler und die deutsche Militärführung, dass der Krieg gegen die Sowjetunion bis zum Herbst 1941 gewonnen sein würde. Browning kam zu dem Schluss, die „Siegeseuphorie Mitte Juli", das heißt Hitlers Glaube an den bevorstehenden Sieg Nazideutschlands,

> bildete [...] nicht nur den Hintergrund für die Entscheidungsfindung zugunsten des Massenmords am sowjetischen Judentum, sondern markierte auch den Punkt, an dem Hitler den Entscheidungsprozess in Gang setzte, der zur Ausweitung der „Endlösung" auf die Juden im restlichen Europa führte.[15]

Am 31. Juli 1941 erhielt Heydrich von Hermann Göring die Unterschrift unter einen Befehl, der ihn ermächtigte, „alle erforderlichen Vorbereitungen" für eine „Gesamtlösung der Judenfrage" in den europäischen Gebieten unter deutschem Einfluss zu treffen und einen „Gesamtentwurf" eines Plans zur „Endlösung der Judenfrage" vorzulegen.[16]

Browning folgerte, dass die Nationalsozialisten zwischen August und Oktober 1941 das Vernichtungslager als bestes Mittel für den Massenmord erdachten. Im August 1941 trafen sich die Führer der SS-Einsatzgruppen an der Ostfront mit Experten aus dem Euthanasieprogramm, die über Erfahrungen mit dem Einsatz von Gas zur Ermordung von körperlich und geistig Behinderten verfügten. Bis September hatten Walther Rauff und andere SS-Offiziere die Entwicklung mobiler Gaswagen abgeschlossen, die Kohlenmonoxid aus dem Auspuff hermetisch versiegelter Lastwagen zur Ermordung der darin eingeschlossenen Opfer verwendeten.[17] In der ersten Septemberhälfte testete Rudolf Höß, der Kommandant von Auschwitz, Zyklon B zur Ermordung russischer Kriegsgefangener in versiegelten Kellerzellen des Konzentrationslagers. Am 1. Oktober 1941 begannen die deutschen Planungen für den Bau eines zweiten großen Lagers in Birkenau. Ende Oktober verpflichtete der Ingenieur Kurt Prüfer vom Ingenieurbüro Topf & Söhne sich vertraglich, die neuen, größeren Krematorien zu entwerfen, die für die erwartete Erweiterung des Lagers erforderlich sein würden. Mitte Oktober genehmigte Himmler den Bau des späteren Vernichtungslagers in Bełżec. Noch im selben Monat begannen die Bauarbeiten dort sowie für ein ähnliches Vernichtungslager in Chełmno.[18]

Browning kam zu folgendem Schluss:

> Als man im Prozess der Erfindung des Vernichtungslagers von der Konzeptions- und Experimentierphase zu konkreten Vorbereitungen

überging, erhielten unvermeidlicherweise immer mehr Vertreter des NS-Regimes von ihren Kollegen in der SS unmissverständliche Hinweise darauf, dass die nationalsozialistische Judenpolitik eine schicksalhafte Wegscheide passiert hatte. Die europäischen Juden erwartete keine Vertreibung mehr, sondern Massenmord.

Am 23. Oktober 1941 beendete das NS-Regime offiziell jede jüdische Auswanderung aus Europa.[19] Mitte September 1941 genehmigte Hitler die Deportation von Juden aus Deutschland und Österreich in die deutsch besetzten Gebiete Polens. Am 15. Oktober fand der erste Bahntransport von Juden aus Wien in das Ghetto Łódź statt, gefolgt von Deportationen aus Prag, Luxemburg und Berlin. Bis zum 5. November brachten zwanzig weitere Transporte Juden aus Deutschland und Österreich in den Osten.[20]

Browning stellte fest, dass in den Monaten nach Oktober „noch viele wichtige Entscheidungen darüber zu treffen [waren], wie, wann, wo, in welchem Tempo und mit welchen Ausnahmen die Aufgabe der Ermordung der europäischen Juden realisiert werden konnte". Doch spätestens Ende Oktober hatte „das NS-Regime die entscheidende Grenze überschritten".[21] Browning kam zu dem Schluss, dass Hitler spätestens im Oktober 1941 die grundlegenden Entscheidungen getroffen hatte, um von der Deportation und den Morden an der Ostfront zur Umsetzung eines Plans zur Ermordung aller Juden Europas überzugehen. Der Entschluss war zunächst Himmler, dann Heydrich im Reichssicherheitshauptamt und von dort aus denjenigen Beamten mitgeteilt worden, die für die Planung und den Bau der Vernichtungslager sowie für die Entwicklung der erforderlichen Methoden benötigt wurden.

Unabhängig davon, ob wir für die von Breitman vorgeschlagene „frühe" Entscheidung im Frühjahr oder die von Browning herausgearbeitete „späte" Entscheidung im Frühherbst optieren, datieren beide Historiker den Übergang von der Deportation zur Vernichtung auf acht Monate bis einen Monat vor Hitlers Treffen mit dem Großmufti, als dieser im November 1941 in Berlin eintraf. Weder der Name von Husseini noch der eines seiner Mitarbeiter taucht in diesen historischen Rekonstruktionen auf.

Der Historiker Christian Gerlach hat argumentiert, dass Hitler erst in der Woche vom 7. bis zum 14. Dezember 1941 den Beschluss fasste, die Juden Europas zu vernichten.[22] Er behauptet, dass die Deportation der Juden aus Deutschland und Österreich zwar im November begann, die Politik der Ermordung aller Juden aber noch nicht umgesetzt wurde. Er erinnert an Hitlers oben erwähnte „Prophezeiungs"-Rede vom 30. Januar 1939. Nach Hitlers Kriegserklärung an die Vereinigten Staaten im Reichstag vom 11. Dezember 1941 wurde der europäische Krieg zum Weltkrieg. Damit war „jene Situation eingetreten, die er 1939 beschworen hatte. Und folgerichtig – im Rahmen seiner antisemitischen Weltsicht folgerichtig – verkündete Hitler nunmehr den Beschluß, alle europäischen Juden zu ermorden."[23] Am 12. Dezember 1941 sprach Hitler auf einem Treffen der Reichsleiter und Gauleiter der NSDAP in Berlin. In seiner Rede, die Goebbels in seinem Tagebucheintrag zusammenfasste, brachte er den Zusammenhang zwischen dem Krieg, den „die Juden" angeblich gegen Deutschland angezettelt hatten, und seinem Beschluss zur Ausrottung der europäischen Juden zum Ausdruck. Goebbels schrieb:

> Bezüglich der Judenfrage ist der Führer entschlossen, reinen Tisch zu machen. Er hat den Juden prophezeit, daß, wenn sie noch einmal einen Weltkrieg herbeiführen würden, sie dabei ihre Vernichtung erleben würden. Das ist keine Phrase gewesen. Der Weltkrieg ist da, die Vernichtung des Judentums muß die notwendige Folge sein. Diese Frage ist ohne jede Sentimentalität zu betrachten. Wir sind nicht dazu da, Mitleid mit den Juden, sondern nur Mitleid mit unserem deutschen Volk zu haben. Wenn das deutsche Volk jetzt wieder im Ostfeldzug an die 160.000 Tote geopfert hat, so werden die Urheber dieses blutigen Konflikts dafür mit ihrem Leben bezahlen müssen.[24]

Für den Rest des Zweiten Weltkriegs und den Holocaust blieb diese Verbindung zwischen dem, was die nationalsozialistischen Propagandisten „den jüdischen Feind" nannten, und Hitlers Entscheidung, die „jüdische Rasse" in Europa „auszurotten" und „zu vernichten", ein ständig wiederholtes und zentrales Thema ihrer öffentlichen Äußerungen.[25] Doch Gerlach, Verfechter des spätesten Entscheidungszeitpunktes unter den Historikern, richtet sein Augenmerk auf dieselben NS-Führer wie Breitman, Browning, Friedländer und andere, nämlich auf Hitler und die höchsten Beamten des SS-Reichssicherheitshauptamtes, die von Goebbels freilich ermutigt wurden. Der Name Mohammed Amin al-Husseini taucht in seiner Darstellung aus gutem Grund überhaupt nicht auf. Bezüglich des Holocaust war der Mufti nicht Teil der Entscheidungskette des NS-Regimes.

Selbst wenn, wie Gerlach geschrieben hat, Hitlers endgültige Entscheidung, die Juden Europas zu vernichten, also im Dezember 1941 erfolgte und nicht, wie Breitman argumentierte, im Frühjahr oder, wie Browning behauptete, zwischen August und Oktober, schreibt keiner von ihnen Mohammed Amin al-Husseini und dem, was er zu Hitler sagte, als sie sich am 28. November 1941 in Berlin trafen, irgendeine kausale Bedeutung zu. Der grundlegende Punkt, in dem sich diese Historiker einig sind, ist, dass Hitler die Schlüsselentscheidungen bezüglich des Holocaust selbst traf und sie einem kleinen, aber wachsenden konzentrischen Kreis von Beamten in Himmlers SS-Reichssicherheitshauptamt mitteilte. Husseini war zu keinem Zeitpunkt eine wichtige Figur im Entscheidungsprozess.

Hitler beschloss die Ermordung der europäischen Juden als logische Konsequenz seines radikalen Judenhasses. Er brauchte keine Ermutigung von anderen, um seinen berüchtigten Hass in eine Politik des Massenmords zu transformieren. Unabhängig davon, ob Hitler im Frühjahr, Sommer/Herbst oder Frühwinter 1941 beschloss, die Juden zu ermorden, brauchte er Husseini nicht, um seine antijüdische Politik von einer Verfolgungs- zu einer Vernichtungspolitik voranzutreiben. Mit anderen Worten: Wäre es der britischen Regierung gelungen, Husseini im Nahen Osten gefangen zu nehmen und seine Ankunft in Berlin zu verhindern, so hätten die Nationalsozialisten trotzdem sechs Millionen Juden in Europa ermordet.

Auch wenn einige die Rolle Husseinis im Holocaust übertrieben haben, sollte seine Mitschuld an den Verbrechen nicht geleugnet werden. Er sah Hitler und die Nazis als ideologische Seelenverwandte, die seinen abgrundtiefen Hass auf die Juden, das Judentum und den Zionismus teilten. Bereits im März 1933 brachte er seine Begeisterung gegenüber deutschen Diplomaten in Jerusalem zum Ausdruck und nutzte dann, wie wir gesehen haben, eifrig die Massenkommunikationsmittel der Nazis, um seinen Hass während des Zweiten Weltkriegs und des Holocaust nach Nordafrika und in den Nahen Osten zu tragen.[26]

In seinem Buch *Für Prophet und Führer: Die Islamische Welt und das Dritte Reich* zeigt David Motadel, dass Husseini und andere muslimische Geistliche zur „pro-islamischen Haltung des Dritten Reiches" und den daraus resultierenden Bemühungen des deutschen Militärs und der SS beitrugen, Muslime für den Krieg an der Ostfront gegen die Sowjetunion und die Juden zu mobilisieren.[27] Motadel warnt davor, Husseinis Einfluss in Berlin zu überschätzen, den er als „strikt begrenzt" ansieht. Er war nicht in der Lage, „Garantien für die arabische und palästinensische Unabhängigkeit zu erwirken [...]. Seine Vorschläge fanden nur dann Gehör, wenn sie mit deutschen Interessen vereinbar waren. Das dramatischste Beispiel war seine Intervention, die Emigration von Juden aus Deutschlands südosteuropäischen Satellitenstaaten nach Palästina zu verhindern." Der Mufti sei als „Teil einer übergreifenden deutschen Islampolitik" anzusehen. In dieser Eigenschaft wurde er vom NS-Regime als wichtig angesehen, was durch sein „Monatsgehalt von nicht weniger als 90.000 Reichsmark“ sowie die Bereitstellung mehrerer Residenzen für ihn und sein Gefolge untermauert wird.[28] Während des Zweiten Weltkriegs war ein Gehalt von 90.000 Reichsmark pro Monat in Deutschland nur für die reichsten Personen des NS-Staates üblich.[29] Während Husseinis *Einfluss* auf die Entscheidungsfindung des NS-Regimes begrenzt war, war seine *Bedeutung* für das NS-Regime beträchtlich, vor allem aufgrund seiner Bemühungen, den arabischen Zuhörern eine islamistische und arabischsprachige Variante des NS-Judenhasses anzubieten.

In einer Reihe von eindrucksvoll dokumentierten Memoranden, die 1945 und 1946 vom *American Zionist Emergency Council* (AZEC) an Beamte des US-Außenministeriums und anschließend an die amerikanischen Ankläger in Nürnberg geschickt wurden, legten Benjamin Akzin, Abba Silver und Stephen Wise den Fall Husseini auf der Grundlage erster dokumentarischer Beweise dar. Ihr „Memorandum über die Verantwortung des Kriegsverbrechers Haj Amin El-Husseini, ehemaliger Mufti von Jerusalem“ vom 16. Juli 1946 konzentrierte sich auf Husseinis Rolle bei den Verhandlungen über die Möglichkeit, jüdischen Kindern während des Holocaust die Flucht nach Palästina zu erlauben.[30] Die Memos verbanden eine übertriebene Darstellung seiner Rolle bei der Entscheidungsfindung bezüglich des Holocaust mit einer fundierten Darstellung der Briefe, die er an den Reichsminister des Auswärtigen Amtes Joachim von Ribbentrop, an Heinrich Himmler und die Außenminister Italiens, Bulgariens und Ungarns geschickt und in denen er sie aufgefordert hatte, die Kinder nicht ausreisen zu lassen. So hatte er zum Beispiel am 5. Juni 1943 in einem Schreiben an den bulgarischen Außenminister empfohlen, die Juden an Orte zu schicken, an denen „sie unter strenger Kontrolle stehen, wie zum Beispiel in Polen“. Die AZEC-Autoren schrieben dazu: „[W]as eine strenge Kontrolle polnischer Art im Jahr 1943 bedeutete, war ein offenes Geheimnis sowohl für den Schreiber als auch für den Adressaten, und der Mufti konnte sich gewiss sein, dass man seine Anspielung verstehen würde.“[31] Husseini versuchte also nicht nur, die jüdische Einwanderung nach Palästina zu begrenzen, sondern „förderte aktiv die Deportation von Juden aus anderen Ländern in die polnischen Vernichtungslager“. Die AZEC-Autoren fügten Husseinis Brief vom 28. Juni 1943 an die rumänische Regierung bei, in dem er sich gegen die Auswanderung von 1.800 jüdischen Kindern nach Palästina ausgesprochen hatte.[32] Die vorliegenden Beweise schienen „zu belegen, dass der Mufti eine wichtige Rolle bei der Vernichtung der europäischen Juden gespielt hat und dass er sich der Komplizenschaft bei organisiertem Massenmord und anderen Verbrechen gegen die Menschlichkeit schuldig gemacht hat“.[33]

Die AZEC-Memos aus den Jahren 1945 und 1946 enthielten zwar einige Übertreibungen in Bezug auf die Rolle Husseinis, aber auch eine Vielzahl plausibler Anhaltspunkte, die weitere Ermittlungen gerechtfertigt hätten, und boten genügend Gründe für eine Anklage wegen Kriegsverbrechen. Die US-Regierung verfügte in ihren diplomatischen, militärischen und nachrichtendienstlichen Akten über reichlich Material, auf dem sie einen ersten Prozess hätte aufbauen können. Bedauerlicherweise beschlossen die Vereinigten Staaten und andere alliierte Siegermächte, ihn nicht vor Gericht zu stellen. Ein solches Verfahren hätte die umfangreichen Beweise der Alliierten für Amin al-Husseinis Zusammenarbeit mit den Nazis an das Licht der internationalen Öffentlichkeit gebracht. Eine Untersuchung und ein Prozess hätten es ihm erschweren können, zum Führer des palästinensischen Nationalismus der Nachkriegszeit aufzusteigen, und vielleicht verhindern können, dass seine Mitarbeiter im Arabischen Hohen Komitee die palästinensischen Araber bei den Vereinten Nationen vertreten. Es sei jedoch daran erinnert, dass die öffentlich bekannte Tatsache von Husseinis Kollaboration mit den Nazis die Mitglieder des Arabischen Hohen Komitees nicht davon abhielt, ihn im November 1945 zu dessen Vorsitzenden zu wählen. Dieser Verfechter des islamischen Judenhasses wurde in seiner Heimat als Held des antiimperialistischen und antizionistischen Kampfes willkommen geheißen und nicht als entehrter NS-Kollaborateur, der an den Verbrechen des Holocaust beteiligt gewesen war.[34]

Während des Zweiten Weltkriegs und des Holocaust hatte Husseini Texte verfasst, die zu kanonischen Bestandteilen der Tradition des islamischen Antisemitismus avancierten – Texte, die für eine Nachkriegspolitik der kompromisslosen Ablehnung des Teilungsplans der Vereinten Nationen, des Zionismus und dann des Staates Israel von Bedeutung waren. Husseinis ideologischer Einfluss war ebenso wichtig und zerstörerisch wie sein politischer Einfluss. Wie Zvi Elpeleg in Erinnerung gerufen hat, war Amin al-Husseini in den Nachkriegsjahren – vor und während des Krieges, den er 1947 in Palästina begann – erneut in der Lage, politische Macht auszuüben, die Konturen des palästinensischen Nationalismus zu formen und seine Ideen nicht nur in Propaganda, sondern in Kriegspolitik umzusetzen.[35]

Rubin und Schwanitz legen überzeugend dar, welch destruktiven Einfluss Husseini auf die Ereignisse bis zum Krieg von 1948 und diesen selbst hatte. Sie verweisen auf Husseinis Charisma, seine Entschlossenheit, jegliche Zugeständnisse an die Zionisten zu vermeiden, seine Fähigkeit, seine Anhänger zur Gewalt anzustacheln, sowie auf den „internen Druck vonseiten islamistischer und nationalistischer Radikaler, die die entflammbare öffentliche Meinung anheizten". Sie geben zwar zu bedenken, dass der Druck anderer Gruppen den Krieg 1948 unausweichlich scheinen ließ, aber möglicherweise hätten der Krieg und der arabisch-israelische Konflikt „ohne al-Husseini und seine Verbündeten" nicht stattgefunden. „Keine Einzelperson machte dieses Ergebnis wahrscheinlicher als er. [...] Ohne al-Husseinis Präsenz als Führer der palästinensischen Araber und [als] transnationaler Islamistenführer hätte es vielleicht andere Optionen gegeben." Er war finanziell gut ausgestattet und

> gut bewaffnet mit Gewehren, die von den Nazis zur Verfügung gestellt worden waren [...]. Sobald al-Husseini sich wieder als unanfechtbarer Führer der palästinensischen Araber etablieren konnte, war sichergestellt, dass kein Kompromiss wie die Teilung oder die „Zwei-Staaten-Lösung" in Betracht gezogen werden würde, und es wurde unausweichlich, dass die arabischen Führer eingeschüchtert und in den Krieg getrieben werden würden.[36]

Und Husseini sah sich in der arabischen Welt bei weitem nicht nur mit Opposition konfrontiert. Amerikanische Diplomaten beobachteten im November 1945 in Kairo „den großen Respekt und die Hochachtung", die Husseini „in allen Gesellschaftsschichten [in Palästina] genießt".[37] Nach seiner Rückkehr nach Ägypten im Juni 1946 berichtete der amerikanische Botschafter Pinkney Tuck, dass die herzliche Begrüßung, die ihm zuteilwurde, „weit verbreitet und aufrichtig" war.[38] Wir können nicht wissen, wie sich die Ereignisse entwickelt hätten, wenn Husseini in den entscheidenden Jahren während des Krieges 1947/48 und davor abwesend gewesen wäre. Schließlich war er nur eine von mehreren arabischen Führungsfiguren, die sich 1948 für den Krieg und nicht für einen Kompromiss und eine Teilung entschieden. Er verfügte über Geld, Waffen und Gefolgsleute, mit denen er seinen Willen im Palästina der Zeit nach dem Zweiten Weltkrieg geltend machen konnte. Die logische Folge der Ansichten, die er vor, während und nach seiner Kollaboration mit Nazideutschland geäußert hatte, von der Rede in Bludan 1937 über die Reden im *Islamischen Zentralinstitut* in Berlin bis hin zu den Kriegsaufrufen gegen die Zionisten in der Nachkriegszeit, war die gewaltsame Vertreibung aller oder der meisten der im Mandatsgebiet Palästina lebenden Juden.[39]

Mohammed Amin al-Husseini gehörte nicht zum inneren Kreis der NS-Entscheidungsträger. Die Nazis hätten den Holocaust auch dann durchgeführt, wenn er niemals in Nazideutschland gewesen wäre. Doch obwohl er ein machtloser politischer Flüchtling war, suchte und fand er

Schutz bei den Nationalsozialisten und zahlte den Gefallen durch seine Arbeit als Propagandist sowie Rekrutierer von Arabern und Muslimen für die nationalsozialistische Sache um ein Vielfaches zurück. Er wusste, dass der Holocaust ins Werk gesetzt war. Man kann sogar argumentieren, dass er an der Durchführung des Holocaust beteiligt war. Er trug ein bedeutendes Kapitel zur Geschichte des modernen Hasses auf das Judentum, auf die Juden und damit – in seinem Sinne – auch auf den Zionismus und Israel bei. Eine offene Aufarbeitung der Geschichte von Mohammed Amin al-Husseinis Kollaboration mit NS-Deutschland während des Zweiten Weltkriegs und des Holocaust hat seitens palästinensischer Führungsfiguren bis heute nicht stattgefunden. Seine politische Macht in Berlin sollte nicht überschätzt, die Bedeutung seiner Entscheidungen und Überzeugungen aber auch nicht heruntergespielt werden. Er tat, was in seiner Macht stand, um Hitler zum Sieg im Zweiten Weltkrieg zu verhelfen, und unterstützte dessen Bemühungen, die Juden Europas zu ermorden, sowie die fehlgeschlagenen Bemühungen, den Holocaust auf die Juden Nordafrikas und des Nahen Ostens auszuweiten. Sein ideologisches Vermächtnis nährt fortwährend die palästinensischen Visionen, den Staat Israel zu zerstören, anstatt eine Zweistaatenlösung zu akzeptieren. Er war einzigartig unter den Nazikollaborateuren in seiner Fähigkeit, nach der Niederlage Nazideutschlands wieder in der Politik Fuß zu fassen, ohne auch nur den Anschein erwecken zu müssen, sich von seinen antisemitischen Ansichten zu distanzieren, für die er zwischen 1941 und 1945 weltberühmt wurde. Leider konnte er nicht trotz, sondern gerade wegen dieses Hasses die politische Macht erlangen, die er, wenn auch nur für kurze Zeit, mit katastrophalen Folgen für Juden und Araber gleichermaßen ausübte.

Anmerkungen

Auszüge aus Jeffrey Herf: „Haj Amin al-Husseini, the Nazis and the Holocaust: The Origins, Nature and Aftereffects of Collaboration“, *Jewish Political Studies Review*, 5. Januar 2016: https://jcpa.org/article/haj-amin-al-husseini-the-nazis-and-the-holocaust-the-origins-nature-and-aftereffects-of-collaboration/ (abgerufen am 8.11.24). Nachdruck mit Genehmigung von *Jewish Political Studies Review/Jerusalem Center for Public Affairs*.

1 Zu den gescheiterten Bemühungen siehe Jeffrey Herf: *Israel's Moment: International Support for and Opposition to Establishing the Jewish State, 1945–1949* (Cambridge/New York: Cambridge University Press, 2022), 24–130.

2 Premierminister Benjamin Netanjahus Rede auf dem 37. Zionistenkongress, 21. Oktober 2015, http://www.pmo.gov.il/English/MediaCenter/Speeches/Pages/speechcongress201015.aspx (abgerufen am 8.11.24). Hingegen beruhen Netanjahus Kommentare zu Husseinis fälschlichen Behauptungen über zionistische und dann israelische Pläne, die al-Aqsa-Moschee anzugreifen oder zu zerstören, auf soliden Beweisen.

3 Barry Rubin und Wolfgang G. Schwanitz: *Nazis, Islamists and the Making of the Modern Middle East* (New Haven, CT: Yale University Press, 2014).

4 Ebd., 161.

5 Ebd.

6 Ebd., 162.

7 Jürgen Matthäus: „Das ‚Unternehmen Barbarossa‘“, in: Christopher Browning und Jürgen Matthäus: *Die Entfesselung der „Endlösung“. Nationalsozialistische Judenpolitik 1939–1942* (Berlin: Propyläen, 2003), 432.

8 Zu den beiden Epochen der Verfolgung und Ausrottung siehe Saul Friedländer: *Nazi Germany and the Jews: 1939–1945*, gekürzt von Orna Kenan (New York: Harper, 2009); auf Deutsch erschienen als *Das Dritte Reich und die Juden: Die Jahre der Vernichtung 1939–1945* (München: C. H. Beck, 2006).

9 Richard Breitman: *Architect of Genocide: Himmler and the Final Solution* (New York: Knopf, 1991), 247; auf Deutsch erschienen als *Der Architekt der „Endlösung“: Himmler und die Vernichtung der europäischen Juden* (Paderborn: Schöningh, 1996), siehe 324–325.

10 Siehe zum Beispiel Eberhard Jäckel: *Hitlers Weltanschauung: Entwurf einer Herrschaft* (Tübingen: Wunderlich, 1969); und *Hitlers Herrschaft: Vollzug einer Weltanschauung* (Stuttgart: Deutsche Verlags-Anstalt, 1986).

11 Zitiert nach Jeffrey Herf: *The Jewish Enemy: Nazi Propaganda during World War II and the Holocaust* (Cambridge, MA: Harvard University Press, 2006), 52. Zu Hitlers Äußerungen von 1939 bis 1941 siehe auch Saul Friedländer: *Das Dritte Reich und die Juden* und Richard Evans: *Das Dritte Reich: Bd. 3: Krieg* (München: Deut-

sche Verlagsanstalt, 2009). Siehe auch Richard Evans: *Das Dritte Reich und seine Verschwörungstheorien. Wer sie in die Welt gesetzt hat und wem sie nutzen* (München: Deutsche Verlagsanstalt, 2021).

12 Saul Friedländer zog ähnliche Schlussfolgerungen über den Zusammenhang zwischen dem Krieg, Hitlers antisemitischer Verschwörungstheorie und seiner Entscheidung, die „Endlösung" zwischen August und Dezember 1941 in die Wege zu leiten. Siehe sein Buch *Das Dritte Reich und die Juden 1939–1945*, 300–316.

13 Goebbels, zitiert nach Herf: *The Jewish Enemy*, 116. Siehe Elke Fröhlich (Hrsg.): *Die Tagebücher von Joseph Goebbels: Sämtliche Fragmente* (München: Saur, 1987), Eintrag für den 20. August 1941, II/2, 278.

14 Christopher Browning: *The Origins of the Final Solution: The Evolution of Nazi Jewish Policy, September 1939 – March 1942* (Lincoln/Jerusalem: University of Nebraska Press und Yad Vashem, 2004); auf Deutsch erschienen als *Die Entfesselung der „Endlösung". Nationalsozialistische Judenpolitik 1939–1942* (Berlin: Propyläen, 2003). Zu seinen wichtigen früheren Werken über die Entscheidungsfindung im Holocaust gehören *Fateful Months: Essays on the Emergence of the Final Solution* (New York: Holmes & Meier, 1985); *The Path to Genocide: Essays on Launching the Final Solution* (New York: Cambridge University Press, 1992); und *Nazi Policy, Jewish Workers, German Killers* (New York: Cambridge University Press, 2009), auf Deutsch erschienen als *Judenmord: NS-Politik, Zwangsarbeit und das Verhalten der Täter* (Frankfurt am Main: S. Fischer, 2001).

15 Browning: *Die Entfesselung der „Endlösung"*, 455.

16 Ebd.

17 Zu den Entscheidungen, technischen Details und beteiligten Personen siehe Martin Cüppers: „Mobile Gaskammern für den Völkermord", in: *Walther Rauff in deutschen Diensten: Vom Naziverbrecher zum BND-Spion* (Darmstadt: Wissenschaftliche Buchgesellschaft, 2013), 109–144.

18 Browning: *Die Entfesselung der „Endlösung"*, 449–507.

19 Ebd., 528–529.

20 Saul Friedländer: *Das Dritte Reich und die Juden 1939–1945*, 291–295; Browning: *Die Entfesselung der „Endlösung"*, 469.

21 Ebd., 514.

22 Christian Gerlach: „Die Wannsee-Konferenz, das Schicksal der deutschen Juden und Hitlers politische Grundsatzentscheidung, alle Juden Europas zu ermorden", in: *Werkstatt Geschichte* 18, 7–44. Siehe auch *Der Mord an den europäischen Juden: Ursachen, Ereignisse, Dimensionen* (München: C. H. Beck, 2017).

23 Gerlach: „Die Wannsee-Konferenz", 25.

24 Siehe Fröhlich (Hrsg.): *Die Tagebücher von Joseph Goebbels: Sämtliche Fragmente*, Teil 2, 1941–1945, Bd. 2, 498–499 (siehe Eintrag vom 13. Dezember 1941); zitiert

nach Gerlach: „Die Wannsee-Konferenz“, 25; und in Saul Friedländer: *Das Dritte Reich und die Juden 1939–1945*, 308.

25 Zahlreiche Belege für die „Paranoia und Projektion“ der nationalsozialistischen Interpretation des Zweiten Weltkriegs finden sich in Herf: *The Jewish Enemy*.

26 Herf: *Nazi-Propaganda for the Arab World*, 16.

27 David Motadel: *Für Prophet und Führer: Die Islamische Welt und das Dritte Reich* (Stuttgart: Klett-Cotta, 2017), 201.

28 Ebd., 57–58.

29 In seiner Geschichte der nationalsozialistischen Wirtschaft schreibt Adam Tooze, dass 1936 „62 Prozent aller deutschen Steuerzahler ein Jahreseinkommen von weniger als 1.500 Reichsmark angaben“. Weitere 21 Prozent gaben Jahreseinkommen zwischen 1.500 und 2.400 Reichsmark an. „Nur 17 Prozent aller Steuerpflichtigen verzeichneten ein Einkommen von mehr als 2.400 Reichsmark oder 50 Reichsmark pro Woche.“ Adam Tooze: *Ökonomie der Zerstörung: Die Geschichte der Wirtschaft im Nationalsozialismus* (München: Siedler, 2007), 174–175.

30 „Memorandum on the Responsibility of the War Criminal Haj Amin El-Husseini, Former Mufti of Jerusalem“, 16. Juli 1946, Library of Congress, Washington, DC, Robert H. Jackson Papers, Nürnberger Kriegsverbrecherakte, „Nuremberg War Crime s Trial“, Office Files-U.S. Chief of Consul, Grand Mufti of Jerusalem (Haj Amin El-Husseini), Container 102, Reel 8. Siehe auch die Diskussion in Herf: *Israel's Moment*, 55–61.

31 Zitiert nach Herf: *Israel's Moment*, 58.

32 „Memorandum über die Verantwortung des Kriegsverbrechers Haj Amin El-Husseini“, 7–9; Herf: *Israel's Moment*, 59.

33 Ebd., 10–11; Herf: *Israel's Moment*, 59.

34 Herf: *Israel's Moment*, 60–61. Zu Husseinis Heimkehr im Jahr 1946 siehe „Postwar Aftereffects“, in: Jeffrey Herf: *Nazi Propaganda for the Arab World* (New Haven, CT: Yale University Press, 2009), 233–260.

35 Zur Bedeutung von Husseini als Gründerfigur des palästinensischen Nationalismus siehe Zvi Elpeleg: *The Grand Mufti: Haj Amin al-Hussaini, Founder of the Palestinian National Movement*, hrsg. v. Shmuel Himmelstein (London: Frank Cass, 1993); und Matthias Küntzel: *Nazis und der Nahe Osten: Wie der islamische Antisemitismus entstand* (Berlin/Leipzig: Hentrich & Hentrich, 2019).

36 Rubin und Schwanitz: *Nazis, Islamists, and the Making of the Modern Middle East*, 200–201.

37 „Recent Trends in Palestine Arab Politics“ (Kairo), 16. November 1945, 3, NACP RG84, Cairo Embassy, General Records, 1936–1955, 820–820.03, Eintrag 2410, Box 134; zitiert in Herf: *Nazi Propaganda for the Arab World*, 241.

38 Tuck an den Außenminister, Nr. 1648, Kairo, 24. Juni 1946, Editorial Comment from the Cairo Press Concerning the Appearance of the Mufti in Egypt, NACP RG84, Eintrag 1197, Damascus Legation Confidential File: 1946, Bd. 304, 800–891, Box 11; zitiert nach Herf: *Nazi Propaganda for the Arab World*, 242.

39 Zur Logik der Vertreibung, die aus Husseinis Ansichten hervorging, siehe Benny Morris: *1948: The First Arab-Israeli War* (New Haven, CT: Yale University Press, 2008), 406–410; auf Deutsch erschienen als *1948: Der erste arabisch-israelische Krieg* (Berlin/Leipzig: Hentrich & Hentrich, 2023), 532–537.

6
OSTDEUTSCHE KOMMUNISTEN UND DIE „JUDENFRAGE“

Zum Gedenken an Sigrid Meuschel (1944–2016) und für Anetta Kahane

Für die Kommunisten blieb die „Judenfrage“ in der ersten Hälfte des 20. Jahrhunderts in Europa und Deutschland randständig gegenüber dem eigentlichen Drama des antikapitalistischen Klassenkampfes und sogar gegenüber dem Antifaschismusdiskurs. Die Kommunisten bezeichneten den Nationalsozialismus als eine Form des Faschismus, den sie als eine diktatorische Version des Kapitalismus ansahen. Die nationalsozialistische Judenverfolgung in den 1930er Jahren und der Holocaust im Zuge des nationalsozialistischen Angriffs auf den „jüdischen Bolschewismus“ brachten dem Thema Antisemitismus etwas mehr Aufmerksamkeit ein. Diese Verschiebung zeigte sich zwischen 1935 und 1939, den Jahren der „Volksfront gegen den Faschismus“, von 1941 bis 1945, während des Naziüberfalls auf die Sowjetunion und des Holocaust, und erneut von Mai 1947 bis Mai 1949, als die Sowjetunion und die kommunistischen Regime in Osteuropa das zionistische Projekt in Palästina und den damals neuen Staat Israel unterstützten.[1] Diese Abweichungen von der marxistisch-leninistischen Orthodoxie erwiesen sich als kurzlebig.

Von 1949 bis 1953 führte Josef Stalin im Sowjetblock „antikosmopolitische“ Säuberungen durch, die sich durch einen virulenten Antisemitismus auszeichneten, am bekanntesten durch die Moskauer „Ärzteverschwörung“ und den Slánský-Prozess in Prag. Bei den Verhaftungen und Schauprozessen wurden Kommunisten, zumeist Juden, unter Scheinvorwürfen der Spionage und antikommunistischer Verschwörungen angeklagt. In Prag und Moskau endeten die Prozesse mit Hinrichtungen.[2] Die Säuberungen fanden auch in Ostdeutschland statt, einer Diktatur, die die Kommunisten Deutsche Demokratische Republik (DDR) nannten. Die Verhaftung von Paul Merker (1894–1969), einem ehemaligen Mitglied des Politbüros der Kommunistischen Partei Deutschlands (KPD), im Dezember 1952 war das ostdeutsche Pendant und eine Nachwirkung des bekannteren Slánský-Prozesses in Prag.[3]

Nach der deutschen Wiedervereinigung 1990 sind die Archive der vormaligen Regierungspartei Sozialistische Einheitspartei Deutschlands (SED) und des Ministeriums für Staatssicherheit der DDR, kurz Stasi, für die Forschung zugänglich gemacht worden. Dadurch ist es erstmals möglich gewesen, die Geschichte der internen Säuberungen und geheimen politischen Prozesse gegen jene Minderheit unter den ostdeutschen Kommunisten zu schreiben, die die zentrale Bedeutung der Erinnerung an die antijüdische Ausrichtung der nationalsozialistischen Politik betonte, sich für die Entschädigung der Überlebenden des Holocaust einsetzte und den neuen Staat Israel unterstützte.[4] Paul Merker, ein nichtjüdischer, altgedienter Kommunist, war das hochrangigste Mitglied der SED, das verhaftet wurde. Sein Fall stand im Mittelpunkt des ostdeutschen Kapitels der antikosmopolitischen Säuberungen.[5] Während die „Ärzteverschwörung" und der Slánský-Prozess einen prominenten Platz in der Geschichte des Kommunismus nach 1945 einnehmen, blieben der Fall Merker und ähnliche Fälle in Ostdeutschland ein eher verborgenes Kapitel in der Geschichte des ostdeutschen Kommunismus. Dennoch hatten die Säuberungen von 1950 bis 1953 einen nachhaltigen Einfluss auf die offizielle Erinnerung an die NS-Verbrechen in Ostdeutschland. Sie ebneten den Weg für Ostdeutschlands Ablehnung einer finanziellen Entschädigung jüdischer Überlebender des Holocaust und für die Politik wachsender Feindseligkeit gegenüber Israel und dem Zionismus, eine Politik, die in den 1970er Jahren bis zur militärischen Unterstützung sowohl arabischer Staaten als auch der Palästinensischen Befreiungsorganisation (PLO) reichte, als beide bewaffnete Angriffe auf Israel unternahmen.[6]

Die Säuberungen der Nachkriegszeit waren zum Teil eine Rückkehr zur kommunistischen Normalität in jüdischen Angelegenheiten. In den 1920er und 1930er Jahren hatte die KPD ihre Solidarität auf Juden aus der Arbeiterklasse ausgeweitet, aber „jüdische Kapitalisten" angeprangert. Eine abwertende Verbindung zwischen Juden und Kapitalismus, die schon in Marx' Aufsatz „Zur Judenfrage" deutlich wird, blieb eine Unterströmung des deutschen Kommunismus. Zweitens betrachteten die Kommunisten in Übereinstimmung mit Stalins Essay „Marxismus und nationale Frage" von 1913 die Juden nicht als ein „Volk" oder eine Nation, weil ihnen die Gemeinsamkeiten von Sprache, Territorium, Wirtschaftsleben und kulturellen Merkmalen fehlten. Daher galten die Juden als Juden nicht als unterdrückte oder verfolgte Nationalität. Drittens betrachteten die Kommunisten den Nationalsozialismus in erster Linie als einen Versuch, die Arbeiterklasse und ihre politischen Organisationen zu zerschlagen und den Kapitalismus mit Gewalt zu erhalten. Aus dieser Sicht war die Verfolgung der Juden nicht das zentrale oder bestimmende Merkmal des Nationalsozialismus. Die deutschen Kommunisten hatten nach dem antijüdischen Pogrom vom November 1938 ihre Solidarität mit den deutschen Juden bekundet und den Antisemitismus verurteilt. Dennoch herrschte unter den Kommunisten die Ansicht vor, dass der Antisemitismus ein Instrument des Klassenkampfes gegen die Linke sei.[7] Walter Ulbricht drückte es so aus: „Die Judenhetze diente dazu, das nationalsozialistische Arbeitervolk über den großkapitalistischen Charakter der Hitlerdiktatur zu täuschen.“[8] In ihrer Mehrheit begriffen die deutschen Kommunisten nicht die Tragweite, den Extremismus und die eigenständige ideologische Wirkung des nationalsozialistischen Judenhasses.

Nach dem Novemberpogrom und insbesondere nach dem deutschen Einmarsch in die Sowjetunion war die deutsche kommunistische Antwort auf die „Judenfrage“ zweigeteilt gewesen. Die Kommunisten im Moskauer Exil, angeführt von Walter Ulbricht (1893–1973) und Wilhelm Pieck (1876–1960), hatten die vorherrschende Orthodoxie vertreten.[9] Die Kommunisten im Exil in Mexiko-Stadt, angeführt von Merker, waren in „der Judenfrage“ abgewichen. Die Moskauer Gruppe hatte sich auf das Leiden der Sowjetunion und ihre eigenen, bitter enttäuschten Hoffnungen auf einen innerdeutschen Aufstand zum Sturz der Nazis konzentriert.[10] Die deutschen Kommunisten kehrten 1945 von Moskau nach Berlin zurück mit dem, wie Pieck es ausdrückte, „bitteren, gequälten Bewusstsein, dass das deutsche Volk sich nicht von dieser Mörderbande befreit hat, sondern ihr bis zum Ende gefolgt ist und sie in ihren Kriegsverbrechen unterstützt hat“.[11] Die Ambivalenz des Anspruchs, eine neue deutsche Nation zu bilden und zu führen, verbunden mit der erbitterten Absicht, die Deutschen zu bestrafen, die die Nazis nicht gestürzt hatten, zeigte sich in dem „Aufruf“ der Kommunisten an das deutsche Volk vom 11. Juni 1945[12]:

> Das größte und verhängnisvollste Kriegsverbrechen Hitlers aber war der heimtückische Ueberfall auf die Sowjetunion [...]. In den Todeslagern wurde die Menschenvernichtung Tag für Tag fabrikmäßig in Gaskammern und Verbrennungsöfen betrieben. [...] Um so mehr muß in jedem deutschen Menschen das Bewußtsein und die Scham brennen, daß das deutsche Volk einen bedeutenden Teil Mitschuld und Mitverantwortung für den Krieg und seine Folgen trägt.

Der Aufruf erwähnte nicht, dass die große Mehrheit dieser Menschen Juden waren. Er forderte „Wiedergutmachung“ für den Schaden, den die Nazis „anderen Völkern“ zugefügt hatten, das heißt allen Nationen, die die Deutschen angegriffen hatten, insbesondere der Sowjetunion.[13] Es war eine verallgemeinernde Sprache, die die Besonderheiten des Holocaust nivellierte und in den folgenden Jahrzehnten zum Standardduktus wurde.

Ulbricht veröffentlichte 1945 *Die Legende vom „deutschen Sozialismus“*. Da er der Führer der KPD und später Generalsekretär der SED sowie die dominierende Figur des Einparteienregimes in der DDR war, wurde seine Darstellung zur wichtigsten ostdeutschen Nachkriegsanalyse des nationalsozialistischen Deutschlands. Bis 1956 wurden in der DDR fast 700.000 Exemplare des Buches aufgelegt.[14] Ulbricht schrieb, dass der „Hitlerfaschismus" nach 1933 mit der Zerschlagung der kommunistischen und sozialdemokratischen Parteien sowie der Gewerkschaften und den gegen die Juden gerichteten Pogromen begonnen habe, die Rassenhass verbreitet hätten, „als Vorbereitung für die geplante Vernichtung von Angehörigen anderer Völker im Krieg". Er bezog sich auf Vernichtungslager, Gaskammern, Öfen und Massengräber in Polen, aber nicht auf Juden im Besonderen.[15] In Ulbrichts Text blieben die Spezifika von Antisemitismus und Holocaust in der frühen Nachkriegserinnerung genauso marginal wie es die antijüdische Politik der Nazis in den Kommentaren vor und während des Krieges gewesen war.

Diese Besonderheiten rückten in den Mittelpunkt des Interesses einiger deutscher Kommunisten, die aus Hitlers Europa fliehen konnten und in Mexiko-Stadt während des Krieges Zuflucht fanden. Paul Merker war die Schlüsselfigur für diese Entwicklung. In Mexiko-Stadt war er von 1942 bis 1945 und, eher im Hintergrund, in Ost-Berlin von 1946 bis 1948 das einzige Mitglied des Politbüros der KPD und nach 1946 des Zentralkomitees der SED, für das die Aufarbeitung des Holocaust und die Unterstützung des zionistischen Projekts zu zentralen Anliegen wurden. Merker war 1920 in die KPD eingetreten und hatte dem linken Flügel angehört. In den Weimarer Jahren war er in den Preußischen Landtag gewählt worden. Im Einklang mit der kommunistischen Orthodoxie hatte er die Weimarer Sozialdemokraten als „Sozialfaschisten" angegriffen.[16] Er hatte einige Zeit in Moskau verbracht und war von 1931 bis 1933 Komintern-Agent in den Vereinigten Staaten gewesen. Er hatte im deutschen kommunistischen Untergrund in Vichy-Frankreich gedient und war im Konzentrationslager Vernet interniert worden. Im Herbst 1942 war er nach Mexiko-Stadt geflohen. Von da an war er bis Dezember 1945 regelmäßiger Mitarbeiter der zweiwöchentlich erscheinenden Zeitschrift *Freies Deutschland* gewesen, die von deutschen Kommunisten in Mexiko-Stadt herausgegeben worden war, und hatte für deren allgemeine politische Linie verantwortlich gezeichnet. In seinen Aufsätzen, wie dem im Oktober 1942 veröffentlichten „Hitlers Antisemitismus und wir", hatte Merker in scharfem Gegensatz zu den Schriften der Moskauer Gruppe den NS-Antisemitismus und den Holocaust in den Mittelpunkt kommunistischer antifaschistischer Politik gestellt.[17]

Merker war kein Jude. Als er 1956 aus dem Gefängnis entlassen worden war, verfasste er für die SED-Führung eine bemerkenswerte „Stellungnahme zur Judenfrage", um zu erklären, warum er eine so prominente

Position zu diesem Thema eingenommen hatte.[18] Er war über den Antisemitismus erschüttert. Er schätzte die Beiträge der Juden zur sozialistischen Tradition. Während seines Aufenthalts in den Vereinigten Staaten von 1931 bis 1933 hatte er in New York und Chicago jüdische Kommunisten getroffen, die sich für die Gleichberechtigung der amerikanischen Schwarzen und gegen den weißen Rassismus in der amerikanischen Arbeiterklasse eingesetzt hatten, und mit ihnen zusammengearbeitet, was bei ihm einen bleibenden Eindruck hinterlassen hatte. Er war den Juden im kommunistischen Untergrund in Berlin dankbar, die ihn im März und April 1934 in ihren Häusern und Wohnungen versteckt hatten. Nach dem Pogrom von 1938 war ihm „immer stärker zum Bewußtsein [gekommen], daß der Kampf der deutschen Arbeiterklasse gegen den Antisemitismus unzulänglich gewesen war“, und es hatte ihm geschienen, „besonders die Pflicht nicht-jüdischer Menschen zu sein, entschieden gegen den Antisemitismus aufzutreten“.[19]

In seinen in Mexiko-Stadt verfassten Aufsätzen hatte er versuchte, diese Versäumnisse wiedergutzumachen. Im Oktober 1942, kurz nach seiner Ankunft in Mexiko-Stadt, hatte er in *Freies Deutschland* den Aufsatz „Hitlers Antisemitismus und wir“ veröffentlicht.[20] Es war die erste Erklärung eines führenden deutschen Kommunisten gewesen, die die Vernichtung der Juden Europas in den Mittelpunkt der kommunistischen antifaschistischen Rhetorik gestellt hatte. Merker hatte geschrieben:

> Wenn alle deutschen Fluesse Tinte und alle deutschen Waelder Federstiele waeren, so wuerden sie nicht ausreichen, um die unzaehligen Verbrechen zu beschreiben, die der Hitlerfaschismus gegen die juedische Bevölkerung begangen hat. [...] Der Ausrottungsfeldzug des Hitlerfaschismus gegen die juedischen Staatsbuerger Deutschlands war nur der Beginn. Er hat sich unterdessen auf alle von Hitler unterjochten Laender und Gebiete ausgedehnt. Eine in der Menschheitsgeschichte beispiellose Sintflut antisemitischer Propaganda hat diese Laender ueberschwemmt und mehr oder weniger auch an die uebrige westliche Welt ihre Wellen geschlagen. Die Opfer dieser Sintflut zaehlen nach Hunderttausenden [...]. Hitlerdeutschland wird dafuer in die Geschichte als das Land des im gigantischsten Ausmasse staatlich konzessionierten und konzentrierten feigen Moerdertums eingemeiselt bleiben. Auch das deutsche Volk hat, da es die Verbrechen seiner herrschenden Klasse gegen die juedische Bevoelkerung zuliess, eine drueckende Verantwortung auf sich geladen.[21]

Der Aufsatz war eine Abkehr vom kommunistischen und deutsch-kommunistischen Diskurs gewesen. Im Gegensatz zu Ulbrichts Weigerung, die jüdischen Opfer des Nationalsozialismus ausdrücklich zu erwähnen, hatte Merker geschrieben, dass der „Todfeind" der Juden und der der „Progressivkraefte" identisch seien. „[I]hr Kampf und ihr Schicksal stimmen überein." Der Widerstand gegen den Faschismus habe Juden und „Progressivkraefte" in der Keimzelle einer künftigen deutschen Demokratie zusammengeführt.[22]

In Mexiko-Stadt hatte er auch die finanzielle Wiedergutmachung für jüdische Opfer des Nationalsozialismus unterstützt. Fünf Jahre bevor sich sowjetische Diplomaten bei den Vereinten Nationen für die Teilung Palästinas in einen arabischen und einen jüdischen Staat einsetzten, hatte Merker Verständnis für das wachsende jüdische Nationalgefühl und den daraus resultierenden Wunsch nach einem jüdischen Staat in Palästina geäußert. Er hatte versucht, den „juedischen Freunde[n] und Kampfgenossen" zu versichern, dass ein neues Regime in Deutschland Wege finden würde, „in Deutschland den Antisemitismus fuer immer auszurotten".[23] Für Merker war die finanzielle Entschädigung ein moralisches Gebot und eine praktische Maßnahme, um jüdisches Leben im postnazistischen Deutschland wiederherzustellen.

„Hitlers Antisemitismus und wir" hatte auf den Seiten von *Freies Deutschland* kritische Reaktionen unter Merkers kommunistischen Exilgenossen in Mexiko hervorgerufen. Ein Kritiker hatte gesagt, Merker wolle „jüdischen Bankiers und Grosskapitalisten ihre Millionen zurückgeben". Ein anderer hatte entgegnet, dass die Nachkriegsrestitution die Klassenlage der Opfer berücksichtigen sollte. Ein dritter hatte gefragt, warum nur die Juden entschädigt werden sollten. Hätten die wegen ihrer politischen Überzeugungen und Handlungen Verfolgten, also die kommunistischen „antifaschistische[n] Kaempfer", nicht einen noch größeren Anspruch? Ein anderer hatte gefragt, warum sich Merker nur auf die deutschen Juden konzentrierte und nicht auf die Juden der Länder, in die Hitler einmarschiert war.[24]

Merker hatte entgegnet, dass „[a]lles", was er gegen Hitlers Antisemitismus und für die Wiedergutmachung an den deutschen Juden gesagt habe, in gleichem Maße für die jüdische Bevölkerung der Länder gelte, in die die Nazis eingefallen seien. Er hatte die Entschädigung der Juden in einem postnazistischen Deutschland verteidigt, da sie im Zuge der Nachkriegsverstaatlichung der deutschen Wirtschaft stattfinden würde und damit die „voll - gleichberechtigte Wiedereingliederung in das wirtschaftliche und gesellschaftliche Leben Deutschlands in kuerzester Frist erreicht wird."[25] Er hatte darauf bestanden, dass es einen Unterschied zwischen den Juden und den wegen ihrer politischen Tätigkeit Verfolgten gebe. Die Juden seien verfolgt worden, weil sie eine „schutzlose, nationale, religiöse oder kastenmaessige Minderheit“ gewesen seien, die der „Hitlerfaschismus“ benutzt habe, um von seinen eigenen Plänen zur Weltherrschaft abzulenken. Die jüdische Bevölkerung habe das „gleiche Recht auf Wiedergutmachung der ihr zugefuegten Schaeden wie alle von Hitler ueberfallenen und unterdrueckten Nationen“. Doch diejenigen, die wegen ihrer politischen Ansichten verfolgt worden seien, seien keine „nationale, religiöse oder kastenmaessige Minderheit“. Sie hätten freiwillig den Kampf gegen die Nazis aufgenommen. Die „antifaschistische[n] Kaempfer“, also die Mitglieder der Kommunistischen Partei, dürften „keine materielle Entschaedigung fuer die gebrachten Opfer erwarten“. Ihre Entschädigung sei „jede gewonnene[] Schlacht und der schliessliche Sieg [über den Nazismus, J. H.], die Errichtung einer demokratischen Macht“.[26]

Für seine orthodoxen kommunistischen Zeitgenossen enthielten solche Ansichten zwei ideologische Irrtümer. Erstens setze seine Behauptung, dass die Juden ebenso wie „alle von Hitler ueberfallenen und unterdrueckten Nationen“ eine Entschädigung verdienten, im Gegensatz zu Stalins Argumentation voraus, dass die Juden tatsächlich ebenso eine Nation waren wie die anderen besetzten Nationen Europas. Zweitens stand sein Argument, den jüdischen Opfern Vorrang vor den politischen Feinden des Nationalsozialismus einzuräumen, im Widerspruch zu der Auffassung der Kommunisten, dass die „antifaschistische[n] Kaempfer“, das heißt die Kommunisten und die Sowjetunion, an der Spitze einer Hierarchie der Opfer des Nationalsozialismus standen.[27]

Im Jahr 1944 veröffentlichte Merker ein zweibändiges Werk mit dem Titel *Deutschland, Sein oder Nicht-Sein?* Der erste Band, *Von Weimar zu Hitler*, untersuchte den Weg von Weimar bis zum Machtantritt Hitlers. Der zweite Band, *Das 3. Reich und sein Ende*, untersuchte die Konsolidierung der deutschen Diktatur, Hitlers Weg in den Krieg, die Rolle Himmlers und der SS sowie die Umsetzung seines Judenhasses in die Politik der „Endlösung“. Er lehnte die vorherrschende marxistische Sichtweise des Antisemitismus als Instrument für andere Zwecke ab und betrachtete ihn stattdessen als ein zentrales ideologisches Element, als Quelle nationalsozialistischer Politik. Es war das erste und blieb das einzige Werk eines der führenden deutschen Kommunisten, das den Judenhass der Nazis in den Mittelpunkt einer Analyse des Nationalsozialismus stellte.[28]

Sowohl Heinrich als auch Thomas Mann, mit denen Merker korrespondiert hatte, lobten das Buch. Thomas Mann, damals im Exil in Los Angeles, schrieb an Merker, dass das Werk ihn tagelang in seinem Bann gehalten [hat]. Es ist ein erschütterndes Dokument, die erste gross angelegte und historisch exakte Darstellung dieser fürchterlichsten und beschämendsten Episode der deutschen Geschichte. Was an sammelnder und formender Arbeit darin steckt, glaube ich ermessen oder doch ahnen zu können. Dass das Buch viele begierige Leser finden wird, ist nicht zu bezweifeln. Möge es nur auch bald nach Deutschland gelangen und die vor den Kopf geschlagenen Menschen dort lehren, wie ihnen geschehen ist.[29]

Trotz dieses Lobes von führenden deutschen Exilanten in den Vereinigten Staaten blieb das Werk in den Nachkriegsjahrzehnten weitgehend unbekannt und wurde in Ostdeutschland nicht publiziert. Im Jahr 1972 veröffentlichte ein kleiner linker Verlag in Frankfurt am Main in Westdeutschland das Werk, aber es hatte kaum Einfluss auf Diskussionen in der westdeutschen Linken, die sich weiterhin auf die alte Verbindung zwischen Faschismus und Kapitalismus konzentrierte und nicht auf die Besonderheiten des Antisemitismus und des Holocaust.[30]

Franz Neumanns *Behemoth: Struktur und Praxis des Nationalsozialismus 1933–1944*, das er 1942 und 1944 schrieb, als er Direktor des *Office of Research and Analysis* des *United States Office of Strategic Services* (OSS) in Washington, D.C., war, galt in der englischsprachigen Fachwelt lange als die kanonische marxistische Analyse.[31] Doch im Gegensatz zu Neumann betrachtete Merker den nationalsozialistischen Antisemitismus nicht in erster Linie als Instrument zum Schutz des kapitalistischen Interesses, sondern als eine Politik, die die Nazis um ihrer selbst willen betrieben. *Deutschland, Sein oder Nicht-Sein?* und insbesondere der zweite Band, *Das 3. Reich und sein Ende,* boten eine herausragende Analyse der NS-Zeit aus der Perspektive des Linkskommunismus in Deutschland und die einzige, in der der Antisemitismus und die nationalsozialistische Rassenideologie eine zentrale und nicht nur eine marginale Rolle spielten. Sie stand in scharfem Kontrast zu Ulbrichts Marginalisierung der Bedeutung des Antisemitismus im NS-Regime. Merkers Analyse der Instrumente von Terror und Ideologie sucht unter den kommunistischen Schriften der 1940er Jahre ihresgleichen. Das Werk wiederholt zwar die orthodoxe marxistische Analyse der Verbindungen zwischen Kapitalismus und Faschismus und knüpft an die kommunistischen Angriffe auf die deutsche Sozialdemokratie in der Weimarer Zeit an. Doch seine Konzentration auf die nationalsozialistische Verfolgungs- und Vernichtungspolitik gegenüber den Juden macht Merkers *Das 3. Reich und sein Ende* zu einer der scharfsinnigsten, jedoch übersehenen Schriften der deutschen Anti-Nazi-Emigration.

Merker kehrte 1946 in der Hoffnung nach Berlin zurück, eine führende Rolle beim Aufbau eines, wie er es nannte, neuen „demokratischen" Deutschlands zu spielen. Bei der Gründung der SED im Jahr 1946 wurde er in das Zentralkomitee gewählt. Von 1946 bis 1948 arbeitete er in Ost-Berlin in der *Deutschen Verwaltung für Arbeit und Sozialfürsorge*, in der er sich für die finanzielle Entschädigung aller deutsch-jüdischen Überlebenden des Holocaust und für die moralische Gleichstellung der Ansprüche der jüdischen Überlebenden mit denen der „antifaschistischen Kaempfer", also der Kommunisten, einsetzte. Wie schon in Mexiko lehnten seine orthodoxeren Zeitgenossen seine Ansichten zu jüdischen Fragen ab.[32]

Im Sommer 1948, mitten im israelischen Unabhängigkeitskrieg, unterstützte Merker öffentlich die Gründung des Staates Israel und lobte den jüdischen Kampf gegen den britischen Imperialismus, die amerikanischen Ölinteressen und die arabischen „Faschisten"[33]. Der Aufsatz spiegelte die Argumente wider, die zu dieser Zeit von amerikanischen Liberalen und Linken, französischen Gaullisten, Sozialisten und Kommunisten sowie von den Diplomaten der Sowjetunion bei den Vereinten Nationen in New York vorgebracht wurden.[34] Obwohl Merkers Ansichten in Mexiko-Stadt zwischen 1942 und 1946, seine Unterstützung für die Entschädigung der jüdischen Überlebenden im Nachkriegs-Ostberlin und für den neuen Staat Israel die Position der Sowjetunion von Mai 1947 bis Mai 1949 widerspiegelten, stellten sie die einzige längere Auseinandersetzung mit dem Holocaust und die einzige Unterstützung des zionistischen Projekts durch ein Mitglied des Politbüros der KPD oder des Zentralkomitees der SED in der gesamten Geschichte des deutschen und ostdeutschen Kommunismus dar. Stalins Wendung gegen Israel im Jahr 1949 und seine Entscheidung, die antisemitischen „antikosmopolitischen" Säuberungen von 1949 bis 1953 zu befehlen, verwandelten die kommunistische Politik der Jahre 1947 bis 1949, einschließlich Merkers umfangreichen Schrifttums, von einem Ausdruck des kommunistischen Antifaschismus in eine ideologische Häresie. Merkers politisches und intellektuelles Werk aus den Jahren 1942 bis 1948 war ein entscheidendes Beweismittel für seine sowjetischen und ostdeutschen Ankläger, das sie benutzten, um ihn 1950 zu denunzieren und ihn dann, nach den Verurteilungen und Hinrichtungen im Slánský-Prozess in Prag 1952, zu verhaften und ins Gefängnis zu stecken.

Im August 1950 schloss die SED-Führung Merker aus dem Zentralkomitee der Partei aus und beschuldigte ihn aufgrund seines kriegsbedingten Kontakts zu dem amerikanischen Linken Noel H. Field, der deutschen Kommunisten bei der Flucht aus Hitlers Europa geholfen hatte, der Spionage.[35] Im Dezember 1952 wurde er im Anschluss an den Slánský-Prozess in Prag verhaftet, beschuldigt, ein Agent des amerikanischen Imperialismus und des Zionismus zu sein, und von der Stasi in Vorbereitung auf einen Prozess in Berlin verhört. Nach drei Jahren Haft wurde er 1955 in einem geheimen politischen Prozess vor dem Obersten Gericht der DDR angeklagt. Das Gericht befand ihn im Sinne der Anklage für schuldig und verurteilte ihn zu acht Jahren Haft. Im Januar 1956, einen Monat bevor Nikita Chruschtschow in Moskau eine „Geheimrede" hielt, in der er Stalin und die Verbrechen der Stalin-Ära anprangerte, ordnete das DDR-Politbüro die Entlassung Merkers aus der Haft an, ohne dass er die von ihm angestrebte vollständige politische Rehabilitation erhielt. Er bekleidete nie wieder ein wichtiges politisches Amt. Keines seiner Werke wurde in der DDR veröffentlicht. Er starb 1969, seine Schriften aus der Kriegszeit und seine Rechtssache waren längst vergessen. Der Prozess gegen Paul Merker vor dem Obersten Gericht der DDR im Jahr 1955 blieb bis zur Öffnung der Stasi-Archive in den Jahren 1990 und 1991 geheim. Die Aufzeichnungen über den Prozess, die Vorbereitungen der Staatsanwaltschaft und die Erklärung Merkers nach seiner Freilassung sind entscheidende Dokumente für die Geschichte des kommunistischen Antisemitismus, der in den Jahrzehnten des Kalten Krieges entstand und fortdauerte.[36]

Die Zentrale Parteikontrollkommission (ZPKK) war die Institution in der SED, die die ideologische Orthodoxie überwachte und Säuberungen von Abweichlern durchführte, im Fall Merker von „Spionen und Saboteuren" und „korrupten Elementen".[37] Herman Matern (1893–1971) wurde 1946 zum Leiter der ZPKK ernannt und wurde Mitglied des Zentralkomitees der SED. Er war seit der Gründung nach dem Ersten Weltkrieg Mitglied der KPD und Mitglied der Ulbricht-Gruppe in Moskau. Beide Ämter übte er bis zu seinem Tod 1971 ununterbrochen aus. Als Leiter der ZPKK wurde er zum wichtigsten Vollstrecker ideologischer und politischer Gleichschaltung in der SED. Er verfasste die Texte, die zu Merkers Ausweisung und Inhaftierung führten.[38]

Der Ausschluss Merkers aus der SED wurde in einem Beschluss des Zentralkomitees und der Zentralen Parteikontrollkommission, der die Verbindungen zwischen ehemaligen deutschen politischen Emigranten und Noel Field betraf, am 24. August 1950 bekannt gegeben. Die Anklageschrift las sich, als hätte es kein Bündnis zwischen der Sowjetunion und den westlichen Demokratien gegeben. Merker habe sich geirrt, als er glaubte, „das Ziel der amerikanischen, englischen und französischen Imperialisten bestände in der Befreiung Europas vom Faschismus", und habe nach dem Hitler-Stalin-Pakt von 1939 ein mangelndes Vertrauen in die Sowjetunion gezeigt. Die Tatsache, dass Merker und die anderen Mitglieder des Widerstands nach Mexiko geflohen und nicht im von den

Nazis besetzten Frankreich geblieben waren, wurde als Beweis für diese Hypothese herangezogen. Weil die deutschen Emigranten dem nun als „Klassenfeind" bezeichneten Field geholfen hatten, wurden sie alle aus der SED ausgeschlossen.[39]

Die Denunziation von Merker durch die SED im Fall Noel Field war nur der Anfang seiner Schwierigkeiten. Wie aus den Akten der ZPKK hervorgeht, rückte die „Judenfrage" zwischen 1950 und 1952 immer mehr in den Vordergrund, als die Kontrollkommission Merkers Kontakte zu Juden in Mexiko und seine veröffentlichten Arbeiten zu jüdischen Fragen untersuchte, sowohl diejenigen, die mit seiner Analyse von Nazideutschland und dem Holocaust zu tun hatten, als auch jene, die seine politischen Positionen der Nachkriegszeit zu Israel und einer Entschädigung betrafen. Es waren Merkers Handlungen und Schriften zu diesen Themen, die die Parteikontrollkommission dazu veranlassten, den altgedienten Kommunisten zu beschuldigen, ein Agent des amerikanischen Imperialismus und des Zionismus zu sein. Letzteres war bis 1952 zu einem Schimpfwort im kommunistischen Diskurs des Sowjetblocks geworden.[40]

Merkers Schicksal wurde durch den Ausgang des Schauprozesses gegen Rudolf Slánský und andere hochrangige kommunistische, meist jüdische Angeklagte in Prag im November 1952 besiegelt. Die vierzehn Angeklagten in Prag, von denen elf Juden waren, wurden als Agenten des amerikanischen Imperialismus und des Zionismus verurteilt, drei von ihnen zu lebenslanger Haft. Am 3. Dezember 1952, vier Tage nach der Verhaftung Merkers durch Stasi-Agenten in Berlin, gehörten neben Rudolf Slánský, dem zweitmächtigsten Mann in der tschechischen kommunistischen Partei und Regierung, auch Otto Fischl, der ehemalige tschechische Botschafter in der DDR, und Merkers Freund Otto Katz (André Simone) zu den elf Angeklagten, die in Prag gehängt wurden. In dem Prozess hatten die Angeklagten durch Folter und Drohungen erzwungene Geständnisse abgelegt, in denen sie unter anderem Merker beschuldigten, mit Slánský, Simone und Fischl in Verbindung zu stehen.[41]

Am 20. Dezember 1952 veröffentlichten das Zentralkomitee der SED und die ZPKK die „Lehren aus dem Prozeß gegen das Verschwörerzentrum Slansky".[42] Es handelt sich um eines der Schlüsseldokumente der Geschichte des Antisemitismus und Antizionismus in den vier Jahrzehnten des DDR-Regimes. Sein Autor Matern prangerte „die verbrecherische Tätigkeit der zionistischen Organisationen" an. Sie hätten sich mit „amerikanischen Agenten" verschworen, um die „volksdemokratischen Länder", das heißt die kommunistischen Diktaturen in Osteuropa, zu zerstören. Gegen den Vorwurf des Antisemitismus verteidigte er sich präventiv und entrüstet. Er behauptete, der Slánský-Prozess zeige, „daß es eine Methode dieser Verbrecher war, wachsame, fortschrittliche Genossen durch die Bezichtigung des Antisemitismus zu diskreditieren". Doch, so fuhr er fort, „[d]ie zionistische Bewegung hat nichts gemein mit Zielen der Humanität und wahrhafter Menschlichkeit. Sie wird beherrscht, gelenkt und befehligt vom USA-Imperialismus, dient ausschließlich seinen Interessen und den Interessen der jüdischen Kapitalisten." Matern brachte Merker über dessen Freundschaft zu Otto Katz mit der Slánský-Verschwörung in Verbindung. Obwohl Merker behauptete, der Sowjetunion gegenüber loyal zu sein, prangerte Matern an, dass er versucht habe, „die Werktätigen mit dem Gift des Chauvinismus und Kosmopolitismus, mit der reaktionärsten bürgerlichen Ideologie zu verseuchen".[43]

Nur drei Jahre vor den „Lehren aus dem Prozeß gegen das Verschwörerzentrum Slansky" hatten die Sowjetunion und die kommunistischen Regime Osteuropas den Zionisten und dem neuen Staat Israel diplomatische und im Falle der Tschechoslowakei auch militärische Unterstützung angeboten. Sie sahen darin eine logische Konsequenz des linken Antifaschismus und eine Reaktion auf den Rassismus oder „Chauvinismus" des Nationalsozialismus. Materns „Lehren" lesen sich, als hätte es die Ära des Sowjetblock-Zionismus nie gegeben. Der Hinweis auf den Kosmopolitismus als „Gift" und Quelle der „Verseuchung" entstammt der Sprache des europäischen Judenhasses von rechts und links. Der Angriff auf den Kosmopolitismus, als sei er ein offensichtliches Übel, stellte die Juden einmal mehr als illoyale Mitglieder jedweder Nation dar. Als die Juden jedoch eine Bewegung der nationalen Selbstbestimmung erschufen und dann einen Staat gründeten, bezeichnete Matern das Ergebnis als eine Form von „Chauvinismus", ein Wort, das im kommunistischen Diskurs einen intoleranten, rassistischen und damit „reaktionären" Nationalismus bezeichnete.

Für diejenigen Kommunisten, die sich auch nur etwas an den Holocaust und die jüngste und folgenreiche Zeit der sowjetischen Unterstützung für das zionistische Projekt und den neuen Staat Israel erinnerten, waren der Slánský-Prozess in Prag und der Fall Merker in Ost-Berlin eine schockierende Wende. Die Säuberungen erneuerten und belebten antisemitische Strömungen in der kommunistischen Tradition wieder, Strömungen, die zwar nicht verschwunden, aber während der Volksfront von 1935 bis 1939 und des Krieges der Sowjetunion gegen Nazideutschland von 1941 bis 1945 sowie in den Jahren des Sowjetblock-Zionismus von 1947 bis 1949 zurückgegangen waren. Matern beschrieb eine antikommunistische Verschwörung, die zahlenmäßig klein sei und mit Juden und Zionisten in Verbindung stehe. Wie in früheren Versionen von Verschwörungstheorien über die Juden stellte er sie als äußerst mächtig und 1952 als eine große Bedrohung für die kommunistischen Staaten und Parteien dar. Während er den Zionismus und die Juden des „Chauvinismus" bezichtigte, erfolgte der Angriff des DDR-Regimes auf den Zionismus paradoxerweise in Form eines deutschen Nationalismus, der sich gegen eine westliche, kapitalistische und jüdische internationale Verschwörung und gegen den neuen Staat Israel definierte. Die antikosmopolitischen Säuberungen im Sowjetblock vertrieben das zionistische Projekt und Israel aus dem politischen Lager des Antifaschismus in das feindliche Lager des amerikanischen Imperialismus.[44] Die Assoziation Israels mit dem „amerikanischen Imperialismus" war eine Unwahrheit und Umkehrung der Realitäten von 1947/48. Sie war einer der Eckpfeiler des kommunistischen Gesichts des Antisemitismus während des Kalten Krieges.

Matern stellte Merkers Ansichten zu jüdischen Fragen in den Mittelpunkt der „Lehren" der ZPKK und des Zentralkomitees vom Dezember 1952. Die überzeugendsten Beweise für Merkers Schuld meinte er in dessen veröffentlichten Aufsätzen, zusammen mit *Deutschland, Sein oder Nicht-Sein?*, gefunden zu haben; in der Unterstützung mit Reisespesen und Visa, die er vom *Joint Anti-Fascist Refugee Committee* (JAFRC) in New York erhalten hatte, um 1941 von Frankreich nach Mexiko zu reisen; in seinen Begegnungen mit Vertretern ebendieses Komitees und des Jüdischen Weltkongresses in Mexiko-Stadt; in seinen öffentlichen Bemühungen um finanzielle Wiedergutmachung für die Juden im Nachkriegs-Berlin; in seiner Unterstützung Israels; und in seiner Freundschaft mit Otto Katz (André Simone), einem der Angeklagten, die im Slánský-Prozess in Prag schuldig gesprochen und hingerichtet wurden.

Matern schrieb, dass die Mexiko-Stadt-Ausgabe von *Freies Deutschland* unter Merkers Führung die „Interessen zionistischer Monopolkapitalisten" verteidigt habe. Nach Matern unterlag es „keinem Zweifel mehr, daß Merker ein Subjekt der USA-Finanzoligarchie ist, der die Entschädigung der jüdischen Vermögen nur forderte, um dem USA-Finanzkapital das Eindringen in Deutschland zu ermöglichen. Das ist die wahre Ursache seines Zionismus." Die Tatsache, dass Merker kein Jude war, vertiefte den Verdacht der ZPKK. Warum sollte ein Nichtjude solche Ansichten übernehmen? Die Antwort lautete, dass er von Juden gekauft worden sei. Finanzielle Korruption, nicht politische und moralische Überzeugungen, sei der Grund für seine Unterstützung der „Finanzierung der Auswanderung jüdischer Kapitalisten nach Israel" und für den Transport „jüdischer Bürger deutscher Nationalität" in ein Land ihrer Wahl nach dem Krieg gewesen.[45] Die „Lehren" wandelten die kriegsbedingte Zusammenarbeit und Solidarität zwischen deutschen Kommunisten in der westlichen Emigration einerseits und amerikanisch-jüdischen Kommunisten, Linken, Liberalen und jüdischen Emigranten im Allgemeinen andererseits in eine Verschwörung von „Imperialisten" und „jüdischen Kapitalisten" um.

Matern war empört darüber, dass Merker die Restitution für Juden befürwortete, unabhängig davon, ob sie nach 1945 nach Deutschland zurückkehrten oder im Ausland bleiben wollten.

> Merker fälschte die aus den deutschen und ausländischen Arbeitern herausgepreßten Maximalprofite der Monopolkapitalisten in angebliches Eigentum des jüdischen Volkes um. In Wirklichkeit sind bei der „Arisierung" [der Enteignung der jüdischen Geschäfte, Banken usw. durch die Nazis, J. H.] dieses Kapitals nur die Profite „jüdischer" Monopolkapitalisten in die Hände „arischer" Monopolkapitalisten übergewechselt.[46]

Eine pejorative Assoziation der Juden mit Kapitalismus und Geld war seit Jahrhunderten ein Motiv des Antisemitismus in Europa. Seit Karl Marx' Aufsatz „Zur Judenfrage" von 1843 war diese Verbindung auch eine Strömung im marxistischen und später kommunistischen Antikapitalismus. In diesem Sinne waren die antikosmopolitischen Säuberungen und Materns „Lehren" eine Rückkehr zu einer antisemitischen Assoziation von Juden mit Geld und Ausbeutung, die in der Ära des Nationalsozialismus, des Zweiten Weltkriegs, des Holocaust und der sowjetischen Unterstützung des Zionismus von 1947 bis 1949 etwas in den Hintergrund getreten war. Materns Verweis darauf, dass „nur" die Profite von jüdischen auf „arische" Kapitalisten übergewechselt seien, verband antisemitische Klischees mit einem miserablen Verständnis der Judenverfolgung und der Enteignung jüdischen Eigentums durch das NS-Regime.[47]

Matern warf dann die Frage auf, wer oder was das primäre Ziel Nazi-Deutschlands gewesen sei: die Juden, die deutsche Arbeiterklasse oder die Sowjetunion. Er behauptete, dass Merker sich nicht um die Juden der Arbeiterklasse oder die Opfer Osteuropas und der Sowjetunion kümmerte, sondern vielmehr und „vor allem [...] [um] die reichen jüdischen sogenannten Wirtschaftsemigranten, mit denen Merker, André Simone und andere deutsche Emigranten in Mexiko in engster Verbindung standen".[48] Die angeblich wohlhabenden Juden in Mexiko-Stadt seien die Grundlage für Merkers Unterstützung von Juden gewesen, die in das britische Mandatsgebiet Palästina reisen wollten. Matern war besonders verärgert über Merkers Argument aus der Kriegszeit, dass es den politischen Gegnern des Nationalsozialismus im Gegensatz zu den Juden freigestanden habe, sich am Kampf gegen den Nationalsozialismus zu beteiligen oder nicht, und dass sie daher keine Entschädigungszahlungen verdienten. Matern schrieb:

> Mit dieser offenen Verhöhnung sagt dieser Agent [Merker] dem Sinne nach [zu denjenigen, die den Nazismus bekämpft haben, J. H.]: „Hättet ihr es gemacht wie ich, wäret ihr dem Kampf ausgewichen, so wäre euch nichts passiert. Deshalb zählen eure Opfer und Leiden nichts gegenüber den Opfern und Leiden des jüdischen Volkes."[49]

Aber es war Matern, nicht Merker, der die Erinnerung an die Vergangenheit in ein Nullsummenspiel der Konkurrenz zwischen den Opfern verwandelte, bei dem die Anerkennung der jüdischen Tragödie um den Preis der Nichtanerkennung der vielen anderen Opfer des Nationalsozialismus erfolgen musste. Damals hätte sich Matern keine Sorgen machen müssen, denn es war die jüdische Geschichte, nicht die der Kommunisten, deren Erinnerung in Ostdeutschland und im Sowjetblock marginalisiert wurde.

Die antikosmopolitische Säuberung betraf auch andere ostdeutsche Kommunisten, die in den Verdacht gerieten, Merkers Ansichten zu teilen. Im Dezember 1950 wurde Alexander Abusch, der Chefredakteur von *Freies Deutschland* in Mexiko-Stadt gewesen war, von allen seinen Parteifunktionen entbunden, unter anderem, weil er „Merkers falsche Ansichten zur Frage der jüdischen Auswanderung in der Nationalitätenfrage und zur unbegrenzten Rückgabe veröffentlicht hatte".[50] In Gesprächen mit Funktionären der ZPKK bestand Abusch darauf, dass er, obwohl er in eine jüdische Familie hineingeboren worden sei, überhaupt kein Interesse an jüdischen Angelegenheiten habe. Er bewies sein Desinteresse, indem er vor der ZPKK, der Stasi und im geheimen politischen Prozess von 1955 gegen Merker aussagte. Im Sommer 1951 wurde er politisch rehabilitiert und diente von 1958 bis 1961 als Kulturminister der DDR.[51] Leo Zuckermann, ebenfalls Jude und Kommunist, ein Freund Merkers in Mexiko-Stadt und sein Verbündeter in bürokratischen Auseinandersetzungen über die Restitution im Nachkriegs-Ostberlin, wusste, wie gefährlich Parteinahme für die Juden und/oder Israel war. In den Jahren 1949 und 1950 war Zuckermann Chef des Büros von Präsident Wilhelm Pieck. Infolge der Noel-Field-Affäre trat er 1950 von diesem Posten zurück und wurde Universitätsprofessor. Im Januar 1953, wenige Wochen nach Merkers Verhaftung, floh Zuckermann mit seiner Familie nach West-Berlin und reiste dann weiter nach Mexiko, wo er blieb. Julius Meyer, Vorsitzender der jüdischen Gemeinde in Ost-Berlin, floh nach Westdeutschland. Meyer war Mitglied der SED und des ostdeutschen Parlaments, der Volkskammer, und beteiligt an der Vereinigung der Verfolgten des Naziregimes (VVN). Mit der Verhaftung von Merker und der Flucht von Zuckermann und Meyer verschwanden drei führende Vertreter jüdischer Interessen aus dem politischen Leben der DDR. Diejenigen Juden, die blieben oder prominente Positionen in der SED wiedererlangten, wie Abusch und Politbüro-Mitglied Albert Norden, taten dies, indem sie ihre jüdische Identität und ihre Anliegen dem kommunistischen Universalismus unterordneten. Sie taten dies sogar, als die DDR die arabischen Staaten und die PLO im israelisch-arabischen Konflikt von den 1950er Jahren bis 1989 unterstützte. Das Beispiel von Merkers Festnahme und Inhaftierung zeigte, dass die Konsequenzen für die Betonung der jüdischen Dimensionen der NS-Politik, den Einsatz für die Entschädigung Holocaust-Überlebender und das Werben für gute Beziehungen zu Israel politische Erfolglosigkeit, Gefängnis oder Emigration umfassten.

Merkers Stasi-Akte mit über 1.000 maschinengeschriebenen und handschriftlichen Seiten ist nach dem Zusammenbruch des DDR-Regimes und der deutschen Wiedervereinigung 1990 freigegeben worden.[52] Seine Stasi- und sowjetischen Vernehmungsbeamten fragten Merker, ob er „Mitglied jüdisch-zionistischer Organisationen" sei.[53] Nach den Gesprächen, die Merker in den ersten Monaten seiner Inhaftierung im Winter und Frühjahr 1953 mit dem Stasi-Informanten, seinem Zellengenossen, führte, drohten die sowjetischen NKWD- und die Stasi-Agenten Merker mit dem Tod und bedrohten auch seine Familie. Sie sagten ihm, sein Artikel „Hitlers Antisemitismus und wir" aus dem Jahr 1942 zeige, dass er ein „Judenknecht" sei.[54] Sie verhöhnten ihn als „König der Juden", als einen, der „von den Juden gekauft" worden sei und dessen Absicht es sei, „die DDR an die Juden zu verkaufen".[55] Dass Merker während der französischen und mexikanischen Emigration Kontakt zu Juden, darunter Kommunisten und Nicht-Kommunisten, gehabt hatte und von diesen unterstützt worden war, werteten die Verhörer als weiteren Beweis für seine Beteiligung an einer Spionageverschwörung zusammen mit ausländischen jüdischen Kapitalisten, Zionisten und amerikanischen Imperialisten.

Merker wurde schließlich im März 1955 vor dem Obersten Gericht der DDR angeklagt. Dies ist bis zum Zusammenbruch der DDR im Jahr 1989 und der Öffnung der Stasi-Archive geheim geblieben. Das Gericht verurteilte Merker wegen Verstoßes gegen Artikel 6 der Verfassung der DDR sowie gegen das Gesetz Nr. 10, Artikel II, in Verbindung mit der Direktive Nr. 38 des Alliierten Kontrollrats vom 20. Dezember 1945 bzw. vom 12. Oktober 1946. Dies waren Gesetze, die ursprünglich für die Verfolgung von

Personen gedacht waren, denen Verbrechen im Namen des Naziregimes vorgeworfen wurden. Am 30. März 1955 verurteilte ihn das Oberste Gericht zu weiteren acht Jahren Gefängnis. Das 15-seitige Urteil des Obersten Gerichts der DDR ist ein wichtiges Dokument der Geschichte der „Judenfrage" im deutschen Kommunismus des 20. Jahrhunderts.[56] Es begann mit der Feststellung, dass die Imperialisten aufgrund des Erfolgs und der Ausbreitung des Sozialismus nach dem Zweiten Weltkrieg neue Wege finden müssten, um den Sozialismus „von innen heraus" zu zerstören, indem sie führende Mitglieder der kommunistischen Parteien korrumpierten.[57] Die Schauprozesse in Bulgarien, Ungarn und vor allem der Slánský-Prozess in Prag hätten diese Methoden offengelegt. Die Prozesse der antikosmopolitischen Säuberungen hätten gezeigt, dass „Renegaten" die kommunistischen Parteien ersetzen, die Sowjetunion zerstören und den Kapitalismus wieder etablieren wollten. Die Richter behaupteten, Merker habe diese Politik „in engster Beziehung" mit der Slánský-Gruppe in Prag verfolgt.[58] Zu den belastenden Beweisen zählten für das Gericht Merkers Kontakte zu Organisationen, die jüdischen Flüchtlingen geholfen hatten, die Unterstützung von Gaullisten in der französischen Résistance bei seiner Flucht aus Frankreich, die Freundschaft zu Otto Katz, der im Slánský-Prozess als „internationaler Spion, Zionist und Trotzkist"[59] denunziert worden war, und der Kontakt mit dem amerikanischen Kommunistenführer Earl Browder, durch dessen Handeln, so das Gericht, „der Kampf der Völker gegen den Faschismus entscheidend geschwächt wurde".[60]

Merkers Schriften und Aktionen für die Juden in der mexikanischen Emigration standen im Mittelpunkt der Anklage. Seine Aufsätze aus Mexiko sollten die Geschichte eines altgedienten Kommunisten widerspiegeln, der verführt und korrumpiert worden war, um ein Agent des amerikanischen Imperialismus zu werden. Die Richter schrieben: „Die führende Rolle [in der mexikanischen politischen Emigration, J. H.] [...] ging auf das sog. ‚Latein-amerikanische Komitee der Freien Deutschen' über, das unter starkem Einfluss kapitalistischer jüdischer Emigranten stand." Hier habe Merker „eine hervorragende Rolle" bei der Gestaltung einer Nachkriegspolitik für Deutschland gespielt, „die nicht den Interessen des deutschen Volkes, sondern denen des amerikanischen Imperialismus entsprach".[61] Das heißt, 1955 fällte das Oberste Gericht der DDR ein *juristisches* Urteil, wonach ein *politisches* Programm zugunsten einer ostdeutschen Unterstützung des neuen Staates Israel und einer finanziellen Entschädigung jüdischer Überlebender des Holocaust, den Interessen des „amerikanischen Imperialismus" diente. Außerdem sei es Teil eines Versuchs, das kommunistische Regime in Ostdeutschland zu stürzen, ein Komplott, das eine „vom amerikanischen Monopolkapital inspirierte Konzeption“ sei. In dem Urteil wurde behauptet, dass Merker sich in Mexiko auf „die Kreise der emigrierten jüdischen Kapitalisten“ gestützt habe. Er habe „ständige Verbindung mit zionistischen Kreisen zu halten [gesucht], insbesondere mit deren Organisation ‚Jüdischer Weltkongress‘“. Auf der Suche nach politischem Rückhalt in Mexiko habe „er sich nicht auf die politische, sondern auf die rassische Emigration“ gestützt. Mit „rassische[r] Emigration“ meinte das Gericht die jüdischen Emigranten in Mexiko.[62]

Dementsprechend erklärte das Urteil Merkers Bemühungen, die jüdische Katastrophe ins Zentrum der kommunistischen antifaschistischen Politik zu rücken, als Ergebnis seiner Korruption durch jüdische Kapitalisten und geschickte Geheimdienste, in deren Schuld er angeblich stand. Darüber hinaus beschrieb es die angemessene Berücksichtigung des Holocaust und seiner Folgen als einen Trick zur Wiederherstellung des Kapitalismus in Ostdeutschland und im Sowjetblock. Indem es die Verbindung zwischen Juden, Kapitalismus und finanzieller Korruption zu seinem Kern machte, war das Urteil ein Schlüsseldokument in der Geschichte des ostdeutschen staatlichen Antisemitismus.

Zehn Monate später, am 27. Januar 1956, kurz vor Chruschtschows Geheimrede und angesichts des Tauwetters nach der Stalin-Ära, wurde Merker aus dem Zuchthaus Brandenburg-Görden entlassen.[63] Am 14. April 1956 schrieb Merker an den DDR-Präsidenten Wilhelm Pieck und drängte auf seine vollständige politische Rehabilitierung. Er insistierte darauf, dass er gänzlich unschuldig sei, und bezeichnete seine Verfolgung als „verbrecherische Abirrung vom Marxismus-Leninismus“.[64] Er konnte nachweisen, dass die Anschuldigungen gegen ihn unbegründet waren.[65]

Im Mai 1956 kam die Zentrale Parteikontrollkommission, der auch Ulbricht und Matern angehörten, zu dem Schluss, dass die Spionagevorwürfe gegen Merker, die aus dem Slánský-Prozess stammten, „nicht ausreichend bewiesen“ seien. Der Schuldspruch wurde aufgehoben. Sie erklärten Merker für unschuldig und damit „rehabilitiert“.[66] Am 31. Juli 1956 schrieb Ulbricht an Merker, dass „[d]ie unter Berücksichtigung neuer Gesichtspunkte durchgeführte Nachprüfung ergab, daß die Dir zur Last gelegten Anschuldigungen in der Hauptsache politischer Natur sind, die eine strafrechtliche Verfolgung nicht rechtfertigen“.[67] Merker schrieb an Ulbricht zurück und fragte, was die politischen Einwände gegen ihn seien und wann er eine volle politische Rehabilitierung erhalten würde.[68] Sein Antrag auf vollständige politische Rehabilitierung und die Rückkehr in eine führende Position in Partei und Regierung war nicht erfolgreich. Am 13. Juli 1956 hob das Oberste Gericht der DDR den Schuldspruch auf.

Seine Taten zwischen 1936 und 1946 waren nicht mehr „strafrechtlich bedeutsam[]".[69]

Die SED-Archive bieten noch weitere Belege dafür, dass die „Judenfrage" im Mittelpunkt von Merkers Anklage, Inhaftierung und politischem Sturz stand. Nach seiner Entlassung und als Reaktion auf seine Bemühungen um eine vollständige politische Rehabilitierung forderte die Zentrale Parteikontrollkommission Merker auf, schriftlich zu den Vorwürfen Stellung zu nehmen, die sie im Dezember 1952 gegen ihn erhoben hatte. Am 1. Juni 1956 antwortete Merker mit einer bemerkenswerten „Stellungnahme zur Judenfrage".[70] Er schrieb, dass seine sowjetischen und deutschen Vernehmungsbeamten davon überzeugt waren, dass er ein Agent der Vereinigten Staaten, Israels oder zionistischer Organisationen gewesen sein müsse, weil er während des Zweiten Weltkriegs eine so starke Position zur „Judenfrage" eingenommen hatte und weil sie keinen Beweis dafür fanden, dass er Jude war. Warum, so argumentierten sie, sollte ein nichtjüdischer deutscher Kommunist die Juden so unterstützen, wenn er nicht ein Agent des amerikanischen Imperialismus oder der zionistischen und jüdischen Kapitalisten war? Merker antwortete wie folgt:

> Ich bin weder Jude noch Zionist – ein Verbrechen wäre wohl keines von beiden –, ich hatte nie die Absicht, nach Palästina zu fliehen, auch habe ich die Bestrebungen des Zionismus nicht unterstützt. Ich habe […] lediglich die Auffassung zum Ausdruck gebracht, daß, nachdem die Juden durch den Hitlerfaschismus ausgeplündert, auf das tiefste beleidigt, aus ihren Heimatländern vertrieben und Millionen von ihnen, nur weil sie Juden waren, ermordet worden sind, zwischen den Juden der verschiedenen Länder das Gefühl engster Verbundenheit und das Sehnen nach einem eigenen, jüdischen Lande entstanden sind. Und weiter, daß besonders wir Deutschen, da sich der Hitlerfaschismus unter uns herausgebildet hat und es uns nicht gelungen war, durch Aktionen der werktätigen Massen die Errichtung seiner Herrschaft und damit seine Verbrechen zu verhindern, dieses Gefühl der Juden, das der Ausdruck der aufs tiefste Beleidigten und Empörten war und das ich als Stärkung des jüdischen Nationalgefühls bezeichnete, nicht ignorieren oder bekämpfen dürfen.[71]

Er erinnerte an die sowjetische Unterstützung für eine Zweistaatenlösung im Jahr 1947 und an die Kritik des sowjetischen UN-Vertreters Andrei Gromyko am Einfluss der amerikanischen Ölinteressen auf die amerikanische Nahostpolitik. Er erinnerte an die Rolle der israelischen Kommunisten in der Haganah im Kampf gegen die Arabische Legion während des Zweiten Weltkriegs. Zwar sei er kein aktiver Befürworter eines jüdischen Staates, doch „wäre es falsch gewesen, damals gegen diese Bestrebungen aufzutreten".[72] Die SED habe den Zionismus zu Unrecht als Werkzeug oder Agent des amerikanischen Imperialismus bezeichnet. Vielmehr sei er eine legitime nationale Bewegung der Juden. Merker wies zu Recht darauf hin, dass die zionistischen Bestrebungen, einen jüdischen Staat in Palästina zu gründen, „sowohl bei den englischen als auch bei den amerikanischen Imperialisten auf heftigen Widerstand" gestoßen seien. Im Gegensatz dazu erhielten sie Unterstützung von den „Massen der Juden" in vielen Ländern sowie von der Regierung der Sowjetunion. „Niemand", so Merker kühn zu seinen ehemaligen Kollegen im Zentralkomitee der SED, „wird behaupten wollen, daß die Sowjetregierung damals ‚eine Agentur des amerikanischen Imperialismus' gefördert habe." Er schrieb, dass der sowjetische Sieg in Stalingrad auch „die in Palästina unter dem Zionismus lebenden Juden vor der Vernichtung durch die vordringende Rommel-Armee"[73] gerettet habe. Merker argumentierte, dass die logische Folge des kommunistischen Antifaschismus die Unterstützung des jüdischen Staates sei. Mit anderen Worten: Merker erinnerte 1956 daran, wie die Politik des Sowjetblocks von Mai 1947 bis Mai 1949 ausgesehen hatte. Zu seinem Unglück bedeuteten die Säuberungen, von denen er und andere betroffen waren, die Abkehr von der Unterstützung des zionistischen Projekts und die Hinwendung zu vier Jahrzehnten antizionistischer Politik, die bis 1989 andauerte.[74]

Merkers „Stellungnahme zur Judenfrage" machte der SED-Führung deutlich, dass er trotz Festnahme und Inhaftierung seine inzwischen „falschen" Ansichten zur „Judenfrage" nicht geändert habe. Er wurde wieder in die SED aufgenommen, bekleidete aber kein wichtiges politisches Amt mehr. Die SED gab nie ein öffentliches Eingeständnis des Bedauerns über seine Inhaftierung ab. Als er 1969 starb, veröffentlichte das Zentralkomitee der SED einen Nachruf im *Neuen Deutschland*. In einer Trauerrede würdigte ein Sprecher des Zentralkomitees Merkers Verdienste um den Klassenkampf. Weder im Nachruf noch in der Trauerrede wurden seine Verfolgungsjahre von 1950 bis 1956 erwähnt, ebenso wenig wie seine Schriften und seine Politik zu den Themen Antisemitismus, Holocaust, Restitution oder Zionismus in Mexiko-Stadt und Ost-Berlin zwischen 1942 und 1950.[75]

Schluss

Merkers Ansichten über Antisemitismus und Zionismus in den 1940er Jahren gehörten zu einem kurzen, aber folgenreichen Kapitel kommunistischer Solidarität mit den Juden. Nach den Säuberungen von 1949 bis 1956 fanden jüdische Kommunisten in Ostdeutschland wie Alexander Abusch und Albert Norden Platz in der ostdeutschen Regierung, solange sie akzeptierten, dass der Holocaust in der Erinnerung an die Verbrechen des Nationalsozialismus randständig bleiben und die Ablehnung des Staates Israel offizielle Regierungspolitik sein würde. Die Inhaftierung Merkers und die Hinrichtungen im Prager Slánský-Prozess waren ein deutliches Beispiel für den Preis, der für Abweichungen in dieser Frage zu zahlen war. Die pejorative Assoziation von Juden mit Kapitalismus, „amerikanischem Imperialismus" und Israel erinnerte an tiefsitzende und lange bestehende antisemitische Traditionen des antiwestlichen deutschen Nationalismus.[76] Diese antiwestlichen Ressentiments waren zentrale Bestandteile des deutschen Rechtsnationalismus gewesen. In marxistisch-leninistischer Sprache lebten sie in der DDR fort. Der Fall Merker machte deutlich, dass die ostdeutschen Kommunisten, während sie eine Regierung bildeten, die sich auf einen *deutschen* Antifaschismus stützte, auch ihr Möglichstes taten, um sich von der Identifikation mit den Juden und dem bekannten Katalog der verachteten „Anderen" und „Außenseiter" der modernen deutschen Geschichte zu distanzieren. Paul Merkers politischer Fehler bestand darin, sich weiterhin mit den Juden zu solidarisieren, während die Kommunisten versuchten, sich als Führer der vereinigten deutschen Nation zu profilieren.[77]

Der Fall Merker und die damit verbundenen Säuberungen und Verhaftungen im Rahmen der „antikosmopolitischen" Kampagne bedeuteten eine Wiederbelebung der marxistisch-leninistischen Orthodoxie in jüdischen Angelegenheiten, die im Sowjetblock bis zu seinem Zusammenbruch im Jahr 1989 fortbestand. Die DDR, die den Antifaschismus in den Mittelpunkt ihrer nationalen Identität stellte, war das einzige kommunistische Regime in Europa, das nie diplomatische Beziehungen zum Staat Israel unterhielt. Im Gegensatz zu Westdeutschland leistete sie keine finanzielle Entschädigung an jüdische Überlebende des Holocaust oder an den Staat Israel. Seit dem Besuch von Generalsekretär Ulbricht in Nassers Kairo 1965 wurde die DDR zu einem festen Verbündeten der arabischen Staaten. Im Jahr 1974 unterzeichnete sie das erste der jährlich erneuerten Unterstützungsabkommen mit der PLO, als die Truppen von Jassir Arafat bewaffnete Angriffe auf israelische Zivilisten verübten. In den 1970er und 1980er Jahren erreichten die Politik der engen Beziehungen der DDR zu den arabischen Staaten, die sich im Krieg mit Israel befanden, sowie die militärische und diplomatische Unterstützung der PLO und ihrer Splittergruppen in dieser Zeit des internationalen Terrorismus das Niveau eines unerklärten Krieges gegen den jüdischen Staat. Die Propaganda der DDR verglich dabei Israels Selbstverteidigungskriege mit der Nazi-Aggression.[78]

Während dieser Jahrzehnte wies die ostdeutsche Regierung die Vorstellung, dass ihre Politik gegenüber „jüdischen Fragen" und gegenüber dem Staat Israel überhaupt etwas mit den Traditionen des Antisemitismus zu tun habe, entrüstet zurück. Doch die Geschichte der Repression gegen Merker und gleichgesinnte Kommunisten in den frühen 1950er Jahren, von den Säuberungen bis zu den unerklärten Kriegen der 1970er und 1980er Jahre, legt eine andere Schlussfolgerung nahe: Das ostdeutsche kommunistische Regime leistete einen bedeutenden Beitrag zum Fortbestehen des Antisemitismus. Dies geschah ironischerweise durch die Behauptung, dass die Ablehnung des Staates Israel und die Wiederholung antisemitischer Klischees über Juden und Kapitalismus wesentliche Aspekte des staatlich geförderten Antifaschismus seien.

Anmerkungen

Auszüge aus Jeffrey Herf: *Divided Memory: The Nazi Past in the Two Germanys* (Cambridge, MA: Harvard University Press), Copyright 1997 by the President and Fellows of Harvard College. Verwendung mit Genehmigung. Alle Rechte vorbehalten; Jeffrey Herf: „East German Communists and the Jewish Question: The Case of Paul Merker", *Journal of Contemporary History*, 29 (4), S. 627–661. Urheberrecht © 1994, © SAGE Publications. DOI: 002200949402900404.

1 Zum kommunistischen Antifaschismus und zur „Judenfrage" während der Volksfront und des Zweiten Weltkriegs siehe François Furet: *Das Ende der Illusion: Der Kommunismus im 20. Jahrhundert* (München/Zürich: Pieper, 1998); auf Französisch erschienen als *Le Passé d'une illusion. Essai sur l'idée communiste au XXe siècle* (Paris: Éditions Robert Laffont/Éditions Calmann-Lévy, 1995); englische Fassung: *The Passing of an Illusion: The Idea of Communism in the Twentieth Century* (Chicago: IL: University of Chicago, 1999); Jeffrey Herf: „German Communism, the Discourse of ‚Antifascist Resistance', and the Jewish Catastrophe", in: Michael Geyer und John W. Boyer (Hrsg.): *Resistance Against the Third Reich, 1933–1990* (Chicago, IL: University of Chicago Press, 1994), 257–294; und Anson Rabinbach: „Part II: Antifascism", in: Stefanos Geroulanos und Dagmar Herzog (Hrsg.): *Staging the Third Reich: Essays in Cultural and Intellectual History* (New York/London: Routledge: 2022), 187–292.

2 Zu den „antikosmopolitischen" Säuberungen im Sowjetblock siehe aus einer umfangreichen Forschung François Fejtő: *Les Juifs et l'Antisémitisme dans les Pays Communistes (entre l'Intégration et la Sécession)* (Paris: Plon, 1960); Jonathan Brent und Vladimir P. Naumov: *Stalin's Last Crime: The Plot Against the Jewish Doctors, 1948–1953* (New York: Harper, 2003); Georg Hermann Hodos: *Schauprozesse: Stalinistische Säuberungen in Osteuropa 1948–1954* (Frankfurt am Main: Campus Verlag, 1988); Karel Kaplan: *Report on the Murder of the General Secretary* (Columbus: Ohio State University Press, 1990); Mario Keßler: *Antisemitismus, Zionismus und Sozialismus: Arbeiterbewegung und jüdische Frage im 20. Jahrhundert* (Mainz: Decaton, 1993); Joshua Rubenstein und Vladimir P. Naumov: *Stalin's Secret Pogrom: The Postwar Inquisition of the Jewish Anti-Fascist Committee* (New Haven, CT/London: Yale University Press und United States Holocaust Memorial Museum, 2001).

3 Zum Prozess gegen Slánský siehe Kaplan: *Report on the Murder of the General Secretary.*

4 Zu den Stasi-Akten siehe Klaus-Dietmar Henke (Hrsg.): *Wann bricht schon mal ein Staat zusammen! Die Debatte über die Stasi-Akten auf dem 39. Historikertag 1992* (München: Deutscher Taschenbuch Verlag, 1993); Joachim Gauck: *Die Stasi-Akten: Das unheimliche Erbe der DDR* (Reinbek bei Hamburg: Rowohlt Verlag, 1992). Zu kurz nach der deutschen Vereinigung erschienenen Veröffentlichungen über die ostdeutschen Säuberungen siehe Helmut Eschwege: *Fremd unter meinesgleichen: Erinnerungen eines Dresdner Juden* (Berlin: Ch. Links Verlag, 1991); Olaf Groehler und Ulrich Herbert: *Zweierlei Bewältigung: Vier Beiträge über den Um-*

gang mit der NS-Vergangenheit in den beiden deutschen Staaten (Hamburg: Ergebnisse Verlag, 1992).

5 Zum Fall Merker siehe Jeffrey Herf: „Säuberung vom ‚Kosmopolitismus: Die jüdische Frage in Ostdeutschland, 1945–1956", in: ders.: *Zweierlei Erinnerung: Die NS-Vergangenheit im geteilten Deutschland* (Berlin: Propyläen, 1998), 130–193; auf Englisch erschienen als *Divided Memory: The Nazi Past in the Two Germanys* (Cambridge, MA: Harvard University Press, 1997); Jeffrey Herf: „East German Communists and the Jewish Question: The Case of Paul Merker", *Journal of Contemporary History* 29, 4 (Oktober 1994), 627–662; Jeffrey Herf: „Dokumentation: Antisemitismus in der SED: Geheime Dokumente zum Fall Paul Merker aus SED- und MfS-Archiven", *Vierteljahrshefte für Zeitgeschichte* (Oktober 1994), 1–32; und Jeffrey Herf: „Der Geheimprozeß", *Die Zeit*, Inlandsausgabe, 7. Oktober 1994, Ausgabe Übersee, 14. Oktober 1994, 7–8. Siehe auch Karl Wilhelm Fricke: *Warten auf Gerechtigkeit: Kommunistische Säuberungen und Rehabilitierungen: Bericht und Dokumentation* (Köln: Verlag Wissenschaft und Politik, 1971); ders.: *Politik und Justiz in der DDR: Zur Geschichte der politischen Verfolgung 1945–1968, Bericht und Dokumentation* (Köln: Verlag Wissenschaft und Politik, 1979); Olaf Groehler: „Integration und Ausgrenzung von NS-Opfern. Zur Anerkennungs- und Entschädigungsdebatte in der Sowjetischen Besatzungszone Deutschland 1945–1946"; und Mario Keßler: „Zwischen Repression und Toleranz. Die SED-Politik und die Juden (1949 bis 1967)", in: Jürgen Kocka (Hrsg.): *Historische DDR-Forschung: Aufsätze und Studien* (Berlin: Akademie-Verlag, 1993), 105–128, 149–168; Wolfgang Kießling: „Stalinismus als Thema der gegenwärtigen DDR-Geschichtswissenschaft", in: Lutz Priess (Hrsg.): *Stalins schweres Erbe: Eine unbewältigte Vergangenheit in Deutschland* (Berlin: Evangelische Akademie, Dokumentationen, 1990), 74; und Sigrid Meuschel: *Legitimation und Parteiherrschaft in der DDR: Zum Paradox von Stabilität und Revolution in der DDR 1945–1989* (Frankfurt am Main: Suhrkamp Verlag, 1992), 101–116.

6 Zur Entwicklung der ostdeutschen Politik von den 1950er bis zu den 1990er Jahren siehe Herf: *Zweierlei Erinnerung*; zu den „unerklärten Kriegen" siehe Jeffrey Herf: *Unerklärte Kriege gegen Israel: Die DDR und die westdeutsche radikale Linke, 1967–1989* (Göttingen: Wallstein Verlag, 2019); auf Englisch erschienen als *Undeclared Wars with Israel: East Germany and the West German Far Left, 1967–1989* (Cambridge: Cambridge University Press: 2016).

7 „Gegen die Schmach der Judenpogrome! Erklärung des Zentralkomitees der KPD", *Die Rote Fahne: Sonderausgabe gegen Hitlers Judenpogrome* (November 1938), 1; Wilhelm Pieck: „Nicht nur Entrüstung, sondern Taten! Gegen die Judenpogrome", in: ders.: *Reden und Aufsätze, Auswahl aus den Jahren 1908–1950*, Band 1 ([Ost-]Berlin: Dietz Verlag, 1950), 326–329; Walter Ulbricht, „Die Pogrome – eine Waffe der faschistischen Kriegspolitik", *Die Rote Fahne* 7 (November 1938), 2.

8 Walter Ulbricht: „Lüge und Rassenhetze als Mittel der Kriegsvorbereitung", in: ders.: *Zur Geschichte der Deutschen Arbeiterbewegung: Aus Reden und Aufsätzen, Band II: 1933–1946*, 2. Aufl. ([Ost-]Berlin: Dietz Verlag, 1953), 188.

9 Die wichtigsten Aussagen Ulbrichts aus dem Moskau der Kriegszeit sind abgedruckt in Walter Ulbricht: *Zur Geschichte der neuesten Zeit: Die Niederlage Hitlerdeutschlands und die Schaffung der antifaschistisch-demokratischen Ordnung* ([Ost-]Berlin: Dietz Verlag, 1955). Wilhelm Piecks Ansprachen in der deutschsprachigen Ausgabe des Moskauer Rundfunks von 1942 bis 1945, in denen er die Verbrechen der Nazis anprangerte, und seine Appelle an die Deutschen, das Hitlerregime zu stürzen, sind veröffentlicht worden in: Wilhelm Pieck: *Gesammelte Reden und Schriften, Band VI: 1939 bis Mai 1945* ([Ost-]Berlin: Dietz Verlag, 1979); und Wilhelm Pieck: *Reden und Aufsätze, Band I: Auswahl aus den Jahren 1908–1950* ([Ost-]Berlin: Dietz Verlag, 1951), 356–379. Zu Piecks Äußerungen über die Ermordung der Juden siehe: „Gegen die Hitlerbarbarei", Rede in der deutschsprachigen Sendung des Moskauer Rundfunks, 15. September 1942, in Wilhelm Pieck: *Gesammelte Reden und Schriften, Band VI*, 108–112.

10 Siehe zum Beispiel das Material über das Nationalkomitee Freies Deutschland und die Schulung deutscher Kriegsgefangener in Wilhelm Pieck Papers NL 36/582, Stiftung Archiv der Parteien und Massenorganisationen der DDR im Bundesarchiv, Zentrales Parteiarchiv (im Folgenden SAPMO-BA, ZPA). Für Vorlesungen und Lehrpläne der kommunistischen Parteischule im Moskau der Kriegszeit siehe Walter Ulbricht Papers NL 182/827. SAPMO-BA, ZPA.

11 Wilhelm Pieck: „Berlin von Hitler befreit!", in: ders.: *Reden und Aufsätze, Band I* ([Ost-]Berlin: Dietz Verlag, 1951), 423.

12 Zentralkomitee der Kommunistischen Partei Deutschlands: „Aufruf der Kommunistischen Partei", *Deutsche Volkszeitung*, 13. Juni 1945, 1–2, nachgedruckt in Walter Ulbricht: *Zur Geschichte der neuesten Zeit, Band I* (Berlin, 1955), 370–379. Anton Ackermann, Mitglied des Zentralkomitees der KPD, verfasste den Aufruf. Ackermann arbeitete an der gegen die Wehrmacht gerichteten Propaganda des Moskauer Nationalkomitees Freies Deutschland mit. Nach dem Krieg wurde er Mitglied des Zentralkomitees der SED, arbeitete zu Bildungs- und Medienfragen und fiel Ende der 1950er Jahre in Ungnade. Siehe auch Hermann Weber: *Geschichte der DDR* (München: C. H. Beck, Deutscher Taschenbuch Verlag, 1985), 47–54; und Jochen Cerný (Hrsg.): *Wer war wer – DDR: Ein biographisches Lexikon* (Berlin: Ch. Links Verlag, 1992), 9–10.

13 Ebd.

14 Walter Ulbricht: *Die Legende vom „deutschen Sozialismus": Ein Lehrbuch für das schaffende Volk über das Wesen des deutschen Faschismus* ([Ost-]Berlin: Dietz Verlag, 1945). Die KPD druckte bis Dezember 1945 50.000 und bis Januar 1947 300.000 Exemplare des Buches. Die SED legte es in den 1950er Jahren unter dem Titel *Der faschistische deutsche Imperialismus (1933–1945): Die Legende vom „deutschen Sozialismus"*, 4. Auflage, neu auf. Allein die dritte Auflage, ebenfalls 1956 erschienen, erreichte 340.000 Exemplare. Siehe „Verlag Neuer Weg, Plan der in Arbeit und in Vorbereitung befindlichen Verlagserscheinungen, Stand am 12. Dezember 1945"; „Aufstellung der vom 9. Mai 1945 bis 31. November 1947 im Verlag Neuer Weg bzw. im Verlag JHW Dietz Nachf. GmbH erschienenen Titel", SAPMO-BA, ZPA, Verlag Neuer Weg IV 2/9.13/5.

15 Ulbrichts Verweis auf die Verbrechen der Nazis ohne Bezug auf die Juden ist hier augenfällig: „Himmler organisierte die Massenvernichtung der Zivilbevölkerung und der Kriegsgefangenen in Polen und in den besetzten sowjetischen Gebieten. Er schuf die Vernichtungslager mit ihren Gaskammern, Todeswaggons, Galgen, Leichenbergen, Massengräbern, Menschen-Verbrennungsöfen, denen Millionen unschuldiger Männer, Frauen und Kinder zum Opfer fielen". (Walter Ulbricht: *Der faschistische Deutsche Imperialismus (1933–1945)*, 24).

16 „Paul Merker", in: Cerný (Hrsg.): *Wer war wer – DDR*, 308. Für Merkers „ultralinke" Beiträge zum Angriff auf die Sozialdemokratie als „Sozialfaschismus" siehe Paul Merker: „Der Kampf gegen den Faschismus", *Die Internationale* 13, 3 (Februar 1930), 65–69; und „Der Kampf gegen den Faschismus", *Die Internationale* 13, 8/9 (1930), 259–266.

17 Paul Merker: „Hitlers Antisemitismus und wir", *Freies Deutschland* 1, 12 (Oktober 1942), 9–11. Zu seinen Aufsätzen in Mexiko siehe Herf: „German Communism, the Discourse of ‚Antifascist Resistance', and the Jewish Catastrophe"; und Herf: *Zweierlei Erinnerung*, 54–58.

18 Paul Merker: „An die Zentrale Parteikontrollkommission des ZK der SED: Stellungnahme zur Judenfrage", 1. Juni 1956, SAPMO-BA, ZPA, Paul Merker NL 102/27.

19 Merker: „Hitlers Antisemitismus und wir".

20 Ebd., 4, 6.

21 Ebd., 9.

22 Ebd., 10.

23 Ebd., 11.

24 Siehe Paul Merker: „Das Echo: Diskussion über ‚Hitlers Antisemitismus und Wir'", *Freies Deutschland* 2, 4 (März 1943), 33.

25 Ebd.

26 Ebd.

27 Für eine Diskussion über „Kämpfer" und „Opfer" des Faschismus in der Sowjetischen Besatzungszone in Deutschland siehe Karl Raddatz: *Wer ist Opfer des Faschismus?* (Weimar: Thüringer Volksverlag, 1946), 3–14.

28 Paul Merker: *Deutschland, Sein oder Nicht-Sein?, Band 1: Von Weimar zu Hitler, Band 2: Das 3. Reich und sein Ende* (Mexiko: Editorial El Libro Libre, 1944; Frankfurt am Main: Materialismus Verlag, 1972/1973, Nachdruck). Siehe insbesondere seine Untersuchung zu Himmler und der SS im zweiten Band, 58–96.

29 Heinrich Mann: „Paul Merker und sein Buch", *Freies Deutschland* 4, 11 (Oktober 1945), 27–29. Siehe auch die Briefe „Ernst Bloch an Paul Merker, 15. Juli 1944" und „Thomas Mann an Paul Merker, 20. Juni 1944", SAPMO-BA, ZPA, NL Paul Merker 102/31, 33, 124. Sie sind abgedruckt in Wolfgang Kießling: *Alemania Libre in*

Mexico, Band 2: Texte und Dokumente zur Geschichte des antifaschistischen Exils (1941–1946) (Berlin: Akademie Verlag, 1974), 353–452.

30 Siehe Paul Merker: *Deutschland, Sein oder Nicht-Sein?, Band 2: Das 3. Reich und sein Ende*. Zur westdeutschen neomarxistischen „Faschismusdiskussion" in den 1960er und 1970er Jahren siehe Anson Rabinbach: „Toward a Marxist Theory of Fascism and National Socialism: A Report on Developments in West Germany", *New German Critique 3* (Herbst 1974), 127–153; abgedruckt in Geroulanos und Herzog (Hrsg.): *Staging the Third Reich*, 295–318.

31 Franz Neumann: *Behemoth: Struktur und Praxis des Nationalsozialismus 1933–1944* (Hamburg: Europäische Verlagsanstalt, 2018); auf Englisch erschienen als *Behemoth: The structure and practice of national socialism* (London: Gollancz, 1942). Zu den Bemühungen von Charles Dwork, ebenfalls im OSS, sich auf die antijüdische Politik der Nazis und den Holocaust zu konzentrieren, und zu seinen Differenzen mit Neumann siehe Shlomo Aronson: „Preparations for the Nuremberg Trial: The O.S.S., Charles Dwork, and the Holocaust", *Holocaust and Genocide Studies* 12, 2 (Herbst 1998), 257–281; und ders.: *Hitler, the Allies, and the Jews* (New York/Cambridge: Cambridge University Press, 2004).

32 Zu diesen Kontroversen siehe SAPMO-BA, ZPA, Sekretariat Lehmann, IV/2027/29–33 (Wiedergutmachung gegenüber den Verfolgten des Naziregimes, 1945–1950). Zur Diskussion der Restitutionsfrage und des Verhältnisses des ostdeutschen Staates zu der kleinen (im Jahr 1945 aus 15.600 Personen bestehenden) jüdischen Gemeinschaft Ostdeutschlands siehe Olaf Groehler: „Integration und Ausgrenzung von NS-Opfern".

33 Paul Merker: „Der Krieg in Palästina", wahrscheinlich August 1948, SAPMO-BA, ZPA, NL Paul Merker 102/45. Zu Merker im Nachkriegs-Berlin siehe die Erinnerungen des ostdeutschen und jüdischen Historikers Eschwege: *Fremd unter meinesgleichen*, 51–131.

34 Zur Unterstützung des zionistischen Projekts durch Liberale, Linke und den Sowjetblock in den Jahren 1947 und 1948 siehe Jeffrey Herf: *Israel's Moment: International Support for and Opposition to Establishing the Jewish State, 1945–1949* (Cambridge: Cambridge University Press, 2022).

35 Zu Noel Field siehe Flora Lewis: *Red Pawn: The Story of Noel Field: The Strange History of an American Caught Up in an International Communist Intrigue* (Garden City, NY, 1965); Maria Schmidt: „The Hiss Dossier", *The New Republic*, 8. November 1993, 17–20; und Allen Weinstein: *Perjury: The Hiss-Chambers Case* (New York: Vintage Books, 1978).

36 Zu den deutschen Originaldokumenten aus dem Prozess und Merkers Erklärung nach seiner Entlassung aus dem Gefängnis siehe Herf: „Dokumentation: Antisemitismus in der SED".

37 Vgl. „Zu den Befugnissen der Parteikontrollkommission", in: Fricke (Hrsg.): *Warten auf Gerechtigkeit*, 131–133; „Ausführung zum Beschluß des Parteivorstandes über die Schaffung der Parteikontrollkommission", Beschluß des Parteivorstandes

vom 16. September 1948, in: *Dokumente der Sozialistischen Einheitspartei, Band II* ([Ost]Berlin: Dietz Verlag, 1952), 97.

38 Hermann Matern: *Wer ist wer in der SBZ? Ein biographisches Handbuch* ([Ost-] Berlin: Verlag für Internationalen Kulturaustausch, 1958), 166; und Fricke (Hrsg.): *Warten auf Gerechtigkeit*, 66. Zu seinen Aufsätzen und Reden siehe Hermann Matern: *Im Kampf für Frieden, Demokratie und Sozialismus: Ausgewählte Reden und Schriften, Band I*: 1926–1956 ([Ost-]Berlin: Dietz Verlag, 1963).

39 Siehe Herf: *Zweierlei Erinnerung*, 138–159; und „Erklärung des Zentralkomitees und der Zentralen Parteikontrollkommission zu den Verbindungen ehemaliger deutscher politischer Emigranten zu dem Leiter des Unitarian Service Committee Noel H. Field", in: *Dokumente der Sozialistischen Einheitspartei Deutschlands, Band III* (Berlin: Dietz Verlag, 1952), 197–213. Zu den umfangreichen Dokumenten und Zeugenaussagen, die während der Vorbereitung der Denunziationen in der Field-Affäre durch die ZPKK gesammelt wurden, siehe auch den „Bericht des Genossen Paul Merker vom 27. Juli 1950", SAPMO-BA, ZPA, ZPKK SED IV 2/4/117.

40 Herf: *Zweierlei Erinnerung*, 159–180. Zur Einleitung der Ermittlungen gegen Merker nach den Urteilen im Slánský-Prozess vgl. die Akten des Ministeriums für Staatssicherheit der DDR: „Verfügung über die Einleitung eines Untersuchungsverfahrens, Merker, Paul", 30. November 1952, *Bundesbeauftragte für die Unterlagen des Staatssicherheitsdienstes der ehemaligen Deutschen Demokratischen Republik, Ministerium für Staatssicherheit Zentralarchiv* (im Folgenden BStU, MfSZ-Archiv), Untersuchungsvorgang Nr. 294/52, Paul Merker, Band I, Nr. 192/56, 2–3.

41 Zum Slánský-Prozess siehe Hodos: *Schauprozesse*; Kaplan: *Report on the Murder of the General Secretary;* Meir Kotik: *The Prague Trial: The First Anti-Zionist Show Trial in the Communist Bloc* (New York: Herzl Press/Cornwell Books, 1987); und Jan Osers: „Die Spezifika des Slánský-Prozesses in der ČSR im Vergleich zu den übrigen Schauprozessen in Osteuropa", in: Herman Weber et al. (Hrsg.): *Kommunisten verfolgen Kommunisten: Stalinistischer Terror und „Säuberungen" in den kommunistischen Parteien Europas seit den dreißiger Jahren* (Berlin: Akademie-Verlag, 1993), 459–469. Für die Niederschrift des Prozesses siehe *Rudolf Slansky, Defendant: Transcript of the Slansky Trial* (New York: National Committee for a Free Europe/Radio Free Europe, 1952).

42 Hermann Matern: „Lehren aus dem Prozeß gegen das Verschwörerzentrum Slansky", in: *Dokumente der Sozialistischen Einheitspartei, Band IV* ([Ost]Berlin: Dietz Verlag, 1954), 199–219.

43 Ebd., 204.

44 Oder, wie Sigrid Meuschel schrieb: „In einem Patriotismus mit zugleich antisemitischen und antikapitalistischen Zügen sah die SED die Chance, die rechte und die linke Kritik an den westlich-kapitalistischen Gesellschaften zu vereinen und die eigene Ordnung der Kritik zu entziehen", in: *Legitimation und Parteiherrschaft in der DDR*, 112.

45 Matern: „Lehren aus dem Prozess gegen das Verschwörerzentrum Slansky", 206.

46 Ebd.

47 Zum NS-Raub jüdischen Eigentums siehe Götz Aly: *Hitlers Volksstaat: Raub, Rassenkrieg und nationaler Sozialismus* (Frankfurt am Main: S. Fischer, 2005); Martin Dean: *Robbing the Jews: The Confiscation of Jewish Property in the Holocaust, 1933–1945* (New York/Cambridge: Cambridge University Press, 2008); Gerald D. Feldman: *Die Allianz und die deutsche Versicherungswirtschaft 1933–1945* (München: C. H. Beck, 2001); Peter Hayes: „Plunder and Restitution", in: ders. und John K. Roth (Hrsg.): *The Oxford Handbook of Holocaust Studies* (New York/Oxford: Oxford University Press, 2010), 540–559.

48 Matern: „Lehren aus dem Prozeß gegen das Verschwörerzentrum Slansky", 207.

49 Ebd.

50 Vgl. „Betr.: Alexander Abusch, Berlin", 11. Dezember 1950, SAPMO-BA, ZPA, ZPKK IV 2/4/111, 54.

51 Alexander Abusch: „Ergänzungen zu meinen mündlichen Aussagen vom 10.11.1950", 42–45, und „Skizze der innerparteilichen politischen Diskussionen in Mexiko 1942/4", 47–51, SAPMO-BA, ZPA, ZPKK IV 2/4/111.

52 Siehe Herf: „Dokumentation: Antisemitismus in der SED".

53 Zum Beispiel „Vernehmungsprotokoll des Häftlings, Merker, Paul Friedrich", 3. März 1953, BStU, MfS Archiv Nr. 192/56, Untersuchungsvorgang Nr. 294/52, Paul Merker, Band II, 000122.

54 BStU, MfS, Paul Merker, Archiv Nr. 192/56, 000167.

55 Paul Merker: „Stellungnahme zur Judenfrage", 1. Juni 1956, SAPMO-BA, ZPA, NL Paul Merker 102/27, 1.

56 Oberstes Gericht der Deutschen Demokratischen Republik, 1. Strafsenat, 1 Zst (I) 1/55: „In der Strafsache gegen den Kellner Paul Merker", 29.–30. März 1955, BStU, MfS, Untersuchungsvorgang Nr. 294/52, Paul Merker, Band III, Archiv Nr. 192/56, 522–536. Siehe auch: https://www.stasi-mediathek.de/embed/urteil-gegen-paul-merker/blatt/73/embed/1/ (abgerufen am 8.11.24).

57 Die Formulierung „den Kellner Paul Merker" bezieht sich auf Merkers jugendliche Tätigkeit als Kellner in Gaststätten und Hotels. Diese Verwendung in der Anklage gegen das prominente Mitglied des Zentralkomitees verdrängte dessen politische Biografie in den Führungsetagen der KPD und später der SED.

58 Ebd., 4.

59 Zit. n. Georg H. Hodos: *Schauprozesse*, 138.

60 Ebd., 9–13. Siehe auch Merkers Bericht über seine politischen Aktivitäten in Paul Merker: „Mein politischer Lebenslauf", SAPMO-BA, ZPA, ZPKK IV/2/11N/801, 12–30.

61 Ebd., 9–10.

62 Ebd.

63 Rudi Beckert und Karl Wilhelm Fricke: „Auf Weisung des Politbüros/Aus den Geheimprozeßakten des Obersten DDR-Gerichts, Teil III: Der Fall Paul Merker", *Deutschlandfunk*, 9. Januar 1992, 26.

64 Zit. n. Herf: *Antisemitismus in der SED*, abgedruckt in *Vierteljahrshefte für Zeitgeschichte* 42 (1994), Heft 4, siehe https://www.ifz-muenchen.de/heftarchiv/1994_4_5_herf.pdf (abgerufen am 8.11.24).

65 „Paul Merker an Wilhelm Pieck", 14. April 1956, SAPMO-BA, ZPA, NL Paul Merker 102/27, 2-3.

66 Vgl. die Sitzungsprotokolle der Kommission des Zentralkomitees zur Überprüfung von Angelegenheiten von Parteimitgliedern am 19. und 25. April sowie am 3. Mai 1956, SAPMO-BA, ZPA IV/202/8, Zentralkomitee der SED.

67 „Walter Ulbricht an Paul Merker", 31. Juli 1956, SAPMO-BA, ZPA, NL Paul Merker 102/27, 84.

68 „Paul Merker an Walter Ulbricht", 23. August 1956, SAPMO-BA, ZPA, NL Paul Merker 102/27, 85-89.

69 Oberstes Gericht der Deutschen Demokratischen Republik, 1. Strafsenat, 1 Zst (I) 1/55: „In der Strafsache gegen Merker, Paul, Friedrich", 13. Juli 1956, BStU, MfS, Untersuchungsvorgang Nr. 294/52, Paul Merker, Band III, Archiv Nr. 192/56, 000206-000207. Siehe auch https://www.stasi-mediathek.de/medien/aufhebung-des-urteils-gegen-paul-merker-am-13-juli-1956/ (abgerufen am 8.11.24).

70 Paul Merker: „An die Zentrale Kontrollkommission des ZK. der SED: Stellungnahme zur Judenfrage", 1. Juni 1956, SAPMO-BA, ZPA, NL Paul Merker, 102/27. Siehe auch https://zeitgeschichte-digital.de/doks/frontdoor/deliver/index/docId/912/file/ke%C3%9Fler_sed_juden_repression_toleranz_1995_de.pdf (abgerufen am 8.11.24).

71 Ebd., 16.

72 Ebd., 18.

73 Ebd., 19.

74 Zur Unterstützung des Zionismus durch den Sowjetblock siehe Herf: *Israel's Moment*.

75 Siehe „Nachruf des Zentralkomitees für Genossen Paul Merker"; und Kurt Seibt: „Trauerfeier für Paul Merker", 19. Mai 1967, SAPMO-BA, ZPA IV 2/11V 801.

76 Siehe dazu Meuschel: *Legitimation und Parteiherrschaft in der DDR*.

77 Zu jüdischen Fragen und zum Antifaschismus in der Hauptströmung des europäischen Kommunismus siehe Furet: *Das Ende der Illusion*.

78 Zu den Anfängen der ostdeutschen Beziehungen zu den arabischen Staaten und der Anprangerung der westdeutschen Restitutionsbemühungen siehe Herf:

Zweierlei Erinnerung. Zu den 1960er Jahren bis 1989 siehe Herf: *Unerklärte Kriege gegen Israel.* Siehe auch Enrico Heitzer, Martin Jander, Anetta Kahane und Patrice Poutros (Hrsg.): *Nach Auschwitz: Schwieriges Erbe DDR: Plädoyer für einen Paradigmenwechsel in der DDR-Zeitgeschichtsforschung* (Frankfurt am Main: Wochenschau Verlag, 2018).

7
OSTDEUTSCHLAND: VOM ANTIFASCHISMUS ZU UNERKLÄRTEN KRIEGEN GEGEN ISRAEL, 1967–1989

In den Jahren unmittelbar nach dem Holocaust wurde staatlich finanzierter und öffentlich unterstützter Antisemitismus in den meisten Teilen der Welt, von arabischen Staaten und islamistischen Organisationen abgesehen, und insbesondere in Europa geächtet. Von 1947 bis 1949 waren Kommunisten innerhalb und außerhalb des Sowjetblocks, deren Erinnerungen an die Konvergenz von Antizionismus und Antisemitismus unter dem Regime der Nazis und an den Holocaust noch frisch waren, große Befürworter der Gründung des Staates Israel. In Wort und Tat trieb der Antifaschismus der Kriegszeit in den 1940er Jahren die Unterstützung für die Gründung des neuen Staates Israel an.[1] In jenen Jahren stellten die Sowjetunion und der Sowjetblock sich den Bemühungen der Araber entgegen, die Gründung des jüdischen Staates in Palästina zu verhindern. Der Antisemitismus war in jenen Jahren eine Art arabischer und islamistischer Sonderweg, der von der Gesinnung der damals noch jungen Vereinten Nationen abwich. Doch während der kommunistische und linke Antifaschismus der Jahre nach dem Zweiten Weltkrieg eine entscheidende Rolle bei der Gründung des jüdischen Staates spielte, wurde ein neu definierter Antifaschismus zentral für das Fortbestehen und die *globale Reichweite* des Antisemitismus der folgenden Jahrzehnte.

Die Deutsche Demokratische Republik wurde 1949 gegründet und damit *nach* der internationalen Debatte über die Gründung des Staates Israel und nach dem Krieg von 1947 bis 1948, im Zuge dessen Israel seine Unabhängigkeit bewahrte.[2] In Ermangelung jeglicher deutschen Souveränität gab es auch keinen deutschen Einfluss auf den Verlauf der Ereignisse im Nahen Osten. Zeit ihres Bestehens stach die DDR jedoch dadurch hervor, als einziges der kommunistischen Regime niemals diplomatische Beziehungen zum Staat Israel unterhalten zu haben. Nach der deutschen Wiedervereinigung 1990 wurden Historikern alle Unterlagen des Staates zugänglich gemacht. Diese öffentlichen und geheimen Akten dokumentieren die *unerklärten Kriege gegen Israel*, die der Sowjetblock seit den 1950er Jahren führte, sowie deren Einfluss auf die globale radikale Linke von den 1960er Jahren bis 1989.[3] Die Kommunisten im Sowjetblock bildeten eine antizionistische und antisemitische Brücke zwischen der Niederlage Nazideutschlands und der Wiederkehr der Islamisten auf die große Bühne der arabischen und islamischen Politik in den 1980er

Jahren. Mit den Parolen und den Leidenschaften des Antifaschismus retteten die Kommunisten den Antisemitismus vor dem Vergessen, bis die Islamisten in den 1980ern wieder in den Mittelpunkt rückten und die Führungsrolle übernahmen. Die Staaten des Sowjetblocks übersetzten antizionistische Propaganda in die Unterstützung arabischer und palästinensisch-arabischer bewaffneter Angriffe auf den jüdischen Staat.[4]

Ostdeutschland: vom Antifaschismus zum Antizionismus

Eingedenk der entscheidenden Rolle, welche die Kommunisten dabei gespielt hatten, die Gründung des jüdischen Staates zwischen 1947 und 1949 zu erleichtern, erforderten die vier folgenden Jahrzehnte der Feindschaft des Sowjetblocks gegen Israel ein hohes Maß an Vergesslichkeit hinsichtlich jener Ära, in der kommunistischer Antifaschismus, Antikolonialismus und Antirassismus die Unterstützung des Sowjetblocks für das zionistische Projekt angetrieben hatten. Der Erfolg der kommunistischen Feindschaft gegen Israel während des Kalten Krieges lag in der Fähigkeit ihrer Propagandisten begründet, diejenigen Traditionen, die einst zur Unterstützung des zionistischen Projekts geführt hatten, nunmehr in den Dienst des Versuchs zu stellen, dasselbe zu untergraben und als eines zu präsentieren, das in einer Ära der Dekolonisierung auf der „falschen Seite" steht. Eine Besonderheit dieses Kapitels der Geschichte des Antisemitismus bestand darin, dass die Befürworter des Antizionismus den Gedanken, Anstrengungen zur Zerstörung des Staates Israel hätten etwas mit jenem älteren Hass zu tun, entrüstet zurückwiesen. Bewaffnete Angriffe auf Israel unterstützten oder rechtfertigten sie vielmehr deshalb – darauf bestanden sie –, weil sie Verfechter antirassistischer und sogar antifaschistischer Prinzipien seien. Den Vorwurf des Antisemitismus taten sie ab als einen nicht sehr geschickten zionistischen Trick zur Abwehr oder Delegitimierung der notwendigen Opposition gegen Israel, einen Staat, der aus Aggression, Rassismus und Ungerechtigkeit geboren worden sei, wie sie sagten.

Diese Verschiebung der Tradition des linken Antifaschismus von der Unterstützung des Zionismus zur Opposition gegen ihn und dann gegen Israel war von entscheidender Bedeutung, weil sie die Ausbreitung des Antizionismus über die Grenzen europäischer Neonazi-Kreise sowie seine arabischen und palästinensischen oder islamistischen Grenzen hinaus erleichterte und ihn zu einem bestimmenden Aspekt globaler kommunistischer und linksradikaler Politik machte. Der kommunistische und linke Antizionismus wurde zum primären Vehikel, durch das pejorative Sichtweisen, die in der westlichen Tradition zuvor auf *die Juden* angewandt worden waren, nunmehr auf der ganzen Welt auf *den Staat Israel* angewandt wurden. Das erklärt, wie und warum dieser antizionistische Diskurs zu einem weiteren Kapitel in der Geschichte des Antisemitismus wurde: nämlich indem er das moralische und politische Prestige, das die Sowjetunion aufgrund ihrer Rolle beim Sieg über Nazideutschland erlangt hatte, in den Dienst seines Angriffs auf den jüdischen Staat stellte. Wie, so fragten die Kommunisten, könnten diejenigen, die so viel geopfert hatten, um die Nazis zu besiegen, selbst zu Antisemiten werden?

Der von der Sowjetunion und dem Sowjetblock einschließlich Ostdeutschlands geleistete Beitrag zum Wiederaufleben und zur weltweiten Präsenz des Antisemitismus war indes beträchtlich. Verschwörungstheorien, die zuvor auf Juden angewandt worden waren, passten sie Israel und dem Zionismus an. Negative Eigenschaften, die frühere Antisemiten mit Juden oder dem „internationalen Judentum" assoziiert hatten, wurden nun dem Staat Israel zugeschrieben, vor allem eine Neigung zu Krieg, Aggression und Gewalt. Dies gipfelte in dem, was Robert Wistrich treffend als „Holocaust Inversion" bezeichnete, das heißt in der Gleichsetzung Israels mit Nazideutschland.[5] So wurde entsprechenden Argumenten eine moralische und politische Seriosität verliehen, die sie verloren hatten, solange sie mit dem Nationalsozialismus, der extremen Rechten in Europa oder den Islamisten im Nahen Osten in Verbindung gebracht wurden. Die antifaschistische Leidenschaft, vormals gegen Nazideutschland gerichtet, wurde nun Teil des gegen die Juden eingesetzten rhetorischen Arsenals. Durch eine Kombination aus militärischer Macht, diplomatischen Offensiven bei den Vereinten Nationen und globaler Propaganda brachten die Sowjetunion und ihre Verbündeten den Antizionismus weit über die Region des Nahen Ostens hinaus in den Mainstream der *internationalen* Weltpolitik. Für das Regime der DDR wurde die Gegnerschaft zu Israel sowohl zu einer Sache von ideologischer Überzeugung wie zu einem Schlüsselfaktor im Streben nach internationaler Anerkennung.

In den 1960er und 1970er Jahren waren die Erinnerungen an den Zweiten Weltkrieg und den Holocaust noch zu frisch, als dass islamistische Antisemiten wie Sayyid Qutb oder Mohammed Amin al-Husseini auf der Weltbühne zu respektablen Figuren hätten werden können. Ihre frühere Begeisterung für Hitler lag noch nicht lange genug zurück, ihr Hass auf die Juden und das Judentum war zu roh, zu stolz und zu unverfroren, ihre Herkunft aus dem religiösen Fundamentalismus der Muslimbruderschaft zu offensichtlich, als dass sie über ihre lokalen Grenzen hinaus Respektabilität gefunden hätten. Nach dem Holocaust waren es die Sowjetunion und Regierungen des Sowjetblocks, die sowohl die Macht als auch den Willen hatten, Antizionismus und Antisemitismus von arabischen oder islamistischen regionalen Eigentümlichkeiten in ein globales Phänomen zu verwandeln. Es war die historische Leistung der Kommunisten in den 1950er Jahren und der radikalen Linken sowie der Linken in der Dritten Welt in den 1960ern und 1970ern, die Bande dieser geografischen und kulturellen Begrenzungen zu sprengen, indem sie die antizionistische/antiisraelische Leidenschaft mit dem scheinbaren Universalismus der kommunistischen Regime verbanden.

Unerklärte Kriege gegen Israel: der Beitrag Ostdeutschlands

Alle großen Staaten des Sowjetblocks unterstützten während des Kalten Krieges die arabischen Staaten und die Palästinensische Befreiungsorganisation (PLO), aber Ostdeutschland übernahm eine besonders prominente Rolle. In Anbetracht der nationalsozialistischen Vergangenheit und der Selbstdefinition der DDR als antifaschistisches Regime hätte man erwarten können, dass sie sich zurückhalten und den anderen Staaten des Warschauer Paktes bei den Angriffen auf Israel die Führung überlassen würde. Das Gegenteil war der Fall. In den Jahrzehnten, in denen die Sowjetunion und ihre osteuropäischen Verbündeten zu den wichtigsten militärischen und wirtschaftlichen Unterstützern der arabischen Feinde Israels wurden, war Ostdeutschland ein bereitwilliger, enthusiastischer und leidenschaftlicher Befürworter dieser Politik.

Von der Mitte der 1960er Jahre an, als sie begann, sich an Waffenlieferungen des Sowjetblocks an die arabischen Staaten zu beteiligen, bis zu ihrem Niedergang 1989 unterstützte die ostdeutsche Regierung den unerklärten Krieg des Sowjetblocks gegen den Staat Israel. Wenn ich das Wort „Krieg" benutze, beziehe ich mich auf eine Politik, die im Erfolgsfall die Zerstörung des Staates Israel mit Waffengewalt zur Folge gehabt hätte. Substantive wie „Kritik" oder „Feindseligkeit" erfassen nicht die Kombination aus Propaganda, verbalen Rechtfertigungen bewaffneter Angriffe auf Israel, Lieferungen Tausender Sturmgewehre, Handgranaten, von Millionen von Kugeln und anderem Kriegsgerät, der Zusammenarbeit der Geheimdienste sowie militärischer Ausbildung und finanzieller Unterstützung sowohl der PLO und ihrer Mitgliedsorganisationen als auch der arabischen Staaten, die sich im Krieg mit Israel befanden. Die Regierung der DDR erklärte ihren eigenen Staat zu einem „Friedensstaat" und erklärte Israel nie offiziell den Krieg. Nichtsdestoweniger engagierte sie sich in enthusiastischer Weise öffentlich für die arabischen Staaten und die PLO, deren Charta zur Zerstörung Israels durch „bewaffneten Kampf" aufrief und die militärische Angriffe auf den jüdischen Staat unternahm.

Im Kontrast zu den westdeutschen linksterroristischen Organisationen wie der Rote-Armee-Fraktion (RAF) und den Revolutionären Zellen (RZ) war die DDR ein Staat, ausgestattet mit Machtmitteln, die nur Staaten besitzen: Streitkräfte, eine bescheidene Rüstungsindustrie, eine kontrollierte Presse, Botschaften und Konsulate in der ganzen Welt, beachtliche Geheimpolizei- und Geheimdienstbehörden, Institute für militärische Ausbildung, Krankenhäuser für verwundete Soldaten, einen internationalen Flughafen, Häfen und Schiffe für die Lieferung militärischer Hilfe und staatlich kontrollierte Universitäten, die jungen Studenten aus Ländern der Dritten Welt ideologische Botschaften vermittelten. Obwohl die westdeutschen Terroristen die Medienberichterstattung dominierten, war der Einfluss der Sowjetunion und ihrer osteuropäischen Verbündeten auf den Konflikt zwischen Israel und den arabischen Staaten sowie der PLO weitaus gewichtiger. Nach der deutschen Wiedervereinigung 1990 ermöglichte es die Öffnung der Archive aller entscheidungsmächtigen Institutionen des DDR-Regimes, einschließlich des Politbüros, des Ministerrats, der Ministerien für Auswärtige Angelegenheiten und Nationale Verteidigung sowie des Ministeriums für Staatssicherheit (MfS), detailliert über das ostdeutsche Kapitel der blockweiten Kampagne zu schreiben.[6]

Die antizionistische Leidenschaft brannte in Ostdeutschland mit besonderer Intensität. Das war bereits ab 1949 unter der Führung von Walter Ulbricht der Fall, dem Ersten Sekretär des Zentralkomitees der Sozialistischen Einheitspartei Deutschlands (SED) und damit Oberhaupt der ostdeutschen Diktatur bis 1971, und setzte sich unter seinem Nachfolger Erich Honecker bis 1989 fort.[7] Wie im Fall Paul Merker deutlich wurde, hatten orthodoxe Marxisten-Leninisten wie Ulbricht und Honecker kein adäquates Verständnis des nationalsozialistischen Antisemitismus und standen dem Zionismus ideologisch ablehnend gegenüber. Auch ihre Vorstellungen von nationalen Interessen spielten eine Rolle. In ihrem Bemühen, das DDR-Regime zu untergraben, legte die Bundesrepublik Deutschland fest, dass sie ihrerseits jedem Staat die diplomatische Anerkennung verweigern würde, der die DDR anerkenne. Als Reaktion hierauf suchte die ostdeutsche Führung nach Wegen, eine solche Anerkennung von Ländern außerhalb des Sowjetblocks zu erlangen. Ihre Feindseligkeit gegen Israel und ihre Parteinahme für die arabischen Staaten wurden für die DDR zum wichtigsten Faktor im Hinblick auf ihr Bestreben, die westdeutschen Isolierungsbemühungen zu durchkreuzen und sich den Weg zu diplomatischer Anerkennung und Popularität zunächst in den arabischen Staaten und dann bei anderen linken Regimen und Organisationen in Afrika, Asien und Lateinamerika zu ebnen.[8]

Umgekehrt verstand die ostdeutsche kommunistische Führungsriege, dass die Unterstützung der BRD für Israel in Form finanzieller Entschädigung und dann diplomatischer Anerkennung im Jahr 1965 in deren Verhältnis zu den arabischen Staaten eine Schwachstelle darstellte, die sie ausnutzten, indem sie die antiisraelische Karte spielten. Es war diese Eigenschaft der *wechselseitigen Verstärkung* zwischen kommunistischer antizionistischer sowie antiimperialistischer Ideologie und nationalem Eigeninteresse sowie konventionell verstandener Machtpolitik, die zum Eifer der DDR beitrug, in der Kampagne des Sowjetblocks eine prominente Stellung einzunehmen. Wie in den 1970er Jahren bei den Vereinten Nationen besonders offenkundig wurde, fand die israelfeindliche Haltung Ostdeutschlands in vielen Ländern der Welt Zustimmung. Während die ostdeutsche Regierung stets leugnete, dass ihre Politik eine Form von Antisemitismus war, brachte ihr der Antagonismus gegen Israel Anerkennung und Zustimmung ein, zunächst seitens der arabischen Staaten und dann seitens anderer Länder der „Dritten Welt", die ihre Feindseligkeit gegenüber dem jüdischen Staat teilten.

Ostdeutschland und der Sechstagekrieg von 1967

Am 15. Juni 1967 klagte Walter Ulbricht in einer Rede in Leipzig Israel an und bekundete seine Unterstützung für die arabischen Staaten.[9] Bei den Vereinten Nationen in New York hatte der sowjetische Botschafter Jakow Malik den Überraschungsangriff Israels, mit dem der Sechstagekrieg begann, mit dem Angriff der Nazis auf die Sowjetunion am 22. Juni 1941 und dem darauf folgenden Krieg an der Ostfront im Zweiten Weltkrieg verglichen. Ulbricht offerierte seinen eigenen Vergleich zwischen Israel und Nazideutschland. Mit Anspielungen auf das deutsche Protektorat in der Tschechoslowakei und das Generalgouvernement der Nazis im besetzten Polen während des Zweiten Weltkriegs sagte er, die

> Welt kann und wird sich nicht damit abfinden, dass ein Vierteljahrhundert nach dem zweiten Weltkrieg im Nahen Osten von dem Aggressor Israel und dessen Hintermännern ein „Protektorat Sinai" oder ein „Generalgouvernement Jordanien" zu erneuter kolonialer Unterdrückung der arabischen Völker gebildet werden.[10]

In den folgenden Jahrzehnten blieb diese Assoziation Israels mit Nazideutschland ein beständiges Element kommunistischer, arabischer, palästinensischer, westdeutscher und westeuropäischer linker antiisraelischer Propaganda. Diese Verbindung war entscheidend für die Legitimation des Antizionismus und der Feindschaft gegen Israel in der globalen Linken.

Dieser Antagonismus ging mit der Lieferung von Waffen an arabische Staaten einher. Zwar lieferte Ostdeutschland nach Berichten der CIA nur etwa drei Prozent der Militärhilfe des Sowjetblocks an die arabischen Staaten; die größten Mengen an Waffen kamen aus der Sowjetunion. Dennoch gelang es diesem kleinen Land mit siebzehn Millionen Einwohnern, im Frühjahr und Sommer fünfzig MiG-Jets nach Ägypten und Syrien zu schicken.[11] Allein im Juni 1967 umfassten die ostdeutschen Lieferungen an Ägypten 35 sowjetische T-34/85-Panzer, 5.000 7,62-Millimeter-Kalaschnikow-Maschinengewehre mit 600.000 Kugeln, 6.000 MPi-41-Kalaschnikow-Maschinengewehre, 3.500 MPi-43/44-Kalaschnikow-Maschinengewehre sowie zusätzlich elf Millionen 7,62-Millimeter-Kugeln und fünf Millionen 7,9-Millimeter-Patronen.[12]

Nach dem Sechstagekrieg führten die arabischen Staaten, was sie einen Abnutzungskrieg nannten, der sowohl Artilleriegefechte mit den israelischen Streitkräften als auch terroristische Angriffe auf Israel einschloss. Aus den Akten des ostdeutschen Verteidigungsministeriums geht hervor, dass die DDR, während diese Angriffe im Gange waren, ihre kostenlose Waffenhilfe für die arabischen Staaten ausweitete, vor allem für Ägypten und Syrien.[13] Die Lieferungen umfassten dreißig MiG-17F-, zwanzig MiG-17-Kampfjets und 48 Düsentriebwerke sowie rückstoßfreie Gewehre, sechzig raketenangetriebene Panzerbüchsen, 17.500 MPi-41- sowie MPi-43/44-Kalaschnikow-Maschinengewehre, 430 leichte Maschinengewehre mit Munition, 150.000 Landminen, 3.500 Handgranaten sowie Helme, Uniformen und Rucksäcke.[14] Zusätzliche Lieferungen an die Guerillaorganisation Saika in Syrien enthielten sechs T-34-Panzer, 3.000 Maschinenpistolen, 560 Maschinengewehre, 2.000 Karabiner, 10.000 Handgranaten und 260 Ferngläser.[15] Am 13. Mai 1969 stimmte das Politbüro zu, der irakischen „Volksmiliz" – kostenlos – 5.000 MPi-43/44-Kalaschnikow-Maschinengewehre und zwölf Millionen 7,9-Millimeter-Patronen zu überlassen.[16]

Dass sich ideologische Leidenschaft und ostdeutsches Nationalinteresse wechselseitig verstärkten, wurde im Juni und Juli 1969 offensichtlich, als arabische Staaten der DDR die diplomatische Anerkennung gewährten. Am 30. April 1969 nahm der Irak als erstes Land mit nichtkommunistischer Regierung – nach Norodom Sihanouks Kambodscha – diplomatische Beziehungen zur DDR auf.[17] Die gemeinsame Erklärung, von DDR-Außenminister Otto Winzer und dem irakischen Außenminister Abdul Karim al-Sheikhly am 10. Mai 1969 in Bagdad verfasst, stellte einen klaren Zusammenhang zwischen der Entscheidung des Irak, diplomatische Beziehungen aufzunehmen, und der Position der DDR gegenüber Israel her. Die beiden Außenminister hoben „die Gemeinsamkeiten des Kampfes [...] gegen Imperialismus, Neonazismus, Kolonialismus und Zionismus“ hervor und bezeichneten Israel als „rassistisch, imperialistisch, reaktionär und aggressiv“. Die Beschreibung Israels als rassistischer Staat, imperialistische Speerspitze und als dem Nazismus ähnlich war somit bereits in den Anfängen der diplomatischen Beziehungen zwischen den beiden Ländern angelegt. Eine ähnliche Sprache begleitete die Etablierung diplomatischer Beziehungen zwischen der DDR und dem Sudan (3. Juni 1969), Syrien (5. Juni 1969) und Ägypten sowie dem Südjemen (10. Juli 1969). Es folgten vermehrte Lieferungen von MiG-Kampfflugzeugen an Syrien und Ägypten.[18] Für die DDR war die Feindschaft gegen Israel von entscheidender Bedeutung für ihre erfolgreiche Abwehr der Versuche der BRD, sie diplomatisch zu isolieren, sowie für ihre Bemühungen um Anerkennung in der arabischen Welt und darüber hinaus.

In denselben Jahren vertiefte der Sowjetblock seine Militärbündnisse mit den arabischen Staaten, eine Entwicklung, die weniger Beachtung fand als seine Verbindungen zur stärker nach Öffentlichkeit strebenden PLO. Heinz Hoffmann (1910–1985), Verteidigungsminister Ostdeutschlands von 1960 bis 1985, und Erich Honecker, Ulbrichts Nachfolger als Generalsekretär der SED, waren die zentralen Figuren bei der Entstehung und der Ausweitung der ostdeutschen Komponente dieser Bündnisse.[19] Im Oktober 1971 führte Hoffmann eine Militärdelegation der DDR auf einer Reise in den Irak, nach Ägypten und vor allem nach Syrien an. Dort traf er sowohl mit dem Präsidenten Hafiz al-Assad wie auch mit dem Chef des syrischen Generalstabs Mustafa Tlas zusammen. Während er die Solidarität im gemeinsamen Kampf gegen den Zionismus pries, beobachtete Hoffmann, dass Tlas eine Tendenz zum Ausdruck brachte, die „offensichtlich auch bei anderen leitenden Offizieren der arabischen Streitkräfte vorhanden“ war, nämlich eine „rückhaltlose Bewunderung der faschistischen Blitzkriegsstrategie und der sachlichen Leistungen der bürgerlichen deutschen Militärs“. Trotz Tlas’ Bewunderung für die Leistungen der Nazi-Armee zeigte Hoffmann sich zuversichtlich, dass die Syrer „in ihrem Kampf gegen den Feind siegen werden. Wir kämpfen gegen einen gemeinsamen Feind“, nämlich die Vereinigten Staaten und Israel.[20] Während des Kalten Krieges wurde das Syrien von Hafiz al-Assad zum Dreh- und Angelpunkt der zwischenstaatlichen Politik der Sowjetunion im Nahen Osten.

In einem Interview mit syrischen Journalisten zeigte Hoffmann sich „überzeugt, daß Sie [die Syrer] in Ihrem Kampf gegen den Feind siegen werden. Wir kämpfen gegen einen gemeinsamen Feind! Die amerikanischen Imperialisten unterstützen unsere Feinde in Europa und geben Israel Geld und Waffen, um ihre imperialistischen Interessen zu schützen."[21] Die Ostdeutschen und die Syrer führten „einen gemeinsamen Kampf gegen die imperialistischen und zionistischen Kräfte". Er war sich „sicher, daß das arabische Volk über seinen Feind siegen wird, so daß er seine Truppen von den besetzten arabischen Gebieten zurückziehen muß."[22]

Die Mischung aus Antagonismus gegen den „Feind" Israel und Unklarheit über die Bedeutung des Wortes „Sieg" war typisch für die Erklärungen des Sowjetblocks zu dieser Zeit. Würde dieser Sieg die vollständige Zerstörung Israels und seine Ersetzung durch einen von der PLO angestrebten Staat bedeuten? Würde er die Vertreibung der großen Mehrheit der jüdischen Bevölkerung bedeuten, wie sie die PLO-Charta von 1968 eindeutig implizierte? Oder handelte es sich lediglich um eine Aufforderung, Israel auf die Größe zu reduzieren, die den aus der Sicht der Israelis nicht verteidigbaren Grenzen von 1967 entsprach? Was war mit den „besetzten arabischen Gebieten" gemeint? Ging es um das Westjordanland und Gaza oder um ganz Israel? Indem sie Klarheit in diesen Fragen vermieden, folgten die Ostdeutschen dem sowjetischen Beispiel, während sie gleichzeitig eine Genfer Konferenz forderten, die den Konflikt auf dem Verhandlungsweg beenden sollte. Ihre arabischen Gesprächspartner, die damals die Legitimität Israels ablehnten, konnten vernünftigerweise schlussfolgern, die Weigerung der sowjetischen und der DDR-Führung, diese Fragen zu klären, würde bedeuten, dass die Kommunisten die Möglichkeit nicht ausschlossen, dass ein Sieg die Vernichtung des jüdischen Staates bedeuten könnte. Weder die Sowjets noch ihre ostdeutschen Verbündeten hatten ausgesprochen, dass Israel ein Recht habe zu existieren, geschweige denn die Forderungen der arabischen Staaten und der PLO nach seiner Zerstörung verurteilt. Im Gegenteil: Beide attackierten Anwar as-Sadat und andere, welche die arabische Welt drängten, Frieden mit Israel zu schließen, und brachten kompromisslosen und radikalen Kräften in der Region „Solidarität" entgegen.

Die Beziehungen zwischen der DDR und Syrien sowie zwischen Hoffmann und Tlas vertieften sich im nächsten Jahrzehnt. Am Ende eines Besuchs in Damaskus im Mai 1983 brachte Hoffmann einen Trinkspruch auf die Syrer und Tlas aus.[23] Nach vertrauten Anklagen gegen Israel, Imperialismus und Zionismus stieß Hoffmann auf die Freundschaft zwischen Syrien und der DDR an sowie auf die

> Kampfgemeinschaft der Soldaten der syrischen Streitkräfte und der Nationalen Volksarmee der DDR, auf die Gesundheit aller Mitglieder der syrischen Streitkräfte und auf dessen Verteidigungsminister, den Genossen General Mustafa Tlass![24]

Im selben Jahr veröffentlichte Mustafa Tlas *Die Matzen von Zion*, ein Werk, das eine syrische Version der Ritualmordlegende über die Juden enthielt, wonach diese arabische Kinder töten würden, um ihr Blut zum Backen von Matzen zu verwenden. Ostdeutsche Diplomaten und Militärführer wussten alsdann, mit wem sie verbündet waren, machten jedoch keine Anstalten, den offen antisemitischen, das heißt Juden hassenden syrischen Verteidigungsminister öffentlich zu schelten.[25] Es wäre ungeschickt gewesen, dies zu tun, da die Feindschaft gegen den jüdischen Staat ein zentrales Element der Bündnisse der DDR mit Syrien und anderen arabischen Staaten war, die sich im Kriegszustand mit Israel befanden.

Die Verbindungen zwischen der DDR und Assads Syrien brachten Lieferungen größerer und zahlreicherer Waffen mit sich, als Guerilla-Organisationen wie die PLO und ihre Partner sie erhielten.[26] Während des Jom-Kippur-Krieges 1973 nahm die Bundesrepublik einen neutralen Standpunkt ein und schloss sich anderen NATO-Mitgliedern darin an, amerikanischen Flugzeugen, die Israel mit Nachschub versorgten, die Erlaubnis zu verweigern, in der BRD aufzutanken. Umgekehrt verkündete Ostdeutschland lautstark seine Unterstützung der arabischen Staaten und schickte MiG-Kampfjets sowie zwei mit 2.000 Tonnen schweren Waffen beladene Frachter nach Syrien. Während die westdeutsche Regierung israelische Schiffe, die amerikanische Militärgüter in Empfang nehmen wollten, drängte, den Hafen von Bremerhaven zu verlassen, schickte die ostdeutsche Regierung mit ihren eigenen Schiffen geheime Waffenlieferungen in die arabischen Staaten, insbesondere nach Syrien. Zwei ostdeutsche Frachter lieferten ungefähr 2.200 Tonnen Material, darunter 62 sowjetische T-54-Panzer samt den erforderlichen Experten und Munition, 300 RPG-7-Panzerbüchsen mit 24.000 Granaten, 75.000 auf die Artilleriesysteme der syrischen Armee ausgelegte Granaten und 30.000 Landminen, die Panzer zerstören konnten.[27]

Ostdeutschland und die PLO

Erich Honecker, Generalsekretär des Zentralkomitees der SED und Oberhaupt der DDR von 1971 bis Oktober 1989, setzte die Politik seines Vorgängers Ulbricht fort und intensivierte sie. Er räumte der „Solidarität" mit kommunistischen und linksradikalen bewaffneten Bewegungen im Nahen Osten und in Subsahara-Afrika einen hohen Stellenwert ein, was eine sehr öffentliche Umarmung Jassir Arafats und der PLO von den frühen 1970ern bis zum Ende des Regimes einschloss. Im Jahr 1968 gab die PLO eine Charta heraus, in der sie zur Zerstörung des Staates Israel als

Ergebnis eines „bewaffneten Kampfes" aufrief. Darin hieß es, dass nur Juden, die vor 1947 nach „Palästina" gekommen waren, in dem palästinensischen Staat, der an die Stelle Israels treten sollte, würden bleiben dürfen. Mithin würden logischerweise etwa 1,8 Millionen Juden, die zwischen 1947 und den späten 1960ern in Israel geboren worden oder eingewandert waren, vertrieben werden. Mit anderen Worten: Es war ein Programm zur Vollendung der Vertreibung der Juden aus dem arabischen Nahen Osten, die sich nach dem arabisch-israelischen Krieg von 1948 beschleunigt hatte.[28] Die PLO-Charta betrachtete ganz Israel, nicht nur das Westjordanland und den Gazastreifen, als unter „zionistischer Besetzung" stehend. Sie lehnte jede Verhandlungsvereinbarung ab, die Israel unversehrt ließe. Die Charta rechtfertigte den Terrorismus gegen die große Mehrheit der Juden, die, wie sie insistierte, von vornherein kein Recht gehabt habe, in Palästina zu sein.[29]

Wenn die Sowjetunion und die anderen Staaten des Sowjetblocks einschließlich Ostdeutschlands in diesen Jahren „Solidarität" mit der PLO bekundeten, kam dies einem Angebot gleich, diese Politik zu unterstützen. Genau in jenen Jahren, in denen der Terror der PLO gegen Israel am intensivsten war, erschienen häufig Fotos von Jassir Arafat, die ihn etwa dabei zeigten, wie er einen lächelnden Erich Honecker buchstäblich umarmte, auf der Titelseite des *Neuen Deutschlands*, der offiziellen Zeitung der DDR-Regierung. In denselben Jahren weiteten die Staaten des Sowjetblocks inklusive der DDR ihre militärische Unterstützung der PLO aus. Während Honecker, Außenminister Winzer und andere aus der DDR-Führungsriege beteuerten, dass die Unterstützung der arabischen Staaten und der PLO mit Antisemitismus nichts zu tun habe, äußerten sie öffentlich kein einziges Wort der Kritik an den Terroranschlägen der PLO auf israelische Zivilisten.

Nach dem Anschlag auf die israelische Olympiamannschaft durch Terroristen der Organisation Schwarzer September bei den Olympischen Spielen in München am 5. September 1972 leugnete Arafat die Beteiligung der PLO daran. Am 17. September 1972 schrieb er an Honecker über das, was er „die Aktion von München" nannte, und zwar, weil

> wir [das Exekutivkomitee der PLO] Ihre aufrichtige Freundschaft gegenüber unserer Sache und Ihre Sympathie, die Sie uns entgegenbringen, und auch Ihre Anerkennung unseres Rechts in dem Kampf, den wir gutheißen, schätzen, darauf stolz sind und Hoffnung und Kraft daraus schöpfen.

Was er einforderte, war

> Verständnis für die Aktion von München unter Berücksichtigung des Gesamtproblems und seiner historischen Ereignisse mit all seinen politischen, nationalen und menschlichen Ausmaßen. Es ist unnütz, die Aktion losgelöst von der Strömung der Sache und von ihrem gesamthistorischen Rahmen zu sehen, wenn man richtig die tiefen Gründe und die Teilergebnisse unterscheiden will.[30]

Mit anderen Worten: In seinem Brief an Honecker rechtfertigte Arafat das Münchner Attentat.

Am 27. November 1972 schickte Honecker ein öffentliches Grußschreiben an die „Arabische Volkskonferenz zur Unterstützung der palästinensischen Revolution", die in Beirut stattfand.[31] Im Namen des Zentralkomitees der SED und „des gesamten Volkes" der DDR übermittelte er „herzliche Grüße" an die Konferenz, die Ausdruck der „hohen Verantwortung für die Festigung der Einheit und Geschlossenheit breiter Kräfte der arabischen Völker im Kampf gegen Imperialismus, Zionismus und Reaktion" sei. Das Münchner Massaker erwähnte er nicht. Stattdessen nahm er Bezug auf die „Kette jüngster israelischer Aggressionsakte gegen die Republik Libanon und die Syrische Arabische Republik". Sie hätten einmal mehr demonstriert, „dass Israel, gestützt auf die USA und andere imperialistische Staaten, nicht bereit ist, einer friedlichen Regelung des Nahost-Konfliktes zuzustimmen".[32]

Die „Geschichte der weltweiten Auseinandersetzung mit dem Imperialismus" habe gezeigt, dass die Einheit der „antiimperialistischen Kampffront" unter der Führung der Sowjetunion und der „sozialistischen Staatengemeinschaft" hinter „jede[m] Erfolg im Kampf um nationale Selbstbestimmung und sozialen Fortschritt" stehe. Die DDR stehe „wie in der Vergangenheit, so auch künftig fest an der Seite des arabisch-palästinensischen Volkes" sowie seiner „Widerstandsbewegung" und unterstütze dessen Recht auf Selbstbestimmung.[33] Von diesem Muster der Solidarität mit der PLO, zu dem das Schweigen über deren gegen Israelis gerichteten Terror in Verbindung mit der Anprangerung israelischer Vergeltungsmaßnahmen gehörte, rückte Honecker nie ab.

Vom 30. Oktober bis zum 2. November 1971 besuchte Arafat zum ersten Mal Ost-Berlin.[34] Bei mehreren weiteren Besuchen im Jahr 1973 traf er die Mitglieder des Politbüros Hermann Axen und Gerhard Grüneberg.[35] Im August 1973 feierten die Ostdeutschen Arafat bei den „Weltfestspielen der Jugend und Studenten" in Ost-Berlin als eine der Hauptattraktionen. Es folgte das erste von vielen Treffen mit Erich Honecker. Ebenfalls im August 1973 eröffnete die DDR als erster der kommunistischen Staaten ein PLO-Konsulat in ihrer Hauptstadt. Das war ein Jahr, bevor die Sowjetunion es ihr gleichtat.[36] Das Konsularabkommen rühmte den „gemeinsamen Kampf gegen Imperialismus und Zionismus".[37] Das von Arafat und Grüneberg am 2. August 1973 unterzeichnete Abkommen enthielt Bestimmungen über die Lieferung „zivile[r] und auch nicht zivile[r]" Solidaritätsgüter. Ähnliche Vereinbarungen über zivile und militärische Lieferungen wurden in den folgenden fünfzehn Jahren jährlich unterzeichnet.[38]

Die Eröffnung des PLO-Büros löste in der kleinen jüdischen Gemeinde in West-Berlin Bestürzung aus. Am 21. September 1973 veröffentlichte ihr Vorsitzender Heinz Galinski einen offenen Brief an Honecker, in dem er die „wachsende Besorgnis und Beunruhigung in der jüdischen Gemeinschaft" über die Einrichtung des PLO-Büros in Ost-Berlin zum Ausdruck brachte.[39]

> Mit Erstaunen stellen wir fest, dass die Haltung der DDR gegenüber Israel feindseliger ist als die anderer sozialistischer Länder. [...] Hin und wieder hören wir von Ihrer Seite die Versicherung, gegen die Juden habe man nichts, sondern verurteile und bekämpfe allein den Zionismus. Auch mit solchen Theorien haben wir unsere negativen praktischen Erfahrungen gemacht. Es kann keinem Zweifel unterliegen, dass eine so unsachliche und hasserfüllte Berichterstattung über Israel, wie sie seit Jahren in Presse, Rundfunk und Fernsehen der DDR zu finden ist, antisemitische Ressentiments erneut weckt und damit den Intentionen neonazistischer Elemente entgegenkommt. Menschen, die wie Sie zum Kreis der Verfolgten des nationalsozialistischen Regimes gehören, müssten sich solcher Wirkungen eigentlich ganz besonders bewusst sein. Uns schmerzt vor allem, dass Menschen [wie Sie], die mit uns unter dem Nationalsozialismus gelitten und gegen ihn gekämpft haben, so destruktive Regungen hervorbringen.[40]

Honecker antwortete nicht auf Galinskis Brief.

In den 1970er Jahren entwickelte sich die Beziehung zwischen der DDR und der PLO zu einem ausgewachsenen Bündnis, das militärische Ausbildung, Waffenlieferungen und die Kooperation zwischen der Stasi und dem Geheimdienst der PLO umfasste. Ein Ergebnis war die Formulierung einer eigenen ostdeutschen Definition von Terrorismusbekämpfung. Sie lief auf den Versuch hinaus, arabische und palästinensische Terroranschläge in Westdeutschland und Westeuropa, deren Planung nach Ostdeutschland hätte zurückverfolgt werden können, zu verhindern und gleichzeitig die Terroranschläge der PLO auf Israel zu unterstützen und zu erleichtern.[41] Im Juni 1979 unterzeichnete das MfS ein formelles Abkommen über die Zusammenarbeit mit den Nachrichtendiensten der PLO, das auf dem gemeinsamen Interesse beruhte, zu verhindern, dass die DDR als Basis für terroristische Operationen gegen Westeuropa genutzt würde, und zugleich zu ermöglichen, dass sie als Basis für terroristische Operationen gegen Israel dienen könnte.[42]

Die lächelnden Gesichter Arafats und Honeckers auf den Titelseiten des *Neuen Deutschlands* und im ostdeutschen Fernsehen wurden zu einem allgegenwärtigen Bestandteil der Allianz zwischen der DDR und der PLO. Die Allianz war dem Regime inzwischen ein Grund zum Stolz. Die Stasi-Akten offenbaren weitere Elemente ihrer operativen Dimensionen. Von 1957 bis zum Ende des Regimes 1989 war Erich Mielke Minister für Staatssicherheit. Er war von 1950 bis 1989 Mitglied des Zentralkomitees der SED und von 1976 bis 1989 Mitglied des Politbüros. Im Mai 1979 gab Mielke eine Untersuchung zur „Information über Aktivitäten von Vertretern der Palästinensischen Befreiungsbewegung in Verbindung mit internationalen Terroristen zur Einbeziehung der DDR bei der Vorbereitung von Gewaltakten in Ländern Westeuropas" in Auftrag.[43] Wie die Stasi erfahren hatte, wurden „von z. T. nicht eindeutig politisch bestimmbaren Kräften der palästinensischen Befreiungsbewegungen in Verbindung mit anarcho-terroristischen Gruppen aus westlichen Ländern verstärkt Versuche unternommen, das Territorium der DDR als logistischen Stützpunkt und Ausgangsbasis für die Durchführung von Gewaltakten in Westeuropa zu nutzen. Die großzügige solidarische Haltung der DDR zum nationalen Befreiungskampf der arabischen Völker wird dabei von diesen Kräften als günstiger Umstand für die Planung und Vorbereitung von Operationen angesehen." Gleiches galt für die Ost-Berliner „Kommunikationsmöglichkeiten". Im Gefolge des „Separat-Vertrages", das heißt des Abkommens von Camp David zwischen Israel und Ägypten vom April 1979,

> aktiviert[e] die palästinensische Befreiungsbewegung die Planung und Vorbereitung der als „Kriegshandlung" deklarierten Gewaltakte gegen westliche Länder. Derartige Aktivitäten vom Territorium der DDR aus schaffen politische Gefahren und beeinträchtigen unsere staatlichen Sicherheitsinteressen.[44]

Seit Anfang März 1979 war der Stasi bekannt, dass aktive Terroristen wie Ilich Ramírez-Sánchez, besser bekannt als „Carlos", beim Ersten Sekretär der Botschaft der Demokratischen Volksrepublik Jemen in Ost-Berlin zu Gast gewesen waren. Weitere Personen, mit denen sich die Stasi in Ost-Berlin befasste, waren der PLO-Funktionär Abu Hisham, ein Helfer von Salem Kalef alias Abu Ayad, dem Leiter des PLO-Geheimdienstes, Nabil

Kouleilat, der Leiter des PLO-Büros in Ost-Berlin, und Mitglieder der westdeutschen Bewegung 2. Juni.[45] Überdies wusste die Stasi, dass arabische, palästinensische, westdeutsche und westeuropäische terroristische Organisationen Ostdeutschland und andere Staaten des Sowjetblocks als Basis nutzten, von der aus sie versuchten, Terroranschläge in Westeuropa zu verüben, und dass diese Gruppen Pläne hatten, dies auch in Zukunft fortzuführen. Der Bericht betrachtete solche Aktionen, die westliche Nachrichtendienste nach Ostdeutschland und in den Sowjetblock zurückverfolgen konnten, als schädlich für die nationalen Interessen der DDR.[46] Mielke beschloss, die Zusammenarbeit zwischen der Stasi und den Nachrichtendiensten der PLO zu intensivieren, sowohl um Anschläge solchen Ursprungs in Westdeutschland und Westeuropa zu verhindern wie auch um die PLO in ihrer Kampagne gegen Israel zu unterstützen. Im Juni und August 1979 führte er mit dem PLO-Geheimdienstchef Abu Ayad Gespräche über diese Angelegenheiten.[47] Im Februar 1980 vereinbarten sie, dass ein ständiger Vertreter der PLO-Sicherheitsdienste in Ost-Berlin stationiert und ein Stasi-Offizier als Kontaktoffizier der PLO in Beirut im Libanon eingesetzt werden sollte.[48] Von hier an bis zum Zusammenbruch des Regimes 1989 traf sich Ayad oder sein Stellvertreter Amin al-Hindi mehrmals im Jahr mit Mielke oder mit Gerhard Neiber, dem Leiter der Hauptabteilung XXII, der Behörde für Terrorismusbekämpfung. Das Abkommen sah das „operative Zusammenwirken" zwischen der Stasi und dem PLO-Nachrichtendienst in Ostdeutschland vor.[49]

Am 15. Juli 1980 sprach Ayad mit Stasi-Beamten der Abteilung XXII über „terroristische Kräfte und ihre Aktivitäten".[50] Bevor er eine zwanzigseitige Bewertung diverser Terrororganisationen vorlegte, erklärte Ayad offen die Bedeutung einiger wichtiger Begriffe. Die PLO, sagte er, unterscheide zwischen „Rechtsterroristen", „linken Abenteurern" und „terroristischen Kräften, die im Interesse der palästinensischen Widerstandsbewegung tätig sind". Während sie sowohl die „Rechtsterroristen" als auch die „linken Abenteurer[]" ablehnte, unterstützte „die PLO die anderen terroristischen Kräfte bzw. arbeite teilweise mit ihnen zusammen".[51] Ayad vermied Euphemismen. Er verstand unter Terrorismus das absichtliche Angreifen von Zivilisten und unterschied ihn von Kriegshandlungen, die gegen militärische Kräfte gerichtet sind. In den einschlägigen Ausschüssen der Vereinten Nationen taten die PLO, die DDR und der Sowjetblock westliche Attacken gegen den „internationalen Terrorismus" als imperialistische Propaganda ab. Wenn sie jedoch miteinander sprachen, verzichteten die Funktionäre von Stasi und PLO auf die Beschönigungen für die Öffentlichkeit und sprachen offen über das Wesen des Terrorismus und ihre Unterstützung desselben.

> Die Stasi-Beamten, wahrscheinlich Mielke und Neiber, antworteten, dass die gewisse Duldung linksorientierter terroristischer Kräfte jedoch nur unter strikter Geheimhaltung, konsequenter Einhaltung der Gesetze [der DDR] und Ausschaltung jeglicher politischer und anderer Schäden für die DDR und ihre Verbündeten erfolgen kann.

Ayad versicherte seinen Amtskollegen, dass die PLO in dieser Angelegenheit mit dem MfS übereinstimme. Er regte an, dass eine Einigung über diese Fragen eine Grundlage sei, „den Informationsaustausch weiter zu verbessern". Ayad nannte dann Einzelheiten „über terroristische Gruppen und Kräfte [...], zu denen die PLO Kontakte und Verbindungen unterhält".[52] Zu den in Rede stehenden Gruppen gehörten diejenige um Carlos, Abu Nidal, der Iraker Saddam Hussein, ehemalige Mitglieder der Gruppe um Wadi Haddad, die Armenische Befreiungsfront und die Japanische Rote Armee. In Bezug auf „terroristische Gruppen in der BRD" sagte er, dass die PLO keinen Kontakt mit der Bewegung 2. Juni oder der Rote-Armee-Fraktion habe, aber sie habe Kontakte zu den Revolutionären Zellen entwickelt, der Gruppe, die 1976 an der Entführung eines Air-France-Flugzeuges nach Entebbe in Uganda beteiligt gewesen war. 1981 erzählte Ayad den Stasi-Beamten, dass die PLO mit den Revolutionären Zellen zusammenarbeite und beabsichtige, „die Verbindungen zu sogenannten ‚Revolutionären Zellen' in der BRD auszubauen und evtl. auch zur Durchführung bestimmter bewaffneter Aktionen zu nutzen".[53]

Die Stasi-Chefs meldeten weder gegen diese Verbindungen noch gegen palästinensische Terroranschläge auf Israel Bedenken an. Ihr Hauptanliegen war es, arabische und palästinensische Terroristen davon abzuhalten, ostdeutsches Gebiet als Basis für Angriffe in Westdeutschland und Westeuropa zu nutzen. Die Stasi wusste, dass radikale Araber und Palästinenser aus dem Nahen Osten und anderen Ländern des Warschauer Paktes mit falschen Pässen nach Ost-Berlin gereist, anschließend nach West-Berlin und von dort nach Westdeutschland und Westeuropa weitergereist waren, wo sie Terroranschläge verüben konnten. Das Problem der DDR bestand darin, ihre Selbstdarstellung als Verfechterin von Frieden, Entspannung und besseren Beziehungen zum Westen mit der Duldung und möglicherweise der aktiven Unterstützung terroristischer Gruppen, die Anschläge in Westdeutschland und Westeuropa verübten, in Einklang bringen zu wollen.[54] Die Stasi strebte nach der Quadratur des Kreises. Zur selben Zeit, zu der sie der PLO Waffen lieferte und ihr militärische Schulungen offerierte (ebenso wie der Volksfront für die Befreiung Palästinas sowie der Volksdemokratischen Front für die Befreiung Palästinas), während diese Terroranschläge gegen Israel und vielleicht auch anderswo in der Welt verübte, arbeitete sie mit der PLO dahin gehend zusammen, Terroranschläge in Westdeutschland und Westeuropa zu verhindern, die auf die DDR, die Sowjetunion oder andere kommunistische Regime in Osteuropa hätten zurückgeführt werden können. Terroranschläge von Europa weg und zu Israel hin zu verlagern, war Teil der Stasi-Definition von „Terrorismusbekämpfung".

Aus den Akten der Abteilung Bewaffnung und Chemischer Dienst (BCD) der Stasi geht hervor, dass sie auch bei der Lieferung von Waffen an die PLO eine Schlüsselrolle spielte. Am 4. August 1980, kurz nach den Gesprächen über die Bedeutung des Terrorismus, lieferte das MfS der PLO folgende Waffen: 2.000 MPi, eine modernisierte Version des berühmten Kalaschnikow-Maschinengewehrs, 5.000 Handgranaten, 750 Sprengstoffe zu je 200 Gramm, 372 Sprengstoffe zu je 400 Gramm sowie Zünder und Draht, alles im Wert von 1.296.000 Mark.[55] Am 11. April 1980 sandte das MfS Folgendes an die PLO: 5.000 Handgranaten sowie Sprengstoff, Zünder, Draht und Munition im Wert von 114.102,38 Mark.[56] Im Februar 1981 schickte die Abteilung BCD 3.500 Kalaschnikows und 350 Paletten Munition. 1981, als die PLO ihr Arsenal im Libanon aufbaute, hatten die Waffenlieferungen der Stasi einen Wert von 2.269.190 Mark.[57] Am 6. April 1982 schickte das MfS der PLO 564.400 Kugeln und 1.400 Kalaschnikows. Am 23. April 1982 sandte es zehn Panzerbüchsen und fünf schwere Maschinengewehre im Wert von 18.905 respektive 35.225 Mark.[58]

Im Juni 1982 marschierte Israel in den Libanon ein, um ein seinerzeit beträchtliches Arsenal und eine Armee der PLO zu zerstören, die sich dort herausgebildet hatten. Am 1. Juli 1982 schickte die DDR der PLO 900 MPi-KMS-72-Kalaschnikows im Wert von 583.000 Mark, 720 Handgranaten im Wert von 11.260,80 Mark, 297.480 Kugeln im Wert von 121.907,30 Mark, 15 RPG-7-Panzerbüchsen im Wert von 67.410,75 Mark und zwei leichte Maschinengewehre des Typs IMG RPK Kaliber 7,62.[59] Am 7. Juli 1982 lieferte sie 96 HL-Granaten für den Angriff auf Panzer im Wert von 46.694,40 Mark.[60] Die Kosten der Waffenlieferungen in dieser einen Woche im Juli 1981 betrugen über 720.000 Mark. Insgesamt versandte die Stasi von 1980 bis 1982 8.300 Kalaschnikows und 10.896 Handgranaten an die PLO, vermutlich als „Solidaritätsgüter" und damit kostenlos. Die Stasi-Beamten waren sich sehr wohl bewusst, dass die Waffen dazu bestimmt waren, in Krieg und Terrorkampagnen gegen die Bürger Israels eingesetzt zu werden.

Seit der Mitte der 1960er Jahre spielte das Verteidigungsministerium der DDR eine wichtige Rolle bei der Lieferung schwererer Waffen, darunter Panzer, Flugzeuge und größere Geschütze, an Ägypten und Syrien.[61] Wie die Beurteilungen der CIA zeigten, rückte Hafiz al-Assads Syrien nach dem Bruch des ägyptischen Präsidenten Anwar as-Sadat mit dem Sowjetblock im Jahr 1975 noch stärker in das Zentrum von dessen militärischer und wirtschaftlicher Unterstützung. Die Aufzeichnungen über die ostdeutschen Waffenlieferungen an Syrien während des Jom-Kippur-Krieges im Oktober 1973 bieten eindrucksvolle Belege der Tiefe ihrer Beziehung zu Assads Regime. Honecker bewilligte die Entsendung eines Geschwaders von zwölf MiG-21-Abfangjägern der DDR-Luftwaffe samt der erforderlichen Munition und Experten.[62] Ostdeutsche Piloten flogen sie nach Budapest, von wo aus sie in sowjetischen Transportflugzeugen nach Syrien geliefert wurden. Zwei ostdeutsche Frachtschiffe, die Freyburg und die Klosterfelde, liefen Mitte Oktober im Rostocker Hafen aus und erreichten am 1. und 2. November 1973 den syrischen Hafen von Tartus. Ihre Ladung von ungefähr 2.200 Tonnen militärischer Ausrüstung umfasste 62 sowjetische T-54-Panzer zuzüglich der notwendigen Experten und Munition, 300 RPG-7-Panzerbüchsen mit 24.000 Granaten, 75.000 Granaten, die auf Kompatibilität mit den Artilleriesystemen der syrischen Armee ausgelegt waren, und 30.000 Landminen, die Panzer zerstören konnten.[63] Heinz Hoffmann ordnete an, dass alle deutschsprachigen Beschriftungen auf den Panzern zu tilgen und durch russischsprachige Kennzeichnungen und Begleitdokumente zu ersetzen seien.[64] 2.200 Tonnen militärische Ausrüstung waren ein Bruchteil dessen, was die Sowjetunion nach Syrien sandte, sowie ein Bruchteil der massiven amerikanischen Nachschuboperation für Israel, die Präsident Nixon anordnete und die für Israels Fähigkeit, sich von den ersten arabischen Überraschungsangriffen an Jom Kippur zu erholen, entscheidend war. Dennoch war die Lieferung Honecker wichtig genug, dass er dreißig tägliche Berichte über die Fahrt der Freyburg und der Klosterfelde und die Entladung in Tartus in Syrien erhielt.[65] Die ostdeutsche Solidarität mit den arabischen Staaten stand im Kontrast zur offiziellen westdeutschen Position der Neutralität während des Krieges.

Die Generalversammlung der Vereinten Nationen wurde zu der zentralen politischen Institution, durch die der Antizionismus sich über die Grenzen der regionalen arabischen Politik hinaus ausbreitete und zu einem Schlüsselelement der politischen Kultur der Weltpolitik avancierte. Die Sowjetunion und ihre Verbündeten spielten eine Schlüsselrolle in diesem Prozess der Internationalisierung. Nachdem sie 1973 Mitglied der Vereinten Nationen geworden war, ordnete die DDR sich inmitten der großen antiisraelischen Mehrheit in der Generalversammlung ein.[66] 1975 gehörte sie zu den zwanzig Miteinreichern der Resolution, die den Anker der PLO bei den Vereinten Nationen hervorbrachte, den Ausschuss für die Ausübung der unveräußerlichen Rechte des palästinensischen Volkes (engl. *Committee for the Exercise of the Inalinable Rights of the Palestinian People*, CEIRPP). Sie schloss sich der Mehrheit von 72 Nationen in der Generalversammlung an, die für die „Zionismus ist Rassismus"-Resolution vom 10. November 1975 stimmte. Chaim Herzog, Israels Botschafter bei der UN, sagte damals vor der Generalversammlung, dass die UN durch die Resolution „zum Weltzentrum des Antisemitismus" geworden seien. „Hitler hätte sich im vergangenen Jahr bei einer Reihe von Gelegenheiten sehr wohl gefühlt, hätte er die Vorgänge in diesem Forum verfolgt, und vor allem die Vorgänge während der Debatte über den Zionismus."[67]

In seiner Stellungnahme zur Verabschiedung der „Zionismus ist Rassismus"-Resolution vom 10. November erklärte der amerikanische Botschafter bei den UN, Daniel Patrick Moynihan, dass die Resolution „eine Lüge" sei und dass „ein großes Übel auf die Welt losgelassen worden ist. Die Abscheulichkeit des Antisemitismus [...] hat den Anschein internationaler Billigung erhalten." Moynihan fügte hinzu: „Wenn, wie der ehrenwerte Vertreter [der Sowjetunion] erklärte, Rassismus eine Form des Nazismus ist, und wenn, wie diese Resolution erklärt, der Zionismus eine Form des Rassismus ist, dann haben wir uns Schritt für Schritt an den Punkt gebracht zu verkünden – die Vereinten Nationen verkünden es feierlich –, der Zionismus sei eine Form des Nazismus." Dies sei eine Lüge, die in den „Annalen der Unwahrheit und Empörung" des 20. Jahrhunderts „kaum übertroffen" werde. „Die Lüge ist, dass der Zionismus eine Form des Rassismus sei. Die überwältigend klare Wahrheit ist, dass er es nicht ist."[68] Dennoch war es diese Lüge, dass der Zionismus tatsächlich nicht nur eine Form des Rassismus, sondern auch „eine Form des Nazismus" sei, die so verheerend effektiv für die Globalisierung des Antisemitismus in den Hallen der Vereinten Nationen war. Die DDR machte dabei mit, die Traditionen des kommunistischen Antifaschismus und Antiimperialismus in den Dienst dieses Angriffs auf den Zionismus und den Staat Israel zu stellen. Sie folgte begeistert dem Beispiel der Sowjetunion und stimmte für diese und viele andere antiisraelische Resolutionen bei den UN. Damit leistete sie einen bedeutenden Beitrag zur Globalisierung des in die Rhetorik des Antizionismus eingebetteten Antisemitismus.

Am 14. Oktober 1974 sprach sich Yosef Tekoah, Israels Botschafter bei den Vereinten Nationen, gegen eine Resolution aus, durch die der PLO der Beobachterstatus in der Organisation zuerkannt werden sollte, und verwies auf das Programm der PLO, den Staat Israel zu zerstören, sowie auf ihre Anwendung der „abscheulichsten Methoden [...], welche die Menschheit in den letzten Jahrzehnten erlebte: den absichtlichen Mord an unschuldigen Zivilisten".[69] Peter Florin, ostdeutscher

UN-Botschafter, erwiderte, dass „wir die PLO in ihrem beschwerlichen und gerechten Kampf, dem Volk von Palästina die Ausübung seiner legitimen Rechte zu sichern, voll und ganz unterstützen". Unter Bezugnahme auf Tekoahs Kommentar fügte er hinzu:

> Die Verleumdungen der israelischen Vertreter gegenüber der PLO sind lediglich ein verzweifelter Versuch, die Aufmerksamkeit von Israels anhaltender Aggression gegen die benachbarten arabischen Staaten abzulenken, und zeigen, dass Israel immer noch nicht geneigt ist, die Rechte des arabischen Volkes von Palästina anzuerkennen.[70]

In ebendiesen Jahren, in denen die PLO und die ihr angegliederten Organisationen (die Volksfront für die Befreiung Palästinas und die Volksdemokratische Front für die Befreiung Palästinas) in Nordisrael Anschläge auf israelische Bürger verübten, verstärkte sich die ostdeutsche Unterstützung dieser Organisationen, die sich dem Terrorismus verschrieben hatten.[71]

Die Reaktion der Sowjetunion und Ostdeutschlands auf den Einmarsch Israels in den Libanon im Jahr 1982 war ein Beispiel dessen, wie Antizionismus die Grenze zum Antisemitismus überschritt. Der Krieg fand statt nach fast einem Jahrzehnt terroristischer Angriffe auf die Städte Nordisraels, die von PLO-Stützpunkten im Südlibanon ausgegangen waren; daher kam sein Name „Frieden für Galiläa". Sowohl in Israel wie auch im Ausland war der Krieg umstritten. Das Unterscheidungsmerkmal der Propaganda des Sowjetblocks inklusive der DDR während des Krieges war dessen Bezeichnung als „Ausrottungskrieg", ein Ausdruck, der mit dem Krieg der Nazis an der deutschen Ostfront im Zweiten Weltkrieg verbunden war und den das *Neue Deutschland* nun am 28. Juni 1982 hinausplärrte. Am 29. Juni schrieb der Außenminister der DDR Oskar Fischer an UN-Generalsekretär Pérez de Cuéllar, um die Anklage des „Ausrottungskrieges" zu wiederholen. Am 6. Juli 1982 druckte das *Neue Deutschland* einen Artikel aus der *Prawda* nach, der behauptete, „die Zionisten lösen die ‚Palästina-Frage' genauso, wie die Nazis die ‚Juden-Frage' [...] gelöst haben – durch totale Vernichtung und Völkermord. Das ‚Groß-Israel' wird mit den gleichen Methoden errichtet wie auch das ‚Groß-Deutschland' [...], und zwar durch Aggression und territoriale Eroberung auf Kosten der Knochen und des Blutes anderer Völker." Im Juli beschrieb das *Neue Deutschland* Israels Krieg im Libanon mit Substantiven, die für ihre Assoziation mit Nazideutschland berüchtigt sind: Sonderkommando, Mordfeldzug, Ausrottungskrieg und Völkermord.[72] In jenem Sommer veröffentlichte das *Neue Deutschland* wild aufgeblähte Zahlen ziviler Todesopfer, die es auch nicht korrigierte, als sowohl libanesische wie auch israelische Quellen akkurate und weitaus niedrigere Zahlen meldeten. Während die sowjetische Presse das Motiv „der Israeli als Nazi" wiederholte, das in den UN-Debatten 1967 aufgekommen war, waren die Ostdeutschen ein wenig zurückhaltender, indem sie die Zionisten lediglich als Massenmörder und Praktiker des Völkermords bezeichneten.[73] Laut den Propagandaorganen des Sowjetblocks, einschließlich der ostdeutschen, bestätigte Israels Krieg im Libanon das, was Moynihan die Lüge genannt hatte, dass der Zionismus eine Form des Nazismus sei.[74]

Schluss

Nach der iranischen Revolution von 1979, der Veröffentlichung der Hamas-Charta 1988, den Revolutionen von 1989 in Osteuropa und dem Zusammenbruch der Sowjetunion 1991 traten wieder Islamisten als führende Kraft im Krieg gegen den jüdischen Staat auf. Im Gegensatz zu den Kommunisten und der radikalen Linken verkündeten die Islamisten stolz ihren Hass auf die Juden und das Judentum, rechtfertigten diesen Hass religiös und nicht säkular, verzichteten auf Rhetorik über diplomatische und friedliche Lösungen und erklärten stolz, den Staat Israel mit Waffengewalt zerstören zu wollen. Der Islamismus ließ die klassische öffentliche Konvergenz von Antisemitismus und Antizionismus wieder aufleben, die es in Nazideutschland gegeben hatte. Indes überlebten die Denkgewohnheiten der säkularen kommunistischen und linken Ära den Zusammenbruch der Sowjetunion und der osteuropäischen kommunistischen Staaten, weil es den Kommunisten gelungen war, Unwahrheiten über Israel mit der Sache des Antifaschismus, der des Antiimperialismus und dann jener des Antirassismus zu verbinden.

Wir kehren zu der eingangs getroffenen Aussage über den Kommunismus des Sowjetblocks als eine antizionistische Brücke zurück. In den vier Jahrzehnten nach dem Holocaust haben der Kommunismus und die radikale Linke für den Antisemitismus getan, was der Islamismus nicht leisten konnte. Selbst noch in den 1960er und 1970er Jahren waren die Erinnerungen an Mohammed Amin al-Husseinis Radiosendungen aus Nazi-Berlin oder Sayyid Qutbs Rechtfertigungen des Holocaust in seinem Buch *Unser Kampf mit den Juden* zu nah am Buchstaben und am Geist des Nationalsozialismus, als dass sie über die radikalnationalistischen arabischen oder islamistischen Milieus Nordafrikas und des Nahen Ostens hinaus Anklang gefunden hätten. Ein Antizionismus, der insistierte, mit Antisemitismus nichts zu tun zu haben, der im Namen von Antifaschismus und Antiimperialismus sprach und der von einer Macht, der

Sowjetunion, ausging, die eine entscheidende Rolle beim Sieg über Nazideutschland gespielt hatte, erwies sich als mächtiger Träger einer Reihe von Vorstellungen und Tatsachenbehauptungen über den Staat Israel, die seine Legitimität leugneten und bewaffnete Angriffe auf seine Bürger rechtfertigten. Es war dieser kommunistische und radikallinke Antizionismus, der zu wiederholten Niederlagen Israels in der Generalversammlung der Vereinten Nationen beitrug und diese zu dem machte, was Chaim Herzog das „Weltzentrum des Antisemitismus" nannte. Es handelte sich um Vorstellungen, die Gleichgültigkeit gegenüber terroristischen Angriffen auf Israelis förderten, diese Angriffe als Teil eines legitimen Kampfes zur nationalen Befreiung rechtfertigten und Entschuldigungen für offenen Judenhass boten, wenn dieser von Arabern und Palästinensern ausging. Der Antizionismus der kommunistischen Ära während des Kalten Krieges machte den Hass auf den jüdischen Staat auch bei denen salonfähig, welche die Sprache der Menschenrechte, des Antirassismus und des Antikolonialismus sprachen. Durch den globalen Wettbewerb mit den Vereinigten Staaten und ihren Verbündeten verbreiteten die Sowjetunion und ihre Verbündeten über die Grenzen des Nahen Ostens hinaus Unwahrheiten über und Hass auf Israel und die Israelis. Die wichtigste Arena dieser Globalisierung waren die Vereinten Nationen, wo ostdeutsche Diplomaten intensiv an den antizionistischen Bemühungen mitwirkten.

Der kommunistische Antizionismus beschrieb den Platz des Staates Israel in der Weltpolitik auf eine Weise, wie europäische Antisemiten die Juden in der europäischen Geschichte betrachtet hatten, das heißt als gewalttätig, aggressiv, mörderisch und als eine große Gefahr für die ganze Welt. Er präsentierte Israel sowohl als eine Manifestation einer bösen Moderne, die heute westlicher Imperialismus genannt wird, wie auch als einen Anachronismus, dessen nationaler Befreiungskampf irgendwie nicht akzeptabel sei, während die Nationalismen der Palästinenser und der arabischen Staaten zu rühmen seien. Die wiederholte Unwahrheit, dass die Israelis sich wie die Nazis verhielten, war zentral für den kommunistischen Antizionismus. Indem er den jüdischen Staat mit der Verkörperung des radikal Bösen in der modernen Geschichte assoziierte, leistete der kommunistische Antizionismus einen bedeutenden Beitrag zum Fortbestehen des Antisemitismus. Denn wenn der jüdische Staat Völkermord, grobe Menschenrechtsverletzungen und Vernichtungskriege praktizierte, hatte dies dann nicht etwas mit dem Charakter der Juden zu tun, die den Staat Israel gegründet hatten?

Am 11. März 1978 legte Jassir Arafat am Mahnmal für die „Opfer des Faschismus und Militarismus" in Ost-Berlin einen Kranz nieder. Ein

Foto von der Veranstaltung zeigt Arafat, wie er zwischen Gerhard Grüneberg, Mitglied des DDR-Politbüros, der die Abkommen mit der PLO ausgehandelt und unterzeichnet hatte, und einem ostdeutschen Militäroffizier läuft, der Ähnlichkeit mit Verteidigungsminister Heinz Hoffmann hat. Im Hintergrund stehen Einheiten der ostdeutschen Nationalen Volksarmee stramm.[75] Indem das Bild das Gedenken an die Opfer des Faschismus mit der Ehrung des Anführers der Palästinensischen Befreiungsorganisation verknüpft, die sich damals im Krieg mit Israel befand, fängt es den Kern der gegen den Staat Israel gerichteten Propaganda des Sowjetblocks und der DDR ein, nämlich dass der Krieg gegen Israel ein weiteres Kapitel in der Geschichte des Antifaschismus sei.

In Ostdeutschland bot der unerklärte Krieg des Sowjetblocks gegen den jüdischen Staat eine Art nationale Befreiung von der Bürde der deutschen Geschichte der Nazi-Ära. Er stand im Einklang mit der ostdeutschen kommunistischen Überzeugung, dass die DDR als ein offiziell „antifaschistisches" Regime keine besonderen Verpflichtungen oder Verantwortlichkeiten gegenüber jüdischen Überlebenden des Holocaust habe. Die Oberen der DDR glaubten, dass Solidarität mit den arabischen Staaten und der PLO sie aus den Kontinuitäten der deutschen Geschichte heraushebe, wodurch sie sich auf der richtigen Seite einer historischen Dialektik der globalen antiimperialistischen Revolution einordnen könnten. Dabei wurden die ostdeutschen Kommunisten blind für die Tatsache, dass sie die zweite deutsche Diktatur im 20. Jahrhundert waren, die eine Politik einführte, welche den Juden Tod und Versehrung bringen würde. Die ostdeutsche Unterstützung der arabischen Staaten und der palästinensischen Terrororganisationen war nicht mit der „Endlösung" Nazideutschlands vergleichbar, doch stellte sie eine Unterstützung von Regierungen und Organisationen dar, deren klares Ziel die Zerstörung des jüdischen Staates und damit der Tod und das Leid vieler Juden war, einschließlich jüdischer Überlebender des Holocaust.

Nach dem Kollaps der kommunistischen Diktatur im Herbst 1989 tagte die Volkskammer vom 5. April bis zum 2. Oktober 1990 nunmehr als das erste demokratisch gewählte Parlament in Ostdeutschland seit 1932. Am 12. April 1990 verabschiedete die Volkskammer einstimmig eine Erklärung, die von allen im Parlament vertretenen Parteien unterstützt wurde.[76] Diese Erklärung lenkte die Aufmerksamkeit insbesondere auf den Völkermord der Nazis an den europäischen Juden und brachte Scham angesichts dieser Last der deutschen Geschichte zum Ausdruck.

> Wir bitten die Juden in aller Welt um Verzeihung. Wir bitten das Volk in Israel um Verzeihung für Heuchelei und Feindseligkeit der offiziel-

> len DDR-Politik gegenüber dem Staat Israel und für die Verfolgung und Entwürdigung jüdischer Mitbürger auch nach 1945 in unserem Lande.[77]

Die Volkskammer sah der Aufnahme diplomatischer Beziehungen zu Israel entgegen, etwas, das die DDR nie getan hatte. Am 22. Juli 1990 fasste die Volkskammer einen weiteren Beschluss, wonach die Unterstützung der DDR für die Resolution 3379 der Vereinten Nationen vom 10. November 1975, die den Zionismus als eine Form des Rassismus verurteilte, zurückgewiesen wurde. 23 Abgeordnete aus einem Spektrum, das alle Parteien außer der Nachfolgepartei der DDR-Kommunisten umfasste, hatten den Antrag gestellt. Unter ihnen waren der federführende Fürsprecher Konrad Weiß, der spätere Bundestagspräsident Wolfgang Thierse und der spätere Bundespräsident eines vereinigten Deutschlands Joachim Gauck.[78]

> Die Volkskammer der Deutschen Demokratischen Republik distanziert sich in aller Form von der hierzulande jahrzehntelang praktizierten antiisraelischen und antizionistischen Politik und bedauert deren innen- und außenpolitische Folgen. Sie distanziert sich insbesondere von der Zustimmung zur Resolution Nr. 3379 (XXX) der UN-Vollversammlung vom 10. November 1975 über die Beseitigung aller Formen der rassischen Diskriminierung unter Hinweis auf die darin festgestellte Gleichsetzung des Zionismus mit Rassismus und rassischer Diskriminierung.[79]

Im Frühjahr und Sommer 1990, inmitten der folgenschweren Ereignisse der friedlichen Revolutionen, welche die kommunistischen Diktaturen in Europa zu Fall brachten, begriffen die Mitglieder der kurzlebigen demokratisch gewählten Volkskammer die Bedeutung der in diesem Kapitel erörterten Ereignisse. Infolge der Öffnung der Archive, ermöglicht durch die friedliche ostdeutsche Revolution von 1989, waren wir nun in der Lage, dem unerklärten Krieg des Sowjetblocks und Ostdeutschlands gegen Israel sowie der antizionistischen und antisemitischen Brücke, die er zu bauen half, die adäquate wissenschaftliche Aufmerksamkeit zu widmen.

Anmerkungen

Auszüge von Jeffrey Herf: *Undeclared Wars with Israel: East Germany and the West German Far Left, 1967–1989* (Cambridge University Press), Copyright 2016, abgedruckt mit Genehmigung von Cambridge University Press [dem Lizenzgeber] über PLSclear. Alle Rechte vorbehalten; Jeffrey Herf: „‚At War with Israel': East Germany's Key Role in Soviet Policy in the Middle East", *Journal of Cold War Studies* Sommer 16, 3 (2014), © 2014 bei dem Präsidenten und Fellows des Harvard College und des Massachusetts Institute of Technology, 129–163; Jeffrey Herf: „The Anti-Zionist Bridge: The East German Communist Contribution to Antisemitism's Revival after the Holocaust", *Antisemitism Studies* 23, 1 (Frühjahr 2017), 130–156. Copyright Indiana University Press. 2017. Nachdruck mit Genehmigung. Alle Rechte vorbehalten.

1 Siehe Jeffrey Herf: *Israel's Moment: International Support for and Opposition to Establishing the Jewish State, 1947–1949* (New York: Cambridge University Press, 2022).

2 Die offizielle Bezeichnung des Landes als „Deutsche Demokratische Republik" und ihre gebräuchliche Abkürzung „DDR" sind ein Beispiel für orwellsche Doppeldeutigkeit. Es handelte sich um ein Regime, das weder demokratisch war noch auf republikanischen Grundsätzen beruhte, die *checks and balances* und die friedliche Übertragung der Macht in freien und fairen Wahlen vorsehen. Die Regierung war eine Parteidiktatur. Das Parlament war ein Erfüllungsgehilfe. Es war ein „kommunistisches" und kein „sozialistisches" Experiment. Die Reproduktion des Namens „DDR" in akademischen und journalistischen Kommentaren trägt zur Vernebelung der Realitäten bei. Ich bevorzuge den Terminus „Ostdeutschland", obwohl ich, um Zeit und Platz zu sparen, gelegentlich von der „DDR" spreche.

3 Jeffrey Herf: *Unerklärte Kriege gegen Israel: Die DDR und die westdeutsche radikale Linke, 1967–1989* (Göttingen: Wallstein Verlag, 2019); auf Englisch erschienen als *Undeclared Wars with Israel: East Germany and the West German Far Left, 1967–1989* (New York: Cambridge University Press, 2016).

4 Dieser Aufsatz stützt sich auf Jeffrey Herf: „The Anti-Zionist Bridge: The East German Communist Contribution to Antisemitism's Revival After the Holocaust", *Antisemitism Studies* 23, 1 (Frühjahr 2017), 130–156; ders.: „At War with Israel: East Germany's Key Role in Soviet Policy in the Middle East", *Journal of Cold War Studies* 16, 3 (Sommer 2014), 129–163; und ders.: *Unerklärte Kriege gegen Israel.*

5 Robert S. Wistrich: „Holocaust Inversion", in: Anthony McElligott und Jeffrey Herf (Hrsg.): *Antisemitism Before and Since the Holocaust: Altered Contexts and Recent Perspectives* (London: Palgrave/Macmillan, 2017), 37–49.

6 Siehe Herf: *Unerklärte Kriege gegen Israel.*

7 Zu biographischen Details über Walter Ulbricht und Erich Honecker siehe die Einträge „Ulbricht, Walter" und „Honecker, Erich", in Bernd-Rainer Barth et al.: *Wer war wer in der DDR: Ein biographisches Handbuch* (Frankfurt am Main:

S. Fischer, 1996), 750, 321–322. Zu Honecker bis 1945 siehe auch Martin Sabrow: *Erich Honecker: Das Leben davor, 1912–1945* (München: C. H. Beck, 2016).

8 Herf: „Diplomatischer Durchbruch, 1969–1973", in : ders.: *Unerklärte Kriege gegen Israel*, 138–177; Alexander Troche: *Ulbricht und die Dritte Welt: Ost-Berlins „Kampf" gegen die Bonner „Alleinvertretungsanmaßung"* (Erlangen: Palm und Enke, 1996).

9 „Sicherheit für die friedliche Arbeit unseres Volkes: Kernsätze aus der Rede Walter Ulbrichts", in *Neues Deutschland*, 15. Juni 1967, 1, 3; siehe „Walter Ulbrichts Rede vom 15. Juni 1967 in Leipzig", in Herf: *Unerklärte Kriege gegen Israel*, 72–80.

10 Ebd., 74.

11 Siehe Herf: „Die DDR und der Sechstagekrieg, Juni 1967", in: ders.: *Unerklärte Kriege gegen Israel*, 48–91. „Anlage Nr. 1 zum Protokoll Nr. 7/67 vom 7.8.1967; Betr.: Maßnahmen im Zusammenhang mit der Situation im Nahen und Mittleren Osten", BAB SAPMO DY 30/J IV 2/2/1117, 7. Zum Politbüro gehörten Walter Ulbricht, Friedrich Ebert, Gerhard Grüneberg, Fritz Hager, Erich Honecker, Herman Matern, Gunter Mittag, Albert Norden und Willi Stoph.

12 Klaus Storkmann: „Tabelle 14: Aufstellung der vom MvNV am 14. Juni 1967 gemeldeten Hilfslieferungen an die VAR (Auszüge)", in: ders.: *Geheime Solidarität: Militärbeziehungen und Militärhilfen der DDR in die „Dritte Welt"* (Berlin: Ch. Links Verlag, 2012), 600.

13 „Kostenlose Hilfslieferungen, GVS-Nr.: A 76 938", BAMA DVWI 115671, MfNV, Sekr. d. Ministers. Unterlagen zur Vorbereitung d. Militärdelegation in den arabischen Staaten, 6–7.

14 Ebd., 31.

15 „Kostenlose Hilfslieferungen, GVS-Nr.: A 76 950", BAMA DVWI 115671, MfNV, Sekr. d. Ministers. Unterlagen zur Vorbereitung d. Militärdelegation in den arabischen Staaten, 30–31.

16 Generaloberst Heinz Keßler an Generalleutnant Borning, [Ost-]Berlin, 9. Juli 1970, BAMA, MfNV, DVWI 115537, 105. Siehe auch Herf: „Diplomatischer Durchbruch, 1969–1973" in: ders.: *Unerklärte Kriege gegen Israel*, 138–177; Heinz Keßler an Paul Markowski, [Ost-]Berlin, 27. Juli 1970, BAMA, MfNV, DVWI 115537, 107–108. Siehe „Weiss, Gerhard", in: Barth et al.: *Wer war wer in der DDR*, 779–780.

17 Siehe Angelika Timm: *Hammer, Zirkel, Davidstern: Das gestörte Verhältnis der DDR zu Zionismus und Staat Israel* (Bonn: Bouvier Verlag, 1997), Kap. 7–9. Siehe die Dokumente in Wolfgang Bator und Angelika Bator (Hrsg.): *Die DDR und die arabischen Staaten* ([Ost-]Berlin: Staatsverlag der Deutschen Demokratischen Republik, 1984).

18 Siehe Herf: „Diplomatischer Durchbruch, 1969–1973" in: ders: *Unerklärte Kriege gegen Israel*, 138–177, sowie „Arabische Republik Ägypten (ARÄ): Beziehungen der speziellen Außenwirtschaft zu den militärischen Organen der ARÄ", BAMA DVWI 115671, MfNV, Sekr. d. Ministers, Unterlagen zur Vorbereitung d. Militärdelegation in den arabischen Staaten, 37–38.

19 „Hoffmann, Heinz“, in: Barth et al.: *Wer war wer in der DDR*.

20 Heinz Hoffmann: „Bericht über den Aufenthalt einer offiziellen Militärdelegation der Deutschen Demokratischen Republik in der Republik Irak, der Syrischen Arabischen Republik und der Arabischen Republik Ägypten in der Zeit vom 13.–31. Oktober 1971“, BAMA DVWI 115673, MfNV, Sekr. d. Ministers, 4.

21 Heinz Hoffman, Interview mit Jaych-Ach-Chaab, Damaskus, Oktober 1971, MfNV, Schriftverkehr des Ministers. Militärdelegation der DDR nach Syrien, Ägypten, Irak, BAMA DVW1/115673, 4.

22 Ebd., 5–6.

23 Heinz Hoffmann: „Empfang in der Botschaft der DDR“, MfNV, Sekr. d. Ministers, Militärdelegation der DDR nach Syrien, Ägypten, Irak, BAMA DVW1/115673.

24 Ebd., 4, 10.

25 Zu den Treffen zwischen Heinz Hoffmann und Mustafa Tlas und dessen späterem Buch *Die Matzen von Zion* siehe Herf: *Unerklärte Kriege gegen Israel*, 162–164, 401–402, 408–410.

26 Zu den Militärlieferungen an die arabischen Staaten während des Jom-Kippur-Krieges siehe „Waffenlieferungen der DDR an Syrien“, in: Herf: *Unerklärte Kriege gegen Israe*l, 259–262.

27 Generalleutnant Fritz Streletz: „VS-Nr.: A 360 179, Informationsbericht Nr. 15 zur Lage im Nahen Osten: Stand: 20.10.1973, 05.00 Uhr“, BA-MA, VA-01 32899, 65–75.

28 Siehe dazu Georges Bensoussan: *Juifs en pays arabes: Le grand déracinement 1850–1975* (Paris: Editions Tallandier, 2012); und Georges Bensoussan (Hrsg.): „Les Juifs d'Orient face au nazisme et à la Shoah (1930–1945)“, *Revue d'Histoire de la Shoah*, Nr. 205, Oktober 2016 (Paris: Centre de Documentation Juive Contemporaine, 2016); sowie Martin Gilbert: *In Ishmael's House: A History of Jews in Muslim Lands* (New Haven, CT: Yale University Press, 2010); Malka Hillel Shulewitz (Hrsg.): *The Forgotten Millions: The Modern Jewish Exodus from Arab Lands* (New York: Continuum, 1999); und Lyn Julius: *Uprooted: How 3000 Years of Jewish Civilization in the Arab World Vanished Overnight* (London: Vallentine Mitchell, 2018).

29 „Die Palästinensische Nationalcharta vom 17. Juli 1968“, https://www.theologische-links.de/downloads/israel/plo_charta.html; „The Palestinian National Charter: Resolutions of the Palestine National Council 1–17 July 1968“, in: Yale Law School, The Avalon Project, Documents in Law and Diplomacy, http://avalon.law.yale.edu/20th_century/plocov.asp (jeweils abgerufen am 8.11.24). Zur genauen Lektüre der PLO-Charta siehe Yehoshafat Harkabi: *The Palestinian Covenant and Its Meaning* (London: Vallentine Mitchell, 1979), auf Deutsch erschienen als *Das palästinensische Manifest und seine Bedeutung* (Stuttgart: Seewald, 1980).

30 Jassir Arafat an Erich Honecker: „Notizen und Schreiben außenpolitischen Charakters zwischen der DDR und der Palästinensischen Befreiungsbewegung zur Unterstützung der PLO durch die DDR, 1972, 1974, 1978–1979“, 17. September 1972,

Politisches Archiv des Auswärtigen Amts, Berlin, PAAA, MFAA, Abt. Naher und Mittlerer Osten, MfAA, C 7.667 (ZR 2040/01), 48–49.

31 Abteilung Internationale Verbindungen: „Entwurf eines Grußschreibens: An die arabische Volkskonferenz zur Unterstützung der palästinensischen Revolution", Berlin, 24. November 1972, 1–2. Siehe auch „Kongreß zur Unterstützung des palästinensischen Volkes eröffnet: Delegation der DDR überbrachte Grüße des ZK der SED", *Neues Deutschland*, 28. November 1972, Bundesarchiv Berlin (BAB), ZK der SED, DY 30 9529, 1.

32 Ebd., 1–2.

33 Ebd., 2.

34 Timm: *Hammer, Zirkel, Davidstern*, 269–275. Siehe auch Lutz Maeke: *DDR und PLO: Die Palästinapolitik des SED-Staates*, Studien zur Zeitgeschichte (Berlin: De Gruyter Oldenbourg, 2017).

35 „Grüneberg, Gerhard", in: Barth et al.: *Wer war wer in der DDR*, 252

36 Siehe „Offizielle Bündnisse mit der PLO und den arabischen Staaten, 1973", in: Herf: *Unerklärte Kriege gegen Israel*, 220–262. 1965 stimmte Maos China der Eröffnung des ersten Auslandsbüros der PLO zu.

37 Ebd., 300.

38 Gerhard Grüneberg und Jassir Arafat: „Vereinbarung zwischen der Sozialistischen Einheitspartei Deutschlands und der Palästinensischen Befreiungsorganisationen (PLO) für die Jahre 1976/1977", [Ost-]Berlin, 1. Dezember 1975, BAB, SAPMO DY 30/ 9529, „Büro des Politbüros des ZK der SED 1972–1989", 1–3.

39 „Galinski bedauert feindselige Haltung der ‚DDR' gegen Israel", *Die Welt*, 22. September 1973, BStU, Archiv der Zentralstelle (AZ), MfS, ZAIG, Nr. 11048, 398.

40 Ebd.

41 Zur eurozentrischen Terrorismusbekämpfungspolitik der DDR siehe „Stärkung der Allianz: Die DDR, die arabischen Staaten und die PLO, 1978–1982", in: Herf: *Unerklärte Kriege gegen Israel*, 372–416.

42 Stellvertreter des Ministers, Genosse Generalmajor Neiber: ‚Vorlage zum Einsatz eines Vertreters der Vereinigten PLO-Sicherheit in der DDR', Berlin, 1. April 1980, BStU, AZ, MfS, Hauptabteilung (HA) XXII, Nr. 17508, 67–69.

43 „Information über Aktivitäten von Vertretern der Palästinensischen Befreiungsbewegung in Verbindung mit internationalen Terroristen zur Einbeziehung der DDR bei der Vorbereitung von Gewaltakten in Ländern Westeuropas", [Ost-]Berlin, 8. Mai 1979, Z 3021, BStU, AZ, MfS, 1–16.

44 Ebd., 1–2.

45 Ebd., 2, 7.

46 Ebd., 1–16.

47 Stellvertreter des Ministers, Genosse Generalmajor Neiber: „Vorlage zum Einsatz eines Vertreters der Vereinigten PLO-Sicherheit in der DDR", 64–69.

48 „Vorlage zum Einsatz eines ständigen Mitarbeiters der Vereinigten PLO-Sicherheit in der DDR", [Ost-]Berlin, 29. Februar 1980, BStU, AZ, MfS, HA XXII, Nr. 17508, 70–85.

49 Gerhard Neiber: „Vorlage zum Einsatz eines Vertreters der Vereinigten PLO-Sicherheit in der DDR", [Ost-]Berlin, 1. April 1980, 64–74. Amin al-Hindi ersetzte Abu Ayad als Chef der palästinensischen Sicherheitsdienste. Er war in den späten 1960er Jahren Mitglied der *General Union of Palestinian Students* (GUPS) in Frankfurt am Main. Siehe Isabel Kershner: „Amin al-Hindi, Former Palestinian Intelligence Chief, Dies at 70", *The New York Times*, 18. August 2010; und Abdallah Frangi: *Der Gesandte: Mein Leben für Palästina: Hinter den Kulissen der Nahost-Politik* (München: Wilhelm Heyne Verlag, 2010).

50 „Bericht über das Gespräch mit dem Leiter der ‚Vereinigten PLO-Sicherheit' – ABU AYAD – am 15.7.1980 zu terroristischen Kräften und ihren Aktivitäten", [Ost-]Berlin, 18. Juni 1980, BStU, AZ, MfS, HA XXII, Nr. 17508, Teil 2, 304–323.

51 Ebd., 304.

52 Ebd., 305.

53 Ebd., 319.

54 Zu den Verbindungen zwischen der Stasi und westdeutschen Terroristen in den 1970er und 1980er Jahren siehe Martin Jander: „Differenzen im antiimperialistischen Kampf: Zu den Verbindungen des Ministeriums für Staatssicherheit mit der RAF und dem bundesdeutschen Linksterrorismus", in: Wolfgang Kraushaar (Hrsg.): *Die RAF und der linke Terrorismus* (Hamburg: Hamburger Edition, 2006), 696–713; und Tobias Wunschik: „Die ‚Bewegung 2. Juni' und ihre Protektion durch den Staatssicherheitsdienst der DDR", *Deutschland Archiv* 40 (2007), 1014–1025; und Wunschik: „Baader-Meinhof international?", *Aus Politik und Zeitgeschichte* 40–41 (2007), 23–29. Zu den Verbindungen westdeutscher Terroristen zu arabischen, auch palästinensischen Terrororganisationen siehe Wolfgang Kraushaar: *München 1970: Die Anschlagserie im Vorfeld der Olympischen Spiele von 1972* (Hamburg: Hamburger Edition, 2012); und Thomas Skelton Robinson: „Im Netz verheddert: Die Beziehungen des bundesdeutschen Linksterrorismus zur Volksfront für die Befreiung Palästinas (1969–1980)", in: Kraushaar (Hrsg.): *Die RAF und der linke Terrorismus,* 905–931. Zur Stasi in Westdeutschland im Allgemeinen siehe Hubertus Knabe: *Die unterwanderte Republik: Stasi im Westen,* 2. Aufl. (München: Ullstein Verlag, 2001).

55 „Lieferungen 1980 gesamt", BStU, AZ, MfS, Abteilung Bewaffnung und Chemischer Dienst (BCD), Nr. 2802, 73–75.

56 Ebd., 76.

57 „Lieferungen 1981 gesamt", BStU, AZ, MfS, BCD, Nr. 2802, 80. Im selben Jahr wurden auch Waffen an den Iran (im Wert von 1.718.817 Mark), die Demokratische

Volksrepublik Jemen (300.999,60 Mark), Mosambik (451.970 Mark) und erneut die Volksrepublik Jemen (443.324 Mark) geliefert.

58 „Aufstellung über Abgabe 1982 DDR-Erzeugnisse: Beleg-Nr. 18306 v. 23.4.1982“, [Ost-]Berlin, 21. Oktober 1982, BStU, AZ, MfS, BCD, Nr. 2802, 97.

59 „Aufstellung über Abgabe 1982 DDR-Erzeugnisse: Beleg-Nr. 00211 v. 1.7.1982“, [Ost-]Berlin, 21. Oktober 1982, BStU, AZ, MfS, BCD, Nr. 2802, 96, 93.

60 „Aufstellung über Abgabe 1982 DDR-Erzeugnisse: Beleg-Nr. 00212 v. 7.7.1982“, [Ost-]Berlin 21. Oktober 1982, BStU, AZ, MfS, BCD, Nr. 2802, 98.

61 Heinz Hoffmann, Sekretariat des Ministers, UA Militärpolitik, Bundesarchiv-Militärarchiv Freiburg, DVW 1/114478 VS-Akte. Hoffmann bezog sich auf Waffenlieferungen an Ägypten, Syrien und den Jemen, die 1965 begannen. Siehe dazu Storkmann: *Geheime Solidarität*, 183–243.

62 „Bericht über die Unterstützungsmaßnahmen für die SYRISCHE ARABISCHE REPUBLIK: Stand: 16.10.1973, 04.30 Uhr“, BA-MA, VA-01/32899, Militärarchiv der Deutschen Demokratischen Republik: Nationale Volksarmee Ministerium für Nationale Verteidigung, Stellv. des Chefs des Hauptstabes für operative Fragen, Verw. Gefechtsbereitschaft u. op. Ausbildung, 30–35.

63 Generalleutnant Fritz Streletz: „VS-Nr.: A 360 179, Informationsbericht Nr. 15 zur Lage im Nahen Osten: Stand: 20.10.1973, 05.00 Uhr“, BA-MA, VA-01 32899, 65–75.

64 „Heinz Hoffmann an Generalleutnant Stechbarth“, Berlin, 14.10.1973, BA-MA, VA-01/32899, 265.

65 „Informationsbericht Nr. 30 zur Lage im Nahen Osten: Stand: 04.11.1973, 05.00 Uhr“, BA-MA, VA-01/32899, 218–224.

66 Zu Ostdeutschland und dem Sowjetblock bei den Vereinten Nationen siehe „Politische Kriegführung in der UNO während des Jom-Kippur-Krieges, 1973“ und „Die UN-Resolution ‚Zionismus ist Rassismus‘ vom 10. November 1975“, in: Herf: *Unerklärte Kriege gegen Israel*, 263–278, 315–344.

67 Chaim Herzog, Generalversammlung der Vereinten Nationen (UNGA), 30. Sitzung, 2400. Plenarsitzung, New York, 10. November 1975, UN Official Documents System (ODS), A/PV.2400, 773–776; zitiert in Herf: *Unerklärte Kriege gegen Israel*, 323.

68 Zitiert in Herf: *Unerklärte Kriege gegen Israel*, 326–327. Siehe auch Daniel Patrick Moynihan, UNGA, 30. Sitzung, 2400. Plenarsitzung, 10. November 1975, UN ODS, A/PV.2400, 796.

69 Yosef Tekoah: „Question of Palestine“, UNGA, 29. Sitzung, 2267. Plenarsitzung, 14. Oktober 1974, UN ODS, A/PV.2267, 665–667; zitiert nach Herf: *Unerklärte Kriege gegen Israel*, 304.

70 Peter Florin: „Agenda Item 108: The Question of Palestine“, UNGA, 2268. Plenarsitzung, 14. Oktober 1974, UN ODS, A/PV.2269, 671; zitiert in Herf: *Unerklärte Kriege gegen Israel,* 304.

71 Zu den terroristischen Angriffen der PLO auf Nordisrael von ihren Stützpunkten im Südlibanon aus siehe Herf: *Unerklärte Kriege gegen Israel,* 417–446.

72 Zu diesen Behauptungen siehe Herf: *Unerklärte Kriege gegen Israel,* insbesondere 449, 458.

73 „Ausrottungskrieg mit Giftgas und Phosphor“, *Neues Deutschland,* 28. Juni 1982, 1; Oskar Fischer: „Annex: Telegram from the Minister of Foreign Affairs of the German Democratic Republic to the Secretary General“, 29. Juni 1982, UNSC, UN ODS, S/15262; und Oskar Fischer: „Staatstelegramm“ an Javier Pérez de Cuéllar, BAB, DY 30/13797, Abteilung Internationale Verbindungen, 1946–1990, Palästinensische Befreiungsorganisation, 1982–1988, 13–14; und „Prawda zum israelischen Völkermord in Libanon: Aggressor wird politisch und mit Waffen unterstützt“, *Neues Deutschland,* 6. Juli 1982, 5.

74 Diese extrem negativen Ansichten über Israel wurden auch zu wichtigen Aspekten der westdeutschen und westeuropäischen radikalen Linken. Siehe Kapitel 3, 10 und 14 in Herf: *Unerklärte Kriege gegen Israel.* Siehe auch Andrei S. Markovits: „‚The Twin Brothers‘: European Antisemitism and Anti-Americanism“, in seinem Buch *Uncouth Nation: Why Europe Dislikes America* (Princeton, NJ: Princeton University Press, 2007), 150–200. Zu der Art und Weise, wie der Antisemitismus aus der Sowjet-Ära und falsche Anschuldigungen des Nazismus in Putins Russland fortbestehen, siehe Jeffrey Herf: „Putin's Continuities: From ‚Israelis as Nazis‘ to ‚Denazifying Ukraine‘“, *The Times of Israel,* 11. März 2022, https://blogs.timesofisrael.com/putins-continuities-from-israelis-as-nazis-to-denazifying-ukraine/ (abgerufen am 8.11.24).

75 Foto in Herf: *Unerklärte Kriege gegen Israel,* 375.

76 „Antrag aller Fraktionen der Volkskammer der Deutschen Demokratischen Republik zu einer gemeinsamen Erklärung“, Deutscher Bundestag, Protokolle der Volkskammer der Deutschen Demokratischen Republik, 10. Wahlperiode (5. April bis 2. Oktober 1990), Band 1, Protokolle der 1. Sitzung bis zur 9. Sitzung, Nachdruck (Bonn: Deutscher Bundestag; Leske und Budrich, 2000), 23–24. Zum Beschluss der Volkskammer siehe Jeffrey Herf: *Zweierlei Erinnerung: Die NS-Vergangenheit im geteilten Deutschland,* (Berlin: Proypläen, 1998), 430–431; auf Englisch erschienen als *Divided Memory: The Nazi Past in the Two Germanys* (Cambridge, MA: Harvard University Press, 1997).

77 „Antrag aller Fraktionen der Volkskammer der Deutschen Demokratischen Republik zu einer gemeinsamen Erklärung“, 23. Der zweite Teil der Erklärung drückte ähnliche Gefühle gegenüber den Völkern der Sowjetunion aus, der dritte über die ostdeutsche Unterstützung bei der Niederschlagung des „Prager Frühlings“ 1968, und der vierte sprach von einer „besonderen Verantwortung“ gegenüber den Völkern Osteuropas im Zuge der deutschen Vereinigung und bekräftigte, dass die deutsch-polnische Grenze auf der Oder-Neiße-Linie liege, siehe 23–24.

78 „Antrag von 23 Abgeordneten über die Distanzierung von der Resolution Nr. 3379 der UNO-Vollversammlung vom 10. November 1975 und ihren Aussagen über den Zionismus durch die Deutsche Demokratische Republik“, Deutscher Bundestag, Protokolle der Volkskammer der Deutschen Demokratischen Republik, 10. Wahlperiode (5. April bis 2. Oktober 1990), Band 3, Protokolle der 26. Sitzung bis zur 38. Sitzung, Nachdruck (Bonn: Deutscher Bundestag; Leske und Budrich, 2000), 1280–1283, https://webarchiv.bundestag.de/volkskammer/dokumente/drucksachen/100169.pdf (abgerufen am 8.11.24). Die 23 Antragsteller waren: Johannes Gerlach (SPD), Jörg Brochnow (CDU/DA), Sabine Bergmann-Pohl (CDU/DA), Harald Ringstorff (SPD), Hans Geisler (CDU/DA), Konrad Weiß (Bündnis 90/Grüne), Werner Schulz (Bündnis 90/Grüne), Wolfgang Ullmann (Bündnis 90/Grüne), Stefan Gottschall (DSU), Nikolai Tschalamoff (CDU/DA), Bertram Wieczorek (CDU/DA), Boje Schmuhl (CDU/DA), Uwe Grüning (CDU/DA), Hans-Dirk Bierling (CDU/DA), Joachim Steinmann (CDU/DA), Reinhard Höppner (SPD), Eberhard Brecht (SPD), Joachim Gauck (Bündnis 90/Grüne), Ibrahim Böhme (SPD), Rainer Ortleb (Liberale), Wolfgang Thierse (SPD), Helmut Krause (Liberale) und Lothar Klein (DSU).

79 Ebd.

8
DIE WESTDEUTSCHE LINKE UND ISRAEL, 1967–1977

In den zwei Jahrzehnten nach dem Holocaust war die Sympathie für Israel ein Charakteristikum der Liberalen und der Sozialdemokraten in der Bundesrepublik Deutschland. Sie stand im Einklang mit der Unterstützung der Kriegsverbrecherprozesse, der journalistischen und wissenschaftlichen Aufarbeitung der Verbrechen des Nazi-Regimes und der finanziellen Entschädigung der jüdischen Überlebenden. Im Widerspruch stand sie zu einer in Westdeutschland und Westeuropa weit verbreiteten Neigung, die Verbrechen gegen die Juden auszublenden, um sich auf den wirtschaftlichen Wiederaufbau und die Bedrohung durch die Sowjetunion zu konzentrieren. In einer Gesellschaft, deren Armeen bis zum Ende des Zweiten Weltkrieges gekämpft hatten, waren westdeutsche Liberale der Ansicht, dass die Sympathie für Israel und die Tradition der „Aufarbeitung der Nazi-Vergangenheit" in den ersten Jahrzehnten des Kalten Krieges wichtige Einsprüche gegen eine konservative Stimmung des Schweigens und der Vermeidung darstellten. Die moralischen Ansprüche dieser Andersdenkenden waren bescheiden, aber wichtig: Die Bundesrepublik sollte den Juden und dem jüdischen Staat keinen Schaden zufügen. Darin waren sich der konservative christdemokratische Bundeskanzler Konrad Adenauer, der liberale Bundespräsident Theodor Heuss und der Vorsitzende der sozialdemokratischen Partei Kurt Schumacher trotz ihrer Differenzen einig.[1]

In den 1950er und 1960er Jahren waren Empathie und Unterstützung für Israel auch ein Bestandteil linker Politik unter westdeutschen Studenten. Der Sozialistische Deutsche Studentenbund (SDS) befürwortete diplomatische Beziehungen der Bundesrepublik zu Israel und Entschädigungszahlungen – eine „Wiedergutmachung" – an einzelne Juden sowie an den Staat Israel.[2] 1957 wurde an der Freien Universität in Berlin die erste Deutsch-Israelische Studiengruppe gegründet. Diese begann 1962 eine Kampagne zur Unterstützung der Aufnahme diplomatischer Beziehungen mit Israel, zu einer Zeit, als westdeutsche Wirtschaftsführer und Teile des Auswärtigen Amtes formale Beziehungen mit Israel nur zum Preis des Zugangs zu Märkten und Öl in den arabischen Staaten für möglich hielten.[3] Die Entscheidung der ägyptischen Regierung, westdeutsche Raketeningenieure und -wissenschaftler, von denen viele in den V2-Raketenprogrammen des Nazi-Regimes gearbeitet hatten, mit dem Bau von Raketen zu beauftragen, die auf Israel gerichtet werden sollten, kritisierten westdeutsche Liberale und Linke lautstark.[4] Als Adenauers ebenfalls christdemokratischer Nachfolger Ludwig Erhard 1965 beschloss, diplomatische Beziehungen zu Israel aufzunehmen, tat er dies mit starker Unterstützung seiner politischen Gegner links der Mitte.[5] Bis zu den Junitagen des Jahres 1967 war die Unterstützung Israels ein prägendes Element der westdeutschen nichtkommunistischen Linken. Sympathie für Israel schien die selbstverständliche und logische Antwort sowohl auf die Verbrechen des Nazi-Regimes als auch auf die Überreste des Antisemitismus in Nachkriegsdeutschland und -europa zu sein.

Zwischen Juni und September 1967 verwarfen führende Vertreter des SDS und damit der westdeutschen Neuen Linken diese Grundlagen der liberalen Tradition der „Vergangenheitsbewältigung", stellten die Bedeutung des Antifaschismus auf den Kopf, ersetzten Empathie durch Feindseligkeit gegenüber Israel und wurden zu Parteigängern der arabischen Staaten, vor allem aber der bewaffneten palästinensischen Organisationen, die gegen Israel Krieg führten.[6] Die westdeutsche Neue Linke war in dieser Hinsicht nicht einzigartig, denn weltweit fand in den neulinken Bewegungen eine ähnliche Radikalisierung statt, in Europa und den Vereinigten Staaten wie auch in Asien, Afrika und Lateinamerika. Insbesondere unter dem Eindruck des Vietnamkrieges spielte die Gegenüberstellung von „US-Imperialismus" und „Dritter Welt" in den Köpfen der heranwachsenden Generation eine weitaus größere Rolle als die Lehren und Erinnerungen aus dem Zweiten Weltkrieg und dem Holocaust.[7] Doch wenngleich die westdeutsche Linke Teil dieses globalen Wandels war, der Israel tendenziell auf der „falschen" Seite des epochalen Kampfes zwischen dem Imperialismus und der Dritten Welt verortete, bedeutete die Tatsache, dass der Nazismus und der Holocaust unauslöschliche Bestandteile der *jüngsten deutschen* Geschichte waren, dass ihnen auf die eine oder andere Weise auch in der radikalen Linken in Westdeutschland größere Bedeutung zukommen würde als in jeder anderen radikalen linken Bewegung in den westlichen Demokratien. Die theoretischen Abstraktionen in puncto Kapitalismus und Imperialismus, die in der westdeutschen Linken vorherrschten, stießen auf widerspenstige Realitäten: die historischen Besonderheiten Nazideutschlands und seines Verhältnisses zu den Juden sowie die Folgen des Holocaust, einschließlich der Gründung des Staates Israel.

Ein Zusammentreffen zweier gleichzeitiger, aber nicht kausal zusammenhängender Episoden internationaler und lokaler Politik im Juni 1967 – nämlich des Krieges im Nahen Osten und der Erschießung eines studentischen Demonstranten durch die Polizei in West-Berlin – beschleunigte die Verschiebung der Loyalitäten in der westdeutschen

Neuen Linken. Am 2. Juni ging eine Demonstration gegen den Besuch des iranischen Schahs des Iran in West-Berlin in eine gewaltsame Konfrontation zwischen Polizei und Demonstranten über, in deren Verlauf ein West-Berliner Polizeibeamter, Karl-Heinz Kurras, den 26-jährigen Benno Ohnesorg, Student an der Freien Universität Berlin, erschoss. Dieser Vorfall bestärkte die Neue Linke in dem Glauben, dass die westdeutsche Regierung ein autoritäres oder gar faschistisches Regime sei. Recherchen in den Akten des Ministeriums für Staatssicherheit der DDR haben später enthüllt, dass Kurras seit 1955 Agent der Stasi gewesen war.[8] Bislang wurden keine Beweise gefunden, die darauf hindeuten würden, dass Kurras den Auftrag hatte, einen der Demonstranten zu erschießen, um Anschuldigungen seitens der DDR und der Sowjetunion hinsichtlich des „neofaschistischen" Charakters der westdeutschen Regierung Glaubhaftigkeit zu verleihen und dadurch die studentische Linke in der Bundesrepublik zu radikalisieren.[9] Nichtsdestoweniger war ebendies das Ergebnis von Kurras' Tat. Wäre Kurras' Verbindung zur Stasi damals bekannt gewesen, wären die politischen Folgen wahrscheinlich völlig anders ausgefallen, weil die Aufmerksamkeit auf die kommunistischen Bemühungen gelenkt worden wäre, die westdeutsche Regierung durch deren Darstellung als neofaschistisches Regime zu stürzen. Tatsächlich beschloss eine der drei großen westdeutschen linksterroristischen Organisationen der 1970er Jahre, sich „Bewegung 2. Juni" zu nennen, nach dem Datum, an dem Kurras Ohnesorg erschossen hatte.

In West-Berlin und Westdeutschland nahmen die Zeitungen der konservativen Axel-Springer-Presse, insbesondere die Boulevardzeitung *Bild*, bei der Geißelung der Neuen Linken eine führende Rolle ein. Doch dieselben Zeitungen waren auch in Bezug auf die Unterstützung Israels führende Stimmen im westdeutschen Journalismus. Die Assoziation des jüdischen Staates mit diesen Volkstribunen des Boulevardkonservatismus setzte sich in der Weltanschauung der radikalen Linken der 1960er fest, und zwar umso tiefer, als ein weiterer Zufall des Zeitpunkts hinzukam: Ohnesorg wurde nur drei Tage vor dem Beginn des Sechstagekrieges erschossen. Reimut Reiche, Vorsitzender des westdeutschen SDS, schrieb am 9. Juni 1967:

> Wir können nicht zu einer Zeit emphatisch für den Staat Israel eintreten, wo die gesamte Presse dessen Kriegsführung mit dem selben Begriff „Blitzkrieg" feiert, mit dem die Nazis in drei Tagen Polen ausradiert und seine jüdische und nichtjüdische Bevölkerung massakriert haben.[10]

Für die junge Linke verband die Gleichzeitigkeit des Sechstagekrieges und der Erschießung Ohnesorgs die Unterstützung Israels mit ihren westdeutschen konservativen Gegnern.

Vom 4. bis zum 9. September 1967 verabschiedeten siebzig Delegierte des SDS von 48 westdeutschen Universitäten bei einem Treffen auf dem Campus der Johann-Wolfgang-Goethe-Universität in Frankfurt am Main eine Resolution, die die Abkehr des SDS von Israel festschrieb.[11] Die Versammelten wählten einen neuen Bundesvorstand und einen neuen Vorsitzenden, Karl Dietrich Wolff.[12] Die anderen Mitglieder dieses Bundesvorstandes, der amtierte, als die Organisation ihre antiisraelische Position festigte, waren führende und prominente Mitglieder des SDS, darunter Hans-Jürgen Krahl, marxistischer Theoretiker und Student Theodor W. Adornos, und Bernd Rabehl aus West-Berlin.[13] Rudi Dutschke, die berühmteste und charismatischste Figur der westdeutschen Neuen Linken, nahm ebenfalls teil, obwohl er in unveröffentlichten Notizen aus dieser Zeit festhielt: „Die Gründung des Staates Israel war die politische Emanzipation des Judentums, die unbedingt erhalten bleiben muß."[14] Dutschkes Ansicht vertrat nach 1967 nur noch eine Minderheit im SDS.

Varianten des Marxismus, der Marxismus-Leninismus und die Begeisterung für Revolutionen im globalen Süden beherrschten die politische Atmosphäre der SDS-Konferenz, nicht Diskussionen über die nationalsozialistische Vergangenheit oder den Holocaust.[15] Doch die Nazi-Vergangenheit, die geografische Nähe des Nahen Ostens, die „Sonderbeziehung" und die diplomatischen Beziehungen der BRD-Regierung zu Israel sowie die eigenen Kontakte und Diskussionen mit arabischen Studenten an westdeutschen Universitäten ließen alles, was mit Israel zu tun hatte, für die Neue Linke zu einem weitaus dringlicheren Thema werden, als es das für ähnliche Bewegungen anderswo war. Die Erklärung des SDS vom Herbst 1967 war eine frühe und einflussreiche Verlautbarung des linken Antizionismus. Darin hieß es, der Sechstagekrieg könne „nur auf [sic] dem Hintergrund des antiimperialistischen Kampfes der arabischen Völker gegen die Unterdrückung durch den angloamerikanischen Imperialismus analysiert werden". Die Resolution forderte die „Rehabilitierung von hunderttausenden arabischen Flüchtlingen in ihrem Mutterland". Die Verfasser der Resolution waren zuversichtlich, dass dies keineswegs eine „neue Vertreibung der dort lebenden israelischen Massen [bedeuten würde], wohl aber die Aufhebung der zionistischen Einwanderungsgesetze. Es heißt auch Rückführung und materielle Entschädigung der Palästinenser." Dies wiederum erfordere die sozialistische Transformation sowohl in den arabischen Staaten wie auch in Palästina und „damit die Bildung einer sozialistischen Einheitsfront im Nahen Osten“.[16]

Die SDS-Resolution vom September kritisierte Israel für eine Politik der „Vertreibung und Unterdrückung der dort lebenden eingeborenen arabischen Bevölkerung durch eine privilegierte Siedlungsschicht“. Daher gelte:

> Die Anerkennung des Existenzrechts der in Palästina lebenden Juden durch die sozialrevolutionäre Bewegung in den arabischen Ländern darf nicht identisch sein mit der Anerkennung Israels als Brückenkopf des Imperialismus und als zionistisches Staatsgebilde.[17]

Der SDS versicherte den Juden, dass sie ein Recht auf Existenz „in Palästina“ hätten, aber nicht auf einen eigenen Staat, das heißt Israel. Das Problem würde durch eine „revolutionäre sozialistische Bewegung mit dem Ziel der Überwindung des Imperialismus“ gelöst werden, die eine Einheit zwischen den Sozialisten in den arabischen Ländern und einem „sozialistischen Israel“ herstellen würde.[18]

Die Palästinensische Befreiungsorganisation (PLO) und ihre Studen-tenorganisation an den westdeutschen Universitäten, die Generalunion Palästinensischer Studenten (GUPS), fanden in der Neuen Linken Unterstützer. Im Sommer 1968 brachte die PLO eine Nationalcharta heraus.[19] Ihr Aufruf, den Staat Israel mit Waffengewalt zu zerstören, drückte den Radikalismus der globalen Linken jenes symbolträchtigen Jahres aus. Sie sprach dem Staat Israel die moralische Legitimität ab. Ein geografisches Gebiet namens Palästina, welches das gesamte damalige Israel umfasste, wies Artikel 1 der Charta als „das Heimatland des arabischen, palästinensischen Volkes“ aus. Das „palästinensische Volk“ habe, so Artikel 3, einen „legalen Anspruch“ auf dieses Gebiet. Artikel 6 besagte: „Juden, die vor dem Beginn der zionistischen Invasion in Palästina regulär ansässig waren, werden als Palästinenser angesehen (werden).“ Das Datum des Beginns dieser „Invasion“ war eine Quelle der Unsicherheit. Hätte man diesen, wie es oft der Fall war, auf das Jahr 1917 datiert, als die Balfour-Deklaration unterzeichnet wurde, dann hätten nur 60.000 der etwa 2,5 Millionen Juden, die 1968 in Israel lebten, als Palästinenser gegolten. Wäre die „Invasion“ auf das Jahr 1947 datiert worden, dann wären etwa 700.000 Juden der Definition unterfallen und hätten in dem zu gründenden palästinensischen Staat bleiben können. Der Rest hätte in einem neuen Staat nicht als „Palästinenser“ gegolten und wäre daher vermutlich vertrieben worden. Artikel 8 zufolge bildeten in Zeiten „eines nationalen Kampfes für die Befreiung Palästinas“ all diejenigen, die sich

„im Heimatland oder im Exil", das heißt im Nahen Osten und in Europa befanden, „eine Volksfront, die für die Wiedergewinnung Palästinas und seine Befreiung durch den bewaffneten Kampf tätig ist". In Artikel 9 hieß es: „Der bewaffnete Kampf ist der einzige Weg zur Befreiung Palästinas. Es handelt sich daher um eine strategische und nicht um eine taktische Phase." Artikel 10 besagte: „Guerillaaktionen bilden den Kern des Befreiungskrieges des palästinensischen Volkes."

Artikel 20 bestritt, dass es eine historische Verbindung zwischen dem jüdischen Volk und Palästina gebe, ja dass überhaupt so etwas wie ein jüdisches Volk existiere. Daraus folgte:

> Die Balfour-Deklaration, das Palästina-Mandat und alles, was sich darauf stützt, werden für unrecht erachtet. Ansprüche der Juden auf historische und religiöse Bindungen mit Palästina stimmen nicht mit den geschichtlichen Tatsachen und dem wahren Begriff dessen, was Eigenstaatlichkeit bedeutet, überein. Das Judentum ist eine Religion und nicht eine unabhängige Nationalität; ebenso wenig stellen die Juden ein einzelnes Volk mit eigener Identität dar, vielmehr sind sie Bürger der Staaten, denen sie angehören.[20]

Diese Leugnung der elementaren Aspekte der jüdischen Geschichte und der Verbindung der Juden mit dem Land Israel, die sowohl in der Antike wie in der Neuzeit bestand, wurde in den folgenden Jahrzehnten zu einem beständigen Element antizionistischer Propaganda.

Artikel 22 war die Eröffnungssalve einer Propagandakampagne, die sieben Jahre später, im November 1975, Früchte tragen sollte, als die Generalversammlung der Vereinten Nationen den Zionismus zu einer Form des Rassismus erklärte.

Dieser Artikel lautete wie folgt:

> Der Zionismus ist eine politische Bewegung, die organisch mit dem internationalen Imperialismus verbunden ist und im Widerspruch zu allen Aktionen der Befreiung und der progressiven Bewegung in der Welt steht. Er ist rassistischer und fanatischer Natur; seine Ziele sind aggressiv, expansionistisch und kolonialistisch; seine Methoden sind faschistisch. Er ist das Instrument der zionistischen Bewegung und ein geographischer Stützpunkt des Imperialismus, strategisch inmitten des palästinensischen Heimatlandes gelagert, um die Hoffnungen des arabischen Volkes auf Befreiung, Unabhängigkeit und Fortschritt zu bekämpfen. Israel ist eine ständige Quelle der Bedrohung des Friedens im Nahen Osten und in der ganzen Welt. Da

> die Befreiung Palästinas die zionistische und imperialistische Präsenz zerstören und Schaffung des Friedens in Nahost beitragen wird [sic], erwartet das palästinensische Volk die Unterstützung aller progressiven und friedlichen Kräfte und fordert sie auf, alle Hilfe und Unterstützung in seinem gerechten Kampf für die Befreiung seines Heimatlandes zu geben.[21]

Wenn die westdeutsche Neue Linke in jenen Jahren „Solidarität" mit der PLO bekundete, bedeutete dies, dass sie diese öffentlichen, sehr klaren Positionen unterstützte, die einer Kriegserklärung gleichkamen, deren Ziel die Zerstörung des Staates Israel mit Waffengewalt war. Obwohl die Charta an „alle progressiven und friedlichen Kräfte" in der ganzen Welt appellierte, traf sie in der westdeutschen radikalen Linken einen Nerv, denn wie wir sehen werden, bot die Rhetorik des Antifaschismus und des Antiimperialismus hier eine andere Art von scheinbarer Befreiung, nämlich die Befreiung von der Bürde der deutschen Geschichte nach dem Holocaust.

Die ihrer Verabschiedung nachfolgende politische Wirkung der PLO-Charta von 1968 im nächsten halben Jahrhundert war beachtlich. 1975 waren ihre Argumente ausschlaggebend, als es darum ging, eine Mehrheit in der Generalversammlung der Vereinten Nationen davon zu überzeugen, dass der Zionismus eine Form des Rassismus sei. Bemerkenswerterweise hatte sie diese Überzeugungskraft, während sie gleichzeitig eine Rechtfertigung für die Vertreibung, nötigenfalls mit Waffengewalt, der großen Mehrheit der 1968 in Israel lebenden rund 2,3 Millionen Juden bot. Je nachdem, wie man die PLO-Charta las, sollten Juden, die nach 1917 oder nach 1947 nach Palästina gekommen waren, nicht das Recht haben, palästinensische Bürger zu sein. Folglich hätten sie kein Recht gehabt, in einem Staat „Palästina" zu bleiben. Daraus ergibt sich logischerweise, dass ein Sieg der PLO zur Vertreibung von mindestens 2,3 Millionen und bis zu 2,9 Millionen der 1975 in Israel lebenden Juden geführt hätte. Da dies die Folge einer militärischen Niederlage gewesen wäre, wäre auch die Zahl der Toten und Verwundeten beträchtlich gewesen. Für diejenigen, die in der Lage und willens waren, diese Implikationen der PLO-Charta zu durchdenken, war klar, dass sie ein eigenes palästinensisches Kapitel der Vertreibung der Juden aus dem größten Teil der arabischen Welt, die nach der Gründung Israels 1948 stattgefunden hatte, ins Auge fasste. Sich mit der PLO und ihrer Charta zu solidarisieren, bedeutete, sich mit diesen Ansichten, dieser Politik und ihren klar vorhersehbaren Folgen einverstanden zu erklären. Die PLO-Charta diente als Rechtfertigung für terroristische Anschläge gegen die Bürger des Staates Israel. Sie war das herausragende politische Dokument des 20. Jahrhunderts für eine Form des linken Antisemitismus, der darauf bestand, nichts dergleichen zu sein, sowie für einen Rassismus und eine Bigotterie, die ihren Hass und ihre Intoleranz auf „die Zionisten“, das heißt die Bürger und die Regierung Israels, projizierten. Tatsächlich wurde sie in den vielen Jahrzehnten seit ihrer Veröffentlichung zu einer der einflussreichsten politischen Stellungnahmen der radikalen Linken.

Radikalisierung der westdeutschen Neuen Linken, 1968–1969

Die Vernichtung des deutschen Judentums während des Holocaust hatte zur Folge, dass die jüdische Gemeinde in Westdeutschland nach dem Krieg sehr klein war. 1970 lebten nach Angaben des Zentralrats der Juden etwa 26.799 Juden in der Bundesrepublik; 1980 waren es 28.173. Diesen Zahlen nach zu urteilen dürfte die Anzahl der jüdischen Studenten an den westdeutschen Universitäten in den 1960er und 1970er Jahren bescheiden und wahrscheinlich geringer gewesen sein als die der rund 16.000 Studenten aus arabischen Ländern, von denen 3.000 Palästinenser waren.[22] Die Verlagerung der Sympathien der Neuen Linken von Israel zur PLO und ihren Verbündeten resultierte zum Teil aus der Interaktion mit arabischen, auch palästinensischen Studenten an westdeutschen Universitäten sowie mit Arbeitern aus dem Nahen Osten in der westdeutschen Wirtschaft bei einer gleichzeitig sehr geringen Anzahl jüdischer Kommilitonen.[23] In diesen Jahren förderte die GUPS die politische Mobilisierung der palästinensischen Studenten in Westdeutschland.[24] Die GUPS war ein Arm der Fatah und der Arabischen Liga mit Sitz in Kairo.[25] Ihr Ziel war es, in der BRD eine politische Front im Krieg der PLO gegen Israel zu eröffnen. Für die PLO wurde die westdeutsche Front die wichtigste in Westeuropa.

Jüdische Studenten an den westdeutschen Universitäten hatten sich im Bundesverband Jüdischer Studenten in Deutschland zusammengeschlossen. Im Frühjahr 1968 luden sie den israelischen Botschafter in Westdeutschland Asher Ben-Natan ein, an Universitäten über den Nahostkonflikt zu sprechen. Im Laufe des nächsten Jahres sprach er an neunzehn Campus vor großem Publikum, meist ohne Zwischenfälle. Am 9. Juni 1969 unterbrachen jedoch Mitglieder des SDS zusammen mit Unterstützern der Fatah in der GUPS und dem antizionistischen *Israel Revolutionary Action Committee Abroad* (ISRACA) Ben-Natans Vortrag an der Johann-Wolfgang-Goethe-Universität in Frankfurt am Main mit Sprechchören wie „Nazi-Kiesinger [Kurt Georg K., damaliger Bundeskanzler] und Ben-Natan – eine Clique mit [Mosche] Dajan“ und „Zionisten raus aus Palästina“. Ben-Natan verließ die Veranstaltung nach zwei Stunden, weil er in dem Tumult nicht mehr zu hören war. Er nannte den linken Antizionismus bei dem Vorfall einen „verkappten Antisemitismus".[26]

Zehn Tage später schrieb Theodor W. Adorno, neben Max Horkheimer die führende Figur des linksliberalen Frankfurter Instituts für Sozialforschung (IfS), Mitautor des Klassikers *Dialektik der Aufklärung* und anderer Studien über das Wesen des Antisemitismus sowie Mentor prominenter Persönlichkeiten der Neuen Linken, an seinen alten Freund und ebenfalls berühmten Frankfurter-Schule-Kollegen Herbert Marcuse, der zu diesem Zeitpunkt in den Vereinigten Staaten lehrte und zu einem intellektuellen Helden der jungen Linken geworden war. Adorno berichtete, dass linke Studenten im von März bis Juli währenden Sommersemester zweimal seine Vorlesungen unterbrochen hatten und dass er die Polizei hatte rufen müssen, um Studenten, die das IfS besetzt hatten, zu vertreiben.

Er schrieb:

> Die Gefahr des Umschlags der Studentenbewegung in Faschismus nehme ich viel schwerer als Du. Nachdem man in Frankfurt den israelischen Botschafter niedergebrüllt hat, hilft auch die Versicherung, das sei nicht aus Antisemitismus geschehen, und das Aufgebot irgendeines israelischen ApO-Mannes nicht das mindeste [...]. Du müsstest nur einmal in die manisch erstarrten Augen derer sehen, die, womöglich unter Berufung auf uns selbst, ihre Wut gegen uns kehren.[27]

Am 6. August 1969 starb Adorno im Alter von 65 Jahren an einem Herzinfarkt. In den kommenden Jahren in Frankfurt am Main sollte sich erweisen, wie vorausschauend seine Warnungen vor „ihre[r] Wut gegen uns" gewesen waren.[28]

In jenem Sommer folgten etwa fünfzig Mitglieder des westdeutschen SDS einer Einladung der Fatah und der Demokratischen Front für die Befreiung Palästinas, im Juli und August an einem „Fatah-Sommerlager" in Jordanien teilzunehmen.[29] In einem öffentlichen Brief, der am 15. August 1969 in Amman, Jordanien, geschrieben worden sein soll, berichteten die SDS-Reisenden, die Menschen, die sie getroffen hatten,

> ob politische Aktivisten der Al-Fatah oder anderer Organisationen, [...] sind sich allesamt des Unterschieds zwischen Zionisten und Juden bewusst und stellen klar, dass sich ihr Kampf gegen den Zionismus und Imperialismus richtet und nicht gegen die Juden. Tatsächlich wurde sogar mehrmals uns gegenüber betont, dass die palästi-

nensische Revolution danach trachtet, „die Juden vom Zionismus zu befreien".[30]

Die Reisegruppe brachte ihre Unterstützung für „den palästinensischen revolutionären Kampf" zum Ausdruck, der sich gegen „den gleichen Feind" richte wie die Mitglieder des SDS. Sie übernahm die Sicht der PLO auf vergangene und gegenwärtige Geschehnisse:

> In Palästina wurde ein ganzes Volk von dem Zionismus, unterstützt vom britischen und amerikanischen Imperialismus, aus seinem Heimatland vertrieben. Immer mehr Menschen beginnen zu erkennen, dass der sogenannte Staat Israel, der von Zionismus und Imperialismus geschaffen wurde, rassistisch und imperialistisch ist. Er ist ein Kolonialstaat und steht dem Befreiungskampf des palästinensischen und arabischen Volkes erbittert entgegen. Die Palästinenser haben daher das Recht, für die Gründung eines demokratischen Staates in Palästina zu kämpfen und die Methode des bewaffneten Kampfes und Volkskrieges anzuwenden, um dieses Ziel zu erreichen. Alle Mitglieder des Lagers unterstützen den palästinensischen revolutionären Kampf bedingungslos ... Unsere Erfahrungen im vergangenen Monat [in Jordanien] haben unsere Solidarität und Unterstützung für die palästinensische Sache gestärkt. Wir kehren wieder in unsere Länder zurück in dem Wissen mehr denn je, dass wir den gleichen Feind bekämpfen.[31]

Die Reisenden des SDS übernahmen die Ansicht der PLO, dass Israel ein Beispiel für Rassismus und Imperialismus sei und dass „die Palästinenser" im Recht seien, wenn sie den „bewaffneten Kampf" aufnähmen, um „einen demokratischen Staat in Palästina" zu verwirklichen. Der SDS und die PLO bekämpften mit der westdeutschen Regierung und dem Staat Israel „den gleichen", das heißt reaktionären imperialistischen „Feind". In den kommenden Jahren entwickelte sich dieser unterstellte gemeinsame Kampf zu einem folgenreichen Bündnis zwischen westdeutschen linken Terroristen und palästinensischen Terrororganisationen.

Der SDS löste sich 1970 auf, aber seine Feindseligkeit gegen Israel und seine Begeisterung für die bewaffneten palästinensischen Organisationen blieben innerhalb einer Vielzahl marxistisch-leninistischer, sektiererischer Organisationen, der sogenannten K-Gruppen, erhalten. Des Weiteren bestanden sie fort in lokalen „Palästina-Solidaritätskomitees"; in den drei großen westdeutschen linksterroristischen Gruppen: der Rote-Armee-Fraktion, den Revolutionären Zellen und der Bewegung 2. Juni;

sowie in der GUPS und verwandten linken politischen Organisationen arabischer und iranischer Studenten in Westdeutschland. Sie alle bezeichneten Israel als rassistischen und imperialistischen Staat. Durch ihren politischen Aktivismus waren diese Organisationen an den Universitäten überaus präsent. Obwohl sie zahlenmäßig klein waren, spielten sie während der Phase von 1967 bis 1977, die der deutsche Historiker Gerd Koenen als Westdeutschlands „rotes Jahrzehnt" bezeichnet hat, bei den Diskussionen über Israel und den Nahen Osten eine große Rolle.[32]

Obwohl sie nicht vom Geist der Neuen Linken durchdrungen war, wurde die DDR-orientierte, orthodox marxistisch-leninistische Deutsche Kommunistische Partei (DKP) mit 36.000 Mitgliedern im Jahr 1972 zur größten aller Einzelorganisationen der radikalen Linken.[33] Das Fortbestehen, in vielen Fällen auch das Wiederaufleben der marxistisch-leninistischen Orthodoxie in den K-Gruppen, war eines der auffälligsten Merkmale westdeutscher linker Politik nach den 1960ern. Dieses Netzwerk von Organisationen mitsamt ihren vielen lokalen Varianten mobilisierte zahlreiche Aktivisten, die Flugblätter und Broschüren schrieben und verteilten sowie an Demonstrationen und Kundgebungen teilnahmen.[34] Die Jahresberichte des Verfassungsschutzes für 1970, 1971 und 1972 verzeichneten 117, 79 beziehungsweise 62 terroristische Angriffe durch linke Gruppen. Im Jahr 1972 beispielsweise gab es außerdem sieben Androhungen von Mord oder Entführung sowie 1.596 Androhungen von Sprengstoff- oder Brandanschlägen und sonstigen Gewaltakten.[35] Jüdische Organisationen in Westdeutschland und in Europa beobachteten diese Entwicklungen an den Universitäten mit wachsender Sorge.[36]

Am 9. November 1969, dem 31. Jahrestag des Nazi-Pogroms vom November 1938, wurde eine Bombe im Jüdischen Gemeindehaus in West-Berlin deponiert. Sie explodierte nicht.[37] Vier Tage später bekannten namentlich nicht genannte Mitglieder einer linksradikalen Gruppe, die sich „Schwarze Ratten TW" (Tupamaros West-Berlin) nannte, für die Platzierung der Bombe verantwortlich zu sein, in einer Erklärung mit dem Titel „Schalom + Napalm". Die Autoren veröffentlichten diese Erklärung in der *Agit 883*, einer Zeitschrift der West-Berliner linken Szene.[38] Sie unterstützten den „bewaffneten Volkskrieg" der Palästinenser, die durch ihre Attacken auf israelischem Boden „allen gezeigt [haben,] wie Imperialismus, Zionismus und das System in ihren eigenen Ländern zu bekämpfen sind". Gleichzeitig riefen sie die deutschen „Antiimperialisten" auf, sich aktiv am Kampf gegen die Unterstützer Israels in Westdeutschland zu beteiligen.[39] Das heißt, sie befürworteten Angriffe auf Juden in der BRD, insbesondere auf diejenigen, die Israel öffentlich unterstützten. Zu dieser Zeit hatte die *Agit 883* eine Auflage von etwa 20.000 Stück.[40]

Auch griffen die Autoren von „Schalom + Napalm“ die westdeutsche Tradition der Aufarbeitung der Vergangenheit an. Sie brandmarkten Entschädigungszahlungen – die „Wiedergutmachung“ – und Entwicklungshilfe der BRD für Israel als Beiträge zum zionistischen Verteidigungshaushalt. „Unter den [sic] schuldbewußten Deckmantel der Bewältigung der faschistischen Greueltaten gegen Juden hilft sie entscheidend mit an den faschistischen Greueltaten Israels gegen die palästinensischen Araber.“ In einem ausweichenden Passiv übernahmen die Verfasser des Flugblatts kokett die Verantwortung für die Platzierung der Bombe und erklärten zugleich der Bundesregierung den Krieg.

Am 31. Jahrestag der faschistischen Kristallnacht wurden in Westberlin mehrere jüdische Mahnmale mit „Schalom und Napalm“ und „El Fath“ beschmiert. Im jüdischen Gemeindehaus wurde eine Brandbombe deponiert. Beide Aktionen sind nicht mehr als rechtsradikale Auswüchse zu diffamieren, sondern sie sind ein entscheidendes Bindeglied internationaler sozialistischer Solidarität. Das bisherige Verharren der Linken in theoretischer Lähmung bei der Bearbeitung des Nahostkonflikts ist Produkt des deutschen Schuldbewußtseins: „wir haben eben Juden vergast und müssen die Juden vor einem neuen Völkermord bewahren.“ Die neurotisch-historizistische Aufarbeitung der geschichtlichen Nichtberechtigung eines israelischen Staates überwindet nicht diesen hilflosen Antifaschismus. Der wahre Antifaschismus ist die klare und einfache Solidarisierung mit den kämpfenden Feddayin. Unsere Solidarität wird sich nicht mehr mit verbalabstrakten Aufklärungsmethoden à la Vietnam zufriedengeben, sondern die enge Verflechtung des zionistischen Israel mit der faschistischen BRD durch konkrete Aktionen schonungslos bekämpfen. Jede Feierstunde in Westberlin und in der BRD unterschlägt, daß die Kristallnacht von 1938 heute tagtäglich von den Zionisten in den besetzten Gebieten, in den Flüchtlingslagern und in den israelischen Gefängnissen wiederholt wird. Aus vom Faschismus vertriebenen Juden sind selbst Faschisten geworden, die in Kollaboration mit dem amerikanischen Kapital das palästinensische Volk ausradieren wollen. Zerschlagen wir die direkte Unterstützung Israels durch die deutsche Industrie und die Bundesregierung, so bereiten wir den Sieg der palästinensischen Revolution vor und forcieren die erneute Niederlage des Weltimperialismus. Gleichzeitig erweitern wir unseren Kampf gegen die Faschisten im demokratischen Mantel und beginnen eine revolutionäre Befreiungsfront in den Metropolen aufzubauen.

> Tragt den Kampf aus den Dörfern in die Städte!
> Alle politische Macht kommt aus den Gewehrläufen.
> SCHWARZE RATTEN TW [41]

Im Gegensatz zu ihren „schuldbewussten“ Zeitgenossen, deren politisches Urteilsvermögen angeblich von Emotionen und Sentimentalität getrübt war, präsentierten sich die West-Berliner Tupamaros als die Stimme der Vernunft und der politischen Klarheit. Nachdem sie jene ungerechtfertigten Schuldkomplexe ihrerseits vermeintlich überwunden hatten, konnten sie die „faschistischen“ Israelis guten Gewissens angreifen. Die Zionisten hätten, einhergehend mit einer, wie unterstellt wurde, neurotischen Tradition westdeutschen Gedenkens an den Holocaust, die Bürger der BRD mit ungerechtfertigten Vorwürfen und schlechten Erinnerungen schikaniert. Die Erklärung „Schalom + Napalm“ und der Anschlag auf das Jüdische Gemeindehaus standen für den Versuch einer Befreiung von diesen psychischen Lasten. Da die Bundesrepublik an der Unterstützung eines bösen Staates, nämlich Israels, beteiligt sei, sei es an der Zeit, die Waffen hier auf „die Faschisten im demokratischen Mantel“ zu richten.

Mehrere Tage später schickten die Tupamaros ein Tonband mit einem Bekenntnis und einer Rechtfertigung des versuchten Bombenanschlags auf das Jüdische Gemeindehaus an „Herrn Heinz Galinski c/o Jüdisches Gemeindehaus“ in Berlin. Eine Frauenstimme erklärte:

> [Axel] Springer, [der West-Berliner] Senat und die Galinskis [Heinz G., Vorsteher der organisierten West-Berliner Jüdischen Gemeinde und Vorsitzender des Zentralrats der Juden in Deutschland] wollen uns ihren Judenknacks verkaufen. In das Geschäft steigen wir nicht ein. Mit den Milliarden der Wiedergutmachung wird ein neuer faschistischer Völkermord finanziert [...]. Lernt von den Bombenlegern im Jüdischen Gemeindehaus, lernt von den TUPAMAROS, Che lebt! Vietnam ist nicht bei uns, Vietnam ist in Amerika. Aber hört zu: Bei uns ist Palästina, wir sind Fedajin. Heute Nachmittag kämpfen wir für die revolutionäre palästinensische Befreiungsfront Al-Fatah. Schlagt zu![42]

Am 27. November 1969 veröffentlichte Dieter Kunzelmann, Anführer der West-Berliner Tupamaros und Schlüsselfigur bei der Hinwendung der westdeutschen Linken zur Unterstützung palästinensischer Guerillaorganisationen, in der *Agit 883* einen „Brief aus Amman“. Tatsächlich befand er sich zu dieser Zeit in West-Berlin.[43]

Palestina [sic] ist für die BRD und Europa das, was für die Amis Vietnam ist. Die Linken haben das noch nicht begriffen. Warum? Der Judenknax [sic]. „Wir haben 6 Millionen Juden vergast. Die Juden heißen heute Israelis. Wer den Faschismus bekämpft ist für Israel." So einfach ist das, und doch stimmt es hinten und vorne nicht. Wenn wir endlich gelernt haben, die faschistische Ideologie „Zionismus" zu begreifen, werden wir nicht mehr zögern, unseren simplen Philosemitismus zu ersetzen durch eindeutige Solidarität mit AL FATAH, die im Nahen Osten den Kampf gegen das Dritte Reich von Gestern und Heute und seine Folgen aufgenommen hat. Was heißt Solidarität? UNSEREN KAMPF AUFNEHMEN.[44]

Kunzelmann bedauerte, dass die lokalen „Politmasken vom Palestina-Komitee [sic] die Bombenchance [im Jüdischen Gemeindehaus] nicht genutzt haben, um eine Kampagne zu starten".[45] Mit diesen Äußerungen und Aktionen im Herbst 1969 definierten Kunzelmann und die Tupamaros West-Berlin den westdeutschen linken Antifaschismus neu, der nun sowohl verbale Feindseligkeit gegen Israel wie auch Unterstützung von Terroranschlägen gegen Israelis und ihre jüdischen und nichtjüdischen Unterstützer in der BRD meinte. Damit knüpften sie an jene transformierte Bedeutung des Antifaschismus an, die sich bereits mit den „antikosmopolitischen" Säuberungen im Sowjetblock, einschließlich der DDR, fast zwei Jahrzehnte zuvor ergeben hatte.

Im Februar 1970 verübten palästinensische Terroristen eine Welle von Anschlägen gegen den zivilen Luftverkehr von und nach Westdeutschland und Israel sowie gegen Juden in der Bundesrepublik. Am 10. Februar griff die „Aktionsorganisation für die Befreiung Palästinas" mit Handgranaten und automatischen Waffen Passagiere an, die auf dem Flughafen München-Riem auf einen Flug der El Al warteten. Am 13. Februar 1970 verteilte jemand Benzin im Treppenhaus des jüdischen Altenheims der Israelitischen Kultusgemeinde in München und setzte es in Brand. Sieben Bewohner starben, davon sechs in den Flammen und im Rauch des Feuers und einer an Verletzungen, die er erlitt, als er aus einem Fenster im vierten Stock sprang, um den Flammen zu entkommen. Sechs weitere erlitten schwere Verletzungen. Es war der schlimmste Anschlag auf Juden in Deutschland seit 1945. Niemand bekannte sich dazu, und der Fall ist nach wie vor ungelöst, doch wiesen Indizien auf eine Beteiligung westdeutscher linker und/oder palästinensischer Terroristen hin. Am 21. Februar explodierte eine Bombe an Bord einer Maschine der Austrian Airlines, die in Frankfurt am Main abgehoben war, mitten in der Luft, jedoch konnte das beschädigte Flugzeug kurz nach dem Start sicher zum Flughafen zurückkehren. Später am selben Tag wurde eine weitere Bombe an Bord des Swiss-Air-Flugs 330 von Zürich nach Tel Aviv platziert. Sie explodierte in der Luft und brachte das Flugzeug zum Absturz. Alle 38 Passagiere und neun Besatzungsmitglieder kamen ums Leben.[46] Ein Vertreter der Volksfront für die Befreiung Palästinas – Generalkommando (PFLP – GC) unter der Führung von Ahmad Dschibril beanspruchte die Verantwortung für dieses Attentat. George Habasch, Führer der Volksfront für die Befreiung Palästinas (PFLP), verkündete seine Unterstützung solcher Aktionen, während Jassir Arafat sie ablehnte.[47] Zu dieser Zeit war Arafat Leiter des „Vereinigten Kommandos" des Exekutivkomitees der PLO, dem unzählige palästinensische Guerillaorganisationen angehörten, darunter auch PFLP und PFLP – GC. Die weite Verbreitung solcher Gruppen vermittelte den Eindruck, sie würden unabhängig von Arafat handeln, wodurch sie für das bekannteste Gesicht der PLO als ein Feigenblatt fungierten, das ihm die glaubhafte Abstreitbarkeit jedweder eigenen Verwicklung garantierte.

Am 3. April 1970 sandte Kunzelmann eine weitere Erklärung „aus Amman", die sich implizit auf die Anschläge auf die El Al und andere Fluggesellschaften, die nach Israel flogen, sowie auf das jüdische Altenheim in München bezog. Er brachte hierin seine Ungeduld mit den linken „Genossen an der Heimatfront" zum Ausdruck:

> [W]ann endlich beginnt bei Euch der organisierte Kampf gegen die heilige Kuh Israel? Wann entlasten wir das kämpfende palästinensische Volk durch praktischen Internationalismus? Die Granaten auf dem Flughafen Riem lassen doch nur *eine* [Herv. i. O.] Kritik zu: die verzweifelten Todeskommandos durch besser organisierte zielgerichtetere [sic] Kommandos zu ersetzen, die von uns selbst durchgeführt werden und damit besser vermittelt werden können. Befreiung der verhafteten Palästinenser, Agitation unter den deutschen Juden, Kampf gegen die Emigration nach Israel, Verhinderung jeglicher Unterstützung (Waffen, Waren, Kapital) – noch nie hatten wir eine solche Chance durch direkte Unterstützung eines Volksbefreiungskrieges die Revolution im eigenen Lande voranzutreiben.[48]

Er drängte seine Mitstreiter in der westdeutschen Linken, sich an ähnlichen Angriffen in der Bundesrepublik zu beteiligen, die aber „besser organisiert[]" werden könnten. Die Zusammenarbeit mit den bewaffneten palästinensischen Organisationen und die Überwindung des „Judenknackses" waren seiner Auffassung nach entscheidend für die Herbeiführung einer kommunistischen Revolution in der BRD. Die Geisteshaltung, die aus Kunzelmanns Äußerungen von 1969 und 1970 sprach, wiederholte sich in den folgenden Jahren im linksradikalen Terror und im Antisemitismus in Westdeutschland.

Bis 1969 war die Kluft zwischen der Führungsriege der jüdischen Gemeinden in der BRD und der westdeutschen radikalen Linken zu einem Abgrund geworden. Der Mängel der juristischen Aufarbeitung in Westdeutschland waren sich die Wortführer der organisierten jüdischen Gemeinschaft zwar bewusst, doch hielten sie die Bundesrepublik nicht für einen autoritären oder „faschistischen" Staat. Im Gegenteil sahen sie die westdeutschen Justiz- und Polizeibehörden auf Bundes-, Landes- und Kommunalebene sowie die Stabilität der liberaldemokratischen Institutionen des Landes als unverzichtbar für den Schutz der sehr kleinen jüdischen Gemeinde und ihrer Synagogen, Schulen und Gemeindeeinrichtungen an. Sie begrüßten die westdeutsche Politik der Restitutionsabkommen für jüdische Überlebende und die Aufnahme diplomatischer Beziehungen zu Israel im Jahr 1965.

Anlässlich des jüdischen Neujahrstages Rosch ha-Schana 1970 äußerte sich Heinz Galinski, Vorsitzender der Jüdischen Gemeinde in West-Berlin, besorgt über den Antizionismus, der „von Kreisen, die sich für sehr fortschrittlich halten", das heißt von der studentischen Linken ausgehe. „Dieser Antizionismus hat unabhängig davon, ob seine Verbreiter und Befürworter dies begreifen und beabsichtigen oder nicht, auch die Funktion, antijüdische Vorurteile wach zu erhalten."[49] Es ging nicht nur um antisemitische Worte, sondern um Terrorismus, der sich gegen Israelis richtete. Im Januar 1973 veröffentlichte der *Jewish Press Service* eine Liste von 44 arabischen Terroranschlägen auf Israelis in Israel sowie auf jüdische Einrichtungen in Europa, die seit 1968 verübt worden waren. Dazu gehörten Flugzeugentführungen, Mordversuche an israelischen Diplomaten, Bombenanschläge auf israelische Botschaften, der Tod von 47 Passagieren und der Besatzung eines Swiss-Air-Fluges, der am 21. Februar 1970 in die Luft gesprengt worden war, das Massaker am Flughafen Lod am 30. Mai 1972, bei dem drei Mitglieder der Japanischen Roten Armee mit Maschinengewehren und Handgranaten 24 Menschen ermordet und achtzig im Bereich der Gepäckabfertigung des Flughafens verletzt hatten, sowie der Anschlag der Terrorgruppe Schwarzer September auf die Olympischen Spiele in München im September 1972, bei dem elf Mitglieder der israelischen Olympia-Mannschaft ums Leben gekommen waren. Weniger bekannt waren in diesen Jahren die Briefbomben, die an israelische Botschaften und an jüdische Einrichtungen wie Synagogen, zionistische Jugendgruppen und ein Altenheim gesendet worden waren. Beamte der Verfassungsschutzämter hatten bereits seit 1967 vor Briefbomben, die an israelische und jüdische Adressen geschickt werden könnten, gewarnt.[50]

Der Zentralrat der Juden in Deutschland behielt die Drohungen gegen jüdische Schulen und Gemeindehäuser genau im Auge, schickte ihnen Anleitungen zum Erkennen von Briefbomben und informierte sie über die Bemühungen der Polizei- und Geheimdienstbehörden, Warnungen zu übermitteln. Am 12. Oktober 1972 schrieb Hendrik van Dam, Generalsekretär des Zentralrats, an die Vorsteher der größeren jüdischen Gemeinden, sie sollten „insbesondere auf den Schutz jüdischer Kinder [...] achten. Im Einvernehmen mit der Polizei sollten daher Kindergärten, -horte, Schulen und Schulbusse gesichert werden." Diese zusätzlichen Sicherheitsmaßnahmen zum Schutz jüdischer Kinder seien notwendig angesichts der jüngsten Attacke auf eine jüdische Schule in Belgien sowie angesichts der „wiederholten Drohungen einer arabischen Terrororganisation, die mit allen Mitteln, auch der Geiselnahme, die Freilassung jedenfalls der Terroristen erzwingen will, die in das Verbrechen von München verwickelt sind". Er bat die Direktoren verschiedener jüdischer Organisationen, ihn über ihre Sicherheitsmaßnahmen zu informieren.[51]

Am 22. September 1972 thematisierte Heinz Galinski in einem Leitartikel auf der Titelseite der Zeitung des Zentralrats, der *Allgemeinen unabhängigen jüdischen Wochenzeitung,* das Attentat auf die israelischen Athleten bei den Olympischen Spielen in München und machte auf die seiner Beobachtung nach sich entwickelnde Allianz zwischen „arabischen Extremisten" und westdeutschen Linken aufmerksam.[52] Er wies hin auf

> bedrohliche Tatbestände [...] in der Aktivität, die arabische Extremisten in erster Linie an den Hochschulen und Universitäten entfalteten, in den von ihnen verbreiteten antijüdischen deutschsprachigen Hetzschriften, in den Demonstrationen sowie anderen Kundgebungen und Aktionen, die sie gemeinsam mit deutschen linksradikalen Elementen veranstalteten. Wir [der Zentralrat] haben darauf aufmerksam gemacht, dass es objektiv einer Förderung des neonazistischen Antisemitismus gleichkommt, wenn sich derartige Vorgänge in Deutschland ereignen.[53]

In ebendiesen Wochen ging auch Ulrike Meinhof, der wegen ihrer Aktivitäten in der terroristischen Rote-Armee-Fraktion ein Strafprozess bevorstand, mit ihrer Schrift „Die Aktion des Schwarzen September in München. Zur Strategie des Antiimperialistischen Kampfes" auf das Attentat bei der Olympiade ein.[54] Sie schrieb, „sie [die Aktion des Schwarzen September in München] war gleichzeitig antiimperialistisch, antifaschistisch und internationalistisch".[55] Die Münchner „Aktion" habe sich gegen „Israels

Nazi-Faschismus“ gerichtet.[56] „So wie der Imperialismus seinem Wesen nach faschistisch ist, war der Antifaschismus seiner Tendenz nach antiimperialistisch.“ Der Angriff auf die israelischen Sportler sei also antiimperialistisch und damit antifaschistisch gewesen. Die Palästinenser seien zu Opfern „israelischer Ausrottungspolitik“ geworden.[57] Das Ziel der westdeutschen Regierung sei es gewesen, „nur ja dem Moshe-Dayan-Faschismus – diesem Himmler Israels – in nichts nachzustehen“.[58] Nach dem Tod seiner Sportler „vergießt [Israel] Krokodilstränen. Es hat seine Sportler verheizt wie die Nazis die Juden – Brennmaterial für die imperialistische Ausrottungspolitik.“[59]

Ihrer Ansicht nach trugen die Täter des Schwarzen September keine Schuld am Tod der Sportler. „Sie haben Geiseln genommen von einem Volk, das ihnen gegenüber Ausrottungspolitik betreibt. Sie haben ihr Leben eingesetzt, um ihre Genossen zu befreien. Sie wollten nicht töten.“ Fälschlicherweise behauptete sie: „Die deutsche Polizei hat die Revolutionäre und die Geiseln massakert [sic].“[60] Die Erklärung endete wie folgt: „Die Aktion des Schwarzen September in München wird aus dem Gedächtnis des antiimperialistischen Kampfes nicht mehr zu verdrängen sein. [...] SOLIDARITÄT MIT DEM BEFREIUNGSKAMPF DES PALÄSTINENSISCHEN VOLKES! SOLIDARITÄT MIT DER REVOLUTION IN VIETNAM! REVOLUTIONÄRE ALLER LÄNDER, VEREINIGT EUCH!“[61] Meinhofs Aufsatz, wie schon Kunzelmanns „Schalom – Napalm“, war ein frühes westdeutsches Beispiel dessen, was der Historiker Robert Wistrich als „Holocaust Inversion“ bezeichnete, nämlich der Beschreibung der Politik Israels gegenüber den Palästinensern als vergleichbar mit der Politik Nazideutschlands gegenüber den Juden Europas.[62] Meinhof folgte Kunzelmann nach als eine weitere prominente Vertreterin der radikalen Linken, die von der rhetorischen Solidarität mit den Arabern und Palästinensern zur öffentlichen Unterstützung terroristischer Gewalt gegen Israelis überging, welche sie nun als Nazis und Faschisten bezeichnete.

Die Allianz zwischen den westdeutschen linken Terrororganisationen und ihren palästinensischen Pendants, insbesondere der PFLP, fand ihren deutlichsten Ausdruck in dem gemeinsamen Vorhaben, im Juni und Juli 1976 ein Flugzeug der Air France nach Entebbe in Uganda zu entführen und dabei israelische und jüdische Passagiere mit vorgehaltener Waffe als Geiseln zu nehmen.[63] Die beiden westdeutschen Beteiligten, Wilfried Böse und Brigitte Kuhlmann, hatten sich die Vorstellungen von Israel, dem Zionismus und den bewaffneten palästinensischen Organisationen zu eigen gemacht, die seit 1967 in der westdeutschen Linken aufgekommen waren. 1976 waren die Holocaust-Inversion und die Neudefinition des Zionismus als eine Form von Rassismus und Faschismus in ihren Kreisen und in der westdeutschen radikalen Linken überhaupt als geläufige Themen etabliert.

Böse war 1970 Mitbegründer des linken Verlags Roter Stern in Frankfurt am Main. Er und Kuhlmann lebten und arbeiteten im linken intellektuellen und politischen Milieu der Stadt. Ferner war er an der Gründung der Terrorgruppe Revolutionäre Zellen (RZ) beteiligt, die sich zu 67 Brand- und Bombenanschlägen in Westdeutschland zwischen 1973 und 1980 bekannte.[64] Die PFLP, die zu dieser Zeit Anschläge auf israelische Zivilisten in Nordisrael beging, half den RZ und der RAF, indem sie ihnen Fluchtwege, Ausbildung, Waffen und sogar Geld anbot. Die Kooperation mit der PFLP in jenen Jahren bedeutete, mit einer Organisation zusammenzuarbeiten, die in ihren Anstrengungen, Israel mit Waffengewalt zu zerstören, Wort und Tat vereinte und bewaffnete Angriffe auf israelische Zivilisten verübte.

Bei der Entführung nach Entebbe 1976 arbeiteten die RZ und die PFLP auch mit Ugandas Diktator Idi Amin zusammen. Da sie dies im Namen des Antifaschismus und des Antirassismus taten, ist es wichtig, an Amins sehr öffentliche Ansichten über Hitler und den Nazismus zu erinnern. Nach dem Attentat des Schwarzen September auf die Olympischen Spiele in München sandte Amin ein Telegramm an Kurt Waldheim, Generalsekretär der Vereinten Nationen, und Kopien an Golda Meir und Jassir Arafat.[65] Er prangerte Israel an, weil es Palästina seit 25 Jahren „besetzt" halte. Er drängte darauf, Israel aus den Vereinten Nationen auszuschließen. Weiter schrieb er:

> Deutschland ist der geeignete Ort, dort, wo Hitler als Regierungsoberhaupt und Oberbefehlshaber mehr als sechs Millionen Juden verbrannte. Hitler und das deutsche Volk wussten, dass die Israelis kein Volk sind, das im Interesse der Bevölkerung der Welt handelt, und aus diesem Grund verbrannten sie die Israelis bei lebendigem Leib, mit Gas, auf deutschem Boden.[66]

Er fügte hinzu, dass den Palästinensern jede Hilfe angeboten werden sollte, „um alle Israelis aus dem Nahen Osten zu vertreiben und sie nach Großbritannien zu bringen, das schuld daran war, sie nach Palästina zu bringen".[67] Ab dem 13. September 1972 waren Amins Antisemitismus, seine Rechtfertigung des Holocaust, sein Lob Hitlers sowie der Terroristen, welche die israelischen Sportler in München ermordet hatten, und seine Unterstützung der Entfernung „aller Israelis" aus „Palästina" weltweit öffentlich bekannt. Dies war der Mann, mit dem gemeinsam die PFLP, und damit die PLO und Arafat, sowie die RZ-Mitglieder Böse und Kuhlmann den Faschismus zu bekämpfen behaupteten.

Am 27. Juni 1976 entführten Mitglieder der RZ zusammen mit ihren Genossen der PFLP eine Air-France-Maschine mit 258 Passagieren an Bord und zwangen die Piloten mit vorgehaltener Waffe zur Landung in Entebbe, Uganda. Amin nahm sie am Flughafen herzlich in Empfang. Die Entführer trennten Israelis und Juden von der größeren Gruppe der Geiseln. In den folgenden zwei Tagen ließen sie 148 nichtisraelische und nichtjüdische Passagiere frei, während sie mehr als hundert Israelis und den nichtjüdischen Piloten weiterhin festhielten. RZ und PFLP forderten die Freilassung von Terroristen aus Gefängnissen in Frankreich, Israel, Kenia und der BRD und drohten, Geiseln zu ermorden, falls ihre Forderungen nicht erfüllt würden. Mit einer Militäraktion, bei der alle am Flughafen festgehaltenen Geiseln befreit und alle Entführer getötet wurden, setzte Israel dieser Episode ein Ende. Böse und Kuhlmann, die beide im Feuergefecht mit den Israelis ums Leben kamen, waren seit dem Holocaust die ersten Deutschen gewesen, die Maschinengewehre auf unbewaffnete Juden gerichtet und, soweit wir wissen, die ersten Deutschen, die sich mit israelischen Streitkräften einen Schusswechsel geliefert hatten. Ihre Beteiligung an der Geiselnahme von Entebbe bleibt eines der wichtigsten und bekanntesten Beispiele der Kollaboration westdeutscher Terrororganisationen mit der PFLP.[68] Hier demonstrierten sie die Folgen der Neudefinition des Antifaschismus in der westdeutschen radikalen Linken sowie der Unterstützung der Bestrebungen der PLO, den jüdischen Staat zu zerstören. Die Tatsache, dass Westdeutsche mit Sturmgewehren auf Juden zielten, schlug ein weiteres Kapitel in der Geschichte des deutschen Antisemitismus auf.

Da die Diskussion über die Entführung von Entebbe bei den Vereinten Nationen allein im Sicherheitsrat stattfand, hatten die Diplomaten der DDR bei den UN keine Gelegenheit, sich offiziell zu den Geschehnissen zu äußern. Die Berichterstattung darüber in der ostdeutschen Presse blieb zurückhaltend.[69] Am 5. Juli 1976 meldete die SED-Zeitung *Neues Deutschland* (ND): „Blutiger Überfall Israels auf Flughafen in Uganda".[70] Ein ND-Artikel vom 10. Juli mit dem Titel „Zionistische Politik Israels zeigte erneut ihr rassistisches Wesen: TASS-Kommentar zu Aggressionsakt gegen die Republik Uganda" behauptete, Israels Militäraktion zeige, dass es die afrikanischen Staaten als Länder „zweiter Klasse" betrachte, eine Sichtweise, die von seinen „immer engeren Bündnissen mit Südafrika und Rhodesien" herrühre.[71] Das *Neue Deutschland* berichtete nichts über die Zusammenarbeit der ugandischen Regierung mit den Entführern, die Separierung der jüdischen von den nichtjüdischen Passagieren, Idi Amins

Lobpreisung Hitlers, des Holocaust und des Münchner Massakers oder das Verschwinden und die wahrscheinliche Ermordung einer der älteren jüdischen Geiseln, Dora Bloch. Die Stasi gab einen achtzehnseitigen Bericht in Auftrag, der die „israelischen Aggressionshandlungen gegen die Republik Uganda“ verurteilte. Dieser Stasi-Bericht nannte Israel ferner „eine ernste Gefahr für den Weltfrieden“ und einen Schlag gegen „die moralischen Normen der Zusammenarbeit und der Beziehungen zwischen Staaten“.[72]

Die RZ griffen daraufhin als israelisch identifizierte Einrichtungen in der Bundesrepublik an.[73] In einer Stellungnahme von 1978 lieferten sie eine Rechtfertigung dieser Angriffe, welche die Unterscheidung zwischen Zionisten, Israelis und Juden verwischte. „Zionistische“ und „israelische“ Einrichtungen in Westdeutschland, die Israel unterstützten und Geld sammelten, um es nach Israel zu schicken, unterstützten damit, so die Behauptung, dessen „Vertreibungs- und Ausrottungsfeldzug gegen die Palästinenser“.

> Diese Institutionen haben es sich zum Prinzip gemacht, in ihrer unmittelbaren Umgebung kulturelle und soziale jüdische Einrichtungen anzusiedeln (Altenfürsorge, Kinderkrippen etc.) – oder einfach in ein normales Wohnhaus voller Familien zu ziehen, mit der Absicht, daß bei Anschlägen auf ihre Agenturen möglichst viele Menschen getroffen und verletzt werden, um diese dann nach uralter und bewährter zionistischer Strategie als „antisemitische Ausfälle“ denunzieren zu können.
>
> Diese Art der Verschanzung, die ganz systematisch unbeteiligte Menschen als lebendes [sic] Schutzschild mißbraucht, die zumeist gar nicht wissen, wer sich da mitten zwischen sie gesetzt hat, ist eine der niederträchtigsten und menschenverachtensten [sic] „Spezialitäten“ des Zionismus.[74]

Die RZ betrachteten die Büros, Schulen, Altenheime und Kindertagesstätten, die zur jüdischen Gemeinschaft in der BRD gehörten – also völlig legale zivile Einrichtungen, die mit militärischen Aktivitäten nichts zu tun hatten –, als legitime militärische Ziele. Vermutlich sahen die RZ daher „Anschläge auf zionistische Institutionen dieser Art“, das heißt etwa auf die Büros „zionistischer“ Einrichtungen, als moralisch akzeptabel an. So „genügt es nicht zu sagen“, dass Israels Politik „der Blut-und-Boden-Politik der Nazis“ entspreche.[75] Da dies der Fall sei, sei der Angriff auf jüdische Einrichtungen in der Bundesrepublik eine Form des vollauf gerechtfertigten

Antinazismus oder Antifaschismus, die nichts mit Antisemitismus zu tun habe. Im Gegenteil behauptete die Erklärung der RZ schließlich:

> Der Kampf gegen den Zionismus ist der entschiedenste Kampf gegen jeglichen Antisemitismus. Denn genauso wie er die faschistischen Verbrechen bekämpft, bekämpft er die Verbrechen des israelischen Staates an den Palästinensern, die selbst Semiten sind.[76]

Mit anderen Worten: Für die RZ war die Ermordung von Juden in Westdeutschland im Jahr 1978 ein Mittel zur Bekämpfung des Antisemitismus. Es handelte sich um ein logisches Resultat derjenigen Vorstellungen, die im vorangegangenen Jahrzehnt in der westdeutschen radikalen Linken aufgekeimt waren und die sich nun in Taten manifestierten.

1979 veröffentlichte Hans-Joachim Klein, ein ehemaliges Mitglied der RZ, das Buch *Rückkehr in die Menschlichkeit: Appell eines ausgestiegenen Terroristen*[77]. In westlichen Geheimdienstberichten wurde die PFLP seit langem als das wichtigste Instrument der PLO zur Eröffnung einer gemeinsamen „Front" mit westdeutschen und westeuropäischen Linksterroristen angesehen. Kleins Darlegungen bestätigten diese Einschätzungen. Er betonte die Wichtigkeit der PFLP für das Überleben und Fortbestehen der linksterroristischen Organisationen in der BRD. Auch legte er einen Plan der RZ offen, wonach Heinz Galinski und Ignatz Lipinski, der damalige Vorsitzende der Jüdischen Gemeinde in Frankfurt am Main, ermordet werden sollten, und vereitelte ihn damit. Klein schrieb, dieses Vorhaben „war und ist faschistisch. Auch wenn sich die Killer ‚Revolutionäre' nennen". Kleins Genossen bei den RZ hatten ihm gesagt, dass sie, obschon sie kein „politisches Interesse" an der Ermordung Galinskis und Lipinskis hätten, ihren arabischen Partnern doch zeigen müssten, dass sie auch nach Entebbe eine schlagkräftige Truppe bleiben würden. Sie bräuchten ein „Aufnahmeland für die Gefangenen, Waffen, und vor allem [...] wieder Geld". Die Ermordung der beiden jüdischen Führungsfiguren werde die Forderungen ihres Kontaktmanns bei der PFLP erfüllen und ihre Aussichten auf künftige Unterstützung verbessern.[78]

Klein ordnete diese geplanten Morde „in die unheilvolle Geschichte des deutschen Nazi-Faschismus" ein. Er offenbarte des Weiteren, dass Mitglieder der RZ in Erwägung gezogen hatten, auch Simon Wiesenthal zu ermorden, den Leiter einer Organisation in Wien, die versuchte, ehemalige Nazis vor Gericht zu bringen, und dabei zeitweise dem Mossad behilflich war. Die *Allgemeine Jüdische Wochenzeitung* schrieb am 13. Mai 1977:

Führende jüdische Persönlichkeiten wissen ebenso gut wie andere Repräsentanten von Glaubensorganisationen, Politiker, Juristen und überhaupt jeder einzelne Bürger, [...] welche Gefahr öffentliche Gegnerschaft gegen Morde und Totschlag, gegen die anarchistischen Mörderbanden und ihre Handlanger, gegen Linksextreme wie auch gegen Rechtsextremisten und deren Presseorgane, die in keiner Ausgabe auf Hetze gegen Juden, das Judentum, die Demokratie und die Freiheit verzichten, mit sich bringt.[79]

Schluss

Der Terror von Entebbe mag diejenigen westdeutschen Linken, die sich seit 1967 an der antizionistischen Leidenschaft beteiligt hatten, nicht überrascht haben. Äußerungen des Bedauerns oder Bedenken blieben jedenfalls privat. Entebbe war kein Wendepunkt, der eine Phase der Entradikalisierung eingeleitet hätte. Das wurde offensichtlich, als die RAF im „Deutschen Herbst" 1977, fünfzehn Monate nach jener Geiselnahme, eine Welle von Terroranschlägen verübte. Die Vorstellungen, die in den zehn Jahren von 1967 bis 1977 aufgekommen waren, von der Holocaust-Inversion, vom faschistischen und nazihaften Charakter Israels, von Rechtfertigungen für gegen Israelis gerichteten palästinensischen Terrorismus sowie von der grundsätzlichen Illegitimität und Immoralität des Zionismus und des Staates Israel, beherrschten die radikale Linke in der BRD. Westdeutsche Linke wie Kunzelmann, Meinhof und Böse glaubten von sich selbst, sie brächen mit der Nazi-Vergangenheit, während sie gleichzeitig alte Stereotype vom Juden in neuer Form wiederholten. Dabei ersetzten sie den Alptraum vom mörderischen und bösen Juden, der in den antisemitischen Traditionen der vergangenen Jahrhunderte so zentral gewesen war, durch den vom aggressiven, imperialistischen und faschistischen Zionisten und Israeli. „Jüdische Fragen" waren in der Bundesrepublik gewichtiger als anderswo, aber was sich in aller Deutlichkeit zuerst hier abzeichnete, fand in der Konvergenz von Antisemitismus und Feindschaft gegen Israel in vielen anderen Ländern im Laufe der folgenden Jahrzehnte seine Entsprechung.

In diesen Jahren schrieb Jean Améry, Essayist, Romancier und Überlebender nationalsozialistischer Konzentrationslager, der sich selbst als Verfechter des Liberalismus und der demokratischen Linken verstand, eingehend über das Aufkommen des linken „Antizionismus als neuer Antisemitismus" in Westdeutschland.[80] Nach dem Sechstagekrieg beobachtete er, dass in den „Pamphleten der arabischen Propaganda", die auf den westdeutschen Universitätscampus zirkulierten, bekannte Klischees und Stereotype über die Juden offen zutage lagen. Der Antagonismus gegen Israel hatte sich über die palästinensischen Organisationen hinaus auf eine viel breitere „intellektuelle Linke" ausgeweitet. Er war nunmehr respektabel und schick. Die „Schuldgefühle" waren „langweilig" geworden. Die Juden wurden nicht „verbrannt", sondern waren im Sechstagekrieg zu Siegern und dann zu Besatzern aufgestiegen. „Napalm und so weiter. Ein Aufatmen ging durchs Land." Améry war der Auffassung, dass der neue Antisemitismus in der Bundesrepublik in der Gestalt der Feindschaft gegen Israel untrennbar mit einer psychischen Anstrengung verbunden sei, sich von der Erinnerung an die Verbrechen des Nazismus zu entlasten. Kunzelmanns Drängen, den „Schuldkomplex" zu überwinden, hatte weit über die Viertel der Boheme West-Berlins hinaus einen Nerv getroffen.

Améry war überzeugt, der Antisemitismus sei im Antiisraelismus oder Antizionismus „enthalten [...] wie das Gewitter in der Wolke". Wer „ordinär" rede, nenne Israel einen „‚Verbrecherstaat'", die ‚manierliche Art" sei es dagegen, es als „‚Brückenkopf des Imperialismus'" zu bezeichnen. Er war damit nicht einverstanden. „Es gibt keinen ehrbaren Antisemitismus", schrieb er, trotz der Bemühungen jener Jahre, ihn in die Sprache der Linken zu kleiden.[81] 1969 fragte er, wie es dazu kommen konnte, dass westdeutsche Neue Linke zu Unterstützern der „arabischen Freikorps [...], vor allem der El Fatah", geworden waren. „Wie ist es geschehen, dass marxistisch-dialektisches Denken sich dazu hergibt, den Genozid von morgen vorzubereiten?"[82] Warum waren die Neulinken so gleichgültig und abweisend gegenüber den existenziellen Bedrohungen der Bürger Israels? Ihren häufigen Beteuerungen, antifaschistisch zu sein, zum Trotz „entgehen ihnen [den Junglinken] eine Anzahl spezifischer Phänomene gerade des deutschen Nationalsozialismus, der keineswegs im Begriff Faschismus aufgeht". Vom Holocaust hatten sie „nur mittelbare Kenntnis". Um die Notwendigkeit der Existenz Israels zu verstehen, müsse man „vollumfänglich die jüdische Katastrophe begreifen", was die Neue Linke verfehle. Wie die globale Linke der späten 1960er Jahre überhaupt beschäftigte sich auch die deutsche mit Imperialismus und Antiimperialismus, und nicht mit den historischen Realitäten Nazideutschlands und der Juden und deren Nachwirkungen. Ein zu großer Teil der jungen Linken verstand nicht, dass Israels Idee von der Zukunft untrennbar mit „dem finsteren Hintergrund der Katastrophe" verknüpft sei.[83]

Améry war nicht überzeugt von Versicherungen, dass der Antizionismus der jungen Linken keine Form des Antisemitismus sei. Die Marxisten, die sich auf die objektiven Folgen von Handlungen mehr als auf individuelle Absichten konzentrierten, dachten nicht über die wahrscheinlichen

Folgen eines Sieges der arabischen und palästinensischen bewaffneten Organisationen für die Juden in Israel nach. Die Gleichgültigkeit gegenüber den Folgen des linken Antizionismus in Deutschland und Europa stützte sich auf den „gefährliche[n] Boden" eines nicht überwundenen Antisemitismus. „Im kollektiven Unterbewußtsein der europäischen Völker ist der wahrscheinlich durch die Mißidee des Deizids hervorgerufene Antisemitismus so virulent wie eh und je", der als ein neuer, nunmehr gegen Israel gerichteter erscheine. Denn, so Améry, „schließlich sind es ja *Juden*", die in Gestalt des verhassten „Zionisten" erneut als Weltfeind und Unterdrücker auftauchten, und so knüpfe die junge Linke an alte Traditionen des Antisemitismus an.[84]

Im Zuge dessen beobachtete er, wie ein in die Sprache des Antizionismus gehüllter Antisemitismus in fortschrittlichen Kreisen salonfähig wurde.[85] Der alte Antisemitismus der Rechten, jener der „Protokolle der Weisen von Zion" oder der Nazis, galt in der Welt der Intellektuellen, der Universitäten, der Politik und der Presse in den 1970er Jahren als völlig inakzeptabel. Die neuen Antisemiten der mittleren 1970er bestanden darauf, dass sie als „Antizionisten" nichts dergleichen seien. In ihren Augen war Israel ein Staat, der auf der Vertreibung der Araber basierte. Es war für sie eine Besatzungsmacht, vergleichbar mit den Nazis zwischen 1940 und 1945. Die palästinensische Sache sei Teil einer „allgemeinen guten, fortschrittlichen Sache" wie andere nationale Befreiungskämpfe auch. Warum sollte man also nicht misstrauisch gegenüber Juden in der Bundesrepublik und Europa sein, die sich mit diesem „Unrechts-Staat Israel" solidarisch zeigten? Es sei eine „unanzweifelbare Tatsache, dass der rabiate Anti-Zionismus seine beredtesten Sprecher heute auf der Linken hat", die ein Spektrum von Jungsozialisten bis zu orthodoxen, sowjetisch orientierten Kommunisten, Maoisten, Trotzkisten und unabhängigen linksradikalen Randgruppen umfasste. Ihnen allen gemeinsam sei eine „Indifferenz gegenüber jüdischem Katastrophengeschick"[86]. Ironischerweise machte die junge Linke gemeinsame Sache mit der Gesinnung der „Bourgeoisie", die sich zuvorderst um den Zugang zu Öl und zu ausländischen Märkten sorgte. In der westdeutschen Linken der 1970er Jahre hatte der „ehrbare Antisemit [...] ein beneidenswert reines Gewissen", da er gegen ein Israel kämpfte, das er als expansionistisch und kolonialistisch betrachtete. Améry widersprach: „[D]er Antisemitismus, auch wenn er sich Anti-Zionismus nennt, ist nicht ehrbar."[87]

Die Ansichten der Randgruppen, von Kunzelmann, Meinhof, den Führungsfiguren des SDS in Frankfurt am Main im Jahr 1967, und die Charta der PLO von 1968 hatten innerhalb der westdeutschen Linken größere Kreise gezogen. Bis zu den frühen 1970ern war die Feindschaft gegen

Israel zu einem herausragenden und in den Augen mancher zu einem bestimmenden Merkmal dieser Linken geworden. Böse und Kuhlmann trieben jene in ihrer Welt weithin geteilten Vorstellungen zu einer terroristischen Konsequenz, die, hätte Israel nicht militärisch eingegriffen, auf dem Flughafen von Entebbe zu einem Massaker an Juden durch Deutsche hätte führen können.[88] Entgegen einer weit verbreiteten Annahme haben die führenden Stimmen der linken „68er"-Generation in der Bundesrepublik – wie anderswo auch – damals keinen signifikanten Beitrag zur „Aufarbeitung der NS-Vergangenheit" geleistet. Im Gegenteil: Der Linksradikalismus jener Jahre ignorierte die Spezifitäten des Antisemitismus während des Holocaust und verstand so wenig vom Staat Israel, wie er Empathie für diesen aufbrachte.[89] Die Generation Kunzelmanns, Meinhofs, Böses und Kuhlmanns, der RAF, der RZ, der marxistisch-leninistischen Gruppen und der Palästina-Solidaritätskomitees interessierte sich weniger für den Holocaust und wusste weniger über den Zusammenhang zwischen liberalem und linkem Antifaschismus und der Gründung des Staates Israel als eine ältere Generation Liberaler und Linker wie Adorno und Améry, welche die Jahre des Holocaust und die Anfänge Israels erlebt hatte.

Die neue Auffassung von „Antifaschismus" trug mehr dazu bei, den antisemitischen Hass in neuen Formen zu fördern, als dazu, ihn zu bekämpfen und zu besiegen. Linken antizionistischen Antisemitismus gab es freilich nicht nur in Westdeutschland. Vielmehr kam er in der Neuen Linken weltweit auf. Doch nur in Deutschland, sowohl im Osten wie im Westen, bot der Antisemitismus seinen Adepten eine psychische Befreiung, obgleich eine illusorische, von der Bürde, sich der verbrecherischen Vergangenheit ihres eigenen Landes mit Integrität, Verantwortung und Aufrichtigkeit stellen zu müssen. Wie die Verweise in diesem Aufsatz anzeigen, hat eine signifikante Anzahl wissenschaftlicher Arbeiten und Kommentare von Historikern in Deutschland und andernorts unser Verständnis der Ära des „neuen Antisemitismus", den Adorno, Améry, Galinski und andere damals kritisierten, vertieft. Diese Arbeiten knüpften damit an die westdeutsche Gründungstradition einer ehrlichen Auseinandersetzung mit der Nazi-Vergangenheit an. Dennoch wurde viel Schaden angerichtet. Der als Antizionismus verkleidete Antisemitismus erlangte eine gewisse intellektuelle Seriosität. Die Verschmelzung von Antisemitismus und Antizionismus, vor vielen Jahrzehnten in den Diskurs der westdeutschen und der globalen Linken eingeführt, ist bis heute eines ihrer hervorstechenden und allzu oft bestimmenden Merkmale.

Anmerkungen

Auszüge nachgedruckt mit Genehmigung von Jeffrey Herf: *Undeclared Wars with Israel: East Germany and the West German Far Left, 1967–1989* (Cambridge University Press), Copyright 2016. Nachdruck mit Genehmigung von Cambridge University Press [dem Lizenzgeber] über PLSclear. Alle Rechte vorbehalten.

1 Zur westdeutschen Tradition der Aufarbeitung der Vergangenheit siehe Jeffrey Herf: *Zweierlei Erinnerung: Die NS-Vergangenheit im geteilten Deutschland* (Berlin: Proypläen, 1998); auf Englisch erschienen als *Divided Memory: The Nazi Past in the Two Germanys* (Cambridge, MA: Harvard University Press, 1997); und Magnus Brechtken (Hrsg.): *Aufarbeitung des Nationalsozialismus: Ein Kompendium* (Göttingen: Wallstein Verlag, 2021).

2 Zur Geschichte der westdeutschen Entschädigungspolitik siehe aus der umfangreichen Forschung Constantin Goschler: *Schuld und Schulden: Die Politik der Wiedergutmachung für NS-Verfolgte seit 1945* (Göttingen: Wallstein Verlag, 2005); und Herf: *Zweierlei Erinnerung.*

3 Martin Kloke: „Oppositioneller Proisraelismus vor 1967", in: *Israel und die deutsche Linke: Zur Geschichte eines schwierigen Verhältnisses,* Schriftenreihe des Deutsch-Israelischen Arbeitskreises für Frieden im Nahen Osten (Frankfurt am Main: Haag + Herchen, 1994), 70–105; und Willy Albrecht: *Der Sozialistische Deutsche Studentenbund (SDS): Vom parteikonformen Studentenverband zum Repräsentanten der Neuen Linken* (Bonn: Friedrich-Ebert-Stiftung, 1994).

4 Zu ehemaligen Nazis in Ägypten siehe Ulrike Becker: *Nazis am Nil. Die westdeutsch-ägyptischen Beziehungen der Nachkriegszeit im Schatten des Nationalsozialismus* (Göttingen: V&R unipress, 2024).

5 Aus der umfangreichen Forschung über die westdeutsch-israelischen Beziehungen siehe Inge Deutschkron: *Israel und die Deutschen: Das schwierige Verhältnis,* erweiterte Neuauflage (Köln: Verlag Wissenschaft und Politik, 1991).

6 Zum Wandel im Jahr 1967 siehe Jeffrey Herf: *Unerklärte Kriege gegen Israel: Die DDR und die westdeutsche radikale Linke, 1967–1989* (Göttingen: Wallstein Verlag, 2019), 92–137.

7 Siehe Shulamit Volkov: „Readjusting Cultural Codes: Reflections on Antisemitism and Anti-Zionism"; und Andrei S. Markovits: „An Inseparable Tandem of European Identity? Anti-Americanism and Anti-Semitism in the Short and Long Run", in: Jeffrey Herf (Hrsg.): *Antisemitism and Anti-Zionism in Historical Perspective: Convergence and Divergence* (London/New York: Routledge, 2007), 38–49, 71–90.

8 „Stasi Archive Surprise: East German Spy Shot West Berlin Martyr", http://www.spiegel.de/international/germany/stasi-archive-surprise-east-german-spy-shot-west-berlin-martyr-a-626275.html; Nicholas Kulish: „Spy Fired Shot That Changed West Germany", *The New York Times,* 26. Mai 2009, http://www.nytimes.com/2009/05/27/world/europe/27germany.html?_r=0 (jeweils abgerufen am 8.11.24).

9 „Die 68er waren betrogene Betrüger': Der Historiker Peter Horvath untersucht die Kontakte der Studentenbewegung zu SED und Stasi: Für ihn handelt es sich um eine ‚inszenierte Revolte'", *Die Welt*, 12. Juni 2009, http://www.welt.de/welt_print/article3910491/Die-68er-waren-betrogene-Betrueger.html (abgerufen am 8.11.24); siehe auch Peter Horvath: *Die inszenierte Revolte: Hinter den Kulissen von '68* (München: Herbig, 2010).

10 Zitiert nach Kloke: *Israel und die deutsche Linke*, 115; ebenfalls in Jens Benicke: *Von Adorno zu Mao: Über die schlechte Aufhebung der antiautoritären Bewegung* (Freiburg: Ça ira, 2010).

11 Siehe „Entstehung einer antiisraelischen Linken in Westdeutschland, Sommer 1967", in: Herf: *Unerklärte Kriege gegen Israel*, 92–137; und „Delegiertenliste der XXII. ODK", 4.–9. September 1967, APO-Archiv FU Berlin, Sammlung SDS-Bundesvorstand (im Folgenden SDS-BV), 1967.

12 Wolff war auch Mitbegründer des linken Roter Stern Verlags. Zu K. D. Wolff und anderen Verbindungen und Interaktionen zwischen der amerikanischen und westdeutschen Neuen Linken siehe Martin Klimke: *The Other Alliance: Student Protest in West Germany and the United States in the Global Sixties* (Princeton, NJ: Princeton University Press, 2010).

13 „Sozialistischer Deutscher Studentenbund, 22. Delegiertenkonferenz des SDS, 4.–9. September 1967, Neuwahlen", SDS-BV, APO-Archiv FU Berlin, Sammlung BV 1967 SDS; und „(Zweite) vorläufige Tagesordnung der 22. Ordentlichen Delegiertenkonferenz des SDS", Frankfurt am Main, 4.–8. September 1967, SDS-BV, Archiv des Hamburger Instituts für Sozialforschung, SDS 140, Diskussionspapiere, Organisationsdebatte, Politische Initiativen, Box 01, Blattsammlung, Presse, Flugblätter, Entwicklung des SDS im Jahr 1967.

14 Rudi Dutschke: „Notizen", Juni 1967, Mappe 2, Blatt 2, K21/48, Archiv des Hamburger Instituts für Sozialforschung, zitiert nach Wolfgang Kraushaar: „Rudi Dutschke und der bewaffnete Kampf", in: Wolfgang Kraushaar, Karin Wieland und Jan Philipp Reemtsma (Hrsg.): *Rudi Dutschke, Andreas Baader und die RAF* (Hamburg: Hamburger Edition, 2005), 48, Herv. i. O. Zu Dutschkes öffentlicher Ablehnung des Terrorismus ein Jahrzehnt später Rudi Dutschke: „Kritik am Terror muß klarer werden", *Die Zeit*, 16. September 1977.

15 „Sozialistischer Deutscher Studentenbund, 22. Delegiertenkonferenz des SDS, 4.–9. September 1967, v. dem SDS von der 22. ODK als Material überwiesen: 24. Der Konflikt im Nahen Osten", 48–54, APO-Archiv FU Berlin, Sammlung SDS-BV, 1967.

16 Ebd., 49–50.

17 Ebd., 52.

18 Ebd., 53.

19 „Die Palästinensische Nationalcharta vom 17. Juli 1968", https://www.theologische-links.de/downloads/israel/plo_charta.html; „The Palestinian National Charter:

Resolutions of the Palestine National Council July 1-17, 1968“, Yale Law School, The Avalon Project, Documents in Law, History and Diplomacy, http://avalon.law.yale.edu/20th_century/plocov.asp (jeweils abgerufen am 8.11.24).

20 Ebd.

21 Ebd.

22 „Tabelle 2: Mitgliederzahlen der jüdischen Gemeinden“, in: Erica Burgauer: *Zwischen Erinnerung und Verdrängung – Juden in Deutschland nach 1945* (Reinbek bei Hamburg: Rowohlt Taschenbuch, 1993), 356. Die Zahlen für die winzige und abnehmende Größe der jüdischen Bevölkerung in Ostdeutschland in den Jahren 1970, 1976, 1982 und 1987 waren 1078, 728, 470 bzw. 370 (ebd., 359). Zu den unmittelbaren Nachkriegsjahren siehe Jay Howard Geller: *Jews in Post-Holocaust Germany, 1945–1953* (New York/Cambridge: Cambridge University Press, 2005); und Herf: *Unerklärte Kriege gegen Israel*, 115.

23 Zur Migration und zu transnationalen Verbindungen in der westdeutschen Linken der 1960er Jahre siehe Klimke: *The Other Alliance*; und Quinn Slobodian: *Foreign Front: Third World Politics in Sixties West Germany* (Durham, NC: Duke University Press, 2012).

24 Zur GUPS siehe die Memoiren ihres Direktors in Westdeutschland: Abdallah Frangi: *Der Gesandte: Mein Leben für Palästina: Hinter den Kulissen der Nahost-Politik* (München: Heyne, 2011).

25 Die Jahresberichte des Verfassungsschutzes untersuchten die Rolle ausländischer studentischer politischer Organisationen in Westdeutschland.

26 Herf: *Unerklärte Kriege gegen Israel*, 116.

27 Theodor W. Adorno: „Nr. 338: Brief an Herbert Marcuse, 19. Juni 1969“, in: Wolfgang Kraushaar (Hrsg.): *Frankfurter Schule und Studentenbewegung: Von der Flaschenpost zum Molotowcocktail, 1946–1995*, Band 2, Dokumente (Hamburg: Rogner und Bernhard bei Zweitausendeins, 1998), 651–652. Siehe auch Herf: *Unerklärte Kriege gegen Israel*, 117. Kraushaars dreibändiges Werk ist eine bemerkenswert umfangreiche und wichtige Quelle. Siehe auch die Chronologie in *Band 1* und die Aufsätze der Beteiligten in *Band 3*. Zu den Arbeiten Adornos und der Frankfurter Schule zum Antisemitismus siehe aus der umfangreichen Forschung Lars Rensmann: *The Politics of Unreason: The Frankfurt School and the Origins of Modern Antisemitism* (Albany, NY: SUNY Press, 2017).

28 Zu Adorno und der westdeutschen studentischen Linken siehe Detlev Claussen: *Theodor W. Adorno: Ein letztes Genie* (Frankfurt am Main: S. Fischer, 2003), 391–401; und Stefan Müller-Doohm: *Adorno: Eine Biographie* (Frankfurt am Main: Suhrkamp Verlag, 2003), 679–729.

29 Wolfgang Kraushaar: „17. Juli 1969“, in ders. (Hrsg.): *Frankfurter Schule und Studentenbewegung, Band 1: Chronik* (Hamburg: Rogner und Bernhard bei Zweitausendeins, 1998), 445–447.

30 „Erklärung von Teilnehmern des Al-Fatah Summer Camp, Jordanien, Juli bis August 1969“, APO-Archiv FU Berlin, R80, Internationalismus, Palästina, L Amerika, Afrika, Asien. Siehe auch Herf: *Unerklärte Kriege gegen Israel*, 118.

31 Ebd.

32 Gerd Koenen: *Das Rote Jahrzehnt: Unsere kleine deutsche Kulturrevolution, 1967–1977* (Frankfurt am Main: Suhrkamp, 2002).

33 Bundesminister des Innern (Hrsg.): Verfassungsschutzbericht 1972, „Linksradikale Bestrebungen im Jahr 1972“, 52–62.

34 Ebd., 93–94. Eine Studie kommt zu dem Schluss, dass es zwischen 1970 und 1975 in Westdeutschland über sechzig Organisationen gab, die das Wort „kommunistisch“ im Namen trugen. Siehe Jürgen Schröder: *Ideologischer Kampf vs. regionale Hegemonie: Ein Beitrag zur Untersuchung der K-Gruppen* (Berlin: Berliner Arbeitshefte und Berichte zur Sozialwissenschaftlichen Forschung, Nr. 40, 1990), Institut für Sozialforschung Hamburg.

35 Ebd., „Zahlenmäßige Entwicklung der Terror- und Gewaltakte“, 62.

36 Dan Diner: „Bericht über die arabische Propaganda und ihre Auswirkungen in der Bundesrepublik Deutschland“, Dezember 1969, Zentralarchiv zur Erforschung der Geschichte der Juden in Deutschland (ZA-Heidelberg) Bestand B.1/7 468, Nahost-Krise, 1969–1973.

37 Siehe Herf: *Unerklärte Kriege gegen Israel,* 121–124. Siehe auch Wolfgang Kraushaar: *Die Bombe im jüdischen Gemeindehaus* (Hamburg: Hamburger Edition, 2005); und Wolfgang Kraushaar (Hrsg.): *Die RAF und der linke Terrorismus* (Hamburg: Hamburger Edition, 2006).

38 Der Name „Tupamaros“ stammte von einer terroristischen Gruppe in Uruguay, die sich aus Studenten zusammensetzte, die von dem brasilianischen Abgeordneten und Kommunisten Carlos Marighella inspiriert waren. Siehe sein *Urban Guerilla Minimanual* (Vancouver, CA: Pulp Press, 1974).

39 Herf: *Unerklärte Kriege gegen Israel,* 122–123. „Schalom + Napalm“, *Agit 883,* 1. Jg., Nr. 40, 13. November 1969, 9. Das Original ist online verfügbar unter: http://www.agit883.infopartisan.net/ (abgerufen am 8.11.24).

40 Martin Kloke: *Israel und die deutsche Linke* (Frankfurt am Main: Haag + Herchen, 1990), 163–164.

41 Herf: *Unerklärte Kriege gegen Israel,* 122–123.

42 Kraushaar: *Die Bombe im jüdischen Gemeindehaus,* 62–65. Die „Tupamaros“ waren eine städtische Guerillaorganisation der 1960er Jahre in Uruguay. „Che“ war eine Anspielung auf den kubanischen Kommunistenführer Che Guevara.

43 Dieter Kunzelmann, „Brief aus Amman“ (I), *Agit 883,* Nr. 42, 27. November 1969, 5, http://www.agit883.infopartisan.net/ (abgerufen am 8.11.24); zitiert in Herf: *Unerklärte Kriege gegen Israel,* 124. Zu Kunzelmanns politischen Aktivitäten siehe „Dieter Kunzelmann“, in: Wolfgang Kraushaar: *„Wann endlich beginnt bei Euch der*

Kampf gegen die Heilige Kuh Israel?" München 1970: Über die antisemitischen Wurzeln des deutschen Terrorismus (Reinbek bei Hamburg: Rowohlt, 2013), 785–786; und Aribert Reimann: *Dieter Kunzelmann – Avantgarde, Protest und Radikalismus nach 1945* (Göttingen: Vandenhoeck & Ruprecht, 2009).

44 Ebd.

45 Ebd.

46 Für eine ausführliche Darstellung dieser Angriffe auf die Flugzeuge und der Ermittlungen dazu siehe Kraushaar: *„Wann endlich beginnt bei Euch der Kampf gegen die heilige Kuh Israel?"*, 37–81, 169–250. Zum Angriff auf das jüdische Altenheim in München siehe ebd., 86–162.

47 Siehe ebd., 184–185.

48 Dieter Kunzelmann: „Brief aus Amman" (II) / „Das palästinensische Volk wird in seinem bewaffneten Kampf siegen", *Agit 883*, Nr. 55, 3. April 1970, 11; zitiert in Herf: *Unerklärte Kriege gegen Israel*, 126–127.

49 Heinz Galinski: „Zu Rosch Haschanah 5731", „Für unsere Mitglieder", Vorstand der Jüdischen Gemeinde in West-Berlin, September 1970, ZA Heidelberg; Herf: *Unerklärte Kriege gegen Israel*, 129.

50 „Dokumentation arabischer Terrorakte 1968–1972", ZA Heidelberg, Jüdischer Pressedienst: Informationen des Zentralrats der Juden in Deutschland, Düsseldorf, Nr. 1 (Januar 1973), 5–8; „Gift-Briefe aus Karlsruhe", 23. Oktober 1972, BAK B443/641; „Informationsaustausch zur Sicherheitslage – Düsseldorf – Sprengstoffbrief eingegangen beim jüdischen Altersheim in Düsseldorf", BAK 443/ 641.

51 Hendrik van Dam: „An die Mitglieder des Direktoriums, Landesverbände und die Gemeinden Berlin, Frankfurt, Hamburg, Köln und München, und die Jüdischen Organisationen in der Bundesrepublik", Düsseldorf, 4. September 1972, ZA Heidelberg, B.1/7.93, Politisch Divers, 1974–1976; „Bericht: Versand von Sprengstoffbriefen durch arabische Terroristen an israelische Personen", BAK 443/641; und Bundeskriminalamt Abt. II – Sicherungsgruppe an Bundesamt für Verfassungsschutz, „Versand von Sprengstoff in Briefen an israelische Missionen", 26. September 1972, BAK 443/ 641; Herf: *Unerklärte Kriege gegen Israel*, 210–211.

52 Heinz Galinski: „Unausweichliche Alternative: Das Verbrechen von München mahnt", *Allgemeine unabhängige jüdische Wochenzeitung*, 22. September 1972, 1.

53 Ebd. Siehe auch Herf: *Unerklärte Kriege gegen Israel*, 208.

54 Ulrike Meinhof: „Die Aktion des ‚Schwarzen September' in München. Zur Strategie des antiimperialistischen Kampfes", in: ID Verlag (Hrsg.): *Rote Armee Fraktion: Texte und Materialien zur Geschichte der RAF* (Berlin: ID-Verlag, 1997), 151–177; zitiert in Herf: *Unerklärte Kriege gegen Israel*, 211–215. Zur Baader-Meinhof-Gruppe siehe Stefan Aust: *Der Baader-Meinhof Komplex*, erweiterte und aktualisierte Ausgabe (München: Goldmann Verlag, 1998); Jeffery Herf: „An Age of Murder: Ideology and Terror in Germany", *Telos*, Nr. 144 (Herbst 2008): 8–38; Butz Peters: *Töd-*

licher Irrtum: Die Geschichte der RAF (Frankfurt am Main: S. Fischer, 2007); und Willi Winkler: *Die Geschichte der RAF* (Berlin: Rowohlt Verlag, 2007).

55 Ebd., 151–152.

56 Ebd., 159.

57 Ebd., 171.

58 Ebd., 173.

59 Ebd.

60 Ebd., 177.

61 Ebd. Für eine Analyse des Textes durch das Bundeskriminalamt siehe „Bericht: Illegale Druckschrift der RAF mit dem Titel ‚Die Aktion des Schwarzen September in München – Zur Strategie des antiimperialistischen Kampfes", BAK B106/83804, Bundeskriminalamt, Bonn, 15. Januar 1973.

62 Siehe Robert S. Wistrich: „Antisemitism and Holocaust Inversion", in: Anthony McElligott und Jeffrey Herf (Hrsg.): *Antisemitism Before and Since the Holocaust: Altered Contexts and Recent Perspectives* (London: Palgrave/Macmillan, 2017), 37–50.

63 Siehe die Diskussion in „Entebbe und die ‚Revolutionären Zellen'", in: Herf: *Unerklärte Kriege gegen Israel*, 345–371.

64 Prof. Dr. Kurt Rebmann, Generalbundesanwalt beim Bundesgerichtshof an den Bundesminister der Justiz, „Ermittlungsverfahren gegen Johannes Weinrich und andere Mitglieder einer terroristischen Vereinigung ‚Revolutionäre Zellen' (RZ) wegen Verdachts eines Vergehens nach § 129a StGB und anderer Straftaten", Karlsruhe, 19. März 1980, Bundesarchiv Koblenz (BAK), Bundesministerium des Innern, Bundesgerichtshof, B106/403104.

65 Botschaft Kampala an den Secretary of State, Washington DC, „Subject: Amin's Position on ME", 13. September 1972, United States National Archives, College Park, NACP RG 59 General Records of the Department of State, SNF, 1970–73, Political and Defense, von Pol. 27 Arab ISR 7/172 bis Pol 27 Arab ISR 1/1/73. NWDPH-2 1997, Box 2060. Siehe auch „Amin Praises Hitler for Killing of Jews", *The New York Times*, 13. September 1972, 4; zitiert in Herf: *Unerklärte Kriege gegen Israel*, 191–192.

66 „Subject: Amin's Position on ME", 13. September 1972; siehe auch „Non-Arab Africa: Uganda: Amin's Message to the UN, Mrs. Meir and Yasir Arafat: Kampala home service in English 1700 gmt 11 Sept 72", in: BBC *Summary of World Broadcasts (SWB), Teil 4: Der Nahe Osten und Afrika*, 13. September 1972, ME/4091/B/1.

67 Ebd.

68 Zu den Verbindungen zwischen westdeutschen linksterroristischen Organisationen und der *Volksfront für die Befreiung Palästinas* siehe Thomas Skelton-Robinson: „Im Netz verheddert: Die Beziehungen des bundesdeutschen Linksterrorismus zur ‚Volksfront für die Befreiung Palästinas' (1969–1980)", in: Kraus-

haar (Hrsg.): *Die RAF und der linke Terrorismus*, 828–904; und Martin Jander: „German Leftist Terrorism and Israel: Ethno-Nationalist, Religious-Fundamentalist, or Social-Revolutionary?", *Studies in Conflict and Terrorism* 38, 6 (2015), 456–477.

69 „Entführtes französisches Flugzeug in Uganda gelandet", *Neues Deutschland*, 29. Juni 1976, 7; und „Flugzeugentführer in Entebbe ließen 47 Geiseln frei", *Neues Deutschland*, 1. Juli 1976, 15.

70 „Blutiger Überfall Israels auf Flughafen in Uganda", *Neues Deutschland*, 5. Juli 1976, 6.

71 „Zionistische Politik Israels zeigt erneut ihr rassistisches Wesen: TASS-Kommentar zu Aggressionsakt gegen die Republik Uganda", *Neues Deutschland*, 10. Juli 1976, S. 7.

72 „Zum Ablauf und den Begleitumständen der Entführung eines Flugzeuges der ‚Air France' durch Terroristen nach Entebbe sowie den israelischen Aggressionshandlungen gegen die Republik Uganda", Bundesbeauftragte für die Unterlagen des Staatssicherheitsdienstes der ehemaligen Deutschen Demokratischen Republik, MfS, Zentralarchiv, HA XXII, Nr. 105418, Teil 1 von 2, 5.

73 „Aktion gegen die Israelische Import-Gesellschaft Agrexco", in: Redaktionsgruppe Früchte des Zorns (Hrsg.): *Die Früchte des Zorns: Texte und Materialien zur Geschichte der Revolutionären Zellen und der Roten Zora*, Band I (Berlin: Edition ID-Archiv, 1993), 131–132.

74 Ebd., 132; zitiert in Herf: *Unerklärte Kriege gegen Israel*, 363.

75 Ebd.

76 Ebd., 132–133; zitiert in Herf: *Unerklärte Kriege gegen Israel*, 363.

77 Hans-Joachim Klein: *Rückkehr in die Menschlichkeit: Appell eines ausgestiegenen Terroristen* (Reinbek bei Hamburg: Rowohlt Verlag, 1979), 80–81; siehe Herf: *Unerklärte Kriege gegen Israel*, 369–371.

78 Klein: *Rückkehr in die Menschlichkeit*, 87–88.

79 Hermann Lewy: „Ein Terrorist gibt auf: Hans-Joachim Klein enthüllt weitere Mordpläne", *Berliner Allgemeine jüdische Wochenzeitung*, 13. Mai 1978, 1.

80 Jean Améry: *Aufsätze zur Politik und Zeitgeschichte*, Werke, Band 7 (Stuttgart: Klett-Cotta, 2005); und Marlene Gallner (Hrsg.): *Jean Améry: Essays on Antisemitism, Anti-Zionism, and the Left* (Bloomington: Indiana University Press, 2022).

81 Jean Améry: „Der ehrbare Antisemitismus", in: ders: *Aufsätze zur Politik und Zeitgeschichte*, 131–135, 140.

82 Jean Améry: „Die Linke und der ‚Zionismus'", in: ders: *Aufsätze zur Politik und Zeitgeschichte*, 141–142.

83 Ebd., 143–144.

84 Ebd., 148.

85 Jean Améry: „Der neue Antisemitismus“, in: ders: *Aufsätze zur Politik und Zeitgeschichte*, 159–171.

86 Ebd., 167.

87 Ebd., 175, 196.

88 Der Journalist und Essayist Henryk M. Broder schrieb ausgiebig über die Konvergenz von Antisemitismus und Antizionismus, siehe: *Der ewige Antisemit: Über Sinn und Funktion eines beständigen Gefühls* (Berlin: Berliner Taschenbuch Verlag, 2006); und *Vergesst Auschwitz! Der deutsche Erinnerungswahn und die Endlösung der Israel-Frage* (München: Knaus Verlag, 2012).

89 Die wissenschaftliche Auseinandersetzung mit dem Holocaust in Westdeutschland und die allmähliche Verlagerung solcher Themen vom Rand ins Zentrum des wissenschaftlichen und intellektuellen Lebens war ein Anliegen westdeutscher Liberaler, mehr als das der Marxisten der 1960er und 1970er Jahre. Siehe dazu Karl Dietrich Bracher: *Die deutsche Diktatur: Entstehung, Struktur, Folgen des Nationalsozialismus* (Köln: Kiepenheuer und Witsch, 1969); „The Role of Hitler: Perspectives of Interpretation“, in: Walter Laqueur (Hrsg.): *Fascism: A Reader's Guide: Analyses, Interpretations, Bibliography* (Berkeley: University of California Press, 1976), 211–225; *Zeitgeschichtliche Kontroversen: Um Faschismus, Totalitarismus, Demokratie* (München: Piper Verlag, 1976); und Lucy Dawidowicz: *The Holocaust and the Historians* (Cambridge, MA: Harvard University Press, 1981).

9
ANTISEMITISMUS UND WEISSER RASSISMUS
Gemeinsamkeiten und Unterschiede

Wenn sich Historiker in den Vereinigten Staaten mit Ideologien der *Rasse* und dem Rassismus befassen, geht es in erster Linie um die Hautfarbe.[1] Angesichts der Geschichte des weißen Rassismus gegenüber Afroamerikanern in den Vereinigten Staaten und des Rassismus, der mit Kolonialismus und Imperialismus einherging, ist dieser Fokus nachvollziehbar. Antisemitismus, also der Hass auf Juden und das Judentum und in den letzten Jahren oft, wenn nicht gar immer, auch auf den Staat Israel, passt jedoch nicht in dieses konventionelle Verständnis. Weder Antijudaismus mit christlichen oder islamischen theologischen Ursprüngen noch rassistischer Antisemitismus, der auf vermeintlichen biologischen Unterschieden beruht, leiten sich von Unterschieden in der Hautfarbe ab. Dass Antisemitismus nicht in die herkömmlichen Kategorien passt, wurde deutlich, als Neonazis und Rechtsextreme in Charlottesville am 11. und 12. August 2017 mit Fackeln durch die Straßen und an einer Synagoge vorbeimarschierten und skandierten: „Die Juden werden uns nicht austauschen." Der Ruf entstammt einer antisemitischen Ideologie, die Juden beschuldigt, einen „großen Austausch" der Weißen durch nichtweiße Einwanderer zu planen und durchzuführen. Die Rechtsextremisten verteidigten auch Denkmäler der *White Supremacy* und der Konföderation.[2] Mit anderen Worten: Sie waren gleichzeitig Rassisten gegen Nichtweiße und Antisemiten. Ein Großteil der Pressekommentare konzentrierte sich jedoch auf die erstgenannte und bekanntere Form des Rassismus, die sich um die Hautfarbe dreht, nicht aber auf die spezifisch antisemitische Dimension ihres Hasses. Damit spiegelten die Journalisten das konventionelle amerikanische und westliche Verständnis von *Rasse* und Rassismus sowie dessen Unzulänglichkeit beim Verständnis von Antisemitismus wider.

Eine vergleichende historische Perspektive kann hilfreich sein, um Gemeinsamkeiten und Unterschiede zwischen diesen Formen des Hasses und der Intoleranz herauszuarbeiten. Wir können dies tun, indem wir drei Aspekte untersuchen: erstens die Gemeinsamkeiten und Unterschiede zwischen weißem Rassismus und Antisemitismus; zweitens die Unterschiede zwischen dem Antisemitismus der 1930er Jahre in Nazideutschland, die Saul Friedländer die Jahre der Verfolgung nannte, einerseits, und dem radikalen Antisemitismus der Jahre des Holocaust andererseits[3]; und drittens die Kontinuitäten und Brüche zwischen dem christlichen theologischen Antijudaismus der vorangegangenen 1.900 Jahre und dem radikalen Antisemitismus der Nazis im 20. Jahrhundert.[4]

Erstens haben die Ideologien des weißen Rassismus und des Antisemitismus die Entmenschlichung ihrer Opfer gemeinsam. Sie sind die ideologische Inspiration für zwei gewaltige Verbrechen. Historiker schätzen, dass im Laufe von drei Jahrhunderten von den etwa zehn Millionen Afrikanern, die aus Afrika nach Nord- und Südamerika verschleppt wurden, bis zu fünfzig Prozent, das heißt bis zu fünf Millionen Menschen, nach der Gefangennahme, auf der transatlantischen Überfahrt oder durch Misshandlungen auf den Sklavenplantagen starben.[5] Wie wir wissen, ermordete das NS-Regime in den vier Jahren von 1941 bis 1945 sechs Millionen europäische Juden. Vergleicht man den auf vier Jahre komprimierten Massenmord an den europäischen Juden mit dem Tod und dem Leiden der versklavten Afrikaner und später der Afroamerikaner, so bietet sich ein Ansatzpunkt für eine düstere vergleichende Analyse.

Der Kern des weißen Rassismus gegenüber Afroamerikanern war die Unterstellung von Minderwertigkeit aufgrund eines nach Ansicht der Rassisten unabänderlichen *biologischen* Zusammenhangs zwischen Hautfarbe und Charakter. Entgegen den wiederholten Erkenntnissen der modernen Wissenschaft behaupteten die weißen Suprematisten, dass schwarze Haut ein Beweis für biologisch bedingte intellektuelle und sittliche Minderwertigkeit sei, eine Minderwertigkeit, die eine drastische politische, soziale und wirtschaftliche Subordination rechtfertigte. Die Unterordnung und Verweigerung der Menschenrechte für Afroamerikaner in der Zeit der Sklaverei beruhte auf diesen Unterstellungen der Minderwertigkeit und dem Abstreiten der Menschlichkeit, die allein mit der Hautfarbe zu tun hatten.[6] Da Menschenrechte die Rechte von Menschen sind, argumentierten weiße Rassisten, dass schwarze Menschen nicht vollständig menschlich oder nicht so menschlich wie weiße seien. Die Minderwertigkeit, die die Sklavenhalter ihren Sklaven unterstellten, bedeutete, dass Letztere nur für beschwerliche und einfache Arbeiten geeignet seien, die stets von Weißen kontrolliert wurden. Der Ausgang des Bürgerkriegs beendete zwar die Sklaverei, doch die Überzeugung weißer Rassisten von der rassisch bedingten Minderwertigkeit der Afroamerikaner schürte die Konterrevolution gegen die Regierungen der *Reconstruction* und danach die Installation der ein Jahrhundert andauernden legalisierten Rassentrennung und Verweigerung von Bürgerrechten sowie eine mythische Nacherzählung der Bedeutung des Krieges selbst.[7]

Léon Poliakov, Benzion Netanjahu und in jüngerer Zeit David Nirenberg haben die Rolle der Spanischen Inquisition im 15. und 16. Jahrhundert in der Geschichte des Rassismus hervorgehoben. Damals nahm der alte religiöse Antagonismus zum Judentum und den Juden in Form der Statuten über die „Reinheit des Blutes" zum ersten Mal die Dimensionen eines biologischen Rassismus an.[8] Als die Europäer dann zum ersten Mal auf schwarze Afrikaner trafen, entwickelten sie Ideen, die Rasse und Biologie miteinander verbanden, die ironischerweise zuerst in einem spanischen Kontext aufgekommen waren, in dem die Hautfarbe kein Thema gewesen war. Die wissenschaftlich diskreditierte Vorstellung, dass die Menschheit in verschiedene biologische Rassen unterteilt sei, war zuerst in der Inquisition aufgetaucht, als der Antijudaismus zum ersten Mal in seiner langen Geschichte zum Hass auf die Juden als eigenständige Rasse geworden war. Wie Winthrop Jordan hervorgehoben hat, brachten die Europäer, die die Farbe Schwarz seit langem mit einer Reihe von abwertenden Eigenschaften assoziierten, darunter das Böse, Schmutz, Unreinheit, Zügellosigkeit und ungehemmte Sexualität, jene Gepflogenheiten der Rassenbiologie mit, die erstmals in den antijüdischen Verfolgungen der Inquisition zum Ausdruckgekommen waren.[9]

In seinem wichtigen Werk *Rassismus: Ein Krankheitssymptom in der europäischen Geschichte des 19. und 20. Jahrhunderts* von 1978 machte George L. Mosse auf die Gemeinsamkeiten und Unterschiede zwischen dem europäischen weißen Rassismus der Moderne gegenüber Schwarzen und dem europäischen Rassenhass gegen die Juden aufmerksam.[10] Sowohl die europäischen Pseudowissenschaftler und Rassenideologen wie Houston Stewart Chamberlain sowie verschiedene nationalsozialistische Rassenideologen als auch die Ideologen der *White Supremacy* in den Vereinigten Staaten behaupteten, Verbindungen zwischen äußerem Erscheinungsbild und Körperbau und abwertenden geistigen und charakterlichen Merkmalen auffinden zu können. Diese Vorstellungen gipfelten in den Karikaturen, die die Seiten von Julius Streichers *Der Stürmer* füllten und einen stereotypen jüdischen Körper darstellten, der einem idealisierten arischen Bild des schönen Körpers in jeder Hinsicht unterlegen war. Die angebliche körperliche Hässlichkeit der Juden wurde als Beweis für moralische Minderwertigkeit angesehen.[11] Die von Mosse untersuchten Antisemiten beschrieben einen stereotypen jüdischen Körper, der sich jedoch nicht durch seine Hautfarbe unterschied.

Die Strömung des Antisemitismus, die den Juden eine moralische Minderwertigkeit auf Grundlage der Behauptung unterstellte, die Juden seien eine eigene biologische Rasse, die mit einer anderen, der „arischen Rasse", im Konflikt stehe, fand ihren deutlichsten Ausdruck in den Nürnberger Rassengesetzen von 1935, insbesondere im „Gesetz zum Schutze des deutschen Blutes und der deutschen Ehre". Diese Gesetze brachen mit dem traditionellen christlichen Antijudaismus, der die Hoffnung hegte, dass die Juden, die nicht als eigene biologische Rasse angesehen wurden, sich durch den Übertritt zum Christentum selbst retten würden. Der biologische Rassismus, der den Nürnberger Rassengesetzen zugrunde lag, schloss diese Möglichkeit aus. Die Gesetze verwandelten die Juden von einer eigenständigen religiösen Gruppe in ein rassisch, das heißt biologisch Fremdes. Sie enthielten detaillierte Betrachtungen über die Gefahren der „Vermischung" von deutschem und jüdischem „Blut" und ausgefeilte Regeln, die definierten, wer Jude war und wer nicht. Sie untersagten Deutschen die Heirat oder sexuelle Beziehungen mit Juden sowie mit Personen „fremden Blutes", womit „Zigeuner, Neger und ihre Bastarde" gemeint waren.[12] James Whitman hat darauf hingewiesen, dass die deutschen Juristen, die an der Ausarbeitung dieser Gesetze beteiligt waren, hilfreiche Vorbilder in der amerikanischen Gesetzgebung zur ehelichen Rassentrennung fanden.[13] Die Folgen der Nürnberger Rassengesetze waren prompt: Die Juden verloren ihre bürgerlichen und politischen Rechte. Im Dezember 1935 ordnete ein ergänzender Erlass die Entlassung von jüdischen Professoren, Lehrern, Ärzten, Rechtsanwälten und Notaren an, die als Staatsbedienstete eine Ausnahmegenehmigung erhalten hatten. Diese deutsche Ära der Verfolgung und der Verweigerung der Bürgerrechte für Juden lässt sich gut mit der rassistischen Verfolgung vergleichen, die auf der Unterstellung von Minderwertigkeit gegenüber Afroamerikanern beruht. In beiden Fällen führte die Besessenheit von der Rassenbiologie und den Vorstellungen von rassischer Über- und Unterlegenheit zu Diskriminierung, der Verweigerung von Staatsbürgerrechten, der Ungleichbehandlung vor Gericht, Verarmung und regelmäßiger Gewalt.

Im nationalsozialistischen Deutschland der 1930er Jahre beinhaltete der Rassenantisemitismus, der wiederum nichts mit der Hautfarbe zu tun hatte, Elemente der körperlichen Abscheu, der sexuellen Panik und der Annahme scheinbar klarer, einfach erkennbarer körperlicher Unterschiede. Auf diese Weise wies er Ähnlichkeiten mit dem europäischen und dann amerikanischen Rassismus gegenüber Afrikanern und später Afroamerikanern auf. Wie diese anderen Formen des Rassismus verband dieser Antisemitismus abwertende Eigenschaften des Charakters mit angeblich spezifischen physiologischen Erscheinungen. Der jüdische Körper implizierte einen jüdischen Charakter, der mit Feigheit, sexueller Begierde, Verbrechen, mörderischen Angriffen auf Frauen und Kinder, mangelndem Patriotismus und der Untergrabung der Nation assoziiert wurde.[14] Dieser pornografische und biologische Antisemitismus förderte zweifellos ein Klima des Hasses und der Abscheu, in dem Massenmord möglich war. Er spielte eine zentrale Rolle bei der Ermordung psychisch Kranker und körperlich Behinderter sowie bei den barbarischen „medizinischen Experimenten" von NS-Ärzten.[15] Er spielte eine wichtige Rolle bei der Entwicklung von Techniken zur Massenvergasung, verlieh der Unmenschlichkeit das Ansehen der Wissenschaft und trug so zu einem Meinungsklima bei, in dem ein Völkermord stattfinden konnte.[16] Der nationalsozialistische Antisemitismus der 1930er Jahre ähnelte in seinen Auswirkungen dem weißen Rassismus, der vor dem Bürgerkrieg die Sklaverei und danach die Legalisierung von Rassentrennung und Diskriminierung gerechtfertigt hatte.[17] Ideologische Behauptungen über die angebliche physische und moralische Unterlegenheit der Juden waren ebenso wie vergleichbare Behauptungen über Afroamerikaner Bestandteil der jeweiligen Phasen der Verfolgung, die mit diesen beiden Formen des Rassismus verbunden waren.

Doch der Antisemitismus der Verfolgungszeit in Nazideutschland – der rassistische Hass, der die Juden als minderwertig einstufte – war es nicht, der zum Massenmord führte. Er verbreitete zwar ein Klima des Hasses und der Gleichgültigkeit gegenüber dem Schicksal der Juden und stützte in diesem Sinne ein Klima, in dem ein Völkermord stattfinden konnte, aber der Antisemitismus der Nürnberger Rassengesetze war nicht der Kern der Ideologie, die mit dem Holocaust einherging. Die inzwischen bekannten Begriffe – völkische Ideologie, Politik des Kulturpessimismus, Erlösungsantisemitismus, die Stunde der autoritären Biologie und reaktionärer Modernismus – führen uns in die ideologische Welt der Nürnberger Rassengesetze und des Novemberpogroms von 1938.[18] Die rassenbiologische Dimension des antijüdischen Hasses in Deutschland, das heißt die Gemeinsamkeiten mit einem Rassismus, der sich auf Fragen der Hautfarbe konzentrierte, erklärt nicht, warum diese Form des Antisemitismus zu einem beispiellosen Ausbruch eines Massenmords führte, dessen Ziel es war, alle Juden in Europa und überall sonst auf der Welt, wo der Nationalsozialismus sie in seine Gewalt bringen konnte, zu vernichten. Sie war der Grund für massive Verfolgung, Sklavenarbeit, Verarmung und Entrechtung, nicht aber für Genozid. Friedländers Begriff „Erlösungsantisemitismus" kommt dem schon näher, aber auch er bezieht sich auf ein Deutschland, das durch die Vertreibung der Juden in einen anderen Teil der Welt „erlöst" werde. Mit der Behauptung, dass die ganze Welt durch die Ausrottung des Judentums und der Juden erlöst werden würde, präfigurierte es die Option des Genozids, forderte sie aber noch nicht.

Der Sprung von der Verfolgung zur Vernichtung und der *radikale Antisemitismus* des NS-Regimes von 1939 bis 1945 rückten die verschwörerischen und paranoiden Elemente, die in Hitlers Denken und in der NSDAP angelegt waren, in den Mittelpunkt ihrer ideologischen Anschauung. Der Angriff der Nazis auf das, was sie „den jüdischen Feind" nannten, bezog sich nicht auf die Minderwertigkeit und Dummheit der Juden. Im Gegenteil zielte er auf die Vorstellung einer ungeheuer mächtigen, schlauen und bösen internationalen Verschwörung, die auf die Vernichtung Deutschlands und der Deutschen gerichtet sei.[19] Es war eine Radikalisierung des Antisemitismus der Nürnberger Rassengesetze und unterschied sich auch vom weißen Rassismus, der den Historikern der Sklaverei und des Kolonialismus vertraut ist. Sein Hauptbestandteil, das, was Norman Cohn als „die Berechtigung zum Völkermord" bezeichnet hat, war in dem berühmten Propagandawerk des russischen Geheimdienstes, den *Protokollen der Weisen von Zion*, vorgezeichnet.[20] Die Nazis brachten die reißerische Geschichte von den Juden, die Kriege anzetteln und Wirtschaftskrisen herbeiführen wollten, auf den neuesten Stand und reicherten sie mit Persönlichkeiten des öffentlichen Lebens in der Sowjetunion, in Großbritannien und in den Vereinigten Staaten aus den Jahren vor und während des Zweiten Weltkriegs an. Die NS-Kriegspropaganda und die großen Reden von Hitler und Goebbels befassten sich nicht in erster Linie mit den biologischen Obsessionen mit Blut, Rasse und Sex der Nürnberger Rassengesetze. Sie konzentrierten sich vielmehr auf eine imaginäre Verschwörung, die angeblich von einem politischen Subjekt namens „Weltjudentum" gesteuert wurde, das sie beschuldigten, einen Vernichtungskrieg gegen Nazideutschland zu führen. Bei zahlreichen Gelegenheiten drohten Hitler und andere führende Funktionäre öffentlich damit und verkündeten dann stolz, dass sie dabei seien, die Juden Europas als Vergeltungsmaßnahme für den Vernichtungskrieg, den „der jüdische Feind" gegen Deutschland und die Deutschen begonnen habe, zu vernichten. Wenn sie so sprachen und den Massenmord rechtfertigten, hatten sie *vielmehr ein rassisch definiertes politisches Subjekt, das in der zeitgenössischen Geschichte agierte, vor Augen, als ein biologisch definiertes Subjekt.* Zwar waren auch Bilder jüdischer Minderwertigkeit allgegenwärtig, doch der ideologische Antrieb zum Völkermord verdankte sich einer paranoiden Angst vor den Folgen einer angeblichen jüdischen Überlegenheit im Zweiten Weltkrieg. Diese Anschuldigung der angeblich bösen Taten der Juden bildete die eindeutig völkermörderische Komponente der antisemitischen Ideologie des Nationalsozialismus. In den Köpfen Hitlers und seiner Mitstreiter rechtfertigten und legitimierten diese

Anschuldigung und die dadurch geschürte Wut den Sprung von der Verfolgung zur Vernichtung.

Während die Sklavenhalter des Südens in Angst vor Sklavenaufständen lebten, die sowohl eine reale Gefahr als auch imaginiert waren, stellte die Ideologie der Befürworter der amerikanischen Sklaverei die Afroamerikaner nicht als Mitglieder einer globalen Verschwörung dar, die willens und in der Lage wären, einen Krieg gegen die Vereinigten Staaten zu führen, der ein Schritt auf dem Weg zur globalen schwarzen Vorherrschaft und zur Ausrottung der Weißen wäre. Vielmehr betrachteten sie die Sklaven so, wie die Deutschen die Polen und Slawen betrachteten, nämlich als intellektuell Unterlegene, die nicht in der Lage wären, etwas so Großes wie eine internationale politische Verschwörung zu organisieren. So wie die Versklavung zu Arbeitszwecken die logische Folge der Ideologie der Befürworter der Sklaverei war, so war der Holocaust die logische Konsequenz der Verschwörungstheorie des radikalen Antisemitismus. Die radikal-antisemitische Anschuldigung, das ideologische Element, das die vollständige Ausrottung des jüdischen Volkes in Europa und überall auf der Welt forderte, lag *nicht* in der Rassenbiologie begründet. Es war vielmehr die unmittelbare Folge einer *politischen* Anklage gegen die Juden, die von den Nazis von einem bloß religiösen Anderen in eine bedrohliche und mächtige *Rasse* verwandelt worden waren. Während des gesamten Zweiten Weltkriegs und des Holocaust blieben Paranoia und Projektion Dienerinnen der nationalsozialistischen Aggression und des Massenmords.

Im Jargon der Historiker des Holocaust und des nationalsozialistischen Deutschlands ist dieser Ansatz der eines *modifizierten Intentionalismus*. Die nationalsozialistische Ideologie war ein zentraler kausaler Faktor, aber der Holocaust entstand durch nationalsozialistische Entscheidungen im Kontext von Ereignissen und Umständen zwischen 1939 und 1941, die durch Hitlers Entschluss zum Beginn des Zweiten Weltkriegs geschaffen wurden. Im Denken der nationalsozialistischen Entscheidungsträger war die Verbindung zwischen dem Zweiten Weltkrieg und dem Holocaust in ihrem radikalen Antisemitismus angelegt. Er war kein zufälliges Ergebnis des Zeitpunkts, der Geographie und der Gelegenheiten, obwohl all diese Faktoren eine Rolle spielten.[21] Durch eine solche Sichtweise wird der teleologische Determinismus im Reich der Ideen vermieden, der die deutsche und europäische Geschichte als Vorgeschichte des Holocaust darstellt. Stattdessen wird durch sie versucht, das zu tun, was Historiker tun müssen, nämlich Vorbedingungen in langfristigen Trends mit kurzfristigen Kontingenzen zu verbinden. Es ist der Versuch, die Geschichtsschreibung weg von einer ausschließlichen Suche nach den Ursprüngen hin zu einer Untersuchung der Ideen, Absichten und Umstände zu bewegen, die ein neues Ereignis hervorgebracht haben.[22]

In einem gewaltigen Wort- und Bilderschwall deutete die NS-Führung den Zweiten Weltkrieg als einen vom „internationalen Judentum" begonnenen und geführten Krieg, dessen Ziel die Ausrottung des deutschen Volkes sei. Sie bezeichnete das „Judentum" als ein politisches Subjekt, das nicht weniger real sei als die Regierungen der Alliierten. Nach Ansicht der Nazis war das „Judentum" die Macht hinter den Kulissen in „London, Moskau und Washington" und der „Kitt", der diese unwahrscheinliche Koalition aus „jüdischen Bolschewiken" und „Plutokraten" zusammenhielt. Bei vielen Gelegenheiten erklärten Hitler und seine Mitstreiter öffentlich, dass das Naziregime auf diesen angeblichen früheren Akt der jüdischen Aggression und des versuchten Massenmords mit der „Ausrottung" und „Vernichtung" der „jüdischen Rasse" in Europa reagieren würde. Aus der Sicht der NS-Führung war „der Krieg gegen die Juden" nicht nur der Holocaust.[23] Er war auch der Krieg gegen Großbritannien, die Sowjetunion, die Vereinigten Staaten und ihre Verbündeten. Die „Endlösung" war in ihren Augen ein völlig gerechtfertigter Akt der Vergeltung. Die Leugnung der Einzigartigkeit des Holocaust war Teil der Propaganda, die ihn begleitete.

Diese Argumentation erfordert eine Revision unseres Verständnisses dessen, was die Nazis mit der Formulierung „Krieg gegen die Juden" meinten. Seit der Veröffentlichung von Lucy Dawidowiczs klassischem Werk mit diesem Titel ist der Begriff zum Synonym für den Holocaust geworden.[24] Dawidowiczs Werk gelang es, die Aufmerksamkeit auf den Holocaust zu lenken, der 1975 noch im Schatten des historischen Hauptereignisses, des Zweiten Weltkriegs, stand. Doch die Zeugnisse der öffentlichen Äußerungen Hitlers und anderer Naziführer sind eindeutig. Wenn sie vom Krieg gegen die Juden sprachen, bezogen sie sich nicht nur auf die „Endlösung". In ihren öffentlichen Erklärungen, privaten Tagebucheinträgen und persönlichen Gesprächen behaupteten sie vielmehr, dass der „Krieg gegen die Juden" *sowohl* den Krieg gegen die Alliierten unter Führung der Vereinigten Staaten, Großbritanniens und der Sowjetunion *als auch* die Vernichtung der europäischen Juden umfasse. Sie glaubten, dass diese Maßnahmen zwei Teile eines Krieges auf Leben und Tod zwischen Nazideutschland und dem internationalen Judentum oder manchmal auch zwischen der „arischen Rasse" und der „jüdischen Rasse" wären.

Es gab zeitgenössische Beobachter, die die Zentralität des radikalen Antisemitismus im obigen Sinne begriffen. Der Literaturwissenschaftler und Tagebuchschreiber Victor Klemperer deutete diese These stark an, als er im Juni 1944, kurz nach dem D-Day, in sein Tagebuch schrieb: „Sosehr ich mich dagegen gesträubt habe, *der Jude* [Herv. i. O.] ist in jeder Hinsicht Zentralpunkt der LTI, der ganzen Epochen-Betrachtung."[25] Der junge E. H. Gombrich, der später als bedeutender Kunsthistoriker berühmt wurde, arbeitete bei der *British Broadcasting Corporation* (BBC) an der Übersetzung und Analyse deutscher Kriegspropaganda. In einem Vortrag, den er 1969 in London hielt, kam er zu dem Schluss, dass das Charakteristische an der NS-Propaganda „weniger die Lüge als vielmehr die Auferlegung eines paranoiden Musters auf das Weltgeschehen" sei.[26] Obwohl Gombrich den Finger auf das Kernproblem legte, blieben seine Erkenntnisse in der späteren Geschichtswissenschaft randständig. Die bei weitem gefährlichste, ja unverkennbar genozidale Komponente des nationalsozialistischen Antisemitismus bestand in der überwiegend *politischen* Anschuldigung, dass ein real existierendes politisches Subjekt, das „internationale Judentum", den Zweiten Weltkrieg begonnen und eskaliert habe, um Deutschland und die Deutschen zu vernichten. Der häufig diskutierte biologische Rassismus des Regimes war vor allem deshalb wichtig, weil er auf eine Verbindung hinwies, die angeblich zwischen allen Juden bestand, doch stand die Rassenbiologie nicht im Mittelpunkt der Rechtfertigung für den Massenmord.

Während die Karikaturen des jüdischen Körpers die Seiten des *Stürmers* füllten und die Pseudowissenschaft der nationalsozialistischen Eugenik faszinierten, ging es bei den eindeutig genozidalen Komponenten des radikalen Antisemitismus vor allem darum, was das „internationale Judentum" angeblich getan hatte, und nicht darum, wie Juden aussahen. Die Juden, so behauptete Goebbels in einer seiner wichtigsten antisemitischen Tiraden, praktizierten „Mimikry", das heißt, sie seien Experten darin, ihre tatsächliche Identität zu verschleiern und als Nichtjuden durchzugehen.[27] Gerade weil die Nazis nicht glaubten, anhand biologischer Merkmale erkennen zu können, wer Jude sei und wer nicht, verlangten sie von den Juden im von ihnen besetzten Europa, den gelben Stern zu tragen. Auch hier wird ersichtlich: Es war die Anschuldigung der Nazis, was „das Judentum" den Deutschen angeblich antat, und nicht ihre mutmaßlichen körperlichen Merkmale, die im Mittelpunkt des nationalsozialistischen Engagements für den Massenmord standen.

Die hier angebotene Interpretation des modifizierten Intentionalismus geht über die Suche nach den Ursprüngen hinaus und zeigt die inneren Verbindungen zwischen dem Zweiten Weltkrieg und der „Endlösung" in den Köpfen der NS-Führung auf. Sie stellt die Bedeutung des Krieges gegen die Juden neu dar und bietet eine Erklärung dafür, warum der Holocaust gerade zu dem Zeitpunkt stattfand, an dem er stattfand. Sie trägt dazu bei zu verstehen, warum der Antisemitismus zum ersten Mal in seiner langen Geschichte zu einer Ideologie wurde, die den Massenmord rechtfertigte und nicht wie zuvor „nur" eine weitere Ära der Verfolgung. Der radikale Antisemitismus des Holocaust unterschied sich nicht nur von dem Rassismus, der die amerikanische Sklaverei begleitete. Er war ein neues und zugleich das tödlichste Kapitel in der Geschichte des Antisemitismus.

Die rassistischen Vorurteile der Nazis gegenüber Polen und den Völkern Osteuropas wiesen Ähnlichkeiten mit den Ansichten der Befürworter der Sklaverei und später jener der Rassentrennung in den Vereinigten Staaten auf. In der Rassenvorstellung der Nazis waren die „asiatischen Horden" und die „slawischen Untermenschen" aufgrund ihrer schieren Anzahl und der zerstörerischen Folgen, die sich aus der „Rassenvermischung" ergeben sollten, furchterregend. Das Mal der Minderwertigkeit erstreckte sich auch auf Behauptungen einer begrenzten geistigen Fähigkeit. Für die Nazis waren Polen und andere Osteuropäer geeignet, versklavt zu werden, weil sie als minderwertig angesehen wurden. Das Endziel des „Lebensraums" im Osten war jedoch ein gesäubertes und von einem Großteil seiner einheimischen Bevölkerung befreites Gebiet. Das hatte genozidale Auswirkungen. Diejenigen, die übrig blieben, sollten koloniale Untertanen sein, die von den Deutschen, die sich im Osten niederließen, beherrscht werden sollten. Hätten die Nazis den Zweiten Weltkrieg gewonnen, wären viele Millionen weiterer Bürger Osteuropas als „unnütze Esser" eingestuft worden, an Hunger verstorben oder bestenfalls auf den Status von Kolonialuntertanen reduziert worden.[28]

Die „Lebensraum"-Politik der Nationalsozialisten an der Ostfront umfasste die Vertreibung und die Ermordung der einheimischen Bevölkerung, Hunger, Versklavung und die Herabsetzung des Bildungswesens bis zu einem Niveau minimal ausgebildeter Handarbeiter, die ausschließlich zu niederen Tätigkeiten imstande sind. In den ersten Jahren der deutschen Besetzung Polens ermordeten die SS-Einsatzgruppen schätzungsweise 60.000 polnische Adlige, Geistliche und Angehörige des gehobenen Bürgertums. Das Land sollte zu einem Land der einfachen Hilfsarbeiter werden.[29] Wie Ulrich Herbert kürzlich betont hat, schrieb Nazideutschland auch ein großes Kapitel in der Geschichte der Sklavenarbeit, als es während des Krieges ausländische Arbeitskräfte aus mehreren europäischen Ländern nach Deutschland importierte.[30] Ende 1942 arbeiteten 1,7 Millionen sowjetische Zivilisten oder Kriegsgefangene in Deutschland.[31] 1944 machten Zwangsarbeiter in Deutschland 20,8 Prozent der Arbeitskräfte aus, wobei der Anteil in der Landwirtschaft weit höher war.[32] Wie die Studien von Christian Gerlach zeigen, führte die rassistische Ideologie des „Lebensraums" zu Zwangsarbeit, Versklavung und Massenhunger.[33] Drei Millionen nichtjüdische Polen, 17 Millionen sowjetische Zivilisten und acht Millionen Rotarmisten, von denen fast drei Millionen in deutscher Gefangenschaft waren, starben während des Zweiten Weltkriegs. Wie Gerlach dokumentiert hat, planten die nationalsozialistischen Besatzungsbehörden aktiv das Massenverhungern und den Tod von Millionen von „unnützen Essern". Deutschlands rassistischer „Vernichtungskrieg" an der Ostfront zeigte, dass ein konventioneller Rassismus, der auf Unterscheidungen von Über- und Unterlegenheit beruhte, eine Politik befeuerte, die weit über diejenige der Jahre der innerdeutschen Verfolgung von 1933 bis 1939 hinausging.

Die Wirklichkeit des Antisemitismus als einer kulturellen Tradition und ideologischen Anschauung, die ihre eigene autonome Geschichte hat und daher nicht in erster Linie ein Mittel, ein Instrument oder eine Funktion zur Erreichung anderer Ziele ist, hat sich linken Interpreten, von marxistischen und kommunistischen Beurteilungen seit den 1920er Jahren bis hin zur neueren Diskussion über postkoloniale Theorien, entzogen. Hitlers öffentliche Äußerungen, er sei dabei, die Juden Europas „auszurotten", waren der Ausdruck eines Fanatismus, der nicht in die Kategorien von Generationen von Linken passte, die daran gewöhnt waren, Ideen als Instrumente der herrschenden Klassen zu betrachten. In seiner Studie von 1942, *Behemoth: Struktur und Praxis des Nationalsozialismus 1933–1944*, betrachtete Franz Neumann, damals Leiter des *Office of Research and Analysis* im *Office of Strategic Services* (OSS) der US-Regierung, den Antisemitismus als „Speerspitze" im Dienste anderer Ziele des deutschen Imperialismus. Walter Ulbricht widmete in seinem Werk *Der faschistische deutsche Imperialismus (1933–1945)*, das auch unter dem Titel *Die Legende vom „deutschen Sozialismus"* erschien, den Besonderheiten des Antisemitismus und der Ermordung der Juden kaum Raum.[34] Als Reaktion auf ein Wiederaufleben solcher marxistischer Interpretationen in Westdeutschland in den 1970er Jahren, die den Nationalsozialismus und den Antisemitismus in erster Linie als Agenten oder Werkzeuge der kapitalistischen Klasse betrachteten, schrieb der Historiker Karl Dietrich Bracher, dass solche Ansichten die „Illusionen und Fiktionen" reproduzierten, die im Weimarer und im nationalsozialistischen Deutschland „zur fatalen Unterschätzung Hitlers und seiner Bewegung führten".[35] Mit wenigen Ausnahmen taten diejenigen Historiker, die als Erste auf die zentrale Rolle der antisemitischen Ideologie aufmerksam machten, dies außerhalb von und in Opposition zu Interpretationen, die vom marxistischen ökonomischen Reduktionismus beeinflusst waren.[36]

Die Vernachlässigung des Antisemitismus als Kernthema der Untersuchung ist ebenfalls offensichtlich in neueren „postkolonialen" Schriften, die den Holocaust als eine Form kolonialer Gewalt betrachten, die aus Übersee auf den europäischen Kontinent zurückgekehrt sei.[37] Dabei vermeiden solche Interpretationen die Auseinandersetzung mit der besonderen Geschichte des Antisemitismus in der europäischen Geschichte und verfehlen damit auch, was den Antisemitismus von den Formen des Rassismus unterscheidet, die den Kolonialismus begleiteten. In diesem Sinne hat ein Historiker kürzlich argumentiert, dass „die gesamte nationalsozialistische Vernichtungspolitik Ausdruck permanenter Sicherheit war" und dass „der Erlösungsantisemitismus eine Funktion eines umfassenderen Projekts war: des Erlösungsimperialismus".[38] Wie in den vorangegangenen Kapiteln dargelegt, rechtfertigten die Nazis ihre Massenmordpolitik mit der Behauptung, es gebe einen gefährlichen „jüdischen Feind", doch in Wirklichkeit waren solche Befürchtungen völlig wahnhaft, da die Juden in Europa weder für Nazideutschland noch für irgendjemand anderen eine Bedrohung darstellten.

Der Judenhass in Europa war nicht, wie Aimé Césaire in seinem Essay „Über den Kolonialismus" schrieb, der Import des kolonialen Rassismus zurück auf den europäischen Kontinent.[39] Vielmehr war der Antijudaismus, wie eine inzwischen sehr umfangreiche historische Forschung gezeigt hat, viele Jahrhunderte vor der Ära des Kolonialismus und Imperialismus ein Kernelement der europäischen und christlichen Kultur. Wie bereits erwähnt, wurde der ältere christliche Antijudaismus zunächst im 15. Jahrhundert in der Spanischen Inquisition und dann erneut unter den Rassenideologien im 19. und frühen 20. Jahrhundert in West- und Mitteleuropa zu einem Rassenhass, und in beiden Fällen handelte es sich um einen „Rassismus", der nichts mit der Hautfarbe zu tun hatte.[40] Vielmehr boten Europas Antisemiten pseudobiologische Argumente über Blutlinien und Genealogien an, die ältere religiöse christliche Ansichten über die Macht, die Boshaftigkeit und die Mordlust der Juden säkularisierten und modernisierten. In der Spanischen Inquisition tat man dies, bevor die Ära des Kolonialismus begonnen hatte.[41]

Die verschiedenen Formen des Rassismus, sowohl jene mit Bezug auf Hautfarbe als auch jene ohne, waren und sind unmenschlich, unmoralisch und böse. Die Aufgabe des Historikers besteht nicht darin, eine davon als „schlimmer" gegenüber anderen darzustellen. Solche Bemühungen sind die von politischen Aktivisten, nicht von Wissenschaftlern. Es gibt zwar Beziehungen zwischen verschiedenen Traditionen, aber jede hat auch ihre eigene autonome Geschichte, die nicht auf etwas Äußeres reduziert oder als „Funktion" oder „Mittel" für andere Zwecke betrachtet werden kann und soll. Der Historiker, auf jeden Fall dieser Historiker, versucht die Verbindung zwischen Ideen und Politik, oder, für Regierungen, zwischen Ideologie und ihrer politischen Durchsetzung zu klären und die Aufmerksamkeit auch auf die Verbindungen zwischen den langfristigen kulturellen Traditionen und der Form zu lenken, die sie in den kurzfristigen Kontingenzen des 20. und 21. Jahrhunderts angenommen haben.[42]

Die radikale antisemitische Verschwörungstheorie des NS-Regimes fand ihren „logischen“ und bösen Abschluss in dem Bestreben, die Juden vom Angesicht der Erde zu tilgen, zunächst in Europa und dann überall dort, wo sie sonst zu finden waren. Hitler und seine Mitstreiter waren davon überzeugt, dass sie mit der „Ausrottung des Weltjudentums“ die Quelle des Bösen in der Welt beseitigen und Deutschland heldenhaft gegen einen bedrohlichen Feind verteidigen würden, der in ihrer Vorstellung sowohl mächtig als auch böse war. Die Verbindung zwischen ihrer antisemitischen Verschwörungstheorie und ihrer Entschlossenheit, die „Endlösung der Judenfrage in Europa“ umzusetzen, unterschied den radikalen Antisemitismus von allen anderen Formen des Rassismus und des Hasses. Diese Besonderheit wird in einer Welt, die Rassismus in erster Linie mit Unterschieden der Hautfarbe in Verbindung bringt, immer noch nicht ausreichend verstanden.

Anmerkungen

Auszüge aus Jeffrey Herf: „A Comparative Perspective on Antisemitism, Radical Antisemitism in the Holocaust and American White Racism", *The Journal of Genocide Research* 9, 4 (Dezember 2007), 575–600. Nachdruck mit Genehmigung des Herausgebers (Taylor & Francis Ltd., http://www.tandfonline.com); und von Jeffrey Herf: „The Roots of Hitler's Hate: The Anatomy of Antisemitism", *The National Interest* (Mai/Juni 2018), http://nationalinterest.org/feature/the-roots-hitlers-hate-25411 (abgerufen am 8.11.24). Nachdruck mit Genehmigung der Zeitschrift *The National Interest*.

1 Dieses Kapitel ist eine Überarbeitung von „Antisemitism and Racism: Sources, Similarities and Differences", gehalten auf der Jahrestagung der *American Historical Association*, 6. Januar 2018, Washington, D.C.: „A Comparative Perspective on Antisemitism, Radical Antisemitism in the Holocaust and American White Racism", *The Journal of Genocide Research* 9, 4 (Dezember 2007), 575–600; und „The Roots of Hitler's Hate: The Anatomy of Antisemitism", *The National Interest* (Mai/Juni 2018), http://nationalinterest.org/feature/the-roots-hitlers-hate-2541 (abgerufen am 8.11.24).

2 Vgl. James Wald: „The New Replacement Theory: Anti-Zionism, Antisemitism, and the Denial of History", in: Alvin H. Rosenfeld (Hrsg.): *Anti-Zionism and Antisemitism: The Dynamics of Delegitimation* (Bloomington: Indiana University Press, 2019), 3–29.

3 Saul Friedländer: *Das Dritte Reich und die Juden: Die Jahre der Verfolgung 1933–1939* (Bonn: C. H. Beck, 2007); auf Englisch erschienen als *Nazi Germany and the Jews: The Years of Persecution, 1933–1939* (New York: HarperCollins, 1997).

4 Für einen wertvollen Vergleich von Antisemitismus und weißem Rassismus siehe George M. Fredrickson: *Rassismus: Ein historischer Abriss* (Hamburg: Hamburger Edition, 2004); auf Englisch erschienen als *Racism: A Short History* (Princeton, NJ: Princeton University Press, 2002 und 2015).

5 Vgl. Ira Berlin: *Many Thousands Gone: The First Two Centuries of Slavery in North America* (Cambridge, MA: Harvard University Press, 1998); Joseph C. Miller: *Way of Death: Merchant Capitalism and the Angolan Slave Trade 1730–1830* (Madison: University of Wisconsin Press, 1988); und die Behandlung der Sklaverei in David S. Landes: *Wohlstand und Armut der Nationen: Warum die einen reich und die anderen arm sind* (Berlin: Siedler, 1999), 133–136; auf Englisch erschienen als *The Wealth and Poverty of Nations: Why are Some so Rich and Some so Poor* (New York: W.W. Norton, 1998), 116–119.

6 David Brion Davis: *The Problem of Slavery in the Age of Revolution, 1770–1823*, 2. Aufl. (New York: Oxford University Press, 1998). Zu Rasse, Sklaverei und der US-Verfassung siehe Sean Wilentz: *No Property in Man: Slavery and Antislavery at the Nation's Founding* (Cambridge, MA: Harvard University Press, 2019).

7 Für den Angriff auf die Regierungen der *Reconstruction* und die darauffolgende Entstehung der legalisierten Apartheid in den Südstaaten siehe u. a. David Blight:

Race and Reunion: The Civil War in American Memory (Cambridge, MA: Harvard University Press, 2001); W. E. B. Du Bois: *Black Reconstruction in America* (New York, 1935); Eric Foner: *Reconstruction: America's Unfinished Revolution, 1863-1877* (New York: Harper and Row, 1988); C. Vann Woodward: *The Strange Career of Jim Crow* (New York: Oxford University Press, 2002 [1966]).

8 David Nirenberg: *Anti-Judaismus: Eine andere Geschichte des westlichen Denkens* (München: C. H. Beck, 2015); auf Englisch erschienen als *Anti-Judaism: The Western Tradition* (New York: W. W. Norton, 2013); und ders.: „Was There Race Before Modernity? The Example of ‚Jewish' Blook in Late Medieval Spain", in: Miriam Eliav-Feldon, Benjamin Isaac und Joseph Ziegler (Hrsg.): *The Origins of Racism in the West* (Cambridge: Cambridge University Press, 2009); Léon Poliakov: „Der Kult mit der ‚Reinheit des Blutes' – Rassismus auf der iberischen Halbinsel", in seinem Werk *Die Geschichte des Antisemitismus: Die Marranen im Schatten der Inquisition* (Worms: Heintz Verlag, 1981), 82-97; Benzion Netanjahu: „The Rise of Racism", in: ders.: *The Origins of the Inquisition in Fifteenth Century Spain* (New York: Random House, 1995), 975-1004.

9 Winthrop Jordan: *White over Black: American Attitudes toward the Negro, 1550-1812* (New York: W. W. Norton, 1968).

10 Vor allem George L. Mosse: *Die Geschichte des Rassismus in Europa* (Frankfurt am Main: S. Fischer, 1990); auf Englisch erschienen als *Toward the Final Solution: A History of European Racism* (New York: Howard Fertig, 1978). Ich habe den entscheidenden Einfluss von Mosse auf die Geschichtswissenschaft kommentiert. Siehe Herf: „George Mosse's Recasting of European Intellectual and Cultural History", *German Politics and Society* 18, 4 (Winter 2000), 18-29; „The Historian as Provocateur: George Mosse's Accomplishment and Legacy", *Yad Vashem Studies*, XXIX (2001), 7-26; und „Reflections on George Mosse's Work on Antisemitism", *Antisemitism Studies*, 2023.

11 Siehe zum Beispiel George L. Mosse: *Die Geschichte des Rassismus in Europa*. Siehe auch Michael Burleigh und Wolfgang Wippermann: *The Racial State: Germany 1933-1945* (New York: Cambridge University Press, 1991); Benno Müller-Hill: *Tödliche Wissenschaft: Die Aussonderung von Juden, Zigeunern und Geisteskranken 1933-1945* (Frankfurt am Main/New York: Campus-Verlag, 1981); auf Englisch erschienen als *Murderous Science: Elimination by Scientific Selection of Jews, Gypsies and Others, 1933-1945* (New York: Oxford University Press, 1988); Alan Steinweis: *Studying the Jew: Scholarly Antisemitism in Nazi Germany* (Cambridge, MA: Harvard University Press, 2006).

12 Saul Friedländer: *Das Dritte Reich und die Juden: Die Jahre der Verfolgung 1933-1939*, 170.

13 James Whitman: *Hitlers amerikanisches Vorbild: Wie die USA die Rassengesetze der Nationalsozialisten inspirierten* (München: C. H. Beck, 2018); auf Englisch erschienen als *Hitler's American Model: The United States and the Making of Nazi Race Law* (Princeton, NJ: Princeton University Press, 2017).

14 Sander L. Gilman: *The Jew's Body* (New York: Routledge, 1991).

15 Die Entwicklung vom Antisemitismus auf der Grundlage christlicher religiöser Traditionen bis hin zum modernen rassistischen Antisemitismus ist ein umfangreiches Thema, das den Rahmen dieses Kapitels sprengen würde. Siehe Robert Chazan: *Medieval Stereotypes and Modern Antisemitism* (Berkeley: University of California Press, 1997); Susannah Heschel: *Transforming Jesus from Jew to Aryan: Protestant Theologians in Nazi Germany* (Tucson: University of Arizona, 1995); Saul Friedländer: *Das Dritte Reich und die Juden: Die Jahre der Verfolgung 1933–1939*; und John Weiss: *Der lange Weg zum Holocaust: Die Geschichte der Judenfeindschaft in Deutschland und Österreich* (Berlin: Ullstein, 1998); auf Englisch erschienen als *The Ideology of Death: Why the Holocaust Happened in Germany* (Chicago, IL: Ivan Dee, 1996).

16 Zur Rolle der Ärzte bei der Ermordung psychisch Kranker und ihrer Bedeutung für den Holocaust siehe Henry Friedlander: *Der Weg zum NS-Genozid: Von der Euthanasie zur Endlösung* (Berlin: Berlin-Verlag, 1997); auf Englisch erschienen als *The Origins of Nazi Genocide: From Euthanasia to the Final Solution* (Chapel Hill: University of North Carolina, 1995).

17 Saul Friedländer: *Das Dritte Reich und die Juden: Die Jahre der Verfolgung 1933–1939*, 145–176. Siehe auch ders.: *Das Dritte Reich und die Juden. Verfolgung und Vernichtung 1933–1945* (Bonn: C. H. Beck, 2006); auf Englisch erschienen als *Nazi Germany and the Jews: The Years of Extermination* (New York: Harper Collins, 2007).

18 George L. Mosse: *The Crisis of German Ideology* (New York: Grosset and Dunlap, 1964; Howard Fertig, 1998); Fritz Stern: *Kulturpessimismus als politische Gefahr: Eine Analyse nationaler Ideologie in Deutschland* (Stuttgart: Klett-Cotta, 2005); auf Englisch erschienen als *The Politics of Cultural Despair* (New York: Anchor Books, 1964); Saul Friedländer: *Das Dritte Reich und die Juden*; Helmut Plessner: *Die Verspätete Nation* (Frankfurt am Main: Suhrkamp, 1964); Jeffrey Herf: *Reactionary Modernism: Technology, Culture and Politics in Weimar and the Third Reich* (New York/Cambridge: Cambridge University Press, 1984); Walter Laqueur: *Gesichter des Antisemitismus: Von den Anfängen bis heute* (Berlin: Propyläen, 2008); auf Englisch erschienen als *The Changing Face of Anti-Semitism: From Ancient Times to the Present Day* (New York: Oxford University Press, 2006).

19 Jeffrey Herf: *The Jewish Enemy: Nazi Propaganda during World War II and the Holocaust* (Cambridge, MA: Harvard University Press, 2006).

20 Norman Cohn: *„Die Protokolle der Weisen von Zion": Der Mythos von der jüdischen Weltverschwörung* (New York: Harper and Row, 1967); auf Englisch erschienen als *Warrant for Genocide: The Myth of the Jewish World Conspiracy and the Protocols of the Elders of Zion* (New York: Harper and Row, 1967). Die Forschung über den Antisemitismus in Russland in der Zeit der Pogrome ist umfangreich. Zu seiner Entstehung und dem Widerstand dagegen siehe aus jüngster Zeit Laura Engelstein: *The Resistible Rise of Antisemitism: Exemplary Cases from Russia, Ukraine, and Poland* (Waltham, MA: Brandeis University Press, 2020); und Steven Zipperstein: *Pogrom: Kishinev and the Tilt of History* (New York/London: W. W. Norton, 2018).

21 Meine Ansicht stützt sich sowohl auf Christopher Browning: „Beyond ‚Intentionalism' and ‚Functionalism': The Decision for the Final Solution Reconsidered", in: ders.: *The Path to Genocide: Essays on the Launching of the Final Solution* (New York: Cambridge University Press, 1992), 86–121; als auch auf Richard Breitman: *Der Architekt der „Endlösung": Himmler und die Vernichtung der europäischen Juden* (Paderborn: Schöningh, 1996); auf Englisch erschienen als *The Architect of Genocide: Himmler and the Final Solution* (Hannover and London: Brandeis University Press, 1991).

22 Zu diesen methodologischen Fragen siehe François Furet: *1789 – Vom Ereignis zum Gegenstand der Geschichtswissenschaft* (Frankfurt am Main: Ullstein, 1980); auf Englisch erschienen als *Interpreting the French Revolution* (New York: Cambridge University Press, 1981).

23 Lucy Dawidowicz: *Der Krieg gegen die Juden: 1933–1945* (Hamburg: Kindler Verlag, 1979); auf Englisch erschienen als *The War Against the Jews: 1933–1945* (New York: Holt, Rinehart and Winston, 1975). Siehe zu Dawidowicz auch Nancy Sinkoff: *From Left to Right: Lucy S. Dawidowicz: The New York Intellectuals and the Politics of Jewish History* (Detroit: Wayne State University Press, 2020).

24 Saul Friedländer hat diese Unterscheidung implizit betont. Siehe sein Buch *Das Dritte Reich und die Juden: Die Jahre der Verfolgung 1933–1939*.

25 Victor Klemperer: *Ich will Zeugnis ablegen bis zum letzten: Tagebücher 1942–1945* (Berlin: Aufbau, 1995), 547; und Victor Klemperer: *Tagebücher 1944* (Berlin: Aufbau Verlag, 1995), 85.

26 Zu Paranoia und NS-Kriegspropaganda siehe E. H. Gombrich: *Myth and Reality in German War-Time Broadcasts* (London: The Athlone Press, 1970). Zur paranoiden Politik der Jakobiner in der Französischen Revolution siehe François Furet: *1789 – Vom Ereignis zum Gegenstand der Geschichtswissenschaft*; und zur amerikanischen Politik siehe Richard Hofstadter: *The Paranoid Style in American Politics and Other Essays* (New York: Knopf, 1965; Neuabdruck Cambridge, MA: Harvard University Press, 1996); und die Erörterung von Antisemitismus und Paranoia in Max Horkheimer und Theodor W. Adorno: *Dialektik der Aufklärung,* in: Max Horkheimer: *Gesammelte Schriften,* Band 5 (Frankfurt am Main: S. Fischer, 1987), 197–238.

27 Joseph Goebbels: „Mimikry", in: ders.: *Die Zeit ohne Beispiel: Reden und Aufsätze aus den Jahren 1939/40/41* (München: Zentralverlag der NSDAP, 1941), 526–531.

28 Zum deutschen Kolonialismus in Afrika und zur NS-Politik in Osteuropa siehe Shelley Baranowski: *Nazi Empire: German Colonialism and Imperialism from Bismarck to Hitler* (New York/Cambridge: Cambridge University Press, 2011); Robert Gerwarth und Stephan Malinowski: „Hannah Arendt's Ghosts: Reflections on the Disputable Path from Windhoek to Auschwitz", *Central European History* 42, 2 (Juni 2009), 279–300; Wendy Lower: *Nazi Empire Building and the Holocaust in the Ukraine* (Chapel Hill: University of North Carolina, 2005); Jürgen Zimmerer: *Deutsche Herrschaft über Afrikaner: Staatlicher Machtanspruch und Wirklichkeit im kolonialen Namibia* (Münster: Lit-Verlag, 2004).

29 Siehe dazu Ian Kershaw: *Hitler 1936–1945* (Stuttgart: Deutsche Verlags-Anstalt, 2000); auf Englisch erschienen als *Hitler 1936–1945: Nemesis* (New York: Norton, 2000); und Jan Gross, *Polish Society under German Occupation: The Generalgouvernement, 1939–1944* (Princeton, NJ: Princeton University Press, 1979).

30 Ulrich Herbert: *Fremdarbeiter: Politik und Praxis des „Ausländer-Einsatzes" in der Kriegswirtschaft des Dritten Reiches* (Berlin/Bonn: Dietz, 1985); und ders. (Hrsg.): *Nationalsozialistische Vernichtungspolitik 1939–1945: Neue Forschungen und Kontroversen* (Hamburg: S. Fischer, 1998).

31 Adam Tooze: „Arbeit, Brot, und Völkermord", in: ders.: *Ökonomie der Zerstörung: Die Geschichte der Wirtschaft im Nationalsozialismus* (München: Siedler, 2007), 591–633; auf Englisch erschienen als „Labor, Food, and Genocide", in: ders.: *Wages of Destruction: The Making and Breaking of the Nazi Economy* (London: Allan Lane/Penguin, 2006) 513–551; Michael Burleigh: *The Third Reich: A New History* (New York: Hill and Wang, 2000), 479.

32 Kershaw: *Hitler 1936–1945*, 929.

33 Christian Gerlach: *Kalkulierte Morde: Die deutsche Wirtschafts- und Vernichtungspolitik in Weißrussland 1941 bis 1944* (Hamburg: Hamburger Edition, 1999).

34 Franz Neumann: *Behemoth: Struktur und Praxis des Nationalsozialismus 1933–1944* (Hamburg: Europäische Verlagsanstalt, 2018); auf Englisch erschienen als *The Structure and Practice of National Socialism* (New York: Oxford U.P., 1944; reprint, Ivan Dee, 2009); und Walter Ulbricht: *Der faschistische deutsche Imperialismus (1933–1945)*, auch als *Die Legende vom „deutschen Sozialismus"*, 4. Aufl. (Berlin: Dietz Verlag, 1956).

35 Karl Dietrich Bracher: „The Role of Hitler: Perspectives and Interpretation", in: Walter Laqueur (Hrsg.): *Fascism: A Reader's Guide* (Berkeley: University of California Press, 1976), 213. Siehe auch seinen immer noch unverzichtbaren Klassiker: *Die deutsche Diktatur: Entstehung, Struktur, Folgen des Nationalsozialismus* (Köln: Kiepenheuer & Witsch, 1969); und seine Aufsätze in ders.: *Zeitgeschichtliche Kontroversen: Um Faschismus, Totalitarismus, Demokratie* (München: Piper Verlag, 1976).

36 In den letzten Jahrzehnten haben Wirtschaftshistoriker mit Blick auf das NS-Regime jedoch die zentrale Rolle der Ideologie erkannt. Siehe Peter Hayes: *Industry and Ideology: I. G. Farben in the Third Reich* (New York/Cambridge: Cambridge University Press, 2000); und Tooze: *Ökonomie der Zerstörung*, 16–17.

37 Michael Rothberg: *Multidirektionale Erinnerung: Holocaustgedenken im Zeitalter der Dekolonisierung* (Berlin: Metropol, 2021); auf Englisch erschienen als *Multidirectional Memory: Remembering the Holocaust in an Age of Decolonization* (Stanford, CA: Stanford U.P., 2009). Siehe auch Aimé Césaire: *Diskurs über den Kolonialismus* (Berlin: Wagenbach, 1968); auf Englisch erschienen als *Discourse on Colonialism* (New York: Monthly Review Press, 2001). Rothberg befürwortet zwar eine „nicht-kompetitive" Erinnerung, setzt sich aber weder mit der Forschung zur Geschichte des Antisemitismus und seiner Ausprägung in Nazi-

deutschland noch mit den umfangreichen Nachkriegsdiskussionen über den Holocaust in Westdeutschland auseinander. Es gibt keinen Eintrag für „Antisemitismus“, „Antijudaismus“ oder „Judenhass“ in seinem Index.

38 A. Dirk Moses: *The Problems of Genocide: Permanent Security and the Language of Transition* (Cambridge: Cambridge University Press, 2021).

39 Aimé Césaire: *Diskurs über den Kolonialismus.*

40 Zur Entstehung des Hasses auf das Judentum und die Juden als eine Form des Rassismus vgl. Benzion Netanjahu: „Book Four: The Origins of the Inquisition“, in: ders. (Hrsg.): *The Origins of the Inquisition in Fifteenth Century Spain*, 925–1092.

41 Für die Darstellung der langen Geschichte des Hasses auf das Judentum in den westlichen Traditionen des Christentums, des säkularen Antisemitismus und im Islam (ebenfalls eine westliche Tradition), siehe David Nirenberg: *Anti-Judaismus.*

42 Jeffrey Herf: „The Long Term and the Short Term: Antisemitism and the Holocaust“, in: Robert Williams, James Wald und Mark Weitzman (Hrsg.): *The Routledge History of Antisemitism* (New York/London: Routledge, 2023), 277–283.

10
EINMAL MEHR ANTISEMITISCHE VERSCHWÖRUNGSTHEORIEN
Weißer Rassismus, Holocaustleugnung und ideologische Angriffe auf Israel

In der Mai-Ausgabe von 2021 der Londoner Zeitschrift *The Jewish Quarterly* veröffentlichte Deborah Lipstadt, damals Professorin für moderne jüdische Geschichte an der *Emory University* und bekannt für ihre Texte über Holocaustleugnung und ihre Auseinandersetzungen mit Holocaustleugnern wie David Irving, den Aufsatz „White insurrections: Antisemitism in America".[1] Im Sommer 2021 wurde sie von Präsident Biden zur Sonderbeauftragten des US-Außenministeriums für die Überwachung und Bekämpfung von Antisemitismus ernannt. Im März 2022 bestätigte der Senat die Nominierung.[2] Die Herausgeber von *The Jewish Quarterly* baten mich, auf „White insurrections" und die darin enthaltene Argumentation zur Verbindung zwischen Antisemitismus und weißem Rassismus zu antworten. Die folgenden Ausführungen basieren auf meiner Antwort, die in *The Jewish Quarterly* vom August 2021 veröffentlicht wurde.[3]

Deborah Lipstadts „White insurrections" lenkt die Aufmerksamkeit auf die bedeutende Rolle, die der Antisemitismus im heutigen Rechtsextremismus spielt, und auf seine bizarre, aber wichtige Verbindung zum weißen Rassismus. In Charlottesville war die amerikanische Presse im August 2017 verblüfft, dass Demonstranten, die sich gegen den Abbau von Denkmälern für Anführer der Konföderation wandten, „Die Juden werden uns nicht austauschen" (engl. „Jews will not replace us") skandierten und Fackeln benutzten, die an Naziaufmärsche erinnerten, während sie an einer Synagoge vorbeimarschierten.[4] Lipstadts wichtiger Aufsatz untersucht die Verbindung zwischen diesen beiden Formen des Hasses und stellt die These auf, dass „Antisemitismus der ideologische Grundstein für den Rassismus der extremen Rechten ist". Damit wendet sie sich gegen die in den letzten Jahren an amerikanischen Universitäten geäußerte Ansicht, dass Juden, die das Thema Antisemitismus ansprechen, dies als Ausdruck ihres „weißen Privilegs" und als zionistische Taktik tun, um von der Kritik an Israel abzulenken. Um ihre These zu untermauern, ist jedoch eine zusätzliche historische Perspektive erforderlich.

Die meiste Zeit ihrer Geschichte bildeten Antisemitismus und *white supremacy* unterschiedliche und kausal nicht miteinander verbundene kulturelle Traditionen, beide mit einer eigenständigen Historie und kulturellen Komponenten. Abgesehen von der offensichtlichen Tatsache, dass der Hass auf „Andere“ Fremdenfeindlichkeit und Vorurteile verstärkt, war keines von beidem ein ideologisches Fundament für das andere. Der Rassismus gegenüber Nichtweißen und der Glaube an einen Zusammenhang zwischen Hautfarbe und intellektueller Minderwertigkeit – ob in den Vereinigten Staaten oder in Großbritannien und den europäischen Kolonialmächten – hatte vielfältige Ursachen, die nichts mit den Traditionen des Antisemitismus zu tun hatten.[5] Ebenso hatte der radikale Antisemitismus des Holocaust keine Ursprünge im Rassismus gegenüber Nichtweiße oder in den Praktiken des deutschen und europäischen Kolonialismus in Afrika.[6] Vielmehr war der Antisemitismus vor und während des Holocaust Teil einer westlichen – zunächst religiösen, dann säkularen – Tradition, die sich vom Hautfarbenrassismus unterschied.[7] Lipstadt argumentiert, dass der Antisemitismus in den letzten Jahren zum ersten Mal eine ideologische Grundlage für den weißen Rassismus bietet.

Lipstadts Essay „White insurrections“ stellt die folgende Hypothese auf: Das kennzeichnende Merkmal des radikalen Antisemitismus vor dem Holocaust, währenddessen und seitdem ist eine paranoide Verschwörungstheorie, die zuerst die Juden und dann den Staat Israel als mächtig und böse darstellt. Beiden wird dabei der Versuch unterstellt, die Weltpolitik zu beherrschen, um Millionen von Nichtjuden Schaden zuzufügen.[8] Diejenigen, die dieses paranoide Schema auf die amerikanische Geschichte anwenden, gehen von der Tatsache aus, dass amerikanische Juden sowie jüdische Organisationen und Anführer in weitaus größerem Maße als Amerikaner anderer religiöser Konfessionen und andere weiße Amerikaner die afroamerikanischen Bemühungen unterstützten, das Erbe des weißen Rassismus zu überwinden. Juden sind die einzige ethnische Gruppe unter den weißen Amerikanern, die in ihrer beträchtlichen Mehrheit für die Demokratische Partei gestimmt hat, insbesondere als die Republikanische Partei die „Southern strategy“ einführte und zunehmend zu einer Partei wurde, die den Unmut der weißen Wähler artikulierte.

Weiße Rassisten verbinden schwarze Haut mit intellektueller und moralischer Minderwertigkeit. Sie weigern sich, den Aufstieg von Afroamerikanern in den beruflichen Mittelstand und in Wahlämter sowie schließlich die Wahl von Barack Obama zum Präsidenten auf die Verdienste und Qualifikationen der betreffenden Personen zurückzuführen. Der politische Aufstieg von Donald Trump, der durch dessen Lügen über Obamas Geburtsurkunde angeheizt wurde, verdeutlicht die Anziehungskraft solch rassistischer Überzeugungen. Rechte Antisemiten interpretierten die breite jüdische Unterstützung für Obama als Beweis für ihre Ansicht, dass „die Juden", die hinter den Kulissen verschwörerisch agierten, für diesen ihrer Meinung nach sonst unerklärlichen und bedrohlichen afroamerikanischen Aufstieg verantwortlich seien.

Diese intersektionale, kausale Verknüpfung verband antisemitische Bilder von mächtigen und bösen Juden mit rassistischen Überzeugungen über die Minderwertigkeit der Schwarzen. Die antisemitische Interpretation schwarzer Emanzipation verbindet die vermeintliche Einheit von jüdischer Macht und Bösartigkeit mit dem Ideenbündel, das Sklaverei und Segregation rechtfertigte. Um zu erklären, warum sich die Alliierten im Krieg mit Nazideutschland befanden, schrie der Nazi-Propagandaminister Joseph Goebbels: „[D]ie Juden sind schuldig". Für die Nazis erklärte der Antisemitismus das unerklärliche Bündnis Großbritanniens und der Vereinigten Staaten mit der Sowjetunion. Die rechtsgerichteten Ideologen, die Lipstadt in ihrem Text behandelt, finden, dass „die Juden" an etwas ganz anderem „schuldig" seien – nämlich an der Tatsache, dass die Afroamerikaner in den letzten siebzig Jahren bedeutende soziale, wirtschaftliche und politische Fortschritte gemacht haben, dass die Einwanderung von Hispanics und Asiaten in den letzten Jahrzehnten zugenommen hat und dass die Vereinigten Staaten eine zunehmend multiethnische Demokratie geworden sind.

Für ihre Befürworter löst diese antisemitische Interpretation der jüngeren Geschichte das Rätsel des afroamerikanischen Fortschritts und bietet eine einfache Erklärung für die Einwanderungsbewegungen in aller Welt. Sie personalisiert und lokalisiert einen „Täter", eine identifizierbare Gruppe von Personen, die für komplexe wirtschaftliche und soziale Entwicklungen „verantwortlich gemacht" werden können. Es sind wieder einmal die Juden, die „schuldig" sind und die mit Programmen wie der *affirmative action* und der Verteidigung des Asylrechts die Weißen „verraten" haben, indem sie vor allem weiße Männer in ihren gewohnten, mit Macht oder Privilegien verbundenen Positionen „auszutauschen" versuchen. Die politische Implikation dieser paranoiden Vorstellung ist, dass gewaltsame Angriffe auf Juden und jüdische Einrichtungen notwendig sind, weil schwarze Amerikaner ohne die unheilvolle Macht der Juden wieder in den ungleichen Status einer Bürgerschaft zweiter Klasse versetzt würden, was nach Ansicht der Rassisten die natürliche Ordnung der Dinge sein sollte und ist, und Einwanderer, die vor Verfolgung fliehen, irgendwie daran gehindert würden, in die Vereinigten Staaten zu kommen. Die These Lipstadts ist ein Ausgangspunkt für die weitere Untersuchung dieser heiklen und entscheidenden Fragen. Sie lenkt unsere Aufmerksamkeit auf etwas, das auf den ersten Blick paradox erscheint. Die klare Implikation von „White insurrections" ist, dass wir, wenn wir den weißen Rassismus bekämpfen wollen, auch das bekämpfen müssen, was in den letzten Jahren zu einer seiner ideologischen Grundlagen geworden ist: den Antisemitismus und seine Verschwörungstheorien über eine sinistre jüdische Macht.

Die Leugnung des Holocaust, das heißt die Behauptungen, dass er entweder nicht stattgefunden habe oder dass die Juden die Zahl der Ermordeten maßlos übertrieben hätten, wurde nach dem Holocaust zu einem wichtigen Element des Antisemitismus. Lipstadt und andere Wissenschaftler, die über die Holocaustleugnung schreiben, haben sich mit den verschwörungstheoretischen Elementen befasst, die für die Wiederholung der Unwahrheiten von zentraler Bedeutung waren und sind.[9] Richard Evans hat ihre rechtsextremen Formen im Werk von David Irving untersucht.[10] Valérie Igounet und Elhanan Yakira haben die bizarre Übereinstimmung von linken und rechten Verschwörungstheoretikern und Holocaustleugnern in Frankreich analysiert.[11] Meir Litvak und Esther Webman haben die Holocaustleugnung in arabischen Ländern untersucht.[12] Litvak hat darauf hingewiesen, dass führende Vertreter der Islamischen Republik Iran behaupten, Zionisten hätten den „Holocaust-Mythos" benutzt, um für die Gründung des Staates Israel zu werben.[13] In ihren verschiedenen politischen Ausprägungen und an ihren verschiedenen geografischen Standorten verwerfen Holocaustleugner, sowohl auf der äußersten Linken als auch auf der äußersten Rechten, in Europa, im Iran und im Nahen Osten die umfangreichen Beweise, die bei den Nürnberger und anderen Kriegsverbrecherprozessen vorgelegt wurden, als Siegerjustiz. Sie behaupten, dass der Staat Israel und seine jüdischen Erfüllungsgehilfen in anderen Ländern den „Schwindel" über die Ermordung von sechs Millionen Juden in Europa verbreitet hätten, um Millionen von Dollar an unverdienten Entschädigungsgeldern zu erpressen.

Diese Formen der Holocaustleugnung unterstellen den Juden und Israel eine Verschwörung von großer Macht und Bösartigkeit, die eine Lüge zum Zweck des finanziellen Gewinns und der politischen Macht verbreitet. Damit greifen diese Behauptungen Kernelemente derselben antisemitischen Verschwörungstheorien wieder auf, die im Mittelpunkt derjenigen ideologischen Rechtfertigungen standen, die die Naziführer während der Jahre der Vernichtung des europäischen Judentums anboten. Die Leugnung des Holocaust hat in den arabischen Staaten und insbesondere in der Islamischen Republik Iran Befürworter gefunden. Dabei trug sie zur Verschmelzung von Antisemitismus und Antizionismus bei.[14] Wie Robert Wistrich argumentierte, führt die Imputation solcher Verschwörungen gegenüber dem Staat Israel, wenn man sie auf die

Spitze treibt, zu einer „Holocaust Inversion“, das heißt zu der Behauptung, dass die Verbreitung solcher Lügen für finanziellen Gewinn und aus politischem Interesse nur eine der Sünden des jüdischen Staates ist, die den Vergleich mit Nazideutschland rechtfertigen. Wistrich weist darauf hin, dass eine solche „Inversion“ und die daraus resultierende ideologische Verkehrung der Hauptopfer des Nationalsozialismus in den mächtigen und bösen Täter des Staates Israel als sekundäre Rechtfertigung für einen Völkermord dient.[15]

Anmerkungen

Auswahl aus Jeffrey Herf: „Response to Deborah Lipstadt's ‚White insurrections'", *The Jewish Quarterly* 245 (August 2021), 101–103. Nachdruck mit Genehmigung des Herausgebers (https://jewishquarterly.com/).

1 Deborah Lipstadt: „White insurrections: Antisemitism in America", *The Jewish Quarterly* 244 (Mai 2021), 53–66. Vgl. auch Deborah Lipstadt: *Antisemitism: Here and Now* (New York: Schocken, 2019).

2 Zu ihrer Position als Botschafterin im Außenministerium siehe https://www.state.gov/biographies/deborah-lipstadt/ (abgerufen am 8.11.24).

3 Jeffrey Herf: „Correspondence", *The Jewish Quarterly* 245 (August 2021), 101–103.

4 Jeffrey Herf: „Lessons from German History after Charlottesville", *History News Network*, 10. September 2017, https://historynewsnetwork.org/article/166864 (abgerufen am 8.11.24).

5 Man sollte sich vor Augen halten, dass die mit der Biologie verbundene Betrachtung der Juden als eine „Rasse" mit der religiös inspirierten Verfolgung der Spanischen Inquisition begann. Diese „rassistische" Verknüpfung von Biologie und Charakter wurde dann später auf Menschen anderer Hautfarbe angewandt. Siehe hierzu die Darstellung in Kapitel 9.

6 Die Behauptung, der Holocaust sei eine Rückübertragung der Gewalt des Kolonialismus auf Europa gewesen, wurde erstmals von Aimé Césaire in seinem 1950 (dt. Erstausgabe 1955) erschienenen Werk *Über den Kolonialismus* (Berlin: Wagenbach, 1968) aufgestellt. In den letzten Jahren wurde der Zusammenhang zwischen dem deutschen Kolonialismus in Afrika und dem Holocaust in Deutschland zum Thema von Debatten. Siehe Shelly Baranowski: *Nazi Empire: German Colonialism and Imperialism from Bismarck to Hitler* (New York/Cambridge: Cambridge University Press, 2010) für eine kluge Beurteilung dieser Themen.

7 Aus der umfangreichen Literatur siehe David Nirenberg: *Anti-Judaismus: Eine andere Geschichte des westlichen Denkens* (München: C. H. Beck, 2015); im Englischen erschienen als David Nirenberg: *Anti-Judaism: The Western Tradition* (New York: W. W. Norton, 2013).

8 Zum radikalen Antisemitismus der Nazis, mit dem sie den Holocaust begleiteten und rechtfertigten, siehe Jeffrey Herf: *The Jewish Enemy: Nazi Propaganda during World War II and the Holocaust* (Cambridge, MA: Harvard University Press, 2006). Zu späteren Verschwörungstheorien über Israel siehe die Aufsätze von Robert S. Wistrich, Meir Litvak und Deborah Lipstadt in Anthony McElligott und Jeffrey Herf (Hrsg.): *Antisemitism Before and Since the Holocaust: Altered Contexts and Recent Perspectives* (London: Palgrave Macmillan, 2017).

9 Siehe Deborah Lipstadt: *Betrifft: Leugnen des Holocaust* (Zürich: Rio-Verlag, 1994); und dies.: „A Few Observations on Holocaust Denial and Antisemitism", in: McElligott und Herf (Hrsg.): *Antisemitism Before and Since the Holocaust*, 23–36.

10 Richard Evans: *Der Geschichtsfälscher: Holocaust und historische Wahrheit im David-Irving-Prozess* (Frankfurt am Main: Campus, 2001); auf Englisch erschienen als *Lying About Hitler* (New York: Basic Books, 2002).

11 Valérie Igounet: *Histoire du négationnisme en France* (Paris: Seuil, 2000); Elhanan Yakira: *Post-Zionism, Post-Holocaust: Three Essays on Denial, Forgetting, and the Delegitimation of Israel* (New York/Cambridge: Cambridge University Press, 2009); und ders.: „Five Reflections on Holocaust Denial, Old and New Forms of Hatred of Jews and the Delegitimation of Israel", in: McElligott und Herf (Hrsg.): *Antisemitism Before and Since the Holocaust*, 335–352.

12 Zur Leugnung in arabischen Ländern siehe Meir Litvak und Esther Webman: *From Empathy to Denial: Arab Responses to the Holocaust* (London: Hurst, 2009), Kapitel „Denial of the Holocaust", 155–192.

13 Meir Litvak: „The Islamic Republic of Iran and the Holocaust: Anti-Semitism and Anti-Zionism", in: Jeffrey Herf (Hrsg.): *Anti-Semitism and Anti-Zionism in Historical Perspective: Convergence and Divergence* (London/New York: Routledge/Taylor and Francis, 2007), 250–267; und ders.: „Iranian Antisemitism and the Holocaust", in: McElligott und Herf (Hrsg.): *Antisemitism Before and Since the Holocaust*, 205–229.

14 Siehe dazu Evans: *Der Geschichtsfälscher*; Igounet: *Histoire du négationnisme en France;* Yakira: *Post-Zionism, Post-Holocaust*, 23–36; Litvak: „Iranian Antisemitism and the Holocaust"; Yakira: „Five Reflections on Holocaust Denial, Old and New Forms of Hatred of Jews and the Delegitimation of Israel", in: McElligott und Herf (Hrsg.): *Antisemitism Before and Since the Holocaust*, 335–352.

15 Robert S. Wistrich: „Antisemitism and Holocaust Inversion", in: McElligott und Herf (Hrsg.): *Antisemitism Before and Since the Holocaust*, 37–49; und ders.: „Introduction: Lying about the Holocaust", in: ders. (Hrsg.): *Holocaust Denial: The Politics of Perfidy* (Jerusalem/Berlin/Boston: The Hebrew University Magnes Press/De Gruyter, 2012), 1–26. Zum Atomprogramm des Iran und seinem Antisemitismus siehe Jeffrey Herf: „What Does Coming to Terms with the Past Mean in the ‚Berlin Republic' in 2007", *Telos*, 4. Februar 2008, https://www.telospress.com/what-does-coming-to-terms-with-the-pastmean-in-the-berlin-republic-in-2007/, und in *Dissent Magazine* (Frühjahr 2008), https://www.dissentmagazine.org/democratiya_article/what-does-coming-to-terms-with-the-past-mean-in-the-berlin-republic-in-2007 (jeweils abgerufen am 8.11.24).

AUFSÄTZE ZUM ANTISEMITISMUS UND ZUR ZEITGESCHICHTE SEIT DEM 11. SEPTEMBER 2001

Die jahrzehntelange Beschäftigung mit der neueren deutschen Geschichte, einschließlich der Zeit des Nationalsozialismus und des Holocaust, fördert das Bewusstsein, dass das, was einmal geschehen ist, sich wiederholen kann, wenn auch in anderer Form. Völkermorde und grobe Menschenrechtsverletzungen hörten nicht mit der Niederlage der Nazis 1945 auf. Wie Theodor W. Adorno schrieb, besteht der Zweck der Erziehung nach Auschwitz darin, dafür zu sorgen, dass „es", das heißt ein erneuter Versuch, die Juden oder irgendjemanden sonst zu vernichten, sich nicht wiederhole. Neben meiner Arbeit als Historiker habe ich Aufsätze zu aktuellen Ereignissen geschrieben, unter anderem über das gleichzeitige Wiederaufleben der drei Gesichter des Antisemitismus in den letzten Jahren. Dabei habe ich versucht, die Polarisierung unseres intellektuellen und wissenschaftlichen Lebens in Frage zu stellen, die allzu oft einer Erforschung des Antisemitismus nicht nur in seiner bekanntesten und berühmtesten Form, der des Nationalsozialismus, im Wege steht, sondern auch dann, wenn er von der radikalen Linken und von Islamisten ausgeht.

11
WAS IST ALT UND WAS IST NEU AM TERRORISMUS DES ISLAMISCHEN FUNDAMENTALISMUS?[1]

Dieser Aufsatz stützt sich auf Bemerkungen, die am 8. Oktober 2001 auf einem Fakultäts-/Studentenforum über den 11. September 2001 an der University of Maryland, College Park, formuliert wurden.

Der vom islamistischen Fundamentalismus und Fanatismus inspirierte Massenmord unterscheidet sich von den säkularen totalitären Ideologien und Regimen des 20. Jahrhunderts in Europa: dem Faschismus und dem Nationalsozialismus einerseits, und dem Kommunismus, insbesondere der Stalin-Ära, andererseits. Wie die Totalitaristen des 20. Jahrhunderts sind auch die islamischen Fundamentalisten von heute davon überzeugt, dass sie im Besitz absoluter Wahrheit sind, die weder widerlegbar noch kritisierbar ist. Und wie die reaktionären Modernisten der 1930er und 1940er Jahre verachten sie die westliche Moderne, bedienen sich aber ihrer technischen Errungenschaften, um sie zu zerstören. Sie glauben, dass Gewalt und Terror notwendig sind, um eine Utopie anstelle der gegenwärtigen dekadenten und korrupten Welt zu errichten, und sie erklären die Geschichte auf der Grundlage eines verschwörerischen Konstrukts, in dem die Vereinigten Staaten, mehr als das „internationale Judentum" oder der globale Kapitalismus, die zentrale Rolle spielen.

Im Gegensatz zu den Anhängern der säkularisierten Religionen des vergangenen Jahrhunderts lassen sich die Terroristen von heute von einer apokalyptischen Vision inspirieren, die ihre Wurzeln im religiösen Radikalismus hat. Osama bin Laden und al-Qaida entstehen in einer globalen politischen Kultur, in der sich Elemente des linken Antiglobalisierungsdiskurses und Wiederholungen faschistischer und nationalsozialistischer Vorstellungen von jüdischen Verschwörungen mit religiösen Leidenschaften vermischen. Da al-Qaida die Sprache des linken Antiimperialismus des vergangenen Jahrhunderts zu sprechen weiß, suggeriert die Gruppe eine Orientierung, die sich mit säkularem Dritte-Welt-Radikalismus überschneidet. Doch in entscheidenden Punkten, wie ihrer Auffassung von Tod und Selbstmord und ihrer Haltung zur Rationalität, scheint sie der faschistischen und nazistischen Philosophie näher zu stehen als der kommunistischen Vergangenheit. Die Auseinandersetzung mit dem Sowjetkommunismus endete mit den friedlichen Revolutionen von 1989/90 und der anschließenden Implosion des Sowjetimperiums und der Sowjetunion. Doch wie im Falle der Niederlage des Faschismus und des Nationalsozialismus kann die Bedrohung durch den vom radikalen Islam inspirierten Terrorismus nur durch seine militärische Niederlage beendet werden.

Unter Terrorismus verstehe ich die vorsätzliche Ermordung oder den Versuch der Ermordung einer Person, ob Zivilist oder Soldat, Mann, Frau oder Kind, alt oder jung, die nicht an einem militärischen Kampf beteiligt ist. In diesem Sinne sind der Tod von Zivilisten durch fehlgeleitete Bomben und Raketen oder die präventive Tötung von Personen, die aktiv an Terrorakten beteiligt sind – Akte, die beide nicht absichtlich auf Unschuldige abzielen – keine terroristischen Handlungen. Im modernen europäischen Kontext hat der Terrorismus seine Wurzeln zum einen in der jakobinischen und kommunistischen Tradition und zum anderen in den faschistischen und nationalsozialistischen Bewegungen und Regimen. Zu allen Zeiten und an allen Orten der modernen europäischen Geschichte waren unter den zahlreichen Angriffszielen des Terrorismus stets auch die Institutionen und Grundsätze der liberalen Demokratie, die auf dem Prinzip beruht, dass alle Konflikte durch Diskussion, Vermittlung und Kompromiss gelöst werden sollten. Terroristen glauben jedoch, dass sie im Besitz absoluter Wahrheiten sind und daher das Recht und die Pflicht haben, diejenigen zu töten, die mit ihnen nicht übereinstimmen und sich ihnen in den Weg stellen. In jedem Fall handelt es sich bei Terroristen um Personen mit einer ideologischen Überzeugung, die es ihnen ermöglicht, mit reinem Gewissen und aus selbstgerechter Empörung heraus Unschuldige zu töten. In vielen Fällen waren ihre Angriffsziele politische Führer, die Kompromisse oder gewaltfreie Lösungen für komplexe Probleme suchten.

Das Aufkommen des Terrorismus während der Französischen Revolution stellte einen Rückschritt zu einer Kriegspraxis dar, wie sie während der Religionskriege des 17. Jahrhunderts üblich war. Während des Dreißigjährigen Krieges unterschieden die Europäer nicht zwischen Kombattanten und Zivilisten, sondern zwischen Gläubigen und Abtrünnigen, Protestanten und Katholiken. Die daraus resultierenden Verwüstungen führten zu Bemühungen, Kriegsregeln zu kodifizieren, die erstgenannte Unterscheidungen festlegten, Krieg und politischer Gewalt Grenzen setzten und die schließlich im Westfälischen Frieden von 1648 den Grundsatz verankerten, dass Frieden die Toleranz gegenüber unterschiedlichen religiösen Überzeugungen erfordere. Die amerikanische Verfassung beruht zum Teil auf der bitteren europäischen Erkenntnis, dass der zivile Frieden die Trennung von Religion und Staat erfordert. Mit der Erfindung der neuen Kategorie *ennemi du peuple* (dt. Feind des Volkes) während der Französischen Revolution verwischten die Jakobiner erneut die Unterscheidung zwischen Kombattanten und Nichtkombattanten und gaben dem Mord als politischer Waffe eine neue Rechtfertigung. Seit den Jakobinern ist der Terror ein wichtiger Bestandteil der europäischen Geschichte geblieben, wenn linke und rechte sowie nationalistische Spannungen einen Siedepunkt erreichten.

Der Terrorismus im modernen Europa ist die Praxis derjenigen, die Reformen und Diplomatie ablehnen. Wie Georges Sorel in *Réflexions sur la violence* [dt. *Über die Gewalt*] (ein Werk, das den späteren Apostel der Tugenden der Gewalt, Frantz Fanon, beeinflusste) argumentierte, hat die Gewalt eine außerpolitische Dimension, indem sie angeblich die ansonsten schlafenden unterdrückten Klassen belebt und die Selbstzufriedenheit der bürgerlichen Gesellschaft erschüttert. Die Befürworter des Terrorismus behaupten, dass Gewalt das Ergebnis sozialer Ungerechtigkeit ist. In der Tradition Sorels ist Gewalt eine Reaktion auf den wachsenden Erfolg der Integration der Arbeiterklasse in Europa und der Popularität des friedlichen Reformismus im Gegensatz zu revolutionärer Stimmung in den Arbeiterklassen. Terroristen haben wiederholt diejenigen angegriffen, die sich um Verhandlungs- und nichteskalative Lösungen für schwierige Probleme bemühen. Die Ermordung des österreichischen Erzherzogs Ferdinand im Juni 1914 durch den serbischen Terroristen Gavrilo Princip, die der Auslöser, aber nicht die Ursache des Ersten Weltkriegs war, veranschaulicht dieses überdauernde Merkmal des Terrorismus. Ferdinand gehörte zu denjenigen im Habsburgerreich, die eine Verhandlungslösung für das Dilemma des Nationalismus innerhalb eines multinationalen Reiches suchten. Daher war es entscheidend, ihn zu ermorden, um alle anderen als die radikalsten Möglichkeiten auszuschließen.

Das wohl folgenreichste Attentat der jüngeren Geschichte war die Ermordung des israelischen Ministerpräsidenten Yitzhak Rabin durch einen rechtsgerichteten israelischen religiösen Fundamentalisten. Die Ermordung Rabins zeigt – ähnlich der früheren Ermordung Anwar as-Sadats durch Vorläufer der al-Qaida-Terroristen in Ägypten –, dass die traditionelle Vorliebe der Terroristen für Apokalypse und Zerstörung anstelle von Diplomatie, Kompromiss und Reformen auch im Nahen Osten zu einer traurigen Gewohnheit geworden ist. Indem sie der Welt der Vernunft und der Diskussion gewalttätige und apokalyptische Schocks versetzen, hoffen die Terroristen, dass die getroffene Gesellschaft in neuen Wellen der Unterdrückung zurückschlägt und/oder einfach unter der Last der Tragödie zusammenbricht. Sollte sie in Wut ausbrechen, wie es die Österreicher im August 1914 taten, wird die Repression in der Kalkulation der Terroristen die Massen radikalisieren, was zu weiteren Kriegen und

Gewalt und schließlich zum Umsturz der bestehenden Ordnung führen wird. In Westeuropa und Japan wurde diese terroristische Tradition in den 1970er und 1980er Jahren fortgesetzt, in der Hoffnung, dass durch die Enthüllung des „faschistischen" Kerns hinter den „Illusionen" der liberalen Demokratie eine revolutionäre Apokalypse eintreten würde.

Man muss sich die mörderische Reformfeindlichkeit des Terrorismus vor Augen halten, um die Gräueltaten des 11. September 2001 zu verstehen. Wie die Mörder von Sadat und Rabin begannen die Architekten al-Qaidas, die der Politik ihrer Pendants in der Hamas und der Hisbollah folgten, ihre Planungen in der Zeit, in der die israelische Avoda-Regierung unter Ehud Barak im Rahmen des Osloer Friedensprozesses Arafats PLO ein beispielloses Angebot für einen palästinensischen Staat machte. Eine Verhandlungslösung für den israelisch-palästinensischen Konflikt wäre ein verheerender Schlag für die islamischen Fundamentalisten gewesen. Sie hätte der Existenz des jüdischen Staates im Nahen Osten eine arabische Legitimation verliehen – eine für islamische Fundamentalisten untragbare Entwicklung. Osama bin Laden und die Propagandisten von al-Qaida behaupten, dass die israelische Besetzung des Westjordanlands und des Gazastreifens eine Ursache für die Anschläge vom 11. September sei. Doch wie ihre Vorgänger in Europa und im Nahen Osten haben auch bin Laden und al-Qaida die Anschläge verübt, um jegliche Bemühungen um einen Verhandlungsfrieden im israelisch-palästinensischen Konflikt zu untergraben.

Eine weitere mögliche politische Motivation erinnert an die apokalyptischen Szenarien, die Sorel vorschwebten, und verbindet den Massenmord des 11. September mit früheren terroristischen Praktiken. Die Islamisten hofften, dass die Vereinigten Staaten in Reaktion tatsächlich einen *clash of civilizations* heraufbeschwören, den Islam im Allgemeinen anprangern, wahllose Angriffe auf die arabische Bevölkerung verüben und so einen massiven islamischen Aufstand im atomar bewaffneten Pakistan und im ölreichen Saudi-Arabien auslösen würden. Mit Öl, Atomwaffen und ideologischem Fanatismus könnte der islamische Radikalismus dann schließlich zu einem wichtigen Akteur auf der Weltbühne werden und den „Großen Satan" – die Vereinigten Staaten – herausfordern und dann angreifen. So wie der Erste Weltkrieg den Niedergang Europas einleitete und die sowjetische Invasion in Afghanistan der Implosion der Sowjetunion vorausging, würde ein massiver und monströser Angriff auf das New Yorker Symbol des Weltkapitalismus, der Demokratie, der weiblichen Emanzipation, der Homosexualität und der Juden die wütenden Vereinigten Staaten dazu veranlassen, wild und wahllos zuzuschlagen. Kurzfristig wurde diese Erwartung enttäuscht, wenn auch die Aussicht auf Instabilität in der Region [des Nahen Ostens] ein langfristiges Problem darstellt. Neben dieser wahnwitzigen „Logik" sollten wir jedoch nicht vergessen, dass, wie Dostojewski in *Die Dämonen* so treffend dargelegt hat, im Kern jeder terroristischen Bewegung die nihilistische Lust an der Zerstörung steckt. Bin Ladens feierliche Erklärungen nach den Anschlägen vom 11. September stehen in einer langen Reihe terroristischer Freude über Tod und Zerstörung.

Derlei Erwägungen spielten eine Schlüsselrolle bei der Entwicklung des Faschismus und des Nationalsozialismus. Sowohl Mussolini als auch Hitler gelang es, auf dem Weg zur Herrschaft Seriosität mit roher Gewalt zu verbinden. Die intellektuelle und kulturelle Atmosphäre, in der Faschismus und Nationalsozialismus im ersten Drittel des Jahrhunderts entstanden, war geprägt von Sorels Reflexionen über die Gewalt, von Friedrich Nietzsches Anprangerung des selbstgefälligen europäischen Bürgertums und seiner Rationalität, von Ernst Jüngers ekstatischer Zelebrierung der männlichen Gemeinschaft in den Schützengräben des Ersten Weltkriegs sowie von der Gewalt des Ersten Weltkriegs selbst, die eine kritische Masse wütender Männer der mittleren und unteren Mittelschicht hervorbrachte, für die die Unterscheidung zwischen Krieg und Politik zur Bedeutungslosigkeit verschwamm. Wie viele der al-Qaida-Terroristen fühlten sich auch die arbeitslosen und unterbeschäftigten „Intellektuellen" und Jugendlichen aus dem professionellen Mittelstand im Europa nach dem Ersten Weltkrieg zum Faschismus und zum Nationalsozialismus hingezogen, weil sie glaubten, dass ein gewaltsamer Angriff auf die liberale Demokratie und die bürgerliche Gesellschaft durch eine neue Bewegung harter und disziplinierter Helden die dekadente Gegenwart durch eine vitale Zukunft ersetzen würde.

Der Holocaust ist der ultimative Terrorakt des 20. Jahrhunderts, ein Musterbeispiel für die Ermordung Unschuldiger in großem Maßstab. In der fiebrigen Fantasie der Nazis waren die Juden Europas und der Welt ganz und gar keine Unschuldigen. Vielmehr seien sie Mitglieder einer gigantischen globalen Verschwörung, die stets mit einer einzigen Begrifflichkeit bezeichnet wurde: nämlich als „internationales Judentum". Diese riesige, unsichtbare und doch allmächtige Gruppe war in den Augen der Nazis für das gesamte Unglück Deutschlands verantwortlich: den verlorenen Ersten Weltkrieg und den Versailler Vertrag, die Weltwirtschaftskrise und die Bedrohung aus dem Osten durch das, was Hitler „jüdischen Bolschewismus" oder „Mongolensturm" nannte. Der Massenmord sei also keineswegs ein unprovozierter Akt gegen eine wehrlose Zivilbevölkerung, sondern nur eine Front in Deutschlands völlig gerechtfertigtem Verteidigungs- und Vergeltungskrieg gegen angeblich vorausgegangene Akte jüdischer Aggression. Dieser verrückten Erklärung, die nichts mit den tatsächlichen Ereignissen zu tun hatte, schenkten dennoch Millionen von Deutschen Glauben. Heute haben in der fiebrigen Fantasie islamischer Fundamentalisten die Vereinigten Staaten und Israel – bin Laden nennt sie die „Zionisten-Kreuzritter-Allianz" – diese ältere Verschwörungstheorie abgelöst, wobei es eindeutig Elemente der Kontinuität in der dauerhaften Bedeutung der Vereinigten Staaten, des Kapitalismus und der Juden als Anführer der Verschwörung gibt. Wie in den 1930er und 1940er Jahren führen solche Verschwörungstheorien unweigerlich zu Massenmorden, denn nur wenn die mächtige internationale Verschwörung zerschlagen werde, könne eine ideale Welt entstehen. Nachdem der Kommunismus 1989/90 besiegt wurde, richtet der islamische Fundamentalismus seine Wut nun auf altbekannte Ziele: den Kapitalismus und die Juden.

Wie bereits erwähnt, steht der islamisch-fundamentalistische Terror heute trotz der Ähnlichkeiten seiner Sprache mit der der antiimperialistischen Linken des vergangenen Jahrhunderts der faschistischen und nazistischen Vergangenheit näher als dem Kommunismus. (Die Baath-Partei von Saddam Hussein und das irakische Regime haben ihren Ursprung in der französischen faschistischen Ideologie der 1930er Jahre, aber das ist eine Diskussion für ein anderes Mal.) Vor zwanzig Jahren beschrieb ich den Nationalsozialismus als eine Form des „reaktionären Modernismus", bei dem eine säkulare, fundamentalistische Bewegung die moderne Technik annahm, sich aber gegen die aufgeklärte Moderne wandte. Das Fliegen von mit Treibstoff beladenen Boeing-757-Maschinen in das World Trade Center und das Pentagon ist ein erschreckend offener Akt reaktionär-modernistischer Wut. So wie der Faschismus und der Nationalsozialismus Bewegungen waren, die in Gesellschaften entstanden, welche durch die rasante Modernisierung herausgefordert wurden und nach einem Weg suchten, die Moderne mit der Tradition zu verbinden, so bedient sich der islamische Fundamentalismus der Technik des Westens, um ihn zu zerstören.

Eine zweite Ähnlichkeit zwischen der faschistischen und nationalsozialistischen Tradition einerseits und dem gegenwärtigen islamischen Fundamentalismus andererseits zeigt sich in Form der Verachtung für Frauen und der Ablehnung ihrer Gleichberechtigung – eine Haltung, die im Falle der Islamisten weit hinausgeht über die übersteigerte Männlichkeit der faschistischen und nationalsozialistischen Bewegungen und deren Schlag gegen die weibliche Emanzipation, aber dennoch an diese erinnert. Wie die paramilitärischen Organisationen der faschistischen und nationalsozialistischen Straßenkämpfer der 1920er und 1930er Jahre sind auch die islamischen Terrororganisationen als militante „Bruderschaften“ konstituiert. (Mohammed Atta, einer der Terroristen, der ein Flugzeug in das World Trade Center flog, hinterließ offenbar die Bitte, dass keine Frauen an seiner Beerdigung teilnehmen sollten.) Während Faschismus und Nationalsozialismus versuchten, die Stellung der Frau auf den untergeordneten Status der Zeit vor den Fortschritten nach dem Ersten Weltkrieg zurückzuführen, geht die islamisch-fundamentalistische Vision der Stellung der Frau weit hinter diesen Zeitpunkt in die vormoderne Zeit Europas zurück. Hingegen mögen die ökonomistischen Wurzeln des Kommunismus ein angemessenes Verständnis der Stellung der Frau in der Gesellschaft zwar verhindert haben, doch stand sein erklärtes Eintreten für die Gleichberechtigung der Frau in völligem Gegensatz zu dem Frauenbild des radikalen Islam. Tatsächlich muss der radikale Islam aus kommunistischer Sicht als konterrevolutionär und extrem reaktionär angesehen werden.

Drittens und vor allem steht der islamische Fundamentalismus den faschistischen und nationalsozialistischen Traditionen näher, da er Werte vertritt, die von jeder Rationalität abweichen. Der Marxismus-Leninismus war eine Doktrin, deren fehlerhafte Interpretation von Geschichte, Politik und Ökonomie dennoch Elemente von Rationalität und Erfahrungsoffenheit enthielt. Außerdem pflegten die Kommunisten zwar einen Märtyrerkult, aber sie machten den Tod nicht zur Tugend. Die Elemente der Rationalität im Marxismus-Leninismus verbanden sich mit dem Eigeninteresse, das mit der Herrschaft über den riesigen Staat Sowjetunion einherging. Infolgedessen glaubten die sowjetischen Führer, dass sie mehr zu verlieren als zu gewinnen hätten, wenn sie einen Atomkrieg mit den Vereinigten Staaten auslösten. Da die Kommunisten über dieses Minimum an Rationalität verfügten, war es dem Westen möglich, ein halbes Jahrhundert lang ein nukleares Patt mit Moskau zu erreichen. Die nukleare Abschreckung beruhte auf der Annahme, dass beide Akteure ihr Überleben der Selbstzerstörung vorzögen. In Anbetracht von Hitlers grundlegender Verachtung der Rationalität und seiner Zelebrierung des Willens in Verbindung mit der paranoiden Struktur seines Verständnisses von internationaler Politik wären die Chancen, dass ein solches friedliches nukleares Patt mit Nazideutschland ein halbes Jahrhundert lang hätte aufrechterhalten werden können, sehr viel geringer gewesen. Eine nationalsozialistische Führung wäre viel eher bereit gewesen, die Schwelle zum Krieg zu überschreiten, selbst wenn dies die nukleare Zerstörung Nazideutschlands bedeutet hätte.

So sehr Hitler und die Nazis auch von einem apokalyptischen Ende schwärmten, der Nationalsozialismus als Ideologie ersehnte den Sieg der „Herrenrasse“, nicht ihren Tod und ihre Wiedergeburt im himmlischen

Paradies; es handelte sich also um einen säkularen Totalitarismus. Dagegen haben die vom islamischen Fundamentalismus inspirierten Terroristen eine gänzlich andere Einstellung zum eigenen Tod, eben weil sie von einem religiösen Radikalismus inspiriert sind, der sich ein himmlisches Paradies im Jenseits vorstellt. Der radikale Islam überzeugt seine Anhänger davon, dass der Märtyrertod ein Weg zu diesem Paradies sei. Ihre jenseitigen Visionen haben die Mörder des 11. September ebenso inspiriert wie die hundert Selbstmordattentäter, die seit 1993 Anschläge auf Israel verübt haben, dreißig davon im vergangenen Jahr 2000. Diese Visionen haben tiefgreifende Folgen für die Zukunft des Weltfriedens und der Sicherheit. Sollte eine radikal-islamische Gruppe oder ein radikal-islamischer Staat in den Besitz von Massenvernichtungswaffen (chemisch, biologisch oder nuklear) und der Mittel zu deren Einsatz gelangen, gibt es keinen Grund zu der Annahme, dass die Aussicht auf einen nuklearen Vergeltungsschlag durch die Vereinigten Staaten einen Krieg verhindern würde. Dies liegt daran, dass sie ihren eigenen Tod als Vorspiel für den sicheren Eintritt in ein besseres Leben in einem zukünftigen himmlischen Paradies betrachten. Für Menschen mit einem solchen Glauben mag ein nuklearer Vergeltungsschlag eher ein Segen als eine Bedrohung sein.

Wie im Zweiten Weltkrieg befinden wir uns also in einem Wettlauf mit der Zeit. Wie komplex, langfristig und vielschichtig unser Kampf gegen den Terrorismus auch sein wird, er muss, wie die Bush-Regierung deutlich gemacht hat, die militärische Zerschlagung dieses Netzwerks beinhalten. Im Gegensatz zur Reaktion des autoritären Österreich-Ungarn auf das Attentat vom Juni 1914 in Sarajevo reagieren die Vereinigten Staaten auf den Massenmord vom 11. September so, wie sie es tun sollten, nämlich indem sie versuchen, die Terroristen vom Rest der islamischen Welt zu isolieren, um zu verdeutlichen, dass sie für keines der von ihnen genannten Probleme eine Lösung haben, dass die Zeit, in der sie andere ungestraft töten können, vorbei ist und dass die Demokratien, die sie als dekadent und schwach ansehen, in Wirklichkeit in der Lage sind, mit Umsicht und Stärke einen Krieg zu führen, der mit ihrer Zerstörung endet. Die Terroristen des 20. Jahrhunderts haben wiederholt den Fehler begangen, die liberalen Demokratien für schwach und verwundbar zu halten. Al-Qaida begeht denselben Fehler, indem sie ihrer eigenen Propaganda über unseren Unwillen, sie zu bekämpfen und zu besiegen, Glauben schenkt.

Nach dem Zweiten Weltkrieg wandten sich die europäischen Intellektuellen von der Gewaltorgie ab, die von 1914 bis 1945 geherrscht hatte. Dies zeigt sich in Albert Camus' *Der Mensch in der Revolte* und in Jürgen Habermas' Werk über den Vorrang der Diskussion vor der Gewalt. In den späten 1970er und 1980er Jahren wandte sich eine andere Generation wieder von der Revolutionsromantik und den Gewaltkulten der Neuen Linken der 1960er Jahre ab. Eine Schlüsselfrage der kommenden Monate und Jahre wird sein, ob und inwieweit die meinungsbildenden Eliten der islamischen Welt einen ähnlich befreienden Diskurs der Desillusionierung gegenüber ideologischem Fanatismus und ein pragmatisches Verhältnis zu Werten wie Reform- und Kompromissbereitschaft hervorbringen werden. Wie die Erfahrungen im Europa des 20. Jahrhunderts nach dem Sieg über den Nationalsozialismus und den Kommunismus zeigen, könnten Nüchternheit und gesunder Menschenverstand sehr wohl die Folge und nicht die Ursache für den Sieg über die Fanatiker und Terroristen sein, die jetzt behaupten, für den Islam zu sprechen. Unabhängig davon ist es wichtig, dass Intellektuelle und Gelehrte in unserem Land alles in ihrer Macht Stehende tun, um die letzten erbärmlichen Fetzen von Legitimität der terroristischen Tradition zu beseitigen, die zu den Verbrechen des 11. September in New York und Washington beigetragen haben.

Anmerkungen

Auszüge aus Jeffrey Herf: *The Jewish Enemy: Nazi Propaganda During World War II and the Holocaust* (Cambridge, MA: Harvard University Press, Copyright 2006 by the President and Fellows of Harvard College). Verwendung im Auftrag. Alle Rechte vorbehalten. Jeffrey Herf: „The ‚Jewish War': Goebbels and the Antisemitic Campaigns of the Nazi Propaganda Ministry", *Holocaust and Genocide Studies* 19, 1 (Frühjahr 2005), 51–80. Nachdruck mit Genehmigung der Oxford University Press [der Lizenzgeber] über PLSclear. Alle Rechte vorbehalten. Jeffrey Herf: „‚The War and the Jews': Nazi Propaganda in the Second World War", in: Jörg Echternkamp (Hrsg.): *Germany and the Second World War: Volume IX/II: German Wartime Society 1939–1945: Exploitation, Interpretations, Exclusion*, 163–204. Copyright 2014. Oxford University Press. Reproduziert mit Genehmigung von Oxford University Press [der Lizenzgeber] durch PLSclear. All rights reserved.

1 Jeffrey Herf: „What Is Old and What Is New in the Terrorism of Islamic Fundamentalism?", *Partisan Review* 69, 1 (Winter 2002), 25–31; nachgedruckt in Murray Baumgarten, Peter Kenez und Bruce Thompson (Hrsg.): *Varieties of Antisemitism: History, Ideology, Discourse* (Newark: University of Delaware Press, 2009), 370–376. Siehe auch Jeffrey Herf: „Reframing the Enemy after France's 9/11", *Times of Israel*, 5. Januar 2015: https://blogs.timesofisrael.com/reframing-the-enemy-after-frances-911/; und ders.: „Radical Islam, Euphemisms, and the Labor of Selective Tradition", *The American Interest*, 27. Juni 2016: https://www.the-american-interest.com/2016/06/27/radical-islam-euphemisms-and-the-labor-of-selective-tradition/ (jeweils abgerufen am 8.11.24).

12
WESHALB SIE KÄMPFEN
Die kaum beachtete faschistische Charta der Hamas[1]

erstmals erschienen am 1. August 2014

Angesichts all der Tinte, die über den aktuellen Gaza-Krieg vergossen wurde, und der unzähligen tragischen Fotos ist es seltsam, dass die westliche Presse sich mit der Kampfmotivation der einen Seite nicht beschäftigt hat. Gemeint ist selbstredend die Hamas; das hochtrabende Psychologisieren über Israels Motive ist hinlänglich bekannt. Aber was ist mit dem islamistischen Feind, der in einem kargen Gebiet eingepfercht ist, von dem aus er Raketen abfeuert und Tunnel unter israelischen Kibbuzim und Kindergärten gräbt? Warum wurde all der Beton im Rahmen der Offensive in den Boden gegossen, statt ihn oberirdisch als Fundament für Schulen, Fabriken und Häuser zu verwenden?

Es ist nicht besonders schwierig, das herauszufinden. Die Hamas veröffentlichte am 18. August 1988 einen „Pakt" [engl. *Covenant*; dt. meist „Charta"] mit 36 Artikeln, der ihre Ziele und Ideologie genau beschreibt.[2] Ihre Philosophie ist im Totalitarismus und radikalen Antisemitismus verwurzelt, die dem Islamismus seit seinem Aufstieg in den 1930er und 1940er Jahren zugrunde liegen. Weit davon entfernt, ihre Kernideologie zu mäßigen, bekam die Hamas mit der Machtübernahme im Jahr 2007 die Möglichkeit, eine Politik zu machen, die auf ihrem Leitziel basiert – nämlich der Zerstörung des Staates Israel.[3] Doch obwohl die Charta eindeutig die Absichtserklärung einer Gruppe darstellt, die jetzt Millionen von Menschen regiert, wird sie von Reportern, Redakteuren und Experten, die den Krieg der Hamas gegen Israel kommentieren wollen, nicht beachtet. 2017 akzeptierte die Hamas-Führung die Idee eines palästinensischen Staates in den Grenzen, die vor 1967 bestanden, lehnte aber die Anerkennung Israels ab und behielt den Kern des Dokuments von 1988 bei.

Es gibt keine Rechtfertigung dafür, über diesen grundlegenden Text in Unkenntnis zu sein. Eine kurze Google-Suche führt zu einer englischen Übersetzung der Charta, die vom *Avalon Project* der Yale Law School vor über einem Jahrzehnt zur Verfügung gestellt wurde.[4] Die Hamas hat das Dokument nicht grundlegend überarbeitet oder verändert, und die öffentlichen Erklärungen ihrer Führer und ihre fortgesetzte Terroroffensive gegen Israel liefern eindeutige Beweise dafür, dass die Hamas im Jahr 2014 weiterhin von den Ideen inspiriert ist, die im Gründungstext formuliert sind. Dies sollte die erste Anlaufstelle für jeden politischen Entscheidungsträger und jeden Journalisten sein, um die Hamas zu verstehen, und es ist von größter Bedeutung, dass sie den Text selbst lesen, wie jeder Literaturstudent bestätigen wird. Um eine Person zu verstehen, muss man sie in ihren eigenen Worten lesen und dabei alles beachten, von der Kadenz und Syntax bis hin zu den Anspielungen auf Schlüsselfiguren ihrer ideologischen Tradition. Der Gaza-Krieg von 2014 wird für jeden unverständlich sein, der sich weigert, die Hamas beim Wort zu nehmen – bei diesen Worten.

Die ersten Sätze der Charta ordnen sie in die längere Tradition ein, die von Historikern als „Islamismus" bezeichnet wird, das heißt eine bestimmte Auslegung der islamischen Religion im 20. Jahrhundert, die in den 1930er und 1940er Jahren in Ägypten und Palästina entstand. Zu den Schlüsselfiguren des Islamismus gehörten der NS-Sympathisant Mohammed Amin al-Husseini, der Gründer der Muslimbruderschaft, Hassan al-Banna, und der führende Ideologe der Bruderschaft in den 1950er und 1960er Jahren, Sayyid Qutb. Ihnen zufolge war der Islam von Natur aus eine antijüdische Religion. Mittels selektiver Zitation des Korans und verschiedener Kommentare behaupteten sie, das heiligste Buch des Islam unterstütze ihre rassistischen und judenfeindlichen Ansichten. Die Islamisten lehnten ebenso die freiheitliche Demokratie ab, zelebrierten den Terrorismus, unterstützten die Nazis während des Zweiten Weltkriegs und waren schon lange vor der Gründung Israels im Jahr 1948 die unerbittlichsten Feinde des Zionismus.[5] Die Verfasser der Hamas-Charta führten ihre Ursprünge auf den „Kampf gegen die zionistischen Invasoren" im Jahr 1939, auf die Muslimbruderschaft und ihre Rolle im Krieg von 1948 sowie auf die „Dschihad-Operationen der Muslimbruderschaft im Jahr 1968 und danach" zurück. Die Hamas-Charta ist eine Variante islamistischer Tradition, die auch al-Qaida, Hisbollah, die iranische Regierung, Boko Haram in Nigeria und in jüngster Zeit ISIS (*Islamischer Staat im Irak und Syrien*) antreibt. Diese Terrororganisationen haben sich zeitweise gegenseitig bekämpft, aber sie teilen die Ansicht, dass die islamische Religion im Kern judenfeindlich sei und dass der Staat Israel mit Gewalt zerstört werden sollte.

Die Verfasser dieser Charta machen ihre Zugehörigkeit zum Islamismus ohne Umschweife explizit und unterscheiden sich damit von anderen, säkular-antizionistischen Gruppen. Sie zitieren Hassan al-Banna, den berüchtigten Gründer der Muslimbruderschaft in Ägypten, der sagte: „Israel wird existieren und weiter existieren, bis der Islam es auslöscht, so wie er andere vor ihm ausgelöscht hat." Darüber hinaus heißt es in der Charta, dass die Zerstörung Israels eine religiöse Pflicht sei – für Muslime also eine „Antwort auf Allahs Befehl". Im Gegensatz zum säkularen

Radikalismus der Palästinensischen Befreiungsorganisation (PLO) bot die Hamas-Charta eine eindeutig religiöse Rechtfertigung für den Hass auf die Juden. Die PLO-Charta von 1968 rief zwar auch zur gewaltsamen Zerstörung Israels auf, doch mit dem Zusammenbruch des Sowjetblocks verlor sie ihren wichtigsten Waffenlieferanten und Militärberater, ganz zu schweigen von ihrem Fürsprecher bei den Vereinten Nationen. Während der säkulare Antizionismus seine wichtigste Stütze verlor, nahm die religiöse Welle nach der iranischen Revolution von 1979 und dem Scheitern der säkularen Antizionisten, Israel zu zerstören, dramatisch an Fahrt auf.

Wie alle Spielarten islamistischer Politik verzichtete die Hamas auf die zweifelhafte Behauptung der PLO, Antizionismus sei nicht identisch mit Hass auf die Juden als Juden. Im Gegenteil, die Verfasser der Charta erklären, „unser Kampf gegen die Juden ist sehr bedeutend und sehr ernst" – das ultimative Ziel, nicht nur eine Taktik. Für die Hamas ist diese Sache sowohl groß als auch ernst, weil sie ausdrücklich religiös ist. Die Charta ist ein manichäisches Dokument; sie teilt die Politik in wahre oder falsche, gerechte oder ungerechte Alternativen ein. Sie verspricht, die Welt im Namen des Islam neu zu gestalten, der zu Unrecht aus dem öffentlichen Leben verdrängt worden sei. Der Slogan der Bewegung lautet: „Allah ist ihr Ziel, der Prophet ihr Vorbild und der Koran ihre Verfassung: Der Dschihad ist der Weg und der Tod um Allahs willen ist ihr höchstes Ziel." Die Verherrlichung des Märtyrertums und des Todes war ein zentrales Thema in Hassan al-Bannas Schriften und wurde in der Folge zu einem Gemeinplatz der Islamisten.

Die Hamas bekämpft nicht nur die Juden selbst; sie hat sich der Zerstörung ihrer Nation, Israel, verschrieben. Sie strebt danach, „das Banner Allahs über jeden Zentimeter Palästinas zu erheben, denn unter der Obhut des Islam können Anhänger aller Religionen in Sicherheit und Geborgenheit koexistieren, was ihr Leben, ihren Besitz und ihre Rechte anbelangt." Es versteht sich von selbst, dass niemand, am allerwenigsten die Juden, das Versprechen der Hamas ernst nehmen würde, dass alle Religionen unter dem Islam „koexistieren" könnten. Die arabischen Staaten haben ihre jüdische Bevölkerung nach der Gründung Israels im Jahr 1948 vertrieben. Doch abgesehen von dem lächerlichen Versuch der Beruhigung zeigt dieser Auszug, dass die Hamas von Anfang an „jeden Zentimeter Palästinas", also den gesamten Staat Israel, zurückgewinnen wollte. In der Charta heißt es: „Das Land Palästina ist ein islamischer Waqf [ein unveräußerliches religiöses Eigentum], das künftigen muslimischen Generationen bis zum Jüngsten Tag vorbehalten ist. Es oder ein Teil davon darf nicht vergeudet werden; es oder ein Teil davon darf nicht aufgegeben werden." Für die Hamas würde eine Zweistaatenlösung, die irgendeinen Teil Israels intakt ließe, einen Abfall vom Glauben bedeuten.[6]

Falls man bis hierhin noch Zweifel daran hatte, was die Eroberung mit sich bringen würde, macht der Artikel 13 der Charta die politischen Implikationen dieser religiösen Forderungen deutlich. Diplomatische Bemühungen wie „Initiativen, friedliche Lösungen und internationale Konferenzen" stehen „im Widerspruch zu den Prinzipien der islamischen Widerstandsbewegung". In der Tat gebe es „keine Lösung für die palästinensische Frage außer durch den Dschihad. Initiativen, Vorschläge und internationale Konferenzen sind Zeitverschwendung und vergebliche Mühen." Dem Dokument zufolge kann sich auch kein einzelner Muslim der Kriegsführung enthalten. In Artikel 15 heißt es: „Der Dschihad für die Befreiung Palästinas ist eine individuelle Pflicht. [...] Angesichts der Usurpation Palästinas durch die Juden ist es obligatorisch, das Banner des Dschihad zu erheben." Viele antizionistische Angriffe waren blutig, aber der besondere Beitrag der Hamas ist bis heute die theologische Billigung von Gewalt.

Obwohl der Islamismus dem Nationalsozialismus viel zu verdanken hat, behaupten die Hamas-Anhänger, dass Israel mit Nazideutschland gleichzusetzen sei. In Artikel 20 schreiben die Autoren, dass sie es mit einem „bösartigen Feind zu tun haben, der ähnlich wie der Nationalsozialismus agiert und keinen Unterschied zwischen Männern und Frauen, Kindern und alten Menschen macht".[7] Die Behauptung „Israelis als Nazis" ist seit den 1960er Jahren ein fester Bestandteil sowohl der säkularen als auch der religiösen antizionistischen Propaganda. Wenn säkulare Antizionisten wie Nasser, Arafat und Hafiz al-Assad von globalen Verschwörungen gegen die Araber sprachen, schrieben sie dem „US-Imperialismus" und seiner israelischen „Speerspitze" eine mythische Verschwörung gegen die Araber zu – und wiederholten damit die Propaganda ihrer Schutzherren, der Sowjets.[8] Tatsächlich ersetzte die Hamas-Charta von 1988 die marxistisch-leninistische Verschwörungstheorie der Weltpolitik durch die klassischen antisemitischen Tropen des Nazismus und des europäischen Faschismus, die die Islamisten übernommen hatten, als sie während des Zweiten Weltkriegs mit den Nazis kollaborierten. Dieser Einfluss wird in Artikel 22 deutlich, in dem behauptet wird, dass „unterstützende Kräfte hinter dem Feind" großen Reichtum angehäuft hätten:

> Mit ihrem Geld übernahmen sie die Kontrolle über die Weltmedien, Nachrichtenagenturen, die Presse, Verlage, Rundfunkanstalten und dergleichen mehr. Mit ihrem Geld haben sie in verschiedenen Tei-

> len der Welt Revolutionen angezettelt, um ihre Interessen durchzusetzen und die Früchte davon zu ernten. Sie steckten hinter der Französischen Revolution, der kommunistischen Revolution und den meisten Revolutionen, von denen wir hier und da gehört haben und hören. Mit ihrem Geld gründeten sie Geheimgesellschaften wie die Freimaurer, die Rotary Clubs, die Lions und andere in verschiedenen Teilen der Welt, um Gesellschaften zu sabotieren und zionistische Interessen durchzusetzen. Mit ihrem Geld konnten sie imperialistische Länder kontrollieren und sie dazu anstiften, viele Länder zu kolonisieren, um sie in die Lage zu versetzen, ihre Ressourcen auszubeuten und dort Korruption zu verbreiten.[9]

Der obige Absatz aus Artikel 22 erinnert an Themen und Phrasen aus den antijüdischen Propagandatexten und -sendungen des nationalsozialistischen Deutschlands. In Anlehnung an die europäischen, aber auch amerikanischen Antisemiten des 20. Jahrhunderts wiederholte die Hamas die Behauptung, dass die Juden mit ihrem Geld sowohl „die Weltmedien" als auch die etablierte Gesellschaftsordnung kontrollierten. Gleichzeitig steckten diese jüdischen Sprösslinge des Status quo „hinter" der französischen und der kommunistischen Revolution – eine der Lieblingstheorien der europäischen Faschisten zu ihrer Blütezeit. Wie ihre antisemitischen Vorgänger behaupten auch die Autoren der Hamas-Charta, dass die Juden „imperialistische Länder kontrollieren" und die Kolonisierung und Ausbeutung anderer Nationen befürworten. Bemerkenswerterweise ist es in dieser Darstellung Israel, das die Vereinigten Staaten kontrolliert – eine Umkehrung der antizionistischen Propaganda der Sowjet-Ära. Diese paranoide Vision mächtiger, reicher und böser Juden erinnert an Werke wie die *Protokolle der Weisen von Zion*, Hitlers *Mein Kampf* und die tägliche Versorgung mit Nazizeitungen und arabischsprachigen Radiosendungen, die von arabischen Kollaborateuren aus dem nationalsozialistischen Berlin gesendet wurden.[10] Die Charta ist in derartigem Maße der Fantasie verschrieben, dass den Juden die Inszenierung eines jeden Weltereignisses zugerechnet und ihnen die Schuld für den Beginn des Ersten Weltkriegs gegeben wird:

> Man möge so viel über Regional- und Weltkriege reden, wie man will. Sie [die Juden] steckten hinter dem Ersten Weltkrieg, als es ihnen gelang, das islamische Kalifat zu zerstören, finanzielle Gewinne zu erzielen und Ressourcen zu kontrollieren. Sie haben die Balfour-Erklärung durchgesetzt und den Völkerbund gegründet, durch den sie die Welt beherrschen konnten. Sie steckten hinter dem Zweiten Welt-

> krieg, in welchem sie durch den Handel mit Rüstungsgütern enorme finanzielle Gewinne erzielten und den Weg für die Errichtung ihres Staates ebneten. Sie waren es, die die Ersetzung des Völkerbundes durch die Vereinten Nationen und den Sicherheitsrat veranlasst haben, damit sie die Welt durch sie beherrschen können. Es gibt keinen Krieg, bei dem sie nicht ihre Finger im Spiel haben.[11]

Für jeden, der auch nur das geringste Wissen über die moderne europäische Geschichte und die Ursachen des Ersten Weltkriegs besitzt, ist die Behauptung absurd, dass die Juden, eine staatenlose Minderheit, die über viele Nationen Europas verstreut war, überhaupt etwas mit dem Ausbruch des Krieges zu tun hatten. Darüber hinaus ist sie eine deprimierende Bestätigung für die intellektuelle Rückständigkeit und historische Unkenntnis der Verfasser dieses Dokuments – eine Rückständigkeit, die auch die Basis für den Erfolg der Muslimbruderschaft bei der Verbreitung antisemitischer Propaganda in den Jahrzehnten nach dem Zweiten Weltkrieg bildet. Der Vorwurf, dass Juden den Völkerbund beherrschten, ist nicht weniger konfus; es muss wohl kaum ausgesprochen werden, dass das jüdische Volk nicht in der Lage war, eine Konferenz internationaler Staatschefs zu gründen. Diese Wahnvorstellungen haben so gut wie nichts mit den tatsächlichen Ereignissen zu tun; welchen Weg die Geschichte auch immer nimmt, in der antisemitischen Vorstellung sind es die Juden, die ihn diktieren. Dieser Fantasie zufolge ist der mächtige Jude zeitlos; und in der Tat ist seine Macht heute so total wie in den vergangenen Jahrhunderten.

Es sollte daher nicht überraschen, dass die fiebrigen Köpfe, die dieses Dokument verfasst haben, behaupten, die Juden steckten hinter dem Zweiten Weltkrieg, an dem sie angeblich riesige Summen verdient hätten. Auch diese Idee haben sie von ihren (ideologischen) Vorfahren, den Nazis, übernommen. In ihr bestand die zentrale Behauptung der deutschen Propaganda von 1939 bis 1945, eine Behauptung, die Hitler, sein Propagandaminister Joseph Goebbels und andere Naziführer im Radio und in der Presse endlos wiederholten. Der Vorwurf, dass ein tatsächlicher politischer Akteur namens „der Jude“ oder „das internationale Judentum“ den Krieg gegen NS-Deutschland begonnen habe, spielte eine gewichtige Rolle bei Hitlers Rechtfertigung für die Ermordung der europäischen Juden. Wie schon bei den Nazis führt die Beschreibung der Juden als böse und mächtig dazu, dass die Hamas den Völkermord an ihnen propagiert.[12] Wenn die Juden für alle Kriege verantwortlich wären wie behauptet, dann verlangte der Weg zum Frieden ihre Ausrottung.[13]

Wurde in den vorangegangenen Abschnitten die Theorie der Hamas formuliert, dass die Juden die Welt kontrollierten und alle Kriege schürten, so wird diese vermeintliche Bedrohung in den späteren Artikeln als eine persönliche artikuliert: Die erste Aufgabe der Juden, so heißt es in Artikel 22, sei es, die arabischen Länder eines nach dem anderen auszulöschen, angefangen mit Palästina. Darin scheint sich die Hamas-Charakterisierung des Camp-David-Abkommens zu zeigen. Natürlich steht die Hamas gegen die Zionisten in vorderster Front: Sie versucht, „den Erfolg dieses schrecklichen Plans" zu verhindern: „Heute ist es Palästina, morgen wird es ein Land nach dem anderen sein. Der Plan der Zionisten ist grenzenlos. Nach Palästina streben die Zionisten danach, vom Nil bis zum Euphrat zu expandieren." Auch hierin ist die Hamas den Nationalsozialisten verpflichtet, die ebenfalls die Idee propagierten, dass die Zionisten ein Landreich anstrebten, das sich „vom Nil bis zum Euphrat" erstreckt. Über Kurzwellenradio aus Berlin behauptete die arabischsprachige NS-Propaganda nicht nur, dass die Juden für den Krieg in Europa verantwortlich seien, sondern auch, dass „die Juden diesen Krieg im Interesse des Zionismus entfacht haben".[14] Auch hier ist der Einfluss der berühmten Fälschung *Die Protokolle der Weisen von Zion* offensichtlich. Für die Muslimbruderschaft im Jahr 1948 und die Hamas vierzig Jahre später war die bloße Existenz des Staates Israel ein ausreichender Beweis für den Wahrheitsgehalt der antisemitischen Verschwörungstheorien.

Wir wissen nicht, ob die Hamas geschwächt und ein Krieg vermieden worden wäre, wenn sich die politischen Führer des Westens 1988 gegen diese giftige Erklärung ausgesprochen hätten oder die absehbaren Auswirkungen dieser Erklärungen auf die Regierungsführung der Hamas später im Jahr 2007 in irgendeiner Weise berücksichtigt worden wären. Wie jede andere Bewegung hat auch die Hamas Grundüberzeugungen, die in ihrer Charta in erschreckender Weise zum Ausdruck kommen, die jedoch viel zu häufig ignoriert werden. Eine unangebrachte Zurückhaltung und der herablassende Wunsch, nicht zu beleidigen, haben es der Hamas nur leichter gemacht, stärker und gefährlicher zu werden. Jetzt ist es an der Zeit, dass jeder, der die Hamas verstehen will, ihr Gründungsdokument liest und ihre Anleihen an den Nationalsozialismus und den europäischen Faschismus in ihren eigenen Worten wahrnimmt. Nur dann wird ein Beobachter wissen, warum die Hamas diesen und frühere Kriege angezettelt hat und warum der Frieden erfordert, dass ihre abscheuliche Ideologie untersucht und delegitimiert wird.

Postskriptum 2024

Die Hamas-Charta von 1988 lieferte der Hamas die ideologische Grundlage, mit der sie das Massaker vom 7. Oktober 2023 rechtfertigte.

Anmerkungen

Jeffrey Herf: „Why They Fight: Hamas' Too-Little-Known Fascist Charter", ursprünglich in *The American Interest*, 1. August 2014: https://www.the-american-interest.com/2014/08/01/why-they-fight-hamas-too-little-known-fascist-charter/ (abgerufen am 8.11.2024). Nachdruck mit Genehmigung.

1 Jeffrey Herf: „Why They Fight: Hamas' Too-Little-Known Fascist Charter", *The American Interest*, 1. August 2024: https://www.the-american-interest.com/2014/08/01/why-they-fight-hamas-too-little-known-fascist-charter/. Siehe auch „A Pro-Hamas Left Emerges", *The American Interest*, 26. August 2014: http://www.the-american-interest.com/articles/2014/08/26/a-pro-hamas-left-emerges/ (jeweils abgerufen am 8.11.24); und „Fascism with a Religious Face. Hamas at War with Israel. Forever", *American Purpose*, 26. Mai 2021.

2 Verweise auf den „Pakt" oder die „Charta" in diesem Aufsatz stammen aus „The Hamas Covenant: The Covenant of the Islamic Resistance Movement, 18 August 1988", The Avalon Project, Documents in Law, Diplomacy and History, Yale Law School: https://avalon.law.yale.edu/20th_century/hamas.asp; auf Deutsch ist die Charta, übersetzt von Annette Schmitz, nachzulesen unter http://www.kritiknetz.de/images/stories/texte/charta%20der%20hamas.pdf (jeweils abgerufen am 8.11.24).

3 Zu diesem Thema siehe den hervorragenden Aufsatz der israelischen Justizministerin Tzipi Livni: „Three Boys, One Terrorist Group and a Message for Democracies", *Wall Street Journal*, 25. Juni 2014. Über die Nutzung der Demokratie zur Zerstörung der Demokratie siehe das inzwischen klassische Werk von Karl Bracher: *The German Dictatorship* (New York: Praeger, 1970); und in jüngerer Zeit Ian Kershaw: *Hitler 1889–1945* (München: Pantheon, 2009).

4 „The Hamas Covenant: The Covenant of the Islamic Resistance Movement."

5 Zum Islamismus siehe Paul Berman: *Terror und Liberalismus* (Hamburg: Europäische Verlagsanstalt, 2004); auf Englisch erschienen als *Terror and Liberalism* (New York: W. W. Norton, 2003); Bassam Tibi: *Islamism and Islam* (Yale University Press, 2012); Matthias Küntzel: *Djihad und Judenhaß: Über den neuen antijüdischen Krieg* (Freiburg im Breisgau: Ça ira, 2002); Jeffrey Herf: *Nazi Propaganda for the Arab World* (New Haven: Yale University Press, 2009). Zum Widerwillen des Westens, offen über den Islamismus zu sprechen, siehe Paul Berman: *The Flight of the Intellectuals* (New York: Melville House, 2010).

6 In den letzten Jahren haben Hamas-Führer solche Ansichten wiederholt geäußert. So erklärte beispielsweise Ahmad Bahr, stellvertretender Sprecher des Hamas-Parlaments, am 10. August 2012 in einer Predigt, die von al-Aqsa TV ausgestrahlt wurde: „Wenn der Feind auch nur einen Quadratzentimeter islamischen Landes betritt, wird der Dschihad zu einer individuellen Pflicht, die jedem Muslim, ob Mann oder Frau, obliegt. Eine Frau darf ohne die Erlaubnis ihres Mannes in den Dschihad ziehen und ein Diener ohne die Erlaubnis seines Herrn. Warum? Um die Juden zu vernichten. [...] O Allah, vernichte die Juden und ihre Unter-

stützer. O Allah, vernichte die Amerikaner und ihre Unterstützer. O Allah, zähle sie einen nach dem anderen und töte sie alle, ohne einen einzigen übrig zu lassen." „Hamas-Funktionär Ahmad Bahr predigt die Vernichtung von Juden und Amerikanern", *Middle East Media Research Institute MEMRI*, Clip Nr. 3538, 10. August 2012 (abgerufen am 8.11.24).

7 Zur Geschichte des Vergleichs von Israelis mit Nazis im politischen und intellektuellen Leben der arabischen Nachkriegszeit siehe Meir Litvak und Esther Webman: *From Empathy to Denial: Arab Responses to the Holocaust* (London: Hurst, 2009).

8 Zur Stellung Israels in der Verschwörungstheorie der säkularen Linken im Kalten Krieg siehe Jeffrey Herf: „At War with Israel: East Germany's Key Role in Soviet Policy in the Middle East", *Journal of Cold War Studies* 16, 3 (Sommer 2014): 129–163; und *Undeclared Wars with Israel: East Germany and the West German Far Left, 1967–1989* (New York/Cambridge: Cambridge University Press, 2016); auf Deutsch erschienen als *Unerklärte Kriege gegen Israel. Die DDR und die westdeutsche radikale Linke, 1967–1989* (Göttingen: Wallstein Verlag, 2019).

9 Artikel 22, „The Hamas Covenant: The Covenant of the Islamic Resistance Movement."

10 Siehe Jeffrey Herf: *Nazi Propaganda for the Arab World* (New Haven, CT: Yale University Press, 2009); und in diesem Band Kapitel 3, „Nationalsozialistischer Antizionismus".

11 Ebd.

12 Zur islamistischen Holocaust-„Rechtfertigung" siehe Litvak und Webman: *From Empathy to Denial*; und Wistrich: *A Lethal Obsession*.

13 Führende Hamas-Mitglieder haben solche Ansichten in den letzten Jahren wiederholt geäußert. In einem Interview mit al-Aqsa TV am 12. September 2012 erklärte Marwan Abu Ras, ein Hamas-Abgeordneter, der auch Mitglied der *Internationalen Union muslimischer Gelehrter* ist (aus dem Arabischen in der Übersetzung von MEMRI): „Die Juden stecken hinter jeder einzelnen Katastrophe auf der Erde. Das steht nicht zur Debatte. Das ist keine vorübergehende Sache, sondern reicht bis in vergangene Zeiten zurück. Sie haben so viele Verschwörungen ausgeheckt und die Herrscher verraten und Nationen so oft, dass die Menschen Hass gegen sie hegen. [...] Im Laufe der Geschichte – von Nebukadnezar bis zur Neuzeit. [...] Sie töteten die Propheten und so weiter. [...] Hinter jeder Katastrophe auf der Erde müssen die Juden stecken." Hamas-Abgeordneter Marwan Abu Ras: „The Jews Are Behind Every Catastrophe on Earth", MEMRI TV, 12. September 2012 (abgerufen am 8.11.24).

14 Siehe z. B. „Palestine between Bolsheviks and the Jews", 3. November 1943, zitiert in Herf: *Nazi Propaganda for the Arab World*, 184.

13

IST DONALD TRUMP EIN FASCHIST?[1]

erstmals erschienen am 7. März 2016

Ist Donald Trump, der nach den Ergebnissen des *Super Tuesday* als Präsidentschaftskandidat der Republikaner feststeht, ein Faschist? Es ist verblüffend, diese Frage im Zusammenhang mit einer landesweiten amerikanischen Wahl zu stellen, aber viele Menschen stellen sie, und sie haben damit nicht ganz unrecht. Die kurze Antwort auf diese Frage lautet: „Nein, aber ..." Doch das „aber" verlangt nach einer historisch begründeten Erklärung, deren Schlussfolgerung uns nicht gerade ein gutes Gefühl für den „Nein"-Teil der Antwort geben sollte.

Wenn ein Historiker eine Frage wie diese stellt, werden ihm methodische Schwächen bewusst. Der Kontext ist entscheidend, und zwar so sehr, dass es in gewisser Weise nicht möglich ist, die Ähnlichkeiten und Unterschiede zwischen Donald Trump und den faschistischen und nazistischen Diktatoren des 20. Jahrhunderts in Europa auf einfache Weise zu bestimmen. Wir können jedoch die Bereiche skizzieren, in denen ein Vergleich sinnvoll sein könnte. Zu diesen Bereichen gehören vor allem die Einstellungen zur Demokratie, zu politischer Gewalt, zur Pressefreiheit und zur Rolle des Staates in Gesellschaft und Kultur.

Wenn Trump behauptet, dass Politiker „nur reden und nichts tun", stellt er eine maßgebliche Tugend gewählter Parlamente in Demokratien in Frage – nämlich die Schaffung einer öffentlichen Sphäre, in der Menschen mit unterschiedlichen Ansichten miteinander reden können. Trump prangert, anders als Hitler und Mussolini, die Institutionen der liberalen Demokratie nicht offen an. Doch wie sie wirft er diesen Institutionen vor, politische und ökologische Krisen nicht angemessen zu bewältigen. Die klassischen Diktatoren prangerten die Demokratie selbst, insbesondere den friedlichen demokratischen Wettbewerb zwischen den politischen Parteien, als eine Formel für nationale Schwäche an. Trump hat dies nicht getan, aber seine diktatorische Persönlichkeit lässt vermuten, dass er im Alleingang das tun kann, was die amerikanischen politischen Institutionen seit vielen Jahren nicht geschafft haben. Er posiert als Heilsbringer, als jemand, der Carl Schmitt, den reaktionären Modernisten und autoritären Rechtstheoretiker der Weimarer Republik und Nazideutschlands, stolz machen würde. Die Faschisten und die Nazis kombinierten gewalttätige rhetorische Angriffe und Beleidigungen mit gut organisierten paramilitärischen Organisationen, die Gewalt ausübten, was zu Körperverletzungen und Todesfällen bei ihren politischen Gegnern führte. Trump beherrscht die Kunst der verletzenden Beleidigung, hat aber organisierte Gewalt nicht zu einem Teil seiner Kampagne gemacht. Zwar begeistert er sein Publikum mit rhetorischen Ausschmückungen darüber, dass er seinen Gegnern ins Gesicht schlagen wolle, aber er hat keine paramilitärische Organisation aufgebaut, die seinen Gegnern körperlichen Schaden zufügen würde.[2]

Die faschistischen Bewegungen waren schizophren, was das Verhältnis der Gesellschaft zum Staat betraf. Bei ihrem Streben nach politischer Macht verwiesen Faschisten und Nazis mit Stolz auf Massenbewegungen, die ihnen ihrer Ansicht nach ein demokratisches Mandat verliehen, das jede Legitimation durch vermeintlich manipulierte Wahlprozesse übertreffe. Trump hat seine Kandidatur als eine politische Bewegung bezeichnet, und einige seiner Unterstützer, wie der Senator von Alabama, Jeff Sessions, haben dies ebenfalls explizit getan. Faschisten und Nazis wollten einen neuen Mann und eine neue Frau schaffen, indem sie die Unterscheidung zwischen öffentlichem und privatem Leben durch ein Netz totalitärer Institutionen aufhoben. Mit anderen Worten: Sie wollten die Gesellschaft mit dem Staat verschmelzen. Trump will *America great again* machen, aber er hat nie den totalitären Anspruch geäußert, einen neuen und vermutlich besseren Amerikaner zu schaffen. Dennoch sind sein Auftreten und seine Sticheleien die des „starken Mannes", der Probleme lösen wird. Trumps Beleidigungen schließen jede ernsthafte Bemühung um einen Konsens aus. Seine Vorstellung von Politik ist die der Ein-Mann-Herrschaft, die er in seinem „großen, großartigen Unternehmen" genossen hat. Trumps Vertrauen in die Leichtigkeit, mittels derer unsere Probleme zu lösen seien, spiegelt einen autoritären Impuls wider.

Was die Gesamtheit der liberalen Freiheiten betrifft, so haben die rechten Diktatoren des 20. Jahrhunderts gelernt, die Mittel der Massenkommunikation, insbesondere das Radio, zu nutzen. Trump ist im Fernsehen zur öffentlichen Person geworden, hat über die *cable and network news*, die großen US-Nachrichtensender also, massive Publicity erhalten und kommuniziert über Facebook und Twitter – ebenfalls fast kostenlos. Obwohl Trump damit gedroht hat, die Pressefreiheit durch Verleumdungsklagen gegen führende Zeitungen einzuschränken, tritt er doch nicht mit dem Ziel an, die Demokratie durch eine Diktatur zu ersetzen oder den 1. Verfassungszusatz außer Kraft zu setzen.

Mussolini und Hitler weiteten die Rolle des Staates in der Wirtschaft und in allen Lebensbereichen aus. Sie zelebrierten die Staatsmacht, was große Teile der italienischen und deutschen Wirtschaftseliten zunächst irritierte. Einige Industrielle wandten sich den Faschisten als vermeintlichem Bollwerk gegen die stark übertriebene Gefahr einer kommunistischen Revolution zu. Die meisten waren anfangs skeptisch gegenüber Mussolini, der seine Karriere als radikaler Sozialist begonnen hatte, und gegenüber Hitler, der eine Partei anführte, die das Wort „sozialistisch" in ihrem Namen trug. Sie verstanden nicht, dass die Faschisten beabsichtigten, den Staat zu nutzen, um die Gesellschaft selbst umzugestalten, insbesondere um eine „Revolution von rechts" durchzuführen. Diese, so behaupteten sie, werde die ökonomische Zersplitterung und die entfremdenden Dimensionen der bürgerlichen Gesellschaft durch eine neue nationale Einheit ersetzen – eine Einheit, die durch das Primat der Politik eines mächtigeren Staates hergestellt würde.

Trump bleibt vage, was die Rolle des Staates angeht, aber er neigt dazu, konservative Mantras über die Sünden eines ausschweifenden Regierungsapparats (*big government*) zu wiederholen. Er hat keine Anzeichen dafür gegeben, dass er den Staat überhaupt versteht, geschweige denn plant, ihn zur Umgestaltung der amerikanischen Gesellschaft oder zur Förderung einer Art Kulturrevolution einzusetzen. Seine Bewegung hat also kein explizites Ziel, außer Trump zu wählen, um einen aufgestauten Berg von Wut gegen eine alteingesessene politische Klasse zu entladen, die seiner Ansicht nach nur die eigenen elitären Interessen im Sinn hat. Trump verweist auf keinen „dritten Weg" jenseits von Kapitalismus und Kommunismus. Von dem antibürgerlichen Impuls der Faschisten und der Nazis ist nicht die geringste Spur zu vernehmen. Er verspricht Kapitalismus auf Steroiden – Reichtum für alle. In diesem Sinne ist Trumps autoritärer Geist durch und durch amerikanisch. Weit davon entfernt, Wirtschaft, Geld und Materialismus im Namen einer neuen post-materialistischen nationalen Gemeinschaft anzuprangern, kennt sein geschmackloser Narzissmus keine Grenzen.

In der Tat verströmt Trump kein bisschen des antibürgerlichen kulturellen Radikalismus des Rechtsextremismus der Mitte des 20. Jahrhunderts in Europa. Im Gegensatz zu den Strukturen der multinationalen Konzerne besitzt Trump ein Familienunternehmen, das niemandem außer ihm selbst Rechenschaft schuldig ist. Er brüstet sich damit, dass sein Reichtum die wirtschaftliche Grundlage für seine Fähigkeit bilde, sich über die politische Korrektheit hinwegzusetzen und zu allem das zu sagen, was er will. Wenn er seine Anhänger daran erinnert, dass er seinen eigenen Wahlkampf finanziert, unterstreicht er seine unverwechselbare Botschaft über den Zusammenhang zwischen Geld, Macht und der Freiheit, zu sagen, was ihm gefällt.

Trumps kleinliche, narzisstische Form des Autoritarismus geht auf andere Erfahrungen zurück als die von Hitler und Mussolini. Hitlers Radikalität hatte viel damit zu tun, dass er ein Veteran des Ersten Weltkriegs war, während Mussolini schon früh den Glauben an den Nutzen politischer Gewalt in der Politik zum Ausdruck brachte. Vor allem Hitler zeigte sich verbittert und enttäuscht über die Niederlage und den seiner Meinung nach ungerechten Frieden. Die beiden Diktatoren und ihre Führungsriege versuchten, Italien und Deutschland nach dem Vorbild einer mythologisierten Männergemeinschaft der Schützengräben des Ersten Weltkriegs neu zu gestalten. Sie sprachen zu desillusionierten Veteranen und sehnten sich in ihrem Namen danach, die zivile Politik zu militarisieren. Anstelle von Niederlage und ungerechtem Frieden versprachen sie eine glorreiche Zukunft nationaler Größe, die eine geografische Ausdehnung erforderte, notfalls durch Krieg. Trumps Autoritarismus ist dagegen durch und durch zivilen Ursprungs. Er ist keine Übertragung des Militärwesens (mit dem er keine persönlichen Erfahrungen hat) auf den Bereich der zivilen Politik. Vielmehr überträgt er seine eigenen umfangreichen Erfahrungen mit der vollständigen Kontrolle über eine fast archaische Institution, das große Familienunternehmen, auf den politischen Bereich.

Trump zeigte die deutlich zivilen Wurzeln seines Autoritarismus sowie seine Verachtung für das Offizierskorps der Streitkräfte, als er zu einem frühen Zeitpunkt seiner Kampagne sagte, dass die Gefangenschaft von Senator John McCain in Nordvietnam nichts Heldenhaftes an sich habe. Er fand nichts Nobles an der Entscheidung McCains, ein Angebot zur vorzeitigen Freilassung abzulehnen, um die Solidarität mit seinen amerikanischen Mitgefangenen zu wahren, und an der Tatsache, dass er infolgedessen schreckliche Folter ertragen musste. Stattdessen wies er McCains Opfer mit den Worten zurück: „Ich mag Leute, die nicht gefangen genommen wurden" – eine Art kalauernde Oberflächlichkeit, die umso schamloser ist vor dem Hintergrund, dass Trump zu gleicher Zeit das College besuchte, die Einberufung mehrfach hinauszögerte und im Immobiliengeschäft der Familie in New York tätig war.

Es gibt einen weiteren wichtigen Unterschied zwischen Trump und Faschisten wie Mussolini und Hitler. Er betrifft ihre Ansichten über den Islam. Trumps Forderung nach einem befristeten Einwanderungsverbot für Muslime in die Vereinigten Staaten spiegelt die undifferenzierte Angst vor dem Islam wider, die zu einem Grundpfeiler der extremen Rechten in Europa geworden ist. Hitler hingegen bewunderte den Islam, weil er ihn als eine Kriegerreligion ansah, die viel mit dem nationalsozialistischen Autoritarismus und seiner Kriegsverherrlichung gemein hatte. Den vom

Christentum inspirierten Pazifismus betrachtete er als Schwäche. Außerdem war Hitler freilich mit dem arabischen und muslimischen Hass auf die Juden und den Zionismus voll und ganz.

Trump ist sich wahrscheinlich nicht bewusst, dass sich Nazis und Islamisten in einer früheren Zeit auf einem gemeinsamen Terrain der Verachtung von Schwäche und liberaler Demokratie trafen. Trump und seine Anhänger sehen sich selbst zumindest als kulturelle Christen, wenn nicht sogar als mehr. Das ist Teil ihrer Identität, nicht unbedingt ihres Glaubens. Wichtiger noch: Nach fünfzehn Jahren Krieg und Terror auf der ganzen Welt, die im Namen des Islam geführt wurden, spürt Trump, dass Millionen von Amerikanern die Nase voll haben von Euphemismen und dem Versuch, feine Unterscheidungen zu treffen. Angesichts eines Präsidenten [Barack Obama], der sich geweigert hat, die Verbindung zwischen Islamismus und Terror offenzulegen (ob dies eine gute oder schlechte Idee ist, sei dahingestellt), begeistert Trump seine Anhänger, indem er auf alle Unterscheidungen zwischen Islam und Islamismus verzichtet.

Die Vorstellung, dass die Politik in liberalen Demokratien ein riesiger Schwindel ist, dass Geld alles regiert und dass alle Politiker korrupt sind und gekauft werden können, ist so alt wie die Demokratie selbst. Weit davon entfernt, eine neue, unkorrumpierte Politik zu versprechen, zeichnet sich Trump dadurch aus, dass er offen seine Absicht feiert, Politiker zu kaufen und von ihnen eine gute Rendite für seine Investition zu erwarten. Für jemanden, dessen Name einst über Casinos in New Jersey und Las Vegas prangte und der Immobilien in ganz New York City besitzt, gehört der Kauf von Politikern einfach zum Geschäft. Trump ist offenbar noch nie einem Politiker begegnet, den er nicht kaufen konnte, und so macht es ihm Spaß, seine Verachtung für die politische Klasse zum Ausdruck zu bringen. Er verspricht nicht das Ende des Schwindels, sondern dessen ultimativen Ausdruck. Mit anderen Worten, er verkauft Zynismus und seine angebliche Fähigkeit, innerhalb desselben und darüber hinaus zu agieren.

Faschismus und Nationalsozialismus verbanden Elemente des Wunsches nach Respektabilität mit Andeutungen von Gewalt; Trump erinnert an diese Mischung. Er erinnert seine Zuhörer daran, dass er die „Ivy League" *Wharton School of Finance* besucht hat, wo es viele „kluge" Leute gab, darunter auch ihn selbst. Zugleich ist er entweder nicht in der Lage oder nicht Willens, sich der englischen Sprache korrekt zu bedienen. Er macht sich einen Spaß daraus, einen begrenzten Wortschatz zu verwenden, indem er sich auf ausdrucksarme Begriffe wie „nett", „schön", „gut", „toll", „schlecht" und „sehr schlecht" stützt. Gleichzeitig nimmt er eine Art Pseudo-Anständigkeit für sich in Anspruch, indem er beim Gedanken an die Körperfunktionen von Frauen Entsetzen heuchelt, wie etwa bei Hillary Clintons Benutzung einer Toilette während einer Debatte oder Megyn Kellys vermeintlicher Menstruation.

Trumps Beleidigungen des dem politischen Establishment angehörenden Jeb Bush waren ein entscheidender Aspekt des Erfolgs seiner Kampagne. Es gelang ihm, Bushs Anstand und Höflichkeit in „geringe Energie", eine Form von „Schwäche", umzudeuten. Trumps Anhänger erfreuten sich an seinen Angriffen auf Bush, nicht in erster Linie, weil sie mit dieser oder jener Politik nicht einverstanden waren, sondern weil Trump ihnen eine Möglichkeit bot, Bushs offensichtliche Stärken abzutun. Bushs Stil, seine Intelligenz, der Umfang seines Wortschatzes, seine Ernsthaftigkeit und seine Fähigkeit, sachkundig über die Details von Problemen zu sprechen – all das war eine ständige Herausforderung für diejenigen, denen wie Trump die Fähigkeit abgeht, mit jenen Attributen zu konkurrieren. Solche Stärken wecken Ressentiments und Neid und erinnern die Zuhörer daran, was sie selbst nicht verstehen. Trumps Beleidigungen ermöglichten es seinen Anhängern, ihr Unbehagen darüber zu verdrängen, dass sie politische Fragen nicht verstehen. Sie konnten trotz ihrer Unwissenheit „starke Typen" sein. Das war sehr befreiend.

Diese Kombination aus elitärem Hintergrund und ungekünsteltem Auftreten erinnert an ein Merkmal der faschistischen Redner. Mussolini und Hitler unterschieden sich von den traditionellen europäischen Konservativen durch ihre Bereitschaft und Fähigkeit, im Idiom des einfachen Mannes zu sprechen, im Dienste ihrer Ziele grob und profan zu reden. Während die konservativen Parteien zuvor „die Massen" fürchteten, konzentrierten sich Faschismus und Nationalsozialismus darauf, eine „Bewegung" aus ihnen aufzubauen. Die Absurdität eines New Yorker Milliardärs, der behauptet, „gegen das Establishment" zu sein, ist seinen Anhängern entgangen, die stattdessen seine Bereitschaft bewundern, ein Mitglied der Familie zu beleidigen, die die Republikanische Partei im letzten Vierteljahrhundert geführt hat. Trumps *Ad-hominem*-Angriffe auf McCain und dann auf Bush signalisierten, dass jetzt die Jagd auf die alten Eliten eröffnet war, die sich durch Stil, Gelehrsamkeit und ihren Staatsdienst auszeichnen. Wie die Faschisten von einst verband er einen autoritären Stil mit der populistischen Aufmüpfigkeit eines *bad boys*. Indem er die Tabus der Höflichkeit und der Zivilisiertheit bricht, ähnelt eine Rede und eine Kundgebung von Trump den Kundgebungen der faschistischen Führer, die die Wünsche ihrer Anhänger pantomimisch darstellten und sie selbst den Text ausfüllen ließen. Trump sagt, was sie sagen wollen, sich aber nicht auszusprechen trauen. Indem sie diesem Führer zujubeln, fühlen sich seine Anhänger frei zu sagen, was sie über Mexikaner, Muslime und Frauen denken. Es existiert eine Bindung zwischen Anführer und Gefolgschaft, geprägt durch die Bereitschaft des Erstgenannten, bewusste und unbewusste Wünsche zu erfüllen. Diese Bindung ist ein Schlüsselelement für den Hauch von Faschismus, der das Phänomen Trump umgibt.

Der italienische Faschismus und der deutsche Nationalsozialismus zelebrierten sehr konventionelle Vorstellungen von Männlichkeit, die mit Stärke und Kraft assoziiert wurden, und verbanden die liberale Demokratie mit Schwäche und Schwäche mit den weiblichen Qualitäten des Zuhörens und des Redens. Auf diese Weise suggerierten sie, dass es eine Verbindung zwischen Männlichkeit und Autoritarismus gibt. Ihre Forderung nach einem neuen Führer war die nach einem *starken Mann.* Doch Hitler und Mussolini präsentierten sich als Männer aus dem Volk, die Respektabilität anstrebten und erlangten. Hitler versuchte, die deutschen Eliten davon zu überzeugen, dass er zwar aus dem Volk stammte, aber in Wirklichkeit einige der Werte der alten Eliten teilte. Trump, der aus dem Reichtum kommt, verachtet die Ehrbarkeit. Er stellt seine Geschmacklosigkeit, seine Vulgarität und – in Detroit – die Größe seiner Genitalien zur Schau. Diese Geschmacklosigkeit steht im Einklang mit einer noch wichtigeren Aussage, die er in Detroit machte. Auf die Frage, was er als Präsident tun würde, wenn die militärische Führung sich weigern würde, Befehle zur Folter oder zur Tötung der Familien von Terroristen zu befolgen, bestand er darauf, dass sie tun würden, was ihnen gesagt werde. Hier war der *starke Mann,* der lästige Details wie Rechtsstaatlichkeit und Kriegsrecht als vernachlässigbar abtat.

Ein weiteres Element der Anziehungskraft Trumps ist die Botschaft der Freiheit von politischer Korrektheit. Auch hier finden sich Anklänge an den autoritären Geist des 20. Jahrhunderts. Trump hat freilich kein Monopol auf die Kritik an der linken und liberalen politischen Korrektheit. Sie existiert seit Jahrzehnten in Teilen der Universitäten der Medien und im Washingtoner Establishment der Republikanischen Partei, die Trump verachtet. Aber Trumps Ablehnung der politischen Korrektheit ist in ihrer Grausamkeit unverwechselbar. Wie Richard Cohen in der *Washington Post* scharfsinnig beobachtet hat, ist Trump nicht nur anderer Meinung; er muss diejenigen erniedrigen und verunglimpfen, die die Frechheit haben, ihn zu kritisieren.[3] Es ist genau diese Grausamkeit, seine Verachtung für Mitgefühl und seine Geringschätzung der Schwachen sowie seine Ablehnung der Normen des guten Sportsgeistes, die seine Anhänger *bewundern.* In den Augen seiner Anhänger befreit Trumps Grausamkeit sie von der nicht mehr tolerierbaren Selbstzensur der Ära der politischen Korrektheit.

Nach sieben Jahren Obama hat Trump verstanden, dass Mitleidsmüdigkeit ein Massengefühl ist. Der Sozialdarwinismus, die Idee, dass das Überleben des Stärkeren dasjenige Gesetz ist und sein sollte, welches die Beziehungen in der Gesellschaft und zwischen den Staaten regelt, war eine wichtige Quelle des Faschismus und des Nazismus. Trumps Verachtung für „Verlierer" und seine Selbstbeschreibung als „Gewinner" stehen in dieser längeren sozialdarwinistischen Tradition. Für die Faschisten, die Nazis und für Trump waren und sind Sieg und Niederlage nicht nur das Ergebnis zufälliger Umstände, sondern auch ein moralisches Urteil. Deshalb haben einige seiner schärfsten Kritiken an seinen Gegnern nichts mit ihren tatsächlichen politischen Positionen zu tun, sondern konzentrieren sich stattdessen auf deren niedrige Umfragewerte, als ob diese selbst ein Beweis für den niederen moralischen Wert von „Verlierern" wären.

Sowohl Mussolini als auch Hitler waren darauf bedacht, diejenigen anzugreifen, die sie für schwach und verwundbar hielten. Ihre Fehler und ihr Untergang waren zum Teil darauf zurückzuführen, dass ihre eigenen Ideologien sie blind machten für die wahre Stärke ihrer Gegner – der Großmächte, die schließlich den Zweiten Weltkrieg gewannen. Solange sie selbstbewusste Tyrannen waren, die nur diejenigen angriffen, die sich nicht selbst verteidigen konnten, waren sie hochmütig. Als Mussolini Krieg gegen die italienische Linke führte, war diese bereits zwischen Kommunisten und Sozialisten gespalten und stellte keine realistische Bedrohung für eine Revolution dar. Auch Hitler profitierte von einer deutschen Linken, die in konkurrierende demokratische und kommunistische Fraktionen gespalten war, und von Konservativen, die ihn an die Macht brachten. Den Juden in Europa fehlte ein Staat und die Möglichkeit, sich zu verteidigen. Äthiopien war in den 1930er Jahren der italienischen Luftwaffe schutzlos ausgeliefert. Trumps Versprechen, elf Millionen Einwanderer ohne Papiere zu deportieren, erinnert an diese früheren Angriffe auf schwache Minderheiten.

Für seine Anhänger ist Trumps Grausamkeit untrennbar mit der Botschaft verbunden, sich von den Normen der Höflichkeit und der politischen Korrektheit zu lösen. Seine Grausamkeit zeigte sich deutlich in seinem Versuch, die *Fox News*-Reporterin Megyn Kelly zu demütigen, in seinem bösen Sarkasmus über die körperliche Behinderung des *New York Times*-Reporters Serge Kovaleski, in seinem offensichtlichen Vergnügen, die tatsächlichen oder eingebildeten persönlichen Unzulänglichkeiten seiner Konkurrenten zu kommentieren, und in dem ungeheuerlichen Plan der Massenabschiebung. Ein solcher Schritt würde Millionen von Familien unermessliches Leid zufügen, aber er spricht mit Stolz über die Durchführung solcher Grausamkeiten. Das soll anzeigen, dass er und seine Anhänger sich nicht mehr für dumm verkaufen lassen und dass die Stunde der gerechten Rache an all den ausländischen „Mördern“ und „Vergewaltigern“ gekommen sei, die sich angeblich in unserer Mitte befinden. Doch dieselbe Grausamkeit, die bei denjenigen, die darin einen klaren Verstoß gegen elementare moralische Grundsätze sehen, Abscheu und Wut hervorruft, erregt auch seine Anhänger. Für sie stehen die angedrohte Gewalt und die Vertreibung für die Rückkehr der Freiheit und die Wiederherstellung ihres Landes.

Der extreme Nationalismus war zusammen mit der Versuchung zur Grenzüberschreitung ein zentraler Faktor für die Anziehungskraft von Faschismus und Nationalsozialismus. Die Faschisten und Nazis teilten die Welt in Italiener und Deutsche, die auf verschiedene Weise wunderbar seien, und in den Rest der Menschheit, der auf einer gleitenden Skala von Verderbtheit und Minderwertigkeit existierte. Die Faschisten und Nazis boten ihren italienischen Mitbürgern oder in Deutschland den Mitgliedern der Volksgemeinschaft oder der „arischen Rasse“ Menschlichkeit und Kameradschaft an, aber nicht der großen Mehrheit der Menschheit außerhalb des Kreises der Nation. Trumps Nationalismus spiegelt diese Mischung aus nationalistischer Selbstliebe und Verachtung für verschiedene „Andere“ wider. Auch wenn er nicht zu Konzentrationslagern aufruft oder plant, im Ausland nach ausländischen Feinden zu suchen, die es zu vernichten gilt, bekundet er seine Absicht, eine physische Mauer an der mexikanischen Grenze und eine wirtschaftliche und kulturelle Mauer des Protektionismus gegen den Rest der Weltwirtschaft zu errichten. Er und seine Anhänger haben vernommen, dass viele Menschen auf der Welt die Vereinigten Staaten nicht mögen. Seine Anhänger jubeln, wenn er ihnen sagt, dass das Gefühl auf Gegenseitigkeit beruht; er und seine Anhänger mögen den Rest der Welt nicht besonders.

Wie seine Verachtung für andere Nationen mit der fortdauernden amerikanischen Führung der liberalen Demokratien und Marktwirtschaften in der ganzen Welt vereinbar sein könnte, ist ein Rätsel, das Trump ungelöst lässt. Seine Anhänger sind so voller Wut auf andere Nationen, dass es ihnen nicht in den Sinn kommt, dass die Wahl Trumps zum Präsidenten den Zusammenbruch amerikanischer Allianzen weltweit bedeuten würde. Wie kann Trump Amerika wieder groß machen, ohne die Bedeutung amerikanischer politischer, militärischer, wirtschaftlicher und diplomatischer Führung zu verstehen? Das ist eine Frage, die sich nicht stellen darf. In ihrer kombinierten Wut und Angst haben Trump und seine Anhänger ihren gesunden Menschenverstand verloren, und auch das macht seine Attraktivität aus. Es stört seine Anhänger nicht einmal, dass Trump, ein Mann, der als Präsident das US-Atomwaffenarsenal unter seiner Kontrolle haben würde, keine Ahnung hat, was die nukleare Triade ist.

Verschwörungstheorien sind eine weitere Gemeinsamkeit, die Trump mit den Faschisten und den Nazis teilt. Trump erhebt allerdings keinen Anspruch auf intellektuelle Seriosität. Er bietet keine Verschwörungstheorie als Erklärungsschlüssel für die gesamte moderne Geschichte an. Er hat sich wiederholt stereotyp antisemitisch über Juden geäußert, aber er gibt keinen Hinweis darauf, dass er an die antisemitischen Parolen glaubt, die den Kern der nationalsozialistischen Appelle bilden. Doch obwohl er nicht die *Protokolle der Weisen von Zion* zitiert oder, zumindest bisher, nicht die Unwahrheit wiederholt, dass die „Israel-Lobby" für den Irak-Krieg verantwortlich sei, stellt er die Vereinigten Staaten, das mächtigste Land der Erde, als unglückliches Opfer Chinas, Mexikos und Japans dar. Eine wechselnde Gruppe von Nationen – ein diffuses „sie" oder „man" – ist irgendwie in der Lage, die „dummen" Politiker und Handelsvertreter der US-Regierung und vermutlich auch die Vorstandsvorsitzenden großer amerikanischer Unternehmen in den Schatten zu stellen. Er stellt den Niedergang Amerikas als die Geschichte eines unschuldigen – und „dummen" – Opfers dunkler Mächte dar, die den guten Willen der USA zu ihrem eigenen Vorteil manipulieren. Diese Geschichte der guten Nation, die von bösen Verschwörern zum Opfer gemacht wird, erinnert an das Pathos der nationalen Unschuld und Opferrolle, das die faschistischen und nationalsozialistischen Demagogen beflügelt hat.

Trumps verschwörungstheoretische Mentalität zeigt sich in den Lügen, die er wiederholt. Wenn er trotz aller gegenteiligen Beweise behauptet, dass „Tausende" von Muslimen auf den Dächern von New Jersey standen und jubelten, als die Türme des World Trade Centers am 11. September einstürzten, oder dass Präsident Obama nicht in den Vereinigten Staaten geboren wurde, schürt er nicht nur rassistische Gefühle gegenüber Muslimen und Schwarzen oder untergräbt die Legitimität des ersten afroamerikanischen Präsidenten; er behauptet auch die Existenz einer massiven Verschwörung zur Verschleierung dieser Tatsachen, die sich aus Hunderten, wenn nicht Tausenden von Journalisten und Politikern zusammensetzt, die vermutlich die wirkliche Wahrheit kennen, sich aber weigern, sie preiszugeben. Wenn er aufgefordert wird, Beweise für diese Behauptungen vorzulegen, wiederholt Trump entweder einfach die Anschuldigungen oder verweist auf dubiose Quellen im Internet. Normale Standards zur Überprüfung gelten nicht. Die implizite Botschaft dieser Anschuldigungen ist, dass die Medien Teil einer Verschwörung des Schweigens sind. Es ist, als ob der linke Postmodernismus der Universitäten, der jahrzehntelang die Existenz von Fakten in Zweifel gezogen hat, sein Spiegelbild in der Ablehnung von Beweisen durch den Milliardär gefunden hat. Die Ironie dabei ist, dass gerade die Medien, denen er vorwirft, die Wahrheit zu unterdrücken, kläglich daran gescheitert sind, die Öffentlichkeit darüber zu informieren, wie ein Mann, dessen Unternehmen viermal Konkurs angemeldet hat, es schafft, sich als Ausbund von Geschäftssinn und solider Führung zu präsentieren.

Doch über Trumps Verschwörungstheorien sollte man nicht lächelnd hinwegsehen. Nichts ist gefährlicher für die Politik in einer liberalen Demokratie, oder in jedem anderen System, als Verschwörungstheorien. Es ist schwierig, wenn nicht unmöglich, die gläubigen Anhänger von Verschwörungstheorien von deren Unwahrheit zu überzeugen, da sie sich durch normale Standards empirischer Überprüfung und Widerlegung nicht von ihrem Glauben abbringen lassen. Die Idee einer Verschwörung bietet den Gläubigen den Segen der Einfachheit und klare Ziele für ihre Wut und ihren Hass. Verschwörungstheorien fördern die Verachtung von Fakten und untergraben so die Möglichkeiten für Kompromisse in komplexen Fragen. Da Verschwörungstheorien die Welt in Gut und Böse einteilen, zwischen denen keine Gemeinsamkeiten möglich sind, schließen sie das Geben und Nehmen der demokratischen Politik aus. Wenn das Böse groß genug ist, beinhalten Verschwörungstheorien immer die Möglichkeit „altruistischer Gewalt" – möglicherweise massive Gewalt gegen angebliche Verschwörer, die immer als Akt der Selbstverteidigung charakterisiert wird. Trump schärft seinen Anhängern eine verschwörerische Geisteshaltung ein, die enorme Gefahren birgt, insbesondere wenn die Arbeitslosigkeit tatsächlich auf das alarmierende Niveau ansteigt, das er fälschlicherweise bereits als gegeben behauptet.

Am 8. Februar 2016 sagte Jeb Bush in New Hampshire: „Es ist nicht stark, Frauen zu beleidigen. Es ist nicht stark, Hispanoamerikaner zu geißeln. Es ist nicht stark, Behinderte lächerlich zu machen. Und es ist nicht stark, John McCain […], der sechs Jahre in einem Kriegsgefangenenlager in Hanoi verbracht hat, einen Verlierer zu nennen, weil er in Gefangenschaft kam." Mit dieser einen eloquenten Aussage hat der politisch etablierte Bush den Hauch von Faschismus, das falsche Verständnis von Stärke und Schwäche und das, was den Tyrannen Donald Trump im Wesentlichen auszeichnet, auf den Punkt gebracht. Vielen republikanischen Vorwahlwählern in New Hampshire schien dies jedoch nichts auszumachen – eine Tatsache, die jedem vernünftigen Amerikaner einen Schauer über den Rücken jagen sollte. Bush und der frühere Senator Lindsey Graham schienen in der Republikanischen Partei mit ihrer

Bereitschaft, Trump entgegenzutreten, als seine Kampagne noch in den Kinderschuhen steckte, allein dazustehen. Sie wurden von ihren republikanischen Parteifreunden im Stich gelassen, die fälschlicherweise dachten, sie könnten ihn ignorieren. Als der Faschismus und der Nationalsozialismus in Italien und Deutschland aufkamen, ging ihr Aufstieg zur Macht auch mit einer erstaunlichen Reihe von politischen Fehlern und Fehleinschätzungen der damaligen Eliten einher. Hitler wurde von seinen Gegnern auf der Linken unterschätzt, die ihn lediglich für ein Werkzeug des Kapitals hielten, und von den Industriellen, die glaubten, er würde zu ihrem eigenen gefügigen Werkzeug werden. In beiden Fällen hat das politische Establishment die Gefahr nicht ernst genug genommen und ist dann in zynischen Opportunismus verfallen. Dieser Opportunismus war getragen von teilweiser Zustimmung und fehlenden Prinzipien, ein Muster, das sich jetzt in der erstaunlichen Entscheidung des Gouverneurs von New Jersey, Chris Christie, zeigt, Trump zu unterstützen.

Die Geschichte wiederholt sich nicht auf einfache Weise. Trump ist keine Kopie von Hitler oder Mussolini. Dennoch hat er jetzt den Eigentümern und Herausgebern der *New York Times* und der *Washington Post* mit Verleumdungsklagen gedroht, sollten sie ihn weiterhin kritisieren. Er gab (absurderweise) vor, nicht zu wissen, wer David Duke ist, und schien sich in einem Interview zu weigern, ihn und den Ku-Klux-Klan zu desavouieren, womit er schamlos um Stimmen der extremen rassistischen Rechten buhlte. Später hat er sich dann doch von ihnen distanziert, ohne jedoch zu erklären, warum er dies tat. Sein Zynismus war durchschaubar. Ob Trump die Wahl zur Präsidentschaftsnominierung der Republikanischen Partei gewinnt oder nicht: Er hat der amerikanischen Politik bereits enormen Schaden zugefügt. Die Giftstoffe, die er freigesetzt hat, und die Tabus, die er mit solcher Freude zertrümmert hat, haben ein neues, gefährliches Feld rhetorischer Gewalt und Beleidigung im amerikanischen öffentlichen Leben geschaffen. Er hat gezeigt, dass eine große Zahl unserer Mitbürger bereit ist, einem Demagogen zu folgen, der die Grundprinzipien der liberalen Demokratie verachtet, einfache Erklärungen für komplizierte Sachverhalte bietet und sich auf Rassismus, religiösen Fanatismus und extremen Nationalismus beruft, um „Amerika wieder groß zu machen". Trumps Mischung aus Reichtum und Autoritarismus und die Unterschätzung seiner potenziellen Macht durch das Establishment ruft auch Vergleiche mit Italiens ehemaligem Ministerpräsidenten Silvio Berlusconi und dem Schaden hervor, den er in seiner Zeit als Ministerpräsident in Italien angerichtet hat. Ebenso wie Trump diente Berlusconi das private Vermögen als politische Starthilfe. Dennoch ist Trump weniger ein Possenreißer und mehr ein Tyrann als Berlusconi.

Angesichts der Rolle der Vereinigten Staaten in der Weltpolitik wäre der Schaden, den Trump anrichten könnte, wenn er Präsident würde, weitaus größer.

Trotz der bedeutenden Unterschiede zwischen dem Phänomen Trump und der extremen Rechten im Europa des 20. Jahrhunderts weckt seine Kampagne ein bedrohliches Echo aus der Vergangenheit. Wir wissen, was passieren kann, wenn Politiker, die so reden und handeln wie Donald Trump, an die Macht kommen, auch wenn sie sich dabei der Instrumente der Demokratie bedienen. Wenn sich Angst und Wut im Land entladen, kann viel passieren, fast alles davon sehr schlimm. Trump kann gestoppt werden, aber dazu müssen wir die Bedrohung, die er darstellt, ernst nehmen und uns an die Lehren aus der noch gar nicht so fernen Vergangenheit erinnern.

2023 Postskriptum

Spätestens am 6. Januar 2021 hatten sich Trump und der Trumpismus zu einer spezifisch amerikanischen Form des Faschismus entwickelt, das heißt zu einem Angriff auf die Institutionen der liberalen Demokratie und der Rechtsstaatlichkeit. Der Aufsatz unterschätzte die Geschwindigkeit des Zusammenbruchs der substanziellen Opposition gegen Trump und den Trumpismus innerhalb der Republikanischen Partei. Der schnelle Umschwung von Senator Graham vom Trump-Kritiker zum Trump-Befürworter war repräsentativ für diesen breiteren Trend. Trumps Flirt mit antisemitischen Themen zeigte sich in seinen Anschuldigungen gegen damals bekannte jüdische Persönlichkeiten aus der Finanzwelt im Wahlkampf 2016. Sein Kommentar über „gute Menschen auf beiden Seiten" nach dem Neonazi-Angriff in Charlottesville offenbarte seine Bereitschaft, mit der rassistischen und antisemitischen extremen Rechten in Verbindung zu treten und Verschwörungstheorien aufzugreifen, vor allem die Unwahrheit über die „gestohlene Wahl" von 2020. Ungeachtet seiner Begeisterung für die rechte Politik in Israel wäre Trumps Angriff auf Amerikas Allianzen nicht „gut für Israel", da die Erosion dieser Allianzen letztendlich auch diejenige mit Israel untergraben würde.[4] Der Aufsatz argumentierte vorausschauend, dass die Freisetzung von Emotionen, Ressentiments, Hass und Vergnügen, die Trump 2016 förderte, ein starker Faktor in der amerikanischen Politik bleiben würde.

Anmerkungen

Jeffrey Herf: „Is Donald Trump a Fascist?“, ursprünglich in *The American Interest,* 7. März 2016: https://www.the-american-interest.com/2016/03/07/is-donald-trump-a-fascist/ (abgerufen am 8.11.24). Nachdruck mit Genehmigung.

1 Jeffrey Herf: „Is Donald Trump a Fascist?“, *The American Interest,* 7. März 2016: https://www.the-american-interest.com/2016/03/07/is-donald-trump-a-fascist/. Für meine anderen Essays über Trump und Trumpismus siehe: „Postscript to Is Donald Trump a Fascist?“, *The American Interest,* 8. August 2016: http://www.the-american-interest.com/2016/08/08/postscript-to-is-donald-trump-a-fascist/; „Elements of Conspiracy“, *The American Interest,* 31. Oktober 2016: http://www.the-american-interest.com/2016/10/31/elements-of-conspiracy/; „Lessons from German History after Charlottesville“, 17. September 2017: https://historynewsnetwork.org/article/166864; „Trump Doesn't Understand How Antisemitism Works: Neither Do Most Americans“, *Washington Post,* 27. Oktober 2018: https://www.washingtonpost.com/outlook/2018/10/28/trump-doesnt-understand-how-anti-semitism-works-neither-do-most-americans/?utm_term=.e512d3887a0d; „The 2020 National Elections: An American Reckoning“, *Israel Journal of Foreign Affairs,* 10. September 2020, 169–182: https://www.tandfonline.com/doi/abs/10.1080/23739770.2020.1810405; „Trump's Refusal to Acknowledge Defeat Mirrors the Lie that Fueled the Nazi Rise“, *Washington Post,* MadebyHistory section, 23. November 2020: https://www.washingtonpost.com/outlook/2020/11/23/trumps-refusal-acknowledge-defeat-mirrors-lie-that-fueled-nazi-rise/; „The January 6th Assault on Congress and the Fate of the GOP's Faustian Bargain with Trump: Notes from German History“, *History News Network,* 31. Januar 2021: https://historynewsnetwork.org/article/178983 (jeweils abgerufen am 8.11.24).

2 Siehe Kapitel 6, „Be There, Be Wild“, in Select Committee to Investigate the January 6th Attack on the United States Capitol: *The January 6th Report: Findings from the Select Committee to Investigate the January 6th Attack on the United States Capital* (New York: Random House, 2023), 499–574.

3 Richard Cohen: „Donald Trump's Intolerable Cruelty“, *Washington Post,* 22. Februar 2016: https://www.washingtonpost.com/opinions/donald-trumps-intolerable-cruelty/2016/02/22/c3e72a04-d992-11e5-81ae-7491b9b9e7df_story.html (abgerufen am 8.11.24).

4 Herf: „The 2020 National Elections: An American Reckoning“.

14
IDEOLOGISCHER EXZEPTIONALISMUS
Den Antisemitismus des Iran ernst nehmen[1]
erstmals erschienen am 2. Juni 2014

Der radikale, theologisch begründete Hass auf das Judentum, den Zionismus und den Staat Israel gehört zu den ideologischen Grundüberzeugungen der Führer der Islamischen Republik Iran. Dennoch wird der endemische Antisemitismus im Iran von den politischen Entscheidungsträgern der USA viel zu selten berücksichtigt. Tatsächlich wird er außerhalb Israels und einiger westlicher intellektueller Kreise kaum je diskutiert. Sicherlich ist der radikale Antisemitismus des iranischen Regimes für Israel von größter Bedeutung, aber ein Regime, das von solch gewalttätigem Hass angetrieben wird, gefährdet auch die Welt, insbesondere moderne, westliche und demokratische Nationen.

Während der US-Kongress Anhörungen zu den technischen Details der iranischen Atomprogramme und den Auswirkungen der Wirtschaftssanktionen abgehalten hat, hat er meines Wissens noch nie öffentlich über die Kernideologie des iranischen Regimes und deren Auswirkungen auf das iranische Streben nach Atomwaffen diskutiert. Solche Anhörungen sind längst überfällig. Der von der iranischen Führung geäußerte radikale Antisemitismus ist eine Weltanschauung, die so wahnhaft und realitätsfern ist, dass diejenigen, die sie vertreten, mit ziemlicher Sicherheit nicht nach den üblichen Normen für ein vernünftiges Verhalten in internationalen Angelegenheiten handeln werden. In der Tat können die politischen Entscheidungsträger der USA nicht einmal davon ausgehen, dass der Iran sein eigenes Überleben höher bewertet als das Ziel, den verhassten jüdischen Feind zu beseitigen.

Die wissenschaftlichen Erkenntnisse über die Geschichte des Antisemitismus haben die politischen Diskussionen über den Iran in Washington bisher nicht wesentlich beeinflusst. Vielleicht unterliegen zu viele unserer Entscheidungsträger, Politiker und Analysten immer noch der irrigen Vorstellung, dass radikaler Antisemitismus lediglich eine andere Form von Vorurteil oder, schlimmer noch, eine verständliche (und daher entschuldbare?) Reaktion auf den Konflikt zwischen Israel, den arabischen Staaten und den Palästinensern ist. In Wirklichkeit stellt der radikale Antisemitismus etwas weitaus Gefährlicheres dar und ist weitaus weniger in ein System der nuklearen Abschreckung integrierbar, das davon ausgehen muss, dass alle Parteien ihr eigenes Überleben in den Vordergrund stellen.

Der radikale Antisemitismus des Iran ist nicht im Geringsten rational; es handelt sich um eine paranoide Verschwörungstheorie, die der Welt einen Sinn (oder vielmehr Unsinn) geben will, indem sie behauptet, der mächtige und böse „Jude“ sei die treibende Kraft in der Weltpolitik. Führer, die den dreizehn Millionen Juden in der Welt und einem winzigen Staat im Nahen Osten mit etwa acht Millionen Einwohnern enorme Boshaftigkeit und Macht zuschreiben, haben bewiesen, dass sie keine geeignete Position haben, um Atomschach zu spielen.

Der iranische Antisemitismus wurde von Meir Litvak vom *Dayan Center for Middle East Studies* an der Universität Tel Aviv und dem *Middle East Media Research Institute* (MEMRI) gut dokumentiert. Sie haben reichlich Beweise dafür vorgelegt, dass der Hass auf die Juden und die Entschlossenheit, den Staat Israel zu zerstören, für die Islamische Republik oberste Ziele sind, und zwar seit ihr Gründer Ayatollah Ruhollah Chomeini diese Ansichten theologisch begründete. Wie seine islamistischen Mitstreiter Mohammed Amin al-Husseini und Sayyid Qutb behauptete Chomeini, dass die Juden darauf aus seien, den Islam zu zerstören, eine Mission, die seiner Meinung nach in der Gründung Israels ihren modernen Ausdruck gefunden habe. Entsprechend sah er keinen Unterschied zwischen seinem Hass auf die Juden und das Judentum und seinem Hass auf Israel.[2] Sein Nachfolger teilt Chomeinis Ansichten: Wie die Nachrichtenagentur der Islamischen Republik (IRNA) berichtet, erklärte Ayatollah Ali Chamenei im Jahr 2001:

> [D]ie Besetzung Palästinas [durch die Juden] ist Teil eines satanischen Plans der weltbeherrschenden Mächte, der in der Vergangenheit von den Briten und heute von den Vereinigten Staaten durchgeführt wird, um die Solidarität der islamischen Welt zu schwächen und die Saat der Uneinigkeit zwischen den Nationen zu säen.[3]

Wie Meir Litvak schreibt, sehen sowohl Chomenei als auch Chamenei die Juden und das Judentum als eine Bedrohung für den Islam und die Muslime an. Chomenei stellte kompromisslose, theologisch untermauerte Behauptungen auf, wonach Israel und der Zionismus nicht nur Feinde des Islam, sondern der gesamten Menschheit seien, und Chamenei hat das wiederholt. Derart böse Feinde, so glauben sie, müssen zum Wohle aller ausgelöscht werden.

Als Historiker der neueren deutschen Geschichte, der sich auf die Zeit des Nationalsozialismus und des Holocaust spezialisiert hat, kenne ich die Fallstricke unangebrachter historischer Analogien. Israels Feinde stellen häufig solche Analogien her; die Sowjetunion, die arabischen Staaten, palästinensische Organisationen, islamistische Terrorgruppen und die iranische Regierung haben Israel mit Nazideutschland verglichen. Unsere aktuellen politischen Debatten leiden jedoch unter dem gegenteiligen Problem: Die politischen Entscheidungsträger sind nicht bereit, offen und freimütig über radikalen Antisemitismus zu diskutieren, wenn er islamistischen Ursprungs ist. Trotz ihrer Unterschiede dürfen wir nicht vergessen, dass die Islamische Republik Iran die erste Regierung seit Hitler ist, in der Antisemitismus ein zentrales Element ihrer Identität darstellt. Ein Iran mit Atomwaffen wäre somit die erste Regierung seit Hitler, die sowohl willens als auch in der Lage ist, mit einem zweiten Holocaust zu drohen.

Kein hochrangiges Mitglied der Obama-Regierung hat zugegeben, dass dies der Fall ist – weder der Präsident noch seine Außen- und Verteidigungsminister haben jemals öffentlich über den Antisemitismus des Iran gesprochen. Das Thema spielt keine Rolle und an dessen Stelle tritt die Beschäftigung mit technischen Details über Zentrifugen, Prozentsätze der Urananreicherung und der verbleibenden Dauer bis zu Fertigstellung einer Bombe [*break-out-time*]. Wenn die politischen Entscheidungsträger die Grundüberzeugungen der iranischen Führung nicht berücksichtigen, fördern sie den Eindruck, dass der Iran eine kleinere, islamische Version der Sowjetunion ist, das heißt ein Staat, der in seinem eigenen Interesse handeln würde, wenn er Atomwaffen hätte. Doch die Sowjetunion wurde von Atheisten regiert, die Vorstellungen von einem Leben nach dem Tod verachteten und über die Idee eines „zwölften Imam", der nach einer apokalyptischen Katastrophe auf die Erde herabsteigt, gelacht hätten. Sollte der Iran in den Besitz von Atomwaffen gelangen, wäre er wahrscheinlich der erste Staat dieser Art, der sich von der Aussicht auf nukleare Vergeltung nicht abschrecken ließe. Doch die Irrationalität der iranischen Regierung wird von der Regierung der Vereinigten Staaten kaum beachtet, wo man offenbar nicht glauben kann, dass die Menschen einem postapokalyptischen Messias Glauben schenken könnten. Das ist sowohl ein Versagen der Vorstellungskraft als auch eines der Politik.

Es ist nicht klar, warum man seitens der Politik so wenig geneigt ist, öffentlich zu untersuchen und zu diskutieren, welchen Überzeugungen die iranische Führung nachhängt. Eine Teilschuld mag in der Tendenz der klassisch-realistischen Politikwissenschaft der internationalen Beziehungen und der Politik liegen, die Bedeutung von Ideologie zu verkennen. Vielleicht wird aber auch die beste und sorgfältigste Arbeit über die iranische Ideologie deswegen von einigen außenpolitischen Analysten ignoriert, weil es Israelis waren, die sie geleistet haben. Präsident Obamas wiederholte Beteuerungen, dass „die Flut der Kriege zurückgeht“, seine Entscheidung, den Irak und Afghanistan zu verlassen, und seine Weigerung, in Syrien zu intervenieren, legen eine andere Erklärung nahe. Ein genauer und ehrlicher Blick auf die Überzeugungen der iranischen Führung würde die Hoffnung untergraben, dass die Islamische Republik ein normaler, rationaler Akteur im Weltgeschehen ist. Denn wenn die Iraner tatsächlich glauben, was sie sagen, dann ist die unvermeidliche Schlussfolgerung, dass sie über den Zweck ihres Atomprogramms lügen und die westlichen Entscheidungsträger, einschließlich des Präsidenten, für dumm verkaufen. Außerdem bedeutet dies, dass sie ihr Streben nach der Bombe nicht aufgeben werden, solange ihnen nicht mindestens schwerwiegendere wirtschaftliche Schäden angedroht werden – und auch dann ist ein Einlenken nicht erwartbar, sollten die Vereinigten Staaten nicht glaubhaft mit militärischen Maßnahmen gegen sie drohen. Da aber niemand weiß, wie eine solche militärische Kampagne – keine Invasion, sondern eine See- und Luftkampagne – ausgehen würde, möchten die politischen Entscheidungsträger den Iran folglich als „normalen“ Staat betrachten und neigen dazu, die unbequemen Beweise für seinen ideologischen Fanatismus zu ignorieren. Doch die Leugnung der Realität wird sie nicht zum Verschwinden bringen.

Es gibt andere und bekanntere Gründe, warum die Vereinigten Staaten nicht wollen, dass der Iran die Bombe bekommt. Ein nuklearer Iran könnte militärische Maßnahmen gegen seine terroristischen Stellvertreter, die Hamas und die Hisbollah, abschrecken und damit drohen, den Energiefluss im Persischen Golf zu unterbrechen. Sollte der Iran in den Besitz der Bombe gelangen, nachdem mehrere amerikanische Präsidenten erklärt hatten, dass dies nicht geschehen dürfe, würde die Glaubwürdigkeit Amerikas Schaden nehmen. Ohne die USA als zuverlässigen Garanten würde der Vertrag über die Nichtverbreitung von Kernwaffen an Stabilität verlieren und viele andere Staaten könnten beginnen, eigene Kernwaffenprogramme zu entwickeln – nicht zuletzt Japan und Südkorea.

Am 6. Februar 2014 hielt Senator Robert Menendez, Vorsitzender des Ausschusses für auswärtige Angelegenheiten des Senats, eine historische, aber wenig beachtete Rede über den Stand der Verhandlungen mit dem Iran. Er sprach sich im Senat gegen die Lockerung der Wirtschaftssanktionen aus, die durch das Genfer Abkommen vom November 2013 auferlegt wurden, und erklärte, dass „jahrelange Verschleierung, Verzögerung und endlose Verhandlungen die Iraner an den Punkt gebracht haben, an dem sie – laut dem Direktor der nationalen Nachrichtendienste – über die wissenschaftlichen, technischen und industriellen Kapazitäten verfügen, um schließlich Atomwaffen herzustellen". Die iranische Strategie, „diese Verhandlungen zu nutzen, um ihr nukleares Infrastrukturprogramm gerade lange genug einzumotten, um das internationale Sanktionsregime aufzuheben", hat sie „in einen nuklearen Schwellenzustand gebracht".[4] Die Obama-Administration ist sich darüber gewiss im Klaren. Die politischen Entscheidungsträger müssen verstehen, dass der Iran nicht Milliarden von Dollar investiert und jahrelang die internationale Isolation überstanden hat, nur um seinen Kurs zu ändern und das Streben nach Atomwaffen aufzugeben. Vielleicht wissen die an den Gesprächen der P5+1 (Vertreter Chinas, Frankreichs, Russlands, des Vereinigten Königreichs und der Vereinigten Staaten sowie Deutschlands) beteiligten Unterhändler, dass das wahrscheinlichste Ergebnis der derzeitigen Politik darin besteht, dass der Iran die Bombe bekommt, die er angeblich nicht will. Wenn der Plan darin besteht, einen nuklear bewaffneten Iran einzudämmen und abzuschrecken, anstatt ihn daran zu hindern, die Bombe überhaupt zu bekommen, dann ergibt die Weigerung des Präsidenten und anderer europäischer Staats- und Regierungschefs, die Ideologie der Iraner zu berücksichtigen, einen gewissen Sinn. Eine solche Politik kann nur auf einer vorsätzlichen Ignoranz gegenüber den Grundüberzeugungen des Regimes beruhen.

Die Vereinigten Staaten verfügen über die wirtschaftlichen und militärischen Mittel, um den Iran daran zu hindern, die Bombe zu bekommen. Wenn es notwendig wird, Gewalt anzuwenden, um dieses Ziel zu erreichen, muss die Regierung die gesamte Bandbreite der Gründe für diese Entscheidung darlegen. Ein von radikalem Antisemitismus beseeltes Regime birgt nicht nur die Gefahr eines zweiten Holocaust in sich, sondern stellt aufgrund seiner gefährlichen Irrationalität eine Bedrohung für die ganze Welt dar. Präsident Obama und seine führenden Beamten bestehen darauf, dass ihre Politik weiterhin auf Prävention ausgerichtet ist, doch scheinen sie genau die Menschen nicht zu verstehen, die sie abschrecken wollen. Der ideologische Extremismus des Iran hat sich im Nebel der technischen Details verloren. Wenn wir eine wirksame Politik gegenüber dem Iran verfolgen wollen, müssen wir zunächst verstehen, wie das Land und seine Bombe ticken.

Anmerkungen

Jeffrey Herf: „Ideological Exceptionalism: Taking Iran's Anti-Semitism Seriously", ursprünglich in *The American Interest,* 2. Juni 2014: https://www.the-american-interest.com/2014/06/02/taking-irans-anti-semitism-seriously/ (abgerufen am 8.11.24). Nachdruck mit Genehmigung.

1 Jeffrey Herf: „Ideological Exceptionalism: Taking Iran's Antisemitism Seriously", *The American Interest,* 2. Juni 2014: https://www.the-american-interest.com/2014/06/02/taking-irans-anti-semitism-seriously/. Siehe auch „What does coming to Terms with the Past mean in the Berlin Republic in 2007?", erstmals gehalten bei den 35. Römerberggesprächen in Frankfurt am Main am 16. und 17. November 2007 und veröffentlicht in *Telos,* 4. Februar 2008: https://www.telospress.com/what-does-coming-to-terms-with-the-pastmean-in-the-berlin-republic-in-2007/; und *Dissent/Democratiya* (Frühjahr 2008): https://www.dissentmagazine.org/democratiya_article/what-does-coming-to-terms-with-the-past-mean-in-the-berlin-republic-in-2007; „The Iran Deal and Antisemitism", 6. April 2015: http://blogs.timesofisrael.com/the-iran-deal-and-anti-semitism/; und andere Blog-Essays in meinem *Times of Israel Blog,* https://blogs.timesofisrael.com/author/jeffrey-herf/, die sich mit dem *Joint Comprehensive Plan of Action* (JCPOA) befassen, der den Iran daran hindern soll, Atomwaffen zu erwerben; und „Times Is on Iran's Side: There's no more kicking the can if we are to prevent a nuclear Iran", *American Purpose,* 14. Januar 2022: https://www.americanpurpose.com/articles/time-is-on-irans-side/. „Where Are the Anti-Fascists?", *The New Republic,* 4. Dezember 2007: https://newrepublic.com/article/64109/where-are-the-anti-fascists (jeweils abgerufen am 8.11.24).

2 Meir Litvak: „Iranian Antisemitism: Continuity and Change", in: Charles Asher Small (Hrsg.): *Global Antisemitism: A Crisis of Modernity, Volume IV, Islamism and the Modern World* (Institute for the Study of Global Antisemitism, 2023), 60, und sein Beitrag „The Islamic Republic of Iran and the Holocaust: Anti-Semitism and Anti-Zionism", in: Jeffrey Herf (Hrsg.): *Anti-Semitism and Anti-Zionism in Historical Perspective: Convergence and Divergence* (London/New York: Routledge/Taylor and France, 2007), 250–267; und „Iranian Antisemitism and the Holocaust", in: Anthony McElligott und Jeffrey Herf (Hrsg.): *Antisemitism Before and Since the Holocaust* (London: Palgrave Macmillan, 2017), 205–230.

3 Ayatollah Ali Chamenei, zitiert in Litvak: „Iranian Antisemitism", 60.

4 Robert Menendez: „Chairman Menendez Speech on Iran", 6. Februar 2014: https://www.foreign.senate.gov/press/rep/release/chairman-menendez-speech-on-iran- (abgerufen am 8.11.24).

15
ANTISEMITISMUS UND DIE UNIVERSITÄTEN SEIT 9/11

in Auszügen erstmals erschienen im Januar 2015, Januar 2016 und April 2021

In den Monaten nach den Terroranschlägen vom 11. September 2001 wurden die Verfechter des linken konventionellen Denkens des vergangenen halben Jahrhunderts vorübergehend in einen Zustand von Verwirrung und Ungewissheit gestürzt. Die Islamisten waren offensichtlich Reaktionäre, welche diejenigen, die sie als antiimperialistische Helden der globalen Linken präsentierten, wie Trottel aussehen ließen oder schlimmer noch: wie Apologeten von Judenhass, Frauenfeindlichkeit, Totalitarismus und Massenmord. Im Jahr zuvor, bei den Verhandlungen in Camp David unter der Gastgeberschaft von Präsident Bill Clinton, hatte Ehud Barak, Israels Ministerpräsident von der Arbeiterpartei, einer Abmachung zugestimmt, die Jassir Arafat, dem Führer der Palästinensischen Autonomiebehörde – der Nachfolgerin der Palästinensischen Befreiungsorganisation (PLO) –, einen palästinensischen Staat im Westjordanland und im Gazastreifen anbot. Arafat lehnte es ab und stieß stattdessen eine Terrorkampagne an, die „Zweite Intifada".

Dann geschah etwas sehr Merkwürdiges. Anstatt mit den Israelis zu sympathisieren, als Selbstmordattentäter sie auf dem Campus der Hebräischen Universität, an Bushaltestellen und in Restaurants angriffen, wandten sich die Stimmen in der intellektuellen und akademischen Welt gegen sie. Wie Paul Berman in *Terror und Liberalismus* schrieb: „Der Höhepunkt der Terroranschläge in den ersten Monaten des Jahres 2002 erwies sich als genau der Augenblick, in dem man sich überall genötigt sah, seiner Wut auf die Israelis Ausdruck zu verleihen."[1] Anstatt dass sie einen strengen Blick auf den ideologischen Fanatismus geworfen hätten, der die Terroristen inspirierte, verbreitete sich unter prominenten liberalen und linken Intellektuellen eine Stimmung, wonach die Ursache des Terrors, ob säkular oder islamistisch inspiriert, zu finden sei in einer Kombination aus verschiedenen Politiken des Staates Israel, in seiner bloßen Existenz oder in den vermutlich von den westlichen Demokratien verursachten wirtschaftlichen Problemen der arabischen und muslimischen Welt. Die konventionelle linke Analyse der Sünden des Westens, die sich in den 1960er Jahren an den Universitäten entwickelt hatte, verdunkelte die Tatsache, dass die Anführer der terroristischen Organisationen aus der Mittelschicht oder, wie Osama bin Laden, aus sehr wohlhabenden Verhältnissen kamen. Innerhalb der Universitäten und Hochschulen, in den Nichtregierungsorganisationen und den liberalen Medien war der intellektuelle Schock von 9/11 nur von kurzer Dauer. Die von Berman so brillant artikulierte liberale Ablehnung von islamistischem Terror und Antisemitismus, wovor die Israelis seit Jahrzehnten gewarnt hatten, stieß auf eine Barriere in Form des zu diesem Zeitpunkt bereits fest etablierten Antagonismus gegen den Zionismus und Israel, der nach dem Sechstagekrieg von 1967 in der globalen Linken aufgekommen war und in den 1970ern in der Weltpolitik der Vereinten Nationen institutionelle und politische Unterstützung fand.[2] In den Jahrzehnten dazwischen fanden die Vorstellungen vom rassistischen und unterdrückerischen Wesen des jüdischen Staates, die in der Diplomatie und der politischen Kriegsführung des Sowjetblocks, der PLO und einer antiisraelischen Mehrheit bei den Vereinten Nationen üblich waren, Eingang in die akademische Welt und erlangten Festanstellungen sowie wissenschaftliche Seriosität. Befürworter dieser Vorstellungen waren nicht nur unter vielen Wissenschaftlern zu finden, die sich mit dem Nahen Osten befassten, sondern auch in Fakultäten ohne wissenschaftlichen Anspruch auf Expertise zur Geschichte Israels oder des Nahen Ostens wie Anglistik, Amerikastudien, Anthropologie und *women's studies*.[3]

Noch ein weiterer seltsamer Faktor, nämlich die im Jahr 2003 von Präsident George W. Bush getroffene Entscheidung, in den Irak einzumarschieren, trug zur Feindseligkeit gegenüber Israel in der Akademie bei. Israels Führungsriege hatte sich quer durch das politische Spektrum auf die Bemühungen des Iran um Atomwaffen in Verbindung mit der Leugnung des Holocaust und Drohungen, „die zionistische Entität auszulöschen", fokussiert. Dennoch veröffentlichten zwei amerikanische Politikwissenschaftler, John Mearsheimer von der Universität Chicago und Stephen Walt von Harvard, im März 2006 einen Artikel in der *London Review of Books*, in dem sie das, was sie „die Israel-Lobby" inner- und außerhalb der Bush-Regierung nannten, für die amerikanische Entscheidung zum Einmarsch in den Irak verantwortlich machten. Sie führten diese These in einem Buch, das vom prestigeträchtigen New Yorker Verlag *Farrar, Straus and Giroux* 2008 publiziert wurde, weiter aus.[4]

Mein Kollege, der Politikwissenschaftler Andrei S. Markovits von der Universität Michigan, und ich schrieben nach der Veröffentlichung von Mearsheimers und Walts Artikel einen Leserbrief. Wir schrieben unter anderem, dass „Anschuldigungen über mächtige Juden hinter den Kulissen Teil der gefährlichsten Traditionen des modernen Antisemitismus sind" und dass es nicht wahr ist, dass die Vereinigten Staaten aufgrund des Drucks einer jüdischen Lobby in den Krieg im Irak gezogen seien [...] Was immer Israel oder seine Unterstützer in den Vereinigten Staaten gewollt haben mögen oder nicht gewollt haben mögen, die amerikanische und die britische Führung beschlossen, in den Krieg zu ziehen, aus Gründen, die auf ihrer Interpretation des jeweiligen nationalen Interesses fußen.[5]

Der Artikel und das Buch von Mearsheimer und Walt waren Beispiele dessen, was Berman bemerkte: Je schlimmer der Terror gegen Israel wurde, desto mehr richteten sie Kritik an Israel. Ihr Angriff auf „die Israel-Lobby" kam acht Jahre nach den Anschlägen von 9/11, sechs Jahre nach Baraks Kompromissangebot und Arafats Antwort mit einer eigenen Terrorkampagne, nach zahlreichen Terroranschlägen in der ganzen Welt durch al-Qaida und ihre Sympathisanten, wiederholten Verlautbarungen iranischer Führer, die zur Beseitigung Israels aufgerufen hatten, und einem Wahlsieg der Hamas, einer offen antisemitischen terroristischen Organisation, im Jahr 2006. Die Autoren ignorierten Israels Rückzüge aus dem Libanon im Jahr 2000 und aus Gaza im Jahr 2005, Erklärungen iranischer Funktionäre, dass Israel ausgelöscht werden solle und der Holocaust ein Mythos sei, sowie die anhaltende Ablehnung eines Kompromissfriedens sowohl durch die radikalen Islamisten wie auch durch die säkularen militanten Palästinenser.[6]

Mearsheimer und Walt schrieben nicht aus der Perspektive linker Gegner des amerikanischen Imperialismus, sondern als „Realisten", die sich für das amerikanische nationale Interesse einsetzten und gegen eine „Israel-Lobby", die ihrer Ansicht nach die nationale Sicherheit Amerikas untergrub. Die Autoren insistierten, dass sie keine antisemitischen Absichten hätten. Das war irrelevant, denn ihr Argument, eine „Israel-Lobby" habe die Vereinigten Staaten in einen unnötigen, selbst gewählten Krieg geführt, enthielt bekannte Aspekte antisemitischer Verschwörungstheorien über jüdische Kriegshetzer, die hinter den Kulissen agieren würden, um ihre eigenen Interessen zu befördern, im Gegensatz zu den Interessen des Landes, dessen Bürger sie sind.

Innerhalb der Universitäten kam die primäre Unterstützung für die Kampagne *Boycott, Divestment and Sanctions* (BDS) gegen Israel nicht von denjenigen, die sich, wie Mearsheimer und Walt, um die nationale Sicherheit Amerikas sorgten. Sie kam vielmehr von linken Akademikern, welche die Version der PLO von der Geschichte ihres Konflikts mit Israel übernahmen, der zufolge der Staat auf der Vertreibung der einheimischen Bevölkerung gründete und keine moralische oder politische Legitimität besaß. Die Alternative war nicht nur ein Ende der seit 1967 anhaltenden Besetzung des Westjordanlandes, sondern auch ein Ende jener „ausländischen Besetzung“, die 1948 begonnen haben soll, sowie die Schaffung eines „Palestine from the river to the sea“, das heißt vom Jordan bis zum Mittelmeer, das den bestehenden Staat Israel ersetzen würde. In den Vereinigten Staaten und in Großbritannien behaupteten BDS-Fürsprecher, dass es sich beim Zionismus und dann bei Israel um Formen von Rassismus oder Siedlerkolonialismus handele. Wie es bei den Vereinten Nationen schon seit 1975 der Fall war, drängte die Anschuldigung, dass der Zionismus eine Form des Rassismus und Israel eine Form der Apartheid sei, Unterstützer Israels, speziell unter den Studenten, in die Defensive.[7] Diese Anschuldigungen waren das Resultat einer bemerkenswert erfolgreichen Kampagne der PLO, der es weitgehend gelang, die Aufmerksamkeit vom Rassismus, dem Antisemitismus und der Nazi-Kollaboration der Führer der palästinensischen Araber abzulenken, welche die UN-Teilungsresolution von 1947 ablehnten, sowie von deren hiermit verbundenem Eintreten für „rassische Homogenität“.[8]

Wie es bei den kommunistischen und linken politischen Angriffen auf Israel während des Kalten Krieges der Fall war, behaupten auch ihre Nachfolger an den Universitäten in den letzten Jahrzehnten, keinesfalls Antisemiten zu sein. Die Nazis waren stolz auf ihren Judenhass. Die Islamisten sahen ihre Anstrengungen zur Zerstörung des Staates Israel ähnlich. Der Antisemitismus der Linken, von Marx' Essay „Zur Judenfrage“ aus dem Jahr 1843 über die PLO-Charta von 1968, die „Zionismus ist Rassismus“-Resolution der Vereinten Nationen von 1975 bis zur „Erklärung“ und dem „Aktionsprogramm“ der „Weltkonferenz gegen Rassismus, Rassendiskriminierung, Fremdenfeindlichkeit und damit zusammenhängende Intoleranz“, die vom 31. August bis zum 8. September 2001 in Durban, Südafrika, stattfand, weist jede Andeutung zurück, er sei in irgendeiner Weise antisemitisch.[9] Das ist ein Novum in der Geschichte des Antisemitismus. BDS-Befürworter beschreiben Versuche, ihre Bemühungen als Formen des Antisemitismus zu bezeichnen, als nichts mehr denn eine Form „zionistischer“ politischer Kriegsführung oder einfach eine Form des Rassismus, die sich als ein Kampf gegen Antisemitismus maskiere. David Hirsh hat beschrieben, was er die „Livingston-Formulierung“ nennt, benannt nach Ken Livingston, dem ehemaligen Bürgermeister Londons. Hirsh schreibt, dass „die Gegenanschuldigung der zionistischen Verschwörung, welche die Diskussion über Antisemitismus so behandelt, als wäre sie ein vulgärer, unehrlicher Stammesbetrug“, eine wichtige Form des „zeitgenössischen Antisemitismus“ enthalte.[10] Der Vorwurf impliziert, dass schon die Untersuchung des Antisemitismus in seinen linken und islamistischen Formen selbst eine Form von Rassismus oder „Islamophobie" sei. Die Konsequenz solcher Vorwürfe, und einer ihrer Zwecke, ist, dass essenzielle Forschung zu den beiden nichtnazistischen Formen des Antisemitismus entmutigt wird.

2013 errangen BDS-Aktivisten in den Vereinigten Staaten Siege in der *American Studies Association* sowie seltsamerweise in den *Asian American Studies,* als sie Mehrheiten zugunsten von Resolutionen zum Boykott israelischer Akademiker erzielten. Diese Stimmen kamen aus Disziplinen, deren Vertreter keine wissenschaftliche Expertise zur Geschichte des Staates Israel und seines Konflikts mit arabischen Staaten und palästinensischen Organisationen hatten. Als Antwort darauf schrieben meine Kollegin aus der Geschichtswissenschaft Sonya Michel und ich an Wallace D. Loh, den Präsidenten, und Mary Ann Rankin, die Verwaltungsdirektorin der Universität Maryland in College Park, dass „der obsessive Fokus der Boykotteure auf Israels angebliche Sünden inmitten einer Welt voller Sünder zeigt, dass dieses sehr alte Vorurteil [Antisemitismus] hier in neuem Gewand am Werk ist".[11] Wir schrieben, dass der Boykott ein Versuch sei, eine wissenschaftliche Organisation, in diesem Fall die *American Studies Association*, in ein politisches Instrument zu verwandeln, dass ein Boykott eine Form von schwarzer Liste darstelle, da er sich gegen bestimmte Personen aufgrund ihrer Verbindungen zur israelischen akademischen Welt richte, und dass daher „in seinen Konsequenzen dies ein Akt des Antisemitismus, das heißt ein rassistischer Akt ist". Er brach mit den Normen der Akademie und unterminierte den Anspruch der Universitäten, Vielfalt und Inklusion zu fördern. Wir forderten den Präsidenten und die Verwaltungsdirektorin auf, die Boykottierungsversuche abzulehnen und zu verurteilen sowie nochmals zu bekräftigen, dass die Unterstützung von Vielfalt und Inklusion mit der Verteidigung von Antisemitismus unvereinbar ist.[12]

Am 21. Dezember 2013 veröffentlichten Loh und Rankin eine „Stellungnahme des Präsidenten und der Verwaltungsdirektorin der Universität Maryland gegen den Boykott israelischer akademischer Institutionen". Sie schrieben, „jedweder derartige Boykott ist eine Verletzung des Prinzips der akademischen Freiheit" und Lehrkräfte, Studenten und Mitarbeiter müssten „weiterhin frei sein zu studieren, zu forschen und an Treffen mit Kollegen aus der ganzen Welt teilzunehmen [...]. Die Universität Maryland unterhält langjährige Beziehungen zu mehreren israelischen Universitäten. Wir haben einen regen Austausch von Wissenschaftlern und Studenten. Wir werden diese Beziehungen fortsetzen und vertiefen."[13] Diese Stellungnahme war eine von vielen von Universitäts- und Hochschulpräsidenten und Verwaltungsdirektoren, aber eine besonders nachdrückliche in der Bekräftigung, die Beziehungen zu israelischen Universitäten „fortzusetzen und zu vertiefen". In den folgenden Jahren schafften es die meisten BDS-Kampagnen an amerikanischen Campus nicht, Mehrheiten zu gewinnen; nichtsdestoweniger gelang es ihnen, die Assoziation Israels mit Rassismus zu einem Thema zu machen, als diese Angelegenheiten in der amerikanischen Öffentlichkeit intensiv diskutiert wurden.

Als Reaktion auf den amerikanischen Krieg im Irak entstand in amerikanischen historischen Fakultäten eine Organisation linksgerichteter Historiker mit dem Namen *Historians Against the War* (HAW). Am 31. Juli 2014, während des zweiten von der Hamas begonnenen Krieges gegen Israel, veröffentlichten die HAW auf ihrer Website einen offenen Brief an Präsident Obama, in dem sie ein Ende der amerikanischen Militärhilfe für Israel forderten, das, so behaupteten sie, bei seiner Vergeltung des Raketenbeschusses seines Staatsgebiets durch die Hamas „Kriegsverbrechen" begehe. Die HAW machten geltend, dass bis zum 13. August 1.000 Historiker, darunter eine beträchtliche Anzahl aus Mexiko und Brasilien, die Erklärung unterzeichnet hätten.[14]

Am 26. August antwortete ich mit „A Pro-Hamas Left Emerges" in der Online-Ausgabe von *The American Interest*.[15] Den reaktionären Charakter der Ideologie der Hamas vor Augen, schrieb ich, dass „die Linkslastigkeit der Erklärung der *Historians Against the War* eine Opposition zu einigen reaktionären Bewegungen widerspiegelt, zu anderen aber nicht". Obwohl die Hamas deutlich gemacht hatte, dass sie eine antisemitische, sexistische, homophobe und freilich antidemokratische Organisation ist, beschlossen diese linken Historiker, deren Tatsachenbehauptungen über die Geschehnisse während des Krieges zu übernehmen. Die Charta der Hamas war im Internet seit einem Jahrzehnt leicht zugänglich gewesen. Ihre Wiederholung der klassischen reaktionären antisemitischen Verschwörungstheorien, die in Nazideutschland weit verbreitet waren, war hier für alle sichtbar. Ihre Entschlossenheit, den Staat Israel zu zerstören, und ihre stolze und religiös gerechtfertigte Ablehnung jeglicher Kompromisslösung waren ebenfalls öffentlich bekannt. Ich schrieb, dieses Hervortreten einer objektiv auf der Seite der Hamas stehenden Linken sei „ein historisch bedeutsames Ereignis", denn es stehe für einen Bruch

> sowohl mit dem Selbstverständnis wie auch mit der Außendarstellung einer Linken, die das Banner des Antifaschismus trug. Sie stützt sich auf einen doppelten Standard der Kritik, einen kritischen, angewandt auf die extreme Rechte im Westen, und einen anderen, apologetischen

Standard, der auf ähnlich begründete, rechtsgerichtete islamistische Bewegungen angewandt wird.[16]

2015 und 2016 wurden die Bemühungen von BDS in der *American Historical Association* (AHA) zunichtegemacht. Das Thema Antisemitismus blieb weitgehend im Hintergrund der Debatten.[17] In der Debatte auf der Sitzung der AHA zur Erörterung der Boykott-Resolution äußerten die Gegner der BDS-Bemühungen ihre Skepsis hinsichtlich der Tatsachenbehauptungen über die israelische Politik, und stellten fest, dass die Resolution auf politischen Meinungen und nicht auf Wissenschaft beruhte und somit darauf hinauslief, die Unterscheidung zwischen Wissenschaft und Politik zu kassieren. Darüber hinaus kommentierten einige AHA-Mitglieder angesichts der Ungerechtigkeiten und der Verbrechen von Diktaturen auf der ganzen Welt die selektive Empörung und die Doppelstandards, die in ihrem Effekt, wenn nicht gar in ihrer Absicht, Antisemitismus gleichkämen.[18]

Während die Hauptorganisation der Historiker sich den Boykottierungsbemühungen bisher widersetzt hat, haben die teilnehmenden Mitglieder der *Middle East Studies Association* (MESA), der wichtigsten wissenschaftlichen Organisation, die sich mit dieser Region beschäftigt, im März 2022 mit einer überwältigenden Mehrheit von 80 Prozent dafür gestimmt.[19] Die logische Implikation der Akzeptanz des Boykottbeschlusses ist es, „Zionisten" akademische Posten zu verweigern, was sich in der Praxis auf Juden ausweiten würde, die dem Boykottbeschluss nicht zustimmen. Die Ironie des Boykotts gegen den angeblichen israelischen „Rassismus" wäre es, dass damit einer neuen Ära der beruflichen Diskriminierung von Juden Vorschub geleistet würde. Einige israelische Wissenschaftler behaupten, ein „stiller Boykott" durch das Ausbleiben von Einladungen zu Konferenzen sowie die Weigerung, Artikel zu veröffentlichen oder mit ihnen in Kontakt zu treten, habe bereits begonnen.[20] 2007 schlossen sich Bernard Lewis und Fouad Ajami mit anderen zusammen, um die *Association for the Study of the Middle East and Africa* (ASMEA) zu gründen, als Alternative zur MESA. Während sie kleiner ist und nur wenige ihrer Mitglieder fest angestellte Professoren an Universitäten mit Doktorandenstellen sind, dient sie einem Zweck von unschätzbarem Wert, nämlich Wissenschaftlern die Gelegenheit zu bieten, sich zu versammeln und viele Themen zu debattieren, die in der MESA unterbelichtet sind, darunter der Charakter des Antisemitismus in den arabischen Staaten, im Iran und in islamistischen Organisationen.[21]

2016 führte die *International Holocaust Remembrance Alliance* (IHRA) eine „Arbeitsdefinition von Antisemitismus" ein. Viele Regierungen haben sie seitdem übernommen. Ihre Besonderheit besteht darin zu untersuchen, wann legitime Kritik an der Politik Israels eine Grenze überschreitet und zu einer Form von Antisemitismus wird. Zu den grenzüberschreitenden Merkmalen zählen die folgenden:

- Das Bestreiten der Tatsache, des Ausmaßes, der Mechanismen (z. B. der Gaskammern) oder der Vorsätzlichkeit des Völkermordes an den Jüdinnen und Juden durch das nationalsozialistische Deutschland und seine Unterstützer und Komplizen während des Zweiten Weltkrieges (Holocaust).
- Der Vorwurf gegenüber den Jüdinnen und Juden als Volk oder dem Staat Israel, den Holocaust zu erfinden oder übertrieben darzustellen.
- Der Vorwurf gegenüber Jüdinnen und Juden, sie fühlten sich dem Staat Israel oder angeblich bestehenden weltweiten jüdischen Interessen stärker verpflichtet als den Interessen ihrer jeweiligen Heimatländer.
- Das Aberkennen des Rechts des jüdischen Volkes auf Selbstbestimmung, z. B. durch die Behauptung, die Existenz des Staates Israel sei ein rassistisches Unterfangen.
- Die Anwendung doppelter Standards, indem man von Israel ein Verhalten fordert, das von keinem anderen demokratischen Staat erwartet oder gefordert wird.
- Das Verwenden von Symbolen und Bildern, die mit traditionellem Antisemitismus in Verbindung stehen (z. B. der Vorwurf des Christusmordes oder die Ritualmordlegende), um Israel oder die Israelis zu beschreiben.
- Vergleiche der aktuellen israelischen Politik mit der Politik der Nationalsozialisten.
- Das kollektive Verantwortlichmachen von Jüdinnen und Juden für Handlungen des Staates Israel.[22]

Die oben genannten Anschuldigungen haben bei der Feindseligkeit gegen Juden und gegen Israel seit dem Holocaust immer wieder eine Rolle gespielt. Die IHRA-Definition ließ reichlich Raum für Kritik an der Politik der israelischen Regierung, doch sie erfasste eine tiefe Wahrheit über das Wesen des Antisemitismus seit der Gründung des Staates Israel. Diese besteht darin, dass das Stereotyp des mörderischen und bösen individuellen Juden, das so tief in der westlichen Tradition des Antijudaismus im Christentum, im Islam und dann im modernen säkularen Antisemitismus eingebettet war, in der Darstellung Israels als rassistischer, imperialistischer und sogar nazistischer Aggressor wieder zum Vorschein gekommen war.

Die IHRA-Definition stützt sich auf die These, dass Israel nicht ein Staat ist, der auf Rassismus und der Vertreibung der einheimischen Bevölkerung des britischen Mandatsgebiets Palästina gründet.[23] Wäre der Staat Israel ein rassistischer Apartheid-Staat, dann würde er, wie das Südafrika der Apartheid, selbstverständlich auch einen „Regimewechsel" verdienen sowie das Ende des zionistischen Projekts. Entspräche Israel den Beschreibungen, welche die Palästinensische Befreiungsorganisation, die Hamas-Charta oder die verschiedenen es anprangernden Resolutionen der Vereinten Nationen offerieren, dann wäre es keine Form von Antisemitismus, es dergestalt zu beschreiben. Es würde schlicht bedeuten, über eine schreckliche Realität die Wahrheit zu sagen.

Darum sind in Diskussionen darüber, was eine Form von Antisemitismus ist und was nicht, Fragen der Wahrheit, der Fakten und der Beweise unvermeidlich, und die Rolle der Historiker ist entscheidend. Das Erinnern an die Realitäten der Gründung des Staates Israel und seines Konflikts mit den arabischen Staaten und den palästinensischen Organisationen ist essenziell, wenn den hauptsächlich linken und islamistischen Formen des Antisemitismus begegnet werden soll. Tatsache ist, dass das zionistische Projekt aus dem Kampf gegen Rassismus und Kolonialismus entstand und diesem gewidmet war, sowie dass es in den entscheidenden Jahren von 1947 bis 1949 von politischen Führern heftig bekämpft wurde, deren einige mit Nazideutschland kollaboriert hatten und die keinen Unterschied zwischen Antisemitismus und Antizionismus sahen. Seit 1947 hat die palästinensische Führung bei einer Reihe bekannter Gelegenheiten Vorschläge abgelehnt, die den Konflikt mit dem jüdischen Staat durch die Schaffung zweier Staaten ersetzt hätten, eines jüdischen und eines palästinensisch-arabischen. Der Rassismus und der Antisemitismus aufseiten der Begründer und der Erben des palästinensischen Nationalismus, der diese wiederholten Ablehnungen begleitete, waren öffentlich und unverfroren. Allzu oft wurden sie bei den Vereinten Nationen übersehen, entschuldigt oder sogar gerechtfertigt, und schließlich auch in den Bemühungen von BDS in den letzten Jahren. Ob säkular links oder islamistisch inspiriert, sie teilten das grundlegende Ziel, den existierenden Staat Israel durch eine andere Regierungsform zu ersetzen, was im besten Fall die jüdische Souveränität beseitigen würde und im schlimmsten einen massiven Vernichtungskrieg nach sich zöge.[24] Die Rückbesinnung auf die historischen Realitäten der späten 1940er Jahre ist zur Bekämpfung dieser jüngsten Inkarnation des ältesten Hasses unerlässlich.

Anmerkungen

Auszüge entnommen aus Jeffrey Herf: „Historians Reject Anti-Israel Resolutions", ursprünglich in *The American Interest*, 19. Januar 2015, http://www.the-american-interest.com/2015/01/19/historians-reject-anti-israel-resolutions/, nachgedruckt mit Genehmigung.

Jeffrey Herf: „How BDS Failed in the American Historical Association", *The Times of Israel*, 26. Januar 2015, http://blogs.timesofisrael.com/how-bds-failed-in-the-american-historical-association/, nachgedruckt mit Genehmigung; und Jeffrey Herf: „Yet Again: The American Historical Association Rejects a Resolution Denouncing Israel", *The Times of Israel*, 13. Januar 2016, http://blogs.timesofisrael.com/yet-again-the-american-historical-association-rejects-a-resolution-denouncing-israel-3/, nachgedruckt mit Genehmigung.

Jeffrey Herf: „Yet Again: The American Historical Association Rejects a Resolution Denouncing Israel", *History News Network*, 15. Januar 2016, http://historynewsnetwork.org/article/161729, nachgedruckt mit Genehmigung.

Jeffrey Herf, „IHRA and JDA: Examining Definitions of Antisemitism in 2021", *Fathom Journal*, April 2021, https://fathomjournal.org/ihra-and-jda-examining-definitions-of-antisemitism-in-2021/, nachgedruckt mit Genehmigung (alle Links abgerufen am 8.11.24).

1 Paul Berman: *Terror und Liberalismus* (Hamburg: Europäische Verlagsanstalt, 2004), 183; auf Englisch erschienen als *Terror and Liberalism* (New York: W. W. Norton, 2003), 142.

2 Zum Widerstand gegen die Auseinandersetzung mit den Verbindungen zwischen Islamismus und Antisemitismus siehe Paul Berman: *The Flight of the Intellectuals* (Brooklyn: Melville Press, 2010). Zum linken Konsens siehe Jeffrey Herf: „1967: The Global Left and the Six Day War", *Fathom Journal*, Frühjahr 2017, https://fathomjournal.org/1967-and-the-global-left-the-case-of-the-east-german-regime-and-the-west-german-radicals/ (abgerufen am 8.11.24).

3 Hierzu siehe Cary Nelson: *Israel Denial: Anti-Zionism, Anti-Semitism, and the Faculty Campaign Against the Jewish State* (Bloomington: Indiana University Press, 2019); und Cary Nelson und Gabriel Noah Brahm (Hrsg.): *The Case Against Academic Boycotts of Israel* (Detroit: Wayne State University Press, 2015).

4 John Mearsheimer und Stephen Walt: „The Israel Lobby", *London Review of Books* 28, Nr. 6, 23. März 2006, https://www.lrb.co.uk/the-paper/v28/n06/john-mearsheimer/the-israel-lobby (abgerufen am 8.11.24), auch als: *The Israel Lobby and U.S. Foreign Policy* (New York: Farrar, Straus and Giroux, 2008).

5 Jeffrey Herf und Andrei S. Markovits: „Letter to the Editor about John Mearsheimer and Stephen Walt on ‚the Israel Lobby'", *London Review of Books* 28, Nr. 7, 6. April 2006, https://www.lrb.co.uk/the-paper/v28/n07/letters (abgerufen am 8.11.24). Zur Fokussierung der Bush-Regierung auf die Verhinderung eines „zweiten Angriffs" als zentralen Faktor für Bushs Entscheidung zur Invasion

siehe Melvyn Leffler: *Confronting Saddam Hussein: George W. Bush and the Invasion of Iraq* (New York/Oxford: Oxford University Press, 2023).

6 Herf und Markovits: „Letter to the Editor about John Mearsheimer and Stephen Walt on ‚the Israel Lobby'".

7 Zu der Behauptung, dass es einen „intersektionalen" Zusammenhang zwischen dem Rassismus in den Vereinigten Staaten und der Politik der israelischen Regierung gebe, siehe Angela Y. Davis: *Freedom Is A Constant Struggle: Ferguson, Palestine, and the Foundations of a Movement* (Chicago: Haymarket Books, 2016), 42–47. Zur Kritik an der Verwendung des Begriffs „Intersektionalität" in diesem Zusammenhang siehe Karin Stögner: „Antisemitism and Intersectional Feminism: Strange Alliances", in: Armin Lange, Kerstin Mayerhofer, Dina Porat und Lawrence H. Schiffman (Hrsg.): *Confronting Antisemitism in Modern Media, the Legal and Political Worlds*, Band 5 (Berlin: De Gruyter, 2021), 69–87; und „New Challenges in Feminism: Intersectionality, Critical Theory, and Anti-Zionism", in: Alvin H. Rosenfeld (Hrsg.): *Anti-Zionism and Antisemitism: The Dynamics of Delegitimation* (Bloomington: Indiana University Press, 2019), 84–111. Zum Apartheid-Vergleich und der Diskussion in Südafrika siehe Milton Shain: „The Roots of Anti-Zionism in South Africa and the Delegitimization of Israel", in: Rosenfeld (Hrsg.): *Anti-Zionism and Antisemitism*, 397–413.

8 Hierzu siehe Jeffrey Herf: *Israel's Moment: International Support for and Opposition to Establishing the Jewish State, 1945–1949* (New York/Cambridge: Cambridge University Press, 2022); und Herf: „Israel is Antiracist, Anti-Colonialist, and Anti-Fascist (and Was from the Start)", *SAPIR* 9 (Frühjahr 2023), https://sapirjournal.org/israel-at-75/2023/04/israel-is-antiracist-anti-colonialist-anti-fascist-and-was-from-the-start/ (abgerufen am 8.11.24), siehe Kapitel 16 in diesem Band.

9 „Erklärung" und „Aktionsprogramm" der „Weltkonferenz gegen Rassismus, Rassendiskriminierung, Fremdenfeindlichkeit und damit zusammenhängende Intoleranz", 31. August bis 8. September 2001, Durban, Südafrika, https://www.un.org/depts/german/conf/ac189-12.pdf (abgerufen am 8.11.24).

10 David Hirsh: *Contemporary Left Antisemitism* (London/New York: Routledge, 2018).

11 Jeffrey Herf und Sonya Michel: „Open Letter to a University President", nachgedruckt in Nelson und Brahm (Hrsg.): *The Case Against Academic Boycotts of Israel*, 447–453; auch in *The Chronicle of Higher Education*, 16. Dezember 2013, http://chronicle.com/blogs/conversation/2013/12/16/speak-truth-to-folly-boycott-the-american-studies-association/ (abgerufen am 8.11.24)].

12 Ebd., 452–453.

13 Wallace D. Loh und Mary Ann Rankin: „Statement of the University of Maryland President and Provost Opposing the Boycott of Israeli Academic Institutions", 21. Dezember 2013, https://www.jewishvirtuallibrary.org/university-statements-rejecting-bds (abgerufen am 8.11.24). Der ursprüngliche Link zur Website

der Universität Maryland ist inzwischen nicht mehr abrufbar: http://www.president.umd.edu/statements/campus_message2013_12_22.cfm.

14 Zitiert in Jeffrey Herf: „A Pro-Hamas Left Emerges", *The American Interest*, 26. August 2014, http://www.the-american-interest.com/articles/2014/08/26/a-pro-hamas-left-emerges/ (abgerufen am 8.11.24). Der Link zu der HAW-Erklärung, in der ein Ende der amerikanischen Unterstützung für Israel gefordert wird, ist inzwischen nicht mehr abrufbar.

15 Ebd.

16 Ebd.

17 Jeffrey Herf: „Historians Reject Anti-Israel Resolutions", *The American Interest*, 19. Januar 2015, http://www.the-american-interest.com/2015/01/19/historians-reject-anti-israel-resolutions/; „How BDS Failed in the American Historical Association", 26. Januar 2015, http://blogs.timesofisrael.com/how-bds-failed-in-the-american-historical-association/. Zur Ablehnung einer ähnlichen Resolution im Jahr 2016 siehe „Yet Again: The American Historical Association Rejects a Resolution Denouncing Israel", *History News Network*, 15. Januar 2016, http://historynewsnetwork.org/article/161729; und in *The Times of Israel*, 13. Januar 2016, http://blogs.timesofisrael.com/yet-again-the-american-historical-association-rejects-a-resolution-denouncing-israel-3/ (jeweils abgerufen am 8.11.24).

18 Herf: „A Pro-Hamas Left Emerges".

19 „Middle East Studies Association Members Vote to Ratify BDS Resolution in Referendum", 23. März 2022, https://mesana.org/news/2022/03/23/middle-east-scholars-vote-to-endorse-bds (abgerufen am 8.11.24). Die Abstimmung ging 768 zu 167 Stimmen aus. Zur langjährigen Entwicklung von MESA hin zu einem antizionistischen und antiisraelischen Konsens siehe Martin Kramer: *Ivory Towers on Sand: The Failure of Middle Eastern Studies in America* (Washington, DC: Washington Institute for Near East Policy, 2001); und zu einigen seiner Ergebnisse siehe Kramer: *The War on Error: Israel, Islam, and the Middle East* (New Brunswick und London: Transaction Publishers, 2016).

20 Gespräche des Autors mit israelischen Kollegen zwischen 2010 und 2019.

21 Die Website der ASMEA findet sich unter: https://www.asmeascholars.org/ (abgerufen am 8.11.24).

22 HRA, „Arbeitsdefinition von Antisemitismus", https://holocaustremembrance.com/resources/arbeitsdefinition-antisemitismus; zur Geschichte der IHRA siehe: https://de.wikipedia.org/wiki/International_Holocaust_Remembrance_Alliance (jeweils abgerufen am 8.11.24).

23 Jeffrey Herf: „IHRA and JDA: Examining Definitions of Antisemitism in 2021", *Fathom Journal*, April 2021, https://fathomjournal.org/ihra-and-jda-examining-definitions-of-antisemitism-in-2021/ (abgerufen am 8.11.24).

24 Zur Geschichte der späten 1940er Jahre siehe Herf: *Israel's Moment*; und Herf: „Israel is Antiracist, Anti-Colonialist, and Anti-Fascist (and Was from the Start)", siehe Kapitel 16 in diesem Band.

16
ISRAEL IST ANTIRASSISTISCH, ANTIKOLONIALISTISCH UND ANTIFASCHISTISCH (UND WAR ES VON ANFANG AN)[1]

erstmals erschienen am 25. April 2023

> Wer die Gegenwart kontrolliert, kontrolliert die Vergangenheit. Wer die Vergangenheit kontrolliert, kontrolliert die Zukunft.

Dieser berühmte Satz aus George Orwells *1984* könnte auch auf das Studium der Geschichte des Nahen Ostens – und vieler anderer Themen – in der heutigen akademischen Welt angewandt werden. Ideologisch motivierte Professoren haben versucht, dem Jahr 1948, dem Gründungsjahr Israels (und dem Jahr, in dem *1984* größtenteils geschrieben wurde), eine Version der Ereignisse aufzudrängen, die nicht mit den Fakten übereinstimmt. Und sie haben dies mit dem Ziel getan, die Kontrolle über die Zukunft zu übernehmen, indem sie ein öffentliches Verständnis von Israel als Produkt eines neokolonialistischen, amerikanischen Imperialismus prägen.

Wie ich in meinem Buch *Israel's Moment* darlege, könnte nichts weiter von der Wahrheit entfernt sein. Wenn es uns ernst damit ist, das gegenwärtige Anti-Israel-Narrativ an den Universitäten, in den Denkfabriken, auf den Leitartikelseiten der Zeitungen und in anderen Institutionen, die die Tagesordnung bestimmen, in Frage zu stellen, müssen wir uns an die moderne, säkulare Natur der Gründergeneration des Zionismus erinnern und das Protokoll korrigieren.

Was ist die wirkliche Wahrheit über die Gründung Israels, insbesondere wenn es um die ausländischen Akteure geht, die Israel unterstützt haben?

Im Grunde genommen ist es diese: Der jüdische Staat war das Projekt der antifaschistischen, antirassistischen, antikolonialistischen und antiimperialistischen *Linken*, einschließlich der Sowjetunion. Die Entscheidungsträger im amerikanischen und britischen außenpolitischen Establishment standen der Gründung Israels fast durchweg ablehnend gegenüber, mit der wichtigen, aber qualifizierten Ausnahme von US-Präsident Harry S. Truman und zweitrangigen Beratern wie Clark Clifford. Wäre es nach dem britischen Außenministerium oder dem US-amerikanischen Außen- und Verteidigungsministerium und der CIA gegangen – den üblichen Übeltätern des westlichen Imperialismus –, wäre der jüdische Staat eine Totgeburt gewesen.

Diese Tatsachen sind heute weitgehend vergessen oder verschwiegen, nicht nur von den üblichen Kritikern Israels auf der äußersten Linken, sondern auch von vielen seiner Verfechter links und rechts der Mitte, die das Ausmaß von Trumans Unterstützung überbewerten und den sowjetischen Beitrag herunterspielen. Tatsächlich konnte die amerikanische außenpolitische Bürokratie Truman zwar nicht dazu bewegen, der Gründung Israels seine Unterstützung vorzuenthalten, aber sie konnte seine Unterstützung für ein „neutrales" UN-Waffenembargo von November 1947 bis Mai 1948 aufrechterhalten, von dem sie annahm, dass es die Gründung Israels entweder verhindern oder es in seinen Anfängen zerstören würde. Ihr neutrales Embargo war jedoch ganz und gar nicht neutral: Die Juden hatten weder einen Staat noch Waffen, um ihn zu verteidigen; die arabischen Staaten um Israel herum hatten beides. Wie David Ben-Gurion dem ersten US-Botschafter in Israel sagte: Die Juden wären ausgerottet worden, wenn sie für ihr Überleben von den Vereinigten Staaten abhängig gewesen wären.

Warum war die amerikanische Bürokratie 1947 so unnachgiebig gegen das zionistische Projekt? Entgegen dem landläufigen Mythos war die Opposition nie nur die Ansicht der „Arabisten" im Außenministerium. Sie wurde sowohl von Außenminister George Marshall als auch von George Kennan vertreten, die beide in einem jüdischen Staat in Palästina eine Bedrohung für den Zugang der USA und des Westens zum arabischen Öl sahen und davon ausgingen, dass ein solcher die Aussichten auf eine sowjetische Expansion im Nahen Osten begünstigte. Es war das Jahr, in dem die Vereinigten Staaten in enger Zusammenarbeit mit Großbritannien eine Politik der Eindämmung des Kommunismus in Europa und im Nahen Osten verfolgten. Die Unterstützung des Sowjetblocks für die Zionisten verstärkte den britischen und amerikanischen Verdacht, dass ein jüdischer Staat den Interessen der sowjetischen Expansion im Nahen Osten dienen würde. Wie die „Palästina-Akten" des Außenministeriums aus den Jahren 1945 bis 1949 zeigen, befürchteten amerikanische und britische Geheimdienstmitarbeiter, dass eine große Anzahl europäischer jüdischer Flüchtlinge, die nach Palästina gelangten, kommunistische Agenten werden würden.

Marshall ernannte Kennan im Januar 1947 zum ersten Direktor des Politischen Planungsstabs (*Policy Planning Staff*). Kennan ist als Verfasser wichtiger Memos bekannt, in denen er sich für die Eindämmung des sowjetischen Expansionismus aussprach. Seine Rolle bei der Formulierung der amerikanischen Position zu einem jüdischen Staat ist weniger bekannt. In seinem „Report by the Policy Planning Staff on Position of the United States with Respect to Palestine" (Bericht des politischen

Planungsstabs über die Position der Vereinigten Staaten in Bezug auf Palästina) vom Januar 1948 schrieb Kennan, dass eine Unterstützung des UN-Teilungsplans den amerikanischen Interessen in der Region schaden und „eine ernsthafte Bedrohung für den Erfolg des Marshall-Plans" darstellen würde, da der Ölfluss nach Europa gefährdet sei.

Außerdem, so fügte Kennan hinzu, würde die UdSSR von dem Teilungsplan profitieren, wenn er gewaltsam durchgesetzt würde, da die Russen so die Möglichkeit hätten, bei der „Aufrechterhaltung der Ordnung" in Palästina mitzuwirken. Die sowjetischen Streitkräfte in Palästina würden den kommunistischen Agenten eine ausgezeichnete Basis bieten, von der aus sie ihre subversiven Aktivitäten ausweiten und versuchen könnten, die arabischen Regierungen durch „demokratische Volksregierungen" zu ersetzen. Es war ein entscheidender Text des antizionistischen Konsenses an der Spitze des nationalen Sicherheitsapparates der USA.

Was wollten die Vereinigten Staaten stattdessen? Im März 1948 drängte Warren Austin, der US-Botschafter bei der UNO, die Vereinten Nationen dazu, den Teilungsplan durch einen Vorschlag für eine Treuhänderschaft zu ersetzen, der einen jüdischen Staat in Palästina ausschließen würde. Ein wütender, unterlegener Präsident Truman brachte die Palästina-Politik ins Weiße Haus. Aber Truman war die Ausnahme in seiner eigenen Regierung – ein Antikommunist, der glaubte, dass die Unterstützung des neuen Staates Israel mit der Eindämmung der Sowjetunion vereinbar sei.

Marshalls Außenministerium erkannte, dass die Eindämmung der Sowjetunion die Unterstützung der nichtkommunistischen und antikommunistischen Linken erforderte: der britischen Labour Party, der französischen und italienischen Sozialisten und der westdeutschen Sozialdemokraten. Was er und das britische Außenministerium jedoch nicht sehen konnten oder wollten, war, dass die Zionisten der Generation Ben-Gurions in ihrer überwältigenden Mehrheit die politischen Überzeugungen dieser Anführer der linken Mitte teilten. Sie sympathisierten keineswegs mit dem Sowjetkommunismus. Clifford brachte dieses Argument vor: Israel wäre eine Bereicherung und ein Verbündeter, nicht eine Belastung oder ein Gegner. Aber sein Argument fand außerhalb des Weißen Hauses kein Gehör.

Am 29. Mai 1949, nachdem die UN-Vollversammlung für den Beitritt Israels gestimmt hatte, stimmte Truman zu, ein vom Außenministerium verfasstes Schreiben an Ben-Gurion zu senden. „In Anbetracht der großzügigen Unterstützung [Amerikas] für die Gründung Israels", so hieß es darin, sollte Israel die amerikanische Kritik an seiner Territorial- und Flüchtlingspolitik berücksichtigen, eine Kritik, die eine Neubewertung der US-Politik gegenüber Israel fördern könnte. Ben-Gurion erklärte

James McDonald, Trumans Botschafter in Israel, dass die Juden den Unabhängigkeitskrieg nur gewinnen konnten, weil sie die umfangreichen britischen, amerikanischen und schließlich auch UN-Bemühungen umgingen, die verhindern sollten, dass militärische Unterstützung nach Palästina und später nach Israel gelangte. McDonald fasste Ben-Gurions Einwände gegen den amerikanischen Druck so zusammen:

> Der Premierminister konnte sich nicht daran erinnern, dass die USA oder die UNO irgendetwas Gewichtiges unternommen hätten, um den 29. November [Tag der Teilungsplan-Resolution] durchzusetzen oder um eine Aggression durch Syrien, Ägypten, Libanon und Irak zu verhindern. Stattdessen ermutigte das Embargo die Aggressoren gegen Israel, das in seiner Existenz bedroht war. Hätten die Juden auf die USA oder die UNO gewartet, wären sie ausgerottet worden. Israel wurde nicht auf der Grundlage des 29. November gegründet, sondern auf der Grundlage eines erfolgreichen Verteidigungskrieges. Daher ist der in dem Schreiben vermerkte Vorschlag heute ungerecht und unrealistisch, denn er ignoriert den Krieg und die anhaltenden arabischen Drohungen, die die Grenzen vom 29. November unmöglich machen.

Zum Glück für die Zionisten waren Moskau und seine Verbündeten ihre begeisterten Unterstützer.

Sie unterstützten die jüdische Einwanderung nach Palästina vor der Abstimmung von 1947. Andrei Gromyko, der damalige sowjetische Botschafter bei der UNO, verblüffte seine Zuhörer, als er im Mai 1947 energisch für die Teilungsresolution eintrat. Die sowjetische Unterstützung hielt bis zur Verabschiedung der Resolution im November an. Sie blieb trotz der amerikanischen und britischen Bemühungen, die Resolution 1948 rückgängig zu machen, bestehen, vor allem durch die Förderung der Lieferung von Militärgütern an Israel über die Tschechoslowakei im Jahr 1948. Moskau widersetzte sich auch entschieden dem Plan des schwedischen Diplomaten Folke Bernadotte, eine föderale Union zwischen einem arabischen und einem jüdischen Staat zu gründen, Jerusalem zu internationalisieren, die vor den Kämpfen geflohenen Palästinenser zu repatriieren, die Negev-Wüste an Transjordanien abzutreten und Haifa in einen Freihafen zu verwandeln – all dies hätte die arabische Ablehnungshaltung belohnt, die neue „Union" verkleinert und dem jüdischen Volk einen eigenen Staat verwehrt.

Auch kam die Unterstützung für Israel nicht nur aus dem Sowjetblock. Liberale und Linke in London, Paris, New York und Washington hörten, wie Jamal al-Husseini, der Vertreter des Arabischen Hohen Komitees (*Arab Higher Committee*) bei den Vereinten Nationen, einen jüdischen Staat in Palästina ablehnte, weil er, wie er sagte, die „rassische Homogenität" der arabischen Welt untergraben würde. Solche Äußerungen stießen bei den Amerikanern, die die schrecklichen Nachrichten aus Deutschland während und nach dem Krieg verfolgt hatten, auf ein äußerst negatives Echo. Im Senat lobte Robert Wagner, einer der wichtigsten Verfasser der New-Deal-Gesetzgebung, den jüdischen Beitrag zur Sache der Alliierten. Bereits während des Krieges hatte er das Appeasement gegenüber den Arabern angeprangert. Nach dem Sieg der Alliierten machte es erst recht keinen Sinn mehr, die arabische Ablehnungshaltung zu beschwichtigen. Im Repräsentantenhaus bemühte sich der demokratische Kongressabgeordnete Emanuel Celler aus Brooklyn, die Aufmerksamkeit auf Jamal al-Husseinis Cousin Mohammed Amin al-Husseini, den Großmufti von Jerusalem, zu lenken, der eine schriftliche Vereinbarung mit Deutschland und Italien getroffen hatte, um „die Frage der jüdischen Elemente, die in Palästina und in den anderen arabischen Ländern existieren, so zu lösen, wie die jüdische Frage in Deutschland und Italien gelöst wurde."

Auch die liberalen Medien nahmen dies zur Kenntnis. Husseinis Kollaboration mit den Nazis wurde in der *New York Post* sowie in den linken Publikationen *PM* und *The Nation* von I. F. Stone, Freda Kirchwey und dem Pulitzer-Preisträger Edgar Mowrer, der auf Husseinis Anklage in Nürnberg drängte, ausführlich dokumentiert. Trotz umfangreicher Akten des Außenministeriums über Husseinis Zusammenarbeit mit den Nazis gelang es der amerikanischen Bürokratie, sich den Bemühungen zu widersetzen, ihn vor Gericht zu stellen und die Beweise für seine Aktivitäten in der Nazizeit zu veröffentlichen.

Das kurzzeitige Zusammentreffen sowjetischer und liberaler westlicher Sympathien für den entstehenden jüdischen Staat wurde von Ben-Gurion brillant ausgenutzt. Er verstand besser als jeder andere, dass dies ein einzigartiger Moment war, Israel mit der Zustimmung der beiden Großmächte der Welt ins Leben zu rufen – und dass es eine Gelegenheit war, die bald vorüber sein würde, und so kam es auch. Während der „antikosmopolitischen" Säuberungen Anfang der 1950er Jahre änderte Stalin seinen Kurs, verbreitete die Lüge, Israel sei ein Produkt des amerikanischen Imperialismus, verdrängte die Erinnerung an die sowjetische Unterstützung für das zionistische Projekt und startete eine vier Jahrzehnte andauernde Verleumdungskampagne gegen den Zionismus und Israel. Es war eine der erfolgreichsten Propagandakampagnen des Kalten Krieges.

Stalin gelang es auch, die amerikanische Geschichte umzuschreiben. Er beharrte darauf, dass es die Amerikaner und nicht die Sowjets gewesen seien, die die Gründung des Staates Israel von ganzem Herzen unterstützt hätten, und seine Erzählung setzte sich durch. Die Akten des Außen- und des Verteidigungsministeriums sowie der CIA belegen jedoch eindeutig ihre entschiedene und konsequente Ablehnung des zionistischen Projekts.

Die Unterschiede zwischen der internationalen politischen Landschaft der späten 1940er Jahre und derjenigen, die sich zunächst in der sowjetischen und dann in der Weltpolitik der 1950er und 1960er Jahre abzeichnete, müssen auch in den amerikanisch-jüdischen Diskussionen über die Gründung Israels reflektiert werden. Im Gegensatz zu dem, was wir seit Jahrzehnten bei den Vereinten Nationen, in internationalen BDS-Bemühungen und in akademischen Beschreibungen Israels hören, war das zionistische Projekt *nie* ein kolonialistisches.

Genau das Gegenteil ist der Fall. Die Generation, die den Staat gründete, und seine Unterstützer im Ausland sahen ihn als Teil der Ära der liberalen und linken Opposition gegen Kolonialismus, Rassismus und natürlich Antisemitismus. Die Beweislage ist eindeutig: Welche Schwächen Israel auch haben mag, seine Ursprünge haben nichts mit dem amerikanischen oder britischen Imperialismus zu tun. Das gegenteilige Argument ist Zeugnis einer konventionellen Unwissenheit, die in zu vielen wissenschaftlichen und journalistischen Beiträgen der letzten Jahrzehnte zu finden ist. Die Gründung Israels war kein Wunder, das sich jeglicher historischen Erklärung entzöge. Sie war eine Episode enormen moralischen und militärischen Mutes, für die kluge und besonnene politische Führer im Namen der historischen Gerechtigkeit den Weg freimachten – insbesondere David Ben-Gurion, der einen flüchtigen Moment, Israels Moment, nutzte, um eine dauerhafte Errungenschaft zu etablieren.

Anmerkungen

1 Jeffrey Herf: „Israel Is Antiracist, Anti-Colonialist, Anti-Fascist (and Was from the Start)", ursprünglich in *SAPIR*, 25. April 2023: https://sapirjournal.org/israel-at-75/2023/04/israel-is-antiracist-anti-colonialist-anti-fascist-and-was-from-the-start/?utm_source=Mailchimp&utm_medium=Mailchimp&utm_id=nye (abgerufen am 8.11.2024). Nachdruck mit Genehmigung.

17

FROM THE RIVER TO THE SEA

erstmals erschienen am 20. November 2023

Die Massenmorde der Hamas am 7. Oktober 2023 waren das Ergebnis ihrer Kernideologie, die in ihrer Gründungscharta von 1988 klar zum Ausdruck kommt. Diese Ideologie des Massenmords hat ihren Ursprung in der Verschmelzung von Nationalsozialismus und Islamismus, die zuerst in den 1930er und 1940er Jahren stattfand und dann in der islamistischen Politik der Muslimbruderschaft in Ägypten fortgesetzt wurde, deren Ableger die Hamas ist.[1] Die Fähigkeit der Hamas, zunächst an den Universitäten und jetzt auf der Straße Anhänger zu gewinnen, beruht auch auf ihrer überarbeiteten Erklärung von 2017, die sich auf den Antizionismus der säkularen Linken stützt.[2] Daher ist eine genaue Lektüre der überarbeiteten Erklärung, deren Sprache und Argumente nun an den Universitäten und auf der Straße widerhallen, angebracht.

Die Verfasser der Hamas-Charta von 1988 waren sich ihrer ideologischen Verbindungen zu den radikalen antisemitischen Verschwörungstheorien, die im Europa des 20. Jahrhunderts entstanden waren, und zu dem virulenten Hass auf Juden, das Judentum und damit auf Israel, den sie aus ihrer antimodernistischen islamistischen Auslegung des Islam ableiteten, durchaus bewusst.[3] Doch die tödlichen Implikationen dieses Dokuments fanden in den großen westlichen Medien viel zu wenig Beachtung, obwohl es in englischer und deutscher Übersetzung online leicht zugänglich ist.[4] Stattdessen begann sich unter Akademikern in Europa, Großbritannien und den Vereinigten Staaten eine Linke zu entwickeln, die objektiv Pro-Hamas-Positionen übernahm, wie sich 2014 bei einem der Angriffe der Hamas auf Israel zeigte.[5] Sie befanden sich in der denkwürdigen Lage, als Linke die Argumente der Hamas zu wiederholen.

Sie taten dies, weil sie sich die Sichtweise auf Israel zu eigen gemacht hatten, die seit den 1960er Jahren zur gängigen Meinung der internationalen Linken geworden war. Nach dieser Auffassung ist der jüdische Staat in Wirklichkeit ein kolonialistisches und rassistisches Unterfangen, das auf der Vertreibung der einheimischen Bevölkerung im Jahr 1948 beruht. Auf der Basis dieser grundlegenden Fehlinterpretation der Ereignisse rund um die Gründung Israels waren sie bereit, mit einer Organisation gemeinsame Sache zu machen, die den Werten der Moderne, die lange Zeit mit Teilen der Tradition des Linksliberalismus verbunden waren, zutiefst feindlich gegenübersteht.[6]

Siebzig Jahre Propaganda der Sowjetunion und der Palästinensischen Befreiungsorganisation (PLO), die den Zionismus und Israel falsch darstellten, ebenso wie unausgewogene UN-Resolutionen und die Romantik der Neuen Linken über Revolutionen in der Dritten Welt hatten Israel auf die „falsche" Seite und die Palästinenser auf die „richtige" Seite der globalen Kluft zwischen Unterdrückern und Unterdrückten gestellt. Im Zuge dessen förderte eine ausgeprägte linke Form des Antisemitismus, die sich in der Sprache des Antizionismus und der Unterstützung bewaffneter Angriffe auf Israel ausdrückte, die Möglichkeit, nicht nur die säkulare PLO, sondern auch die Hamas zu unterstützen.[7] In Großbritannien gewannen diese Unterstützung und der linke Antisemitismus 2015 an politischem Einfluss, als Jeremy Corbyn die Wahl zum Vorsitzenden der *Labour Party* für sich entschied.[8] Diese bizarre Verschmelzung der islamistischen Rechten und der säkularen Linken stellte das erste Mal seit dem Hitler-Stalin-Pakt dar, dass linke Organisationen gemeinsame Sache mit einer Bewegung der extremen Rechten machten, und das einzige Mal, an das ich mich erinnern kann, dass sie eine Gruppe unterstützten, deren Wurzeln im religiösen Fanatismus liegen. Ihre gemeinsame Feindschaft gegen Israel überwand die unterschiedlichen ideologischen Ausgangspunkte.

Gleichzeitig blieb die Hamas-Charta von 1988 zumindest für einige linke und liberale Akademiker und Intellektuelle, für die antizionistische Linke an den Universitäten und für linke Aktivistenorganisationen eine Peinlichkeit. Die Befürwortung antisemitischer Verschwörungstheorien des Naziregimes war weder zu leugnen noch zu rechtfertigen, und die Aufrufe zum Kampf gegen die Juden waren unmissverständlich. Ihre selektiven Koranzitate boten einen sehr unbequemen Beweis dafür, dass die Hamas – in der Tradition der Islamisten Mohammed Amin al-Husseini, Hassan al-Banna und Sayyid Qutb, die alle mit der Muslimbruderschaft in Verbindung gebracht werden – den Islam als eine von Natur aus antijüdische Religion definierte. Für diejenigen, die wie Karl Marx dachten, Religion sei das Opium des Volkes, offenbarte die Hamas-Charta von 1988, dass eine solche theologisch induzierte Droge auch eine islamische Komponente hatte.

Das Rebranding

2017 gab die Hamas die oben erwähnte Erklärung ab, in der sie implizit auf die Peinlichkeiten des Dokuments von 1988 einging. Am 1. Mai schrieb Patrick Wintour, diplomatischer Redakteur des *Guardian*, dass die Hamas

> ein neues politisches Programm vorgestellt hat, in dem sie ihre Haltung gegenüber Israel abschwächt und die Idee eines palästinensischen Staates in den von Israel im Sechs-Tage-Krieg von 1967 besetzten Gebieten akzeptiert. In dem neuen Dokument heißt es, dass die islamistische Bewegung keinen Krieg mit dem jüdischen Volk anstrebt, sondern nur mit dem Zionismus, der die Besetzung Palästinas betreibt. [...] Die Hamas befürwortet die Befreiung ganz Palästinas, ist aber bereit, den Staat [in den Grenzen von 1967] zu unterstützen, ohne Israel anzuerkennen oder irgendwelche Rechte abzutreten.[9]

Die irreführende Schlagzeile des *Guardian* verzichtete auf diese Zweideutigkeiten. Sie lautete: „Hamas präsentiert neue Charta, die ein Palästina in den Grenzen von 1967 akzeptiert".

Für säkulare linke Antizionisten bot die überarbeitete Charta somit die Möglichkeit, eine Gruppe zu unterstützen, die sich „nur" im Krieg mit dem Zionismus, nicht aber mit „dem jüdischen Volk" befand. Nach der Flut von „propalästinensischen" und sogar spezifisch Pro-Hamas-Demonstrationen und Erklärungen zu urteilen, die von zahlreichen Akademikern, „Schriftstellern" und „Künstlern" in Europa und den Vereinigten Staaten unmittelbar nach dem Anschlag des 7. Oktober unterstützt und unterzeichnet wurden,[10] feierten einige Akademiker sogar die Terroranschläge.[11] Am 10. Oktober unterzeichneten an der Harvard-Universität 31 Studentenorganisationen, die mit der *Harvard Palestine Solidarity Group* verbunden sind, eine Erklärung, in der sie „Israel für uneingeschränkt verantwortlich im Bezug auf alle sich ergebende Gewalt" (engl. „entirely responsible for all unfolding violence") halten.[12] Die überarbeitete Charta der Hamas scheint das magische Denken, das 2012 zu beobachten war, zu beschleunigen. Kurz gesagt, an vielen Universitäten haben Hamas-Anhänger eine Organisation, die ihre Wurzeln in einer Mischung aus religiösem Obskurantismus und der Politik der extremen Rechten hat, in einen Sympathieträger der extremen Linken verwandelt. Dieses magische Denken trägt zu den Forderungen nach einem israelischen Waffenstillstand bei, der die Hamas-Führung und ihre gewaltige Tunnelinfrastruktur intakt ließe und sie, wie ihre Anführer erklärt haben, dazu veranlassen würde, Israel erneut anzugreifen.[13]

Soweit sie in Seminarräumen und Vorlesungssälen, in großen Zeitungen, Denkfabriken und Nichtregierungsorganisationen gelesen wurde, diente die Charta von 1988 als peinlicher und unbestreitbarer Beweis dafür, dass es in der Tat eine Verbindung zwischen Nazismus, Islamismus und Hamas gibt. Leider ignorierte ein zu großer Teil der Mainstream-Presse das Offensichtliche. Die Charta von 2017 wurde zu einer wirksamen

Waffe der politischen Kriegsführung, indem sie die beunruhigendsten Beweise unterdrückte und dann islamistische Themen der Vergangenheit in die Propaganda der säkularen globalen Linken der Nach-1960er-Jahre einkleidete, für die Antizionismus und Feindseligkeit gegenüber Israel zu bestimmenden Merkmalen geworden waren.[14]

Die Charta von 2017 beginnt mit einer Geschichte Israels, die die Verzerrungen und Auslassungen wiederholt, die jahrzehntelang zum Handwerkszeug der sowjetischen und PLO-Propaganda gehörten. Sie erzählt die Geschichte von der völligen Unschuld der palästinensischen Araber und der völligen Verderbtheit der Zionisten. Dabei wird nicht erwähnt, dass der arabische Krieg von 1948 vom Arabischen Hohen Komitee im November 1947 begonnen wurde, als es die Teilungsresolution der Vereinten Nationen ablehnte, und dass fünf arabische Staaten am Tag nach der Gründung des neuen Staates Israel im Mai 1948 in diesen einmarschierten.[15] In beiden Fällen war die arabische Entscheidung für den Krieg eine Alternative zur Teilungsresolution der Vereinten Nationen, die die Gründung eines arabischen und eines jüdischen Staates im ehemaligen britischen Mandatsgebiet Palästina vorsah.[16] Diese inzwischen weltberühmte Fiktion von der zionistischen Sünde und der palästinensischen Unschuld verschweigt die Unterstützung der Gründung des jüdischen Staates durch Liberale und Linke im Westen und im Sowjetblock, die darin eine logische Fortsetzung der antinazistischen und antirassistischen Leidenschaften sahen, die während des Krieges gegen Nazideutschland aufgekommen waren.[17] Während des Kalten Krieges und seitdem sind diese Realitäten im Nebel der antiisraelischen Propaganda verschwunden.

In der Erklärung von 2017 wird versucht, die frühere Version zu entschärfen, indem ihre Absurditäten gestrichen werden, während ihre grundlegenden Behauptungen auf andere Weise legitimiert werden. So werden antisemitische Verschwörungstheorien über die Verursachung der Französischen Revolution und des Ersten Weltkriegs durch Juden gestrichen, aber die antizionistische Propaganda der Sowjets und der PLO wird eifrig übernommen. Dieser Sprache zufolge ist „Palästina ein Land, das von einem rassistischen, menschenfeindlichen und kolonialen zionistischen Projekt in Besitz genommen wurde", das „mit Gewalt" durchgesetzt wurde. Die zionistische Opposition gegen das britische Empire verschwindet ebenso wie die Akzeptanz der Teilungsresolution der Vereinten Nationen von 1947 durch die Zionisten und die Ablehnung dieser Resolution durch die palästinensischen Araber.

Auch fehlt in dieser berühmten, falschen Nacherzählung der Gründung Israels jeglicher Hinweis auf den Zweiten Weltkrieg und den Holocaust. Anstatt den Holocaust zu leugnen, zu verdrehen oder zu feiern – alles Dinge, die nach dem Zweiten Weltkrieg zu einem Merkmal islamistischer Propaganda geworden waren –, deuteten die Hamas-Autoren mit ihrer Auslassung an, dass dieser vernichtende Beweis für die Folgen der Abwesenheit jüdischer Staatlichkeit keine Bedeutung für die weltweite Unterstützung der Gründung Israels hatte.[18] Das Schweigen über den Holocaust vermied auch jede peinliche Diskussion über die gut dokumentierte islamistische Kollaboration mit den Nazis.[19]

In dem Hamas-Dokument aus dem Jahr 2017 wird behauptet, dass „die zionistische Bewegung [...] mit Hilfe westlicher Mächte in der Lage war, Palästina zu besetzen". Wenn in den 1940er Jahren von „Westmächten" die Rede ist, sind in der Regel die Vereinigten Staaten und Großbritannien gemeint. Ab 1948 wurden die Sowjetunion und der Sowjetblock nicht mehr als Westmächte betrachtet. Doch wie aus den leicht zugänglichen öffentlichen Dokumenten der Vereinten Nationen eindeutig hervorgeht, waren es eher die Regierungen des Sowjetblocks als die der Vereinigten Staaten und Großbritanniens, die 1947/48 die Gründung des jüdischen Staates unterstützten. Beginnend mit dem britischen Weißbuch von 1939 über den Zweiten Weltkrieg und den Holocaust bis hin zu den Jahren 1945 bis 1948 lehnte die britische Regierung die jüdische Auswanderung aus Europa nach Palästina ab und enthielt sich bei der Abstimmung über die UN-Teilungsresolution. Während US-Präsident Harry S. Truman den Teilungsplan unterstützte und den neuen Staat Israel anerkannte, sprachen sich sowohl das US-Außenministerium als auch das Verteidigungsministerium gegen die Gründung des jüdischen Staates aus und verhängten ein Waffenembargo, das die Juden mehr benachteiligte als die Araber, die bereits eigene Staaten hatten. In entscheidenden Momenten kamen die Waffen aus der kommunistischen Tschechoslowakei, nicht aus Großbritannien und den Vereinigten Staaten. Die Unterstützung des Sowjetblocks für die Gründung Israels ist eine weitere dieser peinlichen historischen Tatsachen, die in der späteren sowjetischen Propaganda, der politischen Kriegsführung der PLO und schließlich in der Hamas-Charta von 2017 verschwunden sind.[20]

Zwischen den Zeilen

Die Erklärung von 2017 macht deutlich, dass die Hamas das gesamte Land Israel – also nicht nur Ramallah, sondern auch Tel Aviv – als „besetztes" Gebiet betrachtet. Terroranschläge und Aggressionen werden als Formen des „Widerstands" bezeichnet, der „so lange andauern wird, bis die Befreiung vollendet ist, bis die Rückkehr vollzogen ist und bis ein vollständig souveräner Staat mit Jerusalem als Hauptstadt errichtet ist". Mit „Rückkehr" ist die Rückkehr all derer gemeint, die behaupten, Flüchtlinge zu sein, und zwar nicht nur die 700.000, die 1948 tatsächlich Flüchtlinge waren, sondern auch ihre Nachkommen, die heute etwa 5,5 Millionen Menschen zählen. Eine solche Rückkehr könnte nur durch die gewaltsame Verdrängung der bestehenden jüdischen Bevölkerung erfolgen und würde somit das Ende Israels als jüdischer Staat bedeuten.[21] Der Hamas schwebt ein Staat vor, der sich „vom Jordan im Osten bis zum Mittelmeer im Westen und von Ras Al-Naqurah im Norden bis Umm Al-Rashrash im Süden" erstreckt. Dieses Gebiet umfasst das gesamte Gebiet des heutigen Staates Israel. Der Ruf „From the River to the Sea", der seit 2017 auf den Universitäten und jetzt auch auf den Straßen von Washington, D.C., New York und London zu hören ist, ist eine Abkürzung des Absatzes „das Land Palästina" der Hamas-Charta von 2017. Die Erklärung von 2017 macht deutlich, dass der inzwischen berühmte Gesang ein Aufruf zur Zerstörung des Staates Israel mit Waffengewalt ist.

Obwohl die Charta von 2017 die Sprache der säkularen Linken aufgreift, definiert sie die „Befreiung" – das heißt die Zerstörung des „zionistischen Gebildes" – eindeutig und nachdrücklich als islamische, also *religiöse* Verpflichtung. „Palästina ist ein arabisch-islamisches Land. Es ist ein gesegnetes, heiliges Land, das einen besonderen Platz im Herzen eines jeden Arabers und eines jeden Muslims hat."[22] Das Dokument setzt die Absicht seines Vorgängers von 1988 fort, das manichäische religiöse Element innerhalb der palästinensischen Nationalbewegung zu verstärken und damit die Behauptung von der Unmöglichkeit eines territorialen Kompromisses zu bekräftigen. Dieses Festhalten an einer im Wesentlichen vormodernen Mentalität der Religionskriege des 17. Jahrhunderts in Europa hat jedoch den Eifer der oft säkularen Hamas-Anhänger in Europa und den Vereinigten Staaten nicht geschmälert.

Einer der größten politischen Erfolge der palästinensischen Nationalisten seit 1948 besteht darin, die Realität ihres eigenen rassistischen Erbes zu verschleiern. In Reden in London und New York lehnte Jamal al-Husseini, der damalige Vertreter des Arabischen Hohen Komitees bei den Vereinten Nationen, 1947 einen jüdischen Staat in Palästina ab, weil dieser, wie er sagte, „die rassische Homogenität" der arabischen Welt untergraben würde.[23] Die Definition des Zionismus als eine Form des Rassismus ist ein klassisches Beispiel psychologischer Projektion, also für die Übertragung der eigenen Überzeugungen auf andere.

Die Definitionen von Rassismus und Antirassismus in Bezug auf Zionismus und Israel, die seit den 1960er Jahren ein Merkmal des säkularen, linken Angriffs auf Israel sind, werden in der Charta von 2017 wiedergegeben. Darin heißt es: „Die Palästinenser sind die Araber, die bis 1947 in Palästina lebten." Es folgt eine rassistische Definition der Staatsbürgerschaft in einem von der Hamas dominierten Staat. Für die Hamas zählen Juden, die vor der Gründung des Staates Israel in Palästina gelebt haben, nicht zu den Palästinensern. Sie würden aus jedem von der Hamas gegründeten Staat vertrieben, was die Behauptung der Organisation widerlegt, sie sei „nur" gegen den Zionismus, nicht aber gegen die Juden. Im Gegensatz dazu ist Israel nach seiner Unabhängigkeitserklärung von 1948 ein Staat für alle seine Bürger, Juden und Nichtjuden.[24] Diese Definitionen, wer ein Palästinenser sei und damit Anspruch auf die Staatsbürgerschaft habe, sind ein Rezept für massive ethnische Säuberungen. Doch all dies hat die Hamas-Anhänger nicht davon abgehalten, zu behaupten, sie seien gegen Rassismus. Auch hier fördert die antiisraelische Leidenschaft das magische Denken.

Die Charta von 2017 enthält die Rhetorik der palästinensischen Opferrolle, die während des Kalten Krieges von der PLO und dem Sowjetblock perfektioniert wurde. „Die Katastrophen, die das palästinensische Volk heimgesucht haben", seien „eine Folge der zionistischen Besatzung und ihrer Vertreibungspolitik." Diese Darstellung geht davon aus, dass die Führung der palästinensischen Araber 1947/48 keinerlei Verantwortung für den Krieg trug, der stattgefunden hat. Die Verwendung des Begriffs „Katastrophe" und dann „Nakba" verdrängt die Rolle des arabischen Handelns in jenen Jahren. Der Verweis auf eine zionistische „Vertreibungspolitik" ignoriert auch die Realitäten eines Krieges, den die Araber begonnen und dann verloren haben, sowie die wiederholte palästinensische Ablehnung von Kompromissvorschlägen.[25]

In diesem Sinne heißt es in der Erklärung von 2017 im Abschnitt „Die Flüchtlinge und das Recht auf Rückkehr": „Die palästinensische Sache ist in ihrem Kern die Sache eines besetzten Landes und eines vertriebenen Volkes." Die einzige Lösung für das so definierte Problem ist die Abschaffung des Staates Israel. Der Verweis auf ein „unveräußerliches Recht" spiegelt die säkulare Sprache der PLO und der mit ihr sympathisierenden UN-Resolutionen wider. Jüngeren Generationen, die die Realitäten des Krieges von 1948 nicht kennen, bietet die Hamas eine ansprechende Moralgeschichte von jüdischen/zionistischen Unterdrückern und palästinensischen Opfern: „Das zionistische Projekt ist ein rassistisches, koloniales und expansionistisches Projekt, das auf der Aneignung des Eigentums anderer beruht."[26] In Wirklichkeit war das zionistische Projekt jedoch antirassistisch und antikolonial und lehnte diejenigen ab, die über die in der UN-Teilungsresolution festgelegten Grenzen hinaus expandieren wollten, bis der Staat als Reaktion auf die arabischen Aggressionen verständlicherweise doch größer wurde.[27]

Die Behauptung, dass das Bestreben, den Staat Israel zu zerstören und seine Bewohner zu vertreiben, keine Form von Antisemitismus sei, war auch ein ständiges Thema der sowjetischen und PLO-Propaganda. Auch hier greift die Hamas-Charta von 2017 stark auf den Erfolg der linken und kommunistischen Propaganda während des Kalten Krieges zurück. Zum ersten Mal in der langen Geschichte des Antisemitismus taten diejenigen, die eifrig Krieg führten und Terror einsetzten, um Juden zu töten, dies im Namen des Kampfes gegen Rassismus und Kolonialismus. Diese absurde Umkehrung führte zur Leugnung der Tatsache, dass die Gewalt gegen Juden etwas damit zu tun hatte, dass sie Juden waren. Vielmehr seien diese Menschen durch ihr Leben in Israel mitschuldig an den Verbrechen des Zionismus und verdienten es daher, ermordet zu werden, wie so viele unschuldige Zivilisten am 7. Oktober 2023.

In der Charta von 2017 heißt es, dass „das jüdische Problem" sowie „Antisemitismus und die Verfolgung der Juden Phänomene sind, die grundsätzlich mit der europäischen Geschichte verbunden sind und nicht mit der Geschichte der Araber und Muslime oder ihrem Erbe". Dies ist eine absurde Behauptung, die nur diejenigen überzeugen kann, die die eigenen Schriften der genannten Islamisten, die von Mohammed Amin al-Husseini, Hassan al-Banna, Sayyid Qutb, Osama bin Laden oder sogar die Charta der Hamas von 1988, nicht gelesen haben. Die Beweise für den virulenten Hass auf das Judentum und die Juden, die sich aus der selektiven Lektüre des Korans und der Kommentare durch die Islamisten ergeben, sind überwältigend und in einer umfangreichen wissenschaftlichen Untersuchung dokumentiert.[28] Die Hamas tat 2017 ihr Bestes, um das Offensichtliche zu leugnen.

Die Charta von 2017 ist nicht subtil. Sie besagt, dass „kein Teil des Landes Palästina kompromittiert oder zugestanden werden darf" und „jede Alternative zur vollständigen und uneingeschränkten Befreiung Palästinas, vom Fluss bis zum Meer, abgelehnt wird". In demselben Absatz, der den inzwischen berühmten Sprechchor enthält, fügten die Verfasser den folgenden Schlüsselsatz ein: „Ohne ihre Ablehnung der zionistischen Entität zu kompromittieren und ohne auf irgendwelche palästinensischen Rechte zu verzichten, betrachtet die Hamas jedoch die Errichtung eines vollständig souveränen und unabhängigen palästinensischen Staates mit Jerusalem als Hauptstadt nach dem Vorbild des 4. Juni 1967, mit der Rückkehr der Flüchtlinge und Vertriebenen in ihre Häuser, aus denen sie vertrieben wurden, als eine Formel des nationalen Konsenses."[29] Der erste Teil des Satzes, in dem es heißt, dass die Hamas die „zionistische

Entität" ablehnt und „keine palästinensischen Rechte aufgibt", steht im Widerspruch zum zweiten und längeren Teil des Satzes, in dem es darum geht, was die Hamas als „nationalen Konsens" ansieht. Der Satz läuft auf einen Vorschlag zur Gründung eines palästinensischen Staates hinaus, dessen klares Ziel es ist, das erworbene Gebiet als Basis für einen Krieg gegen Israel zu nutzen. Kurz gesagt, die Hamas-Charta von 2017 sieht vor, was tatsächlich stattgefunden hat, nämlich *die Umwandlung des Gazastreifens in einen irredentistischen Ministaat, der Krieg und Terror gegen Israel führen soll.*

Die Charta macht auch deutlich, dass die Hamas stolz in der Tradition moderner terroristischer Organisationen steht, die Bemühungen um Kompromisslösungen angreifen. Sie lehnt „alle Abkommen, Initiativen und Siedlungsprojekte" ab, die ihrer Ansicht nach „darauf abzielen, die palästinensische Sache und die Rechte des palästinensischen Volkes zu untergraben", einschließlich der Osloer Abkommen oder, in jüngerer Zeit, der Abraham-Abkommen und der vorgeschlagenen Normalisierung der israelisch-saudischen Beziehungen. Stattdessen wird betont, „dass die Übergriffe gegen das palästinensische Volk, die Aneignung seines Landes und die Vertreibung aus seiner Heimat nicht als Frieden bezeichnet werden können". Daher werden „Widerstand und Dschihad für die Befreiung Palästinas ein legitimes Recht, eine Pflicht und eine Ehre für alle Söhne und Töchter unseres Volkes und unserer Umma bleiben".[30]

Die überarbeitete Erklärung von 2017 spricht sich ebenso nachdrücklich für einen fortgesetzten Krieg mit Israel aus wie die Charta von 1988. In Absatz 25 heißt es: „Der Widerstand gegen die Besatzung mit allen Mitteln und Methoden ist ein legitimes Recht, das durch göttliche Gesetze und internationale Normen und Gesetze garantiert wird. Im Mittelpunkt steht der bewaffnete Widerstand, der als strategische Wahl zum Schutz der Prinzipien und Rechte des palästinensischen Volkes angesehen wird." Der folgende Satz lehnt „jeden Versuch ab, den Widerstand und seine Waffen zu untergraben". Der Krieg mit Israel ist also ein „strategisches" Ziel, keine taktische Entscheidung. Für die Hamas ist dies nicht nur ein Krieg zwischen Israel und den palästinensischen Arabern, sondern, wie die Islamisten seit den 1930er Jahren behaupten, ein Krieg zwischen den Zionisten und „der arabischen und islamischen Umma". In der Tat ist „die palästinensische Sache" ihr „zentrales Anliegen".[31] Auf diese Weise lenkt die Charta von 2017 die Aufmerksamkeit auf eine Realität, die von den Hamas-Anhängern in aller Welt vermieden wird: dass der kleine Staat Israel mit seinen sieben Millionen Bürgern einer Vielzahl von feindlich gesinnten arabischen Staaten und dem Iran gegenübersteht, zusammen mit vielen Millionen ihrer Bürger. Das tatsächliche Verhältnis von Territorium und Bevölkerung zwischen den beiden Seiten der Auseinandersetzung widerspricht dem Pathos, mit dem die Hamas ihre Sache zu umgeben sucht.

Die letzten vier Absätze des Dokuments von 2017 enthalten eine Flut von Worten, die ein breites linkes, sogar liberales Publikum ansprechen sollen. Die Sache der Hamas ist „humanitär[] und zivilisatorisch[]". Sie stützt sich auf „die Voraussetzungen der Wahrheit, der Gerechtigkeit und der gemeinsamen humanitären Werte". Die Befreiung Palästinas ist einfach „ein Akt der Selbstverteidigung" und „Ausdruck des natürlichen Rechts aller Völker auf Selbstbestimmung". Die Hamas glaubt an „die Werte der Zusammenarbeit, der Gerechtigkeit, der Freiheit und der Achtung des Willens der Völker". Gleichzeitig „fordert [sie] die strafrechtliche Verfolgung der zionistischen Kriegsverbrecher". Und natürlich verurteilt sie „alle Formen von Kolonialismus, Besatzung, Diskriminierung, Unterdrückung und Aggression in der Welt". Die Hamas spricht für die Araber und Muslime im Allgemeinen, aber auch für alle „übrigen Nationen und Völker der Welt", die, wie sie behauptet, nicht näher bezeichneten Versuchen ausgesetzt sind, ihnen „Hegemonie" aufzuzwingen.[32] Diese Passagen verdeutlichen erneut, wie die Hamas-Erklärung von 2017 die Sprache des säkularen linken Antiimperialismus mit der einer islamistischen religiösen Entschlossenheit, Israel mit Waffengewalt zu zerstören, vermischt.

Mir fällt kein Präzedenzfall in der modernen Geschichte der Linken seit dem Aufkommen des Faschismus und des Nationalsozialismus ein, in dem eine Bewegung wie die Hamas, die ihre Wurzeln sowohl in den rassistischen Ideologien des Nationalsozialismus als auch im islamistischen religiösen Obskurantismus hat, so erfolgreich darin war, unter denjenigen, die sich selbst als säkulare Linke betrachten, weltweit Anhänger oder zumindest Apologeten zu finden. Seit dem Aufkommen von Faschismus und Nationalsozialismus in den 1920er Jahren war der Antifaschismus ein bestimmendes Merkmal linker oder progressiver Politik. Ab den 1960er Jahren jedoch definierten Linke in Europa und den Vereinigten Staaten den Antifaschismus auf eine Weise neu, die ihn von seiner Bedeutung in den 1940er Jahren trennte und ihn erstaunlicherweise gegen Israel richtete. Für die Generationen, die seit den 1960er Jahren erwachsen geworden sind, hat die Sprache des Antirassismus und Antikolonialismus, die fälschlicherweise auf den Zionismus und Israel angewandt wird, die Entstehung einer Art magischen Denkens erleichtert, das die Hamas von einer inhärent rassistischen und antisemitischen terroristischen Kraft in ein vollwertiges Mitglied des Kampfes der Verdammten der Erde gegen den Kolonialismus und die westliche Herrschaft verwandelt.

Jahrzehntelang wurde in den Demokratien der Welt viel zu wenig öffentlich über die Anklänge an den Nationalsozialismus und das Fortbestehen des islamistisch begründeten religiösen Hasses diskutiert, die in den Schlüsseldokumenten der Hamas zu finden sind. Die Verfasser der Charta von 2017 bedienten sich der säkularen Sprache der globalen Linken, um ihr reaktionäres, antisemitisches und fundamentalistisches Wesen zu verschleiern, aber die Realität eines religiösen Krieges gegen die Juden blieb im Zentrum dessen, was die Hamas war und ist. Alle drei Gesichter des Antisemitismus – rechts, links und islamistisch – sind in der Charta von 2017 genauso offensichtlich wie in der von 1988. Am 7. Oktober 2023 explodierte dieser religiöse und säkulare Hass mit einer Barbarei, die nur diejenigen überraschte, die die Wahrheit über den Krieg der Hamas gegen die Juden nicht direkt gesehen hatten, eine Wahrheit, die in diesen beiden bösen Dokumenten offenkundig war.

Anmerkungen

Ursprünglich veröffentlicht als „From the River to the Sea“ in *American Purpose Magazine*, 20. November 2023.

1 Jeffrey Herf: „The Ideology of Mass Murder: Hamas and the origins of the October 7th attacks“, *Quillette*, 10. Oktober 2023, https://quillette.com/2023/10/10/the-ideology-of-mass-murder/?ref=americanpurpose.com (abgerufen am 8.11.24).

2 MEE staff: „Hamas in 2017: The Document in Full“, *Middle East Eye*, 2. Mai 2017, https://www.middleeasteye.net/news/hamas-2017-document-full (abgerufen am 8.11.24).

3 „Die Charta der Hamas“, *Audiatur Online*, 22. Juni 2011, https://www.audiatur-online.ch/2011/06/22/die-charta-der-hamas/; „Hamas Covenant 1988: The Covenant of the Islamic Resistance Movement“, Yale Law School, Avalon Project, 18. August 1988: https://avalon.law.yale.edu/20th_century/hamas.asp?ref=americanpurpose.com (beide abgerufen am 8.11.24).

4 Jeffrey Herf: „Why They Fight: Hamas Too-Little-Known Fascist Charter“, *The American Interest*, 1. August 2014, https://www.the-american-interest.com/2014/08/01/why-they-fight-hamas-too-little-known-fascist-charter/?ref=americanpurpose.com (abgerufen am 8.11.24).

5 Jeffrey Herf: „A Pro-Hamas Left Emerges“, *The American Interest*, 26. August 2014, https://www.the-american-interest.com/2014/08/26/a-pro-hamas-left-emerges/ (abgerufen am 8.11.24).

6 Zu den Realitäten von 1948 siehe Jeffrey Herf: *Israel's Moment: International Support for and Opposition to Establishing the Jewish State, 1945–1949* (Cambridge/New York: Cambridge University Press, 2022). Zu liberalen Traditionen der Linken siehe Michael Walzer: *The Struggle for a Decent Politics: On „Liberal“ as an Adjective* (New Haven, CT: Yale University Press, 2023).

7 Alan Johnson (Hrsg.): *Mapping the New Left Antisemitism: The Fathom Essays* (London/New York: Routledge, 2024).

8 David Hirsh: *Contemporary Left Antisemitism* (London: Routledge, 2017).

9 Patrick Wintour: „Hamas presents new charter accepting a Palestine based on 1967 borders“, *The Guardian*, 1. Mai 2017, https://www.theguardian.com/world/2017/may/01/hamas-new-charter-palestine-israel-1967-borders?ref=americanpurpose.com (abgerufen am 8.11.2024).

10 „An Open Letter on the Situation in Palestine“, *London Review of Books*, 18. Oktober 2023, https://www.lrb.co.uk/blog/2023/october/an-open-letter-on-the-situation-in-palestine?ref=americanpurpose.com (abgerufen am 8.11.24).

11 Anti-Defamation League: „Some U.S. Professors Praise Hamas's October 7 Terror Attacks“, 21. Oktober 2023, https://www.adl.org/resources/blog/some-us-professors-praise-hamass-october-7-terror-attacks (abgerufen am 8.11.24).

12 Crimson News Staff: „Joint Statement by Harvard Palestine Solidarity Groups on the Situation in Palestine“, *The Harvard Crimson*, 10. Oktober 2023, https://www.thecrimson.com/widget/2023/10/10/psc-statement/ (abgerufen am 8.11.24).

13 Gianluca Pacchiani, Michael Bachner: „Hamas official says group aims to repeat Oct. 7 onslaught many times to destroy Israel“, *The Times of Israel*, 1. November 2023, https://www.timesofisrael.com/hamas-official-says-group-aims-to-repeat-oct-7-onslaught-many-times-to-destroy-israel/; „Hamas Official: We Will Repeat October 7 Attacks Until Israel is Annihilated“, in *Haaretz*, 1. November 2023, https://www.haaretz.com/israel-news/2023-11-01/ty-article/hamas-official-we-will-repeat-october-7-attacks-until-israel-is-annihilated/0000C18b-8b9d-db7e-af9b-ebdfbee90000 (jeweils abgerufen am 8.11.24).

14 Siehe Jeffrey Herf: *Unerklärte Kriege gegen Israel: Die DDR und die westdeutsche radikale Linke, 1967–1989* (Göttingen: Wallstein Verlag, 2019); und Johnson (Hrsg.): *Mapping the New Left Antisemitism*.

15 Siehe Herf: *Unerklärte Kriege gegen Israel*; und Johnson (Hrsg.): *Mapping the New Left Antisemitism*.

16 Benny Morris: *1948: Der erste arabisch-israelische Krieg* (Berlin/Leipzig: Hentrich & Hentrich, 2023).

17 Matthias Küntzel: *Nazis, Islamic Antisemitism and the Middle East: The 1948 Arab War against Israel and the Aftershocks of World War II* (London/New York: Routledge, 2024).

18 Siehe Meir Litvak, Esther Webman: *From Empathy to Denial: Arab Responses to the Holocaust* (New York: Columbia University Press, 2009; London: Hurst, 2012); und Elhanan Yakira: *Post-Zionism, Post-Holocaust: Three Essays on Denial, Forgetting, and the Delegitimation of Israel* (Cambridge, UK/New York: Cambridge University Press, 2009).

19 Zu dieser Kollaboration siehe Jeffrey Herf: *Nazi Propaganda for the Arab World* (New Haven, CT: Yale University Press, 2009).

20 Zum Kontrast zwischen den sowjetischen und den amerikanischen Positionen bei den Vereinten Nationen von 1947 bis 1948 siehe Herf: *Israel's Moment*, insbesondere die Kapitel 5, 12 und 13. Siehe auch Jeffrey Herf: „The State Department vs. the Zionist Project at the Dawn of the Cold War“, *The Caravan Notebook*, Hoover Institution, 29. November 2023: https://www.hoover.org/research/state-department-vs-zionist-project-dawn-cold-war; und ders.: „Israel is Antiracist, Anti-Colonialist, and Anti-Fascist (and Was from the Start)“, *SAPIR* 9 (Frühjahr 2003): https://sapirjournal.org/israel-at-75/2023/04/israel-is-antiracist-anti-colonialist-anti-fascist-and-was-from-the-start/ (jeweils abgerufen am 8.11.24), siehe Kapitel 16 in diesem Band.

21 Adi Schwartz, Einat Wilf: *Der Kampf um Rückkehr: Wie die westliche Nachsicht für den palästinensischen Traum den Frieden behindert* (Berlin/Leipzig: Hentrich & Hentrich, 2022).

22 MEE staff: „Hamas in 2017: The Document in Full“.

23 Siehe Herf: *Israel's Moment*, 235–240: „Jamal Husseini Defends ‚Homogeneity in Race‘ in Speaking to the United Nations in New York“.

24 „Israel's Declaration of Independence 1948“, Yale Law School, Avalon Project: https://avalon.law.yale.edu/20th_century/israel.asp (abgerufen am 8.11.24).

25 Zur wiederholten Ablehnung siehe Sol Stern: „It's Not the ‚Occupation‘, Stupid“, *Commentary*, Dezember 2023: https://www.commentary.org/articles/sol-stern/century-of-palestinian-jew-hatred/ (abgerufen am 8.11.24).

26 MEE staff: „Hamas in 2017: The Document in Full“.

27 Herf: „Israel is Antiracist, Anti-Colonialist, and Anti-Fascist (and Was from the Start)“, siehe Kapitel 16 in diesem Band.

28 Siehe zum Beispiel Bassam Tibi: *Islamism and Islam* (New Haven, CT: Yale University Press, 2012); zu Qutb siehe Paul Berman: *Terror und Liberalismus* (Hamburg: Europäische Verlagsanstalt, 2004); auf Englisch erschienen als *Terror and Liberalism* (New York: W. W. Norton, 2003). Zu al-Husseini und al-Banna siehe Küntzel: *Nazis, Islamic Antisemitism and the Middle East*; und Herf: *Nazi Propaganda for the Arab World*.

29 MEE staff: „Hamas in 2017: The Document in Full“.

30 Ebd.

31 Ebd.

32 Ebd.

18

SCHLUSSFOLGERUNGEN

Die Ära der Gleichzeitigkeit der drei Gesichter des Antisemitismus

Das Besondere und Einzigartige unserer gegenwärtigen Zeit in der längeren Geschichte des Antisemitismus besteht nicht in seinem Fortdauern. Der Antisemitismus ist zu tief in der jahrhundertealten christlichen und islamischen Feindschaft zum Judentum und in den modernen säkularen Inkarnationen antikapitalistischer Gefühle der Linken verankert, als dass er in der Bedeutungslosigkeit verschwinden könnte. In den christlichen Kirchen ist die Aufarbeitung der antijüdischen Traditionen seit dem Holocaust gewichtig, während eine solche Aufarbeitung im Islam insgesamt fehlt. Sie bleiben in diesen beiden monotheistischen Nachfolgern des Judentums und damit auch in der westlichen Tradition latent präsent. Das Neuartige und Einzigartige der letzten Jahrzehnte besteht vielmehr in *der Gleichzeitigkeit der drei Gesichter des Antisemitismus*. In der gesamten Geschichte des modernen Antisemitismus gab es Zeiten, in denen eines oder zwei der drei Gesichter, die auf den vorangegangenen Seiten untersucht wurden, vorherrschend waren. Der Nationalsozialismus und der von ihm unterstützte Islamismus koexistierten vor und während des Zweiten Weltkriegs und des Holocaust. Der islamistische Antisemitismus hielt bis in die späten 1940er Jahre an und lieferte antisemitische Argumente, um die Entscheidung der Araber und insbesondere der Palästinenser zu rechtfertigen, Krieg gegen das zionistische Projekt zu führen und die Teilungsresolution der Vereinten Nationen von 1947 abzulehnen. Heute jedoch sind alle drei Formen des Antisemitismus – rechter, linker und islamistischer Antisemitismus – Faktoren in der Weltpolitik.

Die Polarisierung von Politik, Geistesleben und Wissenschaft hat dazu geführt, dass diese *Gleichzeitigkeit* zu selten thematisiert wird. Stattdessen konzentrieren sich die Beobachter auf eine oder höchstens zwei der Quellen des Antisemitismus, seltener auf alle drei auf einmal. Ich habe diese Aufsatzsammlung zusammengestellt, um die Aufmerksamkeit auf diese Varianten des Antisemitismus zu lenken und damit die Erkenntnis ihrer gleichzeitigen Präsenz in unserem politischen Leben in den letzten Jahren zu fördern. Trotz ihrer sehr unterschiedlichen kulturellen und politischen Ausgangspunkte kommen die drei Formen des Antisemitismus oft zu bemerkenswert ähnlichen Schlussfolgerungen über Juden, den Zionismus und Israel. Daher verstärken sie, ob absichtlich oder nicht, die Energie und das Ausmaß des Antisemitismus. Während es in der säkularen intellektuellen und akademischen Welt nur selten zu einer leidenschaftlichen Unterstützung des islamistischen Antisemitismus kommt, ist die Bereitschaft, den Antisemitismus offen zu kritisieren, wenn er aus dieser Ecke kommt, ebenso selten. Eine Beschäftigung mit Antisemitismus, die sich nur mit dem Nationalsozialismus und dem Holocaust oder dem Rechtsextremismus der letzten Jahre befasst, wird den Herausforderungen unserer Zeit nicht gerecht. Im Gegensatz zum Antisemitismus der extremen Rechten sind es die linken und islamistischen Gesichter des Antisemitismus, die im Namen des Antizionismus und sogar der „Menschenrechte" eine gewisse Respektabilität und institutionelle Verankerung in den Universitäten und Kultureinrichtungen erreicht haben.

Die Aufsätze in diesem Band bieten Argumente und Zeugnisse des Antisemitismus, die von den 1920er bis zu den 1970er Jahren vor allem in Europa und dann im Nahen Osten und in der Weltpolitik entstanden. Die Ideen, die in den ersten Jahrzehnten des 21. Jahrhunderts innerhalb der Rechten, der Linken und unter Islamisten kursierten, haben ihren Ursprung in diesem halben Jahrhundert des Totalitarismus und des Hasses auf das Judentum, die Juden und dann auf den jüdischen Staat Israel. Da der Nationalsozialismus den Kern der Explosion des Judenhasses im Europa des 20. Jahrhunderts bildete, ist es verständlich, dass die Historiker der modernen deutschen Geschichte während des Nationalsozialismus und des Holocaust sowie danach seither eine führende Rolle bei der Untersuchung der nationalsozialistischen Vergangenheit sowie linker und islamistischer Varianten gespielt haben. Diese historische Perspektive erinnert uns daran, dass der Antisemitismus der letzten Jahrzehnte, der Israel zur Zielscheibe hat, nicht neu ist. Seine Ursprünge liegen in dem verhängnisvollen halben Jahrhundert, das durch die Nazis und dann durch ihre Zusammenarbeit mit Islamisten in Gang gesetzt und während des Kalten Krieges von der Sowjetunion, dem Ostblock und der radikalen Linken weltweit fortgesetzt wurde. Damals wurde die „Judenfrage" zur „Israelfrage". Das „Neue" ist, dass alle drei Gesichter des Antisemitismus gleichzeitig zu bedeutenden politischen Faktoren geworden sind.

Aus der Perspektive der Geschichte des Nationalsozialismus und des Kommunismus war das 20. Jahrhundert in Europa ein kurzes Jahrhundert, das durch die Niederlage des Nationalsozialismus im Jahr 1945 und die demokratischen Revolutionen von 1989 bis 1991, die die kommunistischen Regime in Osteuropa und dann in der Sowjetunion beendeten, geprägt war. Aus der Sicht der Gesamtgeschichte des Antisemitismus besteht dieser Aspekt des 20. jedoch auch im 21. Jahrhundert fort. In diesem Sinne hat sich das 20. Jahrhundert als lang und nicht als kurz erwiesen; es ist in der Tat noch nicht vorbei.

Die Niederlage Nazideutschlands und die anschließenden Enthüllungen seiner Verbrechen beendeten den Antisemitismus der Nazis als einen wichtigen Faktor in der Weltpolitik. Von 1945 bis in die ersten Jahrzehnte des 21. Jahrhunderts blieb der Antisemitismus der extremen Rechten, der sich vor allem in verschiedenen Formen der Holocaust-Leugnung äußerte, auf die politischen Ränder der westlichen Demokratien beschränkt. Der Nationalsozialismus und der Holocaust galten als das größte Übel der modernen Geschichte, und der damit verbundene Antisemitismus geriet in Verruf.

Doch die Wurzeln des Antisemitismus in der westlichen Kultur erwiesen sich als zu tief, als dass er nach dem Holocaust hätte verschwinden können. Nach der kurzen, aber folgenreichen Ära der sowjetischen Unterstützung für den Zionismus, die nur von 1947 bis 1949 andauerte, wandten sich die Sowjetunion, der Ostblock und die kommunistischen Parteien gegen Israel, und zwar mit Argumenten, die sich auf verschwörungstheoretische Übertreibungen der zionistischen Macht und Verzerrungen der Geschichte der Gründung Israels stützten. Die kommunistischen Staaten und Parteien schlugen im Kalten Krieg eine ideologische Brücke, die die alten antisemitischen Traditionen als vereinbar mit einem neu definierten linken Antifaschismus und Antiimperialismus darstellte. Nach dem Sechstagekrieg von 1967 verbreitete sich diese Art linker Angriffe auf Israel in der Generation, die in den 1960er Jahren herangewachsen war, sowohl in den westlichen Demokratien als auch in den Ländern des kommunistischen Blocks und unter nationalistischen Intellektuellen im globalen Süden. Sie überschritten regelmäßig die Grenze der Kritik an der Politik Israels zu falschen Vergleichen des jüdischen Staates mit Nazideutschland und der Apartheid in Südafrika sowie – am bekanntesten – zu den Resolutionen der Vereinten Nationen von 1975 und vielen anderen, die folgten und die ausschließlich Israel für das Ausbleiben einer Kompromisslösung im Konflikt mit den Palästinensern verantwortlich machten. Einige dieser Argumente spiegelten die im israelischen Parlament und in der dortigen Presse geäußerte Kritik an der Regierungspolitik wider, während andere die Legitimität des jüdischen Staates generell in Abrede stellten und an den Universitäten und in der linksgerichteten Publizistik Anklang fanden.

Nach der arabischen Niederlage im Sechstagekrieg von 1967 und der iranischen Revolution von 1979, die zur Gründung der Islamischen Republik führte, wurde der islamistische Antisemitismus zu einem größeren Faktor in arabischen und muslimischen Mehrheitsgesellschaften. In den letzten Jahrzehnten des Kalten Krieges koexistierte der linke Antizionismus nun mit einem wiederbelebten islamistischen Antisemitismus, der sich in der Hamas-Charta von 1988 ebenso zeigte wie in den Drohungen des Iran und seiner Erfüllungsgehilfen der Hisbollah, den Staat Israel zu zerstören. Die Anschläge vom 11. September 2001 und die darauf folgenden Attacken auf Juden in Israel und in Europa zeigten, dass der islamistische Judenhass zur wichtigsten Form des Antisemitismus in der Weltpolitik geworden war. In der akademischen Welt stießen die Argumente aus Kapitel 11 in diesem Buch, „Was ist alt und was ist neu am Terrorismus des islamischen Fundamentalismus?", aus Paul Bermans *Terror und Liberalismus* und aus Matthias Küntzels *Djihad und Judenhaß: Über den neuen antijüdischen Krieg* – die alle Liberale dazu aufforderten, den reaktionären und totalitären Charakter der islamistischen Ideologie zu erkennen und zu kritisieren – auf erheblichen Widerstand.[1] Mit wenigen Ausnahmen lenkten Akademiker und Politiker die öffentliche Aufmerksamkeit nicht auf den Zusammenhang zwischen Islamismus und Antisemitismus, weil sie befürchteten, dass dies „Islamophobie", das heißt Feindseligkeit gegenüber Muslimen im Allgemeinen, fördern würde, und/oder weil sie gedanklich nicht anerkennen wollten, dass reaktionäre Ideologien auch aus den Ländern des „globalen Südens" kommen könnten.[2]

Die Tatsache, dass der islamistische Antisemitismus eine Ideologie der extremen Rechten ist, wird verschleiert durch den Nebel der ebenfalls genutzten antiwestlichen und antiimperialistischen Rhetorik. Neben dem unverhohlenen Judenhass haben die ihm innewohnende Frauenfeindlichkeit, die Bedrohung von Homosexuellen, die Verherrlichung des Terrors und der religiöse Fanatismus dazu geführt, dass der islamistische Antisemitismus in der westlichen akademischen Welt keine Unterstützung gefunden hat. Mit der Verwendung des Begriffs „Islamophobie" ist es den Islamisten jedoch gelungen, die scharfe Kritik, die ihre reaktionäre Ideologie verdient, in liberalen Kreisen zu unterlaufen. Dagegen hat ein säkularer linker Antagonismus gegen den Staat Israel, wie er in dieser Arbeit diskutiert wurde, akademische Anerkennung gefunden, weil ihm die genannten politisch inkorrekten Eigenschaften fehlten. Zunächst war es die Neudefinition des Antifaschismus im Sowjetblock in den 1950er Jahren, die die Möglichkeit eines Antisemitismus mit progressivem Hintergrund schuf. Dann erwies sich die Behauptung, der Zionismus sei eine Form des Rassismus und der Antizionismus daher eine Form des Antirassismus und nicht des Antisemitismus, als entscheidend. Dies förderte den Antisemitismus, der zum ersten Mal in der Geschichte dieses Hasses darauf bestand, dass er ebendies nicht sei und dass der Vorwurf des Antisemitismus eine Form der zionistischen Propaganda oder, in jüngerer Zeit, „weißer Privilegien" oder einfach des weißen Rassismus sei.

In den letzten zwei Jahrzehnten hat der Antisemitismus der extremen Rechten, der viele Jahre lang am Rande der westlichen Politik blieb, durch die Idee des „großen Austauschs“ Einzug in den politischen Mainstream gehalten. Dieser zufolge sind die Juden die treibende Kraft hinter den Einwanderungswellen nichtweißer Menschen, die die Weißen in Europa, den Vereinigten Staaten, Kanada und Australien ersetzen und zahlenmäßig übertreffen werden. Dies ist die zentrale antisemitische Verschwörungstheorie der extremen Rechten auf der ganzen Welt. Dieser bekannte rechte Judenhass zeigte sich bei dem Anschlag in Charlottesville 2017, bei der Ermordung von elf Juden in der *Tree-of-Life*-Synagoge in Pittsburgh 2018 und bei den Rechtsextremisten, die am 6. Januar 2021 das US-Kapitol angriffen. Trumps Äußerung, dass es in Charlottesville „gute Menschen auf beiden Seiten“ gegeben habe, schuf Verbindungen zwischen den Extremen und dem Mainstream, die viele von uns bereits im Frühjahr 2016 hatten entstehen sehen.

Das gleichzeitige Auftreten der drei Gesichter des Antisemitismus bedeutet, dass jedes von ihnen, ob gewollt oder nicht, die beiden anderen verstärkt, indem es zum allgemeinen Klima der Feindseligkeit gegenüber Juden in der ganzen Welt und gegenüber dem Staat Israel beiträgt. Diese Gleichzeitigkeit schafft eine Synergie zwischen den rechten, linken und islamistischen Gesichtern des Antisemitismus. Es ist zu begrüßen, dass Wissenschaftler, vor allem in Europa, Israel und den Vereinigten Staaten, darunter auch Wissenschaftler der jungen Generation, mit einer Flut von wissenschaftlichen Arbeiten zu den drei Gesichtern des Antisemitismus reagiert haben. Die Ergebnisse ihrer Arbeit sind in den vorangegangenen Kapiteln ersichtlich.

Die Geschichte des Nationalsozialismus und des Holocaust wird die Historiker des Antisemitismus zu Recht weiterhin beschäftigen. Die Leugnung des Holocaust und die schiere Unkenntnis grundlegender Tatsachen bestehen fort. Im Jahr 2023 ist es unerlässlich, sich mit dem Holocaust und dem Antisemitismus der extremen Rechten wissenschaftlich zu beschäftigen, aber es ist nicht ausreichend. Rechte Parteien in den Demokratien und autoritäre Staaten führen Kulturkriege, die mit antisemitischen Verschwörungstheorien kokettieren. Die Gefahr liegt auf der Hand. Doch um erfolgreich zu sein, muss der Kampf gegen Antisemitismus heute auch Formen, die von links und den Islamisten kommen, klar beschreiben und kritisieren. Diese Bemühungen müssen in der Wissenschaft und in unserem intellektuellen Leben intensiviert werden. So wie die drei Gesichter des Antisemitismus fortbestehen, sollten auch die Bemühungen der Wissenschaftler, sie zu verstehen und zu bekämpfen, fortgesetzt werden.

Anmerkungen

1 Paul Berman: *Terror und Liberalismus* (Hamburg: Europäische Verlagsanstalt, 2004); auf Englisch erschienen als *Terror and Liberalism* (New York: W. W. Norton, 2003); Matthias Küntzel: *Djihad und Judenhaß: Über den neuen antijüdischen Krieg* (Freiburg: Ça ira Verlag, 2002); auf Englisch erschienen als *Jihad and Jew-Hatred: Islamism, Nazism and the Roots of 9/11* (New York: Telos Press, 2007).

2 Zwei wichtige Ausnahmen waren Bassam Tibi: *Islamism and Islam* (New Haven, CT: Yale University Press, 2012); und Küntzel: *Djihad und Judenhaß.*

AUSGEWÄHLTE BIBLIOGRAFIE

Ich führe im Folgenden Schriften auf, die für die Abfassung dieses Buches bedeutend waren oder die in den letzten Jahrzehnten in der inzwischen umfangreichen und wachsenden internationalen wissenschaftlichen Diskussion über die verschiedenen Formen des Antisemitismus eine gewichtige Rolle gespielt haben.

Academic Engagement Network: *Academic Freedom, Freedom of Expression, and the BDS Challenge: A Guide and Resource Book for Faculty* (United States: Academic Engagement Network, 2017).

—: *Antisemitism, Jewish Identity, and Freedom of Expression on Campus: A Guide and Resource Book for Faculty & University Leaders* (Academic Engagement Network: 2022): https://academicengagement.org/2022-guide/ (sämtliche im Folgenden gelistete Internetverweise wurden abgerufen am 8.11.24).

Ajami, Fouad: *The Arab Predicament: Arab Political Thought and Practice Since 1967* (New York/Cambridge, 1981).

—: *The Dream Palace of the Arabs: A Generation's Odyssey* (New York: Vintage Books, [1998] 1999).

—: *In This Arab Time: The Pursuit of Deliverance* (Stanford, CA: Hoover Institution Press, 2014).

Améry, Jean: *Aufsätze zur Politik und Zeitgeschichte*, Werke, Band 7, (Stuttgart: Klett-Cotta, 2005).

Bauer, Yehuda: *Die dunkle Seite der Geschichte: Die Shoah in historischer Sicht. Interpretationen und Re-Interpretationen* (Frankfurt am Main: Jüdischer Verlag, 2001).

Bendersky, Joseph W.: *The Jewish Threat: Anti-Semitic Politics of the U.S. Army* (New York: Basic Books, 2000).

Bensoussan, Georges: *Juifs en Pays Arabes: Le grand déracinement, 1850–1975* (Paris: Edition Tallandier, 2012).

—: „Les Juifs d'Orient face au nazisme et à la Shoah (1930–1945)", in: ders. (Hrsg.): *Revue D'Histoire de la Shoah 205* (October 2016) (Paris: Fondation pour la memoire de la Shoah/Centre de documentation juive contemporaine, 2016).

Berman, Paul: *Terror und Liberalismus* (Hamburg: Europäische Verlagsanstalt, 2004); auf Englisch erschienen als *Terror and Liberalism* (New York: W. W. Norton, 2003).

—: *The Flight of the Intellectuals* (Brooklyn, NY: Melville Press, 2010).
Birnbaum, Pierre: „The French Radical Right: From Anti-Semitic Zionism to Anti-Semitic Anti-Zionism“, in: Jeffrey Herf (Hrsg.): *Anti-Semitism and Anti-Zionism in Historical Perspective: Convergence and Divergence* (London/New York: Routledge, 2007).
Bracher, Karl: *Die deutsche Diktatur: Entstehung, Struktur, Folgen des Nationalsozialismus* (Köln: Kiepenheuer & Witsch, 1969).
—: *Zeitgeschichtliche Kontroversen: Um Faschismus, Totalitarismus, Demokratie* (München: Piper Verlag, 1976).
—: „The Role of Hitler: Perspectives of Interpretation“, in: Walter Laqueur (Hrsg.): *Fascism: A Reader's Guide* (Berkeley: University of California Press, 1976), 211–225.
Breitman, Richard: *Der Architekt der „Endlösung“: Himmler und die Vernichtung der europäischen Juden* (Paderborn: Schöningh, 1996).
Breitman, Richard und Goda, Norman J. W.: *Hitler's Shadow: Nazi War Criminals, U.S. Intelligence, and the Cold War* (CreateSpace Independent Publishing Platform: United States, 2014).
Brent, Jonathan: *Stalin's Last Crime: The Plot Against Jewish Doctors, 1948–1953* (New York: Harper, 2004).
Broder, Henryk M.: *Der ewige Antisemit: Über Sinn und Funktion eines beständigen Gefühls*, 2. Auflage (Berlin: Berliner Taschenbuch Verlag, 2006).
—: *Vergesst Auschwitz! Der deutsche Erinnerungswahn und die Endlösung der Israel-Frage* (München: Albrecht Knaus Verlag, 2012).
Browning, Christopher: *Die Entfesselung der „Endlösung“: Nationalsozialistische Judenpolitik 1939–1942* (mit einem Beitrag von Jürgen Matthäus) (Berlin: Propyläen, 2003).

Chaouat, Bruno: „Antisemitism Redux: On Literary and Theoretical Perversions“, in: Alvin H. Rosenfeld (Hrsg.): *Resurgent Antisemitism: Global Perspectives* (Bloomington: Indiana University Press, 2013), 118–139.
Chatterley, Catherine: *Disenchantment: The Meaning of Western Civilization after Auschwitz* (Syracuse: Syracuse University Press, 2011).
—: „The Antisemitic Imagination“, in: Charles Asher Small (Hrsg.): *Global Antisemitism: A Crisis of Modernity. Volume I: Conceptual Approaches* (Leiden: Brill, 2013), 79–84.
—: „Leaving the Post-Holocaust Period: The Effects of Anti-Israeli Attitudes on Perceptions of the Holocaust“, in: Alvin H. Rosenfeld (Hrsg.): *Anti-Zionism and Antisemitism: The Dynamics of Delegitimization—Studies in Antisemitism* (Bloomington: Indiana University Press, 2019), 158–174.

Dawidowicz, Lucy: *The Historians and the Holocaust* (Cambridge, MA: Harvard University Press, 1981).

Engelstein, Laura: *The Resistable Rise of Antisemitism: Exemplary Cases from Russia, Ukraine, and Poland* (Waltham, MA: Brandeis University Press, 2020).

Erickson, Robert und Heschel, Susannah (Hrsg.): *Betrayal: The German Churches and the Holocaust* (Minneapolis, MN: Fortress Press, 1999).

Evans, Richard J.: *Der Geschichtsfälscher: Holocaust und historische Wahrheit im David-Irving-Prozess* (Frankfurt am Main: Campus, 2001).

—: *Das Dritte Reich und seine Verschwörungstheorien: Wer sie in die Welt gesetzt hat und wem sie nutzen – Von den „Protokollen der Weisen von Zion" bis zu Hitlers Flucht aus dem Bunker* (München: DVA, 2021).

Fine, Robert und Spencer, Philip: *Antisemitism and the Left: On the Return of the Jewish Question* (Manchester: Manchester University Press, 2017)

Fredrickson, George: *Racism: A Short History* (Princeton, NJ: Princeton University Press, 2002).

Friedländer, Saul: *Das Dritte Reich und die Juden, Band I: Die Jahre der Verfolgung 1933–1939* (München: C. H. Beck, 2007).

—: *Das Dritte Reich und die Juden, Band II: Die Jahre der Vernichtung 1939–1945* (München: C. H. Beck, 2006).

Furet, François: *Das Ende der Illusion: Der Kommunismus im 20. Jahrhundert* (München: Piper, 1996).

—: „Israel", in: *Un Itinéraire Intellectuel: L'historien journaliste de France-Observateur au Nouvel Observateur (1958–1997)* (Paris: Calmann-Lévy, 1999), 451–504.

Gallner, Marlene: „Like a Cloud Contains a Storm: Jean Améry's Critique of Anti-Zionism", *Fathom Journal* (August 2016): https://fathomjournal.org/like-a-cloud-contains-a-storm-jean-amerys-critique-of-anti-zionism/.

Gensicke, Klaus: *Der Mufti von Jerusalem und die Nationalsozialisten: Eine politische Biographie Amin el-Husseinis* (Darmstadt: Wissenschaftliche Buchgesellschaft, 2007).

Geras, Norman, et al.: *The Euston Manifesto* (London: 2006): https://eustonmanifesto.org/the-euston-manifesto/.

Goda, Norman (Hrsg.): *Envoy to the Promised Land: The Diaries and Papers of James G. McDonald,* 1948–1951 (Bloomington: Indiana University Press, 2017).

—: *The Holocaust: Europe, the World, and the Jews, 1918–1945*, 2. Auflage (New York/London: Routledge, 2022).
Grigat, Stephan: „Die Sehnsucht nach Freiheit und die Vernichtungsdrohungen gegen Israel", in: ders. und Hartmann, Simone Dinah (Hrsg.): *Iran im Weltsystem: Bündnisse des Regimes und Perspektiven der Freiheitsbewegung* (Innsbruck/Wien: Studien Verlag, 2010), 12–20.
—: *Die Einsamkeit Israels: Zionismus, die israelische Linke und die iranische Bedrohung* (Hamburg: Konkret, 2014).
—: „Antisemitic Anti-Zionism: Muslim Brotherhood, Iran, and Hezbollah", in: Armin Lange, Kerstin Mayerhofer, Dina Porat und Lawrence H. Schiffman (Hrsg.): *Confronting Antisemitism in Media, the Legal, and Political Worlds: An End to Antisemitism! Volume 5* (Berlin: De Gruyter, 2021), 149–172.
— (Hrsg.): *Kritik des Antisemitismus in der Gegenwart: Erscheinungsformen – Theorien – Bekämpfung* (Baden-Baden: Nomos Verlag, 2023).
Grigat, Stephan und Hartmann, Simone Dinah (Hrsg.): *Der Iran: Analyse einer islamischen Diktatur und ihrer europäischen Förderer* (Innsbruck/Wien: Studien Verlag, 2008).
—: *Iran im Weltsystem: Bündnisse des Regimes und Perspektiven der Freiheitsbewegung* (Innsbruck/Wien: Studien Verlag, 2010).

Habermas, Jürgen; Friedländer, Saul; Frei, Norbert und Steinbacher, Sybille: *Ein Verbrechen ohne Namen: Anmerkungen zum neuen Streit über den Holocaust* (München: C. H. Beck, 2022).
Hakakian, Roya: *Assassins of the Turquoise Palace* (New York: Grove Press, 2011).
Hanebrink, Paul: *A Specter Haunting Europe: The Myth of Judeo-Bolshevism* (Cambridge, MA: Harvard University Press, 2018).
Harrison, Bernard: *Blaming the Jews: Politics and Delusion* (Bloomington: Indiana University Press, 2020).
Hartmann, Christian; Vordermayer, Thomas; Plöckinger, Othmar und Töppel, Roman (Hrsg.): *Hitler, Mein Kampf: Eine kritische Edition* (München/Berlin: Institut für Zeitgeschichte, 2016).
Herf, Jeffrey: „The ‚Holocaust' Reception in West Germany: Left, Right and Center", *New German Critique* 19 (Winter, 1980), 30–52.
—: „The Engineer as Ideologue: Reactionary Modernists in Weimar and Nazi Germany" *Journal of Contemporary History* 19 (1984), 631–648.
—: *Reactionary Modernism: Technology, Culture and Politics in Weimar and the Third Reich* (New York/Cambridge, UK: Cambridge University Press, 1984).
—: „Multiple Restorations: German Political Traditions and the Interpretation of Nazism, 1945–1946", *Central European History* 26, 1 (1993), 21–55.
—: „Der Geheimprozeß", *Die Zeit*, 7. Oktober 1994.

—: „East German Communists and the Jewish Question: The Case of Paul Merker", *Journal of Contemporary History* 29, 4 (Oktober 1994), 627–662.
—: „Dokumentation: Antisemitismus in der SED: Geheime Dokumente zum Fall Paul Merker aus SED- und MfS-Archiven", *Vierteljahrshefte für Zeitgeschichte* 42, 4 (Oktober 1994), 1–32.
—: *Zweierlei Erinnerung. Die NS-Vergangenheit im geteilten Deutschland* (Berlin: Propyläen, 1998).
—: „The Historian as Provocateur: George Mosse's Accomplishment and Legacy", *Yad Vashem Studies* 29 (2001), 7–26.
—: „The ‚Jewish War': Goebbels and the Antisemitic Campaigns of the Nazi Propaganda Ministry", *Holocaust and Genocide Studies* 19, 1 (Frühjahr 2005), 51–80.
—: *The Jewish Enemy: Nazi Propaganda During World War II and the Holocaust* (Cambridge, MA: Harvard University Press, 2006).
—: „Convergence: The Classic Case Nazi Germany, Anti-Semitism and Anti-Zionism during World War II", in: ders. (Hrsg.): *Anti-Semitism and Anti-Zionism in Historical Perspective: Convergence and Divergence* (New York/London: Routledge, 2007), 50–70.
—: „A Comparative Perspective on Antisemitism, Radical Antisemitism in the Holocaust and American White Racism", *The Journal of Genocide Research* 9, 4 (Dezember 2007), 575–600.
—: „Nazi Germany's Propaganda Aimed at Arabs and Muslims During World War II and the Holocaust: Old Themes, New Archival Findings", *Central European History* 42, 4 (Dezember 2009), 709–736.
—: *Nazi Propaganda for the Arab World* (New Haven, CT: Yale University Press, 2009).
—: „Hitlers Dschihad: NS-Rundfunkpropaganda für Nordafrika und den Nahen Osten", *Vierteljahrshefte für Zeitgeschichte* 58, 2 (2010), 259–286.
—. „Gunter Grass's ‚What Must Be Said': A Blood Libel for Our Times", *German Studies Review* 36, 2 (Mai 2013), 384–388.
—: „,The War and the Jews': Nazi Propaganda in the Second World War", in: Jörg Echternkamp (Hrsg.): *Germany and the Second World War: Volume IX/II, German Wartime Society 1939–1945: Exploitation, Interpretations, Exclusion* (Oxford: Oxford University Press, 2014), 163–204.
—: „At War with Israel: East Germany's Key Role in Soviet Policy in the Middle East", *Journal of Cold War Studies* 16, 3 (Sommer 2014), 129–163.
—: „Haj Amin el-Husseini, the Nazis and the Holocaust: The Origins, the Nature and Aftereffects of Collaboration", *Jewish Political Studies Review* 26, 3/4 (Herbst 2014), 13–37.
—: *Unerklärte Kriege gegen Israel: Die DDR und die westdeutsche radikale Linke, 1967–1989* (Göttingen: Wallstein Verlag, 2019).

—: „The Anti-Zionist Bridge: The East German Communist Contribution to Antisemitism's Revival After the Holocaust", *Antisemitism Studies* 23, 1 (Frühjahr 2017), 130–156.
—: „Correspondence", *The Jewish Quarterly* 245 (August 2021), 101–103.
—: *Israel's Moment: International Support for and Opposition to Establishing the Jewish State, 1945–1949* (New York/Cambridge: Cambridge University Press, 2022).
Herzinger, Richard: *Endzeit-Propheten, oder Die Offensive der Antiwestler: Fundamentalismus, Antiamerikanismus und Neue Rechte* (Reinbek bei Hamburg: Rowohlt Verlag, 1995).
—: *Hold These Truths,* Website: https://herzinger.org/ueber-diese-seite.
Heschel, Susannah: *The Aryan Jesus: Christian Theologians and the Bible in Nazi Germany* (Princeton, NJ: Princeton University Press, 2010).
Hirsh, David: *Contemporary Left Antisemitism* (London: Routledge/Taylor and Francis, 2018).

Igounet, Valérie: *Histoiré du négationnisme en France* (Paris: Seuil, 2000).
—: *Robert Faurisson: portrait d'un négationniste* (Paris: Denoél, 2012).
International Holocaust Remembrance Alliance: „Definition of Antisemitism", 26. Mai 2016: https://www.holocaustremembrance.com/resources/working-definitions-charters/working-definition-antisemitism.

Jacobs, Jack: *The Frankfurt School, Jewish Lives, and Antisemitism* (New York: Cambridge University Press, 2015).
Jander, Martin; Heitzer, Enrico; Kahane, Anetta und Poutros, Patrice G. (Hrsg.): *Nach Auschwitz: Schwieriges Erbe DDR* (Frankfurt am Main: Wochenschau Verlag, 2021).
Jikeli, Günther: „Antisemitic Acts and Attitudes in Contemporary France. The Effects on French Jews", *Antisemitism Studies* 2, 2 (Herbst 2018), 297–320.
—: (Hrsg.): *The Return of Religious Antisemitism* (Basel: MDPI Books, 2021).
—: „Attitudes of Syrian and Iraqi Refugees in Germany toward Jews", in: Armin Lange, Kerstin Mayerhofer, Dina Porat und Lawrence H. Schiffmann (Hrsg.): *Confronting Antisemitism in Modern Media, the Legal and Political Worlds* (Berlin: De Gruyter, 2021), 239–268.
Johnson, Alan: „Antisemitism in the Guise of Anti-Nazism: Holocaust Inversion in the United Kingdom during Operation Protective Edge", in: Alvin H. Rosenfeld (Hrsg.): *Anti-Zionism and Antisemitism: The Dynamics of Delegitimization—Studies in Antisemitism* (Bloomington: Indiana University Press, 2019), 175–199.

Julius, Anthony: *Trials of the Diaspora: A History of Anti-Semitism in England* (New York/Oxford: Oxford University Press, 2012).
Julius, Lynn: *Uprooted: How 3000 Years of Jewish Civilization in the Arab World Vanished Overnight* (London: Vallentine Mitchell, 2018).

Kahane, Anetta; Radvan, Heike und Leo, Anetta: *Das hat's bei uns nicht gegeben! Antisemitismus in der DDR: Das Buch zur Ausstellung der Amadeu Antonio Stiftung* (Berlin: Amadeu Antonio Stiftung, 2010).
Katz, Steven T. (Hrsg.): *Cambridge Companion to Antisemitism* (New York/Cambridge: Cambridge University Press, 2022).
Klaff, Lesley: „Fraser v University and College Union: Anti-Zionism, Antisemitism, and Racializing Discourse", in: Alvin H. Rosenfeld (Hrsg.): *Anti-Zionism and Antisemitism: The Dynamics of Delegitimization – Studies in Antisemitism* (Bloomington: Indiana University Press, 2019), 200–220.
Kloke, Martin: *Israel und die deutsche Linke: Zur Geschichte eines schwierigen Verhältnisses*, 2. Auflage (Frankfurt am Main: Haag und Herchen und Deutsch-Israelischer Arbeitskreis für Frieden im Nahen Osten, 1994).
Kramer, Martin: *Ivory Towers on Sand: The Failure of Middle Eastern Studies in America* (Washington, DC: Washington Institute for Near East Policy, 2001).
—: *The War on Error: Israel, Islam, and the Middle East* (New Brunswick, NJ/London: Transaction Publishers, 2016).
Kraushaar, Wolfgang: *Die Bombe im Jüdischen Gemeindehaus* (Hamburg: Hamburger Edition, 2005).
— (Hrsg.): *Die RAF und der linke Terrorismus*, 2 Bände (Hamburg: Hamburger Edition, 2006).
—: *„Wann endlich beginnt bei Euch der Kampf gegen die heilige Kuh Israel?" München 1970: Über die antisemitischen Wurzeln des deutschen Terrorismus* (Reinbek bei Hamburg: Rowohlt Verlag, 2013).
Küntzel, Matthias: *Djihad und Judenhaß: Über den neuen antijüdischen Krieg* (Freiburg: Ça ira, 2002).
—: *Heimliches Einverständnis? Islamischer Antisemitismus und deutsche Politik* (Berlin: LIT Verlag, 2007).
—: *Die Deutschen und der Iran: Geschichte und Gegenwart einer verhängnisvollen Freundschaft* (Berlin: WJS, 2009).
—: *Deutschland, Iran und die Bombe: Eine Entgegnung – auch auf Günter Grass* (Berlin: LIT Verlag, 2012).
—: *Nazis und der Nahe Osten: Wie der Islamische Antisemitismus entstand* (Berlin/Leipzig: Hentrich & Hentrich, 2019).
—: „... die Besonderheit des Antisemitismus erkennen ...", in: *Verleihung des Theodor-Lessing-Preises 2022 an Dr. Matthias Küntzel. Dokumentation der*

Festreden (Arbeitsgemeinschaft Hannover Deutsch-Israelische Gesellschaft, 2022), 51–57.

—: Website mit Aufsätzen: http://www.matthiaskuentzel.de/contents/.

Küntzel, Matthias; Thörner, Klaus et al.: *Goldhagen und die Deutsche Linke* (Berlin: Elefanten Press, 1997).

Landes, Richard: *Can „The Whole World" Be Wrong?: Lethal Journalism, Antisemitism, and Global Jihad* (New York: Academic Press, 2022).

Laqueur, Walter: *Gesichter des Antisemitismus: Von den Anfängen bis heute* (Berlin: Propyläen, 2008).

Lewis, Bernard: *„Treibt sie ins Meer!" Die Geschichte des Antisemitismus* (Frankfurt am Main: Ullstein, 1987).

Linfield, Susie: *The Lions' Den: Zionism and the Left from Hannah Arendt to Noam Chomsky* (New Haven, CT: Yale University Press, 2019).

Lipstadt, Deborah E.: *Betrifft: Leugnen des Holocaust.* Mit einer Einführung von Erwin Leiser (Rio-Verlag, Zürich 1994).

—: *Antisemitism: Here and Now* (New York: Schocken, 2019).

Litvak, Meir und Webman, Esther: *From Empathy to Denial: Arab Responses to the Holocaust* (London: Hurst and Company, 2009).

Mallmann, Klaus-Michael und Cüppers, Martin: *Halbmond und Hakenkreuz: Das Dritte Reich, die Araber und Palästina* (Darmstadt: Wissenschaftliche Buchgesellschaft, 2006).

Markovits, Andrei S.: *Uncouth Nation: Why Europe Dislikes America* (Princeton, NJ: Princeton University Press, 2007).

— und Herf, Jeffrey: „Letter to the Editor about John Mearsheimer and Stephen Walt on ‚the Israel Lobby'", *London Review of Books* 28, 7, 6. April 2006: https://www.lrb.co.uk/the-paper/v28/n07/letters.

—: „An Inseparable Tandem of European Identity? Anti-Americanism and Anti-Semitism in the Short and Long Run", in: Jeffrey Herf (Hrsg.): *Anti-Semitism and Anti-Zionism in Historical Perspective: Convergence and Divergence* (London/New York: Routledge, 2007), 71–91.

MEMRI, the Middle East Media, and Research Institute (https://www.memri.org/archives). Siehe dessen „Lantos Archive on Antisemitism and Holocaust Denial", https://www.memri.org/subjects/antisemitism-documentation-project.

Meuschel, Sigrid: *Legitimation und Parteiherrschaft in der DDR* (Frankfurt am Main: Suhrkamp, 1992).

Morris, Benny: *1948: Der erste arabisch-israelische Krieg* (Leipzig/Berlin: Hentrich & Hentrich, 2023).
Mosse, George L.: *The Crisis of German Ideology: Intellectual Origins of the Third Reich* (New York: Grosset and Dunlap, 1964; Neuauflage: Madison: University of Wisconsin Press, 2021).
Muller, Jerry Z.: *The Other God that Failed: Hans Freyer and the Deradicalization of German Conservatism* (Princeton, NJ: Princeton University Press, 1987).
—: *The Mind and the Market: Capitalism in Modern European Thought* (New York: Knopf, 2002).
—: *Capitalism and the Jews* (Princeton, NJ: Princeton University Press, 2010).
Muravchik, Joshua: *Making David into Goliath: How the World Turned Against Israel* (New York: Encounter, 2014).
Murawiec, Laurent: *The Mind of Jihad* (New York: Cambridge University Press, 2008).

Nelson, Cary: *Israel Denial: Anti-Zionism, Anti-Semitism and The Faculty Campaign Against the Jewish State* (Bloomington, IN: Indiana University Press, und Academic Engagement Network, 2019).
Nelson, Cary und Brahm, Gabriel Noah (Hrsg.): *The Case Against Academic Boycotts of Israel* (Detroit, MI: Wayne State University Press, 2015).
Nirenberg, David: *Anti-Judaismus: Eine andere Geschichte des westlichen Denkens* (München: C. H. Beck, 2015).
Norwood, Stephen H.: *Antisemitism and the American Far Left* (New York: Cambridge University Press, 2013).

Patterson, David: *A Genealogy of Evil: Anti-Semitism from Nazism to Islamic Jihad* (New York/Cambridge: Cambridge University Press, 2011).
Perry, Marvin und Schweitzer, Frederick M. (Hrsg.): *Antisemitic Myths: A Historical and Contemporary Anthology* (Bloomington: Indiana University Press, 2008).
Pipes, Daniel: *Verschwörung: Faszination und Macht des Geheimen* (München: Gerlin Akademie Verlag, 1998).
Poliakov, Léon: *Geschichte des Antisemitismus*. In 8 Bänden (Worms: Heintz Verlag). Band I. *Von der Antike bis zu den Kreuzzügen* (1977); II. *Das Zeitalter der Verteufelung und des Ghettos*. (Mit Anhang: *Zur Anthropologie der Juden*; 1978); III. *Religiöse und soziale Toleranz unter dem Islam* (1979); IV. *Die Marranen im Schatten der Inquisition* (1981); V. *Die Aufklärung und ihre judenfeindliche Tendenz* (1983); VI. *Emanzipation und Rassenwahn* (1987); VII. *Zwischen*

Assimilation und „jüdischer Weltverschwörung" (1988); VIII. *Am Vorabend des Holocaust* (1988).

Porat, Dina: „Holocaust Denial and the Image of the Jew, or: They Boycott Auschwitz as an Israeli Product", in: Alvin H. Rosenfeld (Hrsg.): *Insurgent Antisemitism: Global Perspectives* (Bloomington: Indiana University Press, 2013), 467–481.

—: „Anti-Zionism as Antisemitism", in: Steven T. Katz (Hrsg.): *The Cambridge Companion to Antisemitism* (New York/Cambridge: Cambridge University Press, 2022), 448–464.

Probst, Christopher J.: *Demonizing the Jews: Luther and the Protestant Church in Nazi Germany* (Bloomington: Indiana University Press, 2012).

Rabinbach, Anson: *Staging the Third Reich: Essays in Cultural and Intellectual History* (New York: Routledge, 2020).

Rabinbach, Anson und Gilman, Sander L. (Hrsg.): *The Third Reich Sourcebook* (Berkeley/Los Angeles: University of California Press, 2013).

Rensmann, Lars: *The Politics of Unreason: The Frankfurt School and the Origins of Modern Antisemitism* (Albany, NY: SUNY Press, 2017).

Rosenfeld, Alvin H.: *Anti-Zionism and Antisemitism: The Dynamics of Delegitimation* (Bloomigton: Indiana University Press, 2019).

Rubin, Barry und Schwanitz, Wolfgang G.: *Nazis, Islamists and the Making of the Modern Middle East* (New Haven, CT: Yale University Press, 2014).

Salzborn, Samuel: *The Modern State and Its Enemies: Democracy, Nationalism and Antisemitism* (London: Anthem Press, 2020).

—: *Globaler Antisemitismus: Eine Spurensuche in den Abgründen der Moderne*, 3. Auflage (Weinheim: Juventa Verlag, 2022).

Schwartz, Adi und Wilf, Einat: *Der Kampf um Rückkehr: Wie die westliche Nachsicht für den palästinensischen Traum den Frieden behindert hat* (Berlin/Leipzig: Hentrich & Hentrich, 2022).

Schwarz-Friesel, Monika und Reinharz, Jehuda: *Inside the Antisemitic Mind: The Language of Jew-Hatred in Contemporary Germany* (Waltham, MA: Brandeis University Press, 2017).

Seymour, David: „‚New Europe', Holocaust Memory and Antisemitism", in: Charles Asher Small (Hrsg.): *Global Antisemitism: A Crisis of Modernity, Volume I. Conceptual Approaches* (New York: Institute for the Study of Global Antisemitism and Policy, 2013), 21–29.

—: „Continuity and Discontinuity: From Antisemitism to Antizionism and the Reconfiguration of the Jewish Question“, *Journal of Contemporary Antisemitism* 2, 2 (2019), 11–24.

Sinkoff, Nancy: *From Left to Right: Lucy S. Dawidowicz: New York Intellectuals, and the Politics of Jewish History* (Detroit: Wayne State University Press, 2020).

Small, Charles Asher (Hrsg.): *Global Antisemitism: A Crisis of Modernity. Volume I: Conceptual Approaches; Volume II: The Intellectual Environment; Volume III: Antisemitism in Comparative Perspective; Volume IV: Islamism and the Arab World; Volume V: Reflections* (New York: Institute for the Study of Global Antisemitism and Policy; CreateSpace Independent Publishing Platform, [2013] 2014).

Steigmann-Gall, Richard: *The Holy Reich: Nazi Conceptions of Christianity, 1919–1945* (New York/Cambridge: Cambridge University Press, 2014).

Stögner, Karin: *Antisemitismus und Sexismus: Historisch-gesellschaftliche Konstellationen* (Baden-Baden: Nomos Verlagsgesellschaft, 2014).

—: „New Challenges in Feminism: Intersectionality, Critical Theory, and Anti-Zionism“, in: Alvin H. Rosenfeld (Hrsg.): *Anti-Zionism and Antisemitism: The Dynamics of Delegitimation* (Bloomington: Indiana University Press, 2019), 84–111.

—: „Antisemitism and Intersectional Feminism: Strange Alliances“, in: Armin Lange, Kerstin Mayerhofer, Dina Porat und Lawrence H. Schiffman (Hrsg.): *Confronting Antisemitism in Media, the Legal, and Political Worlds: An End to Antisemitism! Volume 5* (Berlin: De Gruyter, 2021), 69–87.

—: und Bechter, Nicholas; Klaff, Lesley und Spencer, Philip (Hrsg.): *Contemporary Antisemitism and Racism in the Shadow of the Holocaust: Special issue of Journal for the Study of Antisemitism* (Boston, MA: Academic Studies Press, 2021).

Stola, Dariusz: „Anti-Zionism as a Multi-Purpose Policy Instrument: The Anti-Zionist Campaign in Poland, 1967–1968“, *Journal of Israeli History* 25, 1 (März 2006), 175–201.

Tabarovsky, Izabella: „Mahmoud Abbas's Dissertation“, *The Tablet Magazine*, 18. Januar 2023: https://www.tabletmag.com/sections/arts-letters/articles/mahmoud-abbas-soviet-dissertation.

Taguieff, Pierre-André: *L'antisémitisme* (Paris: Que Sais-Je: 2015).

—: *Le grand Remplacement ou la politique du mythe: Généalogie d'une representation polémique* (Paris: L'Observatoire, 2022).

Tibi, Bassam: *Islamism and Islam* (New Haven, CT: Yale University Press, 2012).

Trigano, Shmuel (Hrsg.): *La fin du judaisme en terres d'Islam* (Paris: Denöel, 2009).

Volkov, Shulamit: „Readjusting Cultural Codes: Reflections on Anti-Semitism and Anti-Zionism", in: Jeffrey Herf (Hrsg.): *Anti-Semitism and Anti-Zionism in Historical Perspective: Convergence and Divergence* (London/New York: Routledge, 2007), 38–49.

Vukadinović, Vojin Saša (Hrsg.): *Freiheit ist keine Metapher: Antisemitismus, Migration, Rassismus, Religionskritik* (Berlin: Querverlag, 2018).

Wald, James: „The New Replacement Theory: Anti-Zionism, Antisemitism, and the Denial of History", in: Alvin H. Rosenfeld (Hrsg.): *Anti-Zionism and Antisemitism: The Dynamics of Delegitimation* (Bloomington: Indiana University Press, 2019), 3–29.

Webman, Esther und Litvak, Meir: *From Empathy to Denial: Arab Responses to the Holocaust* (London: Hurst and Company, 2009).

—: „New Islamic Antisemitism, Mid-19th to the 21st Century", in: Steven T. Katz (Hrsg.): *Cambridge Companion to Antisemitism* (New York/Cambridge: Cambridge University Press, 2022), 430–447.

Whitman, James Q.: *Hitlers amerikanisches Vorbild: Wie die USA die Rassengesetze der Nationalsozialisten inspirierten* (München: C. H. Beck, 2018).

Wiese, Christian (Hrsg.): *Years of Persecution, Years of Extermination: Saul Friedländer and the Future of Holocaust Studies* (New York: Continuum, 2010).

Weitzman, Mark; Williams, Robert J. und Wald, James: *The Routledge History of Antisemitism* (New York/London: Routledge, 2024).

Wistrich, Robert S.: *Antisemitism: The Longest Hatred* (New York: Schocken, 1994).

—: *A Lethal Obsession: Antisemitism from Antiquity to the Global Jihad* (New York: Random House, 2010).

—: *From Ambivalence to Betrayal: The Left, the Jews, and Israel* (Lincoln, NB/London: University of Nebraska Press for the Vidal Sassoon International Center for the Study of Antisemitism, The Hebrew University of Jerusalem, 2012).

—: „Antisemitism and Holocaust Inversion", in: Anthony McElligott und Jeffrey Herf (Hrsg.): *Antisemitism Before and Since the Holocaust* (London: Palgrave/Macmillan, 2017), 37–49.

Wolin, Richard: *Heidegger in Ruins: Between Philosophy and Ideology* (New Haven, CT: Yale University Press, 2023).

Yakira, Elhanan: *Post-Holocaust, Post-Zionism: Three Essays on Denial, Forgetting and the Delegitimation of Israel* (New York/Cambridge: Cambridge University Press, 2009).

Jeffrey Herf: Essays zu Zeitgeschichte und Politik

Herf, Jeffrey: „Foreword to Matthias Küntzel“, in: *Jihad and Jew-Hatred: Islamism, Nazism and the Roots of 9/11* (New York: Telos Press, 2007): vii-xv.

—: „Wo sind die Antifaschisten?“, *Die Welt*, 2. Dezember 2007: https://www.welt.de/wams_print/article1421000/Wo-sind-die-Antifaschisten.html.

—: „What Does Coming to Terms with the Past Mean in the Berlin Republic in 2007“, *Telos*, 4. Februar 2008: https://www.telospress.com/what-does-coming-to-terms-with-the-pastmean-in-the-berlin-republic-in-2007/; und *Dissent/Democratiya* (Frühling 2008): https://www.dissentmagazine.org/democratiya_article/what-does-coming-to-terms-with-the-past-mean-in-the-berlin-republic-in-2007.

—: „Das Schweigen der Antifaschisten: Ein Geleitwort“, in: Stephan Grigat und Simone Dinah Hartmann (Hrsg.): *Der Iran: Analyse einer islamischen Diktatur und ihrer europäischen Förderer* (Innsbruck/Wien: Studien Verlag, 2008), 9–11.

—: „What Is Old and What Is New in the Terrorism of Islamic Fundamentalism“, *Partisan Review* 69, 1 (Winter 2002), 25–32; und in Murray Baumgarten, Peter Kenez, and Bruce Thompson (Hrsg.): *Varieties of Antisemitism: History, Ideology, Discourse* (Newark: University of Delaware Press, 2009), 370–376.

—: „Fresh Air in Central Europe“, *The New Republic*, 25. August 2011: http://www.tnr.com/blog/foreign-policy/77228/fresh-air-in-central-europe.

—: „Ideological Exceptionalism: Taking Iran's Antisemitism Seriously“, *The American Interest*, 2. Juni 2014: https://www.the-american-interest.com/2014/06/02/taking-irans-anti-semitism-seriously/.

—: „Why They Fight: Hamas' Too Little-Known Fascist Charter“, *The American Interest*, 1. August 2014: http://www.the-american-interest.com/articles/2014/08/01/why-they-fight-hamas-too-little-known-fascist-charter/.

—: „A Pro-Hamas Left Emerges“, *The American Interest*, 26. August 2014: http://www.the-american-interest.com/articles/2014/08/26/a-pro-hamas-left-emerges/.

—: „The Iran Deal and Antisemitism“, *Times of Israel*, 6. April 2015: http://blogs.timesofisrael.com/the-iran-deal-and-anti-semitism/.

—: „Historians Reject Anti-Israel Resolutions“, *The American Interest*, 19. Januar 2015: http://www.the-american-interest.com/2015/01/19/historians-reject-anti-israel-resolutions/.

—: „How BDS Failed in the American Historical Association“, *Times of Israel,* 26. Januar 2015: http://blogs.timesofisrael.com/how-bds-failed-in-the-american-historicalassociation/.

—: „Yet Again: The American Historical Association Rejects a Resolution Denouncing Israel“, *History News Network,* 15. Januar 2016: http://historynewsnetwork.org/article/161729; zuerst veröffentlicht in *Times of Israel,* 13. Januar 2016: http://blogs.timesofisrael.com/yet-again-the-american-historical-associationrejects-a-resolution-denouncing-israel-3/.

—: „Is Donald Trump a Fascist?“, *The American Interest,* 7. März 2016: https://www.the-american-interest.com/2016/03/07/is-donald-trump-a-fascist/.

—: „Elements of Conspiracy“, *The American Interest,* 31. Oktober 2016: http://www.the-american-interest.com/2016/10/31/elements-of-conspiracy/.

—: „1967: The Global Left and the Six Day War“, *Fathom Journal* (Frühjahr 2017): https://fathomjournal.org/1967-and-the-global-left-the-case-of-the-east-germanregime-and-the-west-german-radicals/.

—: „Lessons from German History after Charlottesville“, *History News Network,* 17. September 2017: https://historynewsnetwork.org/article/166864.

—: „Trump Doesn't Understand How Antisemitism Works: Neither Do Most Americans“, *Washington Post,* 27. Oktober 2018: https://www.washingtonpost.com/outlook/2018/10/28/trump-doesnt-understand-how-anti-semitism-works-neither-do-most-americans/.

—: „Die drei Gesichter des Antisemitismus“, *Frankfurter Allgemeine Zeitung,* 26. März 2020.

—: „The 2020 National Elections: An American Reckoning“, *Israel Journal of Foreign Affairs,* 10. September 2020, 169–182: https://www.tandfonline.com/doi/abs/10.1080/23739770.2020.1810405.

—: „Trump's Refusal to Acknowledge Defeat Mirrors the Lie that Fueled the Nazi Rise“, *Washington Post,* 23. November 2020: https://www.washingtonpost.com/outlook/2020/11/23/trumps-refusal-acknowledge-defeat-mirrors-lie-that-fueled-nazi-rise/.

—: „The January 6th Assault on Congress and the Fate of the GOP's Faustian Bargain with Trump: Notes from German History“, *History News Network,* 31. Januar 2021: https://historynewsnetwork.org/article/178983.

—: „IHRA and JDA: Examining Definitions of Antisemitism in 2021“, *Fathom Journal* (April 2021): https://fathomjournal.org/ihra-and-jda-examining-definitions-ofantisemitism-in-2021/.

—: „Fascism with a Religious Face: Hamas at War with Israel: Forever“, *American Purpose,* 26. Mai 2021: https://www.tandfonline.com/doi/abs/10.1080/2373 9770.2020.1846108.

—: „Laudatio“ zur *Verleihung des Theodor-Lessing-Preises 2022 an Dr. Matthias Küntzel. Dokumentation der Festreden*, 14. Juni 2022 (Arbeitsgemeinschaft Hannover: Deutsch-Israelische Gesellschaft, 2022), 21–44.
—: „Nazi Antisemitism and Islamist Hate“, *The Tablet Magazine*, 6. Juli 2022: https://www.tabletmag.com/sections/history/articls/the-nazi-roots-of-islamist-hate.
—: „Heidegger's Downfall: Review of Richard Wolin's Heidegger in Ruins“, *Quillette*, 22. Februar 2023: https://quillette.com/2023/02/22/heideggers-downfall/.
—: „Israel Is Antiracist, Anti-Colonialist, Anti-Fascist (and Was from the Start)“, *SAPIR* 9 (Frühjahr 2023), 96–103: https://sapirjournal.org/israel-at-75/2023/04/israel-is-antiracist-anti-colonialist-anti-fascist-and-was-from-the-start/.
—: und Andrei S. Markovits: „Letter to the Editor about John Mearsheimer and Stephen Walt on ‚the Israel Lobby‘“, *London Review of Books* 28, 7, 6. April 2006: https://www.lrb.co.uk/the-paper/v28/n07/letters.
—: und Sonya Michel: „Open Letter to a University President“, in: Cary Nelson und Gabriel Noah Brahm (Hrsg.): *The Case Against Academic Boycotts of Israel* (Detroit: MLA Members for Scholars' Rights, und Wayne State University Press, 2015), 447–453.

Zeitschriften, die sich mit Formen des Antisemitismus befassen

Antisemitism Studies: https://iupress.org/journals/antisemitismstudies/
Fathom Journal: https://fathomjournal.org/
Holocaust and Genocide Studies: https://academic.oup.com/hgs
Journal of Contemporary Antisemitism: https://www.jcajournal.com/
Journal of Israeli History: https://www.tandfonline.com/journals/fjih20
Journal of the Middle East and Africa: https://www.asmeascholars.org/journal-of-the-middle-east-and-africa
K. Jews, Europe, the XXIst Century: https://k-larevue.com/en/
Leo Baeck Yearbook: https://academic.oup.com/leobaeck
Middle East Forum: https://www.meforum.org/
SAPIR: A Quarterly Journal for a Thriving Jewish Future: https://sapirjournal.org/
The Jewish Quarterly: https://jewishquarterly.com/
The Tablet Magazine: https://www.tabletmag.com/
Yad Vashem Studies: https://www.yadvashem.org/research/about/studies.html

Organisationen, die sich mit Formen des Antisemitismus befassen

Academic Engagement Network: https://academicengagement.org/
Amadeu Antonio Stiftung: https://www.amadeu-antonio-stiftung.de/en/

Anti-Defamation League (ADL): https://www.adl.org/
ASMEA, Association for the Study of the Middle East and Africa: https://www.asmeascholars.org/
Canadian Institute for the Study of Antisemitism (CISA): https://canisa.org/index.html
Centrum für Antisemitismus- und Rassismusforschung (CARS): https://katho-nrw.de/forschung-undtransfer/forschungsinstitute/centrum-fuer-antisemitismus-und-rassismusstudien-cars
Deutsch-Israelische Gesellschaft: https://www.deutsch-israelische-gesellschaft.de/
Institute for the Study of Contemporary Antisemitism, Indiana University: https://isca.indiana.edu/index.html
Institute for the Study of Global Antisemitism and Policy: https://isgap.org/
International Holocaust Remembrance Alliance: https://www.holocaustremembrance.com/
London Centre for the Study of Contemporary Antisemitism: https://londonantisemitism.com/
Mideast Freedom Forum Berlin: https://www.mideastfreedomforum.org/
Middle East Forum: https://www.meforum.org/
NGO Monitor: https://www.ngo-monitor.org/key-issues/ngos-and-antisemitism/about/
Scholars for Peace in the Middle East: https://spme.org/
Vidal Sassoon International Center for the Study of Antisemitism, Hebrew University: https://sicsa.huji.ac.il/
Zentrum für Antisemitismusforschung: https://www.tu.berlin/asf/ueber-uns

EDITORISCHE NOTIZ

Dieser Übersetzung liegt die im Jahr 2023 im Routledge Verlag erschienene englische Erstausgabe von Jeffrey Herfs *Three Faces of Antisemitism: Right, Left and Islamist* zugrunde. Der Umfang der deutschen Ausgabe ist gegenüber dem englischen Original erweitert um ein zusätzliches Vorwort des Autors sowie um die Kapitel 16 und 17.

Dem Anspruch einer dem Inhalt und der Diktion nach adäquaten Übersetzung haben wir durch die möglichst enge Anlehnung an das Original zu entsprechen versucht. In Einzelfällen, in denen wir es zum besseren Verständnis und Lesefluss für nötig hielten, haben wir uns erlaubt, nach Absprache mit dem Autor in die Satzkonstruktionen auflösend einzugreifen. Dies gilt auch für Hervorhebungen des Autors (wie Kursivierungen) oder redaktionelle Hinweise.

Sämtliche direkten Zitate, die der Autor für die englische Ausgabe aus dem Deutschen ins Englische übersetzt hatte, sind bei der Rückübersetzung auf ihren ursprünglichen Wortlaut überprüft worden.

Zur einordnenden Hinführung zum Text ist das Geleitwort von Remko Leemhuis dem Hauptteil vorangestellt.

Danksagung

Unser Dank gilt zuvorderst Jeffrey Herf für seine Ausdauer bei der Beantwortung all unserer Fragen und die auch darüber hinaus jederzeit unkomplizierte und freundliche Zusammenarbeit. Ebenfalls danken möchten wir Remko Leemhuis für das Beisteuern des Geleitwortes. Unserer Verlegerin Nora Pester gilt unser Dank für die gewohnt vertrauensvolle und kenntnisreiche Unterstützung und ihre Initiative, die diese Übersetzung erst möglich gemacht hat. Malte Gerken verdanken wir das gewissenhafte und engagierte Lektorat und die verlässliche Begleitung des Projekts. Den Mitgliedern der *Gesellschaft für kritische Bildung* danken wir für ihren organisatorischen Beitrag und die begleitende Kritik, allen voran Michael Heidemann und Andreas Stahl für die ausgiebige Hilfe bei der Quellenrecherche und für die Koordination. Nicht zuletzt gilt unser Dank auch dem *American Jewish Committee (AJC) Berlin* sowie dem *Tikvah Institut* für deren großzügige finanzielle Unterstützung.

natürlich oekom
nachhaltig seit 1989

Diese Forschungsarbeit ist unter dem Titel „Beyond growth. Religiöse Bildung für nachhaltige Entwicklung unter der Perspektive der Postwachstumsökonomie" als Master Thesis zur Erlangung des akademischen Grades Master of Education (MEd) bei der Katholisch-Theologischen Fakultät der Universität Wien eingereicht und von dieser genehmigt worden.

Bibliografische Information der Deutschen Nationalbibliothek:
Die Deutsche Nationalbibliothek verzeichnet diese Publikation in der Deutschen Nationalbibliografie; detaillierte bibliografische Daten sind im Internet über www.dnb.de abrufbar.

oekom – Gesellschaft für ökologische Kommunikation mbH
Goethestraße 28, 80336 München
+49 89 544184 - 200
www.oekom.de

1. Auflage

Korrektorat: die Autorin
Umschlagabbildung: © Adrian Stefan

Produktion und redaktionelle Betreuung: Volker Eidems
Druck: Esser printSolutions GmbH

ISBN 978-3-98726-133-6
E-ISBN 978-3-98726-398-9
DOI: https://doi.org/10.14512/9783987263989

Johanna Kalian

Religion und Postwachstumsökonomie

Potenziale religiöser Bildung für nachhaltige Entwicklung

Hochschulschriften zur Nachhaltigkeit | Band 104

forschen
veröffentlichen
transformieren

oekom
science

Abstract (Deutsch)

Die vorliegende Arbeit stellt einen Vergleich des wachstumskritischen Ansatzes der Postwachstumsökonomie mit aktuellen Ansätzen der religiösen Bildung für nachhaltige Entwicklung dar. Dabei erfolgt eine Einführung in die Postwachstumsökonomie mit einem Fokus auf die Prinzipien der Suffizienz und Subsistenz sowie eine Skizzierung der damit einhergehenden Konzepte von Freiheit, Wohlstand und Autonomie. Ebenso wird eine wachstumskritische Perspektive auf Bildung sowie auf allgemeine Konzepte einer Bildung für nachhaltige Entwicklung gelegt, wobei der Begriff der (religiösen) Bildung für nachhaltige Entwicklung eine Einordnung erfährt. Ein weiterer Blick wird zudem auf erste didaktische Konkretionen einer religiösen Bildung für nachhaltige Entwicklung gelegt, welche sich als anschlussfähig für postwachstumsökonomische Inhalte erweisen. Schließlich werden inhalt-liche Konkretionen im Diskurs der religiösen Bildung für nachhaltige Entwicklung unter der Perspektive der Postwachstumsökonomie analysiert. Dabei werden jene Inhalte identifiziert, welche sich als anschlussfähig herausstellen, ebenso wie jene, welche in Hinblick auf die Postwachstumsökonomie sich als irritierend oder widersprüchlich erweisen.

Abstract (Englisch)

This thesis compares the growth-critical approach of the post-growth economy with current approaches to religious education for sustainable development. It introduces the post-growth economy with a focus on the principles of sufficiency and subsistence as well as an outline of the associated concepts of freedom, prosperity and autonomy. There is also a growth-critical perspective on education and on general concepts of (religious) education for sustainable development, whereby the concept of education for sustainable development is categorized. A further look is also taken at the initial didactic concretizations of religious education for sustainable development, which proves to be compatible with post-growth economic content. Finally, content-related concretions in the discourse of religious education for sustainable development are analyzed from the perspective of the post-growth economy. In doing so, those contents are identified which prove to be compatible with this as well as those which prove to be irritating or contradictory with regard to the post-growth economy.

Inhaltsverzeichnis

Abkürzungsverzeichnis 8

Abbildungsverzeichnis 8

1. Einleitung 10

1.1. Relevanz des Themas 10

1.2. Zielsetzungen und Forschungsfragen 14

1.3. Gliederung der Arbeit 15

2. Postwachstumsökonomie – eine Einführung 17

2.1. Zum Begriff der Postwachstumsökonomie 17

2.2. Konzept der Postwachstumsökonomie 19

2.2.1. Suffizienz statt grünem Wachstum 19

2.2.2. Subsistenz 23

2.3. Individual- und Institutionenethik 26

2.3.1. Subjektorientierung in der PWÖ 26

2.3.2. Der Beitrag von Institutionen und politischen Akteur*innen 28

2.4. Die PWÖ unter der Perspektive von *Freiheit*, *Autonomie* und *Wohlstand* 30

2.4.1. Zeit versus Konsum 30

2.4.2. Freiheit und Autonomie in der PWÖ 32

2.4.3. Steigerung des Wohlbefindens durch weniger Wachstum? 35

2.5. Überblick Säulen der PWÖ 37

2.6. Kritik 38

3. Konsequenzen der PWÖ für Bildungsprozesse 40

3.1. Bildung als Wachstumstreiber? 40

3.2. Notwendigkeit der Etablierung postwachstumsökonomischer Elemente innerhalb von Bildungsprozessen 42

3.3. Die Rolle von Bildung in der PWÖ 45

3.3.1. Nachhaltigkeitskommunikation – die Rolle der Lehrkraft 46

3.3.2. Mögliche Problemstellungen in Bezug auf die Etablierung einer PWÖ-tauglichen nachhaltigen Bildung 49

3.3.3. Postwachstumsökonomische Ziele im Unterricht – Gefahr der politischen Instrumentalisierung? 50

4. (Religiöse) Bildung für nachhaltige Entwicklung – ein Überblick *57*

4.1. Begriffsbestimmung und Ziele **57**

3.1.1 Bildung für nachhaltige Entwicklung 57

3.1.2. Religiöse Bildung für nachhaltige Entwicklung 59

4.2. Didaktische Prinzipien **62**

4.2.1. Schöpfungsorientiert 62

4.2.2. Eschatologischer Zugang 65

4.2.3. Kritisch-reflexiv 67

4.2.4. Handlungsorientiert 68

5. Postwachstumsökonomie im Vergleich mit BNE-Konzepten in der Religionspädagogik *70*

5.1. Postwachstumsökonomische Ansätze in der Religionspädagogik **70**

5.1.1. Wiederbelebung suffizienter Praktiken im Christentum 70

5.1.2. Kritik an *Green Growth* und Wachstum 72

5.1.3. Anlehnung an die Prinzipien glaubwürdiger Nachhaltigkeitskommunikation 74

5.1.4. Freiheit und Nachhaltigkeit 75

5.1.5. Individualethik und Subjektorientierung als Chance 77

5.2. Widersprüche und Irritationen **80**

5.2.1. Klimawandel und postwachstumsökonomische Inhalte – ja, aber nicht im Religionsunterricht? 80

5.2.2. Ablehnung von Individualethik 83

5.2.3. Resilienz durch Religion(sunterricht) und PWÖ? 87

6. Ausblick *90*

6.1. Conclusio **90**

6.2. Weitere Forschungsüberlegungen **95**

Literaturverzeichnis *96*

Kirchliche Dokumente **96**

Literatur **96**

Abkürzungsverzeichnis

BNE = Bildung für nachhaltige Entwicklung

CCC = Climate Change Committee

FFF = Fridays for Future

GPI = Genuine Progress Indicator

LD = Apostolisches Schreiben Laudate Deum

LS = Enzyklika Laudato Si‘

SEW = Self-Enhancement Wertorientierung

SDGs = Sustainable Development Goals

rBNE = religiöse Bildung für nachhaltige Entwicklung

PWÖ = Postwachstumsökonomie

Abbildungsverzeichnis

Abbildung 1: Konstellationen des Konsumzeitnutzen 31

Abbildung 2: Die Postwachstumsökonomie im Überblick 37

„Wer sein Leben zu bewahren sucht, wird es verlieren; wer es dagegen verliert, wird es erhalten." (Lk 17,33)

1. Einleitung

1.1. Relevanz des Themas

Bereits 1972 warnte der Club-of-Rome Bericht *Die Grenzen des Wachstums* vor ökologischen Auswirkungen auf die globale Entwicklung, die im 21. Jahrhundert für einen deutlichen Rückgang der durchschnittlichen Lebensqualität sorgen würden – verursacht durch ein Ende des Wachstums, das in unterschiedlichen Formen auftreten könne, im Bericht jedoch eindeutig prognostiziert wird. Die Autor*innen des Berichts sprachen sich daher für umfassende gesellschaftliche, technische, kulturelle sowie institutionelle Veränderungen aus, welche darauf abzielen, den ökologischen Fußabdruck der Menschen auf ein erträgliches Maß zu reduzieren, welches nicht über die Tragfähigkeit des Planeten hinausgeht. Diese Forderung ergibt sich unter anderem aus den physischen Wachstumsgrenzen des Planeten, welcher eine endliche Kapazität an natürlichen Ressourcen aufweist.[1] „In allen realistischen Szenarien, so stellten wir fest, setzen diese Grenzen dem physischen Wachstum [...] irgendwann im 21. Jahrhundert ein Ende."[2] Während sich das Ende des Wachstums in Form von Kollapsen bestimmter Systeme als ein mögliches Szenario realisieren kann, stellt eine Anpassung des ökologischen Fußabdrucks auf die planetaren Grenzen eine weitere Möglichkeit des Wachstumsendes dar, mit welcher sich ein hoher Lebensstandard durch das rechtzeitige Setzen von Maßnahmen weiter erhalten ließe sowie ökologische Schäden deutlich reduziert werden könnten.[3] Um dem fortschreitenden Wachstum ein Ende zu setzen, reiche es jedoch nicht aus, allein technische, wirtschaftliche oder etwaige gesetzliche Maßnahmen zu ergreifen. Benötigt werden hingegen völlig neue Vorgangsweisen, die dem Wachstum entgegengesetzt werden können.[4] Die Botschaft sowie Zukunftsvision der 2001 verstorbenen Mitautorin des Berichts Donella Meadows lässt sich dabei wie folgt beschreiben:

> „Wenn wir unsere pädagogischen Bemühungen fortsetzen, dann werden die Menschen der Welt zukünftig zunehmend den richtigen Weg in die Zukunft wählen, aus Liebe und Achtung für ihre menschlichen und nicht-menschlichen Mitbewohner auf der Erde in der Gegenwart und Zukunft."[5]

---

[1] Vgl. Donella MEADOWS u. a., Grenzen des Wachstums. Das 30-Jahre-Update. Signal zum Kurswechsel, Stuttgart [2]2007, 12 f.

[2] Ebd., 13.

[3] Vgl. ebd., 12 f.

[4] Vgl. Dennis MEADOWS u. a., Die Grenzen des Wachstums. Bericht des Club of Rome zur Lage der Menschheit, Stuttgart u. a. 1972, 172.

[5] MEADOWS, Grenzen des Wachstums. Das 30-Jahre-Update, 19.

Angesichts der im Bericht skizzierten Wachstumsgrenzen und der ökologischen Konsequenzen eines fortschreitenden Wachstumsparadigmas kann die Frage nach dem Wachstum als zentrales Problem der Gegenwart bezeichnet werden, insbesondere da seit der Veröffentlichung des Berichts der ökologische Fußabdruck, selbst durch technologische und institutionelle Veränderungen in Richtung Nachhaltigkeit, stetig weiterwächst.[6] Auch 50 Jahre nach dem Bericht über die Grenzen des Wachstums werden Diskurse um planetare Grenzen mit Wachstumsgrenzen in Verbindung gebracht. Zudem sind einige planetare Wachstumsgrenzen bereits überschritten – trotz alledem scheint Wachstum weiterhin als hegemoniales Leitbild zu dienen. Allerdings werden Diskussionen rund um alternative Wege zum Wachstum virulenter. Insbesondere die Forderung nach Postwachstumsstrategien im Nachhaltigkeitsdiskurs nimmt Bezug auf die Wahrung planetarer Grenzen.[7] Kirchlicherseits finden sich ebenso kritische Hinterfragungen des Wachstumsparadigmas – so etwa in der Enzyklika Laudato Si‘ aus dem Jahr 2015:

> „[Man gelangt] leicht zur Idee eines unendlichen und grenzenlosen Wachstums, das die Ökonomen, Finanzexperten und Technologen so sehr begeisterte. Dieses Wachstum setzt aber die Lüge bezüglich der unbegrenzten Verfügbarkeit der Güter des Planeten voraus“ (LS 106).

Auch in seinem 2023 veröffentlichten Apostolischen Schreiben *Laudate Deum*, welches sich auf Laudato Si‘ bezieht[8], betont Papst Franziskus die Notwendigkeit, die Grenzen menschlicher Macht neu zu denken.[9]

Um diesen Strategien nachzukommen und damit den Forderungen des Club-of-Rome-Berichts gerecht zu werden, scheint es unumgänglich, den Blick auch auf den Bildungsbereich zu richten. Mit der Zukunftsvision Meadows wird zugleich deutlich, dass auch der Bildungsbereich nicht von der Wachstumsfrage losgelöst gesehen werden kann. Bildung spielt eine zentrale Rolle in Bezug auf die Frage des Wachstums und kann gleichsam als Rohstoff der Wachstumstheorie bezeichnet werden. Trotzdem liegt gerade in ihr zugleich das Potential, alternative Wege, abseits des Wachstums, aufzuzeigen.[10]

---

[6] Vgl. ebd., 27 f.

[7] Vgl. Ulrich PETSCHOW u. a., Grenzen des Wachstums: ein Blick zurück und nach vorne, in: Ökologisches Wirtschaften 37/2 (2022), 28 f.

[8] Vgl. LD 2.

[9] Vgl. ebd., 28.

[10] Vgl. Georgina PHILLIPS, Bildung für Wachstum? Das Bundesministerium für Bildung und Forschung und der deutsche Wirtschafts- und (Post)Wachstumsdiskurs, in: Ulrich ROOS (Hg.), Nachhaltigkeit, Postwachstum, Transformation. Eine Rekonstruktion wesentlicher Arenen und Narrative des globalen Nachhaltigkeits- und Transformationsdiskurses, Wiesbaden 2020, 86.

In bildungstheoretischen Diskursen werden Fragen der Nachhaltigkeit unter dem Begriff der *Bildung für nachhaltige Entwicklung* (BNE) aufgegriffen. Eine intensive Auseinandersetzung mit der Frage nach dem Wachstum scheint jedoch wenig bis kaum zu geschehen. Aus wachstumskritischer Perspektive rührt daher der Vorwurf, dass der Wachstumsimperativ in den Diskussionen rund um BNE nicht weiter hinterfragt wird. Der im Bericht *Grenzen des Wachstums* aufgezeigte Widerspruch zwischen kontinuierlichem Wachstumsstreben und einer nachhaltigen Entwicklung wird dabei meist ausgeblendet.[11]

Mit Blick auf das Thema der Nachhaltigkeit in Schulen lässt sich nach einer Greenpeace-Studie aus dem Jahr 2021 festhalten, dass sich die Mehrheit der Schüler*innen von der Schule weniger gut bis gar nicht gut auf Nachhaltigkeitsherausforderungen vorbereitet fühlt. Die Studienautor*innen fordern daher, dass dem Thema an Schulen eine größere Relevanz zugesprochen wird – etwa durch Verankerungen in den Lehrplänen sowie durch konkrete Lernformen. Ziel soll sein, Möglichkeiten eines Umsteuerns in Richtung einer nachhaltigeren Zukunft zu ergreifen[12] – „[s]chließlich ist Bildung für die jungen Menschen da, damit sie die Fähigkeiten haben, ihre Zukunft zu gestalten.“[13] Zumal Nachhaltigkeit allgemein an Schulen eine wesentliche Vernachlässigung erfährt, scheint besonders die Frage des Wachstums von dieser betroffen zu sein. Dabei stehen Jugendliche einem weiteren Wirtschaftswachstum, welches mit massiven Umweltbelastungen einhergeht, durchaus kritisch gegenüber. In der Studie *Zukunft? Jugend fragen!* aus dem Jahr 2019 sprachen sich nur 32% der Befragten positiv gegenüber einem weiteren Wirtschaftswachstum aus.[14] Angesichts dieses Befundes scheint es überraschend, dass wachstumskritische Positionen in Bildungsdebatten kaum Eingang gefunden haben, auch wenn unter dem Begriff der BNE die Frage nach Bildungsprozessen und Nachhaltigkeit seit einiger Zeit aufgegriffen wird. Sofia Getzin und Mandy Singer-Brodowski vermuten hierbei, dass eine BNE, welche weniger kritisch nicht-nachhaltiges, wachstumsförderndes Handeln unterstützt, sowie sich an neo-liberalen

---

[11] Vgl. ebd., 107.

[12] Vgl. Dietmar KRESS, Greenpeace Nachhaltigkeitsbarometer 2021 – Wir sind bereit und wollen endlich eine nachhaltige Zukunft! Zusammenfassung, 2021, S. 5. URL: https://www.greenpeace.de/publikationen/greenpeace-nachhaltigkeitsbarometer-2021-0 [Abruf: 19.10.2023].

[13] Ebd., 5.

[14] Vgl. Maike GOSSEN – Ria MÜLLER „Zukunft? Jugend fragen! 2019“. Teilbericht, hg. von UMWELTBUNDESAMT DEUTSCHLAND, Dessau – Roßlau 2021, S. 29. URL: https://www.umweltbundesamt.de/publikationen/zukunft-jugend-fragen-2019 [Abruf: 19.10.2023].

Bildungsstandards orientiert, leichter anschlussfähig ist und sich als gesellschaftlich akzeptierbar herausstellt – im Gegensatz zu einer radikalen Kritik an Wachstumszwängen.[15]

Mit den beiden katholischen Religionspädagoginnen Claudia Gärtner und Katrin Bederna wird insbesondere seit dem Jahr 2020 vermehrt der BNE auch innerhalb der katholischen Religionspädagogik Aufmerksamkeit geschenkt – unter dem Stichwort der *religiösen Bildung für nachhaltige Entwicklung* (rBNE). Eine erste Grundlage für eine rBNE bieten dabei die beiden Bücher *Klima, Corona und das Christentum*[16] von Claudia Gärtner sowie *Every Day for Future*[17] von Katrin Bederna. Angesichts des noch jungen Forschungsfeldes lässt sich noch nicht ausreichend identifizieren, ob der Wachstumskritik ein Platz innerhalb des rBNE-Diskurses eingeräumt wird. Dass eine grundlegende Offenheit für diese jedoch angelegt ist, wird durch das Aufgreifen von wachstumskritischen Strömungen, insbesondere bei Bederna,[18] deutlich. Die vorliegende Arbeit setzt dahingehend einen ersten Schritt zur Etablierung einer wachstumskritischen Ausrichtung im BNE-Diskurs innerhalb der katholischen Religionspädagogik und widmet sich somit in diesem Bereich dem eben skizzierten Desiderat.

---

[15] Vgl. Sofia GETZIN – Mandy SINGER-BRODOWSKI, Transformatives Lernen in einer Degrowth-Gesellschaft, in: Socience: Journal of Science-Society Interfaces 1/1 (2016), 38.

[16] Vgl. Claudia GÄRTNER, Klima, Corona und das Christentum, Religiöse Bildung für nachhaltige Entwicklung in einer verwundeten Welt (Religionswissenschaft 20), Bielefeld 2020.

[17] Vgl. Katrin BEDERNA, Every Day for Future. Theologie und religiöse Bildung für nachhaltige Entwicklung, Ostfildern [2]2020.

[18] Siehe ebd., 32 f., 54, 199 f.

1.2. Zielsetzungen und Forschungsfragen

In dieser Arbeit wird die Forderung des Club-Of-Rome Berichts *Grenzen des Wachstums* aufgegriffen. Damit bietet die Arbeit eine Erweiterung des rBNE-Diskurses an, indem dieser gezielt unter einer wachstumskritischen Perspektive analysiert werden soll. Dabei wird auf das Konzept der *Postwachstumsökonomie* (PWÖ) zurückgegriffen, dem eine wachstumskritische Ausrichtung inhärent ist. Diese Fokussierung ergibt sich erstens dadurch, dass nicht alle wachstumskritischen Strömungen im Rahmen dieser Arbeit behandelt werden können und zweitens dadurch, dass sie mit ihren umfassend ausgearbeiteten Konzepten sowie Vorschlägen für eine praktische Umsetzung eine gut erarbeitete Grundlage für einen Vergleich mit religionspädagogischen Inhalten darstellt – insbesondere durch ihre kritische Auseinandersetzung mit den Themen *Verantwortung*, *Wohlstand* sowie *Suffizienz*, die sich auch als theologisch anschlussfähig erweisen.

Ziel dieser Arbeit ist es, die bisherigen Diskurse religiöser BNE unter der Perspektive der PWÖ zu analysieren. Während die bisherigen rBNE-Diskurse zunächst eine grundlegende Diskussion rund um didaktische Prinzipien sowie Grundsatzfragen bieten, soll in dieser Arbeit ergründet werden, inwiefern postwachstumsökonomische Elemente in der (r)BNE aufgegriffen werden können. Hierfür erfolgt eine Literaturarbeit, in welcher die Diskurse der PWÖ mit jenen der rBNE auf Gemeinsamkeiten, Anknüpfungspunkte sowie Differenzen verglichen werden.

Die folgenden Fragen sind dabei leitend:

- Welche Konsequenzen ergeben sich aus postwachstumsökonomischer Sicht allgemein für Bildungsprozesse?
    - Welche Schwierigkeiten sind damit verbunden?
    - Inwiefern können im Unterricht postwachstumsökonomische Ziele verfolgt werden?
- An welche didaktischen Prinzipien der rBNE kann die PWÖ anknüpfen?
- Wie werden postwachstumsökonomische Inhalte in der rBNE verhandelt und welche Anknüpfungspunkte sowie Irritationen ergeben sich daraus?

1.3. Gliederung der Arbeit

Die Arbeit ist in insgesamt vier Hauptkapitel unterteilt. Aufgrund der inhaltlichen Ausrichtung nach der PWÖ, die die vorliegende Arbeit durchzieht, erfolgt im ersten Kapitel eine Einführung in die PWÖ, die schließlich die Position bildet, mit welcher im späteren Verlauf ein Vergleich mit religionspädagogischen Diskursen angestrebt werden soll. Dabei erfolgt zunächst eine Klärung des Begriffs sowie die Verortung innerhalb anderer wachstumskritischer ökonomischer Richtungen. Daran anschließend werden einige ausgewählte Konzepte der PWÖ vorgestellt. Die Auswahl der Konzepte beschränkt sich dabei auf die Suffizienz, Subsistenz, Subjektorientierung sowie die der PWÖ inhärenten Freiheits- und Wohlstandskonzepte. Die Einschränkung auf diese Bereiche ergibt sich aus der späteren Verbindung dieser Konzepte mit jenen aus dem Bereich der rBNE. Das erste Kapitel schließt mit einigen Kritikpunkten am Konzept der PWÖ, die kurz skizziert, jedoch im Sinne einer kritischen Sichtung nicht ausgespart werden. Im ersten Kapitel erfolgen damit die inhaltliche Grundlage sowie Ausrichtung, die den weiteren Verlauf der Arbeit prägen und auf welche immer wieder zurückgegriffen wird.

Das zweite Kapitel stellt den Versuch dar, postwachstumsökonomische Inhalte mit Bildungsfragen zu verknüpfen. Dafür wird zunächst Bildung als möglicher Wachstumstreiber kritisch in den Blick genommen. Daran anschließend soll ausgelotet werden, welche Relevanz der PWÖ in Bildungsprozessen zukommt und welche Chancen sich aus postwachstumsökonomischen Ansätzen für diese ergeben. Dabei werden wesentliche Ziele der PWÖ im Bereich der Bildung dargestellt sowie mögliche Problemstellungen aufgezeigt. Der Abschluss des zweiten Kapitels bildet zudem einen ersten Übergang zu didaktischen Diskursen aus dem Bereich der allgemeinen Didaktik sowie der Religionsdidaktik. Hierbei wird die Frage aufgeworfen, inwieweit postwachstumsökonomische Inhalte oder Zielsetzungen in den Unterricht eingebracht werden können.

Um die Themen der PWÖ mit jenen einer rBNE miteinander zu verbinden, erfolgt im dritten Kapitel eine Klärung des Begriffs rBNE sowie ihrer Zielsetzungen. Da sich die rBNE im Gegensatz zur nicht speziell auf den Religionsunterricht diskutierten BNE als ein junges Forschungsfeld darstellt, das allerdings auf Konzepte der BNE zurückgreift, ist eine kurze Darstellung des Begriffs BNE notwendig. Dabei erfolgen eine Begriffsbestimmung sowie mögliche Zielsetzungen, die beiden Ansätzen zu Grunde liegen. In einem weiteren Schritt erfolgt schließlich eine Fokussierung auf die rBNE. Um eine didaktische Grundlage für mögliche postwachstumsökonomische Inhalte für den Religionsunterricht zu schaffen, werden einige ausgewählte didaktische Prinzipien der rBNE vorgestellt, welche in Verbindung mit postwachstumsökonomischen Ideen gebracht werden können. Dadurch liegt am Ende des dritten Kapitels eine didaktische Grundlage für postwachstumsökonomische Inhalte vor.

Das vierte Kapitel ist der Analyse der religionspädagogischen Diskurse zur rBNE unter der Perspektive der PWÖ gewidmet. Für den Vergleich herangezogen werden sowohl allgemeine Überlegungen aus der Religionspädagogik zum Thema Nachhaltigkeit als auch didaktische Konkretionen einer rBNE. Hierfür wird das vierte Kapitel in zwei Unterkapitel geteilt. Im ersten Unterkapitel erfolgt dabei eine Analyse jener religionspädagogischen Inhalte, zu welchen sich Verbindungen mit Konzepten der PWÖ finden lassen. Dabei wird auf jene im ersten Kapitel der Arbeit vorgestellten postwachstumsökonomischen Inhalte zurückgegriffen, insbesondere auf die Suffizienz, Wachstumskritik, glaubwürdige Nachhaltigkeitskommunikation, Subjektorientierung und Individualisierung sowie auf Freiheitskonzepte. Daran anschließend werden Widersprüche sowie Irritationen zwischen der PWÖ und den Nachhaltigkeitsdiskursen in der Religionspädagogik ausgelotet und zueinander in Beziehung gebracht. Das letzte Kapitel verfolgt damit das Ziel, auszuloten, welche postwachstumsökonomischen Inhalte bereits für religionspädagogische Diskurse anschlussfähig sind, wo Gemeinsamkeiten sowie Chancen liegen, ebenso wie Differenzen und Widersprüche aufzuzeigen, die einer Etablierung postwachstumsökonomischer Zielsetzungen in der Religionspädagogik entgegenstehen

2. Postwachstumsökonomie – eine Einführung

2.1. Zum Begriff der Postwachstumsökonomie

Die Postwachstumsökonomie (PWÖ) reiht sich in eine Bewegung ein, die insbesondere im europäischen Raum vielfach unter den Begriffen *décroissance, degrowth* oder *Postwachstum* bekannt ist. Dabei können die Begriffe grundsätzlich synonym gebraucht werden, wobei sich unterschiedliche Strömungen und Positionen in diesen wiederfinden.[19] Gemeinsam ist diesen Bezeichnungen, dass sie innerhalb der Forschungen zur Nachhaltigkeit wirtschaftswachstumskritische Positionen einnehmen. *Grünes Wachstum* als Lösung der Klimakrise wird dabei abgelehnt.[20] Die ersten Bewegungen, die sich gegen Wirtschaftswachstum aussprachen und den *degrowth*-Bewegungen zuzuordnen sind, entstanden in den Jahren 2000 und 2001 vor allem in Frankreich. Insbesondere der französische Ökonom und Philosoph Serge Latouche gilt als Begründer der ursprünglichen Bewegung der *décroissance*.[21] Dabei verfolgen alle wachstumskritischen Strömungen das Ziel, kapitalistische Produktionsweisen mit ihren Wachstums-, Wettbewerbs- sowie Profitzwängen zu überwinden. Den Bewegungen wohnt somit ein transformativer Charakter inne, insoweit damit grundlegende Veränderungen des Wirtschaftens verbunden sind, mit dem Ziel, ökologische Lebensgrundlagen zu erhalten.[22] Die beiden Transformationsforscher*innen Matthias Schmelzer und Andrea Vetter unterscheiden innerhalb der Postwachstumsdiskussion fünf Strömungen mit unterschiedlichen Schwerpunkten: die *institutionenorientierte* (1), *suffizienzorientierte* (2), *commons-/alternativökonomisch ausgerichtete* (3), *feministische* (4) und *kapitalismus- und globalisierungskritische* (5) Postwachstumsströmung.[23] Bei dieser Unterscheidung ist darauf hinzuweisen, dass sie keine idealtypische Differenzierung anbietet, sondern lediglich die Schwerpunkte unterschiedlicher Strömungen beschreibt.[24]

Die PWÖ ist hierbei der *suffizienzorientierten* Strömung zuzuordnen. Diese Strömung charakterisiert sich vor allem durch ihre Forderung nach einer radikalen Reduktion des

---

[19] Vgl. Matthias SCHMELZER, *Degrowth* und Postwachstum, in: PERIPHERIE 150/151 (2018), 336.

[20] Vgl. Niko PAECH, Postwachstumsökonomie. Lebensqualität durch Selbstbegrenzung, in: Christiane MEYER (Hg.), „Transforming our World". Zukunftsdiskurse zur Umsetzung der UN-Agenda 2030 (Neue Ökologie 7), Bielefeld 2022, 195.

[21] Vgl. Onofrio ROMANO, Degrowth. The rise of a radical alternative, in: DERS., Towards a Society of Degrowth (*Routledge Explorations in Environmental Studies*), Abingdon – New York 2020, 31.

[22] Vgl. Matthias SCHMELZER – Andrea VETTER, Degrowth/Postwachstum zur Einführung, Hamburg 2019, 150.

[23] Für eine Unterscheidung der unterschiedlichen wachstumskritischen Strömungen siehe ebd., 148–158.

[24] Vgl. ebd., 151.

Ressourcenverbrauchs durch die Etablierung lokaler und entkommerzialisierter Subsistenzmaßnahmen, wie vermehrte Eigenproduktion, sowie die Schaffung alternativer Lebensformen, die außerhalb der kapitalistischen Marktwelt verortet werden können. Die PWÖ entstammt dabei im Wesentlichen dem deutschen Ökonomen Niko Paech.[25] Sie beruht auf den Prinzipien der Thermodynamik – durch die Verneinung der Vermehrbarkeit materieller Handlungsspielräume durch eine Nullsummenlogik[26]: „Jedes Mehr an materiellen Freiheiten wird zwangsläufig mit einem Verlust an nutzbaren Ressourcen und einer Zunahme ökologischer Schäden erkauft."[27] Die Einsicht der begrenzten Verfügbarkeit materieller Verteilungsmassen ist der PWÖ damit inhärent.[28]

---

[25] Vgl. ebd., 153. Weitere Vertreter*innen einer suffizienzorientierten Strömung sind etwa Serge Latouche oder Maurizio Pallante, die ähnliche Positionen vertreten wie Niko Paech.

[26] Vgl. Niko PAECH, Postwachstumsökonomik, in: Reiner KÜMMEL u. a., Energie. Entropie. Kreativität. Was das Wirtschaftswachstum treibt und bremst, Berlin 2018, 102.

[27] Ebd., 102.

[28] Vgl. ebd., 102 f.

2.2. Konzept der Postwachstumsökonomie

Im Folgenden werden die beiden wesentlichen Aspekte der PWÖ erläutert. Auch wenn sich innerhalb der PWÖ noch weitere Forderungen sowie Grundlegungen finden lassen, bilden die Suffizienz sowie die Subsistenz die grundlegende Basis postwachstumsökonomischer Umsetzungen.

2.2.1. Suffizienz statt grünem Wachstum

Einen deutlichen Zusammenhang zwischen Wirtschaftswachstum und den CO_2-Emissionen legen verschiedenste Studien nahe. Innerhalb Österreichs sei hier auf den Bericht zum Ressourcenverbrauch aus dem Jahr 2020 verwiesen, der „zeigt, dass das österreichische Wirtschaftswachstum maßgeblich zur Steigerung der CO_2-Emissionen beiträgt.“[29]

Dass sich das Wirtschaftswachstum von einem Anstieg der CO_2-Emissionen prinzipiell entkoppeln ließe, findet sich in wirtschaftlichen Ansätzen, die sich für ein *Grünes Wachstum* (*Green Growth*) aussprechen.[30] Der Ansatz des *Grünen Wachstums* „grenzt sich von einem Nullwachstums- oder auch ‚Degrowth‘-Konzept ab, und will das Spannungsfeld zwischen Nachhaltigkeit und Wachstum/Ressourcenverbrauch durch eine Entkoppelung erreichen.“[31] Damit sollen ökologische Ziele mit Hilfe von Wirtschaftswachstum erreicht werden können. Auswertungen des BIP und der CO_2-Emissionen zeigen durchaus eine Entkoppelung. Diese Entwicklung zeigt sich in Ländern wie Deutschland oder den USA. Die vermeintliche Entkoppelung von Wirtschaftswachstum und dem Ausstoß von Treibhausgasen ist jedoch insofern mit Vorsicht zu genießen, als dass die Treibhausgasemissionen eines Landes nicht automatisch jener Menge entspricht, die ein Land realiter verursacht hat – etwa durch Produktionsverlagerungen.[32] Eine in *The Lancet Planetary Health* veröffentlichte Studie zeigt zwar in elf der 36 untersuchten Ländern (darunter auch in Österreich) eine Entkoppelung des Wirtschaftswachstums von CO_2-Emissionen,[33] allerdings findet diese Entkoppelung in

[29] Nina EISENMENGER u. a., Ressourcennutzung in Österreich 2020 Band 3, hg. vom Bundesministerium für Klimaschutz, Umwelt, Energie, Mobilität, Innovation und Technologie, Wien 2020, 58.

[30] Vgl. Hans-Jörg NAUMER, Grünes Wachstum. Mit „Green Growth“ gegen den Klimawandel und für die Nachhaltigkeitsziele, Frankfurt a. M. 2022, 9 f.

[31] Ebd., 9.

[32] Vgl. ebd., 9–12.

[33] Vgl. Jefim VOGEL – Jason HICKEL, Is green growth happening? An empirical analysis of achieved versus Paris-compliant CO_2–GDP decoupling in high-income countries, in: The Lancet. Planetary Health 7/9 (2023), 762.

einem derart geringen Ausmaß statt, dass im Durchschnitt etwa 220 Jahre vergehen müssten bis eine Reduktion der Emissionen von 95% gelingen würde. Die Studienautoren sprachen sich angesichts des diesbezüglich als sich zu langsam entwickelnden Fortschritts für „post-growth demand-reduction strategies"[34] aus. Auch das Prinzip der Suffizienz sollte hierbei Berücksichtigung finden.[35] Bezüglich des von den untersuchten Ländern angestrebten grünen Wachstums heißt es zudem:

> „the decoupling rates achieved in high-income countries are inadequate for meeting the climate and equity commitments of the Paris Agreement and cannot legitimately be considered green. If green is to be consistent with the Paris Agreement, then high-income countries have not achieved green growth, and are very unlikely to be able to achieve it in the future."[36]

Aus den Ergebnissen dieses Studienberichts wird eine Forderung nach alternativen Nachhaltigkeitsprinzipien deutlich. Bezüglich dieser lassen sich in ökonomischen Nachhaltigkeitsdiskursen die Strategien der *Effizienz*, *Konsistenz* sowie *Suffizienz* identifizieren. Während das Prinzip der *Effizienz* darauf abzielt, den materiellen Einsatz für ein bestimmtes ökonomisches Ergebnis möglichst zu verringern, setzt die *Konsistenz* darauf, das Produktdesign so weit zu ändern, dass weder Emissionen noch Abfälle entstehen. Dabei können die beiden Prinzipien der *Effizienz* und *Konsistenz* ebenso kombiniert werden – am Beispiel des Autos etwa durch eine effiziente Minimierung des Energieverbrauchs bei gleichzeitiger Bereitstellung (möglichst) klimaneutraler Treibstoffe.[37] Die Prinzipien der *Effizienz* sowie der *Konsistenz* kommen insbesondere dann zur Sprache, wenn von *Grünem Wachstum* die Rede ist. Ziel ist hierbei, das vorherrschende Wohlstandsmodell zu erhalten und gleichzeitig das Klima zu entlasten.[38] Alle drei Prinzipien finden sich zwar grundsätzlich als mögliche Strategien zu mehr Nachhaltigkeit wieder,[39] jedoch wird dem Prinzip der *Suffizienz* innerhalb der PWÖ eine besondere Bedeutsamkeit zugesprochen:

Der Volkswirt und Hauptinitiator der PWÖ Niko Paech diagnostiziert der *Effizienz* und *Konsistenz* nicht nur ein Scheitern in Bezug auf klimafreundlichere Produktionsweisen, sondern in einigen Bereichen sogar eine massive Verschlechterung der Klimabilanz durch daraus

---

[34] Ebd., 759.

[35] Vgl. ebd., 759.

[36] Ebd., 759.

[37] Vgl. Niko PAECH, Suffizienz als Antithese zur modernen Wachstumsorientierung, in: Manfred FOLKERS – Niko PAECH, All you need is less. Eine Kultur des Genug aus ökonomischer und buddhistischer Sicht, München 2020, 124 f.

[38] Vgl. Niko PAECH, Befreiung vom Überfluss. Auf dem Weg in die Postwachstumsökonomie, München [10]2018, 72 f.

[39] Vgl. Josephine TRÖGER – Marlis WULLENKORD, Was ist genug? Begründung, Potenziale und Empfehlungen für mehr Suffizienz(orientierung), in: psychosozial 45/2 (2022), 45.

resultierende sogenannte *Rebound-Effekte,* die im Folgenden skizziert werden.[40] Sie bilden die argumentative Grundlage für eine Etablierung der *Suffizienz*.

Die Ablehnung von Wirtschaftsansätzen wie der *Effizienz* und *Konsistenz* sowie des *Grünen Wachstums* begründen sich innerhalb der PWÖ aus der postulierten Unmöglichkeit der Entkoppelung von Wirtschaftswachstum und dem Ausstoß von CO_2-Äquivalenten. Zwar zeigen, wie bereits angeführt, Berechnungen eine derartige Entkoppelung, allerdings sorgen unter anderem diverse *Rebound-Effekte* dafür, dass sich eine vermeintliche Entkoppelung in Berechnungen einzelner Länder widerspiegelt, die jedoch nicht den eigentlichen Treibhausgasausstoß anzeigt.[41] Die Entkoppelung, die mit *Grünem Wachstum* angestrebt wird, beruht demnach auf Effizienz- sowie Konsistenzmaßnahmen, die allerdings immer mit einem Materialaufwand verbunden sind – und das, obwohl mit ihnen ein Anspruch auf einen geringeren Materialverbrauch erhoben wird.[42]

Unter diesen *Rebound-Effekten* versteht man „wenn bei Maßnahmen zur Steigerung der Energie- oder Ressourceneffizienz die Einsparungen geringer ausfallen, als aufgrund theoretischer Berechnungen erwartet."[43] *Rebound-Effekte* verhindern oder erschweren daher das Erreichen von Klimaschutzzielen. Als Hauptursache dieser Effekte sind gesteigerte Nachfragen nach Gütern sowie Dienstleistungen anzusehen.[44] Paech unterscheidet hierbei zwischen *materiellen*, *finanziellen*[45] und *psychologischen/politischen Rebound-Effekten*[46]: Zu einem *finanziellen Rebound-Effekt* kommt es etwa, wenn grüne Investitionen zu einer Vergrößerung des Gesamtoutputs führen, jedoch gleichzeitig der Rückbau der alten Produktionsformen ausbleibt. Die Folgen sind Preissenkungen, welche wiederum die Nachfrage auf der Konsument*innenseite erhöhen – fossile Sektoren profitieren damit ebenso.[47] Der Verbrauch kann aufgrund effizienterer Inputs sogar steigen. *Finanzielle Rebound-Effekte* treten auch dann auf, wenn effizientere Produkte (so etwa stromsparende Haushaltsgeräte) den Konsument*innen finanziell zugutekommen und zu einer Erhöhung der Kaufkraft führen.[48]

---

[40] Vgl. PAECH, Befreiung vom Überfluss, 73 f.
[41] Vgl. Niko PAECH, Das Wachstumsparadigma hat ausgedient. Vom grünen Feigenblatt zur Postwachstumsökonomie, in: Ökologisches Wirtschaften 27/4 (2012), 17.
[42] Vgl. PAECH, Befreiung vom Überfluss, 73.
[43] Julia WEIß – Florian KERN, Rebound-Effekte: Wie verhindern sie das Erreichen von Umweltschutzzielen?, in: Ökologisches Wirtschaften 36/1 (2021), 12.
[44] Vgl. ebd., 12.
[45] Vgl. PAECH, Das Wachstumsparadigma hat ausgedient, 17.
[46] Vgl. PAECH, Befreiung vom Überfluss, 90.
[47] Vgl. PAECH, Das Wachstumsparadigma hat ausgedient, 17 f.
[48] Vgl. PAECH, Befreiung vom Überfluss, 84 f.

Materielle Rebound-Effekte kommen dann zustande, wenn für Effizienz- und Konsistenzmaßnahmen, die einen geringeren Materialverbrauch anstreben, zusätzlich materielle Bestandsgrößen, etwa durch neue Produktionsanlagen oder eine geeignete Infrastruktur, benötigt werden – insbesondere mit einem ansteigenden Innovationsgrad neuer technologischer Entwicklungen tritt dieser Effekt ein. Der zusätzliche Materialverbrauch kompensiert, bzw. übersteigt schließlich jene Einsparungen, die mit der Innovation einhergehen. Beispielhaft kann hier die Elektromobilität genannt werden, die nur in Zusammenhang mit neuen Produktionsstandorten, IT-Endgeräten oder Entsorgungsindustrien kombinierbar ist.[49]

Auf einer individuellen Ebene sind ebenso Rebound-Effekte (*Psychologische Rebound-Effekte*) auszumachen. Das Bewusstsein, mit einem bestimmten Konsumobjekt weniger Ressourcen zu verbrauchen, kann beispielsweise dazu führen, dieses häufiger zu nutzen. Paech spricht in diesem Zusammenhang auch von einer *Alibiwirkung*. Zu beobachten ist dieser psychologische Rebound-Effekt etwa bei Bezieher*innen von Ökostrom oder Besitzer*innen von Passivhäusern oder E-Autos. Dieser Effekt kann auch dann auftreten, wenn effizientere sowie konsistentere Lösungen noch gar nicht verfügbar sind oder mögliche Entlastungswirkungen keiner Überprüfung unterzogen wurden.[50]

Aufgrund der eben diskutierten Rebound-Effekte wird der Fokus innerhalb der PWÖ auf das Prinzip der Suffizienz gelegt, welches folgend erläutert wird. Der Wortursprung des Begriffs Suffizienz ist im lateinischen Begriff *sufficere* zu finden und kann mit *genügen* oder *ausreichen* übersetzt werden. In den Debatten der Nachhaltigkeit hat sich der Begriff kaum etabliert – er scheint durch die Forderung nach Reduktion als nicht kompatibel mit gegenwärtigen Wirtschaftsmodellen.[51]

Maßnahmen, die der *Suffizienz* zuzuordnen sind, zielen primär auf eine radikale Reduktion des Ressourcenverbrauchs ab, sodass dieser einem global verträglichen Maß entspricht. Um diese Reduktion herbeizuführen, müssen Lebensweisen verändert werden – der Konsum, der unbedingt notwendig ist, ist von einem Überkonsum, der primär in westlichen Konsumkulturen vorherrscht, zu unterscheiden. Menschliche Bedürfnisse und Wünsche müssen in Einklang mit den vorhandenen Ressourcen gebracht werden.[52] Das Prinzip der *Suffizienz* grenzt sich insofern von den beiden anderen ab, als dass nicht versucht wird, den Ressourceninput

---

[49] Vgl. ebd., 75 f.
[50] Vgl. ebd., 90 f.
[51] Vgl. TRÖGER – WULLENKORD, Was ist genug?, 45.
[52] Vgl. ebd., 46 f.

zu verringern oder die genutzten Ressourcen durch ökologischere zu ersetzen – der Zweck der ökonomischen Aktivität an sich wird hinterfragt.[53] An dem folgenden Beispiel Paechs lassen sich die drei eben skizzierten Prinzipien verdeutlichen:

> „Als *y* soll dabei das quantitative Niveau einer ökonomischen oder physischen Leistung bezeichnet werden. Der pro Leistungseinheit erforderliche materielle Ressourcenaufwand sei *x*, und der pro Ressourceneinheit verursachte ökologische Schaden sei *s*.“[54]

Während die *Effizienz* eine Zunahme des Quotienten $^y/_x$ und die *Konsistenz* die des Quotienten $^x/_s$ abbildet, zielt das Prinzip der *Suffizienz* darauf ab, **y** zu senken. Damit sind Unterlassung sowie Verneinung wichtige Faktoren der Suffizienz, die auf drei Ebenen anzusiedeln sind: *Selbstbegrenzung* (Entsagung an weitere Konsumsteigerung, auch wenn diese [finanziell] möglich wäre), *Reduktion* (Senkung des Anspruchsniveaus, etwa durch weniger Urlaubsreisen) und *vollständige Entsagung* (einer bestimmten Option wie Flugreisen, Fleischkonsum, Autokauf, …). Damit trägt das *Suffizienzprinzip* zur Wahrnehmung der Verantwortung gegenüber von Wohlstandsansprüchen verursachten Umweltschäden bei.[55]

Der entscheidende Vorteil des *Suffizienzprinzips* gegenüber jenen der *Effizienz* und *Konsistenz* ergibt sich (selbst wenn man die Effektivitätsbeschränkung durch Rebound-Effekte ausblenden würde) zudem daraus, dass es „politisch, technisch und ökonomisch voraussetzungslos ist“[56]. Auch der Umweltpsychologe und -systemanalytiker Andreas Ernst macht darauf aufmerksam, dass innerhalb der drei eben skizzierten Prinzipien der Blick auf die nachhaltige Strategie der Suffizienz gelegt werden müsse:[57]

> „Effizienz und Konsistenz sind zwar wichtige, technisch zu unterstützende Maßnahmen, aber es ist schlicht nicht vorstellbar, dass das ausreicht, ohne dass sich eine insgesamt bescheidenere Haltung der Menschheit einstellt.“[58]

2.2.2. Subsistenz

Neben der *Suffizienz* lässt sich die *Subsistenz* als weitere wichtige Maßnahme zur Entwicklung der PWÖ identifizieren. Das Prinzip der *Subsistenz* baut darauf auf, Konsument*innen

---

[53] Vgl. PAECH, Suffizienz als Antithese, 126.
[54] Ebd., 126. [Hervorhebung der Verf.]
[55] Vgl. ebd., 127, 142–145.
[56] Ebd., 212.
[57] Vgl. Andreas ERNST, Individuelles Umweltverhalten – Probleme, Chancen, Vielfalt, in: Harald WELZER u. a. (Hgg.), KlimaKulturen. Soziale Wirklichkeiten im Klimawandel, Frankfurt a. M. 2010, 130.
[58] Ebd. 130.

von der freien Marktwirtschaft unabhängiger zu machen.[59] Damit verfolgt die *Subsistenz* das Ziel, eine „resiliente Balance zwischen Selbst- und Fremdversorgung zu entwickeln.“[60] Mit dem Konzept der *Subsistenz* geht dabei keine vollständige Autarkie einher. Allerdings wird angestrebt, jene Bereiche, die mit der unmittelbaren Versorgung grundlegender Bedürfnisse einhergehen, wie etwa Nahrung oder Wohnen, zu entkolonisieren und dadurch die globalisierte Warenökonomie aufzubrechen.[61]

Mit der *Subsistenz* geht schließlich eine deutliche Reduktion der Industrieproduktion einher, wodurch die noch erforderliche Lohnarbeitszeit entscheidend verkürzt werden könnte. Paech geht von einer Reduktion der Vollbeschäftigung auf 20 Wochenstunden Arbeitszeit aus. Um die Unabhängigkeit von der freien Marktwirtschaft weiter voranzutreiben, blieben folglich mehr Zeitressourcen,[62] die dafür genutzt werden können, Wertschöpfungsketten weiter zu verkürzen. Subsistenzmaßnahmen verfolgen dabei das Ziel, industrieabhängigen Konsument*innen dazu zu verhelfen, durch den Einsatz eigener manueller sowie sozialer Kompetenzen (eigens) ökonomische Autonomie zu erlangen. Selbst- und Fremdversorgung sollen von ihrer monetären Abhängigkeit losgelöst werden. Zu den Subsistenzmaßnahmen gehören eine Nutzungsintensivierung durch Gemeinschaftsnutzung (von Objekten wie Autos oder Waschmaschinen), Verlängerung der Nutzungsdauer (durch Pflege, Instandhaltung und Reparatur von Gütern) und Eigenproduktion (durch Gemeinschaftsgärten, urbane Landwirtschaft etc.).[63]

Eng verknüpft mit der Subsistenzorientierung ist zudem eine stärkere Orientierung am Gemeinwesen. Statt eines ökonomischen Konkurrenzdenkens schaffen subsistenzorientierte Wirtschaftsräume Platz für soziale Zusammenarbeit. Ebenso mit der Subsistenz verbunden ist die Förderung der regionalen Märkte.[64] Sie bietet somit gleichfalls eine Lösung für mit der Globalisierung verbundene Probleme der Ausbeutung (sowohl in Bezug auf Arbeitskräfte als auch auf Ressourcen):

---

[59] Vgl. Niko PAECH, Von organisierter Unverantwortlichkeit zur Postwachstumsökonomie, in: Maximilian BECKER – Mathilda REINICKE (Hgg.), Anders wachsen! Von der Krise der kapitalistischen Wachstumsgesellschaft und Ansätzen einer Transformation, München 2018, 217.

[60] Katharina DUTZ – Niko PAECH, Wege aus der Bequemokratie. Loslassen will gelernt sein, in: Stephan RIETMANN – Maik SAWATSKI (Hgg.), Zukunft der Beratung. Von der Verhaltens- zur Verhältnisorientierung? (Soziale Arbeit als Wohlfahrtprodukt 11), Wiesbaden 2018, 58.

[61] Vgl. Veronika BENNHOLDT-THOMSEN, Wovon leben unsere Städte wirklich? Subsistenzorientierung statt Geldorientierung, in: Claudia VON WERLHOF u. a. (Hgg.), Subsistenz und Widerstand. Alternativen zur Globalisierung, Wien 2003, 249 f.

[62] Vgl. PAECH, Von organisierter Unverantwortlichkeit zur Postwachstumsökonomie, 217.

[63] Vgl. PAECH, Befreiung vom Überfluss, 120–123.

[64] Vgl. BENNHOLDT-THOMSEN, Wovon leben unsere Städte wirklich?, 253.

> „Globalisierung ist exportiertes Squeezing. […] In der Betriebswirtschaft oft verschämt verschwiegen, ist der fatale Zusammenhang in der Volkswirtschaftslehre bekannt. Dort heißt diese Strategie der Globalisierung jedweder externer Effekte im weitesten Sinne schlicht: Beggar thy neighbour."[65]

Neben ökologischer Schadensbegrenzung sowie materiellem Nutzen für Individuen, die mit Subsistenzmaßnahmen einhergehen, können zudem immaterielle Nutzen ausgemacht werden. Eine Befragung von Menschen, die Subsistenzpraktiken nachgehen, zeigte beispielsweise, dass die Befragten zu von ihnen wahrgenommenen Nutzen dieser Praktiken auch immaterielle Empfindungen angaben, wie „Erleben der eigenen Kompetenz"[66] oder „Sinn bis hin zur Freude an der Selbsterhaltung"[67].[68]

---

[65] Evi HARTMANN, Wie viele Sklaven halten Sie? Über Globalisierung und Moral, Frankfurt a. M. 2016, 21.

[66] Sabine REINTHALER u. a., Subsistenz: Eine Gesamtschau. in: Andreas HUNGER (Hg.), Vom Wert der Subsistenz, Linz 2015, 241.

[67] Ebd., 241.

[68] Vgl. ebd., 240 f.

2.3. Individual- und Institutionenethik

Zunächst gilt es, die beiden Begriffe in Bezug auf ihre Schwerpunktsetzung zu unterscheiden. Sowohl der Individual- als auch der Institutionenethik liegt die Zielsetzung zugrunde, individuelles Verhalten zu ändern, um gesellschaftliche Missstände zu vermeiden. Die Institutionenethik setzt dabei auf Restriktionen oder veränderte institutionelle Rahmenbedingungen solcher Situationen, in denen es zu individuellen Handlungen kommt. Die Individualethik hingegen setzt bei den Intentionen der Individuen an. Handlungsänderungen kommen demnach dann zu Stande, wenn es gelingt,[69] „den guten Willen [von Individuen] zu aktivieren[70].“ Innerhalb der PWÖ wird der Fokus verstärkt auf die individualethische Dimension gelegt, die folgend als *Subjektorientierung* dargestellt wird. Mögliche institutionenethische Umsetzungsmaßnahmen für eine PWÖ werden schließlich im Kapitel 2.3.2. diskutiert.

2.3.1. Subjektorientierung in der PWÖ

> „Allein Lebensstile können nachhaltig sein. Nur die Summe der ökologischen Wirkungen aller von einem einzelnen Subjekt ausgeübten Aktivitäten lässt Rückschlüsse auf dessen Nachhaltigkeitsperformance zu. [...] Folgt man dem [...] Budgetansatz, so stünde jedem Erdbewohner bis 2050 noch ein jährliches Emissionsquantum von 2,7 Tonnen CO_2 zur Verfügung. Wer diese Forderung ablehnt, will entweder keinen Klimaschutz oder keine globale Gerechtigkeit.“[71]

Mit diesem Zitat Paechs wird zugleich deutlich, dass der Fokus einer nachhaltigen Entwicklung – nach der eingangs genannten Definition von Individualethik – auf den Individuen sowie ihren Handlungsoptionen liegt, wobei nicht einzelne Handlungen, sondern der gesamte Lebensstil als Maßstab für Nachhaltigkeit herangezogen wird. Die von Paech benannte *Subjektorientierung* bildet innerhalb der PWÖ das entscheidende Messinstrument, an welchem ablesbar ist, ob Transformationsprozesse in Richtung Nachhaltigkeit gelingen können. Einzig die individuelle CO_2-Bilanz macht es möglich, einzuschätzen, ob Klimaziele erreicht werden können. Die Subjektorientierung steht damit einer Objektorientierung in dem Maße entgegen, dass nicht einzelne Objekte oder gar einzelne Handlungen die

[69] Vgl. Ingo PIES, Individualethik versus Institutionenethik? – Zur Moral (in) der Marktwirtschaft, Diskussionspapier, No. 2015-7, in Kooperation mit dem Lehrstuhl für Wirtschaftsethik der Martin-Luther-Universität Halle-Wittenberg, Halle 2015, 3.
[70] Ebd., 3.
[71] PAECH, Befreiung vom Überfluss, 99.

Zielvariable darstellen, sondern der gesamte Lebensstil.[72] Damit geht auch eine Verantwortung der Individuen einher, die darin besteht, Veränderungen umzusetzen und damit Gegenkulturen zu entwickeln, die zudem andere dazu motivieren, ähnliche Kulturen zu etablieren.[73]

In gegenwärtigen Nachhaltigkeitsdiskursen findet sich im Unterschied dazu vermehrt das Konzept der Objektorientierung wieder. Dass diese, aufgrund der bereits aufgegriffenen Probleme der Rebound-Effekte sowie der damit einhergehenden Unmöglichkeit der Entkoppelung von Wirtschaftswachstum und CO_2-Verbrauch, zum Scheitern verurteilt ist, macht Paech folgendermaßen deutlich:[74] „Nachhaltige Produkte sagen nichts aus, wenn es sich dabei um reine Addition oder um sinnbildliche Kompensationen für grassierende Nichtnachhaltigkeit handelt.“[75] Die reine Fokussierung auf die Nachhaltigkeit von Objekten führt ins Leere, wenn das Handeln ihrer Besitzer*innen nicht miteinbezogen wird. So kann ein spritsparendes Auto im Vergleich mit einem Auto, das wesentlich mehr verbraucht, nicht nachhaltiger sein, wenn Besitzer*innen verbrauchsärmerer Autos diese häufiger in Betrieb nehmen.[76] Auch der Soziologe Benjamin Görgen merkt diesbezüglich kritisch an, dass sich praxisorientierte Nachhaltigkeitsansätze zumeist an einzelnen Praktiken orientieren und dabei die gesamte Lebensführung wenig Beachtung findet. Er spricht sich dafür aus, die Subjekte selbst als Träger*innen nachhaltiger Lebensstile in den Blick zu nehmen, da sie jene Kompetenzen und Ressourcen mitbringen, welche nachhaltiges Handeln erst ermöglichen.[77]

Nach Paech könne allein die Summe aller Aktivitäten eines Individuums den Maßstab für einen nachhaltigen Lebensstil bilden. Voraussetzung hierfür ist das Bewusstsein über die eigene Ökobilanz. Auch wenn eine exakte Bilanzierung derzeit nicht möglich zu sein scheint, da Unternehmen weitgehend nicht dazu verpflichtet sind, Auskunft über die

---

[72] Auch Papst Franziskus spricht in *Laudate Deum* die Frage des Lebensstils sowie seiner Verantwortlichkeit an: „wir [können] bekräftigen, dass eine umfassende Veränderung des unverantwortlichen Lebensstils, der mit dem westlichen Modell verbunden ist, eine bedeutende langfristige Wirkung hätte“ (LD 72).

[73] Vgl. Niko PAECH, Transformation aus Sicht der Postwachstumsökonomie, in: Marius FÖRSTER u. a. (Hgg.), UN/CERTAIN FUTURES. Rollen des Designs in gesellschaftlichen Transformationsprozessen (Design 38), Bielefeld 2018, 122, 129, 140.

[74] Vgl. PAECH, Befreiung vom Überfluss, 97.

[75] Ebd., 97.

[76] Vgl. ebd., 97.

[77] Vgl. Benjamin GÖRGEN, Nachhaltige Lebensführung. Zentrale Faktoren und Realisierungsbedingungen für eine sozial-ökologische Transformation alltäglicher Praktiken, in: SONA – Netzwerk Soziologie der Nachhaltigkeit (Hg.), Soziologie der Nachhaltigkeit (Soziologie der Nachhaltigkeit 1), Bielefeld 2021, 298, 304.

Ökobilanz ihrer Produkte zu geben, steht zumindest eine grobe Bilanzierung jedem offen, etwa durch Online-CO_2-Rechner.[78]

In Bezug auf eine Subjektorientierung innerhalb von Nachhaltigkeitsfragen ist indes die Frage zu stellen, ob Klimaziele überhaupt erreichbar wären, ohne das individuelle Verhalten der Menschen in den Blick zu nehmen. Das Climate Change Committee (CCC) berechnete hierfür den Beitrag zur Erreichung der Klimaneutralität von Verhaltensänderungen und technischen Änderungen, die keine Verhaltensveränderungen von Individuen hervorrufen. Dabei zeigte sich, dass im Zeitraum 2009–2019 der Großteil der Einsparungen von Emissionen auf den Einsatz von Technik zurückgingen (87%). Lediglich 13% der eingesparten Emissionen konnten auf individuelle Verhaltensänderungen zurückgeführt werden. Berechnungen für den Zeitraum 2020–2035 zeigen allerdings einen deutlichen Rückgang des möglichen Einsparungspotentials durch Maßnahmen, die die Verhaltensebene nicht berühren, auf 41%. Dieses Ergebnis lässt darauf schließen, dass sich der Anteil individueller Verhaltensveränderungen auf eine bis 2035 angestrebte Klimaneutralität auf 59% beläuft.[79] Durch diese Ergebnisse wird deutlich, dass Nachhaltigkeitsbemühungen die Ebene individueller Verhaltensänderungen nicht ausblenden können.

2.3.2. Der Beitrag von Institutionen und politischen Akteur*innen

Auch wenn sich innerhalb der PWÖ eine starke Orientierung an der Individualethik festmachen lässt, die ebenso von vielen Kritiker*innen (siehe Kapitel 2.6.) als Fehlorientierung bezeichnet wird, da die Institutionenethik innerhalb der PWÖ ausgeblendet würde, bleiben die Beiträge von Institutionen in der PWÖ nicht unbeachtet – sie stellen lediglich nicht die alleinige Lösung für die gegenwärtigen Nachhaltigkeitsprobleme dar. Eine rein politische Umsetzung einer PWÖ ist deshalb zum Scheitern verurteilt, da sie innerhalb eines demokratischen Systems einer gesellschaftlichen Bereitschaft bedarf. Die Folgen für notwendiges Handeln rein auf die politische Ebene zu verlagern oder auf technischen Fortschritt zu setzen wäre ohne einen vorausgehenden gesellschaftlichen Wandel erfolglos.[80] Parallel zu einer subjektorientierten Umsetzung postwachstumsökonomischer Elemente kommt jedoch

[78] Vgl. PAECH, Befreiung vom Überfluss, 97–101.

[79] Vgl. MEYER, Brett – LORD, Tim, Planes, Homes and Automobiles: The Role of Behaviour Change in Delivering Net Zero, hg. von TONY BLAIR INSTITUTE FOR GLOBAL CHANGE, London 2021, S. 6. URL: https://www.institute.global/insights/climate-and-energy/planes-homes-and-automobiles-role-behaviour-change-delivering-net-zero [Abruf: 07.11.2023].

[80] Vgl. PAECH, Befreiung vom Überfluss, 140 f.

genauso Institutionen sowie der Politik eine entscheidende Aufgabe zu. So sind etwa Unternehmen in der Pflicht, zu einer PWÖ beizutragen, etwa durch eine Etablierung kürzerer Wertschöpfungsketten, das Anbieten reduzierter Arbeitszeiten, verstärkte Ausrichtung auf Direkt- und Regionalvermarktung, Produktion von Konsumgütern, die sich durch Reparabilität sowie Langlebigkeit auszeichnen, um nur einige unternehmensbezogene Handlungen zu nennen. Auch auf politischer Ebene müssen postwachstumsökonomisch orientierte Transformationsprozesse unterstützt werden. Dazu zählen beispielsweise Reformen innerhalb des Finanzmarktes, die einer unkontrollierbaren Wachstumsdynamik entgegenstehen, etwa durch eine Finanztransaktionssteuer. Rückbauprogramme sowie Renaturalisierungen können ebenfalls Teil politischer Umsetzungen sein. Das betrifft insbesondere Teile der Industrieanlagen (vor allem fossile Kraftwerke), Autobahnen, Parkplätze sowie Flughäfen. Des Weiteren wäre zudem ein Moratorium für Bodenversiegelungen anzudenken, um ruinöse Flächen- sowie Landschaftsverbräuche zu stoppen.[81]

Auch wenn sich einige Maßnahmen bezüglich einer postwachstumsökonomischen Entwicklung auf politischer Ebene umsetzen ließen, kann sich eine Umsetzung derselben aufgrund fehlender politischer Mehrheiten als schwierig erweisen. Dass sich postwachstumsökonomische Praktiken allerdings ebenso außerhalb politischer Spielfelder als hilfreich erweisen, wird vor allem dadurch deutlich, dass sie sich als postapokalyptisches Übungsprogramm verstehen lassen, auf welches dann zurückgegriffen werden kann, wenn andere Handlungsoptionen scheitern – so etwa durch einen Kollaps des globalisierten Fremdversorgungssystems oder Ressourcenknappheit aufgrund von Folgen durch den Klimawandel.[82]

---

[81] Vgl. ebd., 131 f., 134–137.

[82] Vgl. Niko PAECH, Postwachstumsökonomie als Balance zwischen Selbstversorgung und industrieller Fremdversorgung, in: Traugott JÄHNICHEN u. a. (Hgg.), Nachhaltigkeit (Jahrbuch Sozialer Protestantismus 9), Gütersloh 2016, 92 f.

2.4. Die PWÖ unter der Perspektive von *Freiheit*, *Autonomie* und *Wohlstand*

Im Folgenden erfolgt eine Analyse der bereits in Kapitel 2.1.–2.3. geschilderten postwachstumsökonomischen Inhalte unter der Perspektive von *Freiheit*, *Autonomie* sowie *Wohlstand.* Dabei wird angestrebt, alternative Möglichkeiten zu Verständnissen der eben genannten Begriffe, die mit der PWÖ einhergehen, zu erläutern.

2.4.1. Zeit versus Konsum

Eine hohe Konsumaktivität geht mit einer hohen Zeitverknappung einher. Paech definiert die Zeit, die für konsumtive Aktivitäten übrig bleibt, als jene, die nicht mit Einkommenserwerb, Produktion oder Nutzung marktfreier Güter oder Aktivitäten, die der Intimsphäre (Schlafen, Essen, …) zugeordnet sind, gefüllt wird. Die eben genannte Konsumzeit unterteilt Paech schließlich noch in *fixe Konsumzeit* und *variablen Zeitanteil.* Erstere ist jene Zeit, die mit einem Kauf einhergeht: Informationsbeschaffung zum jeweiligen Produkt, Kaufentscheidung und -abwicklung, Installation, Einarbeitung, … Der *variable Zeitanteil* beschreibt schließlich die Zeit, die für Verwendung und Gebrauch genutzt wird. Daraus ergibt sich eine Reihe an Vorbedingungen, die mit dem eigentlichen Nutzen eines gekauften Produktes einhergehen – der Konsumwirkung geht ein Zeitinput voraus, der noch nicht automatisch zu einem Konsumnutzen führt.[83] Diese zeitökonomischen Grenzen können dem „expansive[n] Charakter moderner Freiheitsauslegungen“[84] nicht gerecht werden. Auch wenn die Möglichkeiten an Handlungsoptionen sich expansiv vermehren, bleibt das Potential menschlicher Aufmerksamkeiten gleich – Konsum, der immer mit einem bestimmten Zeitinput verbunden ist, wird zum Überkonsum. Die ursprüngliche durch den Konsum angestrebte Wirkung kann dadurch einen gegenteiligen Effekt erreichen.[85] Die folgende Abbildung verdeutlicht die Ambivalenzen von Zeit und Konsum:

[83] Vgl. PAECH, Postwachstumsökonomie. Lebensqualität durch Selbstbegrenzung, 197.

[84] Niko PAECH, Suffizienz als Kernelement der Postwachstumsökonomie. In soziales statt monetäres Kapital investieren, um den Wachstumszwang einzudämmen, in: Neue Wege: Beiträge zu Religion und Sozialismus 110/5 (2016), 4.

[85] Vgl. ebd., 5 f.

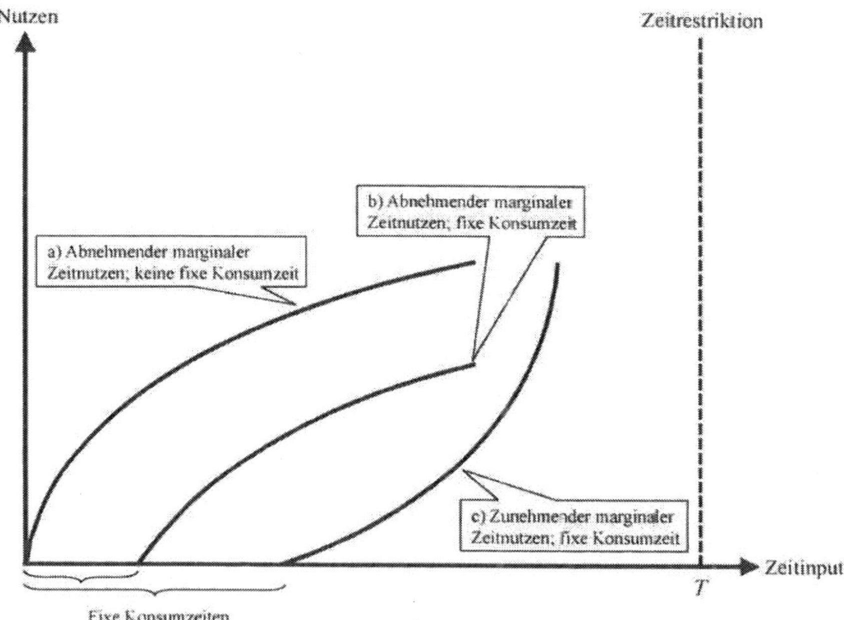

Abbildung 1: Konstellationen des Konsumzeitnutzen[86]

Diese Form der Zeitverknappung und Beschleunigung in Bezug auf die hohe Konsumaktivität ist einer Gesellschaft, die auf Wachstum sowie eine hohe Innovationsdichte setzt, inhärent. Nach Hartmut Rosa ist gerade diese Beschleunigung (Mengensteigerung pro Zeiteinheit) Teil aller Gesellschaften, die sich als *moderne* bezeichnen lassen.[87] Die zeitökonomischen Grenzen zeigen jedoch, dass sich der immer steigende Konsum nicht mehr in dem Maße verarbeiten lässt, um auch einen Nutzen aus diesem zu ziehen.[88] „Deshalb ist modernes Leben so komfortabel – und doch zugleich so schwer."[89] Auch wenn der Konsumwohlstand stetig zunimmt, bleibt ein Nutzen dieses Wohlstandes nicht bloß aus, sondern kann sich aufgrund des beschränkten Aufmerksamkeitspotentials in eine gegenteilige Richtung verkehren. Die hohe Konsumgeschwindigkeit bleibt nicht ohne psychosoziale Folgen, in

[86] Niko PAECH, Adiós Konsumwohlstand: Vom Desaster der Nachhaltigkeitskommunikation und den Möglichkeiten der Suffizienz, in: Ludger HEIDBRINK u. a. (Hgg.), Die Verantwortung des Konsumenten. Über das Verhältnis von Markt, Moral und Konsum, Frankfurt a. M. 2011, 297.
[87] Vgl. Hartmut ROSA, Resonanz. Eine Soziologie der Weltbeziehung, Berlin 2016, 673.
[88] Vgl. DUTZ – PAECH, Wege aus der Bequemokratie, 53.
[89] Ebd., 53.

prosperierenden Wohlstandsgesellschaften erkennbar an steigenden Burn-Out- oder Depressionsraten.[90]

Des Weiteren sorgt die *künstliche Knappheit* der Zeit durch lange Arbeitszeiten dafür, dass Menschen dazu genötigt sind, andere für jene Aufgaben zu bezahlen, für die schließlich keine Zeit mehr bleibt, etwa für die Zubereitung von Essen oder Kinderbetreuung.[91] Hierbei kann weitergehend angefragt werden, in welchem Verhältnis diese Knappheit zu Fremdversorgungssystemen steht.

Unter dieser Zeit- sowie Konsumperspektive kann letztlich der Begriff von Freiheit kritisch hinterfragt werden. Innovationen sowie Wachstum sind eng mit dem Verständnis von Freiheit verbunden.[92] Unter der zeitökonomischen Perspektive scheint dieses Verständnis jedoch aufgrund der Zeitknappheit kaum realisierbar. Welche Alternativen diesem Verständnis, abseits von Wachstum, entgegenstehen, wird im folgenden Kapitel erläutert.

2.4.2. Freiheit und Autonomie in der PWÖ

„Moderne Subsistenz bedeutet Autonomie. Menschen machen sich durch subkulturelle Taktiken unabhängig(er) von Geld- und Industrieversorgung."[93]

Durch das Aufgreifen des Begriffs *Autonomie* im Zusammenhang mit dem Prinzip der Subsistenz wird zugleich die Frage aufgeworfen, welche Abhängigkeiten im derzeitigen Wachstumssystem vorliegen.

Haushalte, die die Möglichkeit zur Selbstversorgung verlieren, sind auf das System der Fremdversorgung angewiesen. Das setzt wiederum das System einer leistungsfähigen industriellen Arbeitsteilung voraus. Einzelne müssen sich daher diesem System anpassen, indem sie sowohl ihre Fähigkeiten als auch ihre Zeit der arbeitsteiligen Produktion zur Verfügung stellen. Die eigene Versorgung ist jedoch entkoppelt von dem, was konsumierende Individuen durch ihre Erwerbsarbeit leisten. Die Erwerbsarbeit dient rein der Finanzierung der externen Güterzufuhr. Durch das Aufgeben der Eigenversorgung begeben sich fremdversorgte Individuen in mehrfache Abhängigkeiten – etwa durch Geldquellen, die durch

[90] Vgl. ebd., 53 f.

[91] Vgl. Jackson HICKEL, *Weniger ist mehr.* Warum der Kapitalismus den Planeten zerstört und wir ohne Wachstum glücklicher sind, München 2022, 262.

[92] Vgl. Hartmut ROSA, Available, accessible, attainable. The mindset of growth and the resonance conception of good life, in: Hartmut ROSA – Christoph HENNING (Hgg.), The Good Life Beyond Growth. New Perspectives, Abingdon (Oxon) – New York 2018, 42.

[93] PAECH, Postwachstumsökonomie. Lebensqualität durch Selbstbegrenzung, 199.

Erwerbsarbeit (im Industrie- und Dienstleistungssektor) oder Unternehmensgewinne gespeist werden. Paech spricht in diesem Zusammenhang auch vom *homo consumens,* der „zum Aussterben verdammt [wäre], wenn alle Supermärkte der Welt vier Wochen lang geschlossen wären."[94] Diese Form der absoluten Fremdversorgung geht mit einem Verlust von Fähigkeiten einher, die zum „Erhalt menschlicher Daseinsgrundfunktionen"[95] beitragen. Auch die sozialen Aktivitäten sind in einem solchen System an ökonomische Voraussetzungen geknüpft. Individuelle Freiheit sowie Teilhabe an der Gesellschaft sind davon abhängig, sich genauso viel leisten zu können wie andere.[96]

Neben der Rückkehr der Autonomie in einer PWÖ ist zugleich die Frage zu stellen, ob sie mit dem gegenwärtig vorherrschenden Freiheitsbegriff kompatibel ist oder man von einer Änderung des Freiheitsbegriffes sprechen müsste.

> „Die Fixierung vor allem auf Wirtschafts- und Konsumentenfreiheit, Wirtschaftswachstum, wohlstands- und technikbezogenen Fortschritt und Arbeitsplätze (und damit auf eine bestimmte Wertschätzung von Arbeit) sowie auf das Wohlergehen des *eigenen* Volkes und der *eigenen* Industrie unter Ausblendung der u. U. fatalen Folgen für andere spielt dabei eine wichtige Rolle – ebenso wie eine Anthropozentrik, die vergisst, dass es menschliche Freiheit ohne bestimmte physische Voraussetzungen nicht geben könnte."[97]

Gegenwärtig findet der Freiheitsbegriff dann Anwendung, wenn die unbedingte Notwendigkeit neuer Innovationen begründet wird – diese sollen der Steigerung von sozialer Partizipation sowie der individuellen Freiheit dienen.[98] Jörg Hübner spricht in diesem Zusammenhang auch von „einem fehlgeleiteten Freiheitsbegriff, [der] eng mit der Haltung der Verschwendung verbunden"[99] ist.

Der Ökonom André Reichel sieht in Bezug auf die Freiheit jedoch die folgende Frage vorliegen: Wie kann ein Land, das von Freiheitswerten und zugleich ökonomischem Wohlstand definiert ist, seine ökologischen Schulden begleichen, damit ein menschenwürdiges Leben für alle ermöglicht wird?[100] Mit Reichels Aufmerksamkeit für ein menschenwürdiges Leben *aller* muss ebenso die Frage aufgeworfen werden, welche Konsequenzen sich für die Freiheit

---

[94] PAECH, Befreiung vom Überfluss, 64 f.

[95] Ebd., 65.

[96] Vgl. ebd., 63–65.

[97] Felix EKARDT, Nachhaltigkeitsethik und Nachhaltigkeitsverfassung: Neues Freiheitsverständnis, Menschenrechte, intertemporale und globale Gerechtigkeit, in: DERS., Theorie der Nachhaltigkeit. Ethische, rechtliche, politische und transformative Zugänge – am Beispiel von Klimawandel, Ressourcenknappheit und Welthandel, Baden-Baden ²2016, 239.

[98] Vgl. DUTZ – PAECH, Wege aus der Bequemokratie, 50.

[99] Jörg HÜBNER, Ethik der Freiheit. Grundlegung und Handlungsfelder einer globalen Ethik in christlicher Perspektive, Stuttgart 2012, 244.

[100] Vgl. André REICHEL, Jenseits des Wachstumszwangs: Postwachstumsökonomie als Wirtschaft der Freiheit, in: GLOBART (Hg.), (UN)ORDNUNG. Was die Welt zusammenhält, Berlin 2019, 63.

derjenigen ergeben, die nicht Nutznießer*innen des wirtschaftlichen Wachstums in westlichen Gesellschaften sind. Aus Sicht der PWÖ ließe sich schließlich konstatieren, dass Freiheit in Bezug auf das Subjekt nur im Rahmen der Grenzen verwirklicht werden kann, die darauf Rücksicht nehmen, dass jedem Menschen ein bestimmtes ökologisches Budget zur Verfügung steht, bei dessen Überschreiten die Möglichkeiten anderer eingeschränkt würden. Dass sich Individuen innerhalb dieses Rahmens frei bewegen können, wird in der PWÖ nicht ausgeschlossen. Vielmehr stellt das Budget eine regulative Idee dar, die es durchaus ermöglicht, etwa durch Unterschreitungen desselben, es in späteren Zeiten aufzubrauchen oder gar auf andere Personen zu übertragen.[101]

In der PWÖ sieht Reichel die Chance, eine „Ökonomie der Freiheit der Vielen"[102] zu entwickeln – gerade durch die Ausrichtung der PWÖ auf soziales und ökonomisches Wohlergehen im Bewusstsein über die Begrenztheit der Welt.[103]

> „Wohlstand erzeugt immense Abhängigkeiten. Er kann zu lebensbedrohlichem Ballast werden, der an ein überladenes Schiff erinnert, das in stürmischer See manövrierunfähig wird und zu sinken droht. Sich dieser Last maßvoll zu entledigen entspricht einem zukunftsfähigen Freiheitsverständnis."[104]

Hübner konstatiert zudem, dass freiheitliche Gesellschaften Bürger*innen die Möglichkeit einräumen müssen, auf ökonomisch-technische Entwicklungen verzichten zu können. Eine freiheitliche Gesellschaftsordnung lässt sich daher dadurch charakterisieren, dass ihre Bürger*innen Lebensstile führen können, die weitestgehend ohne Konsum auskommen, ohne durch diese aus dem „Folgezusammenhang gesellschaftlicher Verantwortungsbezüge"[105] aussteigen zu müssen. Dass sich postwachstumsökonomische Prinzipien noch nicht weitgehend realisieren lassen, liegt nach Hübner unter anderem daran, dass in Diskussionen um den Freiheitsbegriff selten ein Zusammenhang zwischen kollektiver Selbstbeschränkung und einer Freiheitsbotschaft hergestellt wird.[106]

---

[101] Vgl. PAECH, Suffizienz als Antithese, 177.
[102] REICHEL, Jenseits des Wachstumszwangs, 66.
[103] Vgl. ebd., 66.
[104] Niko PAECH, Postwachstumsökonomie: Von der aussichtlosen Institutionen- zur Individualethik, in: Zeitschrift für Wirtschafts- und Unternehmensethik 22/2 (2021), 188.
[105] HÜBNER, Ethik der Freiheit, 319.
[106] Vgl. ebd., 319 f.

2.4.3. Steigerung des Wohlbefindens durch weniger Wachstum?

Mit Rückblick auf die in Kapitel 2.4.1. skizzierten zeitökonomischen Grenzen des Konsums kann auch kritisch hinterfragt werden, inwiefern wachstumsbremsende Konzepte, wie die PWÖ, in Zusammenhang mit Wohlbefinden und Wohlstand zu sehen sind. Die immer steigende Konsumdynamik kann unter der Perspektive der Glücksforschung dahingehend kritisch betrachtet werden – wenn die Erhöhung des Pro-Kopf-Einkommens nur bis zu einem bestimmten Niveau mit einem Zuwachs an subjektiv empfundenen Wohlbefinden einhergeht, worin liegt der zunehmende Konsum dann begründet?[107] Das In-Relation-Setzen des BIP eignet sich nicht dafür, das Wohlbefinden der Menschen eines Landes zu erfassen. Viel eher kann die Stabilität des Wohlfahrtssystems als Indikator für das Wohlbefinden herangezogen werden. So tragen allgemeine Gesundheitsversorgungen oder Arbeitslosenversicherungen nicht nur zu einer gerechteren Gesellschaft bei, sondern erhöhen zudem das subjektive Glücksempfinden. Beispielhaft für diese Feststellung ist, dass Wohlbefindenswerte in den USA trotz fünfmal so hohem BIP im Vergleich mit Costa Rica gleich hoch ausfallen.[108] Konträr hierzu kann die Frage aufgeworfen werden, ob nicht „der Imperativ, ökologisch nicht über die eigenen Verhältnisse zu leben“[109] Unglück verursachen kann. Paech hält hierbei entgegen, dass gerade in einer Reduktion des Konsums die Chance liege, diesen mit genügend Zeit sowie Aufmerksamkeit besser ausschöpfen zu können. Ebenso kann eine Loslösung von dem Drang nach weiteren Steigerungen in Bezug auf den Güterbesitz erfolgen. Paech spricht daher nicht von Verzicht, sondern von einer Befreiung[110] „von jener Last, die viel Zeit kostet, aber nur minimalen Nutzen stiftet.[111]“

Bereits Erich Fromm stellt mit seinen Überlegungen zum Haben eine Zweiteilung desselben vor. Er unterscheidet dabei das *funktionale Haben* vom *charakterbedingten Haben*. Unter das *funktionale Haben* fallen jene Güter, die die Überlebensgrundlagen des Menschen sichern (Nahrung, Wohnung, …) und damit in der menschlichen Existenz selbst verwurzelt sind. Demgegenüber lässt sich das *charakterbedingte Haben* dort verorten, wo der reine

[107] Vgl. PAECH, Postwachstumsökonomie als Balance zwischen Selbstversorgung und Fremdversorgung, 81.

[108] Vgl. HICKEL, Weniger ist mehr, 208 f.

[109] Niko PAECH, Von der trügerischen Weltrettungssymbolik zur Postwachstumsökonomie, in: Oliver EMDE u. a. (Hgg.), Mit Bildung die Welt verändern? Globales Lernen für eine nachhaltige Entwicklung (Ökologie und Erziehungswissenschaft der Kommission Bildung für nachhaltige Entwicklung der DGfE), Opladen u. a. 2017, 142.

[110] Vgl. ebd., 142 f.

[111] Ebd., 143.

Überlebenswille nicht mehr durch einen rational gelenkten Impuls greift.[112] Mit Paech gesprochen kann die Befreiung von ebendiesem Haben dann als Selbstschutz bezeichnet werden: „Selbstbegrenzung wird dann eher zu einem Akt des Selbstschutzes vor Erschöpfung und Reizüberflutung, mithin sogar zu zeitökonomischer Rationalität."[113]

Neben eben skizzierten möglichen Erleichterungen, die auf einer individuellen Ebene anzusiedeln sind, sei ebenfalls auf gesamtgesellschaftliche Folgen von Wachstum, abseits ökologischer Schäden, verwiesen. Der Genuine Progress Indicator (GPI) stellt einen alternativen Indikator zur Messung von Fortschritt dar. Miteinberechnet werden zwar wie beim BIP individuelle Konsumausgaben, die jedoch eine Bereinigung um Einkommensungleichheiten und soziale sowie ökologische Kosten wirtschaftlicher Aktivitäten erfahren. Verfolgt man das Wachstum des GPI wird deutlich, dass dieser parallel zum BIP bis in die 1970er Jahre anstieg, dann jedoch zunehmend abnahm. Dass weiteres Wachstum zu steigendem Wohlstand führe, kann vor diesem Hintergrund daher angezweifelt werden. Vielmehr führt weiteres Wachstum in einkommensstarken Staaten zu mehr Ungleichheit sowie politischer Instabilität. Auch gesundheitliche Auswirkungen können im Zusammenhang mit Wachstum ausgemacht werden: erhöhter Stress, steigende Depressionsraten (aufgrund von Überarbeitung oder Schlafmangel) sowie zunehmende Inzidenzen bei Herz-Kreislauf-Erkrankungen und Typ-2-Diabetes.[114]

Mit diesen Überlegungen wird zugleich deutlich, dass sich die Orientierung an postwachstumsökonomischen Zielen nicht nur mit Blick auf das Abwenden ökologischer Schäden, sondern ebenfalls auf der Ebene von *Freiheit*, *Wohlstand* sowie *Autonomie* (und *Gesundheit*) als lohnend erweisen kann.

[112] Vgl. Erich FROMM, Haben oder Sein. Die seelischen Grundlagen einer neuen Gesellschaft, München [42]2015, 108.
[113] PAECH, Postwachstumsökonomie als Balance zwischen Selbstversorgung und Fremdversorgung, 80.
[114] Vgl. HICKEL, Weniger ist mehr, 205.

2.5. Überblick Säulen der PWÖ

Die folgende Abbildung veranschaulicht überblicksmäßig die wesentlichen Säulen der PWÖ:

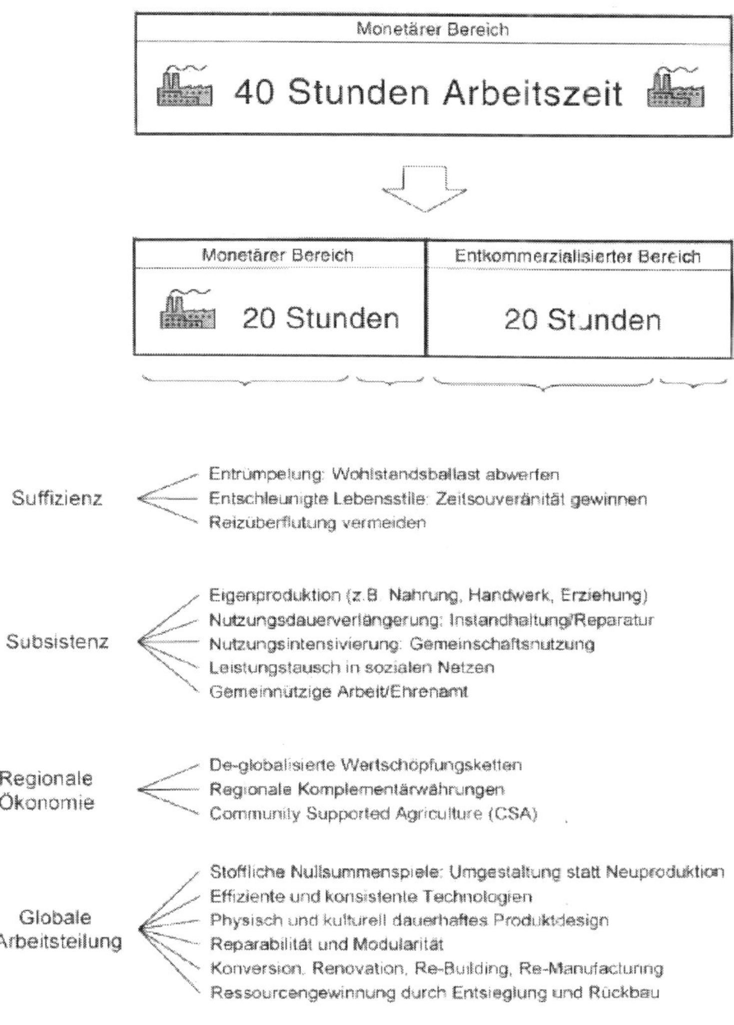

Abbildung 2: Die Postwachstumsökonomie im Überblick[115]

[115] PAECH, Befreiung vom Überfluss, 151.

2.6. Kritik

Im Anschluss an die Skizzierung wesentlicher Elemente der PWÖ sollen schließlich auch kritische Stimmen gegenüber dieser Erwähnung finden.

Die von Niko Paech ausgeführte PWÖ und der damit verbundene Fokus auf der Verantwortung der Einzelnen im Zusammenhang mit der Subjektorientierung stößt innerhalb anderer *Degrowth*-Konzepte durchaus auf Widerstand. Corinna Dengler und Matthias Schmelzer kritisieren Paechs PWÖ vor allem aufgrund der alleinigen Fokussierung auf die Individualethik: „Postwachstum als Programm individueller Konsumverweigerung verkürzt [...] die viel grundlegender ansetzende Diskussion um wachstumsbefreite Alternativen."[116] Auch der Ökonom Ingo Pies verweist auf die Komplexität innerhalb des Nachhaltigkeitsdiskurses, die nicht allein auf individueller Ebene gelöst werden könne. Auch wenn in der Individualmoral durchaus Chancen liegen, kann sie nach Pies nicht die einzige Lösung sein, da diese vielerorts an Grenzen stößt. Er verortet diese Grenzen insbesondere in den systemischen Voraussetzungen, die Institutionen systematisches und wachstumsorientiertes Wettbewerbsverhalten ermöglichen.[117] An dieser Stelle sei auf die der PWÖ ebenso inhärenten Vorschläge verwiesen, welche die institutionenethische Ebene betreffen (siehe Kapitel 2.3.2.).

Ein weiterer Kritikpunkt an der PWÖ betrifft ihre „*konsumfixierte* Perspektive":[118] Durch die Fokussierung auf die ökologische Dimension des Konsums geraten Fragen der sozialen Gerechtigkeit in den Hintergrund. Eine Ursache für diese Leerstelle mag unter anderem darin begründet sein, dass im Postwachstumsspektrum hauptsächlich akademische und sozial Privilegierte aktiv sind – Perspektiven von Menschen, die nicht dieser Gruppe zuzuordnen sind, fehlen.[119]

Des Weiteren bleiben ebenso Wirkweisen des globalen Weltsystems wenig beachtet. So ist etwa auf die breiten Auswirkungen hinzuweisen, würde ein einzelnes Land Veränderungen in Richtung einer Postwachstumsgesellschaft durchführen. Die Folgen durch die globale Vernetzung wären etwa Kapitalflucht, Investitionsstreiks, geopolitische Machtverschiebungen bis hin zu drohenden militärischen Konflikten. Ein Desiderat in Bezug auf die PWÖ ist

---

[116] Vgl. Corinna DENGLER – Matthias SCHMELZER, Anmerkungen zu Niko Paechs Postwachstumsökonomie. Plädoyer für weniger Individualethik, mehr Kapitalismuskritik und eine intersektionale Gerechtigkeitsperspektive, in: zfwu 22/2 (2021), 192.

[117] Vgl. Ingo PIES, Post-Wachstum statt Post-Malthus? Ordonomische Anmerkungen zu Niko Paechs Plädoyer für eine Rückabwicklung der modernen Zivilisation, in: zfwu 22/2 (2021), 226 f.

[118] SCHMELZER – VETTER, Degrowth/Postwachstum zur Einführung, 232.

[119] Vgl. ebd., 232.

daher vor allem in geo- und sicherheitspolitischen Fragen auszumachen, die es wissenschaftlich noch zu bearbeiten gilt. Dabei ist zudem die Frage zu stellen, welche postwachstumsbezogenen Veränderungen auch auf transnationaler Ebene umsetzbar wären.[120]

Ein weiterer Kritikpunkt betrifft das Verhältnis der PWÖ zur Technik, das nach Schmelzer und Vetter noch einer weiteren Klärung bedarf. Sie verorten in der PWÖ eine grundlegende Skepsis gegenüber digitaler Technik, obwohl in anderen Nachhaltigkeitsdiskursen immer wieder auf die Chancen digitaler Technologie hingewiesen wird.[121]

Neben der Kritik aus dem wachstumsskeptischen Lager innerhalb der Wirtschaftswissenschaften sieht sich die PWÖ vor allem dem Lager des *Grünen Wachstums* gegenübergestellt. Die Etablierung eines grünen Wachstums soll dabei den Lebensstandard sowie die Pro-Kopf-Produktion erhöhen – diese beiden Paradigmen sind in der Logik des auf Wachstum basierenden Wirtschaftssystems unumgänglich, um eine gesellschaftliche Akzeptanz für klimapolitische Maßnahmen herzustellen.[122]

Auch wenn die PWÖ in Forschungsdiskursen bereits vielfach diskutiert wird, ist davon auszugehen, dass es noch eine längere Zeit brauchen wird, bis sie sich in den unterschiedlichen Fachdisziplinen etabliert hat – insbesondere in den Wirtschaftswissenschaften. Noch länger scheint der Weg zu einer politischen Umsetzung zu sein, auch wenn das Bewusstsein Einzelner in Bezug auf ökologische Katastrophen deutlich zunimmt. Die PWÖ scheint in dieser Hinsicht erst am Anfang zu stehen.[123] Dass konkrete Umsetzungen einer PWÖ noch in weiter Ferne liegen, ist allerdings bereits im Selbstverständnis der PWÖ angelegt: „Es versteht sich von selbst, dass die […] Postwachstumsökonomie momentan bestenfalls einer Minderheit akzeptabel erscheint."[124]

[120] Vgl. ebd., 233.
[121] Vgl. ebd., 233 f.
[122] Vgl. PIES, Post-Wachstum statt Post-Malthus?, 228.
[123] Vgl. SCHMELZER – VETTER, Degrowth/Postwachstum zur Einführung, 230 f.
[124] PAECH, Befreiung vom Überfluss, 143.

3. Konsequenzen der PWÖ für Bildungsprozesse

3.1. Bildung als Wachstumstreiber?

Mit dem der PWÖ innewohnenden Konzept, das darauf beruht, wirtschaftliches Wachstum durch einen Kulturwandel zu verhindern, ist unbedingt die Frage zu stellen, welche Rolle Bildung in einer dem wirtschaftlichen Fortschritt unterworfenen Gesellschaft spielt und inwieweit zeitgenössische Bildungskonzepte zur Wachstumslogik beitragen.

Paech stellt sich hierbei die Frage „was, wie und zu welchem Zweck lernen junge Menschen heute?“[125] Dieser Frage geht die These voraus, dass auch Bildung in einer wachstumsgetriebenen Gesellschaft primär darauf abzielt, Individuen darauf zu konditionieren, in die entgrenzte Arbeitsteilung sowie Mobilität eingebunden zu sein. So erlernen junge Menschen Reflexions- und Kommunikationskompetenzen, jedoch keine manuellen Fähigkeiten, wenn man von der Bedienung digitaler Endgeräte absieht. Praktisch-handwerkliche Fähigkeiten gehen dabei verloren – ebenso bedingt durch das Narrativ, dass höhere Bildung zu gerechteren Teilhabemöglichkeiten führt. Dass dem Bildungssektor selbst ein hierarchischer Charakter innewohnt, wird dann deutlich, wenn Berufe mit handwerklichen Kompetenzen als bildungsfern beschrieben werden. Zudem ließe sich die These aufstellen, dass Bildung einer weiteren Wohlstandsvermehrung sowie der effektiveren Plünderung von Ressourcen zuspielt und für diese sogar unverzichtbar ist. Unter dem Dogma der internationalen Wettbewerbsfähigkeit sowie der Darstellung von Bildung als Universallösung aller Probleme setzt sich eine umfassende Mobilisierung im Bildungs- sowie Wissenschaftsbereich durch. Sichtbar wird dies vor allem an der zunehmenden Akademisierung oder Bildungsaufenthalten, die an entfernte Orte führen. Bildung erhöht dabei die Mobilität sowie den Konsum bei gleichzeitigem Fehlen der Erzeugung materieller Inputs.[126] Die „ökologisch verheerende Internationalisierung“[127] von Bildung kann hier als Beispiel genannt werden.[128] Während immer höhere Bildungsabschlüsse zu einem immensen Ressourcenverbrauch führen, tragen diese auf der Inputseite zu keinem materiellen Input bei, auch wenn der Output gleichzeitig größer wird.

---

[125] Ebd., 55.
[126] Vgl. ebd., 54–56.
[127] PAECH, Adiós Konsumwohlstand, 291.
[128] Vgl. ebd., 291.

Gegenwärtige Bildungsprozesse tragen demnach zur industriellen sowie konsumorientierten Moderne wesentlich durch die Ausbildung von Individuen bei, die sich in dieser zurechtfinden. Dazu gehört ebenso der Umgang mit neuen technologischen Entwicklungen, die Individuen dazu auffordern, sich einer automatisierten sowie digitalen Welt anzupassen. Im Sinne der PWÖ gilt es hierbei in kritischer Aufmerksamkeit daran zu erinnern, dass sich technologische Innovationen kaum an basalen Bedürfnissen orientieren. Innerhalb bildungspolitischer Diskussionen spiegelt sich ebenfalls eine Orientierung am Digitalen wider. Häufig werden dabei materielle Aufrüstungen im Sinne der Digitalisierung an Schulen gefordert sowie eine Implementierung des Umgangs mit der Digitalisierung innerhalb der Lehrer*innenbildung. Auffällig ist, dass die Sinnhaftigkeit des technologischen Fortschritts innerhalb des Bildungssektors nicht hinterfragt wird – ihre Umsetzung liegt im Vordergrund. Auch Folgen und Risiken im Rahmen einer digitalen Transformation des Bildungsbereichs bleiben wenig beachtet. Damit spielen gegenwärtige Bildungskonzepte einer wachsenden Abhängigkeit von technologisierten Strukturen zu.[129]

> „Solange die Bildung sich aber willfährig dem Wachstumsparadigma der Wirtschaft unterwirft, ist sie nicht nur nicht Teil der Lösung, sondern des Problems, weil sie Wissensvermeidung und Handlungsunfähigkeit indirekt dort fördert, wo eine tiefgreifende Beschäftigung mit alternativen gesellschaftlichen Entwicklungen und daraus resultierenden Inhalten und Praktiken notwendig wäre.“[130]

Dutz und Paech verorten zudem in gegenwärtigen Diskursen rund um Umweltbildung sowie BNE eine weitgehende Unterwerfung „einer technikaffinen und kosmopolitischen Daseinsform, die aufgrund maßloser Mobilitätsansprüche ökologisch ruinöser nicht sein könnte.“[131] Währenddessen bleiben jene Fähigkeiten, die Individuen zu einem subsistenz- sowie suffizienzorientierten Lebensstil verhelfen, auf der Strecke.[132] Stattdessen steht die Weitergabe von Informationen im Mittelpunkt – prozedurales Wissen findet wenig Beachtung. Gerade dieses Wissen wäre jedoch notwendig, um beispielsweise Wartungen oder Reparaturen von Alltagsgegenständen durchführen zu können.[133]

---

[129] Vgl. Katharina DUTZ – Niko PAECH, Industrie 4.0 versus Postwachstumsökonomie: Arbeit und Bildung, in: Anne RÖHL u. a. (Hgg.), bauhaus-paradigmen. künste, design und pädagogik, Berlin – Boston 2021, 400 f.

[130] Ebd., 401.

[131] Ebd., 408.

[132] Vgl. ebd., 408.

[133] Vgl. Niko PAECH u. a., Obsoleszenz, Nutzungsdauerverlängerung und neue Bildungskonzepte, in: Sepp EISENRIEGLER (Hg.), Kreislaufwirtschaft in der EU. Eine Zwischenbilanz, Wiesbaden 2020, 181.

3.2. Notwendigkeit der Etablierung postwachstumsökonomischer Elemente innerhalb von Bildungsprozessen

Die Forderung nach einer stärkeren Sichtbarkeit in Bildungskontexten von jenen Strategien, welche nicht dem dominierenden Konzept des *Grünen Wachstums* zugeordnet werden können, wird im BNE-Diskurs immer wieder formuliert.[134] Die eben in Kapitel 3.1. erörterten Zusammenhänge von Bildung und Wirtschaftswachstum lassen die Frage aufkommen, welche Relevanz postwachstumsökonomischen Inhalten in der Schulbildung zukommen kann. Dass sich aufgrund der Verstrickung von Bildung sowie Wirtschaftswachstum bei gleichzeitiger Forderung von einer Intensivierung der nachhaltigen Entwicklung geradezu eine Forderung nach postwachstumsökonomischen Inhalten aussprechen lässt, soll im Folgenden skizziert werden.

Denkstrukturen, die einen wesentlichen Beitrag zur ökologischen Krise leisten, finden sich traditionell ebenso im Bildungsbereich wieder. Vor allem einer auf Wachstum setzenden ökonomischen Logik kommt hierbei eine große Bedeutung zu. Sichtbar wird jener Zusammenhang unter anderem durch Verpflichtungen von Bildungsinstitutionen zur Output-Steuerung sowie Effizienzsteigerung.[135] Deutlich wird das durch Forderungen, wie der folgenden des Bildungsökonomen Ludger Wößmann: „Ein herausragendes Bildungsfundament ist auch die Grundlage dafür, [...] internationale Wettbewerbsfähigkeit und Wachstumsdynamik zu sichern."[136] Dass sich die Wachstumsdynamik, die ebenfalls den Bildungsbereich durchzieht, noch weiter durchsetzen kann, kann jedoch stark bezweifelt werden. Dutz und Paech sehen eine momentane Wachstumsgrenze auch im Bildungsbereich vorliegen, die sich aus einem Orientierungsverlust innerhalb von Bildungssystemen speist. Eine Ursache liege unter anderem darin, dass aktuelle Normen sowie Maßstäbe immer weiter erodieren, sodass jungen Menschen eine Ausrichtung an diesen immer schwerer fällt.[137] Besonders deutlich wird dies etwa durch die Zunahme an Entscheidungen, welche Kinder und Jugendliche heute im Vergleich zu vorhergehenden Generationen treffen müssen. Zwar wachsen die

[134] Vgl. Fabian PETTIG, Transformative Lernangebote kritisch-reflexiv gestalten. Fachdidaktische Orientierungen einer emanzipatorischen BNE, in: GW-Unterricht 162/2 (2021), 9.

[135] Vgl. Christine THON, Bildung, Wachstumskritik und die Krise der Reproduktion, in: Zeitschrift für internationale Bildungsforschung und Entwicklungspädagogik 46/2 (2023), 20.

[136] Ludger WÖßMANN, Bildung für Wirtschaftswachstum und Chancengleichheit, in: ifo Schnelldienst 74/7 (2021), 15.

[137] Vgl. DUTZ – PAECH, Wege aus der Bequemokratie, 47.

unterschiedlichen Wahloptionen individueller Selbstentfaltung zunehmend, allerdings steigt damit auch das Risiko, an den unzähligen Wahloptionen zu scheitern.[138]

Die Notwendigkeit von mehr postwachstumsökonomischen Inhalten im Unterricht ließe sich zunächst dadurch begründen, dass diese zur Verringerung von ökologischen Schäden beitragen, durch die Abkehr vom Wirtschaftswachstum, welches, wie bereits in Kapitel 2.2.1. erwähnt, stets an diese gekoppelt ist. Eine Relevanz für den Schulunterricht kommt der PWÖ allerdings nicht nur dadurch zu – mit Blick auf die Schüler*innen als Subjekte lassen sich ebenso andere Problemstellungen ausmachen. Der Blick auf zeitökonomische Grenzen und zeitliche Steigerungsdynamiken in Kapitel 2.4.1. macht ebenso deutlich, dass auch auf individueller Ebene wachstumsbedingte Probleme auftreten können. So müssen gerade die potentiellen Schäden einer Wachstumsorientierung im Bildungsbereich in den Blick genommen werden. Zu einem Merkmal dieser gehört etwa die ständige Zunahme an Komplexität – sowohl in der Lebenswelt als damit auch in der Bildung. Aus komplexen Zusammenhängen können Kinder sowie Jugendliche nur zum Teil wichtige Entstehungs- sowie Sinnzusammenhänge extrahieren. In Bezug auf Materielles fallen aufgrund der Komplexität jene Prozesse, die diesem nachgehen, weg – so werden die Zusammenhänge von Warenproduktionsketten etc. derzeit meist ausgeblendet[139]. „Ein Kind lernt lediglich, dass das Wasser aus dem Hahn und das Geld aus dem Automaten kommt.“[140] Während diese Zusammenhänge weitestgehend ausgelagert werden, entsteht der Eindruck einer grenzenlosen Welt – kognitive Dissonanzen bilden sich aus. Dutz und Paech unterscheiden dabei zwei unterschiedliche Ausprägungen kognitiver Dissonanzen[141]:

> „Erstere ist bedingt durch die beständig notwendige Abwägung der verschiedenen Konsumoptionen, durch eine Flut an Selbstverwirklichungsangeboten sowie einander ausschließender Lebensentwürfe. Letztere ist begründet in der vagen Ahnung, dass die Diskrepanz zwischen dem Wissen um die Folgen der Handlung und der Handlung selbst nicht zu überbrücken ist.“[142]

In diesem Zusammenhang treten zudem die Folgen der Digitalisierung in den Vordergrund. Auch der 2023 veröffentliche UNESCO-Bericht über Technologien und Bildung spricht sich teils mahnend über den immer weiter wachsenden Einfluss der „education technology

---

[138] Klaus HURRELMANN – Erik ALBRECHT, Generation Greta. Was sie denkt, wie sie fühlt und warum das Klima erst der Anfang ist. Weinheim 2020, 154 f.
[139] Vgl. DUTZ – PAECH, Wege aus der Bequemokratie, 63.
[140] Ebd., 63.
[141] Vgl. ebd., 63.
[142] Ebd., 63.

industry on education policy at the national und international levels“[143] aus.[144] Es wird ebenso auf den in der PWÖ kritisch gesehenen Fortschrittsoptimismus verwiesen, wenn es in dem Bericht bezüglich des vermehrten Einsatzes neuer Technologien an Schulen heißt: „Not all change constitutes progress. Just because something can be done does not mean it should be done.”[145] Eine Bewertung von solch schneller Entwicklungen kann schließlich erst im Nachgang erfolgen.[146]

> „Auf der Strecke bleibt das Bedürfnis des Kindes oder der Jugendlichen, in einer derart beschleunigten Welt einen Ort verlässlicher Werte und Normen zu finden, die Orientierung und Referenzpunkte vermitteln“.[147]

Die PWÖ bietet hierbei die Möglichkeit, ökonomische Wachstumslogiken innerhalb von Bildung sowie ein damit einhergehendes Konkurrenzdenken – wie es etwa bei Schulübergangsempfehlungen zum Tragen kommt – aufzubrechen. Steigerungsdynamiken von Bildung wirken nämlich subjektivierend auf deren Beteiligte, insbesondere wenn bestimmte Leistungszwänge nicht erbracht werden können. In Bezug auf das Subjekt als Ressource sind zudem weitere Problematiken auszumachen, welche mit einer starken Wachstumsorientierung einhergehen. So muss auch die Lebenszeit als Ressource betrachtet werden, die in Bildungsprozessen dann relevant wird[148], „wenn über Bildungsdiskurse einer einseitigen Wertschätzung des Produktiven Vorschub geleistet und die Notwendigkeit von Regeneration und die die [sic!] Unausweichlichkeit von Reduktion ausgeblendet wird.“[149]

---

143 UNESCO, Global Education Monitoring Report 2023. Technology in education. A tool on whose terms?, Paris 2023, S. 23. URL: https://unesdoc.unesco.org/ark:/48223/pf0000385723 [Abruf: 07.11.2023].
144 Vgl. ebd., 23.
145 Ebd., 23.
146 Vgl. DUTZ – PAECH, Wege aus der Bequemokratie, 65.
147 Ebd., 65.
148 Vgl. THON, Bildung, Wachstumskritik und die Krise der Reproduktion, 23.
149 Ebd., 23.

3.3. Die Rolle von Bildung in der PWÖ

Angesichts der skizzierten Veränderungen, die der PWÖ immanent sind, bleibt gerade der Bildungsbereich nicht ausgeschlossen, wenn postwachstumsökonomische Elemente aufgegriffen werden sollen. Auch wenn innerhalb des postwachstumsökonomischen Diskurses (noch) kein ausgereiftes Bildungskonzept vorliegt, bleibt der Bildungsbereich nicht von den Veränderungen, die mit der PWÖ einhergehen, unbeeinflusst. Vielmehr unterliegt ebenso der Bildungsbereich einem Wandel. Dabei kommen mehrere Bildungsfaktoren in den Fokus: der Einfluss von Bildung auf das Konsumverhalten (in Richtung einer konsumkritischen Haltung), Erprobung und Einübung nachhaltiger Lebensstile sowie die Akzeptanzförderung gegenüber Veränderungen im Rahmen der PWÖ.[150] Paech spricht in diesem Zusammenhang davon, dass „der Erziehungs- und Bildungssektor [...] zu entrümpeln und den Bedingungen einer Postwachstumsökonomie anzupassen [wäre].“[151]

Mit den ökonomischen Veränderungen, die mit der PWÖ verbunden sind, eröffnet sich zugleich auch ein Raum für eine Bildung, die Dutz und Paech mit dem Adjektiv *zukunftstauglich* versehen.[152] Auf die Zukunft einer PWÖ orientiert bedeutet dies für die Bildungsprozesse eine Rückkehr zum Erlernen basaler technischer sowie handwerklicher Fähigkeiten. Auch die Förderung von Autonomie, Selbstbestimmung und moralischer Urteilsfähigkeit spielen in Bezug auf die PWÖ eine große Rolle. Damit würde eine auf die PWÖ ausgerichtete Bildung eine Persönlichkeitsentwicklung ermöglichen, die nicht nur auf wirtschaftlichen oder konsumförmigen Bestrebungen aufbaut. Damit verbunden ist jedoch eine veränderte Vorstellung davon, was als Wohlstand bezeichnet wird. Wohlstand sowie das Streben nach einer hohen Lebensqualität, die weniger materialistisch verstanden werden, müssen sich auf die Lernprozesse anpassen.[153]

Die Entwicklung einer PWÖ beruht wesentlich auf einem veränderten Verständnis davon, wozu Bildung dient. Durch die Verknüpfung mit praktischen Inhalten, die Reduktion auf das Wesentliche sowie den Erhalt ökologischer und damit verknüpft ebenfalls sozialer Grundlagen besteht die Chance, durch Bildung einen Einfluss auf Verhaltensweisen, Gewohnheiten und Bewertungsmuster von Individuen zu nehmen.[154] Nachhaltige Bildung, die zur

---

150 Vgl. Steffen LANGE, Eine pluralistische makroökonomische Analyse. Rahmenbedingungen einer Postwachstumsökonomie, in: Ökologisches Wirtschaften 29/3 (2014), 49.

151 PAECH, Befreiung vom Überfluss, 138.

152 Vgl. DUTZ – PAECH, Industrie 4.0 versus Postwachstumsökonomie, 398.

153 Vgl. ebd., 401, 403.

154 Vgl. ebd., 406, 408.

Entwicklung einer postwachstumstauglichen Gesellschaft beitragen möchte, kann innerhalb von Bildungseinrichtungen kein Nischendasein führen. Nachhaltigkeitsthemen auf bestimmte Fächer oder Zeiten zu reduzieren, ist wenig zielführend. Vielmehr ist ein umfassendes Bildungskonzept anzustreben, das zu nachhaltigem Handeln und dem damit verbundenen Kulturwandel beitragen kann.[155] Eine Subjekt- statt einer Objektorientierung muss insbesondere in schulischer Bildung angestrebt werden, um eine Ausrichtung nachhaltiger Entwicklung an den Menschen selbst und nicht an von ihnen genutzten Objekten auszurichten.[156]

3.3.1. Nachhaltigkeitskommunikation – die Rolle der Lehrkraft

> „Wer es als Erwachsener versäumt oder Lehrer angesichts der inzwischen eingetretenen ökologischen Krisen weiter versäumt, Kindern und Jugendlichen in Familien, Lebensgemeinschaften, Schulen etc. hinreichende Verantwortungsübernahme im Sinne der [...] Nullsummenlogik zu vermitteln und vor allem selbst glaubwürdig vorzuleben, hat moralisch versagt."[157]

Mit diesem Zitat Paechs wird zugleich die überspitzte Frage danach aufgeworfen, welche Verantwortung Erwachsenen, insbesondere auch Lehrpersonen, in Hinblick auf die eigene Lebensführung und die Vorbereitung jüngerer Generationen auf ein Leben mit den Auswirkungen des Klimawandels zukommt. Dass derzeitige Kommunikationsaspekte innerhalb der Vermittlung von Nachhaltigkeit mit Blick auf die PWÖ erneut hinterfragt werden müssen, ergibt sich vor allem daraus,[158] dass „der einzige kongruente Diffusionsgegenstand nicht in physischen Objekten, sondern nur in Lebensstilen bestehen kann."[159] Paech verortet in Bezug auf die Praxis der Nachhaltigkeitskommunikation vor allem das Problem, dass Kommunikator*innen zwar theoretisch eine hohe Nachhaltigkeitsexpertise aufweisen können, demgegenüber allerdings eine Alltagspraxis präsentieren, die dieser entgegensteht.[160]

Paech fordert in diesem Zusammenhang ein, dass nicht etwa das deklarative Wissen beispielsweise darüber, wie eine Windturbine funktioniert, sondern das Einüben einer notwendigen Unterlassung ruinöser Handlungen Teil einer BNE sein muss.[161]

---

155 Vgl. PAECH u. a., Obsoleszenz, Nutzungsdauerverlängerung und neue Bildungskonzepte, 180 f.
156 Vgl. PAECH, Von der trügerischen Weltrettungssymbolik zur Postwachstumsökonomie, 141.
157 PAECH, Suffizienz als Antithese, 177 f.
158 Vgl. PAECH, Adiós Konsumwohlstand, 290.
159 Ebd., 290.
160 Vgl. ebd., 290 f.
161 Vgl. PAECH, Suffizienz als Antithese, 178.

Dass postwachstumsökonomische Inhalte nur mit einer glaubwürdigen Nachhaltigkeitskommunikation einhergehen können, wurde bereits in Bezug auf die Vorbildfunktion als Anstoß zur Verbreitung postwachstumstauglicher Lebensstile deutlich. Der Funktion der Nachahmung liegt die Theorie der *sozialen Diffusionsprozesse* zugrunde. Mit ihr kommt zum Ausdruck, dass es Individuen insbesondere dann gelingt, Handlungen zu adaptieren, wenn andere Individuen beobachtet werden können, die diesen bereits nachkommen.[162]

Auch wenn im Rahmen der Subjektorientierung allen Individuen eine Verantwortung in Bezug auf Nachhaltigkeit zukommt, können bestimmte Personengruppen ausgemacht werden, deren Einfluss und damit einhergehend deren Verantwortung besonders zum Tragen kommen. Unter der Gruppe sogenannter *opinion leader*s fallen all jene Menschen, welche „über [einen] besonderen Einfluss auf die Orientierungen anderer Personen verfügen."[163] Neben Wissenschaftler*innen, Politiker*innen oder Medienstars sind es innerhalb des sozialen Nahraums vor allem Eltern, Freund*innen oder Pädagog*innen, denen eine besondere Aufmerksamkeit zukommt. Innerhalb der Nachhaltigkeitskommunikation kommt *opinion leaders* aufgrund ihres großen Einflussbereichs daher eine besondere Verantwortung zu. Dass Angehörige dieser Gruppen ein besonderes Vorbildpotential in Bezug auf die PWÖ innehaben, scheint klar zu sein. In Bezug auf diese Verantwortung sei jedoch darauf hingewiesen, dass sie sich indes negativ auf die Wirksamkeit von Nachhaltigkeitskommunikation auswirken kann – etwa dann, wenn die formulierten Ansprüche mit der eigenen Lebensführung kollidieren.[164] Hannah Arendt verortet eine Verantwortung gegenüber der Welt, die mit der Rolle als Lehrkraft einhergeht und sich nicht allein auf die Lehre bezieht:[165] „Die Qualifikation des Lehrers besteht darin, daß er die Welt kennt und über sie belehren kann, aber seine Autorität beruht darauf, daß er für diese Welt die Verantwortung übernimmt."[166] Ein Problem bestehe nach ihr insbesondere dann, wenn diese Verantwortung für die Welt von Erwachsenen nicht wahrgenommen wird.[167] Weitergehend lohnt sich mit Blick auf Nachhaltigkeit daher ein Blick auf die Verantwortung, die speziell Lehrkräften zukommt. Dass ein Nicht-Nachkommen dieser in Bezug auf die PWÖ im Nachhaltigkeitsbereich nicht nur mit versäumten Chancen einhergeht, sondern auch negative Auswirkungen haben kann, deutet Paech ebenso an. Er bezeichnet Nachhaltigkeitsbemühungen, die in ihrer Kommunikation

---

[162] Vgl. ebd., 207 f.
[163] Ebd., 209.
[164] Vgl. ebd., 208 f.
[165] Vgl. Hannah ARENDT, Zwischen Vergangenheit und Zukunft. Übungen im politischen Denken I, München [4]2016, 270.
[166] Ebd., 270.
[167] Vgl. ebd., 271.

die Subjektorientierung aussparen, nicht nur als wenig wirksam, sondern als potentiell schädlich, denn dadurch können Lebenspraktiken, welche weit entfernt von Nachhaltigkeitszielen liegen, reproduziert werden.[168] Diese Kommunikator*innen stellen sich dann nicht als Beitragende zur Lösung von Nachhaltigkeitsproblemen dar, sondern als Teil des Problems der Nicht-Nachhaltigkeit.[169]

Wie hingegen eine gelingende Nachhaltigkeitskommunikation aussehen kann, ist vor allem von vorhandenen Wertorientierungen abhängig. Mit Blick auf eine wirksame Nachhaltigkeitskommunikation lassen sich besonders förderliche Aspekte, aber ebenso Schwierigkeiten ausmachen. Soll umweltfreundliches Verhalten gefördert werden, wird meist an altruistisch-biosphärische Werte appelliert. Direkte, persönliche Vorteile werden dabei häufig ausgelassen, da Konsument*innen zumeist zwischen individuellen Vorteilen und Kosten abwägen. Mehrere Studien konnten hingegen aufzeigen, dass Appelle, die sich auf die Gesamtgesellschaft sowie die Umwelt beziehen, als wesentlich wirkungsvoller erweisen als jene, die nur das einzelne Individuum in den Blick nehmen. Solche Appelle können sich jedoch als besonders unwirksam erweisen, wenn angesprochene Personen eine besonders hohe *Self-Enhancement Wertorientierung* (SEW) aufweisen. Unter jener Orientierung wird die Fokussierung einzelner auf individuelle Konsequenzen und weniger auf altruistische gelegt. Insbesondere in Bezug auf umweltfreundliches Verhalten schneidet diese Gruppe schlechter gegenüber altruistisch motivierteren Personengruppen ab. Will man innerhalb der Gruppe mit einer SEW eine gelingende Nachhaltigkeitskommunikation erreichen, ist es unerlässlich, ebenso individuelle Vorteile zu betonen und anschließend dieser Gruppe anzubieten. Studien zeigen dabei, dass bei Vorhandensein eigener Vorteile auch diese Gruppe zu umweltfreundlicherem Verhalten neigt.[170] Hier lässt sich mit jenen Ansätzen der PWÖ anknüpfen, welche zusätzlich auf Vorteile auf einer individuellen Ebene verweisen (siehe Kapitel 2.4.).

[168] Vgl. PAECH, Adiós Konsumwohlstand, 293.
[169] Vgl. ebd., 302 f.
[170] Vgl. Anna SCHORN, Wirkung nach Werten: Förderung von umweltfreundlichem Verhalten durch die Übereinstimmung von Wertorientierung und Wertappell?, in: Tobias DIENLIEN u. a. (Hgg.), Nachhaltigkeit als Gegenstand und Zielgröße der Rezeptions- und Wirkungsforschung. Aktuelle Studien und Befunden (Rezeptionsforschung 44), Baden-Baden 2022, 86–88.

3.3.2. Mögliche Problemstellungen in Bezug auf die Etablierung einer PWÖ-tauglichen nachhaltigen Bildung

Vor dem Hintergrund, dass die PWÖ, wie bereits ausgeführt, noch weit entfernt von einer breiten gesellschaftlichen Akzeptanz zu sein scheint und der Verstrickungen von Bildung und Wachstum, ist an dieser Stelle ebenso auf mögliche Problemstellungen in Bezug auf eine postwachstumsökonomische nachhaltige Bildung hinzuweisen. Schwierigkeiten im Zusammenhang mit einer postwachstumsbasierten Bildung entstehen einerseits dadurch, dass Kinder und Jugendliche, die in eine wachstumsbasierte Welt hineingeworfen werden, mit einer Norm konfrontiert sind, die sich aus einem nicht nachhaltigen Umgang mit Ressourcen ergibt. Diese wachstumsbasierte Norm wird sowohl vorgelebt als auch als sinnstiftend sowie notwendig angepriesen. Die Betonung individueller Freiheiten, die auf Wohlstand im Sinne eines ökonomischen Wachstums beruhen, spielen dabei eine entscheidende Rolle.[171] „Kinder und Jugendliche haben kaum eine Chance, sich dem zu entziehen."[172] Um innerhalb von Bildungsprozessen Kindern und Jugendlichen eine Möglichkeit zu bieten, aus diesen Konditionierungen und kognitiven Dissonanzen ausbrechen zu können, bedarf es ebenso Vorbildern, an denen ebenfalls alternative Wahrnehmungsdeutungen sowie -handlungen abgelesen werden können. Auch wenn das Fördern von eigenständiger kritischer Reflexion in Bezug auf gesellschaftlich anerkannte Normen durchaus im Bildungskanon zu finden ist, so ist dennoch zu problematisieren, dass diese im Zusammenhang mit nachhaltigkeitsrelevanten Themen kaum zu verorten ist. Stattdessen scheint vielmehr eine Unterwerfung des Bildungssystems unter einer hegemonialen Konsumlogik vorzuliegen.[173]

Dass die Etablierung postwachstumsökonomischer Inhalte innerhalb von Bildungsprozessen ein Wagnis bleibt, soll an dieser Stelle nicht unbeachtet bleiben. Das Wagnis, sich auf eine alternative Lebensweise ohne Wirtschaftswachstum einzulassen, kann ebenso Ängste und Sorgen mit sich bringen.

> „Sich auf Situationen einzulassen, die das bislang in Anspruch genommene Komfortniveau vermissen lassen und in der [sic!] selbsttätig Leistungen zu erbringen sind, die vormals von außen zugeführt wurden, stellt ein persönliches Wagnis dar. Schmerzliche Entbehrung und Überforderung drohen nicht nur infolge einer reduzierten Versorgungshöhe, sondern mehr noch durch den nötigen Übergang zu ungewohnten Versorgungspraktiken. […] Wer springt schon ins Wasser, wenn er das schwimmen [sic!] verlernt hat?"[174]

---

[171] Vgl. PAECH u. a., Obsoleszenz, Nutzungsdauerverlängerung und neue Bildungskonzepte, 183.
[172] Ebd., 183.
[173] Vgl. ebd., 183 f.
[174] DUTZ – PAECH, Wege aus der Bequemokratie, 62.

Trotz steigender Bildungsangebote im Bereich der Nachhaltigkeit verortet Paech einen „Nachhaltigkeitsanalphabetismus“, der insbesondere dadurch zum Tragen kommt, dass weitestgehend nicht gelernt wird, die CO_2-Bilanz der eigenen Handlungen einzuschätzen. Ein relevanter Beitrag zu möglichen Problemlösungen sei ohne dieses Wissen nicht möglich[175] und führe zu „fehlleitenden Weltverbesserungssymboliken[176].“

3.3.3. Postwachstumsökonomische Ziele im Unterricht – Gefahr der politischen Instrumentalisierung?

Neben eben skizzierten Unsicherheiten in Bezug auf das Aufgreifen der PWÖ in Bildungsprozessen, muss ebenso reflektiert werden, inwieweit dezidiert postwachstumsökonomische Ziele einen Platz im Schulunterricht einnehmen können. Im Folgenden sollen sowohl Überlegungen aus der allgemein-pädagogischen BNE sowie aus der rBNE aufgegriffen werden, anhand derer die Frage danach, in welchem Ausmaß die PWÖ in Bildungsprozessen aufgegriffen werden kann, diskutiert werden soll.

3.3.3.1. Überlegungen aus der allgemeinen BNE

„Eine Instrumentalisierung der heranwachsenden Generation für gegenwärtige politische Ziele ist mit der Idee von Bildung nicht vereinbar.“[177] Mit diesem Zitat von Christine David und Franziska Bertschy mit Blick auf BNE wird kritisch beleuchtet, inwiefern postwachstumsökonomische Ziele einen Platz innerhalb von Bildungsprozessen im Rahmen des Schulunterrichts einnehmen können. Orientierung dazu, wie mit postwachstumsökonomischen Inhalten im Unterricht umgegangen werden kann, bietet der Beutelsbacher-Konsens mit seinen drei Kriterien für politische Bildung aus dem Jahr 1976. Das erste Kriterium stellt dabei das *Überwältigungsverbot* dar, welches Lehrkräften verbietet, Schüler*innen an der Bildung eines selbstständigen Urteils zu hindern. Indoktrination durch die Lehrkraft ist dadurch nicht mit dem Beutelsbacher Konsens vereinbar. Politische Bildung muss sich vielmehr der Herausbildung der Urteilskompetenz sowie allgemeinen demokratischen Grundsätzen

[175] Vgl. PAECH, Von der trügerischen Weltrettungssymbolik zur Postwachstumsökonomie, 134.
[176] Ebd., 134.
[177] Christine Künzli DAVID – Franziska BERTSCHY, Bildung für eine Nachhaltige Entwicklung – Kompetenzen und Inhaltsbereiche, in: Bernd OVERWIEN – Horst RODE (Hgg.), Bildung für nachhaltige Entwicklung. Lebenslanges Lernen, Kompetenz und gesellschaftliche Teilhabe (Ökologie und Erziehungswissenschaft der Kommission Bildung für nachhaltige Entwicklung der DGfE), Opladen u. a. 2013, 38.

verpflichtet fühlen.[178] Mit Blick auf Konsequenzen für eine BNE ortet Fischer jedoch eine noch unzureichende Klärung des Verhältnisses derselben mit dem Beutelsbacher Konsens – so etwa in Bezug auf die Frage, inwiefern das Überwältigungsverbot im Rahmen einer BNE zu berücksichtigen ist.[179] Auch Ohlmeier und Brunold verorten im Bereich der BNE ein bisweilen ungeklärtes Verhältnis zu diesem. Das Überwältigungsverbot stoße hierbei an seine Grenzen, da nachhaltige Entwicklung stets mit impliziten normativen Werthaltungen einhergeht, die nicht kompatibel mit einer Verhandlungsfreiheit sind – der Erhalt der natürlichen Lebensgrundlagen steht im Vordergrund. In welcher Form allerdings dieser Erhalt in einer BNE eine Rolle spielt, kann sich in unterschiedlichen globalen Bildungskontexten ausdifferenzieren. Während in weniger wohlhabenden Ländern der Fokus meist auf die Sicherung von Lebensgrundlagen in den Vordergrund rückt, steht in wohlhabenderen Ländern häufig die Etablierung nachhaltigen Konsums im Zentrum.[180] So beschreibt bereits Wolfgang Klafki, der die Umweltfrage als zweites epochales Schlüsselproblem definiert, dass in Bezug auf diese die Einsicht entwickelt werden müsse, den Konsum teils einzuschränken sowie umweltfreundlich zu praktizieren.[181] Mit Blick auf den Beutelsbacher Konsens bleibt jedoch bezogen auf das konkrete Handeln eine Verpflichtung für das Überwältigungsverbot. Auch wenn BNE das Ziel anstrebt, Schüler*innen zum nachhaltigen Handeln zu befähigen, muss ihnen ebenso die Entscheidung obliegen, sich von diesem praktisch zu distanzieren.[182] Mit diesem Grundverständnis wird zugleich deutlich, dass postwachstumsökonomische Ziele im Sinne eines Aufoktroyierens derselben keinen Raum im Schulunterricht einnehmen können. Allerdings kann ein Aufgreifen dieser im Unterricht eine Chance für BNE darstellen, vor allem, da stark bezweifelt werden kann, dass der bisherige Beitrag von BNE einen Einfluss auf nachhaltige Entwicklungen genommen hat, wie von Ohlmeier und Brunold folgend bezweifelt:

> „Offensichtlich ist, dass eine quantitative Zunahme der Bildungsanstrengungen keineswegs schon zu nachhaltigeren Gesellschaften führt. Nicht zuletzt sind es bis heute die entwickelten

---

178 Vgl. Gudrun HEINRICH, „Politische Bildung“ als Format der Prävention und die Bedeutung des Beutelsbacher Konsens, in: Jan SCHEDLER u. a. (Hgg.), Rechtsextremismus in Schule, Unterricht und Lehrkräftebildung (Edition Rechtsextremismus), Wiesbaden 2019, 132 f.

179 Vgl. Christian FISCHER, „Bildung für nachhaltige Entwicklung“ (BNE) – Nicht nur Chancen, sondern auch Herausforderungen und Probleme für die sozialwissenschaftliche Bildung, in: Gesellschaft, Wirtschaft, Politik 72/2 (2023), 233.

180 Vgl. Bernhard OHLMEIER – Andreas BRUNOLD, Politische Bildung für nachhaltige Entwicklung. Eine Evaluationsstudie, Wiesbaden 2015, 110.

181 Vgl. Wolfgang KLAFKI, Neue Studien zur Bildungstheorie und Didaktik. Zeitgemäße Allgemeinbildung und kritisch-konstruktive Didaktik, Weinheim – Basel [4]1994, 58 f.

182 Vgl. OHLMEIER – BRUNOLD, Politische Bildung für nachhaltige Entwicklung, 118.

> Bildungsnationen, welche die größten und tiefsten ökologischen Fußabdrücke hinterlassen [...], um ihren Lebensstil aufrecht zu erhalten.“[183]

Dutz und Paech verorten hier eine gewisse Orientierungslosigkeit im Schul- sowie Bildungssystem – die PWÖ könne jedoch eine[184] „Basis für zukunftsfähige Bildungskonzepte liefern“.[185] Dass eine gegen Wachstum gerichtete Ausrichtung neue Möglichkeiten für Bildungsprozesse bietet, liegt vor allem daran, dass damit einer Vereinnahmung von *nachhaltiger Entwicklung* durch *nachhaltiges Wachstum* entgegengetreten werden kann. Sie wird damit auch der Vielfalt ökonomischer sowie ökologischer Diskurse gerecht, da das Wachstumsparadigma immer häufiger in Kritik gerät sowie gänzlich in Frage gestellt wird.[186] Der Politikdidaktiker Moritz Peter Haarmann schlägt in Bezug auf eine Auseinandersetzung mit Nachhaltigkeit eine Orientierung an Leitfragen vor, die an den jeweiligen Grundwert (etwa Nachhaltigkeit) angepasst werden und auf weitere Grundwerte ausgerichtet sind. In Bezug auf Nachhaltigkeit kann eine solche Leitfrage die folgende sein:[187] „Kann das Interesse/Ziel verfolgt werden, ohne die ökologischen und sozialen Interessen anderer Menschen in Gegenwart oder Zukunft zu gefährden?“[188]. Grundwerte in der PWÖ scheinen diesen durchaus zuordenbar – stehen doch insbesondere der Schutz ökologischer Grundlagen und damit verbunden in Bezug auf die Ökonomie eine stärkere Ausrichtung auf das Gemeinwohl im Zentrum dieser.

3.3.3.2. Religionspädagogische Überlegungen

In Hinblick auf den Religionsunterricht und den noch folgenden Überlegungen, welche postwachstumsökonomischen Elemente sich in diesem verwirklichen lassen, ist zu eruieren, welche politischen Ziele im Religionsunterricht verfolgt werden können, sollen und dürfen. Bederna greift in diesem Zusammenhang die Frage auf:

---

[183] Ebd., 110.
[184] Vgl. DUTZ – PAECH, Wege aus der Bequemokratie, 47
[185] Ebd., 47.
[186] Vgl. OHLMEIER – BRUNOLD, Politische Bildung für nachhaltige Entwicklung, 90.
[187] Vgl. Moritz Peter HAARMANN, Bildungsaufgabe statt Erziehungsziel. Das Gemeinwohl als Gegenstand sozioökonomischer Bildung, in: Christian FRIDRICH u. a. (Hgg.), Wirtschaft, Gesellschaft und Politik. Sozioökonomische und politische Bildung in Schule und Hochschule (Sozioökonomische Bildung und Wissenschaft), Wiesbaden 2021, 208 f.
[188] Ebd., 209.

> „Soll BNE auf bestimmte Haltungen und Wertvorstellungen zielen oder nur Kompetenzen vermitteln, die bei der Gestaltung nachhaltiger Entwicklung benötigt werden, wenn der Einzelne diese will?"[189]

Jan-Hendrik Herbst hält bezüglich des Religionsunterrichts fest, dass diesem immer eine politische Ausrichtung zugrunde liegt. Gleichzeitig lassen sich innerhalb der Religionspädagogik auch Positionen vorfinden, die vor einer externen Funktionalisierung warnen, die mit einer expliziten Verfolgung politischer Ziele im Religionsunterricht einhergeht.[190] Ein Grundkonsens scheint jedoch darin zu bestehen, dass politische Bewegungen auf ihre Demokratiekonformität zu überprüfen sind. So ließe sich etwa eine Teilnahme im Rahmen des Religionsunterrichts an einer Demonstration von Fridays for Future (FFF) durchaus legitimieren, da sich die Ansprüche dieser Bewegung am Allgemeinwohl sowie an demokratischen Grundwerten ausrichten.[191] In Analogie zu Herbst macht Claudia Gärtner ebenso darauf aufmerksam, dass dem Religionsunterricht per se eine normativ-parteiische Fundierung durch die Ausrichtung an theologischen Grundideen („Orientierung am Schöpfungsauftrag, an der messianischen Botschaft des Reiches Gottes"[192]) inhärent ist. Diese Normativität ad intra kann jedoch nicht eins zu eins auf klimapolitische Ziele umgelegt werden, da diese den binnentheologischen Rahmen mit ihrer ökologischen Ausrichtung verlassen. Eine normative rBNE verlangt daher nach einer Legitimierung, die sowohl ad intra als auch ad extra normiert werden muss.[193] Dass sich religiöse Inhalte stets instrumentalisieren lassen, kann letztlich aus religionspädagogischer Perspektive nicht ausgeschlossen werden – die Möglichkeit lässt sich aber dahingehend reflektieren und anfragen.[194]

Dass der Religionsunterricht politisch wirksam ist, muss sich zudem nicht zwangsläufig daraus ergeben, dass eine Wirksamkeit unbedingt eingefordert wird. Nach Herbst zeichnet sich ein politischer Religionsunterricht vor allem dadurch aus, dass „Erfahrungsräume durch reale politische Aktionen eröffnet werden."[195] Insofern ließen sich politische Ziele durch ihre Thematisierung entfalten, welche auch individuelle Haltungsänderungen hervorrufen kann.[196] Zudem ist das Augenmerk auf den christlichen Glauben als Ganzes zu legen. Krahn

---

[189] BEDERNA, Every Day for Future, 73.

[190] Vgl. Jan-Hendrik HERBST, Die politische Dimension des Religionsunterrichts. Religionspädagogische Reflexionen, interdisziplinäre Impulse und praktische Perspektiven (Religionspädagogik in pluraler Gesellschaft 31), hg. von Claudia GÄRTNER u. a., Paderborn 2022, 130 f.

[191] Vgl. ebd., 462.

[192] GÄRTNER, Klima, Corona und das Christentum, 113.

[193] Vgl. ebd., 113 f.

[194] Vgl. Claudia GÄRTNER, Mit religiöser Bildung die Welt retten? Spannungsfelder einer politischen religiösen Bildung für nachhaltige Entwicklung, in: ÖRF 28/2 (2020), 62.

[195] HERBST, Die politische Dimension des Religionsunterrichts, 512.

[196] Vgl. ebd., 512.

und Schimmel sprechen davon, dass „christlicher Glaube stets eine gesellschaftlich-transformative und damit auch politische Dimension hat".[197] Beispielhaft hierzu genannt werden die Schöpfungstheologie als Gerechtigkeitsvision oder Jesu Botschaft vom Reich Gottes als etwas Besserem. Die genannten Bereiche verlangen dabei nach einer Um- und Mitgestaltung. Auch kirchliche Schreiben zeigen speziell in Bezug auf den Klimawandel systemkritische Parteinahmen aus dem christlichen Glauben heraus.[198]

In Bezug auf postwachstumsökonomische Ziele ist festzustellen, dass mit diesen ein spezielles Augenmerk auf individuelle Verhaltensänderungen gelegt wird und damit ein Beitrag zur Erreichung von Nachhaltigkeitszielen geleistet werden soll. Bederna merkt diesbezüglich an, dass in Bezug auf das Erreichen von Nachhaltigkeitszielen im Rahmen des Religionsunterrichts durchaus die Frage aufgeworfen werden kann, ob religiöse Bildung überhaupt zu nachhaltigem Handeln beitragen kann und soll oder ob rBNE bloß einen Selbstzweck darstellt. Insbesondere mit Blick auf die Notwendigkeit der Abschwächung des Klimawandels, um Kindern und Jugendlichen die Chance zu ermöglichen, auch in Zukunft Formen guten Lebens ausloten zu können, findet diese Frage nach wie vor Berechtigung.[199] Sie verweist aber ebenso darauf, dass gerade in Bezug auf das Thema der Nachhaltigkeit von einer selbstverständlichen Norm gesprochen werden kann, welche sie wie folgt beschreibt: „Handle nachhaltig! Minimiere den Ausstoß von Treibhausgasen!"[200]. Die entscheidende Frage, die aus dieser Norm resultiert, ist, wer sie wie, warum und in welchen Bereichen (Mobilität, Ernährung, …) umsetzt. Dass sich Kinder und Jugendliche dabei in einzelnen Bereichen nachhaltig verhalten (insbesondere im Bereich Ernährung), während andere Bereiche dafür außer Acht bleiben, macht die unterschiedliche Positionierung in Bezug auf Nachhaltigkeitsthemen unter Schüler*innen deutlich. Bederna verortet gerade hierin die Gefahr[201], „dass Lehrende oder Lernende mit missionarischer Attitüde agieren und den Lebensstil anderer ins schlechte Licht rücken".[202]

---

[197] Annika KRAHN – Alexander SCHIMMEL, „Klima nervt!" – Zum didaktischen Umgang mit Widerständen bei der Thematisierung des Klimawandels im Religionsunterricht, in: Religionspädagogische Beiträge. Journal for Religion in Education 44/2 (2021), 93.

[198] Vgl. ebd., 93. Siehe klimapolitische Positionen in PAPST FRANZISKUS' „Laudato' Si".

[199] Vgl. Katrin BEDERNA, Denn sie tun nicht, was sie wissen – religiöse Bildung und die Motivation zur Transformation in der Klimakrise, in: Mirjam SCHAMBECK – Winfried VERBURG (Hgg.), Wie Religion für Krisen taugt. Zum Beitrag religiöser Bildung in Krisenzeiten, Göttingen 2023, 189.

[200] Katrin BEDERNA, Religiöse Bildung für nachhaltige Entwicklung. Ein didaktisches Modell, in: Religionspädagogische Beiträge. Journal für Religion in Education 44/2 (2021), 66.

[201] Vgl. ebd., 66.

[202] Ebd., 66.

An dieser Stelle muss jedoch ein Blick auf die Konsumperspektive geworfen werden. Wenn, wie Bederna anführt, nachhaltige Lebensstile zum Gegenstand missionarischer Tätigkeiten werden können, muss auch kritisch geprüft werden, ob nicht ebenso (oder gerade) nicht-nachhaltiges Handeln in einer wachstumsorientierten Gesellschaft gleichfalls diesem Zweck verfallen könne. Rosa identifiziert eine Reichweitenvergrößerung als kulturelles Kennzeichen. Mit dieser geht eine ständige Aufforderung nach Steigerung einher, die das Ziel verfolgt, den status quo moderner Gesellschaften zu erhalten. Dabei müssen die Steigerungsleistungen (Wachstum, Beschleunigung[203] und Innovation) vom Subjekt selbst erbracht werden. In Gegenüberstellung mit dem von Bederna eingebrachten Imperativ des nachhaltigen Handelns formuliert Rosa hingegen den Imperativ „Handle jederzeit so, dass deine Weltreichweite größer wird."[204], welcher nach ihm gegenwärtig als Imperativ vorherrscht. Die Vergrößerung der Weltreichweite vollzieht sich dabei vor allem durch das Verfügbarmachen immer neuerer Teile der Welt. Eng damit verbunden ist eine Konsumsteigerung – Fliegen statt Autofahren im Bereich der Mobilität oder digitale Musikdienstleister statt CDs.[205]

Dass man sich im religionspädagogischen Diskurs jedoch mit der Frage beschäftigen muss, ob BNE bloß einen Selbstzweck darstellen soll oder sich doch im Kontext konkreter Handlungsforderungen einbringen kann, macht Bederna deutlich. Auch wenn rBNE nach ihr nicht verzweckt werden soll, im Sinne eines Anbietens konkreter Anweisungen für ein nachhaltiges Leben, muss im Zusammenhang mit der Freiheitsfrage zudem darüber reflektiert werden, dass allein die Bekämpfung des Klimawandels eine Bedingung für ein zukünftiges Leben in Freiheit für heutige Kinder und Jugendliche ermöglichen kann.[206]

Mit Blick auf die PWÖ scheinen sich zumindest die folgenden eben skizzierten Überlegungen als relevant für die Frage zu erweisen, inwieweit die PWÖ in schulischen Bildungskontexten zum Tragen kommen kann. Auch wenn das Verhältnis zwischen dem Überwältigungsverbot und einer BNE noch nicht ausreichend geklärt zu sein scheint, sollte es nicht vorschnell übergangen werden. Im Aufgreifen der PWÖ im Unterricht oder im gezielten Anstreben postwachstumsökonomischer Ziele in diesem muss Schüler*innen ebenfalls ein Raum eingeräumt werden, in welchem im Rahmen des Überwältigungsverbots Ablehnung sowie

[203] Für eine weitergehende religionspädagogische Auseinandersetzung mit den Auswirkungen von Beschleunigungszwängen auf den Religionsunterricht siehe: Bernhard GRÜMME, Öffentliche Religionspädagogik. Religiöse Bildung in pluralen Lebenswelten, Stuttgart 2015, 111–120.

[204] Hartmut ROSA, Resonanz statt Reichweitenvergrößerung, in: Maximilian BECKER – Mathilda REINICKE (Hgg.), Anders wachsen! Von der Krise der kapitalistischen Wachstumsgesellschaft und Ansätzen einer Transformation, München 2018, 61. Im Original kursiv gesetzt.

[205] Vgl. ebd., 60 f.

[206] Vgl. BEDERNA, Denn sie tun nicht, was sie wissen, 189.

alternative Denkweisen weiterhin möglich sind. Ebenso sollte die kritische Anmerkung Bedernas, dass es zu einer Verunglimpfung bestimmter Lebensstile kommen kann, wenn der Fokus auf der Individualethik liegt, mitbedacht werden.

Unter diesen Berücksichtigungen scheint es allerdings durchaus angebracht, wachstumskritische Positionen, wie die PWÖ, einzubringen, auch wenn mit diesen eindeutige Positionierungen einhergehen. Insbesondere, wenn man bedenkt, dass im Bildungsbereich häufig wachstumsorientierte Ausrichtungen implizit wirksam sind. Ein Weglassen anderer Aspekte, wie der PWÖ, könne daher dazu verleiten, in wachstumsorientierten Ausrichtungen zu verbleiben bzw. diese weiter voranzutreiben. Mit Blick auf den Religionsunterricht ist zudem darauf aufmerksam zu machen, dass ihm eine politische Ausrichtung allein etwa durch die Botschaft Jesu immanent ist. Nach Mendl wirkt sich diese in einem zweifachen Sinn auf eine politische Orientierung des Religionsunterrichts aus: Zum einen lassen sich aus der Botschaft Jesu durch die Ankündigung des Reich Gottes bestimmte Handlungsperspektiven identifizieren. Zum anderen können für diese Perspektiven ebenso Kriterien möglicher Handlungsoptionen abgeleitet werden. Dabei ist jedoch darauf zu achten, dass sich allein aus der biblischen Botschaft heraus noch keine unmittelbaren Anleitungen zum Handeln oder gar parteipolitische Schlussfolgerungen ableiten lassen.[207]

Unter Rückgriff auf die wachstumskritische Bildungskritik ist zudem die Frage zu stellen, ob BNE dezidiert das Ziel verfolgen soll, zu nachhaltigerem Verhalten zu führen. Diese Überlegung ergibt sich vor allem aus dem Befund, dass Bildung durch eine Fokussierung auf deklaratives Wissen häufig dazu dient, Wachstum weiter voranzutreiben (siehe Kapitel 3.1.). Das Einbringen der PWÖ böte die Chance, diese Verbindung kritisch zu hinterfragen, indem alternative Ideen zu Wohlstand, Freiheit oder Konsum angeboten werden. Auch wenn mit Hinblick auf konkrete Umsetzungen noch einiges zu bearbeiten ist, da selbst im BNE-Diskurs nicht immer eindeutig zu sein scheint, welche Ziele mit dieser verfolgt werden, scheint angesichts der Verstrickungen von Bildung und Wachstum und der daraus folgenden Problemstellungen ein alternativer Blick mit der PWÖ doch lohnend. Inwiefern speziell der Religionsunterricht einen Beitrag hierfür leisten kann und welche Positionierungen sich im religionspädagogischen Diskurs finden lassen, soll folgend erläutert werden.

---

[207] Vgl. Hans MENDL, Weltverantwortung. Politisch und global lernen im Religionsunterricht, in: ÖRF 27/1 (2019), 64 f.

4. (Religiöse) Bildung für nachhaltige Entwicklung – ein Überblick

4.1. Begriffsbestimmung und Ziele

Um die religionspädagogischen Diskurse rund um BNE unter der Perspektive der PWÖ zu erläutern, ist zunächst ein Blick auf die Begriffe *BNE* und *rBNE* zu werfen. Dabei soll in einem ersten Schritt ausgelotet werden, welche Konzepte bereits vorliegen und welche Ziele damit verfolgt werden.

3.1.1 Bildung für nachhaltige Entwicklung

Innerhalb religionspädagogischer Fachdiskurse kommt in Hinsicht auf Lernen über Nachhaltigkeit oder Nachhaltiges Lernen zumeist der generell in der allgemeinen Fachdidaktik verbreitete Begriff der Bildung für (eine) nachhaltige Entwicklung (BNE) zum Einsatz. Da auch innerhalb der Religionspädagogik immer wieder auf allgemein-fachdidaktische BNE-Diskurse zurückgegriffen wird, soll daher zunächst eine Strukturierung dieses Begriffs erfolgen.

BNE verfolgt das Ziel, „die Lernenden zu befähigen, globale Zusammenhänge zu verstehen und aktiv an der nachhaltigen „*Großen Transformation*" […] der Gesellschaft mitzuwirken."[208] Dieser Anspruch wurde insbesondere in den letzten 20 Jahren durch die wissenschaftliche Etablierung eines Forschungsfeldes für BNE sowie in der Bildungspraxis durch verschiedenste Programme, wie die UN-Dekade zu BNE, gefördert.[209]

Insbesondere der Appendix „nachhaltige Entwicklung" bedarf für eine fachdidaktische Bearbeitung einer Klärung. Der Umweltwissenschaftler Marco Rieckmann spricht etwa von einer nachhaltigen Entwicklung, wenn diese mit Lern-, Verständigungs- sowie Gestaltungsprozessen einhergeht. Dabei sind einer nachhaltigen Entwicklung jeweils normative Werte inhärent. Beispielhaft für die BNE können hierbei etwa Werte wie Partizipation,

[208] Marco RIECKMANN, Reflexion einer Bildung für nachhaltige Entwicklung aus bildungstheoretischer Perspektive, in: Religionspädagogische Beiträge 44/2 (2021), 5.
[209] Vgl. ebd., 5 f.

intergenerationelle Gerechtigkeit oder das Einhalten ökologischer Grenzen angeführt werden.[210] Ein Leitziel für BNE bieten David und Bertschy an:

> „Die Schüler und Schülerinnen haben die Bereitschaft und die Fähigkeit, sich an gesellschaftlichen Aushandlungs- und Mitgestaltungsprozessen in Bezug auf eine Nachhaltige Entwicklung zu beteiligen. Sie sind sich der Bedeutung einer Nachhaltigen Entwicklung, der Mitverantwortlichkeit aller in Bezug auf soziokulturelle, ökonomische und ökologische Entwicklungen sowie deren Zusammenwirken, aber auch der Herausforderungen, Schwierigkeiten und offenen Fragen im Hinblick auf eine Nachhaltige Entwicklung bewusst."[211]

Auch die Postwachstumsdebatte selbst, zu der die PWÖ gehört, wird vereinzelt innerhalb der allgemein fachdidaktischen Diskurse zur BNE aufgegriffen. Dass sich die Postwachstumsansätze als ein Verständnis für nachhaltige Entwicklung innerhalb von Bildungsprozessen mit ihrer Forderung nach gesellschaftlicher Neustrukturierung eignen, beschreibt etwa Getzin folgendermaßen:

> „Ein Verständnis von nachhaltiger Entwicklung, das diesen Gedanken [Postwachstumsdebatte] aufgreift, ist ein starker Nachhaltigkeitsbegriff, der auch durchaus unbequem ist, da er grundsätzliche Denk- und Handlungsmuster von Wachstumsgesellschaften wie der unsrigen infrage stellt."[212]

Um sich der Frage zu nähern, welchen Anspruch eine BNE (im Kontext mit der PWÖ) verfolgen kann und soll, ist ein Blick auf die zwei Hauptströmungen der BNE zu werfen. Die eine stellt der *instrumental approach* dar, welchem die Annahme zugrunde liegt, dass ausgewählte Werte sowie Verhaltensweisen einer nachhaltigen Entwicklung zugeordnet werden können – diese gilt es zu vermitteln und bestimmtes Verhalten dementsprechend zu fördern. Der *emancipatory approach* verfolgt hingegen einen weitaus reflexiveren Ansatz. Das Verständnis von nachhaltiger Entwicklung ist einem Lernweg gleichzusetzen, auf welchem eine kritische Auseinandersetzung mit Inhalten nachhaltiger Entwicklung verfolgt wird – inklusive der Beschäftigung mit Komplexität, Widersprüchen sowie Unsicherheiten in Bezug auf Nachhaltigkeit.[213] Die PWÖ ließe sich in beide Ausrichtungen einbringen. Im Sinne des *instrumental approach* können gezielt Handlungen, wie etwa Suffizienz- oder Subsistenzmaßnahmen in den Blick genommen werden. Allerdings kann mit der PWÖ ebenso im Sinne des *emancipatory approach* gearbeitet werden, da mit der PWÖ eine starke reflexive Auseinandersetzung mit gegenwärtigen Nachhaltigkeits- und vor allem Wachstumsdiskursen ermöglicht wird.

---

[210] Vgl. Sofia GETZIN – Martin RIECKMANN, Im Dialog. Bildung für nachhaltige Entwicklung, in: transfer Forschung ↔ Schule 5/5 (2019), 130.

[211] DAVID – BERTSCHY, Bildung für eine nachhaltige Entwicklung, 37.

[212] GETZIN – RIECKMANN, Im Dialog, 130.

[213] Vgl. RIECKMANN, Reflexion einer Bildung für nachhaltige Entwicklung, 6 f.

Die Sustainable Development Goals (SDGs) können hinsichtlich der Ziele einer BNE ebenso eine Orientierung bieten. Sie bieten durch ihre Verabschiedung durch die Mitgliedsstaaten der UN auch eine staatspolitische Orientierung. In Bezug auf die BNE werden die folgenden Ziele besonders hervorgehoben: *Sustainable Cities and Communities*, *Responsible Consumption and Production und Climate Action.*[214] Unter der Perspektive der PWÖ müssen diese Ziele allerdings nochmals kritisch angefragt werden. Insbesondere, da mit dem Ziel 8 explizit *economic growth* angeführt wird.[215] Die SDGS sind daher durch ihre Ausrichtung an westlichen Wachstumsmodellen, die Postwachstumsströmungen unbeachtet lassen, wesentlich an der hegemonialen Wachstumslogik beteiligt.[216] Dass auf sie im BNE-Diskurs immer wieder zurückgegriffen wird, zeugt daher von Wachstumsverstrickungen der BNE selbst.

Neben konkreten Zielen, die BNE verfolgt, ist auch die Frage zu stellen, welche Kompetenzen für die Erreichung der festgelegten Ziele zu entwerfen und zu erwerben sind, um sich an der Entwicklung der Nachhaltigkeit beteiligen zu können. Mit Hinblick auf das bereits angeführte Leitziel empfiehlt sich in der BNE vor allem ein kompetenzorientierter Ansatz.[217] Im aktuellen Diskurs finden sich dabei die folgenden Nachhaltigkeitskompetenzen, denen eine besondere Aufmerksamkeit geschenkt wird: *Kompetenz zum Vernetzen und Vorausschauenden Denken, Normative Kompetenz, Strategische Kompetenz, Kooperationskompetenz, Kompetenz zum Kritischen Denken, Selbstkompetenz* und *die Integrierte Problemlösekompetenz.*[218]

3.1.2. Religiöse Bildung für nachhaltige Entwicklung

Dass sich ebenso religiöse Bildung mit den ökologischen Problemen auseinandersetzen muss, ergibt sich zum einen aus den bereits ausgeführten Aspekten zur allgemeinen BNE ebenso wie aus Aspekten, die speziell den Religionsunterricht betreffen. Der Klimawandel stellt Schüler*innen auch vor Fragen nach religiösen Antworten[219]:

---

[214] Vgl. UNITED NATIONS, The 17 GOALS. URL: https://sdgs.un.org/goals#icons [Abruf: 23.08.2023].

[215] Vgl. ebd.

[216] Vgl. Kerstin SCHMIDT-HÖNIG – Gerlinde PRÖBSTL, Die ‚Weltbilder' von Schüler:innen der Primarstufe als Ausgangspunkt zur Beschäftigung mit globalen Herausforderungen des 21. Jahrhunderts, in: Thomas KROBATH u. a. (Hgg.), Transformative Bildung. SDGS in Lehrer/innenbildung und Hochschulentwicklung (Schriften der Kirchlichen Pädagogischen Hochschule Wien/Krems 25), Wien 2022, 258 f.

[217] Vgl. DAVID – BERTSCHY, Bildung für eine nachhaltige Entwicklung, 36 f.

[218] Vgl. RIECKMANN, Reflexion einer Bildung für nachhaltige Entwicklung, 9.

[219] Vgl. BEDERNA, Religiöse Bildung für nachhaltige Entwicklung, 62 f.

> „Religiös herausgefordert ist religiöse Bildung zum anderen, weil sie versucht, den Glauben hilfreich und sinnstiftend in die Gestaltung der eigenen Gegenwart und Zukunft einzuspielen.“[220]

Damit sollen Schüler*innen unter Rückbezug auf den Glauben dem Transformationsprozess von nachhaltiger Entwicklung nachkommen können.[221] Auch in der Enzyklika Laudato Si‘ aus dem Jahr 2015 ist das sechste Kapitel dem Thema *Ökologische Erziehung und Spiritualität* gewidmet. Unter dem Begriff der Umwelterziehung wird von einer Zielerweiterung gesprochen, die neben rein wissenschaftlicher Information ebenso darauf abzielen müsse, eine neue ökologische Ethik zu entwerfen[222], mit dem Ziel, „in der Solidarität, der Verantwortlichkeit und der auf Mitgefühl beruhenden Achtsamkeit zu wachsen.“[223] Kritisiert wird des Weiteren eine Erziehung, die sich auf die Vermittlung von Informationen beschränkt und dadurch übersieht, neue Gewohnheiten zu entwickeln.[224]

Bei Bederna findet sich zudem eine konkrete Zielsetzung der rBNE:

> „Religiöse Bildung für nachhaltige Entwicklung will Kinder und Jugendliche nicht zu Anwälten für die Schöpfung, die Armen und die Zukunft machen. Sie will, dass sie sich selbst zu Anwälten für die Schöpfung, die Armen und die Zukunft machen.“[225]

Damit ist rBNE nach Bederna politisch ausgerichtet, weil eine Auseinandersetzung mit nachhaltiger Entwicklung nicht auf rein individueller Ebene vollzogen wird. Bederna versteht rBNE zudem als Transformationsbildung, da sie eine Beschäftigung mit möglichen Veränderungen verfolgt. Diese beziehen sich dabei sowohl auf das eigene Leben der Schüler*innen als auch auf das der anderen (in Zukunft).[226] Die Religionspädagogin Lena Tacke vertritt explizit die Ansicht, dass dem Religionsunterricht durchaus innewohnt, Schüler*innen zu einem nachhaltigen Lebensstil zu befähigen und zu ermutigen. Sie begründet dies unter anderem mit der Enzyklika LS und dem Rückgriff auf diese der deutschen Bischofskonferenz, aus dem eine Verantwortung für die Schöpfung hervorgeht.[227] Auch die Österreichische Bischofskonferenz nimmt Bezug auf die Umsetzung der Enzyklika und erwähnt dabei die *ökologische Umkehr*, welche am persönlichen Lebensstil ansetzt.[228]

---

220 Ebd., 63. Im Original kursiv gesetzt.

221 Vgl. Katrin BEDERNA, Didaktik religiöser Bildung für nachhaltige Entwicklung, in: Ulrich KROPAČ – Ulrich RIEGEL (Hgg.), Handbuch Religionsdidaktik, Stuttgart 2021, 327.

222 Vgl. LS 210.

223 Ebd., 210.

224 Vgl. ebd., 210.

225 BEDERNA, Every Day for Future, 235.

226 Vgl. ebd., 235–237.

227 Vgl. Lena TACKE, „Nur noch kurz die Welt retten…“?, in: ÖRF 28/2 (2020), 121.

228 Vgl. ÖSTERREICHISCHE BISCHOFSKONFERENZ, Enzyklika „Laudato si“ und ihre Umsetzung, in: Presseerklärung zur Herbstvollversammlung 2017. S. 6. URL:

Gärtner spricht über und vertritt explizit eine politische religiöse Bildung für nachhaltige Entwicklung.[229] Ebenso bezeichnet Bederna rBNE als politisch orientiert. Diese Orientierung ergebe sich allerdings nicht allein aus der politischen Ausrichtung des Nachhaltigkeitsdiskurses, sondern auch daraus, dass die Reich-Gottes-Botschaft bereits eine politische Orientierung impliziert.[230]

> „Es gilt daher aus der christlichen Tradition und der Reich-Gottes-Botschaft Visionen, Utopien und Leitbilder nachhaltigen Lebens freizulegen und diese den Heranwachsenden zur kritischen Aneignung anzubieten."[231]

---

https://www.bischofskonferenz.at/2017/presseerklaerungen-zur-herbstvollversammlung-2017 [Abruf: 11.10.2023].

[229] Siehe u. a. GÄRTNER, Klima, Corona und das Christentum, 107.

[230] Vgl. BEDERNA, Every Day for Future, 264.

[231] GÄRTNER, Mit religiöser Bildung die Welt retten?, 54.

4.2. Didaktische Prinzipien

Sowohl Gärtner als auch Bederna skizzieren didaktische Prinzipien, an denen sich eine rBNE orientieren soll. Sie werden im Folgenden kurz dargelegt. Dabei wird nicht auf alle Prinzipien eingegangen. Folgend werden jene didaktischen Prinzipien in den Blick genommen, welche Gemeinsamkeiten mit postwachstumsökonomischen Prinzipien aufweisen. Die folgende Auswahl beschränkt sich auf jene didaktischen Orientierungen, welche in einen Zusammenhang mit der PWÖ gebracht werden können.

Gärtner nennt diesbezüglich die folgenden Prinzipien, die als leitend gelten: *krisenorientiert und kontrovers, eschatologisch, antizipatorisch-erinnernd, normativ-parteiisch, kritisch-reflexiv, emanzipatorisch* und *kontext- und erfahrungsorientiert.*[232] Während das Prinzip *emanzipatorisch* ebenso von Bederna genannt wird, finden sich in ihren Ausführungen folgende Prinzipien: *partizipationsorientiert, handlungsorientiert, zukunftsorientiert, schöpfungsorientiert, vernetzt und vernetzend, ethisch orientiert, politisch dimensioniert, korrelativ* und *ästhetisch-spirituell.*[233]

4.2.1. Schöpfungsorientiert

Immer wieder stehen biblische Traditionen im Verdacht, die ökologische Krise theoretisch fundiert zu haben.[234] Insbesondere der in Gen 1,26–28 vorkommende „Herrschaftsauftrag" steht dabei stark in der Kritik:[235]

> „Und Gott sprach: Lasst uns Menschen machen als unser Bild, uns ähnlich! Sie sollen herrschen über die Fische des Meeres und über die Vögel des Himmels und über das Vieh und über die ganze Erde und über alle kriechenden Tiere, die auf der Erde kriechen! Und Gott schuf den Menschen als sein Bild, als Bild Gottes schuf er ihn; als Mann und Frau schuf er sie. Und Gott segnete sie, und Gott sprach zu ihnen: Seid fruchtbar und vermehrt euch, und füllt die Erde, und macht sie euch untertan; und herrscht über die Fische des Meeres und über die Vögel des Himmels und über alle Tiere, die sich auf der Erde regen!" (Gen 1,26–28, Elberfelder Übersetzung 2006)

---

232 Vgl. GÄRTNER, Klima, Corona und das Christentum, 108–130.

233 Vgl. BEDERNA, Every Day for Future, 257–265.

234 Vgl. Ulla BRANER, Von der Relevanz einer „Ökologischen Theologie" im Religionsunterricht. Schöpfungstheologische und naturethische Impulse – Achtsamkeitserfahrungen in der Natur – religionspädagogische und interdisziplinäre Perspektiven (Beiträge zur Kinder- und Jugendtheologie und andere religionspädagogische Schätze 54), hg. von Petra FREUDENBERGER-LÖTZ, Kassel 2023, 15.

235 Vgl. Jakob WÖHRLE, *dominum terrae.* Exegetische und religionsgeschichtliche Überlegungen zum Herrschaftsauftrag in Gen 1,26–28, in: ZAW 121/2 (2009), 171.

Dabei steht vor allem der Vorwurf im Raum, die christlich-jüdische Tradition hätte dadurch wesentlich zur ökologischen Krise beigetragen. Insbesondere die angesprochene Unterwerfung wird immer wieder als Auftrag verstanden, der einen gewaltvollen Umgang des Menschen mit der Natur legitimiert. Bibelwissenschaftliche Erkenntnisse zeigen jedoch Deutungsweisen auf, welche vielmehr einen verantwortungsvollen Umgang des Menschen mit der Natur anklingen lassen.[236] Das hebräische Verb *radah*, das in der deutschen Übersetzung meist mit *herrschen* übersetzt wird, findet sich auch im Psalm 72, der als Grundlage für die Interpretation von *radah* herangezogen werden kann. An dieser Stelle wird semantisch das Bild einer gewaltsamen Herrschaft allerdings nicht aufgegriffen – viel eher findet sich in der Skizzierung eines idealen Königs die Vorstellung, er solle nicht als alleinig vollmächtig, sondern als Beauftragter Gottes handeln, der sich dabei an der Gerechtigkeit orientieren soll.[237] Aufgrund semantischer Analysen des Verbs *herrschen* in Gen 1,26–28 werden Lesarten möglich, welche die Schöpfungserzählung nicht als Herrschaftsauftrag im Sinne eines despotischen Anthropozentrismus deuten. Zwar bleibt in der Erzählung weiterhin eine Anthropozentrik aufrecht, allerdings müssen aufgrund exegetischer Erkenntnisse Auslegungen ausgeschlossen werden, welche mit diesem Text ausbeuterische, willkürliche sowie zerstörerische Herrschaftsformen legitimieren. Vielmehr ist der Mensch als Abbild und Stellvertreter Gottes dazu angehalten, Verantwortung in Bezug auf die Schöpfung zu übernehmen. Der Herrschaftsauftrag muss daher als ein solcher angenommen werden, der[238] „dem Leben dienen und es fördern soll".[239] „Die Verengung auf den Menschen allein und als von aller übrigen Natur verschieden kann nur Verengung, ja Entmenschung des Menschen selbst bedeuten"[240]. Papst Franziskus betont in seiner Enzyklika Laudato Si' ebenso, dass die biblischen Texte keinen Anhaltspunkt für einen „despotischen Anthropozentrismus" bieten.[241] Die Vorstellung, mit dem „Herrschaftsauftrag" würde ein absoluter Anthropozentrismus vertreten werden, kann daher verworfen werden. Vielmehr liegt in der Schöpfungserzählung eine Theozentrik vor, da nicht der Mensch allein den Mittelpunkt darstellt, sondern Gott, auf den sich sowohl der Mensch als auch die Tiere beziehen.[242]

---

[236] Vgl. ebd. 171 f.

[237] Vgl. BRANER, Von der Relevanz einer „Ökologischen Theologie" im Religionsunterricht, 21.

[238] Vgl. Jorgiano DOS SANTOS DA SILVA, Füllet die Erde und macht sie euch untertan! (Gen 1,28). Strukturen einer alttestamentlich begründeten Schöpfungstheologie und deren Konsequenzen für eine biblisch orientierte Umweltethik (Bibel und Ethik 6), hg. von Sven VAN MEEGEN u. a., Berlin 2018, 250–252.

[239] Ebd., 252.

[240] Hans JONAS, Das Prinzip Verantwortung. Versuch einer Ethik für die technologische Zivilisation, Frankfurt a. M. 1989, 245.

[241] Vgl. LS 68.

[242] Vgl. DOS SANTOS DA SILVA, Füllet die Erde und macht sie euch untertan!, 250.

Eng mit der Schöpfungserzählung verbunden sind schließlich „radikale Konsequenzen für Lebensstil, Bildung, Ökonomie und Politik."[243] Wenn der Menschheit daher eigentlich der Auftrag des Hegens und des Pflegens der Schöpfung zukommt, entsteht hier eine entscheidende Schnittstelle zu Nachhaltigkeitsfragen und damit auch zur rBNE. Der Natur wird innerhalb der Schöpfungserzählung eine Fähigkeit der Rekreation zugesprochen – nicht der Mensch, sondern sie selbst erzeugt Fruchtbares. Der Mensch kann hingegen als „Mandatsträger Gottes"[244] verstanden werden, der in dieser Rolle in einer dankbaren Haltung die Verantwortung für die Schöpfung übernimmt.[245] Julia Enxing betont angesichts der Schöpfungsverantwortung im Rahmen der Klimakrise das Gastsein des Menschen auf dem Planeten, der nach Gen 2,15 dem Menschen zur Beaufsichtigung anvertraut wurde. Der Planet befindet sich nicht im Besitz der Menschen – vielmehr nimmt der Planet den Menschen als Gast auf.[246]

Einer schöpfungsbezogenen Didaktik müsse daher die Aufgabe zukommen, biblische Zeugnisse zugleich zu aktivieren, um das Beziehungsgeschehen von *Schöpfung* und *Natur* in einen neuen Diskurs zu bringen.[247] Biblische Schöpfungstexte sowie eine Schöpfungstheologie stellen in Bezug auf Nachhaltigkeit somit Fragen nach globaler Gerechtigkeit und Verantwortung. Der Rückgriff auf biblische Ressourcen bietet Schüler*innen dabei eine Hilfestellung, Vorstellungen von der Welt sowie ein Engagement für diese zu entwickeln. Damit kann eine schöpfungsorientierte rBNE dazu dienen, eine Verbindung zwischen theoretischer Reflexion und praktischem Handeln herzustellen.[248] Dabei gilt es jedoch, die anthropozentrische Engführung biblischer Schöpfungstexte didaktisch zu bearbeiten. Zudem erweist sich für den Unterricht der Blickwinkel auf eine *creatio continua* als hilfreich, für die sich ein Einsatz als lohnend erweisen kann.[249] In Bezug auf rBNE plädiert Bederna insbesondere für

[243] Andreas BENK, ››Schöpfung‹‹: trivialisiert, separiert, historisiert und instrumentalisiert – oder eingebunden in den befreienden Horizont biblischer Hoffnung? Kritische Sichtung unterrichtspraktischer Materialien zur Schöpfungsthematik, in: Stefan ALTMEYER u. a. (Hgg.), Schöpfung (Jahrbuch der Religionspädagogik 34), Göttingen 2018, 230.

[244] GÄRTNER, Klima, Corona und das Christentum, 94.

[245] Vgl. ebd., 94.

[246] Vgl. Julia ENXING, Und Gott sah, dass es schlecht war. Warum uns der christliche Glaube verpflichtet, die Schöpfung zu bewahren, München 2022, 147.

[247] Vgl. Brigitte ENZNER-PROBST, Kosmische Erziehung. Über die Möglichkeit, Schöpfungsspiritualität zu lehren angesichts der ökologischen Krise, in: Brigitte ENZNER-PROBST – Elisabeth MOLTMANN-WENDEL (Hgg.), Im Einklang mit dem Kosmos. *Schöpfungsspiritualität lehren, lernen und leben. Theologische Aspekte – Praktische Impulse*, Ostfildern 2013, 212.

[248] Vgl. BEDERNA, Every Day for Future, 167, 261.

[249] Vgl. GÄRTNER, Klima, Corona und das Christentum, 163.

eine visionsorientierte Schöpfungsdidaktik, anhand derer Schüler*innen Ziele, Visionen sowie mögliche Realisierungen derselben zu einem ökologischen Problemfeld erarbeiten.[250]

Dass sich die PWÖ nicht analog zu Implikationen, welche aus der Schöpfungstheologie hervorgehen, übertragen lässt, scheint zunächst aufgrund der nicht-theologischen Ausrichtung derselben klar zu sein. Mit der Verantwortung für die Schöpfung geht jedoch auch ein Auftrag für nachhaltiges Handeln einher. Papst Franziskus spricht ebenso davon, dass alle an der Bewahrung dieser mitarbeiten können[251] – „ein jeder von seiner Kultur, seiner Erfahrung, seinen Initiativen und seinen Fähigkeiten aus“[252]. Die PWÖ stellt hierbei eine Möglichkeit dar, diese Mitarbeit mit den Prinzipien der Suffizienz sowie der Subsistenz, die jedem zugänglich sind, praktisch umzusetzen.

4.2.2. Eschatologischer Zugang

In Bezug auf den Klimawandel kann – ähnlich wie auch in anderen Krisen (Corona-Krise) – von einer radikalen Offenheit der Zukunft ausgegangen werden. Auch wenn Modelle versuchen, die Auswirkungen des Klimawandels zu prognostizieren, bleibt eine gewisse Unschärfe in Bezug auf ihre Genauigkeit gegeben. In welcher Gesellschaft zukünftige Generationen – und damit gerade heutige Schüler*innen – leben werden, lässt sich durch Klimamodelle ebenfalls nicht beschreiben.[253] Durch diese auf die Zukunft ausgerichtete Offenheit lassen sich eschatologische entfaltete Theologien mit ökologischen Grundfragen verknüpfen. So ermöglichen eschatologische Reich-Gottes-Botschaften das Einspielen visionärer Utopien, welche menschliche Vorstellungen übersteigen sowie Hoffnung geben können. Umgelegt auf ökologische Krisen bieten eschatologische Vorstellungen das Potential, vermeintlich alternativlosem und resignativem Denken entgegenzutreten, so etwa in Bezug auf ökonomisches Handeln, das sich scheinbar als alternativlos darstellt.[254] Eschatologische Visionen sprechen nach Polke nicht nur reine Jenseitsvorstellungen an, sondern artikulieren Hoffnungen und Ängste. Ebenso werden festgelegte Wirklichkeitsvorstellungen aufgelöst, da eschatologischen Vorstellungen der Realität „durch kontrafaktische Kontrastierung

[250] Vgl. BEDERNA, Didaktik religiöser Bildung für nachhaltige Entwicklung, 329.
[251] Vgl. LS 14.
[252] Ebd., 14.
[253] Vgl. GÄRTNER, Klima, Corona und das Christentum, 109.
[254] Vgl. Claudia GÄRTNER, Alles vergeblich!? Religionsdidaktische Konkretionen einer politischen religiösen Bildung für nachhaltige Entwicklung, in: Religionspädagogische Beiträge. Journal for Religion in Education 44/2 (2021), 76 f.

widersprechen wollen."[255] Eschatologie wirkt somit unmittelbar irritationsanstößig mit Blick auf die Realität. Damit unterscheiden sich Eschatologien von bloßen Zukunftsprognosen oder Idealvorstellungen.[256] Damit werden Eschatologien auch anschlussfähig an wachstumskritische Strömungen, welche versuchen, die hegemoniale Wachstumslogik aufzubrechen.

Eschatologien berühren zudem Themen der Hoffnung und Hoffnungslosigkeit. Kehl spricht in diesem Zusammenhang von einer „Hoffnung gegen alle Hoffnung"[257], die als Anspruch christlicher Eschatologie formuliert werden soll.[258]

Ebenso kann ein Rückgriff auf biblisch-apokalyptische Denkmuster unter Rückbezug auf klimatische Katastrophen erfolgen. Eine Didaktik der Apokalypse ist jedoch von einer apokalyptischen Katastrophendidaktik zu unterscheiden. Eine reine Katastrophendidaktik kann zwar durchaus aufrüttelnde Wirkungen erzielen, geht jedoch mit der Gefahr einher, Gefühle der Hilfslosigkeit oder Resignation zu erzeugen. Eine religionsdidaktische Bearbeitung apokalyptischer Motive muss daher unter einem hermeneutischen Vorzeichen realisiert werden. Apokalyptische sowie eschatologische Texte stellen religionsdidaktisch keine Zukunftsvorhersage, sondern vielmehr eine -deutung dar.[259] Mit dieser didaktischen Konkretion bietet Eschatologiedidaktik einen Raum für Provokationen, da sich christliche Apokalyptik eben nicht mit dem Ist-Stand zufriedengibt, sondern sich diesem widersetzt. Umgelegt auf die ökologische Krise bedeutet dies, sich dem derzeitigen Ressourcenumgang kritisch gegenüberzustellen.[260] Ein eschatologie-orientierter Zugang darf dabei nicht als Vertröstung auf das Jenseits – insbesondere mit Blick auf Betroffene von Klimakatastrophen – instrumentalisiert werden. Vielmehr steht im Vordergrund des eschatologischen Zugangs, auf religiöse Ressourcen zurückzugreifen, um sie für eine sozial-ökologische Transformation fruchtbar zu machen.[261] Mit diesem Ansatz wird zudem die ideologiekritische Ausrichtung einer rBNE angedeutet.[262]

---

[255] Christian POLKE, Von letzten Dingen. Zum Status eschatologischer Aussagen, in: NZSTh 62/3 (2020), 403.
[256] Vgl. ebd., 403 f.
[257] Medard KEHL, Dein Reich komme. Eschatologie als Rechenschaft über unsere Hoffnung (Topos plus Taschenbücher 498), Kevelaer 2003, 35.
[258] Vgl. ebd., 34 f.
[259] Vgl. Sabine PEMSEL-MAIER, Kein Katastrophenszenario: Zum Potential apokalyptischen Denkens in der ökologischen Krise – Wegmarken für eine wenig bedachte Dimension der Eschatologiedidaktik, in: Religionspädagogische Beiträge. Journal for Religion in Education 44/2 (2021), 100 f.
[260] Vgl. ebd., 104.
[261] Vgl. GÄRTNER, Klima, Corona und das Christentum, 39.
[262] Vgl. GÄRTNER, Mit religiöser Bildung die Welt retten?, 56.

Eschatologiedidaktisch ließe sich somit ebenfalls mit Elementen der PWÖ arbeiten, da wie von Gärtner bereits angedeutet, auch ökonomisches Handeln im Lichte eschatologischer Vorstellungen kritisch hinterfragt werden kann.

4.2.3. Kritisch-reflexiv

RBNE erfordert eine Ideologiekritik, die insbesondere im Rahmen von gegenwärtigen Utopien im Religionsunterricht Realisierung finden muss. Damit wird einer Verabsolutierung bestimmter Utopien entgegengetreten. Im Nachhaltigkeitsdiskurs sind solche Utopien vor allem in Bezug auf unterschiedliche Wirtschaftsmodelle und ihren Umgang mit Wirtschaftswachstum auszumachen.[263] Um an einem kritischen Charakter festzuhalten, ist es wichtig, Machtstrukturen sowie Interessen verschiedener Akteur*innen offenzulegen und ebenso alternative Wege auszuloten.[264]

Der reflexive Charakter kann dahingehend mit der PWÖ in Zusammenhang gebracht werden, indem sich durch das Reflektieren aktuelle Zugänge sowie Perspektiven dekonstruieren lassen – dazu können etwa hegemoniale ökonomische Leitmotive zählen. Degrowth-Konzepte eignen sich nach Pettig besonders für einen reflexiven Zugang, insofern diese als alternatives Konzept außerhalb des Denkrahmens von Schüler*innen stehen und damit zum Hinterfragen der eigenen Konzepte führen können. Dafür ist eine Konfrontation mit den Vorstellungen der Schüler*innen die Voraussetzung. Leitend hierfür kann die folgende Frage sein:[265] „Woher kommen meine Überzeugungen und könnten diese prinzipiell auch anders sein?“[266]

Mit Blick auf die Forderungen der PWÖ für Bildungsprozesse stellt sich eine kritisch-reflexive Ausrichtung des Unterrichts als besonders relevant dar, da Dutz und Paech, statt einer Unterwerfung unter Wachstum als einzige Lösungsstrategie, eine kritische Reflexion dieser fordern. Einer kritischen Reflexion zu unterziehen wäre insbesondere der grassierende Freiheitsbegriff, mit welchem Innovationsforderungen häufig in Verbindung gebracht werden – so etwa, Innovationen würden der Freiheitssteigerung sowie der sozialen Emanzipation dienen. Auch, dass steigerungsbedingter Wandel ein unumkehrbarer Prozess sei, da er eng mit zeitgenössischen Gesellschaften verbunden sei,[267] um nur einige Paradigmen zu nennen,

[263] Vgl. GÄRTNER, Klima, Corona und das Christentum, 22.
[264] Vgl. BEDERNA, Religiöse Bildung für nachhaltige Entwicklung, 66.
[265] Vgl. PETTIG, Transformative Lernangebote kritisch-reflexiv gestalten, 13.
[266] Ebd., 13.
[267] Vgl. DUTZ – PAECH, Wege aus der Bequemokratie, 49 f.

welche sich unter der Dimension *kritisch-reflexiv* als anschlussfähig an das didaktische Prinzip darstellen.

Mit Blick auf die Etablierung eines kritisch-reflexiven Charakters muss jedoch ebenso die eigene Tradition auf Verstrickungen hin reflektiert werden. Wie bereits in Kapitel 4.2.1. angeführt, gilt dies im Zusammenhang mit Nachhaltigkeit mindestens für Spuren christlicher Anthropozentrik.[268]

4.2.4. Handlungsorientiert

Als handlungsorientierter Unterricht wird jenes Lernen verstanden, welches durch konkretes Handeln und somit für das Handeln vollzogen wird. Damit wird den Lernenden ermöglicht, themenrelevante Handlungen selbst zu vollziehen. Dieser Ansatz steht damit in einer Abgrenzung gegenüber dualistischen Bildungskonzepten, in welchen das Lernen und Denken vom Handeln getrennt sind.[269]

Nach Bederna folgt rBNE der Idee einer nachhaltigen Transformation. Didaktisch lässt sich daraus ableiten, dass der Religionsunterricht nicht allein bei einem Reden über Proteste und Taten stehenbleiben kann, auch wenn dies durchaus Teil religiöser BNE sein kann. Mit einer Transformation werden zudem nicht nur Aktivitäten wie „Malen, Singen […] oder Meditieren“[270] angesprochen. Vielmehr steht die Transformation des eigenen Umfeldes im Fokus der Handlungsorientierung. Dieser Orientierung sind ebenso politische Ziele inhärent, so etwa die Etablierung nachhaltiger Maßnahmen im Rahmen einer Schulkonferenz.[271] Zugleich betont Tacke, dass sich rBNE nicht ausschließlich auf Handlungsanweisungen reduzieren lässt.[272]

Die didaktische Handlungsorientierung schlägt insofern zur PWÖ eine Brücke, als dass in dieser selbst das Einüben nachhaltiger Lebensstile als zentrale Aufgabe angesehen wird. Paech und Dutz sprechen von Reallaboren, in welchen Individuen miteinander vernetzt zukunftsfähiges Handeln einüben können[273]: „Dies wären die Orte, an denen neue

---

[268] Vgl. GÄRTNER, Mit religiöser Bildung die Welt retten?, 56.
[269] Vgl. Alfred RIEDL – Andreas SCHELTEN, Handlungsorientierter Unterricht, in: DIES., Grundbegriffe der Pädagogik und Didaktik beruflicher Bildung, Stuttgart 2013, 101.
[270] BEDERNA, Every Day for Future, 258.
[271] Vgl. ebd., 258 f.
[272] Vgl. TACKE, „Nur noch kurz die Welt retten…?“, 128.
[273] Vgl. DUTZ – PAECH, Industrie 4.0 versus Postwachstumsökonomie, 409.

Bildungskonzepte erprobt und etabliert werden könnten."[274] Zudem kann auf die von den Schüler*innen erlebte Selbstwirksamkeit hingewiesen werden,[275] die insbesondere durch handlungsorientiertes Lernen gefördert werden kann, worauf auf auch Gärtner verweist.[276] Die Handlungsorientierung bildet somit für postwachstumsökonomische Bildungsinhalte gewissermaßen die Voraussetzung.

---

[274] Ebd., 409.
[275] Vgl. DUTZ – PAECH, Wege aus der Bequemokratie, 54.
[276] Vgl. GÄRTNER, Klima, Corona und das Christentum, 75.

5. Postwachstumsökonomie im Vergleich mit BNE-Konzepten in der Religionspädagogik

In diesem Kapitel soll schließlich anhand spezifisch ausgewählter Themengebiete der PWÖ analysiert werden, welche an die PWÖ anschlussfähigen Ansätze bereits innerhalb des rBNE-Diskurses vorliegen (Kapitel 5.1.) und welche Widersprüche sowie Irritationen sich in der rBNE finden lassen, die Ansätzen aus der PWÖ diametral gegenüberstehen (Kapitel 5.2.).

5.1. Postwachstumsökonomische Ansätze in der Religionspädagogik

5.1.1. Wiederbelebung suffizienter Praktiken im Christentum

Innerhalb der christlichen Tradition lassen sich Praktiken der Suffizienz entdecken, die sowohl in vergangenen als auch in gegenwärtigen Praktiken zu finden sind. Im religionspädagogischen Diskurs wird die Suffizienz immer wieder als Hilfestellung für rBNE in den Blick genommen. Dass Nachhaltigkeit eine Reduktion des aktuellen Konsumniveaus fordert, bewegt Bederna dazu, im Unterricht ebenfalls verstärkt die Frage „Brauche ich das und ist diese Einschätzung ethisch zu rechtfertigen?“[277] einzubringen. Damit spielt sie auf eine Suffizienzorientierung innerhalb nachhaltiger Bildung an. Dabei erfolgt ebenso eine Differenzierung zwischen *Armut* und *Suffizienz*:[278] „Suffizienz ist nicht Armut. Wer suffizient lebt, ist materiell und sozial hinreichend bedacht.“[279] Dabei wird zudem Bezug auf globalisierte Auswirkungen genommen. Eine fehlende Suffizienz jener, welche zwar ausreichend haben, sich jedoch mehr nehmen, hat eine unfreiwillige Armut anderer zur Folge.[280] Individuelle Suffizienz wird bei Bederna zudem als mögliche Lösung für die Überwindung der in Kapitel 2.2.1. angeführten Rebound-Effekte angesehen.[281]

Bederna erwähnt diesbezüglich insbesondere Suffizienzformen des Fastens oder der Askese sowie klösterliche Gemeinschaften, in welchen Suffizienz gelebt wird. In Hinblick auf den Religionsunterricht lassen sich diese Praktiken für Schüler*innen auch erfahrbar machen –

[277] BEDERNA, Every Day for Future, 199.
[278] Vgl. ebd., 198–200.
[279] Ebd., 200.
[280] Vgl. Katrin BEDERNA, Alles wird gut? Franziskanische Inspirationen zur Klimakrise (Franziskanische Akzente 30), hg. von Mirjam SCHAMBECK – Helmut SCHLEGEL, Würzburg 2021, 25.
[281] Vgl. BEDERNA, Every Day for Future, 138.

etwa durch Besuche klösterlicher Gemeinschaften oder Selbstexperimente in Bezug auf das Fasten oder asketische Praktiken.[282] Durch eine Beschäftigung mit diesen Praktiken können Suffizienzpraktiken einerseits erschlossen werden, andererseits aber ebenso gezielt eingeübt werden. Als Suffizienzorientierung innerhalb christlich-katholischer Traditionen kann hier die monastisch suffiziente Lebensweise, die innerhalb der Benediktregel vorgegeben wird, als Modell der Suffizienz dienen. Auch wenn diese Lebensweise durchaus nicht mehr als attraktives Modell dient und sich die Regeln nicht auf die Notwendigkeit der Etablierung nachhaltiger Lebensstile, sondern auf Gott beziehen, bleibt in der monastischen Tradition zumindest die Möglichkeit enthalten, suffiziente Lebensweisen zu erkunden oder an ihnen zu lernen.[283] Insbesondere die franziskanische Armut kann als Basis dienen, suffiziente Lebensweisen innerhalb christlicher Traditionen neu zu entdecken. Bederna bezeichnet diese geradezu als „*Gegenspielerin des Wachstums*“,[284] welche wachstumsgeprägten Auswirkungen entgegenwirken kann – etwa der Gefahr des Mobbings unter Kindern, weil diese eine bestimmte Markenkleidung nicht besitzen. Damit wird ebenso auf den Zusammenhang franziskanischer Traditionen und wirtschaftlicher Systemfragen hingewiesen. Auf die heutige Wachstumsdynamik übertragen, lassen sich anhand christlicher Traditionen politische Systeme anfragen.[285] Damit wird direkt auf das der PWÖ inhärente Konzept der Suffizienz verwiesen, welches wesentlich auf den Prinzipien der *Selbstbegrenzung*, *Reduktion* sowie *vollständiger Entsagung* beruht.[286] Dass sich das Prinzip der Suffizienz allerdings auch außerhalb monastischer Traditionen im Rahmen einer rBNE argumentativ einbringen lässt, wird dann deutlich, wenn die notwendigen Gründe der Suffizienz in der PWÖ ins Spiel gebracht werden: So ergibt sich die Suffizienz aus der Verantwortung für den eigenen Konsum, der Resilienz, die mit einer größeren Unabhängigkeit von Fremdversorgungssystemen einhergeht, sowie aus der Sinnhaftigkeit, die in konsumorientierten Gesellschaften auf technischer sowie ökonomischer Steigerung beruht.[287] Bederna weist zudem auf die positiven Effekte suffizienter Lebensstile hin, etwa auf die Erfahrung von Selbstwirksamkeit sowie eine Steigerung des Zeitwohlstandes.[288]

---

282 Vgl. BEDERNA, Religiöse Bildung für nachhaltige Entwicklung, 65.
283 Vgl. BEDERNA, Every Day for Future, 204 f.
284 BEDERNA, Alles wird gut?, 32.
285 Vgl. ebd., 32 f.
286 Vgl. PAECH, Suffizienz als Antithese, 143.
287 Vgl. ebd., 144 f.
288 Vgl. BEDERNA, Alles wird gut?, 18.

Das Schulprojekt PILGRIM[289], initiiert von Johann Hisch, wendet sich ebenso explizit Suffizienz-Prinzipien zu, durch die Entwicklung eines Handlungsrepertoires, das sich aus den folgenden sieben Prinzipien zusammensetzt: *rethink, refuse, reduce, reuse, repair, redress* und *reform*. Insbesondere die damit verbundenen Ziele, den Konsum zu verweigern, den Verbrauch zu reduzieren, Gegenstände zu reparieren sowie wiederzuverwenden, lassen sich in Übereinstimmung mit den Suffizienz- und Subsistenzprinzipien der PWÖ bringen.[290]

5.1.2. Kritik an *Green Growth* und Wachstum

Unter dem Gesichtspunkt einer kritisch-reflexiven rBNE wird von Gärtner angemerkt, dass Utopien dazu neigen, besonders ideologieanfällig zu sein, da in ihnen eine Tendenz zu finden ist, die zur Verabsolutierung neigt. Zu grünem Wachstum heißt es dazu von ihr: „Derzeit scheint z. B. die *green economy*, die Wachstum, Fortschritt, Reichtum und Ökologie miteinander verbinden will, eine solche ideologieanfällige Utopie zu sein".[291] Dadurch werde verhindert, innerhalb religiöser Bildungsprozesse andere Alternativen in den Blick zu nehmen. Als mögliche andere Nachhaltigkeitsformen werden hierbei das Postwachstum sowie die Suffizienz angeführt. Unter Rückgriff auf das ebenso von Gärtner angeführte didaktische Prinzip *kritisch-reflexiv* (siehe Kapitel 4.2.3.) müssten allerdings wachstumskritische Positionen in den Religionsunterricht eingebracht werden, um der Entstehung von Utopien entgegenzutreten. Die derzeit vorherrschende Alternativlosigkeit zum Wirtschaftswachstum in Nachhaltigkeitsdebatten entspricht zudem nicht jenen Erfahrungen von Schüler*innen, die sich teils gezielt gegen eine vermeintliche Alternativlosigkeit wehren, etwa im Rahmen der FFF-Bewegung.[292] Bederna lehnt in ihren Ausführungen zur rBNE den Glauben an Wachstum, auch wenn er durch klimafreundlichere Produkte geschieht, ab, „weil in einer endlichen Welt auch ‚grüne Produkte' nicht endlos wachsen können."[293]

Zudem führt Bederna zwei Gründe auf, warum Grünes Wachstum als Konzept verunmöglicht wird. Zum einen wird die sogenannte Kaya-Identität angeführt. Diese gibt die Wachstumsrate der Co_2-Emissionen wieder, die sich aus der Summe der „Wachstumsraten von

---

[289] Für nähere Informationen zum Projekt siehe: https://pilgrim.at/ [Abruf: 10.10.2023].

[290] Vgl. Johann HISCH, Spiritualität und Bildung für Nachhaltige Entwicklung bei PILGRIM, in: ÖRF 28/2 (2020), 96.

[291] GÄRTNER, Klima, Corona und das Christentum, 115.

[292] Vgl. ebd., 115, 84.

[293] Katrin BEDERNA, Die Klimakrise im Lichte der Coronakrise oder: Kann Religionsunterricht zu zukunftsfähigem Handeln motivieren?, in: ÖRF 28/2 (2020), 33.

Bevölkerung, Wirtschaft, Energieintensität der Produktion und Karbonintensität der Energieerzeugung“[294] ergibt. Wächst die Wirtschaft, so müssten als Ausgleich alle anderen Summanden negativ ausfallen und das in einem Ausmaß, welches die Wachstumsrate der Wirtschaft ausgleicht. Dass sich das Wirtschaftswachstums dadurch ausgleichen könne, wird dabei als unwahrscheinlich und bisher nicht eingetreten deklariert.[295] Damit reiht sich Bederna mit ihrer Wachstumskritik in die postwachstumsökonomische Argumentation Paechs ein. Nach ihm sei der erste Schritt, um wachstumskritische Positionen als Alternative vorzuschlagen, die Einsicht, dass ökonomisches Wachstum selbst durch die Entwicklung neuer Techniken nicht von den Ressourcenverbräuchen und Umweltschäden entkoppelt werden kann.[296]

Auch die bereits in Kapitel 2.2.1. angeführten Rebound-Effekte von Paech werden von Bederna aufgegriffen.[297] Am Beispiel der Autoproduktion wird von ihr etwa angeführt, dass Effizienzmaßnahmen in Bezug auf Automotoren nicht greifen können, wenn gleichzeitig immer größere Autos produziert würden.[298]

Ebenso werden weitere argumentative Grundlagen der PWÖ von Bederna angeführt. Das zentrale Argument aus der Richtung der PWÖ sei dabei vor allem der materielle Mehraufwand, der ebenfalls mit sogenannten „grünen“ Produkten notwendigerweise einhergeht.[299] Zudem wird von Bederna in Bezug auf die drei skizzierten ökonomischen Prinzipien der Nachhaltigkeit (siehe Kapitel 2.2.1.) angemerkt, dass insbesondere die Prinzipien der Effizienz sowie der Konsistenz die am häufigsten angestrebten Nachhaltigkeitsstrategien darstellen. Dabei ortet Bederna eine augenscheinliche Missachtung von Suffizienz-Strategien[300]:

> „Während Effizienz- und Konsistenzstrategien den in der Bundesrepublik [Deutschland] propagierten Nachhaltigkeitsweg bilden, kommt Suffizienz im breiten öffentlichen Diskurs so gut wie nicht vor. Suffizienz wird in der Nachhaltigkeitsdebatte m. W. von niemandem als alleinige Strategie propagiert“[301].

---

[294] BEDERNA, Every Day for Future, 125.
[295] Vgl. ebd., 125.
[296] Vgl. PAECH, Befreiung vom Überfluss, 72.
[297] Vgl. BEDERNA, Every Day for Future, 125.
[298] Vgl. BEDERNA, Didaktik religiöser Bildung für nachhaltige Entwicklung, 330.
[299] Vgl. BEDERNA, Every Day for Future, 32.
[300] Vgl. ebd., 54.
[301] Ebd., 54.

5.1.3. Anlehnung an die Prinzipien glaubwürdiger Nachhaltigkeitskommunikation

Unter Berücksichtigung des von Gärtner aufgegriffenen Problems des *mind-behaviour-gap* wird auch die Rolle der Lehrkraft kritisch aufgegriffen.[302] Unter diesem wird die Kluft zwischen Wissen und Handeln verstanden. Forschungen hierzu, die dieses Gefälle aufzeigen, können diesen Unterschied jedoch weitgehend weder theoretisch noch praktisch erklären, geschweige denn überwinden. Es fehlt an Erklärungsmodellen, die Aufschluss darüber geben können, warum das Wissen über den Klimawandel nicht zu einer Veränderung im Verhalten führt. Kuckartz verortet diesbezüglich ein Problem in Verbindung mit dem Einordnen von nachhaltigem Verhalten. So wurden in den 1990er-Jahren als Indikatoren für umweltgerechtes Verhalten meist Handlungen wie Mülltrennung oder das Verwenden von Stofftaschen abgefragt. Da viele Befragte bejahten, diese Handlungen kürzlich praktiziert zu haben, wurden viele als *konsequente Umweltschützer*innen* eingeordnet. Dabei wird jedoch die CO_2-Gesamtbilanz übersehen.[303] Auch in der PWÖ wird immer wieder darauf hingewiesen, dass nachhaltiges Verhalten allein auf der Grundlage der gesamten Ökobilanz zu bestimmen ist.[304] Gärtner, die ebenso Bezug auf Kuckartz nimmt, überträgt den *mind-behaviour-gap* schließlich explizit auf Religionslehrkräfte. Nach ihr seien viele Religionslehrkräfte grundsätzlich schon in „nachhaltigkeitsaffinen Milieus“[305] aktiv, in denen allerdings der *mind-behaviour-gap* bei vielen besonders ausgeprägt ist. Sind sich Religionslehrkräfte diesen eigenen Verstrickungen nicht bewusst, kann in Bezug auf rBNE ihre Authentizität deutlich in Frage gestellt werden.[306] Damit nimmt Gärtner Bezug auf die in Kapitel 3.3.1. angeführten Probleme der Nachhaltigkeitskommunikation und unterstreicht zugleich die Bedeutung der Lehrpersonen und ihrer individuellen Verstrickungen im Kontext religiöser BNE.

In Bezug auf Religionslehrkräfte weist Gärtner ebenso darauf hin, dass auch der Zusammenhang von Theologie und Religion kritisch zu prüfen sei. Insbesondere die christliche Anthropozentrik, welche im Verdacht steht, einen entscheidenden Beitrag zur ökologischen Krise geleistet zu haben, muss kritisch hinterfragt werden.[307]

---

[302] Vgl. GÄRTNER, Klima, Corona und das Christentum, 117.

[303] Vgl. Udo KUCKARTZ, Nicht hier, nicht jetzt, nicht ich – Über die symbolische Bearbeitung eines ernsten Problems, in: Harald WELZER u. a. (Hgg.), KlimaKulturen. Soziale Wirklichkeiten im Klimawandel, Frankfurt a. M. 2010, 144 f.

[304] Vgl. PAECH, Befreiung vom Überfluss, 99.

[305] GÄRTNER, Klima, Corona und das Christentum, 117.

[306] Vgl. ebd., 117.

[307] Vgl. ebd., 117.

Hinsichtlich des unterrichtlichen Aufgreifens von Konsumkritik sowie der Umsetzung von suffizienten Handlungen im Rahmen des Religionsunterrichts, etwa der Organisation von Tauschbörsen, erwähnt Gärtner, dass sowohl die impliziten Konsumerwartungen sowie das explizite Konsumverhalten von Lehrer*innen wichtige Rollen dabei einnehmen.[308]

Mit Blick auf wissenschaftliche Diskurse zur Nachhaltigkeitskommunikation ist darauf hinzuweisen, dass ihr die Aufgabe zukommt, neue Lösungen, Muster sowie Verhaltensweisen zu ermöglichen. Damit in Verbindung steht das Ziel, Konsument*innen gezielt zu nachhaltigen Lebensstilen zu leiten.[309] Um diese jedoch als glaubwürdig zu bezeichnen, wird innerhalb der PWÖ die Forderung erhoben, dass der Lebensstil des*r Kommunikators*in als Vorbild gelten müsse. Auch wenn sich aus den angeführten Punkten bezüglich der Lehrperson bei Gärtner nicht die gleiche Konsequenz in Bezug auf die Lehrkraft als Nachhaltigkeitskommunikatorin ergibt wie in postwachstumsökonomischen Diskussionen in Kapitel 3.3.1., wird zumindest der Einfluss der Lehrperson als wesentlich für nachhaltige Bildungsprozesse eingestuft.

5.1.4. Freiheit und Nachhaltigkeit

Der im Rahmen der PWÖ diskutierte Freiheitsbegriff macht deutlich, dass Freiheit nur in Hinblick auf die Gesamtheit aller Menschen gedacht werden kann. Bederna wagt in Bezug auf die vermeintliche Dichotomie zwischen Freiheit und Nachhaltigkeit ebenso den Versuch, die Perspektive derjenigen einzunehmen, welche als „Opfer“ bezeichnet werden. Auch „aufgrund der biblischen Option für die Armen“[310] müsse eine rBNE diese Perspektive einnehmen. Das Problem der Freiheit bestehe laut ihr nun gerade darin, dass nicht-nachhaltige Lebensweisen die Grundlagen anderer (wie Nahrung, Wohnen) gefährden. Nachhaltiges Handeln muss daher als Freiheitserhalt für alle angesehen werden.[311] Allerdings finden sich in Bezug auf die PWÖ ebenso Bedenken hinsichtlich des derzeit vorherrschenden Freiheitsverständnisses. Unter Rückgriff auf postwachstumsökonomische Ideen heißt es bei Bederna: „Viele dieser Ideen sind zurzeit bottom up wohl nur in Nischen durchsetzungsfähig, weil sie einem verbreiteten Verständnis von Freiheit als Grenzenlosigkeit widersprechen.“[312] In

[308] Vgl. ebd., 146 f.
[309] Vgl. Renate HÜBNER, Nachhaltigkeitskommunikation *reloaded.* Aporien als Chance für gesellschaftliche Lern- und Entwicklungsprozesse, in: *GAIA* 21/4 (2012), 262–265.
[310] BEDERNA, Every Day for Future, 184.
[311] Vgl. ebd., 184 f.
[312] Ebd., 127.

Bezug auf Freiheit und Nachhaltigkeit kann jedoch darauf hingewiesen werden, dass mit der Tradition des Fastens im christlichen Kontext bereits auf bestehende kirchliche Praktiken zurückgegriffen werden kann, welche das vermeintliche Spannungsverhältnis von Verzicht und drohendem Freiheitsverlust überbrücken können:[313]

> „Dass Verzicht und Sparsamkeit nicht zu einem Freiheitsverlust, sondern umgekehrt zu einem Zugewinn an Freiheit führt, wird in der kirchlichen Praxis in der Form des Fastens immer wieder eingeübt."[314]

Auch innerhalb der PWÖ bedrohen gerade Lebensstile, die übermäßig viele Ressourcen einfordern, die Freiheit sowie demokratische Grundlagen. „Wer also die Freiheit bewahren will, darf sie nicht missbrauchen oder überstrapazieren, sondern muss sie vorsorglich und freiwillig begrenzen."[315] Gerade durch suffiziente Praktiken könne individuelle Freiheit garantiert werden, wobei sich ein mit Nachhaltigkeit vereinbarer Freiheitsbegriff an den physischen Grenzen des Planeten auszurichten hat und die Perspektive der globalen Gerechtigkeit nicht verloren gehen darf – jeder Mensch kann unter dieser Annahme nur innerhalb eines begrenzten materiellen Rahmens existieren.[316] Fragen der globalen Gerechtigkeit im Zusammenhang mit Wirtschaftswachstum werden ebenfalls von Gärtner aufgegriffen. Sie weist darauf hin, dass Wirtschaftswachstum nicht als Indikator für einen zunehmenden Wohlstand dienen kann, da sich dieser im globalen Kontext verkehrt,[317] denn „das Wirtschaftswachstum des globalen Nordens geht auf Kosten des globalen Südens."[318]

Bederna setzt sich hingegen speziell mit den Suffizienz ablehnenden Freiheitskonzepten auseinander. Eine Suffizienz-Ablehnung lasse sich nach ihr nur mit einem Freiheitsverständnis ablehnen, welches „eine nach oben offene Wahlfreiheit"[319] beinhaltet. Ein Verständnis von Freiheit, welches die Fähigkeit zur Selbstbestimmung sowie zum Einsatz für andere beinhaltet, fordert eine Suffizienz, die damit zugleich die Voraussetzung für Freiheit darstellt. Auch in jenen Argumenten, welche die Möglichkeit zur Umsetzung von Suffizienzmaßnahmen ablehnen, etwa weil die Umsetzungszeit zu lang sei oder sich Suffizienz mit dem einhergehenden sinkenden Wirtschaftswachstum als nicht profitabel erweist, sieht Bederna keine Gegenstimme zur Notwendigkeit der Etablierung von Suffizienzstrategien.[320] Zudem

---

313 Vgl. HÜBNER, Ethik der Freiheit, 250.
314 Ebd., 250.
315 PAECH, Suffizienz als Antithese, 214.
316 Vgl. ebd., 214 f.
317 Vgl. GÄRTNER, Klima, Corona und das Christentum, 66.
318 Ebd., 66.
319 BEDERNA, Every Day for Future, 53.
320 Vgl. ebd., 53.

kritisiert Bederna das im Schulkontext häufig vorliegende Freiheitsverständnis von Freiheit im Sinne von Handlungsfreiheit. Dieses Verständnis führe schließlich zu Konflikten in der Schulpraxis, wenn Handlungsfreiheiten Einschränkung erfahren, um nachhaltiger zu handeln, etwa bei Fragestellungen zu Schulreisen, Schulkopien etc. Dieser möglichen Kollision verschiedenster Freiheitsverständnisse, insbesondere die Engführung auf die Handlungsfreiheit, kann etwa dadurch durch eine Differenzierung zwischen einer *Handlungsfreiheit einiger* und einer *Handlungsfreiheit aller* begegnet werden. Nachhaltigkeit ließe sich schließlich im Sinne einer *Handlungsfreiheit aller* verhandeln.[321]

5.1.5. Individualethik und Subjektorientierung als Chance

Individuelle Handlungen dürfen nach Bederna nicht nur in Hinblick auf ihre individuelle Wirkung gesehen werden. Ebenso einkalkuliert werden müssen mögliche Vorbildeffekte, die sich aus einzelnen Handlungen ergeben können, wodurch sich die Wirksamkeit deutlich erhöht. Als Beispiel nennt Bederna die Proteste Greta Thunbergs.[322] Auch Paech betont immer wieder die Bedeutung von Einzelnen, die einen Wandel dadurch bewirken können, dass sich andere an diesen orientieren sowie eine Vorbildwirkung in ihnen erkennen können.[323]

Zudem werden von Bederna ebenso positive Konsequenzen für einzelne Individuen angeführt, selbst wenn sich die Wirksamkeit, etwa durch fehlende Vorbildeffekte, auf ein Minimum beschränkt. Dabei wird angeführt, dass das „mit sich im Reinen sein“[324] als die stärkste Motivation für nachhaltiges Handeln gilt und dabei keine Enttäuschung erfahren kann. Dass dieses auf der individuellen Ebene verortetes Handeln („nachhaltig zu handeln, auch wenn die Effekte verschwindend gering sein [sic!], niemand mitmachen und es persönliche Nachteile bringen sollte, einzig und allein, weil es richtig ist“[325]) durchaus provozieren kann, kann sich in Bildungsprozessen jedoch als hilfreich erweisen.[326] In der kritischen Pädagogik stellt das Prinzip der Provokation beispielsweise ein grundlegendes Element von Bildung dar. Anhand von Provokationen können bestehende Gewohnheiten aufgebrochen werden, um sie einer kritischen Prüfung zu unterziehen.[327] Ansätze der PWÖ können in diesem

[321] Vgl. ebd., 183, 190.
[322] Vgl. ebd., 134.
[323] Vgl. PAECH, Suffizienz als Antithese, 222.
[324] BEDERNA, Every Day for Future, 134.
[325] Ebd., 134 f.
[326] Vgl. ebd., 134 f.
[327] Vgl. Armin BERNHARD, Bildung der Widerstandsfähigkeit und Selbstbefreiung – Konturen eines praxisphilosophischen Verständnisses von Bildung im Kontext Kritischer Pädagogik, in: Bernd LEDERER

Zusammenhang als eine solche „Provokation“ dienen, da mit ihnen ebendiese Gewohnheiten kritisch angefragt und dadurch einer Überprüfung unterzogen werden können.

Krahn und Schimmel machen konkrete Vorschläge, um Verhaltensveränderungen im Religionsunterricht in Richtung Nachhaltigkeit zu ermöglichen. Sie schlagen dafür insbesondere Quantifizierungsmodelle vor, etwa die Berechnung des eigenen ökologischen Fußabdrucks, um den Schüler*innen verdeutlichen zu können, welchen Einfluss bereits kleine Verhaltensänderungen haben. Der Unterricht biete zudem die Chance, persönliche Experimente durchzuführen, in welchen Verhaltensveränderungen in einem bestimmten Bereich erprobt werden können.[328] In Bezug auf den möglichen Einsatz von Rechnern zum ökologischen Fußabdruck schlägt Wilhelm Lindner vor, die Debatte nicht vorschnell in eine reine Verzichtsdebatte zu führen. Auch ein möglicher Gewinn an Lebensqualität, der sich gerade durch Beschränkungen des eigenen Ressourcenverbrauchs ergeben kann, sollte thematisiert werden.[329] Dies kann etwa im Rahmen von Nachhaltigkeitsprojekten durch Schüler*innen aufgegriffen werden – anhand derer ließen sich schließlich nicht nur die Schüler*innen selbst überzeugen, sondern durch mögliche Vorbildwirkungen ebenso andere. Zunächst das eigene Lebensumfeld zu ändern, leiste damit einen Beitrag für Veränderungen innerhalb größerer Strukturen.[330]

Die Orientierung am Subjekt und nicht an einzelnen Handlungen sowie Objekten schimmert zudem bei Bederna durch, die auf soziale Ungleichheiten und damit auf den Vorwurf, Nachhaltigkeit würde sich nicht jeder leisten können, reagiert. So kann zwar von einer Korrelation der sozialen Zugehörigkeit und der Nachhaltigkeitsaffinität ausgegangen werden, allerdings kann die gegenteilige Korrelation von sozialer Zugehörigkeit und der CO_2-Bilanz dabei nicht ausgeblendet bleiben. Im Unterricht kann dadurch der Widerspruch entstehen, dass Schüler*innen den Einwurf einbringen, sie können sich beispielsweise keine Bio-Produkte leisten.[331] Bederna schlägt diesbezüglich vor, jenen Einwänden mit dem Zuspruch zu begegnen, „dass die Klimabilanz derer, die sich Bio nicht leisten können, vermutlich im Mittel um vieles besser ist, als die der anderen.“[332]

(Hg.), „Bildung“: was sie war, ist, sein sollte. Zur Bestimmung eines strittigen Begriffs. Fortführung der Diskussion, Baltmannsweiler 2013, 79 f.

[328] Vgl. KRAHN – SCHIMMEL, „Klima nervt!“, 92.

[329] Vgl. Wilhelm LINDER, Maßzahlen fürs Maß halten – Der Ökologische Fußabdruck im Unterricht, in: Bildung in Haushalt & Forschung 9/4 (2020), 24.

[330] Vgl. BEDERNA, Didaktik religiöser Bildung für nachhaltige Entwicklung, 330.

[331] Vgl. BEDERNA, Every Day for Future, 253.

[332] Ebd., 253.

Gärtner ortet zudem im Vergleich der Klima- und der Coronakrise einen widersprüchlichen Umgang mit der Frage nach der Verantwortung einzelner. Während in Bezug auf die Klimakrise immer wieder die individuelle Ebene negiert wird, mit dem Argument, der Effekt einzelner Verhaltensänderungen sei zu niedrig, wurde diese während der Corona-Krise durchaus tragend – der Beitrag jedes*r einzelnen wurde betont.[333]

Braner sieht in dem transformatorischen Charakter einer rBNE zudem die Forderung nach einer Veränderung individueller Lebensstile gegeben. Dass sich die meisten Jugendlichen derzeit weniger daran orientieren, fordere ein, sie nicht damit alleinzulassen. Kinder und Jugendliche müssen dazu befähigt werden, nicht bei Engagement, etwa bei FFF, stehenzubleiben, sondern aktiv an Nachhaltigkeitstransformationen mitzuwirken, indem verantwortungsbewusstes Handeln in Bezug auf Nachhaltigkeit ermöglicht werden kann.[334] Die Chancen einer rBNE lägen genau darin, „Kinder und Jugendliche [dazu zu] befähigen, verantwortungsbewusst zu handeln, damit sie selbst und nachfolgende Generationen die Chance auf ein gutes Leben haben“[335].

In religionspädagogischen Überlegungen scheint es durchaus eine Offenheit für eine BNE zu geben, in welcher ebenso die explizite Änderung individueller Lebensstile einen Platz hat. Mögliche Vorteile, die mit einem suffizienteren Lebensstil einhergehen sowie die Relevanz einer Vorbildwirkung werden gezielt aufgegriffen. Neben durchaus positiven Annäherungen an individualethische Zugänge in der rBNE, werden diese jedoch auch kritisch diskutiert, weshalb das Thema der Individualethik im Kapitel 5.2.2. unter den Widersprüchen erneut aufgegriffen wird.

Bei Gärtner wird im Rahmen des *mind-behavior-gap* ebenfalls auf die Wirkungsweise des psychologischen Rebound-Effekts (siehe Kapitel 2.2.1.) verwiesen. Gärtner merkt an, dass durch eine selektive Aufmerksamkeit auf wenige Bereiche (Mülltrennung, …) Individuen zwar ihren individuellen *mind-behavior-gap* überbrücken, allerdings dabei in einigen Bereichen weiterhin nicht nachhaltig leben.[336] Auch wenn sich aus dieser Aufmerksamkeit kein Plädoyer ihrerseits für eine Subjektorientierung ableiten lässt, kann hier auf die Analogie zur Argumentation Paechs für eine Zentrierung auf das Subjekt und die damit einhergehende Fokussierung auf den gesamten Lebensstil (siehe Kapitel 2.3.1.) verwiesen werden.

---

[333] Vgl. GÄRTNER, Klima, Corona und das Christentum, 12.
[334] Vgl. BRANER, Von der Relevanz einer „Ökologischen Theologie“ im Religionsunterricht, 95.
[335] Ebd., 95.
[336] Vgl. GÄRTNER, Klima, Corona und das Christentum, 49.

5.2. Widersprüche und Irritationen

5.2.1. Klimawandel und postwachstumsökonomische Inhalte – ja, aber nicht im Religionsunterricht?

Die PWÖ wird insbesondere im Zusammenhang mit handwerklichen Fähigkeiten erwähnt. So wird bei Bederna im Kontext mit den jeweiligen Aufgaben bestimmter Fachdidaktiken erwähnt, dass es „[a]us der Perspektive der Postwachstumsökonomie [...] in der ökologischen Krise insbesondere handwerkliche und hauswirtschaftliche Bildung zur Befähigung zu kreislaufbasiertem und regionalem Wirtschaften“[337] braucht.[338] Hierbei lässt sich kritisch anmerken, dass die PWÖ, vermutlich durch den ihr wichtigen innewohnenden Aspekt der Subsistenz, auf rein handwerkliche Aufträge reduziert wird. Im Diskurs um mögliche Ziele einer rBNE findet sie daher durch die Verlagerung auf andere Fachdidaktiken keine nähere Beschäftigung mit postwachstumsökonomischen Aspekten, die ebenfalls innerhalb einer rBNE fruchtbar gemacht werden könnten. Insbesondere in Bezug auf Suffizienzpraktiken kann jedoch angemerkt werden, dass diese keine handwerklichen Fähigkeiten voraussetzen und somit auch zum inhaltlichen Gegenstand des Religionsunterrichts gemacht werden können, wie sie ja bereits im religionspädagogischen Diskurs aufgegriffen werden (siehe Kapitel 5.1.1.).

Zudem muss mit Blick auf allgemeine unterrichtliche Auseinandersetzung mit Nachhaltigkeitsthemen auf der Seite der Schüler*innen mit Irritation oder Widerständen gerechnet werden. So wird zwar die Klimakrise von den Schüler*innen größtenteils als ein epochaltypisches Schlüsselproblem anerkannt, allerdings zeigte eine Untersuchung an einem Kölner Gymnasium, dass unter den Schüler*innen teils kein Verständnis dafür vorliegt, warum Themen, die mit dem Klimawandel im Zusammenhang stehen, ausgerechnet im Religionsunterricht behandelt werden sollten.[339] Dagegen kann jedoch eingeworfen werden, dass dem Thema der Nachhaltigkeit an sich keine reine Fixierung auf ökologische Dimensionen innewohnt. Vielmehr werden unter diesem Begriff ebenso soziale sowie ökonomische Fragestellungen verhandelt. Zudem lässt sich im Nachhaltigkeitsdiskurs die These wiederfinden,

---

337 BEDERNA, Religiöse Bildung für nachhaltige Entwicklung, 63.

338 Vgl. ebd., 63.

339 Vgl. KRAHN – SCHIMMEL, „Klima nervt!“, 87.

Nachhaltigkeit sei auch ein spirituelles sowie religiöses Thema.[340] Dabei weist Bederna selbst darauf hin, dass rBNE anderweitige Dimensionen beleuchtet, etwa die der Schöpfungsspiritualität, welche als Grundlage für eine achtsame Wahrnehmung dienen kann.[341] Einen Zusammenhang zwischen religiöser Auseinandersetzung mit Nachhaltigkeitsthemen und dem Umsetzen postwachstumsökonomischer Inhalte zeigt der Buddhist Manfred Folkers, nach dem sich diese beiden Aspekte gegenseitig positiv beeinflussen können:[342]

> „Eine genaue Kenntnis der geistigen Wurzeln des eigenen Handelns erschließt den politisch, sozial, ökonomisch, ökologisch und kulturell aktiven Menschen eine letztlich unerschöpfliche Kraftquelle."[343]

Durch die ebenso religiöse sowie spirituelle Bearbeitung von Nachhaltigkeitsfragen ließen sich Einstellungen sowie Verhaltensweisen leichter verinnerlichen, umsetzen und schließlich auch durchhalten.[344] Selbst Papst Franziskus betont in seiner Umweltenzyklika unter dem Stichwort ökologische Erziehung und Spiritualität, dass der nachhaltige Wandel ebenso eine spirituelle Aufgabe darstelle und Umkehr erfordere.[345] Deutlich wird durch diese Überlegungen der Zusammenhang zwischen einem nachhaltigen Lebensstil sowie einer diesen unterstützenden Spiritualität. Dabei könnte sich eine schöpfungstheologische Spiritualität als durchaus hilfreich erweisen.[346]

> „Wer beim konkreten, handfesten Engagement ansetzt, wird nach und nach auch einen neuen, tieferen Blick für das letzte Geheimnis der Wirklichkeit bekommen und wer tatsächlich in die Wirklichkeit Gottes eintaucht […], kann gar nicht anders, als sich in der Welt zu engagieren."[347]

So fordern Johann Hisch und Klaus Radunsky eine stärkere Etablierung der Spiritualität in einer BNE. Neben der Ökologie, dem Sozialen und dem Ökonomischen solle Spiritualität als vierte Dimension aufgegriffen werden. Diese biete im Zusammenhang mit Nachhaltigkeitsfragen einen Sinnzusammenhang, mit welchem schließlich Verantwortung, Respekt und Achtsamkeit innerhalb der eben genannten anderen drei Bereiche begründet liegen. Spiritualität biete somit die Grundlage, auf welcher ein neues Verantwortungsrepertoire erwachsen

---

340 Vgl. Petra STEINMAIR-PÖSEL, Spirituelle Ressourcen für eine nachhaltige Lebens- und Wirtschaftskultur, in: Ingeborg GABRIEL – Petra STEINMAIR-PÖSEL (Hgg.), Gerechtigkeit in einer endlichen Welt. Ökologie – Wirtschaft – Ethik, Ostfildern 2013, 177 f.

341 Vgl. BEDERNA, Every Day for Future, 266.

342 Vgl. Manfred FOLKERS, Buddhistische Motive für eine Überwindung der Gier-Wirtschaft, in: Manfred FOLKERS –Niko PAECH, All you need is less. Eine Kultur des Genug aus ökonomischer und buddhistischer Sicht, München 2020, 36.

343 Ebd., 36.

344 Vgl. ebd., 36.

345 Vgl. LS 202.

346 Vgl. STEINMAIR-PÖSEL, Spirituelle Ressourcen, 192.

347 Ebd., 192.

kann.[348] Auch die Sinnfrage wird innerhalb postwachstumsökonomischer Debatten aufgegriffen und erhält in diesem Zusammenhang eine Berechtigung für die inhaltliche Bearbeitung im Religionsunterricht. Bei stetig steigendem ökonomischen sowie technischen Wohlstand, der in der Moderne häufig mit Glück, Zufriedenheit und Freiheit gleichgesetzt wird,[349] ist jenem Aspekt besondere Aufmerksamkeit zu widmen, durch welchen Sinn eben skizzierte Paradigmen ersetzt werden, wenn Glück oder Freiheit von der Wachstumslogik entkoppelt werden. Religiöse Traditionen können in diesem Zusammenhang als Ressource dienen, auf die Schüler*innen zurückgreifen können,[350] wenn „unvorhergesehene Umweltveränderungen […] dazu führen, dass bisherige Interpretationen nicht mehr angemessen sind und Neuinterpretationen notwendig werden."[351]

Zudem ist ebenso über die Verantwortung des Religionsunterrichts selbst zu diskutieren. Kann ein Religionsunterricht überhaupt verantwortet werden, der sich nicht den Risiken durch exponentielles Wirtschaftswachstum widmet? Dutz und Paech warnen vor fatalen Folgen für Kinder und Jugendliche, welchen die Möglichkeit genommen wird, die „vermeintliche Normalität und Normativität kritisch zu hinterfragen."[352] Die damit einhergehende Vorsicht, welche Perspektive in einer BNE eingenommen werden darf und soll, ergibt sich vor allem daraus, dass Schüler*innen aufgrund ihres Alters teils keinen Protest einlegen können oder jene Folgen, die ihre Zukunft betreffen, noch nicht grundlegend antizipieren können.[353] An dieser Stelle käme dem Religionsunterricht, etwa durch die emanzipative Ausrichtung, das Potential zu, mit den Schüler*innen auch neue Formen der Weltaneignung kennenzulernen. Diese Aufgabe ist vor allem deshalb von zentraler Bedeutung, da Dutz und Paech in der gegenwärtigen Ausrichtung, gerade von Bildungsprozessen, auf Wirtschaftswachstum, fordern, dass Schüler*innen die Chance erhalten[354], „innezuhalten und die Entwicklung zu reflektieren."[355]

---

[348] Vgl. Johann HISCH – Klaus RADUNSKY, Pilgrim und die ethische Verantwortung im Klimawandel – ein Ansatz, in: Ingeborg GABRIEL – Petra STEINMAIR-PÖSEL (Hgg.), Gerechtigkeit in einer endlichen Welt. Ökologie – Wirtschaft – Ethik, Ostfildern 2013, 238 f.

[349] Vgl. PAECH, Suffizienz als Antithese, 145.

[350] Vgl. Carsten GENNERICH, Religiöses Lernen als Sinnkonstruktion: Bedingungsstrukturen in Schule und Gemeinde, in: Theo-Web. Zeitschrift für Religionspädagogik 9/2 (2010), 86.

[351] Ebd., 86.

[352] DUTZ – PAECH, Wege aus der Bequemokratie, 64.

[353] Vgl. ebd., 64.

[354] Vgl. ebd., 64.

[355] Ebd., 64.

5.2.2. Ablehnung von Individualethik

Auch wenn individualethische Ansätze durchaus positive Rezeptionen im rBNE-Diskurs erfahren, finden sich ebenso stärker abwertende Haltungen sowie mögliche Gefahren, die damit einhergehen. In diesem Kapitel werden daher, in Analogie zum Kapitel 5.1.5., jene Diskurse repliziert, in welchen die Individualethik in Bezug auf rBNE problematisiert wird.

Um die Komplexität nachhaltiger Entwicklung nicht außer Acht zu lassen, warnt Gärtner davor, „vorschnelle individualisierte Handlungs- und Lösungsoptionen“[356] in den Unterricht einzuspeisen. In Bezug auf die Schöpfungstheologie warnt Gärtner davor, diese auf eine individualistische Ebene zu reduzieren. Dadurch würden ökonomische, globale sowie politische Ebenen potenziell ausgeblendet.[357] Dass sich allerdings, wie auch in der PWÖ, durch individuelles Handeln sehr wohl ökonomische oder globale Ebenen reflektieren sowie beachten lassen, wird dadurch zugleich negiert. So verwundert es nicht weiter, dass Wachstumskritik im religionspädagogischen Diskurs als irrelevant in Bezug auf die individuelle Ebene betrachtet wird: Auch wenn sich innerhalb der religionspädagogischen Diskurse durchaus kritische Hinterfragungen des Konzeptes *Green Growth* finden lassen, bleiben als mögliche Überwindungen des Wachstumsparadigmas meist nur Verweise auf das „neoliberale“ System sowie den „Kapitalismus“. Überwindungschancen sowohl auf einer systemischen Ebene als auch auf einer individuellen Ebene werden als unmöglich charakterisiert:[358]

> „Diese Verflechtung [Durchdringung des Kapitalismus in gesellschaftliche Bereiche] ermögliche es weder für Individuen noch für Institutionen oder Gesellschaften, sich der kapitalistischen und neoliberalen Wachstumslogik zu entziehen.“[359]

Dass an dieser Stelle „der Kapitalismus“ als das durch Menschen nicht zu überwindende Problem dargestellt wird, bei gleichzeitiger Wachstumskritik, bedarf in Hinblick auf die PWÖ allerdings einer tiefergehenden Differenzierung. Paech verortet speziell in Bereichen der Kapitalismuskritik eine zu starke Binarität zwischen den Begriffen *kapitalistisch* und *nicht-kapitalistisch*. Häufig werde dabei der Kapitalismus-Begriff mit vielen anderen gleichgesetzt (z. B. *Neoliberalismus, Wettbewerb* oder *Marktwirtschaft*). Mit Blick auf unterschiedliche Kapitalismus-Definitionen lassen sich jedoch zwei Elemente herauskristallisieren, die als entscheidend anzusehen sind: „institutionelle Arrangements, die das

[356] GÄRTNER, Klima, Corona und das Christentum, 38.
[357] Vgl. ebd., 38, 29.
[358] Vgl. ebd., 63.
[359] Ebd., 63.

Privateigentum an Produktionsmitteln mehr oder weniger uneingeschränkt sichern“[360] sowie der Zweck der Warenproduktion zur Vermehrung des investierten Kapitals mit dem einhergehenden Ziel einer Überschussmaximierung sowie der Akkumulation dieser. Kapitalismus- und Wachstumskritik sind an dieser Stelle voneinander zu trennen. Während Kapitalismuskritik demnach darauf abzielen müsste, die eben genannten dem Kapitalismus inhärenten Prinzipien zu überwinden, stellt sich Wachstumskritik nicht per se gegen kapitalistische Systemwirksamkeit, sondern stellt die Frage nach dem Ausmaß desselben[361] – „nicht undifferenzierte Kapitalismuskritik, sondern die Wachstumsfrage erweist sich als relevant.“[362] Mit diesem vorschnellen Verweis auf eine Systemebene, die von Individuen als nicht beeinflussbar deklariert wird, wird an dieser Stelle die Chance vertan, ebenso auf individualethischer Ebene einen Beitrag zur Überwindung von Wachstumsmodellen zu leisten. Im Hinblick auf die Schüler*innen als Subjekte eine rBNE müsse daran anschließend auch die Frage aufgeworfen werden, welche Rolle eine rBNE dann einnehmen könne, wenn in ihr die „großen Systemfragen“ nicht auf einer individuellen Ebene im Sinne der Schüler*innenebene aufgegriffen sowie verändert werden können. So wird von Gärtner ebenso die Wirksamkeit einer einseitigen Fokussierung auf das individuelle Handeln in Zweifel gestellt. Zum einen wird bezweifelt, dass Kinder und Jugendliche überhaupt zu einem nachhaltigeren Handeln überzeugt werden können,[363] zum anderen wird auch in Frage gestellt, welcher Effekt damit einhergeht, wenn „die Wirkung des eigenen Handelns äußerst gering zu sein [scheint]“.[364] Ebenfalls in Bezug auf die Schüler*innen selbst vermutet Gärtner einige Probleme, die mit der Fokussierung auf die individuelle Ebene des Handelns einhergehen können:

> „BNE, die primär die Verantwortung für Nachhaltigkeit bei den (jungen) Individuen fokussiere, laufe somit nicht nur Gefahr, die Individuen zu überfordern und ggf. moralisch zu überlasten, sondern hiermit könne auch eine Entpolitisierung von Nachhaltigkeit einhergehen.“[365]

Neben einer drohenden Überforderung der Schüler*innen selbst, wird ebenso davor gewarnt, die Ebene der Strukturen, in welchen nicht-nachhaltiges Handeln vorkommt, zu übersehen und dadurch nicht-nachhaltiges Handeln durch das Nicht-Beachten der Strukturebene zu unterstützen oder gar zu reproduzieren.[366] Dabei weist Gärtner darauf hin, dass sich menschliches Leben häufig in nicht-nachhaltigen Strukturen abspielt, aus denen eine Befreiung

---

[360] PAECH, Von der aussichtslosen Institutionen- zur Individualethik, 169.
[361] Vgl. ebd., 169 f.
[362] Ebd., 170.
[363] Vgl. GÄRTNER, Alles vergeblich!?, 74 f.
[364] Ebd., 74.
[365] Ebd., 74 f.
[366] Vgl. ebd., 76.

manchmal kaum möglich ist.[367] Bederna sieht in der Reduktion von Nachhaltigkeitsthemen auf individuelle Ebenen ebenso die Gefahr der Entstehung von Fehlkonzepten gegeben,[368] etwa die „Idee, das Vermeiden von Plastiktüten bremse den Klimawandel".[369] Auch Andreas Hellgermann äußert sich in Bezug auf Individualisierungen vor allem kritisch gegenüber der in den BNE-Konzepten aufzufindenden Kompetenzorientierung, da diese darauf abzielt, die Schüler*innen als Individuen für eine Problemlösung sowie für nachhaltiges Handeln in die Verantwortung zu nehmen. Durch diese Herangehensweisen würden zudem andere Zusammenhänge ausgeblendet, wie beispielsweise das ökonomische System.[370]

Mit Blick auf die PWÖ sei an dieser Stelle jedoch auch auf die Gefahr der Verantwortungsabgabe hingewiesen. Das Narrativ von unabänderbaren Gesellschaftsverhältnissen, die Individuen als „Systemopfer" darstellen, die diesen schicksalshaft ausgeliefert sind, kann zudem als Abwehrmuster für Handlungsveränderungen dienen – etwa durch den reinen Verweis auf kapitalistische Strukturen. Individuell praktizierte Nachhaltigkeit wird in der Folge als zu überfordernd abgespeist, während nur institutionelle oder technische Maßnahmen, die außerhalb des eigenen Selbst liegen, als realisierbar angesehen werden. Um diese vermeintliche Handlungsüberforderung zu umgehen, werden innerhalb der PWÖ zwei wesentliche Aspekte ausgemacht, die der Handlungsohnmacht gegenübergestellt werden können. Um möglichen Vorbehalten gegen individuelle Handlungsänderungen konstruktiv begegnen zu können, ist es zum einen unverzichtbar, eine Differenzierung zwischen basalen Grundbedürfnissen und reinem Luxus vorzunehmen. Wird durch diese Differenzierung bewusst, welche Handlungen als besonders schädlich einzustufen sind, in Hinblick auf den Klimawandel auch als lebensbedrohlich eingestuft werden müssen, verlangen solche Handlungen nach einer „Rechtfertigung durch akzeptable Gründe"[371]. So ließen sich in Hinblick auf die Unterscheidung zwischen Grundbedürfnissen und Luxus bestimmte Handlungen dahingehend anfragen, inwiefern ökologisch ruinöse Handlungen, wie Flugreisen oder Kreuzfahrten, zur Befriedigung menschlicher Grundbedürfnisse beitragen. Betrachtet man globale Ressourcen als knappes Gut, müssen sie aus einer sozialpolitischen Perspektive dort eingesetzt werden, wo eine materiell würdige Grundversorgung gewährleistet werden muss (Nahrung,

---

[367] Vgl. GÄRTNER, Mit religiöser Bildung die Welt retten?, 57.
[368] Vgl. BEDERNA, Every Day for Future, 142.
[369] Ebd., 142.
[370] Vgl. Andreas HELLGERMANN, Unterbrechung als religionspädagogische Kategorie: Fridays for Future, die Politische Theologie und die Schule, in: Claudia GÄRTNER – Jan-Hendrik HERBST (Hgg.), Kritisch-emanzipatorische Religionspädagogik. Diskurse zwischen Theologie, Pädagogik und Politischer Bildung, Wiesbaden 2020, 317.
[371] PAECH, Suffizienz als Antithese, 183.

Gesundheit, Elektrizität, Bildung, angemessene Kleidung, Wohnraum, Konsumgüter und Werkzeuge des alltäglichen Bedarfs). Demgegenüber sind jene Bereiche zu identifizieren, welchen nicht die gleiche Priorität wie den eben genannten Bereichen eingeräumt werden kann. So lassen sich individuelle Handlungen bewerten und rechtfertigen oder als nicht-rechtfertigungswürdig einstufen,[372] etwa durch die Einsicht, dass „noch niemand verhungert, erfroren oder erkrankt [ist], wenn er keine Urlaubsreise mit dem Flugzeug antreten oder als Schülerin keinen fremden Kontinent besuchen konnte.“[373]

Eine subjektorientierte Nachhaltigkeitsorientierung müsse sich insbesondere in der schulischen Bildung an der Frage ausrichten, was „sich ein einzelnes Individuum an materiellen Freiheiten insgesamt aneignen [darf], ohne sozial oder ökologische über seine Verhältnisse zu leben.“[374] Dass sich ein Leben innerhalb ökologischer Grenzen überhaupt realisieren ließe, wird von Gärtner allerdings in Frage gestellt:

> „Selbst bei einem nahezu asketisch ausgerichteten Leben ist es in Deutschland nahezu unmöglich, die rechnerisch jedem Individuum zur Verfügung stehende CO_2-Menge einzuhalten“[375].

Daran anschließend kann jedoch kritisch hinterfragt werden, ob die Nichterreichung dessen einen Ausschlussgrund für das Einbringen dieser Zielvorgabe darstellt und ob nicht trotzdem zumindest eine Annäherung an individuelle planetare Grenzen anzustreben wäre.

Bei Gärtner bleibt in weiterer Folge offen, welche Nachhaltigkeitsansätze nicht zu einer Überforderung des Individuums führen. Mit der Kritik an der Ausrichtung individueller Handlungen an bestimmten CO_2-Kontingenten scheint zunächst der Ansatz des grünen Wachstums, bei welchem weniger individualethische als institutionenethische Aspekte in den Vordergrund rücken, als bessere Alternative, um das Subjekt nicht zu überfordern. Ebendiese Überforderung scheint nach Gärtner allerdings auch bei wachstumsorientieren Nachhaltigkeitsansätzen der Fall zu sein:

> „Dass die derzeit dominierenden Anreizsysteme weitgehend in der Struktur des Wirtschaftswachstums verbleiben und dabei den Individuen und nicht den politisch-gesellschaftlichen Akteuren die Verantwortung angelastet wird, sei hier nur angemerkt.“[376]

Dabei müsste jedoch angefragt werden, inwiefern wachstumsorientierte Ökonomien zu einer verstärkten Individualisierung in Nachhaltigkeitsfragen beitragen. Wie in Kapitel 2.2.1.

[372] Vgl. ebd., 181–185.
[373] Ebd., 185.
[374] PAECH, Von der trügerischen Weltrettungssymbolik zur Postwachstumsökonomie, 141.
[375] GÄRTNER, Klima, Corona und das Christentum, 153.
[376] Ebd., 51.

bereits ausgeführt, führen gerade wachstumsorientierte Nachhaltigkeitsstrategien, wie *Grünes Wachstum*, zu einer verstärkten Objektorientierung.

Auch wenn bereits im Kapitel 5.1.1. eine Annäherung des rBNE-Diskurses an das Prinzip der Suffizienz deutlich wird, wird ebenso eine deutliche Skepsis gegenüber positiven Effekten auf das Individuum durch das Prinzip der Suffizienz und der damit einhergehenden Fokussierung auf individuelles Handeln erkennbar. Deutlich wird diese vor allem durch ein Aufgreifen des Begriffs Verzicht, dessen Effekte für Einzelne nicht wahrnehmbar scheinen. So erwähnt beispielsweise Gärtner, dass die fehlende Wirksamkeit individuellen Handelns ein großes Problem in Bezug auf die eigene Motivation, nachhaltig zu handeln, darstellt. Besonders schädlich für nachhaltiges Handeln erweist sich in diesem Zusammenhang, wenn damit ein Verzicht einhergeht, dessen mögliche Auswirkungen höchstens in der Zukunft oder räumlich entgrenzt wahrgenommen werden können.[377] Die in Kapitel 2.4. diskutierten Vorteile der Suffizienz auf Einzelne bleiben dadurch wesentlich ausgespart. Suffizienz wird in diesem Fall auf Verzicht reduziert, der sich als wirkungslos, motivationsschädlich sowie nachteilig für Einzelne erweist.

5.2.3. Resilienz durch Religion(sunterricht) und PWÖ?

> „Das Konstrukt Resilienz ist ein dynamischer oder kompensatorischer Prozess positiver Anpassung bei ungünstigen Entwicklungsbedingungen und dem Auftreten von Belastungsfaktoren.“[378]

Resilienz sowie resilientes Verhalten kommen insbesondere in Risikosituationen zum Tragen, welche von einem Individuum aufgrund von bestimmten Fertigkeiten positiv bewältigt werden können. Resilienz entwickelt sich innerhalb von Interaktionen zwischen Individuen sowie der Umwelt. Damit stellt Resilienz eine variable Größe dar, welche sich im Laufe des Lebens ändern kann.[379]

Postwachstumsökonomische Maßnahmen werden häufig im Zusammenhang mit der Förderung der Resilienz genannt. Insbesondere das Prinzip der Suffizienz kann durch die zunehmende Unabhängigkeit von Markt, Geld sowie der Erwerbsarbeit Stressfreiheit und Resilienz fördern.[380] Damit wird bei Paech Resilienz zunächst als materielle Resilienz verstanden,

[377] Vgl. ebd., 49 f.
[378] Klaus FRÖHLICH-GILDHOFF – Maike RÖNNAU-BÖSE, Resilienz, München [6]2022, 10.
[379] Vgl. ebd., 10.
[380] Vgl. Niko PAECH – Björn PAECH, Klimaschutz, Postwachstumsökonomie und Resilienz, in: Jahrbuch des Vereins zum Schutz der Bergwelt 79 (2014), 256.

die durch Suffizienz- sowie Subsistenzpraktiken realisiert werden kann. Die Resilienz begründet sich in der PWÖ vor allem durch die „gewachsene Verletzlichkeit einer fremdversorgten und wachstumsabhängigen Existenzform".[381] Die Reduktion führe schließlich zu einer geringeren Angreifbarkeit – Lebensstile können dann als stabil bezeichnet werden, wenn Suffizienz sowie moderne Subsistenzformen etabliert werden. Der Aufbau von Resilienz ergibt sich zudem primär dadurch, dass Individuen Vorkehrungen treffen, auf welche beim Rückbau arbeitsteiliger Industriegesellschaften zurückgegriffen werden kann.[382]

Neben der Förderung einer in der PWÖ hauptsächlich materiell verstandenen Resilienzstärkung ließe sich ebenso die Frage stellen, ob Religiosität diese durch einen Aufbau der psychischen Resilienz unterstützen könne, um postwachstumsökonomische Handlungen auch auf dieser Ebene zu begleiten. Gärtner spricht sich bezüglich resilienzorientierter Ansätze im religionspädagogischen Diskurs jedoch kritisch aus. Die Bedeutung von Religion dürfe sich nicht ausschließlich auf die Ausbildung von Resilienzstrategien beschränken. Die Gefahr in dieser Fokussierung bestehe darin, dass sich innerhalb religiöser BNE der Fokus von der Mitigation ökologischer Auswirkungen auf den Umgang mit diesen verlagern würde.[383]

> „Andernfalls drohen die spirituell-liturgischen Ressourcen des Christentums zu einer Resilienzquelle zu verkommen, die benötigt wird, um in der multiplen Krise zu bestehen, ohne diese selbst kritisch zu bearbeiten."[384]

Auch Bederna wirft einen kritischen Blick auf eine mögliche Resilienzforderung durch den Religionsunterricht im Rahmen der Klimakrise. Resilienz dürfe nicht als primäres Ziel einer religiösen BNE angesehen werden. Zwar wird der Religiosität von Bederna durchaus eine resilienzfördernde Kraft zugestanden, allerdings sieht sie ähnlich wie Gärtner die Gefahr, sich an bestehende Verhältnisse anzupassen – stattdessen müsse rBNE Emanzipation zum Ziel haben.[385] Emanzipation in Bezug auf den Klimawandel kann insbesondere dann realisiert werden, wenn Schüler*innen den Raum der reinen Reproduktion der vorliegenden Verhältnisse verlassen[386] – mit dem Ziel, zu „anderen, freieren und solidarischeren Subjekten zu werden"[387]. Unter diesem Verständnis ließe sich jedoch ebenso mit dem Resilienz-Konzept der PWÖ anknüpfen. Dieses basiert schließlich nicht darauf, sich an gegebene Verhältnisse anzupassen. Vielmehr sind postwachstumsökonomische Handlungen als Gegenpol zu

381 PAECH, Befreiung vom Überfluss, 143.
382 Vgl. ebd., 130, 145.
383 Vgl. GÄRTNER, Klima, Corona und das Christentum, 79.
384 Ebd., 97.
385 Vgl. BEDERNA, Religiöse Bildung für nachhaltige Entwicklung, 63.
386 Vgl. HELLGERMANN, Unterbrechung als religionspädagogische Kategorie, 321.
387 Ebd., 321.

aktuellen Verhältnissen zu sehen. Auch Hellgermann sieht im Zusammenhang von religionspädagogischer Emanzipation und Klimawandel gerade in aktuellen Zugängen, wie etwa Wachstumszwang, jene Entwicklungen, die emanzipationshindernd wirken können, da sie die Reproduktion von Problemen propagieren, welche sich selbst als Ursache der Problemlage herausstellen.[388] Dass Schüler*innen in diesem Prozess Unterstützung erfahren müssen, ergibt sich vor allem daraus, dass im Hinblick auf die PWÖ derzeitige Entstehungs- sowie Sinnzusammenhänge innerhalb neuer Strukturen rekonstruiert werden müssen. Kinder und Jugendliche heute erfahren eine Umkehrung jener Verhältnisse, an welchen sich vorhergehende Generationen wesentlich ausgerichtet haben.[389]

In Bezug auf den schöpfungstheologischen Zugang kann zudem die Frage aufgeworfen werden, ob nicht Schöpfungsspiritualität als Hilfe dienen kann, die Bewusstwerdung sowie das Handeln abzudecken. Zur christlichen Spiritualität gehören nach Zimmerling sowohl die Kontemplation als auch die Aktion. In der Aktion enthalten ist die Hinwendung zur Welt.[390] Spiritualität bietet daher ebenso die Möglichkeit, die Ebene des Handelns miteinzubeziehen. In diesem Sinne kann darüber nachgedacht werden, ob eine rBNE im Sinne Gärtners nicht gerade beides braucht – Resilienz und Emanzipation.

---

[388] Vgl. ebd., 325.

[389] Vgl. DUTZ – PAECH, Wege aus der Bequemokratie, 63 f.

[390] Vgl. Peter ZIMMERLING, Spiritualität – ein weites Feld. Grundlegende Überlegungen, in: Bärbel HUSMANN – Roland BIEWALD (Hgg.), Spiritualität. Impulse zur Reflexion religiöser Praxis im Religionsunterricht (Themenhefte Religion 11), Leipzig 2013, 14.

6. Ausblick

6.1. Conclusio

Die PWÖ als eine dezidiert wachstumskritische ökonomische Strömung stellt ein Gegenbild zu gegenwärtig dominanten Wachstumsmodellen dar. Mit ihrer Forderung nach einer Abkehr von wirtschaftlichem Wachstum, wie sie bereits 1972 im Club-of-Rome-Bericht aufzufinden ist, sind einige Prinzipien verbunden. Als besonders relevant erweisen sich diesbezüglich die Suffizienz als eine Reduktion der Ressourcennutzung sowie die Subsistenz als teilweise Abkehr vom vorherrschenden Fremdversorgungssystem. Innerhalb der PWÖ lassen sich diese Prinzipien vor allem auf einer individualethischen Ebene verfolgen. Zum einen, weil sie sich von Einzelnen durch ihre Voraussetzungslosigkeit (finanziell, politisch) umsetzen lassen, zum anderen, weil postwachstumsökonomische Ziele aufgrund der hegemonialen Wachstumslogik derzeit (noch) keine politische Mehrheit erreichen können. Damit wird mit der PWÖ ein starker Fokus auf die individualethische sowie subjektorientierte Ebene gelegt. Die Individuen sind als Subjekte der PWÖ jene Akteur*innen, welche postwachstumsökonomische Handlungen umsetzen können. Damit stellt sich die PWÖ ebenso gegen eine reine Objektorientierung, die zumeist im Lager des Grünen Wachstums aufzufinden ist und verstärkt den Fokus auf den Nachhaltigkeitsaspekt von Konsumgütern legt. Aufgrund von Rebound-Effekten, die mit Grünem Wachstum einhergehen, sowie den Ergebnissen aus der Lancet Planetary Health-Studie zu Grünem Wachstum liegt der Weg zu einer Reduktion von Treibhausgasen in der PWÖ darin, Lebensstile an planetare Grenzen anzupassen. Institutionen sowie politische Akteur*innen können diesen Weg allerdings auch institutionenethisch begleiten – etwa durch eine Verkürzung der Arbeitszeit, … Neben wirtschaftlichem Wachstum werden in der PWÖ ebenso das Verständnis von Wohlstand, Freiheit und Autonomie kritisch angefragt. So finden sich alternative Konzepte zu jenen Begriffen, welche nicht direkt mit einer Steigerung des BIP gleichzusetzen sind. Neben dem Erhalt ökologischer Grundlagen, findet die PWÖ daher auch auf diesen Ebenen ihre Berechtigung.

Mit der der PWÖ immanenten Wachstumskritik wird zugleich der Bildungsbereich mit Hinblick auf seine Wachstumsverstrickungen hinterfragt. Bildung spielt dabei eine wesentliche Rolle, wenn es darum geht, das System wirtschaftlichen Wachstums aufrechtzuerhalten. Diese Stabilisierung des Wirtschaftssystems, das mit Bildung einhergeht, wirkt sich auch auf den Bereich der BNE aus – so werden wachstumskritische Positionen kaum in dieser eingebracht. Dass sich diese jedoch nicht nur mit Blick auf ökologische Problemstellungen, sondern auch in Bezug auf die Schüler*innen als lohnend erweisen können, wird dann klar, wenn ein Blick auf wachstumsbezogene Probleme innerhalb des Bildungssystems geworfen wird, so etwa auf mit Wachstum einhergehende Leistungszwänge, die sich auf die Schüler*innen als Subjekte auswirken. Inwiefern postwachstumsökonomische Elemente nun in ein BNE-Konzept integriert werden können, scheint angesichts der allgemein im BNE-Diskurs nicht vollständig ausdiskutierten Problemstellungen (etwa das Verhältnis zum Überwältigungsverbot) dazu, was BNE leisten darf und soll, nicht leicht zu beantworten. Es scheint jedoch angebracht, die Ausrichtung einer BNE zunächst an deren Grundwerten (soziale sowie ökologische) auf ihre Legitimierung zu überprüfen. Die PWÖ scheint hierbei mit ihrer starken Ausrichtung am Gemeinwohl sowie dem Erhalt ökologischer Grundlagen auf jeden Fall in eine BNE einbringbar. Dabei sollten jedoch mögliche Schwierigkeiten nicht übersehen werden. So kann das Einbringen der PWÖ in eine BNE für Beteiligte ein großes Wagnis darstellen, da gewohnte Wachstumsorientierungen aufgebrochen werden. Angesichts dieses Wagnisses scheint es in Bezug auf die PWÖ sinnvoll, sich an das Überwältigungsverbot zu halten. Ablehnung sowie alternative Denkweisen müssen weiterhin einen Raum haben, um die PWÖ nicht im Sinne einer politischen Instrumentalisierung in den Unterricht einzubringen.

Während in den letzten Jahren der BNE-Diskurs in vielen Fachdidaktiken einen enormen Aufschwung, inklusive unterschiedlicher Ausrichtungen, erfuhr, steht dieser in der katholischen Religionspädagogik noch am Anfang und wird erst seit dem Jahr 2020 vor allem von Claudia Gärtner und Katrin Bederna aufgegriffen. Aufgrund der erst kurzen Beschäftigung mit einer rBNE lässt sich noch nicht abschätzen, wie sich der rBNE-Diskurs zu der Frage nach dem Wachstum verhalten wird. Allerdings können bereits erste didaktische Prinzipien ausgemacht werden, die als leitend für eine rBNE angesehen werden können. Mit Blick auf die PWÖ erweisen sich dabei vor allem die folgenden Prinzipien als anschlussfähig an eine postwachstumsökonomische Ausrichtung der rBNE: die *Schöpfungsorientierung*, die ebenso wie in der PWÖ mit einer Verantwortung für nachhaltige Entwicklung einhergeht; die *Eschatologiedidaktik*, welche mit Blick auf ökonomische Alternativen eine Möglichkeit darstellt, alternative Denkweisen auszuloten; das *kritisch-reflexive* Prinzip, mit welchem eine einseitige Betrachtung rein wachstumsorientierter Strömungen verunmöglicht wird und die *Handlungsorientierung*, die Selbstwirksamkeit anstrebt, welche sich ebenso in der PWÖ wiederfindet.

Mit Blick auf inhaltliche Konkretionen innerhalb des rBNE-Diskurses konnten sich einige Anknüpfungspunkte finden lassen, welche mit einer postwachstumsökonomischen Ausrichtung kompatibel sind. Zum einen wird vor allem von Bederna explizit das Prinzip der Suffizienz, das ein leitendes Prinzip der PWÖ darstellt, aufgegriffen. Insbesondere mit Blick auf christliche Traditionen ließen sich suffiziente Praktiken, etwa in der monastischen Tradition, für eine rBNE wiederentdecken. Ebenso scheint eine reine Wachstumsorientierung innerhalb der rBNE nicht vorzuliegen. So finden sich immer wieder kritische Stimmen, welche explizit eine Orientierung an wirtschaftlichem Wachstum und grünem Wachstum in Frage stellen oder ablehnen. Zudem wird die Rolle der Religionslehrperson auf ihre eigenen Verstrickungen, sowohl theologische (Anthropozentrik im Christentum) als auch bezogen auf ihre eigenen Verhaltensweisen in Bezug auf Nachhaltigkeit, kritisch hinterfragt sowie offengelegt. Auch in der PWÖ wird die Rolle von Lehrpersonen als Nachhaltigkeitskommunikator*innen im Hinblick auf ihr eigenes Verhalten kritisch reflektiert. Die Verbindung von Freiheitskonzepten mit wirtschaftlichem Wachstum wird ebenso innerhalb der Religionspädagogik aufgegriffen. So kritisiert Bederna beispielsweise das einseitig vorliegende Konzept von Freiheit als individueller Handlungsfreiheit, welches immer wieder in den Nachhaltigkeitsdiskurs eingebracht wird. Damit wird innerhalb der Religionspädagogik anderen Freiheitskonzepten, abseits des eben genannten, ein Platz eingeräumt – dies kann in Analogie zu alternativen Freiheitsvorstellungen in der PWÖ gesehen werden.

Auch wenn sich im rBNE-Diskurs viele inhaltliche Konkretionen finden, die sich in eine Verbindung mit der PWÖ bringen lassen, wurden einige Bereiche identifiziert, welche sich als widersprüchlich zu postwachstumsökonomischen Ausrichtungen erweisen. Dabei ist jedoch im Blick zu halten, dass die Übereinstimmungen und Anschlussfähigkeiten doch deutlich überwiegen. Es scheint jedoch ein Bild der PWÖ vorzuherrschen, das sich stark auf handwerkliche Fähigkeiten beruft, die gewiss ebenso einen Teil der PWÖ im Rahmen des Subsistenzprinzips ausmachen und nach Paech auch stärker in Bildungsprozessen etabliert werden sollten. Dass sich die PWÖ damit aber hauptsächlich in naturwissenschaftlichen oder technischen Fächern umsetzen ließe, greift an dieser Stelle zu kurz. Es scheint jedoch allgemein eine Skepsis, gerade auf der Seite der Schüler*innen vorzuliegen, warum Nachhaltigkeitsthemen im Religionsunterricht überhaupt aufgegriffen werden sollten. Dass der Religionsunterricht allerdings aufgrund der emanzipatorischen Ausrichtung gerade in Fragen des Wachstums sowie damit einhergehenden Konzepten von Freiheit und Wohlstand einen wichtigen Beitrag leisten kann, wird schon durch die didaktischen Prinzipien deutlich.

Ebenso ist im religionspädagogischen Diskurs eine große Skepsis gegenüber einer Ausrichtung religiöser BNE als resilienzstärkend auszumachen. Während in der Religionspädagogik der Vorwurf virulent wird, Resilienz würde im Gegensatz zur emanzipativen Ausrichtung des Religionsunterrichts stehen, da mit ihr eine Anpassung an gegebene Verhältnisse stattfinde, scheint in der PWÖ dem Resilienzbegriff allerdings eine eindeutig emanzipatorische Ausrichtung innezuwohnen, indem gerade durch die Stärkung der eigenen Resilienz (sowohl materiell als auch psychisch) ein Ausbruch aus bestehenden Verhältnissen möglich scheint. Die Begriffe der Resilienz sowie Emanzipation scheinen im religionspädagogischen Diskurs jedoch in einen diametralen Gegensatz gebracht zu werden. Hier wäre es jedoch überlegenswert, einen weiteren Blick darauf zu werfen, ob Resilienz und Emanzipation im Sinne der PWÖ nicht ebenfalls in der Religionspädagogik stärker zusammengedacht werden sollten.

Die Frage nach einer Ausrichtung einer rBNE an individualethischen Ansätzen scheint im rBNE-Diskurs teils unterschiedlich verhandelt. Während diesen Ansätzen sowie einer Subjektorientierung, wie sie in der PWÖ vorliegt, einige Würdigungen zukommen (durch die Möglichkeit von Vorbildwirkungen oder Stärkung der Selbstwirksamkeit), scheinen auch einige Vorbehalte dieser gegenüberzustehen. So wird häufig der Vorwurf erhoben, Individualisierungen würden die politische und systemische Ebene ausblenden und damit den Ist-Zustand im Nachhaltigkeitsbereich weiter stärken. Überlegungen zur Subjektorientierung in der PWÖ zeigen jedoch, dass gerade in dieser die Chance liegt, wachstumsorientierten Zwängen zu entgehen.

Resümierend lässt sich konstatieren, dass der oft gegen den allgemeinen BNE-Diskurs eingebrachte Vorwurf, einseitig wachstumsorientierte Ansätze zu verfolgen, so nicht zutrifft – wachstumskritische Positionen werden in rBNE-Diskursen gezielt aufgegriffen. Vergleicht man Inhalte der rBNE gezielt mit der PWÖ, so wird deutlich, dass sich einige inhaltliche Konkretionen mit dieser in Einklang bringen lassen. Auch wenn einige Ausrichtungen vorliegen, welche im Hinblick auf die PWÖ als widersprüchlich angesehen werden können und einer weiteren Auseinandersetzung bedürfen, scheint die rBNE sich als durchaus anschlussfähig an wachstumskritische Positionen, wie die PWÖ, zu erweisen. Da BNE im religionspädagogischen Diskurs noch nicht lange verhandelt wird, scheint es von großer Relevanz, sich künftig verstärkt diesem Thema zu widmen. Dabei wird entscheidend sein, welche Ansätze einen Raum in dem Diskurs erhalten, da dabei die Grundrichtung festgelegt wird, wie sich die Religionspädagogik zu Fragen des Wirtschaftswachstums und ihren Verstrickungen im

Bildungsbereich verhalten wird. Diese Arbeit stellt dabei eine erste theoretische Fundierung einer gezielt wachstumskritischen Position im rBNE-Diskurs dar.

6.2. Weitere Forschungsüberlegungen

Die vorliegende Arbeit stellt eine erste Annäherung des rBNE-Diskurses an einen wachstumskritischen Ansatz, der PWÖ, dar. In weiterer Folge wären ebenso andere Positionen aus dem *degrowth*-Bereich zu diskutieren. Des Weiteren wäre es lohnend, das Verhältnis des rBNE-Diskurses mit dem allgemeinen BNE-Diskurs einer weiteren Analyse zu unterziehen, um der Frage nachzugehen, wie sich die Religionspädagogik zu den unterschiedlichen Ansätzen in der BNE verhält. Auf Basis der in dieser Arbeit diskutierten Ansätze könnte ebenso das Prinzip der Suffizienz und deren Umsetzung im Religionsunterricht einer näheren Analyse unterzogen werden. Die Arbeit zeigte zudem ein Desiderat innerhalb der Religionspädagogik auf, wie mit individualethischen Ansätzen umgegangen werden kann und welche Rolle der Resilienz im Kontext der Klimakrise zukommen kann.

Literaturverzeichnis

Kirchliche Dokumente

ÖSTERREICHISCHE BISCHOFSKONFERENZ, Enzyklika „Laudato si" und ihre Umsetzung, in: Presseerklärung zur Herbstvollversammlung 2017. URL: https://www.bischofskonferenz.at/2017/presseerklaerungen-zur-herbstvollversammlung-2017 [Abruf: 11.10.2023].

PAPST FRANZISKUS, Laudato Si'. Über die Sorge für das gemeinsame Haus, Rom 2015. URL: https://www.vatican.va/content/francesco/de/encyclicals/documents/papa-francesco_20150524_enciclica-laudato-si.html [Abruf: 08.11.2023].

PAPST FRANZISKUS, Laudate Deum. An alle Menschen guten Willens über die Klimakrise, Rom 2023. URL: https://www.vatican.va/content/francesco/de/apost_exhortations/documents/20231004-laudate-deum.html [Abruf: 08.11.2023].

Literatur

ARENDT, Hannah, Zwischen Vergangenheit und Zukunft. Übungen im politischen Denken I, München [4]2016.

BEDERNA, Katrin, Every Day for Future. Theologie und religiöse Bildung für nachhaltige Entwicklung, Ostfildern [2]2020.

BEDERNA, Katrin, Die Klimakrise im Lichte der Coronakrise oder: Kann Religionsunterricht zu zukunftsfähigem Handeln motivieren?, in: ÖRF 28/2 (2020), 28–46.

BEDERNA, Katrin, Didaktik religiöser Bildung für nachhaltige Entwicklung, in: Ulrich KROPAČ – Ulrich RIEGEL (Hgg.), Handbuch Religionsdidaktik, Stuttgart 2021, 325–331.

BEDERNA, Katrin, Religiöse Bildung für nachhaltige Entwicklung. Ein didaktisches Modell, in: Religionspädagogische Beiträge. Journal für Religion in Education 44/2 (2021), 61–71.

BEDERNA, Katrin, Alles wird gut? Franziskanische Inspirationen zur Klimakrise (Franziskanische Akzente 30), hg. von Mirjam SCHAMBECK – Helmut SCHLEGEL, Würzburg 2021.

BEDERNA, Katrin, Denn sie tun nicht, was sie wissen – religiöse Bildung und die Motivation zur Transformation in der Klimakrise, in: Mirjam SCHAMBECK – Winfried VERBURG (Hgg.), Wie Religion für Krisen taugt. Zum Beitrag religiöser Bildung in Krisenzeiten, Göttingen 2023, 180–193.

BENK, Andreas, ››Schöpfung‹‹: trivialisiert, separiert, historisiert und instrumentalisiert – oder eingebunden in den befreienden Horizont biblischer Hoffnung? Kritische Sichtung unterrichtspraktischer Materialien zur Schöpfungsthematik, in: Stefan ALTMEYER u. a. (Hgg.), Schöpfung (Jahrbuch der Religionspädagogik 34), Göttingen 2018, 229–248.

BENNHOLDT-THOMSEN, Veronika, Wovon leben unsere Städte wirklich? Subsistenzorientierung statt Geldorientierung, in: Claudia VON WERLHOF u. a. (Hgg.), Subsistenz und Widerstand. Alternativen zur Globalisierung, Wien 2003, 242–254.

BERNHARD, Armin, Bildung der Widerstandsfähigkeit und Selbstbefreiung – Konturen eines praxisphilosophischen Verständnisses von Bildung im Kontext Kritischer Pädagogik, in: Bernd LEDERER (Hg.), „Bildung“: was sie war, ist, sein sollte. Zur Bestimmung eines strittigen Begriffs. Fortführung der Diskussion, Baltmannsweiler 2013, 57–84.

BRANER, Ulla, Von der Relevanz einer „Ökologischen Theologie“ im Religionsunterricht. Schöpfungstheologische und naturethische Impulse – Achtsamkeitserfahrungen in der Natur – religionspädagogische und interdisziplinäre Perspektiven (Beiträge zur Kinder- und Jugendtheologie und andere religionspädagogische Schätze 54), hg. von Petra FREUDENBERGER-LÖTZ, Kassel 2023.

DAVID, Christine Künzli – BERTSCHY, Franziska, Bildung für eine Nachhaltige Entwicklung – Kompetenzen und Inhaltsbereiche, in: Bernd OVERWIEN – Horst RODE (Hgg.), Bildung für nachhaltige Entwicklung. Lebenslanges Lernen, Kompetenz und gesellschaftliche Teilhabe (Ökologie und Erziehungswissenschaft der Kommission Bildung für nachhaltige Entwicklung der DGfE), Opladen u. a. 2013, 35–45.

DENGLER, Corinna – SCHMELZER, Matthias, Anmerkungen zu Niko Paechs Postwachstumsökonomie. Plädoyer für weniger Individualethik, mehr Kapitalismuskritik und eine intersektionale Gerechtigkeitsperspektive, in: zfwu 22/2 (2021), 191–195.

DOS SANTOS DA SILVA, Jorgiano, Füllet die Erde und macht sie euch untertan! (Gen 1,28). Strukturen einer alttestamentlich begründeten Schöpfungstheologie und deren Konsequenzen für eine biblisch orientierte Umweltethik (Bibel und Ethik 6), hg. von Sven VAN MEEGEN u. a., Berlin 2018.

DUTZ, Katharina – PAECH, Niko, Wege aus der Bequemokratie. Loslassen will gelernt sein, in: Stephan RIETMANN – Maik SAWATSKI (Hgg.), Zukunft der Beratung. Von der Verhaltens- zur Verhältnisorientierung? (Soziale Arbeit als Wohlfahrtprodukt 11), Wiesbaden 2018, 45–72.

DUTZ, Katharina – PAECH, Niko, Industrie 4.0 versus Postwachstumsökonomie: Arbeit und Bildung, in: Anne RÖHL u. a. (Hgg.), bauhaus-paradigmen. künste, design und pädagogik, Berlin – Boston 2021, 397–410.

EISENMENGER, Nina u. a., Ressourcennutzung in Österreich 2020 Band 3, hg. vom Bundesministerium für Klimaschutz, Umwelt, Energie, Mobilität, Innovation und Technologie, Wien 2020. URL: https://www.bmk.gv.at/themen/klima_umwelt/nachhaltigkeit/ressourceneffizienz/publikationen/bericht2020.html [Abruf: 09.11.2023].

EKARDT, Felix, Nachhaltigkeitsethik und Nachhaltigkeitsverfassung: Neues Freiheitsverständnis, Menschenrechte, intertemporale und globale Gerechtigkeit, in: DERS., Theorie der Nachhaltigkeit. Ethische, rechtliche, politische und transformative Zugänge – am Beispiel von Klimawandel, Ressourcenknappheit und Welthandel, Baden-Baden [2]2016, 237–243.

ENZNER-PROBST, Brigitte, Kosmische Erziehung. Über die Möglichkeit, Schöpfungsspiritualität zu lehren angesichts der ökologischen Krise, in: Brigitte ENZNER-PROBST – Elisabeth MOLTMANN-WENDEL (Hgg.), Im Einklang mit dem Kosmos. *Schöpfungsspiritualität lehren, lernen und leben. Theologische Aspekte – Praktische Impulse*, Ostfildern 2013, 197–214.

ENXING, Julia, Und Gott sah, dass es schlecht war. Warum uns der christliche Glaube verpflichtet, die Schöpfung zu bewahren, München 2022.

ERNST, Andreas, Individuelles Umweltverhalten – Probleme, Chancen, Vielfalt, in: Harald WELZER u. a. (Hgg.), KlimaKulturen. Soziale Wirklichkeiten im Klimawandel, Frankfurt a. M. 2010, 128–143.

FISCHER, Christian, „Bildung für nachhaltige Entwicklung" (BNE) – Nicht nur Chancen, sondern auch Herausforderungen und Probleme für die sozialwissenschaftliche Bildung, in: Gesellschaft, Wirtschaft, Politik 72/2 (2023), 227–238.

FOLKERS, Manfred, Buddhistische Motive für eine Überwindung der Gier-Wirtschaft, in: Manfred FOLKERS –Niko PAECH, All you need is less. Eine Kultur des Genug aus ökonomischer und buddhistischer Sicht, München 2020, 29–118.

FRÖHLICH-GILDHOFF, Klaus – RÖNNAU-BÖSE, Maike, Resilienz, München [6]2022.

FROMM, Erich, Haben oder Sein. Die seelischen Grundlagen einer neuen Gesellschaft, München [42]2015.

GÄRTNER, Claudia, Klima, Corona und das Christentum. Religiöse Bildung für nachhaltige Entwicklung in einer verwundeten Welt (Religionswissenschaft 20), Bielefeld 2020.

GÄRTNER, Claudia, Mit religiöser Bildung die Welt retten? Spannungsfelder einer politischen religiösen Bildung für nachhaltige Entwicklung, in: ÖRF 28/2 (2020), 47–64.

GÄRTNER, Claudia, Alles vergeblich!? Religionsdidaktische Konkretionen einer politischen religiösen Bildung für nachhaltige Entwicklung, in: Religionspädagogische Beiträge. Journal for Religion in Education 44/2 (2021), 73–83.

GENNERICH, Carsten, Religiöses Lernen als Sinnkonstruktion: Bedingungsstrukturen in Schule und Gemeinde, in: Theo-Web. Zeitschrift für Religionspädagogik 9/2 (2010), 85–99.

GETZIN, Sofia – SINGER-BRODOWSKI, Mandy, Transformatives Lernen in einer Degrowth-Gesellschaft, in: Socience: Journal of Science-Society Interfaces 1/1 (2016), 33–46.

GETZIN, Sofia – RIECKMANN, Martin, Im Dialog. Bildung für nachhaltige Entwicklung, in: transfer Forschung ↔ Schule 5/5 (2019), 129–138.

GÖRGEN, Benjamin, Nachhaltige Lebensführung. Zentrale Faktoren und Realisierungsbedingungen für eine sozial-ökologische Transformation alltäglicher Praktiken, in: SONA – Netzwerk Soziologie der Nachhaltigkeit (Hg.), Soziologie der Nachhaltigkeit (Soziologie der Nachhaltigkeit 1), Bielefeld 2021, 297–310.

GOSSEN, Maike – MÜLLER, Ria, „Zukunft? Jugend fragen! 2019“. Teilbericht, hg. von UMWELTBUNDESAMT DEUTSCHLAND, Dessau – Roßlau 2021, URL: https://www.umweltbundesamt.de/publikationen/zukunft-jugend-fragen-2019 [Abruf: 19.10.2023].

GRÜMME, Bernhard, Öffentliche Religionspädagogik. Religiöse Bildung in pluralen Lebenswelten (Religionspädagogik innovativ 9), Stuttgart 2015.

HAARMANN, Moritz Peter, Bildungsaufgabe statt Erziehungsziel. Das Gemeinwohl als Gegenstand sozioökonomischer Bildung, in: Christian FRIDRICH u. a. (Hgg.), Wirtschaft, Gesellschaft und Politik. Sozioökonomische und politische Bildung in Schule und Hochschule (Sozioökonomische Bildung und Wissenschaft), Wiesbaden 2021.

HARTMANN, Evi, Wie viele Sklaven halten Sie? Über Globalisierung und Moral, Frankfurt a. M. 2016.

HEINRICH, Gudrun, „Politische Bildung“ als Format der Prävention und die Bedeutung des Beutelsbacher Konsens, in: Jan SCHEDLER u. a. (Hgg.), Rechtsextremismus in Schule, Unterricht und Lehrkräftebildung (Edition Rechtsextremismus), Wiesbaden 2019, 131–140.

HELLGERMANN, Andreas, Unterbrechung als religionspädagogische Kategorie: Fridays for Future, die Politische Theologie und die Schule, in: Claudia GÄRTNER – Jan-Hendrik HERBST (Hgg.), Kritisch-emanzipatorische Religionspädagogik. Diskurse zwischen Theologie, Pädagogik und Politischer Bildung, Wiesbaden 2020, 313–330.

HERBST, Jan-Hendrik, Die politische Dimension des Religionsunterrichts. Religionspädagogische Reflexionen, interdisziplinäre Impulse und praktische Perspektiven

(Religionspädagogik in pluraler Gesellschaft 31), hg. von Claudia GÄRTNER u. a., Paderborn 2022.

HICKEL, Jackson, *Weniger ist mehr.* Warum der Kapitalismus den Planeten zerstört und wir ohne Wachstum glücklicher sind, München 2022.

HISCH, Johann – RADUNSKY, Klaus, Pilgrim und die ethische Verantwortung im Klimawandel – ein Ansatz, in: Ingeborg GABRIEL – Petra STEINMAIR-PÖSEL (Hgg.), Gerechtigkeit in einer endlichen Welt. Ökologie – Wirtschaft – Ethik, Ostfildern 2013, 234–246.

HISCH, Johann, Spiritualität und Bildung für Nachhaltige Entwicklung bei PILGRIM, in: ÖRF 28/2 (2020), 82–99.

HÜBNER, Jörg, Ethik der Freiheit. Grundlegung und Handlungsfelder einer globalen Ethik in christlicher Perspektive, Stuttgart 2012.

HÜBNER, Renate, Nachhaltigkeitskommunikation *reloaded.* Aporien als Chance für gesellschaftliche Lern- und Entwicklungsprozesse, in: *GAIA* 21/4 (2012), 262–265.

HURRELMANN, Klaus – ALBRECHT, Erik, Generation Greta. Was sie denkt, wie sie fühlt und warum das Klima erst der Anfang ist, Weinheim 2020.

JONAS, Hans, Das Prinzip Verantwortung. Versuch einer Ethik für die technologische Zivilisation, Frankfurt a. M. 1989.

KEHL, Medard, Dein Reich komme. Eschatologie als Rechenschaft über unsere Hoffnung (Topos plus Taschenbücher 498), Kevelaer 2003.

KLAFKI, Wolfgang, Neue Studien zur Bildungstheorie und Didaktik. Zeitgemäße Allgemeinbildung und kritisch-konstruktive Didaktik, Weinheim – Basel [4]1994.

KRAHN, Annika – SCHIMMEL, Alexander, „Klima nervt!“ – Zum didaktischen Umgang mit Widerständen bei der Thematisierung des Klimawandels im Religionsunterricht, in: Religionspädagogische Beiträge. Journal for Religion in Education 44/2 (2021), 85–96.

KRESS, Dietmar, Greenpeace Nachhaltigkeitsbarometer 2021 – Wir sind bereit und wollen endlich eine nachhaltige Zukunft! Zusammenfassung, 2021. URL: https://www.greenpeace.de/publikationen/greenpeace-nachhaltigkeitsbarometer-2021-0 [Abruf: 19.10.2023].

KUCKARTZ, Udo, Nicht hier, nicht jetzt, nicht ich – Über die symbolische Bearbeitung eines ernsten Problems, in: Harald WELZER u. a. (Hgg.), KlimaKulturen. Soziale Wirklichkeiten im Klimawandel, Frankfurt a. M. 2010, 144–160.

LANGE, Steffen, Eine pluralistische makroökonomische Analyse. Rahmenbedingungen einer Postwachstumsökonomie, in: Ökologisches Wirtschaften 29/3 (2014), 46–50.

LINDER, Wilhelm, Maßzahlen fürs Maß halten – Der Ökologische Fußabdruck im Unterricht, in: Bildung in Haushalt & Forschung 9/4 (2020), 19–27.

MEADOWS, Dennis u. a., Die Grenzen des Wachstums. Bericht des Club of Rome zur Lage der Menschheit, Stuttgart u. a. 1972.

MEADOWS, Donella u. a., Grenzen des Wachstums. Das 30-Jahre-Update. Signal zum Kurswechsel, Stuttgart ^{2}2007.

MENDL, Hans, Weltverantwortung. Politisch und global lernen im Religionsunterricht, in: ÖRF 27/1 (2019), 57–72.

MEYER, Brett – LORD, Tim, Planes, Homes and Automobiles: The Role of Behaviour Change in Delivering Net Zero, hg. von TONY BLAIR INSTITUTE FOR GLOBAL CHANGE, London 2021. URL: https://www.institute.global/insights/climate-and-energy/planes-homes-and-automobiles-role-behaviour-change-delivering-net-zero [Abruf: 07.11.2023].

NAUMER, Hans-Jörg, Grünes Wachstum. Mit „Green Growth“ gegen den Klimawandel und für die Nachhaltigkeitsziele, Frankfurt a. M. 2022.

OHLMEIER, Bernhard – BRUNOLD, Andreas, Politische Bildung für nachhaltige Entwicklung. Eine Evaluationsstudie, Wiesbaden 2015.

PAECH, Niko, Adiós Konsumwohlstand: Vom Desaster der Nachhaltigkeitskommunikation und den Möglichkeiten der Suffizienz, in: Ludger HEIDBRINK u. a. (Hgg.), Die

Verantwortung des Konsumenten. Über das Verhältnis von Markt, Moral und Konsum, Frankfurt a. M. 2011, 285–304.

PAECH, Niko, Das Wachstumsparadigma hat ausgedient. Vom grünen Feigenblatt zur Postwachstumsökonomie, in: Ökologisches Wirtschaften 27/4 (2012), 17–19.

PAECH, Niko – PAECH, Björn, Klimaschutz, Postwachstumsökonomie und Resilienz, in: Jahrbuch des Vereins zum Schutz der Bergwelt 79 (2014), 249–266.

PAECH, Niko, Postwachstumsökonomie als Balance zwischen Selbstversorgung und industrieller Fremdversorgung, in: Traugott JÄHNICHEN u. a. (Hgg.), Nachhaltigkeit (Jahrbuch Sozialer Protestantismus 9), Gütersloh 2016, 75–94.

PAECH, Niko, Suffizienz als Kernelement der Postwachstumsökonomie. In soziales statt monetäres Kapital investieren, um den Wachstumszwang einzudämmen, in: Neue Wege: Beiträge zu Religion und Sozialismus 110/5 (2016), 4–8.

PAECH, Niko, Von der trügerischen Weltrettungssymbolik zur Postwachstumsökonomie, in: Oliver EMDE u. a. (Hgg.), Mit Bildung die Welt verändern? Globales Lernen für eine nachhaltige Entwicklung (Ökologie und Erziehungswissenschaft der Kommission Bildung für nachhaltige Entwicklung der DGfE), Opladen u. a. 2017, 133–146.

PAECH, Niko, Befreiung vom Überfluss. Auf dem Weg in die Postwachstumsökonomie, München [10]2018.

PAECH, Niko, Von organisierter Unverantwortlichkeit zur Postwachstumsökonomie, in: Maximilian BECKER – Mathilda REINICKE (Hgg.), Anders wachsen! Von der Krise der kapitalistischen Wachstumsgesellschaft und Ansätzen einer Transformation, München 2018, 201–222.

PAECH, Niko, Transformation aus Sicht der Postwachstumsökonomie, in: Marius FÖRSTER u. a. (Hgg.), UN/CERTAIN FUTURES. Rollen des Designs in gesellschaftlichen Transformationsprozessen (Design 38), Bielefeld 2018, 120–141.

PAECH, Niko, Postwachstumsökonomik, in: Reiner KÜMMEL u. a., Energie. Entropie. Kreativität. Was das Wirtschaftswachstum treibt und bremst, Berlin 2018, 101–136.

PAECH, Niko, Suffizienz als Antithese zur modernen Wachstumsorientierung, in: Manfred FOLKERS –Niko PAECH, All you need is less. Eine Kultur des Genug aus ökonomischer und buddhistischer Sicht, München 2020, 119–216.

PAECH, Niko u. a., Obsoleszenz, Nutzungsdauerverlängerung und neue Bildungskonzepte, in: Sepp EISENRIEGLER (Hg.), Kreislaufwirtschaft in der EU. Eine Zwischenbilanz, Wiesbaden 2020, 159–194.

PAECH, Niko, Postwachstumsökonomie: Von der aussichtlosen Institutionen- zur Individualethik, in: Zeitschrift für Wirtschafts- und Unternehmensethik 22/2 (2021), 168–190.

PAECH, Niko, Postwachstumsökonomie. Lebensqualität durch Selbstbegrenzung, in: Christiane MEYER (Hg.), „Transforming our World". Zukunftsdiskurse zur Umsetzung der UN-Agenda 2030 (Neue Ökologie 7), Bielefeld 2022, 195–202.

PEMSEL-MAIER, Sabine, Kein Katastrophenszenario: Zum Potential apokalyptischen Denkens in der ökologischen Krise – Wegmarken für eine wenig bedachte Dimension der Eschatologiedidaktik, in: Religionspädagogische Beiträge. Journal for Religion in Education 44/2 (2021), 97–106.

PETSCHOW, Ulrich u. a., Grenzen des Wachstums: ein Blick zurück und nach vorne, in: Ökologisches Wirtschaften 37/2 (2022), 27–29.

PETTIG, Fabian, Transformative Lernangebote kritisch-reflexiv gestalten. Fachdidaktische Orientierungen einer emanzipatorischen BNE, in: GW-Unterricht 162/2 (2021), 5–17.

PHILLIPS, Georgina, Bildung für Wachstum? Das Bundesministerium für Bildung und Forschung und der deutsche Wirtschafts- und (Post)Wachstumsdiskurs, in: Ulrich ROOS (Hg.), Nachhaltigkeit, Postwachstum, Transformation. Eine Rekonstruktion wesentlicher Arenen und Narrative des globalen Nachhaltigkeits- und Transformationsdiskurses, Wiesbaden 2020, 85–112.

PIES, Ingo, Individualethik versus Institutionenethik? – Zur Moral (in) der Marktwirtschaft, Diskussionspapier, No. 2015-7, in Kooperation mit dem Lehrstuhl für Wirtschaftsethik der Martin-Luther-Universität Halle-Wittenberg, Halle 2015.

PIES, Ingo, Post-Wachstum statt Post-Malthus? Ordonomische Anmerkungen zu Niko Paechs Plädoyer für eine Rückabwicklung der modernen Zivilisation, in: zfwu 22/2 (2021), 223–230.

POLKE, Christian, Von letzten Dingen. Zum Status eschatologischer Aussagen, in: NZSTh 62/3 (2020), 389–412.

REICHEL, André, Jenseits des Wachstumszwangs: Postwachstumsökonomie als Wirtschaft der Freiheit, in: GLOBART (Hg.), (UN)ORDNUNG. Was die Welt zusammenhält, Berlin 2019, 59–67.

REINTHALER, Sabine u. a., Subsistenz: Eine Gesamtschau. in: Andreas HUNGER (Hg.), Vom Wert der Subsistenz, Linz 2015, 237–248.

RIECKMANN, Marco, Reflexion einer Bildung für nachhaltige Entwicklung aus bildungstheoretischer Perspektive, in: Religionspädagogische Beiträge 44/2 (2021), 5–16.

RIEDL, Alfred – SCHELTEN, Andreas, Handlungsorientierter Unterricht, in: DIES., Grundbegriffe der Pädagogik und Didaktik beruflicher Bildung, Stuttgart 2013, 101–104.

ROMANO, Onofrio, Degrowth. The rise of a radical alternative, in: DERS., Towards a Society of Degrowth (*Routledge Explorations in Environmental Studies*), Abingdon – New York 2020, 30–53.

ROSA, Hartmut, Resonanz. Eine Soziologie der Weltbeziehung, Berlin 2016.

ROSA, Hartmut, Available, accessible, attainable. The mindset of growth and the resonance conception of good life, in: Hartmut ROSA – Christoph HENNING (Hgg.), The Good Life Beyond Growth. New Perspectives, Abingdon – New York 2018, 39–53.

ROSA, Hartmut, Resonanz statt Reichweitenvergrößerung, in Maximilian BECKER – Mathilda REINICKE (Hgg.), Anders wachsen! Von der Krise der kapitalistischen Wachstumsgesellschaft und Ansätzen einer Transformation, München 2018, 57–78.

SCHMIDT-HÖNIG, Kerstin – PRÖBSTL, Gerlinde, Die ‚Weltbilder‘ von Schüler:innen der Primarstufe als Ausgangspunkt zur Beschäftigung mit globalen Herausforderungen des 21. Jahrhunderts, in: Thomas KROBATH u. a. (Hgg.), Transformative Bildung. SDGS in

Lehrer/innenbildung und Hochschulentwicklung (Schriften der Kirchlichen Pädagogischen Hochschule Wien/Krems 25), Wien 2022, 257–272.

SCHMELZER, Matthias, *Degrowth* und Postwachstum, in: PERIPHERIE 150/151 (2018), 336–339.

SCHMELZER, Matthias – VETTER, Andrea, Degrowth/Postwachstum zur Einführung, Hamburg 2019.

SCHORN, Anna, Wirkung nach Werten: Förderung von umweltfreundlichem Verhalten durch die Übereinstimmung von Wertorientierung und Wertappell?, in: Tobias DIENLIEN u. a. (Hgg.), Nachhaltigkeit als Gegenstand und Zielgröße der Rezeptions- und Wirkungsforschung. Aktuelle Studien und Befunden (Rezeptionsforschung 44), Baden-Baden 2022, 85–106.

STEINMAIR-PÖSEL, Petra, Spirituelle Ressourcen für eine nachhaltige Lebens- und Wirtschaftskultur, in: Ingeborg GABRIEL – Petra STEINMAIR-PÖSEL (Hgg.), Gerechtigkeit in einer endlichen Welt. Ökologie – Wirtschaft – Ethik, Ostfildern 2013, 176–194.

TACKE, Lena, „Nur noch kurz die Welt retten…“?, in: ÖRF 28/2 (2020), 119–131.

THON, Christine, Bildung, Wachstumskritik und die Krise der Reproduktion, in: Zeitschrift für internationale Bildungsforschung und Entwicklungspädagogik 46/2 (2023), 19–24.

TRÖGER, Josephine – WULLENKORD, Marlis, Was ist genug? Begründung, Potenziale und Empfehlungen für mehr Suffizienz(orientierung), in: psychosozial 45/2 (2022), 44–59.

UNESCO, Global Education Monitoring Report 2023. Technology in education. A tool on whose terms?, Paris 2023.
URL: https://unesdoc.unesco.org/ark:/48223/pf0000385723 [Abruf: 07.11.2023].

UNITED NATIONS, The 17 GOALS.
URL: https://sdgs.un.org/goals#icons [Abruf: 23.08.2023].

VOGEL, Jefim – HICKEL, Jason, Is green growth happening? An empirical analysis of achieved versus Paris-compliant CO_2–GDP decoupling in high-income countries, in: The Lancet. Planetary Health 7/9 (2023), 759–769.

WEIß, Julia – KERN, Florian, Rebound-Effekte: Wie verhindern sie das Erreichen von Umweltschutzzielen?, in: Ökologisches Wirtschaften 36/1 (2021), 12–13.

WÖHRLE, Jakob, *dominum terrae.* Exegetische und religionsgeschichtliche Überlegungen zum Herrschaftsauftrag in Gen 1,26–28, in: ZAW 121/2 (2009), 171–188.

WÖßMANN, Ludger, Bildung für Wirtschaftswachstum und Chancengleichheit, in: ifo Schnelldienst 74/7 (2021), 15–17.

ZIMMERLING, Peter, Spiritualität – ein weites Feld. Grundlegende Überlegungen, in: Bärbel HUSMANN – Roland BIEWALD (Hgg.), Spiritualität. Impulse zur Reflexion religiöser Praxis im Religionsunterricht (Themenhefte Religion 11), Leipzig 2013, 7–15.

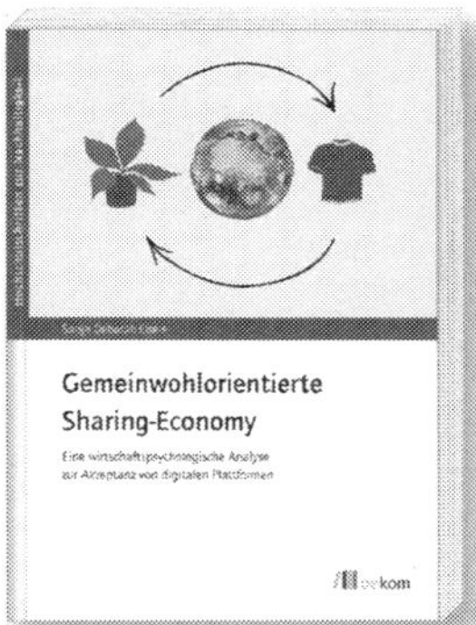

Zur Akzeptanz vom Leihen und Tauschen

Auf Onlineplattformen wird getauscht, verliehen und Gebrauchtes gehandelt. So leisten sie einen wichtigen Beitrag zur Ressourcenschonung. Doch wer nutzt die Angebote, und wie lassen sich noch mehr Menschen zur Teilnahme motivieren? Eine Analyse für Wissenschaftler:innen wie Praktiker:innen, die ihre Onlinedienste optimieren wollen.

S. D. Eisele

Gemeinwohlorientierte Sharing Economy
Eine wirtschaftspsychologische Analyse
zur Akzeptanz von digitalen Plattformen
118 Seiten, Broschur, 32 Euro
ISBN 978-3-98726-019-3
Auch als E-Book erhältlich

Klimagerechtigkeit jetzt!

Es geht nicht voran mit dem Klimaschutz - obwohl das Thema regelmäßig auf höchster UN-Ebene diskutiert wird. Welche Hürden gibt es, welche Machtstrukturen verhindern aus Sicht von Klimaaktivist*innen die dringend nötige Klimagerechtigkeit? Eine Analyse der COP26 mit Ausblick auf künftige Klimakonferenzen.

J. Neumann

Wo bleibt die Klimagerechtigkeit?
Barrieren und Potenziale aus Perspektive
der globalen Klimabewegung am Beispiel der COP26
86 Seiten, Broschur, 26 Euro
ISBN 978-3-98726-024-7
Auch als E-Book erhältlich